QUEEN VICTORIA

维多利亚女王

[英] 西德尼·李 —————— 著
陈尧尧 —————— 译

与日不落帝国的
& 黄金时代

THE GOLDEN AGE OF BRITISH EMPIRE

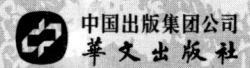

中国出版集团公司
华文出版社

图书在版编目（CIP）数据

维多利亚女王与日不落帝国的黄金时代 / (英) 西德尼·李著；陈尧尧译. -- 北京：华文出版社，2020.1
（华文全球史）
ISBN 978-7-5075-5238-6

Ⅰ.①维… Ⅱ.①西…②陈… Ⅲ.①维多利亚女王 (Victria 1819–1901)—传记 Ⅳ.①K835.617=43

中国版本图书馆CIP数据核字(2019)第288203号

维多利亚女王与日不落帝国的黄金时代

作　　者：	[英]西德尼·李
译　　者：	陈尧尧
选题策划：	鼓世章
插图供应：	029—85504182
责任编辑：	李艳芬
出版发行：	华文出版社
社　　址：	北京市西城区广外大街305号8区2号楼
邮政编码：	100055
网　　址：	http://www.hwcbs.com.cn
电　　话：	总编室010—58336239
	发行部010—58336212
经　　销：	新华书店
印　　刷：	三河市国英印务有限公司
开　　本：	710×1000　1/16
印　　张：	50.5
字　　数：	652千字
版　　次：	2020年1月第1版
印　　次：	2020年1月第1次印刷
标准书号：	ISBN 978-7-5075-5238-6
定　　价：	185.00元

版权所有　侵权必究

出版前言

随着中国开放的大门越开越大,关注世界各国尤其是西方国家文明的源流、发展和未来已经成为当下世界史研究的一个热点。为了成系统地推出一套强调"史源性"且在现有世界史出版物中具有拾遗补阙价值的作品,我们经过认真论证,推出了"华文全球史"系列,首次出版约为一百个品种。

"华文全球史"系列从书目选择到译者的确定,从书稿中图片的采用到人名地名的规范,都有比较严格的遴选规定、编审要求和成稿检查,目的就是要奉献给读者一套具有学术性、权威性和高质量的世界史系列图书。

书目的选择。本系列图书重视世界史学科建设,视角宽阔,层级明晰,数量均衡,有所突出。计划出版的华文全球史中,既有通史,也有专题史,还有回忆录,基本上是世界历史著作中的上乘之作,填补了国内同类作品出版的空白。

人名地名规范。本系列图书中人名地名,翻译规范,重视专业性。同时,在人名翻译方面,我们坚持"姓名皆全"的原则,加大考据力度,从而实现了有姓必有名,有名必有姓,方便了读者阅读。另外,在注释方面,书中既有原书注,完整地保留了原著中的注释;也有译者注,体现了译者的研究性成果。

书中的插图。本系列图书的一个重要特点是书中都有功能性插图，这些插图全方位、多层次、宽视角反映当时重大历史事件，或与事件的场景密切相关，涉及政治、军事、经济、社会、外交、人物、地理、民俗、生活等方面的绘画作品与摄影作品。功能性插图与文字结合，赋予文字视觉的艺术，增加了文字的内涵。

译者的确定。本系列图书的翻译主要凭借的是一个以大学教师为主的翻译团队，团队中不乏知名教授和相关领域的资深人士。他们治学严谨，译笔优美，为确保质量奉献良多。

"华文全球史"系列作为一套具有较高学术价值的优秀的世界历史丛书，对增加读者的知识，开阔读者的视野，具有积极的意义。同时要看到，一方面很多西方历史学家的观点符合事实，另一方面不少西方历史学家的观点是错误的，对于这些，我们希望读者不要不加分析地全盘接受或全盘否定，而是要批判地吸收外国文化中有益的东西。

华文出版社

2019 年 8 月

修订版前言

本书首次出版时,受到英国国内、英属各殖民地及美国民众和媒体的欢迎。对此,本人不胜感激。我希望这次出版的更经济、更实惠的修订版版本,能让各个阶层的读者受惠。

热心的读者们给我写信,纠正原书中的错误和一些我以前不了解的信息。在修订再版的过程中,我充分利用了与读者通信往来得到的信息。给我来信的人中,有几位与已故的维多利亚女王曾经有着各式各样的密切关系。因此,我得以获得一些一手信息。

这些新信息包括:约翰·莫利先生新近出版的《威廉·尤尔特·格拉德斯通传》,书中展现了维多利亚女王与其统治时期在世时间最长的首相威廉·尤尔特·格拉德斯通的私人关系。对了解维多利亚女王统治时期的这段历史,约翰·莫利先生的《威廉·尤尔特·格拉德斯通传》起到了至关重要的作用。这部作品也是学生们研究这段历史的必读文献。最近几个月,我获得了其他若干本反映维多利亚女王生平的著作,包括贝蒂·鲍尔弗夫人出版的《1876年到1880年利顿伯爵罗伯特·布尔沃-利顿的印度行政事务》、帕特里夏·林赛夫人出版的《一个王室教区的回忆录》,以及玛丽·艾尔索普·金·沃丁顿出版的《一位外交官妻子的书信》。当然,这三部作品包含的新信息是有限的。不过,我认为,这些有限的信息使我的作品更丰满。

我在美国时,我的出版人认为有必要将第三次和第四次重印本中的一些章删除。删除这些章并不会影响作品的完整性,但因为我当时不在英国国内,所以没能做这件事。此次再版给了我删除这些章的机会。

自首次与公众见面，我在这部作品内容方面做出的任何更改和增添都不会影响它的结构和风格。我自始至终的努力目标有两个：第一个目标是缅怀逝去的维多利亚女王；第二个目标是遵循公正和独立原则。只有坚持这些原则，我才能赋予历史作品足够的价值。

西德尼·李

第一版前言[1]

本书创作的基础是《国家人物传记大辞典》第三增补卷中有关维多利亚女王的简介。我应热心公益的《国家人物传记大辞典》的老板、已故的乔治·史密斯先生的热情邀请,执笔撰写了维多利亚女王的简介。在撰写维多利亚女王简介的过程中,

乔治·史密斯先生

---

[1] 本书再版时,第一版前言的内容有删节。——原注

正是乔治·史密斯先生令我意识到作品的结构和提供准确细节的必要性，这既是《国家人物传记大辞典》的出彩之处，又是其在总体结构方面的独到之处。开始着手创作《维多利亚女王与日不落帝国的黄金时代》时，我的内心有些疑虑，并且十分清楚创作的难度。不过，我全力以赴，最终完成了创作任务。

在《国家人物传记大辞典》中，我撰写的维多利亚女王简介是世人首次尝试详细记叙维多利亚女王漫长而丰富的生活经历及其与公共事务千丝万缕的联系。维多利亚女王的简介出版后，受到出版界和公众的欢迎。读者非常希望这篇简介能独立成册，并且出版。肩负这种期待，我写了这部作品——《维多利亚女王与日不落帝国的黄金时代》。

为让本书达到独立出版的要求，我认为必须改写维多利亚女王简介。直接呈现事件和事件发生日期的写作方法适用于《国家人物传记大辞典》中的内容，但不适合独立成册的著作。《国家人物传记大辞典》虽然篇幅浩大，但留给我的创作篇幅极其有限，我根本不可能将收集到的所有素材都用到。现在，在《维多利亚女王与日不落帝国的黄金时代》中，读者可以看到曾经省略的细节和详细评论。读过收录在《国家人物传记大辞典》中的维多利亚女王简介后，读者向我指出了几处错误。现在，这些错误都在《维多利亚女王与日不落帝国的黄金时代》中得到了纠正。此外，本书增加了大量刚刚获得的信息。我个人认为，这些信息至关重要。

在内容方面，尽管本书做出大量改动，增加了许多新信息，但自始至终，我都坚持忠于当初《国家人物传记大辞典》的编写原则，并且致力于清楚、连贯地记录自己了解到的有关维多利亚女王个人经历的主要事实。这些事实包括维多利亚女王生活的方方面面，可以体现维多利亚女王发挥的历史作用。对我来说，想要完成这本书，就必须触及复杂的政治历史，触及英国国内外许多复杂的政治问题，因为这些都和维多利亚女王漫长的执政相关。但与此同时，我极力避免过于详细地叙述政治话题，而是选择简明扼要的论述方式。因此，读者只须理解维多利亚女王的个人经历和政治观点即可。从很大程度上讲，政治环境是每部君主史的舞台布景，但坚持让政治的舞台布景服务于塑造作品主人公的需要是每位作家的职责。

书中提到的信息出处都在文中有注释，或者在《附录3》详细的文献目录中可以查到。我相信我查阅了所有我认为能对本书主题有帮助的英语版、法语版和德语版回忆录。此外，我也查阅了当时所有的报纸和期刊出版物，比如系统收录当代事件及其日期的《年鉴》。与维多利亚女王相关的出版物数量庞大，内容也很详细，但与此同时，这些信息不一定都真实可信。因此，核对这些信息的工作十分繁重。

大部分相关书面信息都有一个优点，即十分坦诚。维多利亚女王统治时期，在描述自己与维多利亚女王的交往时，那些为后世留下回忆录的政治家们十分坦诚，毫无保留。同样，维多利亚女王统治的早期和中期，在评论维多利亚女王的生活时，那些重要的新闻记者直言不讳，毫不怯懦。他们充分诠释了新闻出版自由的原则。如果翻阅三十年前《泰晤士报》和伦敦其他主要报纸，那么就会发现，在记录和批评维多利亚女王的行为时，这些报纸语气坦率，令人震惊。当然，由于偏见，一些编辑的评论不免歪曲事实。现在，我们再去读其中的许多评论，不免令人生厌，但正是大胆的写作风格使调查者能准确洞察维多利亚女王行为的前因后果，这是彬彬有礼和毕恭毕敬的评论文章不可能达到的效果。

维多利亚女王十分喜欢写信，她写给大臣、亲人和朋友的成千上万封信被保存下来。其中，大量信涉及公共话题和私人话题。维多利亚女王在世时，她允许与她关系亲密的著名大臣在他们的传记中公开这些信。作为珍贵的手稿，大量公开信被公共图书馆或博物馆收藏。现在，公众可以随时查阅这些信。此外，一部分维多利亚女王的书信经常被编辑成册，但仅供私下发行。我查阅到的这类信就像一座丰富的宝藏，为我提供了大量有关维多利亚女王的写作素材。

维多利亚女王喜欢让大臣们了解自己的秘密。她曾允许西奥多·马丁爵士在其著作《王夫阿尔伯特亲王传》中，公开自己日记的大量内容。经维多利亚女王整理后，她日记中的其他内容出版成两册《日记节选》。通过阅读维多利亚女王的书信及其《日记节选》，我能使用维多利亚女王的原话表达在其统治时期的某些重要时代，以及维多利亚女王自己的观点和经历。我的目的就是让维多利亚女王亲自讲述自己的历史。从维多利亚女王的一些朋友和旧相识的回忆中，我也获得了一些帮助。这些人中，有几位曾在维多利亚女王晚年时频繁与她打交道，并且好心地将自己的回忆讲给我听。

虽然我的目标是全面、真实和公正地呈现事实，但与此同时，我希望自己的文字不仅体现出公正性，还能体现出同情心，并且充分考虑到公众和相关个人的利益。历史作家必然的坦率文风永远也不受维多利亚女王崇拜者的欢迎。驾崩前不久，维多利亚女王曾考虑过出版一本传记，让自己的臣民正确了解自己的一生。虽然这一目标没有实现，但维多利亚女王的臣民珍视她的想法。《维多利亚女王与日不落帝国的黄金时代》将是对维多利亚女王宣称的"从事实中获得源源不断的快乐不亚于生活中的欢乐"的最好诠释。

我衷心感谢爱德华七世能将维多利亚女王的一封亲笔信借给我，以便我为本书绘制摹本。这封信是1874年2月为召见本杰明·迪斯雷利前往温莎城堡讨论组建政府一事，维多利亚女王写给本杰明·迪斯雷利信的初稿。蒙爱德华七世的恩准，我还获得了两幅维多利亚女王的凹版印刷肖像画。这两幅肖像画是爱德华七世在温莎城堡藏品的复制品。

最后，我还要感谢朋友托马斯·塞科姆先生的大力帮助，他和我一起阅读、校对了终稿。

西德尼·李

目 录

001　**第 1 章**
　　汉诺威王朝：从乔治一世到乔治四世

035　**第 2 章**
　　亚历山德里娜·维多利亚公主与葡萄牙女王玛丽亚二世

053　**第 3 章**
　　亚历山德里娜·维多利亚公主与威廉四世

081　**第 4 章**
　　威廉四世驾崩及维多利亚女王时代来临

093　**第 5 章**
　　墨尔本子爵威廉·兰姆辅佐维多利亚女王

107　**第 6 章**
　　王室年俸及殖民地事务

127　**第 7 章**
　　加冕典礼及1839年危机

149	第 8 章
	维多利亚女王的婚事引发争论

165	第 9 章
	阿尔伯特亲王与《摄政法案》

183	第 10 章
	罗伯特·皮尔政府

215	第 11 章
	维多利亚女王与自由贸易

227	第 12 章
	西班牙王室联姻事件

239	第 13 章
	1848 年革命席卷欧洲

251	第 14 章
	1848 年到 1854 年维多利亚女王的活动

267	第 15 章
	爱尔兰局势及维多利亚女王遇袭

275	第 16 章
	维多利亚女王与帕默斯顿子爵亨利·约翰·坦普尔不和

289	第 17 章
	万国博览会及帕默斯顿子爵亨利·约翰·坦普尔被解职

301	第 18 章 维多利亚女王与拿破仑三世
317	第 19 章 克里米亚战争
329	第 20 章 拿破仑三世访英与维多利亚女王访法
343	第 21 章 《巴黎和约》
355	第 22 章 印度兵变
371	第 23 章 调整对印度政策
381	第 24 章 撒丁王国与奥地利帝国的战争
393	第 25 章 威尔士亲王阿尔伯特·爱德华访美
401	第 26 章 美国内战、"特伦特"号事件及阿尔伯特亲王去世
413	第 27 章 陷入丧夫之痛的维多利亚女王

421	**第 28 章** 希腊王位之争
437	**第 29 章** 维多利亚女王与奥地利皇帝弗朗茨·约瑟夫一世
445	**第 30 章** 石勒苏益格－荷尔斯泰因问题
459	**第 31 章** 维多利亚女王隐居
465	**第 32 章** 七星期战争
479	**第 33 章** 阿尔伯特亲王的传记
485	**第 34 章** 1867 年的外交事务
495	**第 35 章** 本杰明·迪斯雷利的第一届政府
507	**第 36 章** 威廉·尤尔特·格拉德斯通的第一届政府
521	**第 37 章** 1870 年到 1871 年焦虑的两年

539	**第 38 章** 波斯国王沙纳赛尔·丁·沙·卡扎尔访英
551	**第 39 章** 本杰明·迪斯雷利再度执政
577	**第 40 章** 威廉·尤尔特·格拉德斯通重新上台
599	**第 41 章** 查尔斯·乔治·戈登将军
621	**第 42 章** 1887 年登基五十周年庆典
635	**第 43 章** 维多利亚女王与奥托·冯·俾斯麦
653	**第 44 章** 1889 年到 1896 年的国内事务
667	**第 45 章** 1892 年到 1896 年的政治形势
679	**第 46 章** 1897 年登基六十周年庆典
685	**第 47 章** 第二次布尔战争

705	**第 48 章**
	维多利亚女王驾崩
713	**第 49 章**
	维多利亚女王的历史地位
729	**附录 1 维多利亚女王的后裔**
733	**附录 2 维多利亚女王的画像**
741	**附录 3 公开的文献来源**
747	**附录 4 1837 年到 1901 年大英帝国国力的增强**
753	**译名对照表**

第 1 章

汉诺威王朝：从乔治一世到乔治四世

精彩看点

维多利亚女王的祖先——阿尔弗雷德大帝的后裔——汉诺威家族——早年汉诺威王朝国王们的婚姻——乔治三世的家庭——威尔士的夏洛特公主——乔治三世的儿子们——三段婚姻——肯特公爵兼斯特拉森公爵爱德华——肯特公爵兼斯特拉森公爵爱德华的新娘——肯特公爵兼斯特拉森公爵的夫人玛丽·路易丝·维多利亚——与法兰西王国和葡萄牙王国的关系——维多利亚女王诞生——女婴和王冠——女婴在英国王位继承权上的地位——女婴受洗——女婴的洗礼名——在克莱尔蒙特和锡德茅斯居住——乔治三世驾崩及肯特公爵兼斯特拉森公爵爱德华去世——肯特公爵兼斯特拉森公爵的夫人玛丽·路易丝·维多利亚的地位——肯特公爵兼斯特拉森公爵的夫人玛丽·路易丝·维多利亚窘迫的经济状况——肯特公爵兼斯特拉森公爵的夫人玛丽·路易丝·维多利亚的姑嫂妯娌关系——萨克森-科堡的利奥波德与外甥女亚历山德里娜·维多利亚公主——肯特公爵兼斯特拉森公爵的夫人玛丽·路易丝·维多利亚的决心——肯特公爵兼斯特拉森公爵爱德华的影响

历史上，维多利亚女王号称"大不列颠及爱尔兰联合王国女王和印度女皇"。1760年10月25日，维多利亚女王的祖父乔治三世继位，成为"大不列颠及爱尔兰国王"。1820年1月29日，乔治三世驾崩。维多利亚女王的父亲肯特公爵兼斯特拉森公爵爱德华是乔治三世的第四个儿子。维多利亚女王是肯特公爵兼斯特拉森公爵爱德华唯一的子嗣。

汉诺威王朝的维多利亚女王是阿尔弗雷德大帝的后人。阿尔弗雷德大帝是9世纪西撒克逊国王和整个英格兰的领主。阿尔弗雷德大帝直系后裔中的一位女性佛兰德斯的玛蒂尔达嫁给了征服者威廉——首位加冕成为英格兰国王的诺曼人。阿尔弗雷德大帝直系后裔中的另一位女性苏格兰的玛蒂尔达嫁给了征服者威廉的儿子，即后来的亨利一世。由此可见，亨利一世子孙的血管中实实在在流淌着阿尔弗雷德大帝的血液。随后，亨利一世的二十八代后人中诞生了多位英格兰王位继承者。这些继承者并没有完全按照常规的世袭顺序顺次继位。因为一些君主驾崩时没有子嗣，所以其继承者就得在他的长辈中产生。亨利一世驾崩后的七个世纪中，英格兰王室与法兰西、西班牙、丹麦、德意志及其他外国王室通婚的现象屡见不鲜。除了17世纪中有十一年由共和国短暂取代君主制，阿尔弗雷德大帝的古老血脉一直统治着英格兰。作为亨利一世的直系远房，詹姆斯二世的被迫退位似乎将英格兰王冠拱手让

乔治三世

肯特公爵兼斯特拉森公爵爱德华

阿尔弗雷德大帝

征服者威廉

佛兰德斯的玛蒂尔达

亨利一世

苏格兰的玛蒂尔达

詹姆斯二世

给了一个外国人，但实际上，阿尔弗雷德大帝的后人从没失去对英格兰的最高统治权。因为詹姆斯二世的继承者是威廉三世和妻子玛丽二世。威廉三世虽然是荷兰奥兰治亲王，但同时是詹姆斯二世姐姐的儿子，而玛丽二世是詹姆斯二世的大女儿。威廉三世与妻子玛丽二世没有子嗣。

1714年，詹姆斯二世的小女儿安妮女王驾崩。由于没有子嗣，安妮女王的第二代表兄汉诺威的乔治便继承了大不列颠王国王位，成为英格兰汉诺威王朝的第一位国王，即乔治一世。乔治一世的双亲都是土生土长的德意志人。乔治一世的母亲选帝侯夫人索菲亚是巴拉丁选帝侯、波希米亚"冬王"腓特烈五世和命运多舛的来自大不列颠王国的妻子伊丽莎白·斯图亚特的女儿。伊丽莎白·斯图亚特是英格兰国王詹姆斯一世的女儿、苏格兰女王玛丽的孙女。乔治一世的父亲是不伦瑞克公爵恩斯特·奥古斯特。与此同时，不伦瑞克公爵恩斯特·奥古斯特还是汉诺威的选帝侯，其家族的姓氏为韦尔夫。他吹嘘自己是伟大的英格兰国王亨利二世其中一个女儿的后人。因此，尽管乔治一世生长在德意志，有个德意志姓氏，但从其父母的出身看，他的确是阿尔弗雷德大帝的直系后代。

乔治一世、乔治二世及乔治二世的继承人威尔士亲王腓特烈·路易①及乔治二世的长孙乔治三世的妻子都是德意志人。1751年，威尔士亲王腓特烈·路易去世后，乔治三世就成为祖父乔治二世的继承人。1760年，乔治三世继位。

乔治三世是汉诺威家族中第一个在大不列颠出生的成员，并且终生没有踏出过大不列颠王国国门。虽然大不列颠王国是其祖国，但乔治三世还是效仿先王，娶了一位德意志妻子。1761年9月8日，乔治三世迎娶了来自德意志的梅克伦堡-斯特格雷茨的夏洛特。梅克伦堡-斯特格雷茨的夏洛特是梅克伦堡的查理·路易·腓特烈公爵的二女儿。

这场婚姻给乔治三世带来众多儿女。1762年到1783年，乔治三世与王后梅克伦堡-斯特格雷茨的夏洛特共生下十五个孩子，其中九个儿子，六个女儿。在这十五个孩子中，除了两个夭折，其他孩子都活了下来。在活下来的十三个孩子中，只有一个孩子没活过三十岁。在维多利亚女王以前，乔治三世是英国历史上在位时间最长的

---

① 乔治二世在位时，威尔士亲王腓特烈·路易就已经去世。——原注

君主，但当其漫长的统治即将结束时，命运似乎注定能继承其王位的家庭成员仅仅剩下了一代人。

1816年5月2日，乔治三世的继承人摄政王乔治·奥古斯塔斯·腓特烈的独生女，威尔士的夏洛特公主嫁给了萨克森-科堡-萨尔费尔德的利奥波德。1817年11月6日，威尔士的夏洛特公主死于难产。这样一来，英国王位便失去了第三代人中的唯一合法继承人。

威尔士的夏洛特公主去世时，乔治三世的七个已经成年的儿子中，三个儿子还没有结婚，四个儿子已经结婚。已婚的四个儿子要么没有儿女，要么没有合法的继承人。①乔治三世的五个女儿中，三个女儿已经结婚，但无子女，两个女儿一直没有出嫁。威尔士的夏洛特公主去世后，为保证英国王位后继有人，三个已经人到中年，但还没有结婚的儿子，即第三子克拉伦斯公爵兼圣安德鲁斯公爵威廉、第四子肯特公爵兼斯特拉森公爵爱德华和小儿子第七子剑桥公爵阿道弗斯似乎都必须尽快结婚。

按照汉诺威家族的传统，克拉伦斯公爵兼圣安德鲁斯公爵威廉、肯特公爵兼斯特拉森公爵爱德华和剑桥公爵阿道弗斯的新娘都来自德意志邦国的贵族家庭。三场婚礼依次迅速进行。1818年5月7日，代表父亲乔治三世居住在汉诺威的剑桥公爵阿道弗斯在卡塞尔迎娶了黑森-卡塞尔伯爵腓特烈的女儿黑森-卡塞尔的奥古斯塔。后来，剑桥公爵夫人黑森-卡塞尔的奥古斯塔成为同辈人中最长寿者。1818年6月11日，年近五十三岁的克拉伦斯公爵兼圣安德鲁斯公爵威廉与萨克森-迈宁根公爵乔治·腓特烈·查理的长女萨克森-迈宁根的阿德莱德结婚。这两场婚礼中间的1818年5月29日，五十一岁的肯特公爵兼斯特拉森公爵爱德华迎娶了萨克森-科堡的玛丽·路易丝·维多利亚。萨克森-科堡的玛丽·路易丝·维多利亚是个寡妇，她的弟弟

---

① 已故的威尔士的夏洛特公主是摄政王乔治·奥古斯塔斯·腓特烈和妻子卡洛琳唯一的孩子。1791年乔治三世的二儿子约克公爵兼奥尔巴尼公爵腓特烈迎娶了普鲁士长公主——腓特烈·威廉二世的女儿弗雷德丽卡·夏洛特，但婚后，两人无子女。1815年，乔治三世的第五个儿子坎伯兰公爵兼蒂维厄特公爵欧内斯特·奥古斯塔斯迎娶了母亲一方的一位直系表亲梅克伦堡-斯特雷利茨的弗雷德丽卡。1819年，两人唯一的儿子乔治出生。1793年，乔治三世的第六个儿子萨塞克斯公爵奥古斯塔斯·腓特烈结婚，但其婚姻违反了《皇家婚姻法案》。因此，这桩婚事被宣布无效。——原注

威廉三世

玛丽二世

安妮女王

乔治一世

乔治三世的王后梅克伦堡－斯特格雷茨的夏洛特

威尔士的夏洛特公主

萨克森－科堡的玛丽·路易丝·维多利亚

克拉伦斯公爵兼圣安德鲁斯公爵威廉

就是刚刚去世的威尔士的夏洛特公主的丈夫萨克森-科堡-萨尔费尔德的利奥波德。正是威尔士的夏洛特公主的逝世才促成了英国王室的这三场婚礼。

1767年11月2日,爱德华出生在伦敦白金汉宫。童年时,他被送到汉诺威完成学业。爱德华的德意志老师冯·万根海姆男爵坚守严格的纪律,每次给爱德华的零花钱都极少,使爱德华养成一个终生都难以改掉的恶习——借债。乔治三世一点也不怜惜这个儿子。在爱德华还是个孩子时,乔治三世就决定让他从戎。早在结婚前,爱

萨克森-科堡-萨尔费尔德的利奥波德

德华一直在军中服役，日子过得很艰难。在英属殖民地，他曾在许多军队任职。1794年，他还参加了西印度群岛的圣卢西亚战役。1799年，爱德华获得每年一万两千英镑的年金，并且被封为肯特公爵兼斯特拉森公爵。1799年5月到1799年7月，肯特公爵兼斯特拉森公爵爱德华出任大不列颠王国北美军队总司令。1802年到1803年，在担任直布罗陀总督期间，肯特公爵兼斯特拉森公爵爱德华因草率而计划废除军中流行的体罚，导致军中发生暴乱，致使其名誉受损。当时，已经被任命为陆军元帅的肯特公爵兼斯特拉森公爵爱德华不得不在1805年结束自己的军旅生涯。有人因军中爆发叛乱而指责肯特公爵兼斯特拉森公爵爱德华，但实际上，他一直以一种近乎迂腐的方式严格管理着麾下的军队，其迷信般推崇礼节中细枝末节的做法令他在军官中很不受欢迎。在政治上，肯特公爵兼斯特拉森公爵爱德华是个自由党人。在关乎军队和民间政策的重大问题上，他态度开明，但1803年后，他就不再担任具体职位，并且长期住在伊灵，过着类似退役的生活。1815年，肯特公爵兼斯特拉森公爵爱德华在布鲁塞尔获得庇护，得以远离其不断壮大的债主队伍的催债，因为他根本无力偿还这些债务。可以说，肯特公爵兼斯特拉森公爵爱德华一辈子都没能摆脱金钱上的压力。

人们都知道肯特公爵兼斯特拉森公爵爱德华的新娘叫维多利亚，但维多利亚只是新娘的教名，其全名为玛丽·路易丝·维多利亚，年龄近三十二岁。新娘维多利亚的父亲是萨克森-科堡-萨尔费尔德公爵弗朗西斯①。萨克森-科堡-萨尔费尔德公爵弗朗西斯共有八个子女，玛丽·路易丝·维多利亚是第四个女儿，排行最小。1786年8月17日，玛丽·路易丝·维多利亚诞生，这天碰巧腓特烈大帝驾崩。腓特烈大帝的妻子不伦瑞克-沃尔芬比特尔-贝沃恩的伊丽莎白是玛丽·路易丝·维多利亚的姻祖母，但这种时间上的巧合让玛丽·路易丝·维多利亚打心底讨厌普鲁士人，因为她的家人总在自己生日这天悼念腓特烈大帝——这位伟大亲属——的去世，而不是欢乐地庆祝自己的生日。玛丽·路易丝·维多利亚很小就结婚了，丈夫是莱宁根公爵

---

① 1825年，根据一项家族安排，萨克森-科堡-萨尔费尔德公爵欧内斯特一世用萨尔费尔德交换了萨克森-迈宁根公爵博恩哈德二世不太富饶、有些偏远的哥达。从此，萨克森-科堡-萨尔费尔德公爵就变成了萨克森-科堡-哥达公爵。参见查尔斯·格雷所著的《王夫阿尔伯特亲王早年岁月》，1867年，第393页，"利奥波德一世回忆录"部分。——原注

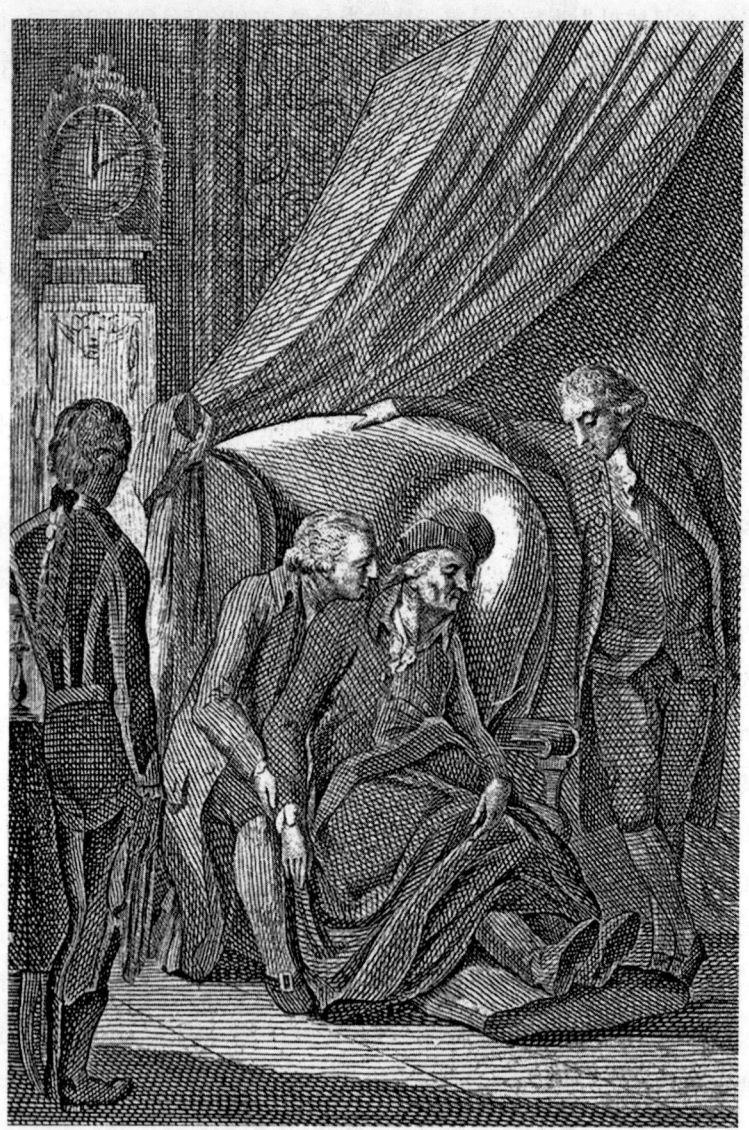

腓特烈大帝駕崩

萨克森-科堡-萨尔费尔德公爵弗朗西斯

不伦瑞克-沃尔芬比特尔-贝沃恩的伊丽莎白

埃米希·卡尔。1803年9月21日，年方十七岁的玛丽·路易丝·维多利亚嫁给了莱宁根公爵埃米希·卡尔，成为其第二任妻子。但这段婚姻持续了不到十一年。1814年7月4日，莱宁根公爵埃米希·卡尔去世，留下一儿一女。其中，1804年9月12日，玛丽·路易丝·维多利亚的儿子莱宁根的卡尔出生。当肯特公爵兼斯特拉森公爵爱德华向玛丽·路易丝·维多利亚求婚时，玛丽·路易丝·维多利亚既是莱宁根的摄政，也是儿子莱宁根的卡尔的监护人。娘家萨克森-科堡家族希望玛丽·路易丝·维多利亚抓住这个机会，强化与英国王室的亲密关系。这两个家族原本通过威尔士的夏洛特公主建立起了亲密的关系，但此时，随着威尔士的夏洛特公主的去世，两个家族的亲密关系面临终结的危险。出于这种考虑，玛丽·路易丝·维多利亚决定嫁给肯特公爵兼斯特拉森公爵爱德华。1818年5月29日，两人的婚礼在科堡的公爵府举行。

肯特公爵兼斯特拉森公爵的夫人玛丽·路易丝·维多利亚是个活泼、聪明、脾气温和的人，她热爱家庭和祖国，亲属关系网异常庞大。肯特公爵兼斯特拉森公爵的夫人玛丽·路易丝·维多利亚与大部分亲属都保持着亲密的联系，一生大部分精

莱宁根公爵埃米希·卡尔

莱宁根的卡尔

力都放在了家务事上。除了第一次婚姻带来的一儿一女,肯特公爵兼斯特拉森公爵的夫人玛丽·路易丝·维多利亚还有三个兄弟和三个姊妹。她的兄弟姊妹全部已经结婚。其中,除了一个没有子女,其他兄弟姊妹都有子女。她的十五个侄子和三个侄女都已经成年,这些侄子侄女的婚姻又大规模壮大了萨克森-科堡家族的关系网。其中,通过联姻的方式,萨克森-科堡家族的大部分亲戚与较小的德意志贵族家庭形成联盟,肯特公爵兼斯特拉森公爵的夫人玛丽·路易丝·维多利亚的第一段婚姻就是如此。继承了萨克森-科堡公国的大哥欧内斯特一世,即后来维多利亚女王的

欧内斯特一世

丈夫阿尔伯特亲王的父亲，曾两次迎娶德意志小邦国的公主。萨克森-哥达-阿尔滕堡公爵欧内斯特一世的第一任妻子路易丝来自萨克森-哥达-阿尔滕堡，第二任妻子玛丽来自符腾堡。肯特公爵兼斯特拉森公爵的夫人玛丽·路易丝·维多利亚的姐姐萨克森-科堡-萨尔费尔德的安托瓦内特嫁给了符腾堡公爵亚历山大。

与此同时，萨克森-科堡家族和两个拉丁国家的王室通过联姻形成同盟。这两个国家分别是法兰西和葡萄牙王国。肯特公爵兼斯特拉森公爵的夫人玛丽·路易丝·维多利亚的一个侄子娶了葡萄牙女王。①萨克森-科堡家族还和法兰西国王路

萨克森 – 哥达 – 阿尔滕堡公爵欧内斯特一世的第一任妻子路易丝

① 1836年，肯特公爵兼斯特拉森公爵的夫人玛丽·路易丝·维多利亚二哥萨克森-科堡-哥达的斐迪南的长子，即维多利亚女王的表哥萨克森-科堡的斐迪南二世迎娶第二任妻子，葡萄牙女王玛丽亚二世。两人的两个儿子先后成为葡萄牙国王佩德罗五世和路易一世，路易一世的儿子卡洛斯是现任葡萄牙国王。——原注

内穆尔公爵奥尔良的路易

易·腓力一世家族通婚不少于四次。她的一个哥哥和两个侄子分别迎娶了法兰西国王的大女儿、二女儿和三女儿。一个侄女嫁给了法兰西国王的二儿子内穆尔公爵奥尔良的路易。①长久以来,汉诺威家族的成员都习惯于从德意志小邦国的贵族中选择丈夫或妻子,但由于肯特公爵兼斯特拉森公爵的夫人玛丽·路易丝·维多利亚强烈的家族情感,加上后来不停地给女儿——未来的英国女王——灌输这种家族观

---

① 1832年,肯特公爵兼斯特拉森公爵的夫人玛丽·路易丝·维多利亚的三哥,即维多利亚女王的舅舅利奥波德在成为比利时国王后,迎娶了路易·腓力一世的大女儿奥尔良的路易丝。1843年,萨克森-科堡-哥达的斐迪南的小儿子,即维多利亚女王的表弟萨克森-科堡的奥古斯特,迎娶了路易·腓力一世的三女儿奥尔良的克莱芒蒂娜公主。1840年,萨克森-科堡的奥古斯特的姐姐维多利亚嫁给了路易·腓力一世的二儿子内穆尔公爵奥尔良的路易。1837年,肯特公爵兼斯特拉森公爵的夫人玛丽·路易丝·维多利亚的二姐符腾堡公爵夫人的儿子符腾堡的亚历山大迎娶了路易·腓力一世的二女儿奥尔良的玛丽公主。——原注

念,这就使英国王室与德意志小邦国的贵族家族的私人关系变得比以往任何时候都亲密。同样,自17世纪以来,英国君主与法兰西王国和葡萄牙王国的君主也第一次通过亲密的家庭纽带联系到一起。

1818年7月,肯特公爵兼斯特拉森公爵爱德华第一次带着新娘肯特公爵兼斯特拉森公爵的夫人玛丽·路易丝·维多利亚回到英国。1818年7月11日。两人又在基尤宫重新举行了婚礼。肯特公爵兼斯特拉森公爵爱德华结婚后,英国议会同意在其以前一万两千英镑年金的基础上,再增加六千英镑年金。然而,即使如此,肯特公爵兼斯特拉森公爵爱德华的经济状况也是十分糟糕的。其收入虽然由信托人代为管理,但其实早已都抵押给了众多债权人。因此,英国议会增加六千英镑年金完全不能满足肯特公爵兼斯特拉森公爵爱德华及其家人的日常需要。肯特公爵兼斯特拉森公爵爱德华的兄弟姐妹没有一丝想伸出援手帮助他的意思,加上肯特公爵兼斯特拉森公爵的夫人玛丽·路易丝·维多利亚与这些人相处得也不是很好。因此,第二次婚礼结束后不久,肯特公爵兼斯特拉森公爵爱德华就带着妻子肯特公爵兼斯特拉森公爵的夫人玛丽·路易丝·维多利亚离开英国,回到了德意志。肯特公爵

基尤宫

奥尔德曼·马修·伍德

兼斯特拉森公爵夫妇受到德意志人热烈欢迎。于是,肯特公爵兼斯特拉森公爵爱德华就和妻子及妻子第一次婚姻带来的两个孩子,定居在她原来在莱宁根公国的阿莫巴赫的家中。

  1819年春将迎来一个婴儿的诞生。虽然当时这个婴儿继承英国王位的可能性渺茫,但为将这个孩子能生在英国的国土上,肯特公爵兼斯特拉森公爵爱德华与妻子还是匆匆赶回了英国。管理肯特公爵兼斯特拉森公爵爱德华抵押土地的受托人奥尔德曼·马修·伍德支持将孩子生在英国的做法。于是,他立即做好了资金方面的安排。摄政王乔治·奥古斯塔斯·腓特烈在肯辛顿宫的东南角为弟弟肯特公爵兼斯特拉森公爵爱德华和弟媳肯特和斯特拉森夫人玛丽·路易丝·维多利亚安排好了住所。1819年5月24日4时15分,这个将来成为维多利亚女王的女婴就降生在肯辛顿宫的东南角。①

---

① 肯辛顿宫东南角的房间里,壁炉台上方的镀金牌子可以证实这段历史。——原注

肯特公爵兼斯特拉森公爵爱德华将女儿描述为"一个健康的婴儿"。在恭喜肯特公爵兼斯特拉森公爵爱德华喜得千金时,某些人流露出对这个女婴将来有可能继承英国王位的期许。对此,肯特公爵兼斯特拉森公爵爱德华很不以为然。他在信中写道:"因为我有三个哥哥,其中一个,比如克拉伦斯公爵兼圣安德鲁斯公爵威廉,是极有可能有自己的孩子的。因此,在我看来,认为英国王位的继承人将出自我家的看法是一种非分之想。"婴儿的外祖母埃博斯多夫的奥古斯塔·罗伊斯女伯爵在信中将这个婴儿称为"另一个将来可能会发挥重要作用的威尔士的夏洛特公主"。接着,在信中,埃博斯多夫的奥古斯塔·罗伊斯女伯爵又写道:"英国人民爱戴

埃博斯多夫的奥古斯塔·罗伊斯女伯爵

约克公爵兼奥尔巴尼公爵腓特烈

女王。作为深受人们缅怀的威尔士的夏洛特公主的侄女,这个孩子将深得英国人民喜爱。"女婴的父亲肯特公爵兼斯特拉森公爵爱德华曾表示,这个婴儿由于太健康而不受英国王室成员的待见,因为英国王室家族的其他成员将其视为眼中钉。

实际上,这个女婴是英国王位第五顺位继承人,排在她前面的继承人包括她的三个叔叔——摄政王乔治·奥古斯塔斯·腓特烈、约克公爵兼奥尔巴尼公爵腓特烈、克拉伦斯公爵兼圣安德鲁斯公爵威廉,以及她的父亲肯特公爵兼斯特拉森公爵爱德华。

作为英国王位的顺位继承人,这个刚出生的女婴享受到了应有的王室待遇。1819年5月24日,这个女婴出生当天,多位枢密院大臣被传唤到肯辛顿宫。其中包括这位女婴的叔叔摄政王乔治·奥古斯塔斯·腓特烈、威灵顿公爵阿瑟·韦尔斯利、兰斯多恩侯爵亨利·佩蒂-菲茨莫里斯、印度管制委员会主席乔治·坎宁、财政大臣贝克斯利男爵尼古拉·范西塔特,以及在长期掌权的利物浦伯爵罗伯特·詹金森的托利党政府中,任职时间已经长达七年之久的两位主要成员。

1819年5月24日,女婴的受洗仪式在肯辛顿宫的大厅举行。伦敦塔送来金质洗礼盘,这是英国王室徽章的组成部分。此外,圣詹姆斯教堂送来深红色天鹅绒窗

摄政王乔治·奥古斯塔斯·腓特烈

约克公爵兼奥尔巴尼公爵腓特烈

帘。女婴的三位教父母中，最值得一提的人物是俄罗斯沙皇亚历山大一世，他是神圣同盟的领袖，欧洲大陆上最有权势的君主。摄政王乔治·奥古斯塔斯·腓特烈和托利党首相利物浦伯爵罗伯特·詹金森希望英国与俄罗斯帝国保持友好关系。因此，当俄罗斯帝国驻英国大使克里斯托夫·冯·利芬提出让沙皇亚历山大一世当女婴的教父时，这一提议被欣然接受。女婴的一位教母是女婴的大姑，乔治三世的长女、已经守寡的符腾堡王后、英国长公主夏洛特。她的另一位教母是女婴的外祖母埃博斯多夫的奥古斯塔·罗伊斯女伯爵，也就是埃博斯多夫的瑞斯伯爵海因里希二十四世的长女。这三位教父母都没有出席女婴的受洗仪式，而是分别由女婴的伯父约克公爵兼奥尔巴尼公爵腓特烈、两个姑姑奥古斯塔·索菲亚公主和玛丽公主代表参加。

在伦敦主教威廉·豪利的协助下，坎特伯雷大主教查尔斯·曼纳斯-萨顿博士主持了受洗仪式。受洗仪式上，摄政王乔治·奥古斯塔斯·腓特烈称赞取自俄罗斯

长公主夏洛特

奥古斯塔·索菲亚公主

玛丽公主

伦敦主教威廉·豪利

沙皇亚历山大一世的"亚历山德里娜"这个的名字非常好。肯特公爵兼斯特拉森公爵爱德华提议再给女婴取个名字。摄政王乔治·奥古斯塔斯·腓特烈建议了"乔治娜"这个名字。不过,肯特公爵兼斯特拉森公爵爱德华更喜欢"伊丽莎白"这个名字。随后,摄政王乔治·奥古斯塔斯·腓特烈又坚持要用女婴母亲肯特公爵兼斯特拉森公爵的夫人玛丽·路易丝·维多利亚名字中的维多利亚。与此同时,他还要求保留亚历山德里娜这个名字。就这样,在洗礼仪式上小公主的名字就被确定为亚历山德里娜·维多利亚。随后多年里,家人一直昵称亚历山德里娜·维多利亚公主为"德里娜"。不过,亚历山德里娜·维多利亚公主的母亲从一开始就希望民众和官方多使用第二个名字维多利亚。年仅四岁时,亚历山德里娜·维多利亚公主就能写自己的

四岁时的亚历山德里娜·维多利亚公主

名字。目前,她四岁时的签名保存在大英博物馆内。在英国,虽然维多利亚是个常见名,但对英国人来说,这个名字听上去还是有点舶来的味道。当时,给小公主起维多利亚这个名字还是招致了大量思想保守者的非议。①

亚历山德里娜·维多利亚公主一个月大时,她的父母举家搬到紧邻萨里郡伊舍镇的克莱尔蒙特。克莱尔蒙特是亚历山德里娜·维多利亚公主鳏居的舅舅萨克森-科堡的利奥波德的终身封地。1819年8月,经英国王室批准,亚历山德里娜·维多利亚公主接种了疫苗。这是英国王室第一次批准接种疫苗,并且极大地推动了疫苗接种在英国全国的普及。1819年9月月底,从母亲埃博斯多夫的奥古斯塔·罗伊斯女伯爵那里,肯特公爵兼斯特拉森公爵的夫人玛丽·路易丝·维多利亚了解到1819年8月26日,他的大哥萨克森-科堡-萨尔费尔德②公爵的第二个儿子阿尔伯特在科堡的玫瑰宫出生。曾参与接生亚历山德里娜·维多利亚公主的德意志女助产士西博尔德夫人也协助了阿尔伯特的降生。由于这个缘故,萨克森-科堡的社交界马上将这两个孩子联系到一起。1819年12月,肯特公爵兼斯特拉森公爵爱德华与妻子玛丽·路易丝·维多利亚带着女儿亚历山德里娜·维多利亚公主来到锡德茅斯,租下一栋叫"伍尔布鲁克格伦"的小房子。时至今日,这栋小房子依然存在。肯特公爵兼斯特拉森公爵爱德华一家暂住在这栋小房子的时光一点也不宁静。一个淘气的小男孩竟然瞄准亚历山德里娜·维多利亚公主居住的房间窗户,射了一箭,差点就要了亚历山德里娜·维多利亚公主的命。

几个星期后,居住在锡德茅斯的亚历山德里娜·维多利亚公主在英国的地位发生了极其重大的变化。1820年1月20日,天下着小雨,肯特公爵兼斯特拉森公爵爱

---

① 在罗马帝国时期,维多利亚是个响亮的名字。公元3世纪时,一位统治着高卢和罗马帝国几个西部省份的高卢女贵族就叫维多利亚。后来,维多利亚被意大利化为"维特多利亚",并且在中世纪和现代意大利得到广泛使用。肯特公爵兼斯特拉森公爵的夫人玛丽·路易丝·维多利亚似乎是萨克森-科堡家族中第一个叫这个名字的人。不过后来,为向肯特公爵兼斯特拉森公爵的夫人玛丽·路易丝·维多利亚致敬,萨克森-科堡家族中的几个侄女也都叫这个名字。在使用维多利亚这个名字前,英国王室至少还有一个盎格鲁-意大利家族使用过这个名字。为纪念朋友尊敬的维克托·弗赖尔牧师,一位叫文森特·诺韦洛的伦敦音乐出版商,给女儿起名叫玛丽·维多利亚。这位玛丽·维多利亚比维多利亚女王早出生十年,少女时期,家人都叫她"维多利亚"。婚后,她成为考登·克拉克夫人。——原注
② 1826年,萨尔费尔德与哥达交换。之后,萨克森-科堡-萨尔费尔德改名为萨克森·科堡-哥达。——原注

乔治三世驾崩

德华出门散步。回到家后,他就染上风寒病倒。随后,他的病情恶化成肺炎。1820年1月23日,肯特公爵兼斯特拉森公爵爱德华去世。六天后,即1820年1月29日,亚历山德里娜·维多利亚公主的祖父,身体羸弱、失明多年的乔治三世驾崩。亚历山德里娜·维多利亚公主的大伯,五十八岁的摄政王乔治·奥古斯塔斯·腓特烈继位,称"乔治四世"。如此一来,原本横亘在亚历山德里娜·维多利亚公主和英国王位的障碍瞬间从四人减少到两人,即五十七岁的约克公爵兼奥尔巴尼公爵腓特烈和五十五岁的克拉伦斯公爵兼圣安德鲁斯公爵威廉。两位公爵都没有合法的继承人,似乎将来也不太可能再有合法继承人。因此,亚历山德里娜·维多利亚公主似乎将来一定会继承英国王位。

其实，肯特公爵兼斯特拉森公爵的夫人玛丽·路易丝·维多利亚及其女儿亚历山德里娜·维多利亚公主的地位并不令人羡慕。肯特公爵兼斯特拉森公爵爱德华生前指定妻子肯特公爵兼斯特拉森公爵的夫人玛丽·路易丝·维多利亚为女儿亚历山德里娜·维多利亚公主的唯一监护人，并且指定好友弗雷德里克·奥古斯塔斯·韦瑟罗尔将军和约翰·康罗伊爵士为遗嘱执行人。约翰·康罗伊爵士曾给肯特公爵兼斯特拉森公爵爱德华当了十年侍从官，深得肯特公爵兼斯特拉森公爵爱德华的信任。肯特公爵兼斯特拉森公爵爱德华去世后，约翰·康罗伊爵士成了肯特公爵兼斯特拉森公爵的夫人玛丽·路易丝·维多利亚的管家。肯特公爵兼斯特拉森公爵的夫人玛丽·路易丝·维多利亚经常听取约翰·康罗伊爵士的意见，直到亚历山德里娜·维

约翰·康罗伊爵士

坎伯兰公爵兼蒂维厄特公爵欧内斯特·奥古斯塔斯

多利亚公主继位前。虽然在同一屋檐下生活多年,但亚历山德里娜·维多利亚公主一直从心底里讨厌约翰·康罗伊爵士。肯特公爵兼斯特拉森公爵的夫人玛丽·路易丝·维多利亚很不喜欢自己丈夫的兄弟们,尤其讨厌新登基的乔治四世、假定王位继承人的小叔子克拉伦斯公爵兼圣安德鲁斯公爵威廉和顺位继承权排在自己女儿之后的坎伯兰公爵兼蒂维厄特公爵欧内斯特·奥古斯塔斯。后来,谈及与英国王室主要家庭成员的关系时,肯特公爵兼斯特拉森公爵的夫人玛丽·路易丝·维多利亚称在丈夫去世后,自己身处异乡,和女儿亚历山德里娜·维多利亚感受到的只有孤独和敌意,并且称自己经历的苦难与自己英语讲得不好没有一丁点关系。

肯特公爵兼斯特拉森公爵爱德华虽然留有遗嘱,但没留下任何财产来还债。就在去世前,肯特公爵兼斯特拉森公爵爱德华还曾试图通过向英国议会申请许可,出售自己1805年在伊灵获得的一处地产,以缓解面临的经济困境。但不幸的是,申请并没有获得英国议会的通过。肯特公爵兼斯特拉森公爵爱德华死后就把这一屁股债留给了女儿亚历山德里娜·维多利亚公主。多年后，依靠自己的信誉，亚历山德里娜·维多利亚公主终于偿清了父亲肯特公爵兼斯特拉森公爵爱德华的债务。当时，按照英国议会的决定，如果肯特公爵兼斯特拉森公爵爱德华去世，作为遗孀的肯特公爵兼斯特拉森公爵的夫人玛丽·路易丝·维多利亚可以终身享受1818年结婚时，肯特公爵兼斯特拉森公爵爱德华获得的六千英镑年金的待遇。1819年回到英国时，肯特公爵兼斯特拉森公爵爱德华夫妇获得的肯辛顿宫住所，肯特公爵兼斯特拉森公爵的夫人玛丽·路易丝·维多利亚可以继续使用。此外，肯特公爵兼斯特拉森公爵的夫人玛丽·路易丝·维多利亚再无其他财产可以支配。

虽然肯特公爵兼斯特拉森公爵的夫人玛丽·路易丝·维多利亚命运不济，但她的生活中也并非没有一丝慰藉。去世的丈夫肯特公爵兼斯特拉森公爵爱德华有两个未婚的妹妹，索菲亚公主和奥古斯塔·索菲亚公主。两位公主都很同情嫂嫂肯

索菲亚公主

特公爵兼斯特拉森公爵的夫人玛丽·路易丝·维多利亚，更敬佩在关键时期她表现出的泰然自若。另外，同样身为德意志贵族的克拉伦斯公爵兼圣安德鲁斯公爵的夫人萨克森-迈宁根的阿德莱德可以与肯特公爵兼斯特拉森公爵的夫人玛丽·路易丝·维多利亚用母语交流。因此，萨克森-迈宁根的阿德莱德也经常去看望自己的弟媳肯特公爵兼斯特拉森公爵的夫人玛丽·路易丝·维多利亚。

不过，主要给肯特公爵兼斯特拉森公爵的夫人玛丽·路易丝·维多利亚带来安慰的人还是自己的弟弟萨克森-科堡的利奥波德。此后，萨克森·科堡的利奥波德还一直是姐姐肯特公爵兼斯特拉森公爵的夫人玛丽·路易丝·维多利亚的重要顾问和慷慨的资助人。肯特公爵和斯拉森公爵爱德华病危时，萨克森-科堡的利奥波德立即赶到锡德茅斯，安慰姐姐，并且向姐姐建议该如何行事。大约四年前，即1817年，失去妻子和孩子后，萨克森-科堡的利奥波德便失去了以前的地位和影响力，并且开始漫无目的地周游英格兰和苏格兰。肯特公爵兼斯特拉森公爵爱德华去世后，萨克森-科堡的利奥波德很自然地认为自己应该担负起亚历山德里娜·维多利亚公主父亲的角色。尽管受过良好德意志教育的萨克森-科堡的利奥波德从未真正了解英国的政治生态，但他为人谨慎，富有远见，完全有资格成为外甥女亚历山德里娜·维多利亚公主的监护人和姐姐肯特公爵兼斯特拉森公爵的夫人玛丽·路易丝·维多利亚的顾问。

萨克森-科堡的利奥波德让姐姐肯特公爵兼斯特拉森公爵的夫人玛丽·路易丝·维多利亚清楚地认识到年幼的女儿亚历山德里娜·维多利亚将来的命运。与此同时，第一次婚姻带来的责任也沉甸甸地压在肯特公爵兼斯特拉森公爵的夫人玛丽·路易丝·维多利亚的肩头。此时，她还以儿子莱宁根的卡尔的名义摄政莱宁根公国。尽管留恋在德意志的家人，渴望与家人保持亲密的往来，并且英国朝廷的冷落让她伤心，但她还是听从弟弟萨克森-科堡的利奥波德的建议，辞去了莱宁根摄政王的头衔，并且决定永久留在英国。鉴于女儿亚历山德里娜·维多利亚公主将来有可能继承英国王位，在与弟弟萨克森-科堡的利奥波德仔细商议后，肯特公爵兼斯特拉森公爵的夫人玛丽·路易丝·维多利亚决定将幼女亚历山德里娜·维多利亚的教育视为自己未来生活的主要目标。在亚历山德里娜·维多利亚公主二十一岁结婚前，这对母女哪怕一天都从来没有分开过。

肯特公爵兼斯特拉森公爵的夫人玛丽·路易丝·维多利亚
与童年时期的亚历山德里娜·维多利亚公主

  对于父亲肯特公爵兼斯特拉森公爵爱德华，亚历山德里娜·维多利亚公主没有太多记忆。不过，肯特公爵兼斯特拉森公爵的夫人玛丽·路易丝·维多利亚告诫女儿亚历山德里娜·维多利亚公主要纪念自己的父亲。因此，从小到大，对父亲肯特公爵兼斯特拉森公爵爱德华在西印度、加拿大和直布罗陀的故事，亚历山德里娜·维多利亚公主如数家珍。维多利亚女王继承王位多年后的1876年9月26日，她还专门去巴勒特给父亲肯特公爵兼斯特拉森公爵爱德华待过的皇家苏格兰卫队颁发新旗帜。谈及父亲肯特公爵兼斯特拉森公爵爱德华时，维多利亚女王曾这样说："他对自己军人的身份引以为豪。别人也总是告诫我要将自己视为军人的孩子。"维多利亚女王在位期间，她相当支持军队的工作。在支持军队这一问题上，维多利亚女王十分清楚，父亲肯特公爵兼斯特拉森公爵爱德华持有自由主义，甚至稍带激进主义的主张。肯特公爵兼斯特拉森公爵爱德华去世前，还打算带着妻子起前往新拉纳克拜访社会主义者罗伯特·欧文，重申公开支持罗伯特·欧文的立场。① 可以说，亚历山德里娜·维多利亚公主早期对辉格党的偏爱明显是受其父肯特公爵兼斯特拉森公爵爱德华政治遗产的影响。

---

① 罗伯特·欧文：《自传》，1857年，第237页。1819年6月26日，维多利亚女王出生后一个月，肯特公爵兼斯特拉森公爵爱德华在共济会大厅主持了一次会议。这次会议的目的是指定一个委员会研究讨论罗伯特·欧文提出的帮助穷人、改善工人阶级工作条件的计划。肯特公爵兼斯特拉森公爵爱德华认为，"由于制造业过度扩大使用机器的范围，穷人缺乏报酬丰厚的工作机会。因此，英国全国出现穷人缺乏报酬丰厚的工作机会这种反常的现象"。肯特公爵兼斯特拉森公爵爱德华注意到，在新兰纳克，罗伯特·欧文的实验已经取得成功。他表示，相信罗伯特·欧文有能力制定出拨乱反正的措施。——原注

第 2 章

亚历山德里娜·维多利亚公主与葡萄牙女王玛丽亚二世

精彩看点

定居肯辛顿宫——家庭教师路易丝·莱森——1827年接受任命的教师——亚历山德里娜·维多利亚公主的老师们——语言学习——少女时期对音乐和艺术的热爱——肯辛顿宫的家庭生活——早期肯辛顿宫的访客——亚历山德里娜·维多利亚公主对本人地位的认识——乡村郊游——觐见乔治四世——约克公爵兼奥尔巴尼公爵腓特烈薨——亚历山德里娜·维多利亚公主与葡萄牙女王玛丽亚二世——亚历山德里娜·维多利亚公主对葡萄牙的同情

1820年春，肯特公爵兼斯特拉森公爵的夫人玛丽·路易丝·维多利亚在肯辛顿宫定居。亚历山德里娜·维多利亚公主在肯辛顿宫过着半隐居式的生活，时间一晃就是十八年。当时，大大小小的果菜园和乡间小道令肯辛顿宫与世隔绝，远离伦敦闹市的喧嚣，成为穷乡僻壤里的一处幽静之地。陪伴在肯特公爵兼斯特拉森公爵的夫人玛丽·路易丝·维多利亚身旁的除亚历山德里娜·维多利亚公主外，还有她与第一

肯辛顿宫

任丈夫所生的女儿莱宁根的费奥多拉。莱宁根的费奥多拉年长亚历山德里娜·维多利亚公主十二岁,一直深得母亲肯特公爵兼斯特拉森公爵的夫人玛丽·路易丝·维多利亚喜欢。亚历山德里娜·维多利亚公主还有一位同母异父的兄长——莱宁根的卡尔,他同样深得母亲肯特公爵兼斯特拉森公爵的夫人玛丽·路易丝·维多利亚的喜欢。他经常去肯辛顿宫看望肯特公爵兼斯特拉森公爵的夫人玛丽·路易丝·维多利亚、莱宁根的费奥多拉和亚历山德里娜·维多利亚公主。此外,亚历山德里娜·维多利亚公主年幼时,还有一位年纪相仿的玩伴,管家约翰·康罗伊爵士的女儿。肯特公爵兼斯特拉森公爵的夫人玛丽·路易丝·维多利亚不仅是这个小女孩的教母,还

莱宁根的费奥多拉

路易丝·莱森

允许使用自己的名字为这个小女孩起名为维克图瓦·玛丽·路易莎。①对约翰·康罗伊爵士一家来说,这可是天大的荣誉。

  在肯辛顿宫家中,另一位重要的成年人是路易丝·莱森。路易丝·莱森是德意志汉诺威路德会一位牧师的女儿。从1818年起,她担任莱宁根的费奥多拉的家庭教师。1824年,当亚历山德里娜·维多利亚公主开始接受教育时,路易丝·莱森的学生就从莱宁根的费奥多拉变成亚历山德里娜·维多利亚公主。路易丝·莱森十分健谈,为人严肃,说话言必有据,思想传统,这些特质令她一直不受英国社交圈欢迎。然而,路易丝·莱森敏锐的判断力和教学中的殚精竭虑立刻赢得亚历山德里娜·维多利亚公主的尊敬。作为学生的亚历山德里娜·维多利亚公主对这段接受教育的经

---

① 1842年3月10日,维克图瓦·玛丽·路易莎·康罗伊小姐嫁给温德姆·爱德华·汉默少校。1866年2月9日,维克图瓦·玛丽·路易莎·汉默夫人去世。——原注

历终生难忘。即使成年后，亚历山德里娜·维多利亚公主也与自己的老师路易丝·莱森一直保持亲密的往来。路易丝·莱森在世时，两人会定期通信和互送礼物。1870年，路易丝·莱森去世。在信中提到这位儿时的家庭教师时，维多利亚女王说道："她在我六个月大时就认识了我。在我五岁到十八岁的这段时间中，她以一种自我牺牲的精神，在我身上倾注了她的全部心血，她甚至从来没有休过一天假。我喜欢她，但更尊敬她。她好像真的眼里只有我。"

英国议会首次正式关注亚历山德里娜·维多利亚公主的问题就是其教育问题。为了让亚历山德里娜·维多利亚公主接受符合其身份和地位的教育，1825年，英国议会通过一项提议，决定向肯特公爵兼斯特拉森公爵的夫人玛丽·路易丝·维多利亚每年再提供六千英镑，用于充分保证亚历山德里娜·维多利亚公主未来的生活和教育。[①]亚历山德里娜·维多利亚公主必须接受正统的英国教育，从未被正式任命为老师的路易丝·莱森一直只是亚历山德里娜·维多利亚公主身边的随从。因此，路易丝·莱森显然不具备全面承担教育亚历山德里娜·维多利亚公主的资格。在肯辛顿宫的牧师托马斯·拉塞尔的推荐下，中年乡村牧师乔治·戴维斯成为亚历山德里娜·维多利亚公主的老师。乔治·戴维斯教士曾做过林肯郡教区的牧师，不过很快就调入伦敦城的一所教堂。1827年，乔治·戴维斯被正式指派为亚历山德里娜·维多利亚公主教育方面的负责人，并且居住在肯辛顿宫。就在同一年，为安抚路易丝·莱森，乔治四世接受妹妹索菲亚公主的建议，册封路易丝·莱森为汉诺威王国的女男爵。

乔治·戴维斯在教学中一丝不苟。为了让自己储备起丰富的宗教和历史知识，乔治·戴维斯召集了一批各学科的精英。虽然在宗教方面乔治·戴维斯持新教理念，但他对其他宗教态度宽容。此外，他鼓励学生要培养宽容大度的秉性，这令亚历山德里娜·维多利亚公主日后受益匪浅。威斯敏斯特学校的书法老师托马斯·斯图尔德教亚历山德里娜·维多利亚公主书法和算术。没过多久，亚历山德里娜·维多利亚公主就能快速自如地书写。幼年时，亚历山德里娜·维多利亚公主就能通过书信向众多亲戚清晰地表达自己的观点，并且终生保持通过书信交流的习惯。

[①] 《英国议会议事录》，新版，第13卷，第909页到第927页。——原注

少女时期的亚历山德里娜·维多利亚公主

  从亚历山德里娜·维多利亚公主的少女时期开始,肯特公爵兼斯特拉森公爵的夫人玛丽·路易丝·维多利亚就切实督促亚历山大里娜·维多利亚公主使用英语交流。尽管如此,德语仍是亚历山德里娜·维多利亚公主最早学习的语言,并且一直被亚历山德里娜·维多利亚公主视为母语。亚历山德里娜·维多利亚公主不但跟随巴雷斯先生学习德语的语法,还研习德意志文学。起初,亚历山德里娜·维多利亚公主讲英语时还会带德语口音,但这个问题很快就得到解决。成年后的亚历山德里娜·维多利亚公主讲起英语来不但发音纯正,而且语调很优美。青年时期,亚历山德里娜·维多利亚公主喜欢被众人视为英语发音方面的权威。格兰迪诺先生给亚历山德里娜·维多利亚公主教法语,她的法语也逐渐变得出色并流利起来。在后期接受教育时,亚历山德里娜·维多利亚公主又对意大利歌剧产生了浓厚的兴趣。她开始刻苦学习意大利语,并且从不放过任何说意大利语的机会。虽然没有在文学研究领域展现出非凡的天赋和特殊的爱好,但亚历山德里娜·维多利亚公主仍然堪称天生的语言学家。实际上,在年轻时,亚历山德里娜·维多利亚公主被禁止阅读小说。因此,一流的文学著作从未对她产生过吸引力。

亚历山德里娜·维多利亚公主自诩是个快乐坚毅的人,并且追求艺术的实用性,但她显然缺乏艺术品位。在音乐教育方面,她投入了大量时间。1826年起,威斯敏斯特圣玛格丽特教堂的风琴演奏家、日后成为皇家礼拜堂的风琴演奏家的约翰·伯纳德·塞尔开始教亚历山德里娜·维多利亚公主演唱。经过专业训练,亚历山德里娜·维多利亚公主慢慢地拥有了甜美的女高音嗓音。不久,她就能很好地一边弹钢琴,一边演唱了。绘画课最早由理查德·韦斯托尔教授。1829年,理查德·韦斯托尔绘制了亚历山德里娜·维多利亚公主早期画像中的一幅。随后,亚历山德里娜·维多利亚公主又师从埃德温·兰西尔。对亚历山德里娜·维多利亚公主来说,铅笔素描和水彩画是其终身的乐趣。婚后,她还尝试过蚀刻版画。亚历山德里娜·维多利亚公主一直坚持接受音乐和绘画方面的熏陶。至于舞蹈方面的学习,起初,舞蹈课由布尔丹小姐教。与母亲肯特公爵兼斯特拉森公爵的夫人玛丽·路易丝·维多利亚一样,亚历山德里娜·维多利亚公主十分喜欢舞蹈课,并且人到中年时,她们都可以精力充沛地翩翩起舞。亚历山德里娜·维多利亚公主喜欢学习和编排乡村舞蹈,热衷并善于玩各种舞蹈游戏。她最喜欢的舞蹈游戏分别是"老少出来一起玩"和"老爷爷"。此外,亚历山德里娜·维多利亚公主热衷于体育锻炼,并且以参与各种形式的室内和户外活动作为消遣。从童年起,亚历山德里娜·维多利亚公主就是一名骑术精湛的女骑手。成年后,她的板羽球和羽毛球也打得很棒。

亚历山德里娜·维多利亚公主是个懂事、快乐、充满爱心、天真无邪的孩子。她很体贴他人,崇尚真理,并且对家庭生活的幸福很知足。与此同时,亚历山德里娜·维多利亚公主很任性,讨厌各种条条框框的约束,平时衣着极其简朴并推崇极

理查德·韦斯托尔绘制的
亚历山德里娜·维多利亚公主肖像

埃德温·兰西尔

简主义的生活方式。在肯辛顿宫的小花园内,阿尔比马尔伯爵乔治·凯佩尔曾看见亚历山德里娜·维多利亚公主亲自给花浇水。他在书中这样描绘亚历山德里娜·维多利亚公主的穿着,"头戴草帽,身着一袭白色棉裙",全身上下唯一的装饰是"绕在颈间的一条彩色三角围巾"。① 查尔斯·奈特曾目睹九岁的亚历山德里娜·维多利亚公主在户外吃早餐,并且她能从吃早餐的地方欣赏肯辛顿宫花园的美景。当时,亚历山德里娜·维多利亚公主突然从餐桌旁起身,冲了出去,"在旁边的草地上摘了朵花"。在肯辛顿宫的花园中,利·亨特经常遇到闲庭信步的亚历山德里娜·维多利

利·亨特

---

① 阿尔比马尔伯爵乔治·凯佩尔:《我生命中的五十年》,伦敦,麦克米伦出版社,1876年,第2卷,第227页。——原注

威廉·威尔伯福斯

亚公主,尽管亚历山德里娜·维多利亚公主身后男仆们华丽的服饰着实令利·亨特全身起鸡皮疙瘩。但与此同时,他注意到,在与年纪相仿的玩伴嬉闹时,亚历山德里娜·维多利亚公主是那么无拘无束。

肯特公爵兼斯特拉森公爵的夫人玛丽·路易丝·维多利亚很喜欢将女儿亚历山德里娜·维多利亚公主引荐给前来肯辛顿宫做客的人们。这些客人虽然来自英国社会各个阶层,但都是地位显赫的人物。威廉·威尔伯福斯在描述自己1820年7月如何应邀前往肯辛顿宫拜访肯特公爵兼斯特拉森公爵的夫人玛丽·路易丝·维多利亚,肯特公爵兼斯特拉森公爵的夫人玛丽·路易丝·维多利亚又如何接待自己时,曾这样描述亚历山德里娜·维多利亚公主:"肯特公爵兼斯特拉森公爵的夫人玛丽·路易丝·维多利亚身旁的亚历山德里娜·维多利亚公主活泼可爱,正坐在地上摆弄玩

沃尔特·司各特爵士

具。当注意到我后,她很快就和我打成一片,玩了起来。"①1828年5月19日,沃尔特·司各特爵士和肯特公爵兼斯特拉森公爵的夫人玛丽·路易丝·维多利亚一起用餐,并且被介绍给亚历山德里娜·维多利亚公主。沃尔特·司各特爵士提到希望亚历山德里娜·维多利亚公主能换个名字,并且这样描述当时的情景:"英国王位继承人就这样站在我面前……这个年幼尊贵的小姐正在接受悉心的教育,受到严格的监管。"沃尔特·司各特爵士还指出:"我觉得我们如果能仔细分析亚历山德里娜·维多利亚公主的心理,那么就会发现她的神态中带有鸽子或者其他鸟类的特点。"②

① 罗伯特·威尔伯福斯和塞缪尔·威尔伯福斯:《威廉·威尔伯福斯传》,伦敦,约翰·默里出版社,1838年,第5卷,第71页到第72页。——原注
② 约翰·吉布森·洛克哈特,《沃尔特·司各特爵士回忆录》,1900年,第5卷,第200页。——原注

根据多年后路易丝·莱森的回忆，直到十二岁时，亚历山德里娜·维多利亚公主才认识到自己英国王位顺位继承人的身份。之前，大家都对此守口如瓶。当时，经过仔细商议后，路易丝·莱森郑重地将这一事实告知亚历山德里娜·维多利亚公主，但她采用的方式很巧妙。路易丝·莱森将一份英国王室家谱夹在一本英国儿童历史读物里，并且将亚历山德里娜·维多利亚公主的名字明显地标出来。路易丝·莱森回忆说，当得知这一消息时，亚历山德里娜·维多利亚公主信誓旦旦地表示，以后自己一定会"好好表现"。此前，尽管亚历山德里娜·维多利亚公主有众多机会了解到自己的真实地位，但根据路易丝·莱森的说法，亚历山德里娜·维多利亚公主一直对自己的身份一无所知。亚历山德里娜·维多利亚公主身边有众多玩伴，其中就有普鲁士王国驻英国大使海因里希·冯·布洛的女儿们。海因里希·冯·布洛的妻子是威廉·冯·洪堡的女儿。1829年5月28日，海因里希·冯·布洛的女儿们和其他几个孩子

海因里希·冯·布洛

在肯辛顿宫与亚历山德里娜·维多利亚公主玩了一下午。临走前,亚历山德里娜·维多利亚公主送给每人一幅自己的肖像画。显然,这一举动跟亚历山德里娜·维多利亚公主对自己身份一无所知的说法不一致。①

  在亚历山德里娜·维多利亚公主的记忆中,最愉快的娱乐活动是夏季和秋季前往乡村或海边郊游。亚历山德里娜·维多利亚公主每年会多次前往伊舍镇附近的克莱尔蒙特,看望舅舅萨克森-科堡的利奥波德。据亚历山德里娜·维多利亚公主自己所说,在伊舍镇附近的克莱尔蒙特,自己度过了年少时最快乐的时光。②1824年秋,亚历山德里娜·维多利亚公主在克莱尔蒙特见到了舅舅萨克森-科堡的利奥波德的母亲,也就是自己的外祖母兼教母埃博斯多夫的奥古斯塔·罗伊斯女伯爵。此时,埃博斯多夫的奥古斯塔·罗伊斯女伯爵已经在克莱尔蒙特住了两个多月。年迈的外祖母对自己的外孙女赞赏有加,称亚历山德里娜·维多利亚公主是"五月沁人心脾的花朵",并且表示如果未来亚历山德里娜·维多利亚公主能嫁入萨克森-科堡家族,那么将对亚历山德里娜·维多利亚公主本人十分有利。不过,这一想法似乎是受到其子萨克森-科堡的利奥波德的影响。埃博斯多夫的奥古斯塔·罗伊斯女伯爵的长子萨克森-科堡-哥达公爵欧内斯特一世有两个儿子,其中小儿子阿尔伯特和亚历山德里娜·维多利亚公主同岁,并且被认真考虑为亚历山德里娜·维多利亚的结婚对象。从此,萨克森-科堡的利奥波德像关心外甥女亚历山德里娜·维多利亚公主一样,关注侄子阿尔伯特的成长。1824年的晚些时候,亚历山德里娜·维多利亚公主和母亲肯特公爵兼斯特拉森公爵的夫人玛丽·路易丝·维多利亚首次访问拉姆斯盖特,下榻在阿尔比恩宫。此后,亚历山德里娜·维多利亚公主母女二人曾多次前往拉姆斯盖特。布罗德斯泰斯也是肯特公爵兼斯特拉森公爵的夫人玛丽·路易丝·维多利亚和女儿亚历山德里娜·维多利亚公主最喜欢的度假胜地。一次,在从布罗德斯泰斯返回的途中,肯特公爵兼斯特拉森公爵的夫人玛丽·路易丝·维多利亚和亚历山德里娜·维多利亚公主取道前往阿什福德的伊斯特维尔公园,并且第一次访问了温奇尔西伯爵乔治·芬奇。

---

① 加布里埃尔·冯·布洛:《回忆录》,英译本,1897年,第163页。——原注
② 查尔斯·格雷:《王夫阿尔伯特亲王的早年生活》,1867年,第392页。——原注

温奇尔西伯爵乔治·芬奇

1826年，亚历山德里娜·维多利亚公主和母亲肯特公爵兼斯特拉森公爵的夫人玛丽·路易丝·维多利亚首次收到邀请，前往温莎城堡觐见乔治四世。当时，由于温莎城堡正在修缮，乔治四世就临时住在温莎城堡的皇家别墅内。作为客人的亚历山德里娜·维多利亚公主和母亲肯特公爵兼斯特拉森公爵玛丽·路易丝·维多利亚被安顿到坎伯兰别墅。乔治四世对侄女亚历山德里娜·维多利亚公主很和蔼，并且授予亚历山德里娜·维多利亚公主一块只有英国王室成员才能佩戴的徽章。亚历山德里娜·维多利亚公主抖擞的精神和坦诚的态度完全赢得了乔治四世的好感。一次，乔治四世让亚历山德里娜·维多利亚公主选一首乐曲。亚历山德里娜·维多利亚公主说："《天佑我王》。"这令乔治四世十分高兴。1826年8月17日，亚历山德里娜·维多利亚公主陪同乔治四世前往弗吉尼亚湖游玩。随后，乔治四世还亲自驾驶马车带亚历山德里娜·维多利亚公主外出一次。

1827年1月5日，约克公爵兼奥尔巴尼公爵腓特烈薨，并且没有留下子嗣。对这位叔叔，亚历山德里娜·维多利亚公主知之甚少。不过，在去世前，住在切尔西国王路的约克公爵兼奥尔巴尼公爵腓特烈曾邀请侄女亚历山德里娜·维多利亚公主前来看望自己。为逗侄女亚历山德里娜·维多利亚开心,约克公爵兼奥尔巴尼公爵腓特烈找人表演了木偶戏《潘趣和朱迪》。约克公爵兼奥尔巴尼公爵腓特烈的去世令英国王位顺位继承人减少到两人,即克拉伦斯公爵兼圣安德鲁斯公爵威廉和亚历山德里娜·维多利亚公主。不过,当时人们都认为,最终,亚历山德里娜·维多利亚公主将继承英国王位,这将是铁板钉钉的事。①

1829年5月28日,在圣詹姆斯宫,亚历山德里娜·维多利亚公主首次参加宫廷聚会,这次聚会是乔治四世为来访的葡萄牙女王玛丽亚二世举办的。时年十岁的葡萄

葡萄牙女王玛丽亚二世

---

① 克拉伦斯公爵兼圣安德鲁斯公爵威廉曾与妻子有两个女儿,但这两个女儿都夭折了。1819年3月29日,克拉伦斯公爵兼圣安德鲁斯公爵威廉的大女儿夏洛特·奥古斯塔·路易莎出生,但同一天就夭折了。1820年12月10日,他的小女儿伊丽莎白·乔治娜·阿德莱德出生,但1821年3月4日夭折。随后近十年,直到1830年克拉伦斯公爵和圣安德鲁斯公爵威廉继位,都没有合法子女诞生。——原注

牙女王玛丽亚二世是英国政府一手扶植起来的。后来记录了大量有关亚历山德里娜·维多利亚公主表现的查尔斯·格雷维尔这样写道:"聚会很盛大,我第一次见到了葡萄牙女王玛丽亚二世和我们的小亚历山德里娜·维多利亚公主……葡萄牙女王玛丽亚二世拥有一副奥地利人典型的面容,十分俊俏。我们的公主亚历山德里娜·维多利亚个头不高,长相平平,姿色和葡萄牙女王玛丽亚二世相差很远。不过,虽然在外貌方面上帝对亚历山德里娜·维多利亚公主吝啬,但在运气方面对她格外慷慨。"①

玛丽亚二世只比亚历山德里娜·维多利亚公主大一个月,但她加冕为葡萄牙女王已经有三年时间。当时,由于巴西独立,葡萄牙王国国内心怀不满的臣子们逼迫玛丽亚二世的父亲,即专制君主佩德罗一世,将葡萄牙王位让给女儿玛丽亚二世。

佩德罗一世

① 查尔斯·格雷维尔:《查尔斯·格雷维尔回忆录》,1888年,第1部,第1卷,第209页。——原注

1826年，在葡萄牙王国立宪派的拥护和英国的庇护下，时年六岁的玛丽亚二世登上葡萄牙王位。然而，葡萄牙王国国内叛乱不断，迫使儿童女王玛丽亚二世在其统治的前七年不得不流亡到欧洲北部，主要是巴黎一带。在巴黎，玛丽亚二世接受了教育。最终，1834年，玛丽亚二世返回葡萄牙王国。后来。玛丽亚二世和亚历山德里娜·维多利亚公主在英国又有过多次会面。自两人第一次见面后，亚历山德里娜·维多利亚公主就被葡萄牙女王玛丽亚二世温文尔雅的举止吸引。两人的最后一次会面可能是在1833年秋，地点在怀特岛。1836年4月9日，玛丽亚二世与亚历山德里娜·维多利亚公主的直系表哥，萨克森-科堡的斐迪南·奥古斯特结婚，成为萨克森-科堡家族的一员。从某种程度上看，葡萄牙女王玛丽亚二世的政治和婚姻的轨迹与亚历山德里娜·维多利亚公主极其相似。日后成为英国女王的亚历山德里娜·维多利亚公主也对玛丽亚二世的人生历程、她的后代及其祖国葡萄牙王国表现出极大兴趣和同情心。

第 3 章

亚历山德里娜·维多利亚公主与威廉四世

精彩看点

亚历山德里娜·维多利亚公主成为英国王位假定继承人——任命家庭女教师——亚历山德里娜·维多利亚公主进宫——亚历山德里娜·维多利亚公主缺席威廉四世的加冕典礼——青葱岁月的烦恼——萨克森-科堡的利奥波德接受继承比利时王位——威廉四世对待亚历山德里娜·维多利亚公主的态度——早期的国内旅行——1832年的旅行——访问贵族成员——在牛津——肯辛顿官中的接待活动——1833年的旅行——从音乐和戏剧中获得快乐——1835年参加阿斯科特赛马会——亚历山德里娜·维多利亚公主的坚信礼——1835年的旅行——第一次见到阿尔伯特——其他追求者——1836年8月21日威廉四世在温莎城堡公然抨击肯特公爵兼斯特拉森公爵的夫人玛丽·路易丝·维多利亚——亚历山德里娜·维多利亚公主成年——访问皇家艺术学院——威廉四世与亚历山德里娜·维多利亚公主的最后交流

1830年6月，亚历山德里娜·维多利亚公主走向英国王位的道路进入最后阶段。1830年6月26日，乔治四世驾崩，其弟克拉伦斯公爵兼圣安德鲁斯公爵威廉继位，称"威廉四世"。新继位的威廉四世也没有在世的合法子嗣，其侄女亚历山德里娜·维多利亚公主自然成为英国王位的假定继承人。公众对小公主亚历山德里娜·维多利亚产生了极大兴趣。1830年11月，英国议会讨论了亚历山德里娜·维多利亚公主的地位问题。英国议会大法官林德赫斯特男爵约翰·科普利提出一项议案并马上获得通过。这项议案规定，在亚历山德里娜·维多利亚公主还未成年时，如果威廉四世驾崩，那么肯特公爵兼斯特拉森公爵的夫人玛丽·路易丝·维多利亚将享有摄政权。这种信任带给肯特公爵兼斯特拉森公爵的夫人玛丽·路易丝·维多利亚极大的满足。1831年，威廉四世又要求英国议会"根据最近的情况为亚历山德里娜·维多利亚公主做进一步的经济安排"。考虑到亚历山德里娜·维多利亚公主的需要，英国政府建议在肯特公爵兼斯特拉森公爵的夫人玛丽·路易丝·维多利亚原有津贴的基础上再增加一万英镑。当时，两位有影响力的要员马修·怀特·里德利爵士和罗伯特·英格利斯爵士都支持这个建议。不过，这两位要员旧话重提。他们不满意亚历山德里娜·维多利亚公主的名字，认为"维多利亚"这个名字实在与英国人民的精神格格不入，并且敦促应该将亚历山德里娜·维多利亚公主的名字改为"伊丽莎白"，将来成为"伊丽莎白二世"，以展现出当年伊丽莎白一世的风范。这两位要员是英国绅士的代表，有教养，思想保守，厌恶一切外来事物。但亚历山德里娜·维多利亚公主非常讨厌伊丽莎白一世，一直反对将自己与伊丽莎白一世扯上任何关系。为了让亚历山德里娜·维多利亚公主安心，对其教名维多利亚的反对之声渐渐消失了。另外，英国议会中还有议员提出一项减少新津贴的修正案，但遭到英国议会的否决。最终，英国政府增加津贴的提议被无条件采纳①。

　　肯特公爵兼斯特拉森公爵的夫人玛丽·路易丝·维多利亚认为，增加后的津贴还不足以支付自己作为公爵夫人的生活开支。但很快，肯特公爵兼斯特拉森公爵的夫人玛丽·路易丝·维多利亚府上就迎来了更大的荣耀。克莱夫男爵罗伯特·克莱夫的孙女、诺森伯兰公爵夫人夏洛特·珀西被正式任命为亚历山德里娜·维多利亚公

诺森伯兰公爵夫人夏洛特·珀西

---

① 《英国议会议事录》，第3部，第5卷，第591页，第654页之后。——原注

阿德莱德王后

主的家庭女教师。①亚历山德里娜·维多利亚公主以前的家庭教师乔治·戴维斯被任命为切斯特大教堂院长。

威廉四世要求亚历山德里娜·维多利亚公主参加各种宫廷活动。1830年7月20日，在圣詹姆斯宫，身着深色丧服，拖着长长裙摆，头戴及地面纱的亚历山德里娜·维多利亚公主陪同阿德莱德王后参加了嘉德勋位分会。②几个月后，亚历山德

---

① 诺森伯兰公爵夫人夏洛特·珀西是克莱夫男爵罗伯特·克莱夫的继承人，波伊斯伯爵爱德华·克莱夫的二女儿。1817年，她嫁给诺森伯兰公爵休·珀西。诺森伯兰公爵休·珀西是温和的托利党党员。1825年到1826年，诺森伯兰公爵休·珀西在威灵顿公爵阿瑟·韦尔斯利麾下任爱尔兰总督一职。查尔斯·格雷维尔用"理智、和蔼、脾气好、打理丈夫的一切事务"来描述诺森伯兰公爵夫人夏洛特·珀西。1866年7月27日，诺森伯兰公爵夫人夏洛特·珀西去世，并且没有留下子嗣。——原注
② 加布里埃尔·冯·布洛：《回忆录》，英译本，1897年，第191页。——原注

里娜·维多利亚公主趁英国议会的休息间隙,现身英国议会。1831年2月24日,在庆祝阿德莱德王后的生日时,亚历山德里娜·维多利亚公主第一次出席了会客厅宴会。宴会上,威廉四世仔细观察着亚历山德里娜·维多利亚公主。随后,威廉四世抱怨亚历山德里娜·维多利亚公主看自己的眼神冷冰冰。

威廉四世与肯特公爵兼斯特拉森公爵的夫人玛丽·路易丝·维多利亚彼此讨厌。肯特公爵兼斯特拉森公爵的夫人玛丽·路易丝·维多利亚更是千方百计让女儿亚历山德里娜·维多利亚公主尽可能少地出现在威廉四世的朝堂上。对于经常见不到侄女亚历山德里娜·维多利亚公主,威廉四世十分不满。1831年9月8日,亚历山德里娜·维多利亚公主与母亲肯特公爵兼斯特拉森公爵的夫人玛丽·路易·维多利亚本应该参加威廉四世的加冕典礼,但两人都没到场。随后,英国议会询问两人缺席的原因,但两人拒绝给出具体理由。相关大臣也含糊其词地表示威廉四世对两人没有出席加冕典礼并不生气。但真实情况是,威廉四世认为亚历山德里娜·维多利亚公主的王室地位尚有不明确的地方。因此,在通过威斯敏斯特大教堂的皇家游行中,威廉四世坚持安排侄女亚历山德里娜·维多利亚公主走在其叔叔们的后面,而不是前面。对此,肯特公爵兼斯特拉森公爵的夫人玛丽·路易丝·维多利亚反驳称,作为王位假定继承人的亚历山德里娜·维多利亚公主必须紧随威廉四世之后。在这个问题上,双方都不愿退让。最终,肯特公爵兼斯特拉森公爵的夫人玛丽·路易丝·维多利亚拒绝让女儿亚历山德里娜·维多利亚公主出席威廉四世的加冕典礼。成为女王后,维多利亚女王曾多次向自己的孩子表示,当得知母亲肯特公爵兼斯特拉森公爵的夫人玛丽·路易丝·维多利亚的决定时,自己是多么失望、伤心,并且说道:"什么也无法安慰我,连我的玩偶也不能。"

虽然亚历山德里娜·维多利亚公主未来辉煌的人生摆在眼前,但眼下,她的生活充满了悲伤和烦恼。当时,悲伤和烦恼带来的影响不仅是掉掉眼泪那么简单,它更令亚历山德里娜·维多利亚公主对自己少女时代的悲伤和不幸留下了难以磨灭的记忆。1828年1月,长期以来的玩伴莱宁根的费奥多拉嫁给了霍恩洛厄-兰根堡伯爵恩斯特一世。从此,莱宁根的费奥多拉告别英国,这令亚历山德里娜·维多利亚公主十分难过。

霍恩洛厄－兰根堡伯爵恩斯特一世

1830年，萨克森-科堡的利奥波德有意永久离开英国并回到欧洲大陆的消息令肯辛顿宫上下一片焦虑，因为住在肯辛顿宫的亚历山德里娜·维多利亚公主母女十分依赖萨克森-科堡的利奥波德。对于萨克森-科堡的利奥波德的建议，亚历山德里娜·维多利亚公主母女绝对是言听计从。然而，亚历山德里娜·维多利亚母女与萨克森-科堡的利奥波德的分别就在眼前。虽然1830年萨克森-科堡的利奥波德拒绝了希腊王位，但在接下来的1831年，在英国政府的授意下，萨克森-科堡的利奥波德接受了比利时王位，成为比利时国王利奥波德一世。利奥波德一世像以往一样竭力维护外甥女亚历山德里娜·维多利亚公主的利益，并且继续与其保持频繁的通信。然而，由于身处异地，再加上1832年迎娶了法王路易·腓力一世的女儿奥尔良的路易丝，使利奥波德一世无法抽身并密切关注外甥女亚历山德里娜·维多利亚公主的事情。不过，亚历山德里娜·维多利亚公主和母亲肯特公爵兼斯特拉森公爵的夫人玛丽·路易丝·维多利亚也慢慢习惯了这种变化。但就在这时，萨克森-科堡家族中有两人相继去世。接连发生的两件丧事顿时令人备感压抑。首先是1831年8月，肯

第3章 亚历山德里娜·维多利亚公主与威廉四世 | 059

特公爵兼斯特拉森公爵的夫人玛丽·路易丝·维多利亚的大嫂，阿尔伯特的母亲萨克森-哥达-阿尔滕堡的路易丝去世。当年，萨克森-哥达-阿尔滕堡的路易丝生下阿尔伯特没多久，就与丈夫萨克森-科堡-哥达公爵欧内斯特一世离婚了。因此，她的去世并没有令人很惋惜。1831年11月，肯特公爵兼斯特拉森公爵的夫人玛丽·路易丝·维多利亚的母亲埃博斯多夫的奥古斯塔·罗伊斯女伯爵去世。作为亚历山德里娜·维多利亚公主的外祖母和教母，埃博斯多夫的奥古斯塔·罗伊斯女伯爵在世时，十分关心外孙女亚历山德里娜·维多利亚公主的未来。因此，埃博斯多夫的奥古斯塔·罗伊斯女伯爵去世带来的悲伤久久挥之不去。

萨克森-哥达-阿尔滕堡的路易丝与
两个儿子——童年时代的欧内斯特（右）和阿尔伯特（左）

其实，令肯特公爵兼斯特拉森公爵的夫人玛丽·路易丝·维多利亚感到焦虑的主要原因还有威廉四世流露出的敌意。对此，亚历山德里娜·维多利亚感同身受。亚历山德里娜·维多利亚公主私下去看望威廉四世时，威廉四世对她是非同一般的和蔼。因此，亚历山德里娜·维多利亚公主并没有多少抱怨。亲切的阿德莱德王后对亚历山德里娜·维多利亚公主也像母亲般呵护，这同样无可厚非。然而，对于人们认为亚历山德里娜·维多利亚公主的地位已经确立，可以说，威廉四世打心眼里极其不悦。可能是上了年纪的缘故，威廉四世对肯特公爵兼斯特拉森公爵的夫人玛丽·路易丝·维多利亚对王位假定继承人亚历山德里娜·维多利亚的影响非常妒忌，他十分担心民众对侄女亚历山德里娜·维多利亚公主的关注将动摇自己的地位。威廉四世不止一次威胁要剥夺肯特公爵兼斯特拉森公爵的夫人玛丽·路易丝·维多利亚对女儿亚历山德里娜·维多利亚公主的监护权，意欲使侄女亚历山德里娜·维多利亚与外界更加隔绝。1831年8月，在前往怀特岛的诺里斯城堡度假途中，亚历山德里娜·维多利亚公主与母亲肯特公爵兼斯特拉森公爵的夫人玛丽·路易丝·维多利亚收到来自朴次茅斯战舰的皇家敬礼。威廉四世要求，肯特公爵兼斯特拉森公爵的夫人玛丽·路易丝·维多利亚以后自愿放弃类似殊荣。对此，肯特公爵兼斯特拉森公爵的夫人玛丽·路易丝·维多利亚提出强烈抗议。威廉四世就干脆禁止颁发此类殊荣。可以说，在其统治时期，威廉四世与肯特公爵兼斯特拉森公爵的夫人玛丽·路易丝·维多利亚无休止的较劲一刻都没停歇过。

有传言说，肯特公爵兼斯特拉森公爵的夫人玛丽·路易丝·维多利亚很依赖大管家约翰·康罗伊爵士。这类传言令肯特公爵兼斯特拉森公爵的夫人玛丽·路易丝·维多利亚饱受来自全社会和各种小报的批评，但站在母亲保护女儿的立场上，这种做法无可厚非。肯特公爵兼斯特拉森公爵的夫人玛丽·路易丝·维多利亚竭尽全力想让女儿亚历山德里娜·维多利亚认识到其未来责任的重大。出于这一目的，肯特公爵兼斯特拉森公爵的夫人玛丽·路易丝·维多利亚努力创造机会让女儿亚历山德里娜·维多利亚公主了解以后这片自己将统治的土地上的各种历史古迹及商业重镇。1830年10月23日，亚历山德里娜·维多利亚公主为巴斯皇家维多利亚公园开园。随后，她又出席了莫尔文维多利亚大道的落成典礼。这是"维多利亚"这个名字与英国土地最初产生关系的例证。从1832年起,肯特公爵兼斯特拉森公爵的夫人玛丽·路易丝·维多利亚陪同女儿亚历山德里娜·维多利亚公主进行连年长途旅行。在旅途中,两人不是访问贵族成员,就是参观公共事业中心和制造中心。通过这种方式,亚历山德里娜·维多利亚公主了解到人民大众的工作状况和英国社会的实际情况。所有旅行事项均由随行的约翰·康罗伊爵士具体安排。为了让亚历山德里娜·维多利亚公主能高度重视这类旅行,约翰·康罗伊爵士还制订了严格的行为准则。威廉四世反对这样的旅行,将这些旅行戏称为"皇家进修课"。

有公开言论称,亚历山德里娜·维多利亚公主或许永远不可能摆脱"朴素的圭尔夫小姐"的形象。[①]尽管如此,王位女继承人亚历山德里娜·维多利亚公主还是在各地受到应有的礼遇,并且每次出席公开活动都给人留下很好的印象。市政当局总会对亚历山德里娜·维多利亚公主的到来致欢迎辞,肯特公爵兼斯特拉森公爵的夫人玛丽·路易丝·维多利亚也会代表女儿亚历山德里娜·维多利亚公主,以不同的措辞表达"自己活着的目的就是给予女儿亚历山德里娜·维多利亚公主应得的爱和关怀,让女儿亚历山德里娜·维多利亚公主成为值得忠诚的人民依靠和尊敬的人"。

1832年秋,首次旅行使威尔士人认识了亚历山德里娜·维多利亚公主。1832年8月,亚历山德里娜·维多利亚公主一行从肯辛顿宫出发,匆匆途经伯明翰、伍尔弗汉普顿和什鲁斯伯里,到达家庭教师诺森伯兰公爵夫人夏洛特·珀西童年的家——波伊斯城堡。随后,亚历山德里娜·维多利亚公主一行穿越梅奈布里奇,到达博马里斯的一处房子。房子是以亚历山德里娜·维多利亚公主的名义租的,租期为一个月。在房子内,亚历山德里娜·维多利亚公主为艾斯特福德节颁奖。然而,突然发生的霍乱缩短了亚历山德里娜·维多利亚公主在博马里斯的行程。不久,亚历山德里娜·维多利亚公主一行就离开博马里斯,前往普拉斯纽伊德。在普拉斯纽伊德,安格尔西侯爵亨利·佩吉特为亚历山德里娜·维多利亚公主一行租好了一处住所。1832年10月13日,亚历山德里娜·维多利亚公主为附近的一所男校奠基,她给人们留下了极好的印象。"维多利亚公主"甚至成为1834年卡迪夫诗歌节诗歌比赛的主题。在前往威斯敏斯特侯爵罗伯特·格罗夫纳的府邸伊顿庄园的途中,1832年10月17日,亚历

---

① 《约翰·威尔逊·克罗克书信集》,第2卷,第176页。——原注

波伊斯城堡

山德里娜·维多利亚公主还访问了切斯特，并且为迪河上一座新桥的落成剪彩。后来，这座桥被命名为"维多利亚大桥"。1832年10月17日到1832年10月24日，亚历山德里娜·维多利亚公主一行下榻在德沃恩舍尔公爵威廉·卡文迪什位于查茨沃思的庄园。其间，亚历山德里娜·维多利亚公主一行还在庄园附近进行了多次短途旅行，其中一次是前往贝尔珀参观斯特拉特的多家棉纺厂。

紧接着，亚历山德里娜·维多利亚公主和母亲肯特公爵兼斯特拉森公爵的夫人玛丽·路易丝·维多利亚访问了许多贵族的庄园。对这段经历，亚历山德里娜·维多利亚公主记忆犹新。1832年，在登门拜访的贵族中，亚历山德里娜·维多利亚公主对利物浦伯爵查尔斯·詹金森印象最深。利物浦伯爵查尔斯·詹金森是已故的托利党首相利物浦伯爵罗伯特·詹金森的继弟。利物浦伯爵查尔斯·詹金森邀请亚历山德

德沃恩舍尔公爵威廉·卡文迪什

里娜·维多利亚公主到自己位于斯塔福德郡的皮奇福德庄园①参观。利物浦伯爵查尔斯·詹金森向亚历山德里娜·维多利亚公主发出这一邀请很可能是由于他二十一岁的女儿凯瑟琳·詹金森小姐。后来，凯瑟琳·詹金森小姐成为肯特公爵兼斯特拉森公爵的夫人玛丽·路易丝·维多利亚府中的一名侍女。在托利党内，利物浦伯爵查尔斯·詹金森以能干和高度的政治敏锐性著称，身上有种与生俱来的亲和力，这令亚历山德里娜·维多利亚公主对他立刻产生了一种类似女儿对父亲的敬爱之情。1832年秋，在斯塔福德郡期间，亚历山德里娜·维多利亚公主还访问了位于沙格伯勒②的利奇菲尔德伯爵托马斯·安森的庄园、温莎附近波伊斯伯爵爱德华·克莱夫

利奇菲尔德伯爵托马斯·安森

---

① 1833年、1834年和1835年，维多利亚女王分别三次访问修建于14世纪的皮奇福德庄园，并且每次都住在同一间陈设朴素、不带壁炉的卧室里。1836年，维多利亚女王特地访问了利物浦伯爵罗伯特·詹金森位于巴克斯塔德的家。——原注
② 查尔斯·巴戈特夫人：《怀旧》，1901年，第9页到第10页。——原注

的别墅奥克利庭院、布罗姆斯格罗夫附近的普利茅斯伯爵阿彻尔·温莎的宅院海威尔庄园及阿宾登伯爵蒙塔古·伯蒂的宅院怀特姆庄园。

1832年11月8日到1832年11月9日，亚历山德里娜·维多利亚公主和母亲肯特公爵兼斯特拉森公爵的夫人玛丽·路易丝·维多利亚从怀特姆庄园出发，前往牛津。在牛津，牛津市政府和大学致辞欢迎。在基督教堂学院院长托马斯·盖斯福德的陪同下，她们参观了基督教堂学院。接着，她们又前往博德利图书馆和大学出版社，并且逗留了一段时间。随后，她们与牛津大学校长乔治·罗利共进午餐。当时，还只是一名本科生的罗伯特·罗威曾用两种语言混合的诗文绝妙地描绘出亚历山德里娜·维多利亚公主到访牛津的场景。离开牛津后，亚历山德里娜·维多利亚公主一行

罗伯特·罗威

大卫·威尔基

取道海威科姆和阿克斯布里奇返回肯辛顿宫。在这次旅途中，亚历山德里娜·维多利亚公主总是在19时与母亲肯特公爵兼斯特拉森公爵的夫人玛丽·路易丝·维多利亚及接待的主人共进晚餐。

此后，亚历山德里娜·维多利亚公主社交活动的数量迅速增加。肯辛顿宫敞开大门，盛情款待各类宾客。1832年11月，拜克上校到访肯辛顿宫，并且向亚历山德里娜·维多利亚公主讲解已经规划好的北极探险之旅。1833年1月，肖像画家大卫·威尔基和乔治·海特来到肯辛顿宫，为亚历山德里娜·维多利亚公主绘制肖像画。为了缓和与威廉四世紧张的关系，1833年4月24日，肯特公爵兼斯特拉森公爵的夫人玛丽·路易丝·维多利亚专门为威廉四世在肯辛顿宫举办了一场盛大的晚宴。不过，亚历山德里娜·维多利亚公主只是在晚宴前和晚宴后匆匆露了面。1833年6月，作为肯特公爵兼斯特拉森公爵的夫人玛丽·路易丝·维多利亚的客人，亚历山德里娜·维多利亚公主的两个表兄，符腾堡的亚历山大公爵和符腾堡的欧内斯特，以及她同母异父的哥哥莱宁根的卡尔造访了肯辛顿宫。1833年5月24日，威廉四世罕见地做出友善之举。在圣詹姆斯宫，他举办青少年舞会，庆祝侄女亚历山德里娜·维多利亚公主十四岁生日。

1833年夏秋之际，亚历山德里娜·维多利亚公主又进行了一次旅行，目的地是英国南部沿海地区。亚历山德里娜·维多利亚公主一行第二次来到怀特岛的诺里斯城堡。在怀特岛期间，亚历山德里娜·维多利亚公主亲自走访了岛上的一些地方。日后，这些地方将与她生活中的许多重要时刻产生千丝万缕的联系。她参观了约翰·康罗伊爵士的住地奥斯本小屋。以后就在奥斯本小屋的原址上，阿尔伯特亲王参与设计修建了奥斯本别墅，并且在别墅附近修建了奥斯本宫。此外，亚历山德里娜·维多利亚公主还访问了惠平汉姆的圣米尔德里德教堂和东考斯。不过，这次亚历山德里娜·维多利亚公主在怀特岛逗留的主要目的是参观附近海岸线上的一些与国家利益相关的军事设施。在朴次茅斯，亚历山德里娜·维多利亚公主视察了纳尔逊舰队的旗舰"胜利"号。1833年7月29日，亚历山德里娜·维多利亚公主渡海前

奥斯本宫

伊尔切斯特伯爵亨利·福克斯-斯特兰奇韦

往韦茅斯,并且在梅尔伯瑞的伊尔切斯特伯爵亨利·福克斯-斯特兰奇韦的家中小住了几天。1833年8月2日,亚历山德里娜·维多利亚公主又与母亲肯特公爵兼斯特拉森公爵的夫人玛丽·路易丝·维多利亚到达普利茅斯,并且视察了当地的造船厂。1833年8月3日,在普利茅斯高地,亚历山德里娜·维多利亚给当时驻扎在德文波特的第八十九团,即皇家爱尔兰燧发枪团授新军旗。当时,皇家爱尔兰燧发枪团指挥官希尔子爵罗兰·希尔正好在营地,也参加了这次授旗仪式。肯特公爵兼斯特拉森公爵的夫人玛丽·路易丝·维多利亚代表女儿亚历山德里娜·维多利亚公主向皇家爱尔兰燧发枪团致辞,表示通过学习英国历史,亚历山德里娜·维多利亚公主激发了对英国军队的热爱之情。此后,亚历山德里娜·维多利亚公主一直大力支持第八十九团,甚至后来将这个团改名为"维多利亚公主皇家爱尔兰燧发枪团"。1866年和1889年,维多利亚女王又两次分别授予该团新军旗。离开普利茅斯后,亚历山德

埃迪斯通灯塔

里娜·维多利亚公主乘坐"绿宝石"号游艇，巡游到埃迪斯通灯塔，停靠在托基。随后，亚历山德里娜·维多利亚公主一行又去了埃克塞特和斯沃尼奇。

　　一方面，亚历山德里娜·维多利亚公主忠诚地履行自己作为英国王位第一顺位继承人的公共责任，另一方面，肩上的重任有时又令亚历山德里娜·维多利亚公主备感压抑。好在当时娱乐活动不断增加，亚历山德里娜·维多利亚公主享受其中。亚历山德里娜·维多利亚公主频繁光顾剧院，并且看剧时，她的心情总是很好。不过，她只热爱意大利歌剧。少女时期认识的那些伟大的歌唱家，如朱迪塔·帕斯塔、玛丽亚·马利夫兰、朱莉娅·格里西、安东尼奥·坦布里尼和乔瓦尼·巴蒂斯塔·鲁比尼，都给她留下了不可磨灭的印象。在亚历山德里娜·维多利亚公主眼中，茱莉亚·格里西是歌唱家的典范，是她评价其他所有歌唱家的标准。各种相对朴实、旋律优美的音乐形式都令亚历山德里娜·维多利亚公主着迷。自从听过小提琴家尼科洛·帕格尼尼的演奏后，亚历山德里娜·维多利亚公主对尼科洛·帕格尼尼的敬仰之情从未退去。1834年6月，亚历山德里娜·维多利亚公主出席了在威斯敏斯特大教堂举行的皇家音乐节。皇家音乐节演奏的多是复杂的、与宗教相关的、歌词华丽的清唱剧。亚历山德里娜·维多利亚公主并不喜欢这类音乐，甚至她将对这类音乐的讨厌，以及后来对约翰·塞巴斯蒂安·巴赫和乔治·弗雷德里克·亨德尔的厌恶都归咎于幼年听了过多的同类音乐。1833年，在坦布里奇韦尔斯和圣伦纳兹海度假时，亚历山德里娜·维多利亚公主花了大量时间弹琴唱歌。当时，她弹奏的乐器是一架竖琴。① 1836年，路易吉·拉布拉什成为亚历山德里娜·维多利亚公主的声乐教师。亚历山德里娜·维多利亚公主登基后，路易吉·拉布拉什仍继续给她上课，并且长达二十年。②

1835年，刚过十六岁生日的亚历山德里娜·维多利亚公主突发风寒，所幸很快恢复过来。大病初愈的亚历山德里娜·维多利亚公主面前有许多新鲜、快乐的事情，等着她去一一体验。1835年6月，亚历山德里娜·维多利亚公主首次加入皇家游行队伍，参加了阿斯科特赛马会。一位来自美国、叫纳撒尼尔·帕克·威利斯的观众看到亚历山德里娜·维多利亚公主兴奋、忘我地聆听一位巡回民谣歌手的演唱时想："亚历山德里娜·维多利亚公主实在太美、太有趣了。"不过，他也觉得很遗憾，因为想到亚历山德里娜·维多利亚公主"作为英国王位继承人"未来的命运，其婚姻不会顾及本人的性格和意愿，必将成为政治的牺牲品。③

1835年7月30日，圣詹姆斯宫的皇家礼拜堂举行了亚历山德里娜·维多利亚公主的坚信礼。在坚信礼仪式上，坎特伯雷大主教威廉·豪利有关亚历山德里娜·维多利亚公主未来责任的讲话令她深受触动。对此，她"泪流满面，害怕得要死"。第二个周日，在肯辛顿宫的礼拜堂内，亚历山德里娜·维多利亚公主第一次领圣餐。和蔼的坎特伯雷大主教威廉·豪利和亚历山德里娜·维多利亚公主的老师，即切斯特大教堂院长乔治·戴维斯，共同主持了领圣餐仪式。接下来的几年中，虽然每年亚历山德里娜·维多利亚公主领圣餐的次数不超过两次，并且很反对其他人过于频繁地

---

① 爱德华·赫尼奇·德林：《查特顿夫人乔治亚娜回忆录》，伦敦，赫斯特和布莱克特出版社，1901年，第29页。——原注
② 路易吉·拉布拉什出生于那不勒斯，父亲是法兰西人。1830年，在伦敦首次表演前，路易吉·拉布拉什就已经是欧洲大陆享有盛誉的歌剧演唱家。1830年后，他每年都在伦敦歌剧中领衔出演。1858年，路易吉·拉布拉什在那不勒斯去世，享年六十四岁。——原注
③ 纳撒尼尔·帕克·威利斯：《沿途的铅笔画》，伦敦，约翰·麦克龙出版社，1835年。——原注

朱迪塔·帕斯塔

玛丽亚·马利夫兰

朱莉娅·格里西

乔瓦尼·巴蒂斯塔·鲁比尼

尼科洛·帕格尼尼

约翰·塞巴斯蒂安·巴赫

乔治·弗雷德里克·亨德尔

路易吉·拉布拉什

领圣餐,但她一直十分欣赏领圣餐时的庄重感。即使在维多利亚女王驾崩的那个夜晚,她在与家人及侍女们安静地用完晚餐后,还一起读了一些宗教方面的书。

1835年,第二次前往坦布里奇韦尔斯时,亚历山德里娜·维多利亚公主下榻在阿博因庄园。随后,她开始游历英格兰东北部地区。在这次出行中,亚历山德里娜·维多利亚公主一行像是一支凯旋的队伍。在约克的毕晓普索普,亚历山德里娜·维多利亚公主与约克大主教威廉·维纳布尔斯-弗农-哈考特待了一星期。威廉·维纳布尔斯-弗农-哈考特大主教的小儿子弗朗西斯·维纳布尔斯-弗农-哈考特上校是肯特公爵兼斯特拉森公爵的夫人玛丽·路易丝·维多利亚的侍从官。① 接

约克大主教威廉·维纳布尔斯-弗农-哈考特

① 1837年弗朗西斯·弗农-哈考特上校迎娶了凯瑟琳·詹金森小姐。凯瑟琳·詹金森小姐是利物浦伯爵查尔斯·詹金森的女儿,曾经是肯特公爵兼斯特拉森公爵的夫人玛丽·路易丝·维多利亚的侍女,后成为维多利亚女王的密友。——原注

下来,亚历山德里娜·维多利亚公主又去温特沃思庄园访问了菲茨威廉伯爵查尔斯·温特沃思-菲茨威廉。接着,她来到唐卡斯特看赛马。亚历山德里娜·维多利亚公主的到来吸引了许多人围观。随后,她又到贝尔沃城堡看望拉特兰公爵约翰·曼纳斯。离开贝尔沃城堡后,在前往伯利访问埃克塞特侯爵布朗洛·塞西尔的路上,亚历山德里娜·维多利亚公主受到斯坦福德人民的热烈欢迎。当时,尽管天降大雨,当地政府和成群结队的民众还是在斯坦福德城外列队迎接亚历山德里娜·维多利亚公主和肯特公爵兼斯特拉森公爵的夫人玛丽·路易丝·维多利亚,并且簇拥着两位贵宾穿城而过。斯坦福德人民向亚历山德里娜·维多利亚公主的全权代表肯特公爵兼斯特拉森公爵的夫人玛丽·路易丝·维多利亚献词,并且完全按照"上天注定的王位继承人"的待遇款待亚历山德里娜·维多利亚公主。当时,人们注意到,当肯特公爵兼斯特拉森公爵的夫人玛丽·路易丝·维多利亚回答问题时,约翰·康罗伊爵士递给她一张写有答案的小纸条,这种做法"简直就像首相在协助国王"。①在伯利,人们举办了一场大型舞会。作为亚历山德里娜·维多利亚公主的舞伴,东道主埃克塞特侯爵布朗洛·塞西尔与她跳了开场舞。第二天,在前往位于霍尔克姆的莱斯特伯爵托马斯·科克府邸的途中,亚历山德里娜·维多利亚公主抵达林恩。在林恩,她受到的欢迎比在斯坦福德更加热烈。林恩的工人们跳上皇家马车,驾着马车绕林恩游行。此次出行的最后一站是格拉夫顿公爵威廉·菲茨罗伊的府邸,即尤斯顿庄园。返回肯辛顿宫后,整个1835年9月亚历山德里娜·维多利亚公主都住在拉姆斯盖特。不过,其间,她曾多次前往沃尔默城堡和多佛,进行短途旅游。

1836年,亚历山德里娜·维多利亚公主年满十七岁。利奥波德一世认为让外甥女亚历山德里娜·维多利亚公主与侄子阿尔伯特联姻的时机已经成熟。阿尔伯特受过良好的教育,已经长成一名聪明、谨慎的青年。肯特公爵兼斯特拉森公爵的夫人玛丽·路易丝·维多利亚已经迫不及待地想支持弟弟利奥波德一世的这个计划。于是,利奥波德一世和姐姐肯特公爵兼斯特拉森公爵的夫人玛丽·路易丝·维多利亚一起安排1837年春,阿尔伯特及其兄长——萨克森-科堡-哥达公爵的继承人欧内斯特——来肯辛顿宫待几个星期。

---

① 查尔斯·格雷维尔:《查尔斯·格雷维尔回忆录》,第1部,第1卷,第315页到第316页。——原注

1836年5月，阿尔伯特及其兄长欧内斯特抵达英国，这是亚历山德里娜·维多利亚公主和阿尔伯特第一次见面。阿尔伯特与兄长欧内斯特受到英国各方的盛情款待。阿尔伯特兄弟二人还得到威廉四世和阿德莱德王后的热情召见，并且频繁出入英国宫廷。此外，阿尔伯特兄弟二人游览了伦敦的主要景点，并且在伦敦市长官邸与伦敦市长共进午餐。

不过，由于与弟妹肯特公爵兼斯特拉森公爵的夫人玛丽·路易丝·维多利亚的矛盾，威廉四世自然不赞同阿尔伯特追求自己的侄女亚历山德里娜·维多利亚公主，至少威廉四世是铁了心要扩大侄女亚历山德里娜·维多利亚公主的择偶范围。因此，就在萨克森-科堡的两位贵族青年在肯辛顿宫访问期间，威廉四世邀请奥兰治亲王威廉二世及其两个儿子和年轻的不伦瑞克公爵威廉来圣詹姆斯宫做客，甚至不怀好意地每次让这些年轻男士一起见亚历山德里娜·维多利亚公主。威廉四

奥兰治亲王威廉二世

晚年的威灵顿公爵阿瑟·韦尔斯利

世最中意的人选是奥兰治亲王威廉二世的小儿子亚历山大。1836年5月30日,肯特公爵兼斯特拉森公爵的夫人玛丽·路易丝·维多利亚在肯辛顿宫举办了一场精彩的舞会。肯特公爵兼斯特拉森公爵的夫人玛丽·路易丝·维多利亚觉得除了邀请萨克森-科堡的两位贵族青年,还有必要邀请不伦瑞克公爵威廉和奥兰治亲王威廉二世及其两个儿子。①此外,受邀出席的宾客还包括威灵顿公爵阿瑟·韦尔斯利。年迈的威灵顿公爵阿瑟·韦尔斯利对亚历山德里娜·维多利亚公主毕恭毕敬。舞会上,肯特

---

① 托马斯·雷克斯在1858年出版的《日记》,第2卷,第419页,在1836年5月30日写道:"奥兰治亲王威廉二世和两个儿子、不伦瑞克公爵威廉和萨克森-科堡的两位贵族青年都已经来到英国。为获得我们未来女王亚历山德里娜·维多利亚公主的青睐,这些人全部参加了星期一晚上肯特公爵兼斯特拉森公爵的夫人玛丽·路易丝·维多利亚在肯辛顿宫举办的盛大舞会。奥兰治亲王威廉二世曾经是威尔士的夏洛特公主的夫婿人选之一。因此,这次带着两个儿子来到英国,他很可能抱着与当年相似的希望,并且这次又见到了带着两个侄子前来的利奥波德一世。过去,奥兰治亲王威廉二世常这样评论利奥波德一世:'那个人抢走了我的女人和我的王国。'"——原注

公爵兼斯特拉森公爵的夫人玛丽·路易丝·维多利亚发现自己竟成为人们赞美的焦点。不过,她丝毫没有流露出对任何人的偏爱。

住在肯辛顿宫期间,阿尔伯特经常和表姐亚历山德里娜·维多利亚公主一起写生、弹钢琴。但因为亚历山德里娜·维多利亚公主平时讲的是英语,阿尔伯特近期才开始学习英语,所以与亚历山德里娜·维多利亚公主联姻的形势似乎对阿尔伯特十分不利。几天后,萨克森-科堡的两位贵族青年离开英国,他们的英国之行没有取得任何成果。阿尔伯特在信中提到亚历山德里娜·维多利亚公主时称她"十分和蔼、十分冷静",但对自己毫无意思。此外,亚历山德里娜·维多利亚公主对舅舅利奥波德一世一直唯命是从。加上之前就知道舅舅利奥波德一世安排阿尔伯特访问英国的意图,因此,阿尔伯特离开英国后,1836年6月7日,在写给利奥波德一世的信中,亚历山德里娜·维多利亚公主坦言自己的幸福就托付给舅舅利奥波德一世来守候,又提到"我希望,也坚信与阿尔伯特的婚事会顺利发展,这对我很重要"。亚历山德里娜·维多利亚公主的想法是理智的,对事态的判断几乎不受个人喜好的影响。对亚历山德里娜·维多利亚公主来说,遵从舅舅利奥波德一世的意愿是再自然不过的事情,或者说是她性格使然。

1836年初秋,亚历山德里娜·维多利亚公主再次访问了住在阿克菲尔德附近巴克斯特德公园内的朋友利物浦伯爵查尔斯·詹金森。随后,她又在拉姆斯盖特清闲地住了一个月。当时,威廉四世正给肯特公爵兼斯特拉森公爵的夫人玛丽·路易丝·维多利亚制造新的烦恼。亚历山德里娜·维多利亚公主便索性不再去圣詹姆斯宫了。因此,威廉四世抱怨自己见不到侄女亚历山德里娜·维多利亚公主。然而,他也不放过任何机会宣扬自己越来越不喜欢肯特公爵兼斯特拉森公爵的夫人玛丽·路易丝·维多利亚的事实。1836年8月12日,威廉四世邀请亚历山德里娜·维多利亚公主母女二人前往温莎城堡住上十几天,打算借机庆祝自己和阿德莱德王后的生日。谁知肯特公爵兼斯特拉森公爵的夫人玛丽·路易丝·维多利亚拒绝在1836年8月20日前赶到温莎城堡,这彻底激怒了威廉四世。当肯特公爵兼斯特拉森公爵的夫人玛丽·路易丝·维多利亚和亚历山德里娜·维多利亚公主抵达温莎城堡时,威廉四世热情地与侄女亚历山德里娜·维多利亚公主打过招呼后,生气地谴责肯特公爵兼斯特拉森公爵的夫人玛丽·路易丝·维多利亚无视自己的命令,在肯辛顿宫占用过多的房间——总共占用十七个房间。对此,威廉四世称自己实在无法理解,也不会"容忍对自己大不敬的行为"。

1836年8月21日,威廉四世在庆祝自己生日的国宴上公开表示,希望自己能活到侄女亚历山德里娜·维多利亚公主成年,这样就能避免肯特公爵兼斯特拉森公爵的夫人玛丽·路易丝·维多利亚摄政。威廉四世如此形容当时坐在旁边的弟妹肯特公爵兼斯特拉森公爵的夫人玛丽·路易丝·维多利亚:"身边尽是邪恶的顾问,做事缺乏礼数。我要毫不犹豫地说,我一直承受着来自肯特公爵兼斯特拉森公爵的夫人玛丽·路易丝·维多利亚的巨大侮辱,但现在,我决定不再继续容忍对自己不尊敬的行为。此外,我尤其要批评她不让亚历山德里娜·维多利亚公主进宫见我的做法。她多次阻挠亚历山德里娜·维多利亚公主来我的会客厅。然而,我的会客厅本来应该是亚历山德里娜·维多利亚公主经常出现的地方。现在,我下定决心改变这一状况。我要让肯特公爵兼斯特拉森公爵的夫人玛丽·路易丝·维多利亚明白,我是国王,我一定要让我的权威得到尊重。以后,我会坚决要求亚历山德里娜·维多利亚公主必须随时出现在朝堂上,这是她的职责。"记录了威廉四世这次讲话的查尔斯·格雷维尔补充道:"阿德莱德王后一脸忧愁,亚历山德里娜·维多利亚公主痛哭流涕,其他在场的人士被吓得目瞪口呆,肯特公爵兼斯特拉森公爵的夫人玛丽·路易丝·维多利亚一言不发。"此后,威廉四世和肯特公爵兼斯特拉森公爵的夫人玛丽·路易丝·维多利亚彻底决裂。

最终,威廉四世想要活到侄女成年,避免肯特公爵兼斯特拉森公爵的夫人玛丽·路易丝·维多利亚摄政的愿望实现了。威廉四世虽然身体羸弱,但其健康状况没有丝毫恶化的风险。1837年5月24日,亚历山德里娜·维多利亚公主度过了十八岁生日,达到了法定年龄。在肯辛顿宫,人们隆重地庆祝了这一天的到来,周边的小村庄也一派节日的景象。1837年5月24日清晨,亚历山德里娜·维多利亚公主被一首晨曲唤醒,并且收到许多贵重的礼物,来自公众的礼物送到了母亲肯特公爵兼斯特拉森公爵的夫人玛丽·路易丝·维多利亚那里。对于其中一件来自伦敦公司的礼物,肯特公爵兼斯特拉森公爵的夫人玛丽·路易丝·维多利亚代表女儿亚历山德里娜·维多利亚公主写了一封很长的回信。信中指出，亚历山德里娜·维多利亚公主与英国社会各阶层的人都有交往，并且唐突地指出自己受到英国王室成员的侮辱。接下来，她又长篇大论地讲述宗教知识、维护宪法赋予的君权及保护人民权利是一国之君的正确目标。威廉四世很喜欢享受平民的喜悦，他送给侄女亚历山德里娜·维多利亚公主一架大钢琴。1837年5月24日晚，威廉四世还为侄女亚历山德里娜·维多利亚公主在圣詹姆斯宫举办了一场舞会。不过，他本人和阿德莱德王后都没有出席，据说是因为身体抱恙。亚历山德里娜·维多利亚公主跟诺福克公爵伯纳德·霍华德的孙子菲茨阿伦勋爵跳了开场舞。接着，她又与奥地利帝国驻英国大使艾什泰哈齐伯爵保罗三世·安东的儿子艾什泰哈齐伯爵尼古劳斯三世共舞一曲。

随着年龄的增长及成年带来的独立意识，亚历山德里娜·维多利亚公主的兴趣变得越来越广泛。就在生日庆祝活动还在进行时，亚历山德里娜·维多利亚公主就已经两度到访皇家艺术学院。当时，正值皇家艺术学院首次在特拉法尔加广场的国家美术馆举办展览。随即，亚历山德里娜·维多利亚公主成为展览现场的焦点。第一次到访展览现场时，亚历山德里娜·维多利亚公主和一位叫罗杰斯的诗人握手交谈。当听说演员查尔斯·肯布尔也在场时，她立即要求将其介绍给自己。

亚历山德里娜·维多利亚公主过完十八岁生日后不久，威廉四世就给肯特公爵兼斯特拉森公爵的夫人玛丽·路易丝·维多利亚写信，要求侄女亚历山德里娜·维多利亚公主自立门户。对这个要求，肯特公爵兼斯特拉森公爵的夫人玛丽·路易丝·维多利亚"以极其不满的措辞"断然拒绝。于是，威廉四世直接向侄女亚历山德里娜·维多利亚公主表示，自己将给她每年发放一万英镑，以帮助其离开母亲肯特公爵兼斯特拉森公爵的夫人玛丽·路易丝·维多利亚独立生活。令肯特公爵兼斯特拉森公爵的夫人玛丽·路易丝·维多利亚非常恼火的是，女儿亚历山德里娜·维多利亚公主竟然接受了这项提议。不幸的是，此时，威廉四世的健康状况迅速恶化。最终，这个计划不了了之。

第 4 章

威廉四世驾崩及维多利亚女王时代来临

精彩看点

威廉四世驾崩——维多利亚女王登基——首次接见墨尔本子爵威廉·兰姆——枢密院第一次会议——维多利亚女王的举止——继位宣言——枢密院第二次会议——作为君主的署名——维多利亚名字的传播——公众对维多利亚女王的情感——罗伯特·皮尔对维多利亚女王缺乏经验的评论——悉尼·史密斯和约翰·拉塞尔伯爵的希望

1837年6月月初，庆祝亚历山德里娜·维多利亚公主成年的活动结束后不久，英国王室就对外宣布威廉四世的健康状况急剧恶化。1837年6月20日2时12分，威廉四世在温莎城堡驾崩。此时，阻挡亚历山德里娜·维多利亚公主继承英国王位的最后一个障碍也不复存在了。

　　在弥留之际的威廉四世床边，坎特伯雷大主教威廉·豪利主持了威廉四世的最后一次宗教仪式。仪式刚结束，坎特伯雷大主教威廉·豪利立即向阿德莱德王后告退。1837年6月20日凌晨，威廉·豪利大主教就与内廷宫务大臣弗兰西斯·纳撒尼尔·卡宁厄姆勋爵一起奔赴肯辛顿宫，去向新君主报信。1837年6月20日5时前，这两位身份显赫的送信人赶到了肯辛顿宫，却发现进不了肯辛顿宫的大门，因为守门人拒绝唤醒睡梦中的主人。最后，路易丝·莱森出来了。她表示愿意向亚历山德里娜·维多利亚公主通报两人到来的消息。穿着睡袍，裹着披肩，脚踩拖鞋，披着长发的亚历山德里娜·维多利亚公主来到会客厅。见到亚历山德里娜·维多利亚公主进来，弗兰西斯·纳撒尼尔·卡宁厄姆勋爵就像觐见女王一般，向她行屈膝礼，并且亲吻她伸过来的手。坎特伯雷大主教威廉·豪利做出同样的举动，并且称呼她是"牧师们的领袖"。两人告知亚历山德里娜·维多利亚公主威廉四世已经安详地去世。听闻这个消息的亚历山德里娜·维多利亚公主紧扣双手，关切地询问婶婶阿德莱德王后的情况。①

---

① 弗朗西斯·沃丁顿·本森：《本森男爵回忆录》，伦敦，朗文格林公司，1868年，第1卷，第272页。——原注

威廉·豪利大主教与弗兰西斯·纳撒尼尔·卡宁厄姆勋爵来到肯辛顿宫向亚历山德里娜·维多利亚公主通报威廉四世驾崩的消息

1837年6月20日9时前,首相墨尔本子爵威廉·兰姆来到肯辛顿宫,立刻被维多利亚女王接见。维多利亚女王的叔叔萨塞克斯公爵奥古斯塔斯·腓特烈和英国国内最受欢迎的威灵顿公爵阿瑟·韦尔斯利也前来拜见维多利亚女王。依据宪法规定,此时已经是英国君主的维多利亚女王必须从首相墨尔本子爵威廉·兰姆那里获得有关君主职责和言行的建议。

1837年6月20日,威廉四世驾崩当天11时,英国枢密院成员被紧急召唤到肯辛顿宫。进入会客厅时,维多利亚女王遇到两位叔叔——坎伯兰公爵兼蒂维厄特公爵欧内斯特·奥古斯塔斯和萨塞克斯公爵奥古斯塔斯·腓特烈。维多利亚女王就座后,立即发表演说。演说的内容是几天前墨尔本子爵威廉·兰姆代笔的。此外,这篇演说稿还听取了经验丰富的枢密院议长兰斯多恩侯爵亨利·佩蒂-菲茨莫里斯的修改意见。演说时,维多利亚女王身着款式简单的黑色丧服,没有佩戴任何饰物。其实此前，为悼念去世的阿德莱德王后的母亲霍恩洛厄-兰根堡的路易丝·埃莱奥诺雷，①维多利亚女王就一直身着丧服。在演说中，维多利亚女王提到，"在我还如此年轻时，这份重任就突然压在我身上"，并且她这样描述自己，"在挚爱的母亲肯特公爵兼斯特拉森公爵的夫人玛丽·路易丝·维多利亚温柔、开明的关爱下接受了英式教育，从小就学会要尊重和热爱祖国的宪法"。此外，她还表示自己将致力于维护宗教自由，保护英国人的权利。演说结束后，维多利亚女王宣誓承认苏格兰长老会的地位。随后，大臣们将自己的公章呈送给维多利亚女王，维多利亚女王又将这些公章一一赐还给大臣们。紧接着，受到重新任命的大臣们逐个向维多利亚女王行吻手礼。最后是枢密院成员的宣誓，宣誓人包括首席财政大臣墨尔本子爵威廉·兰姆、内政大臣约翰·拉塞尔伯爵和外交大臣帕默斯顿子爵亨利·约翰·坦普尔。后来，在维多利亚女王统治时期，约翰·拉塞尔伯爵和帕默斯顿子爵亨利·约翰·坦普尔也曾担任过首相。

虽然维多利亚女王身高不足五英尺，并且没有超凡脱俗的美貌，但她的行为举止那么自如、谦和、优雅、高贵。与此同时，她独特的、抑扬顿挫的演说风格令听众们欣喜。作为一名言辞犀利的批评家，托利党的枢密院成员约翰·威尔逊·克罗克曾写道："我无法向你形容维多利亚女王读报时是多么冷静又不失女性的柔美。她天生甜美的声音是那么清澈、悠扬。她的双眼明亮而平静，眼神既不咄咄逼人也不躲闪，而是既坚定又温存。她两颊泛着红晕，这令她看上去更加美丽并富有活力。她绝对和我曾见过的所有小姐一样——美丽有趣。"②枢密院会议结束后，威灵顿公爵阿瑟·韦尔斯利称："维多利亚女王不仅稳稳地坐在英国君主的宝座上，还牢牢地植根于一屋子大臣的心中。"在整个仪式中，维多利亚女王的一举一动那么庄重得体，就像长期以来她深谙自己一国之君的角色一般。③

在枢密院会议上，维多利亚女王的泰然自若令人刮目相看。在接下来的几星期

---

① 1837年4月30日，阿德莱德王后的母亲霍恩洛厄-兰根堡的路易丝·埃莱奥诺雷公主去世。——原注
② 《约翰·威尔逊·克罗克书信集》，第2卷，第359页。——原注
③ 莱恩·普尔：《斯特拉特福德·坎宁传》，1888年，第2卷，第45页；《约翰·威尔逊·克罗克书信集》，第2卷，第359页；伊芙琳·阿什利：《帕默斯顿子爵亨利·约翰·坦普尔传》，伦敦，R.宾利出版社，1876年，第1卷，第340页。本杰明·迪斯雷利在小说《西比尔》第一部第六章中多少有点浮夸地描述了林德赫斯特男爵约翰·科普利提供给他的有关仪式的具体情景。——原注

墨尔本子爵威廉·兰姆

约翰·拉塞尔伯爵

帕默斯顿子爵亨利·约翰·坦普尔

约翰·威尔逊·克罗克

内,维多利亚女王在公众前的第一次亮相再次令人们从内心深处尊敬这位新君主。1837年6月21日,枢密院会议后的第二天,维多利亚女王乘坐马车前往圣詹姆斯宫,出席正式的继位宣言仪式。当掌礼官诵读继位宣言时,公众可以清楚地看见维多利亚女王。她站在枢密院议事厅一扇敞开的窗户下,身旁两侧分别站着墨尔本子爵威廉·兰姆和兰斯多恩侯爵亨利·佩蒂-菲茨莫里斯。这扇窗户对面就是马堡大厦周边的四方院子。观礼的人群大声欢呼,其中有个人特别显眼,他就是爱尔兰著名的煽动家丹尼尔·奥康奈尔。丹尼尔·奥康奈尔刻意地使劲挥动着自己的帽子。当时,维多利亚女王的首席掌马官阿尔比马尔伯爵乔治·凯佩尔也在场。事后,他这样写道:"这位少女君主以一种居高临下的彬彬有礼接受臣民的效忠。当听到人群的第一次

丹尼尔·奥康奈尔

欢呼时,维多利亚女王面色凝重起来,眼中泛起泪花,这种情绪的起伏反而使她身上的王者风范更具魅力"。①

继位宣言仪式结束后,维多利亚女王召见了军队总司令罗兰·希尔子爵、大法官科特纳姆伯爵查尔斯·佩皮斯及其他政府重要官员。1837年6月21日中午,维多利亚女王在圣詹姆斯宫召开第二次枢密院会议。所有内阁大臣都出席了这次枢密院会议。当天稍晚时候,特拉法尔加广场、坦普尔巴、伍德大街和皇家交易所又分别举行了维多利亚女王的继位宣言仪式。

科特纳姆伯爵查尔斯·佩皮斯

---

① 阿尔比马尔伯爵乔治·凯佩尔:《我生命中的五十年》,伦敦,麦克米伦公司,1876年,第378页。——原注

尽管在第一次枢密院会议的登记簿上签名时，维多利亚女王只用了"维多利亚"这个名字，但理政第一天，在所有需要签署的正式文件上，"维多利亚"前面都加上了"亚历山德里娜"。在继位宣言仪式上，维多利亚女王被称为"亚历山德里娜·维多利亚女王陛下，联合王国维多利亚女王"。尽管"维多利亚"这个名字激起了不满情绪，但即使如此，女王本人也不愿意改名。那些签名中没带"亚历山德里娜"的文件被匆匆修改过来，补全为"亚历山德里娜·维多利亚"。不过，从理政第二天起，所有的政府官方文件中就只使用"维多利亚女王"这个称谓了。

从此，英国人完全接受了"维多利亚"这个名字，认为这个名字最能体现英国精神。1851年，大英帝国最富庶的殖民地之一被命名为"维多利亚"。此后，又有许多规模小一点的定居点或城镇被陆续命名为"维多利亚"。与此同时，在英国本土，大量城镇在命名其街道、公园、火车站或者公共集会场所时，都采用了"维多利亚"这个名字。[1]

在海外，甚至是在英国国内一些消息灵通的地区，民众面对君主更迭时展现出的平静令人吃惊。不过，对维多利亚女王登基，人们充满热情，这部分要归因于人们拿她与之前的国王们做比较。19世纪初到维多利亚女王登基，英国已经历经了三位国王的统治，并且这三位国王的年龄都很大。其中，第一位国王乔治三世是个彻头彻尾的傻瓜，第二位国王乔治四世是个有名的挥霍之徒，第三位国王威廉四世在公众眼中是个跳梁小丑。英国君主制的基石与人民对君主的忠诚度有关，一旦君主的个人品质无法得到人民的认同，君主就立刻丧失人民的信任。优秀的个人品质可以确保君主拥有漫长、高尚的生活，但可惜的是，前几任国王的人品都无法令天真无邪的维多利亚女王肃然起敬。由于前几任国王的昏庸无能让民众失望，维多利亚女王的继位让大批民众产生了一种新情感——对维多利亚女王骑士般忠诚的情感。也正是人民对维多利亚女王的忠诚使革命在英国失去了根基。虽然政党的政治运作没能令民众对维多利亚女王的忠诚广泛蔓延，并且在执政初期和中期维多利亚女王做

---

[1] 维多利亚女王统治早期，人们将新发明的一款轻型马车命名为"维多利亚马车"。1846年，两条铁路线——伦敦-查塔姆-多佛线和伦敦-布莱顿-南部海滨线——在伦敦的终点站被命名为"维多利亚火车站"。1838年，一种从圭亚那引进到英国的巨型睡莲被命名为"王莲"。1849年，"王莲"首次在英国本土盛开时，被献给维多利亚女王。——原注

出一些缺乏政治考虑的行为，严重破坏了人民对她的感情，但即使如此，英国人民对维多利亚女王的热爱就如同一株已经扎下根的植物，不会轻易凋零。

某些政客，如位高权重的辉格党外交大臣帕默斯顿子爵亨利·约翰·坦普尔及英国议会下议院托利党领袖罗伯特·皮尔，都曾公开批评年轻的维多利亚女王缺乏经验，对世界一无所知。1837年7月5日，罗伯特·皮尔写道："一位真正符合宪法要求的君主，其个人品质、成熟度、处理国家事务方面丰富的经验及其对人、礼仪和风俗的了解，就像轮船的压舱石一样，能消除大臣的三心二意，能降低依仗雄辩术参与议会讨论的演说家轻率言论的危害，能遏制民主的高涨和不满情绪的蔓延，能缓解对放款收税的无端焦虑……从而确保国家这艘大船一直不偏离航道。不幸的是，

罗伯特·皮尔

在我们命运的关键时刻,我们被剥夺了这一优势。"[1]然而,对根基已经稳固的君主立宪政体来说,当时罗伯特·皮尔指出的这些与少女君主的不成熟和性格相关的危险其实是夸大其词。这些危险即使真的存在,也可以随着时间的推移被消除。

  1837年6月25日,维多利亚女王登基后的第一个星期日,在圣保罗大教堂布道时,悉尼·史密斯更真诚地展现了对维多利亚女王的爱戴。悉尼·史密斯认为,新君主是"一位具有爱国主义精神的女王",期待她进入成熟的年龄后,能致力于提高臣民的幸福、促进国家的昌盛。几个星期后,首相墨尔本子爵威廉·兰姆的内政大臣约翰·拉塞尔伯爵说道:"历史上,我们曾有过伟大的女王,伊丽莎白女王和安妮女王的统治都曾令我们取得辉煌的胜利。我们期待未来将拥有一位以'平和'著称的维多利亚女王。她既没有伊丽莎白女王的专制,又没有安妮女王的懦弱。"约翰·拉塞尔伯爵,这位辉格党领袖至少从三个方面,即完全废除奴隶制、提倡更文明的惩罚犯罪的措施、提升国民教育,表达了自己对维多利亚女王的殷切希望。他曾说:"对全世界的国家来说,对我们的子孙来说,维多利亚女王的统治或许最终会被历史证明是一件幸事。"[2]

---

[1]　《约翰·威尔逊·克罗克书信集》,第2卷,第317页。——原注
[2]　斯潘塞·霍拉肖·沃波尔:《约翰·拉塞尔伯爵传》,第1卷,第284页。——原注

第5章

墨尔本子爵威廉·兰姆辅佐维多利亚女王

精彩看点

维多利亚女王和汉诺威王国——墨尔本子爵威廉·兰姆的指导——墨尔本子爵威廉·兰姆的政治生涯——墨尔本子爵威廉·兰姆的政治见解和性格——私人秘书一职——维多利亚女王对辉格党的青睐——维多利亚女王对君主制的理解——维多利亚女王建立内廷——外国顾问——斯托克马男爵克里斯蒂安·弗里德里希——对斯托克马男爵克里斯蒂安·弗里德里希的质疑之声——路易丝·莱森——肯特公爵兼斯特拉森公爵的夫人玛丽·路易丝·维多利亚——公共庆典仪式——作为君主首次在议会演说

与前任英国君主们相比，维多利亚女王继位时的身份有所不同。因此，鉴于性别差异，有必要对英国君主的地位和职责做出调整。《萨利克继承法》让维多利亚女王无法继承汉诺威王位。1714年起，汉诺威选帝侯乔治·路德维希继承英国王位，成为乔治一世后，历代英国君主都继承了汉诺威王位。1814年维也纳会议上，汉诺威从选帝侯领地晋升为王国。此时，位于维多利亚女王之后的英国王位第二顺位继承人——维多利亚女王的叔叔坎伯兰公爵兼蒂维厄特公爵欧内斯特·奥古斯塔斯继承了汉诺威王位。因此事实上，英国和汉诺威长期形成的联盟瓦解了。不过，两国早已在政治观点和政治抱负方面渐行渐远。①汉诺威王国的新国王欧内斯特·奥古斯塔斯脾气暴躁，举止粗俗，是位心胸狭窄又极度保守的统治者。对待侄女维多利亚女王，他相当无情。但维多利亚女王一直是个内心强大的人，不管叔叔欧内斯特·奥古斯塔斯多么乖戾，维多利亚女王对其个人生活及其家人的命运都给予了不

---

① 乔治三世的儿女们认为，威廉四世驾崩，年轻的侄女维多利亚女王继承英国王位导致了许多令人不悦的后果。其中，汉诺威王国脱离英国是最令人不快的后果。乔治三世在世的最小儿子剑桥公爵阿道弗斯曾担任汉诺威总督二十一年，后被召回英国。在英国国内，汉诺威的新国王欧内斯特·奥古斯塔斯并不受欢迎。他的姐姐伊丽莎白公主是黑森和洪堡伯爵弗雷德里克的遗孀，也是维多利亚女王的姑姑。1837年7月1日，伊丽莎白公主从洪堡写信，沮丧地谈论近期发生的事情："对我来说，亲爱的剑桥公爵阿道弗斯的离去让我伤心欲绝。我丝毫不怀疑我弟弟欧内斯特·奥古斯塔斯会尽力去做好事、对事，但剑桥公爵阿道弗斯的去世真的改变了一切，这令人心烦意乱"。彼得·克里斯托弗·约克：《英国伊丽莎白公主书信集》，1898年，第320页。汉诺威脱离英国产生的副作用导致皇家圭尔夫–汉诺威勋章消失。长时间以来，皇家圭尔夫–汉诺威勋章是英国君主为表彰成功显赫的军人和贡献突出的官员亲自颁发的奖章。——原注

少善意的关注,尤其是后来,当叔叔欧内斯特·奥古斯塔斯一家人面临审判时,①维多利亚女王展现出非同一般的仁慈。

作为英国君主,维多利亚女王在国内职责的变化上与刑法有关。威廉四世继位前,对所有重罪,英国法律都判处死刑。威廉四世统治时期,出于人道主义考虑,英国议会将死罪的数量降到四起到五起。然而,伦敦中央刑事法院宣判的死刑判决数量仍然居高不下。于是,英国君主亲自出面修改死刑判决就变成惯例。每次法庭审理结束后,法官都要向君主汇报判决结果,再由君主做出最终裁决。显然,一位少女是不适合完成这项令人反感的任务的。因此,英国议会立刻通过了一项法案,解除了维多利亚女王修改死刑判决的职责。伦敦以外的地区,各郡长官收到法院判决后,都有足够的能力确保死刑判决的执行。此时,伦敦遵照各郡做法,由内政大臣一人来处理死刑诉状。因此,内政大臣就成为唯一能颁发赦免令和死刑缓刑令的人。一旦内政大臣更改了死刑判决,就要向维多利亚女王汇报。有时,维多利亚女王会评论几句。尽管如此,内政大臣一旦做出决定,该决定就会被执行。因此,即使1837年的法令正式保留了"皇家赦免权",但事实上,一位女性君主的继位废除了英国王室的这项特权,使人感到不同法律之间存在自相矛盾的地方。

虽然可以不像前任君主那样处理所有国事,但维多利亚女王在热情高涨地学习与自己身份相关的日常事务。从继位那一刻起,她就一心想快点熟悉这些事情。在处理政务方面,首相墨尔本子爵威廉·兰姆十分老练。此外,他还贴心地指导维多利亚女王处理政务。起初,维多利亚女王的任性和自负经常令墨尔本子爵威廉·兰姆十分尴尬,但从总体上来说,维多利亚女王是一名聪明的学生。

维多利亚女王继位时,五十八岁的墨尔本子爵威廉·兰姆已经在政坛活跃了三十多年,并且积累了丰富的政治经验。1806年到1829年,墨尔本子爵威廉·兰姆成为英国议会下议院议员。后来,他又继承了父亲墨尔本子爵佩尼斯顿·兰姆在英国议会上议院的席位。从政初期,墨尔本子爵威廉·兰姆是辉格党成员,但1827年,他进入乔治·坎宁领导的托利党政府,担任爱尔兰首席大臣一职。不过,1828年,十一

---

① 1902年出版的《我父亲的逸事》中,一位英国侍从武官的女儿隐晦地证实了有关欧内斯特·奥古斯塔斯国王令人生厌的性格和忌妒侄女维多利亚女王的传闻。——原注

查尔斯·格雷伯爵

个月的试用期过后,他又辞去爱尔兰首席大臣。随后,墨尔本子爵威廉·兰姆对外宣称自己只支持辉格党。不久,他就成为辉格党党首。1830年,在查尔斯·格雷伯爵的政府中,墨尔本子爵威廉·兰姆出任内政大臣。1834年,查尔斯·格雷伯爵辞职后,墨尔本子爵威廉·兰姆接任首相一职。1834年年底,威廉四世一意孤行,企图侵犯首相的权力和独立性。在这场国王干政事件中,墨尔本子爵威廉·兰姆多少有些被动,算是受害者。这件事的起因是威廉四世担心政府会破坏英国教会。威廉四世这种毫无依据的担忧直接导致1834年11月墨尔本子爵威廉·兰姆被迫解散政府。历史上,这是英国君主最后一次按照自己的意愿提前结束政府任期。事实证明,该事件给英国君主带来的危机远远超过其对政府造成的破坏,并且成为永久震慑英国王室的教训。遵照威廉四世的命令,罗伯特·皮尔接替墨尔本子爵威廉·兰姆的首相职位后,就立即解散了议会,重新进行选举。不料重新选举后,辉格党还是获得英国议会下议院大多数席位。结果,罗伯特·皮尔匆匆下台,墨尔本子爵威廉·兰姆再次当选首相,并且手中的权力比以前更大了。1835年到1841年,在接下来的六年中,墨尔本子爵威廉·兰姆一直担任首相一职。在威廉四世时期,他当了两年首相。维多利亚女王继位后,他又当了四年首相。

尽管墨尔本子爵威廉·兰姆是地地道道的辉格党成员,宪法的忠实维护者,宗教平等思想的大力倡导者,但在面对选举法的改革问题时,他并不积极。对在他本人推动下,并且得到议会通过的社会改良措施,他也持中立态度。墨尔本子爵威廉·兰姆是《谷物法》的捍卫者。他认为,激进派是制造麻烦的煽动者,激进派的主张也是华而不实的。由于行为上的特立独行和言语上的犀利,墨尔本子爵威廉·兰姆被认为愤世嫉俗。不过,他这种傲慢无礼的作风很可能只是装出来的。① 生活中,墨尔本子爵威廉·兰姆的主要消遣是读书。虽然厌恶各种社交规矩,但在女性社交圈,墨尔本子爵威廉·兰姆很受欢迎。

在维多利亚女王统治的前几年时间里,墨尔本子爵威廉·兰姆不只是充当着维多利亚女王的首相。当时,任命谁来担任维多利亚女王的私人秘书是个令人头疼的问题。虽然以前,大家认为私人秘书是君主不可或缺的得力助手,但此时,大臣们担心,借私人秘书与女王建立起亲密信任关系的人很有可能会操控年轻、又缺乏历练的维多利亚女王。最后,墨尔本子爵威廉·兰姆以令人钦佩的自我牺牲精神,亲自出任维多利亚女王的私人秘书,解决了这一难题。由于同时担任首相与君主的私人秘书两个职位,墨尔本子爵威廉·兰姆必须一直待在宫里,并且常常相伴在维多利亚女王左右。每天早上,他与维多利亚女王一起处理政务。每天下午,他与维多利亚女王一起骑马。每晚,他又与维多利亚女王一起用餐。在应对英国王室的日常事务时,墨尔本子爵威廉·兰姆展现出的从容不迫,令他的朋友们惊叹。在面对维多利亚女王时,他流露出慈父般的关爱。这使他获得自己的政治盟友甚至政坛对手们的衷心

---

① 墨尔本子爵威廉·兰姆的家庭生活很不幸。1805年,他迎娶贝斯伯勒伯爵弗雷德里克·庞森比的独生女卡罗琳·庞森比小姐,但婚后不久,卡罗琳·庞森比就陷入与乔治·戈登·拜伦勋爵的热恋中。几年后,墨尔本子爵威廉·兰姆与卡罗琳·庞森比分居。——原注

认可。在对待维多利亚女王时，墨尔本子爵威廉·兰姆一直亲切、自然、彬彬有礼，这十分符合他的年龄和地位。

对英国宪法中"一国之君"地位和权力的解读，维多利亚女王出现了偏差。于是，墨尔本子爵威廉·兰姆成为众人羞辱的目标。但作为辉格党的领导人，墨尔本子爵威廉·兰姆没有退缩，反而促使维多利亚女王对宪法中否定君主独立性的条款有了深刻的认识。维多利亚女王的父亲肯特公爵兼斯特拉森公爵爱德华在世时，曾自称是辉格党人。此外当年，维多利亚女王的母亲肯特公爵兼斯特拉森公爵的夫人玛丽·路易丝·维多利亚在与支持托利党的威廉四世较劲儿时，曾得到过辉格党的支持。因此，维多利亚女王青睐辉格党是顺理成章的事情。维多利亚女王也丝毫不掩饰自己偏爱辉格党，讨厌托利党的事实。尽管如此，维多利亚女王专横、甚至有些暴躁的脾气也令自己无法接受践踏其尊严和权威感的政治理念。

维多利亚女王对自己高贵的地位，以及这一地位赋予自己的责任深感骄傲。作为政治导师，墨尔本子爵威廉·兰姆不断告诫维多利亚女王，在君主立宪政体中，君主处于从属地位。大多数时候，维多利亚女王都能完全接受劝谏。但不久，在实际政治操作中，维多利亚女王产生了自己的想法。维多利亚女王精明地认识到自己缺乏政治经验的事实。因此，从内心深处，她明白自己必须依靠年长且行事更老练的大臣。不过，无论在嘴上，还是在心里，维多利亚女王从来没有承认自己要顺从大臣。维多利亚女王在位时，总是一有问题就立即询问相关大臣，并且在批准大臣的决定前，总要留出充足的时间进行思考。此外，她还会对所有政府事务发表自己真诚、坦率的个人看法。如果大臣们有异议，那么维多利亚女王经常会立刻表示愿意听从他们的指正。表达完自己的想法后，维多利亚女王总是将行动或决策的最终选择权交给枢密院的顾问团。然而，如果不赞成顾问们的决策，或者决策未能实施，维多利亚女王就会毫不留情地行使自己谴责的权力。

维多利亚女王必须完成的第一项任务是建立自己的内廷。显然，组建维多利亚女王内廷必须遵循的原则与以前的情况有所不同。作为女性君主，维多利亚女王身边的侍从必须是女性，而不是男性。维多利亚女王极力反对安妮女王推行的烦琐习俗，坚决主张内廷只需要一名女侍长，八名资深内廷女官，八名内廷女官和八名宫女。在挑选内廷成员的问题上,维多利亚女王的舅舅利奥波德一世建议她不要考虑任何政治因素。然而,鉴于自己没有几个有官衔的亲密朋友,在拟定内廷成员名单时,维多利亚女王还是不得不考虑政治因素。维多利亚女王采纳了墨尔本子爵威廉·兰姆的建议,接见了一些辉格党大臣的妻子和女儿,并且打算只从辉格党成员的家庭中挑选各部门主事。维多利亚女王邀请兰斯多恩侯爵夫人路易莎·福克斯-斯特兰奇韦出任女侍长,虽然她的健康状况根本不适合出任女侍长。最终,兰斯多恩侯爵夫人路易莎·福克斯-斯特兰奇韦同意担任首席内廷女官一职。1837年7月1日,萨瑟兰公爵夫人哈丽雅特·萨瑟兰-莱韦森-高尔被任命为女侍长,并且很快就成为维多利亚女王的密友。维多利亚女王的内廷成员还有贝特福德公爵夫人安

萨瑟兰公爵夫人哈丽雅特·萨瑟兰 – 莱韦森 – 高尔

娜·拉塞尔、查尔蒙特伯爵夫人安娜·考尔费尔德和诺曼比侯爵夫人玛丽亚·里德尔。后来，利特尔顿男爵夫人萨拉·利特尔顿也成为维多利亚女王内廷的一员。罗斯伯里伯爵夫人安妮·玛格丽特·安森也曾收到维多利亚女王的邀请，但拒绝成为维多利亚女王内廷成员。①

为和前朝既定体系保持一致，维多利亚女王内廷中的男性成员也只从辉格党政府的传统支持者中挑选。此外，维多利亚女王还明确坚定地要求，母亲肯特公爵兼斯特拉森公爵的夫人玛丽·路易丝·维多利亚及母亲的大管家约翰·康罗伊爵士必须隐退。她还承诺每年向约翰·康罗伊爵士发放三千英镑的退休金，但拒绝了约翰·康罗伊爵士提出的授勋和册封成爱尔兰贵族的要求。

由于维多利亚女王的私人秘书是墨尔本子爵威廉·兰姆，这种人事安排可以最大限度避免维多利亚女王落入任何可能引发灾难性后果的陷阱中。维多利亚女王继王后，按理说其身边的家人有权利，也有责任指导维多利亚女王。然而，她的家庭成员中许多成员都是外国人。因此，从维多利亚女王的利益出发，人们认为英国人对维多利亚女王的指导应该胜过其外籍家人对她产生的影响。在维多利亚女王成长过程中，她的舅舅利奥波德一世一直扮演着父亲的角色。此时，利奥波德一世仍然掌控着维多利亚女王的生活轨迹，是维多利亚女王可以信赖的顾问。当初，维多利亚女王一到法定年龄，利奥波德一世就派自己以前的秘书兼密友斯托克马男爵克里斯蒂安·弗里德里希指导维多利亚女王的政治学习。虽然斯托克马男爵克里斯蒂安·弗里德里希没有得到英国政府的官方认可，但1837年6月到1838年8月，即维多利亚女王继位后前十五个月，斯托克马男爵克里斯蒂安·弗里德里希一直辅佐维多利

---

① 《墨尔本子爵威廉·兰姆书信集》，1889年，第366页；查尔斯·斯图尔特·帕克特：《罗伯特·皮尔私人书信集》，伦敦，约翰·默里出版社，1899年，第2卷，第460页。维多利亚女王内廷女性成员最终确定，成员如下：女侍长萨瑟兰公爵夫人哈丽雅特·萨瑟兰–莱韦森–高尔，首席内廷女官兰斯多恩侯爵夫人路易莎·福克斯–斯特兰奇韦，资深内廷女官塔维斯托克侯爵夫人、查利蒙特伯爵夫人安娜·考尔费尔德、诺曼比侯爵夫人玛丽亚·里德尔、波特曼夫人、利特尔顿男爵夫人萨拉·利特尔顿、巴勒姆夫人、路易莎·格雷夫人、内廷女官卡罗琳·巴林顿夫人、哈丽雅特·克莱夫夫人、夏洛特·科普利夫人、福布斯子爵夫人弗朗西丝·玛丽、尊贵的布兰德夫人、布莱辛顿伯爵夫人玛格丽特·加德纳、尊贵的G.坎贝尔夫人，常驻内廷女官戴维斯小姐。宫女包括尊贵的哈丽雅特·皮特、尊贵的玛格丽特·狄龙、尊贵的卡洛琳·科克斯、尊贵的卡文迪什小姐、尊贵的玛蒂尔达·佩吉特、阿米莉娅·默里小姐、哈丽雅特·莱斯特小姐、玛丽·斯普林·赖斯小姐。——原注

贝特福德公爵夫人安娜·拉塞尔

利特尔顿男爵夫人萨拉·利特尔顿

罗斯伯里伯爵夫人安妮·玛格丽特·安森

斯托克马男爵克里斯蒂安·弗里德里希

亚女王。其实，在首次考虑维多利亚女王私人秘书的人选时，斯托克马男爵克里斯蒂安·弗里德里希也是候选人之一，但对斯托克马男爵克里斯蒂安·弗里德里希担任自己的私人秘书，维多利亚女王表示担忧。不过，维多利亚女王真的很喜爱斯托克马男爵克里斯蒂安·弗里德里希。后来，在提到斯托克马男爵克里斯蒂安·弗里德里希时，维多利亚女王都称呼他是"我亲爱的老男爵"。在英国，斯托克马男爵克里斯蒂安·弗里德里希的才华一直没有得到应有的认可。对此，维多利亚女王一直深表遗憾。

斯托克马男爵克里斯蒂安·弗里德里希是德意志科堡人。维多利亚女王登基时，他年满五十岁。1816年，作为利奥波德一世的私人医生，斯托克马男爵克里斯蒂安·弗里德里希跟随主人利奥波德一世来到英国。对主人利奥波德一世和整个萨克森-科堡家族，斯托克马男爵克里斯蒂安·弗里德里希可谓忠心耿耿，不求任何个人利益。甚至对斯托克马男爵克里斯蒂安·弗里德里希不报任何好感的帕默斯顿子爵亨利·约翰·坦普尔也称赞他是自己见过的最正直的人。斯托克马男爵克里斯蒂安·弗里德里希通晓英国历史，对研究英国宪法抱有极大热情。他给维多利亚女王反复谏言的核心思想是，维多利亚女王应该努力巩固自己的地位，超脱党派之争，不涉及任何阴谋诡计。如今看来，这是多么有远见的主张啊！斯托克马男爵克里斯蒂安·弗里德里希尽管有远见，但终究是个教条主义式的学究，并且作为英国政治的批判者，他会对某些异端邪说抱有希望。斯托克马男爵克里斯蒂安·弗里德里希从没有真正理解英国政府的运作机制，他提出的君主不是"昏昏欲睡的政要"的主张值得商榷，但他的"君主如果有胜任的能力，就可以自行其是"的观点是彻头彻尾的谬误，向维多利亚女王灌输错误的认知是十分危险的。

在与斯托克马男爵克里斯蒂安·弗里德里希的频繁交流中，大臣们经常感到别扭，并且觉得斯托克马男爵克里斯蒂安·弗里德里希会损害维多利亚女王的地位。英国人厌恶斯托克马男爵克里斯蒂安·弗里德里希公开露面，并且对斯托克马男爵克里斯蒂安·弗里德里希的不满情绪与日俱增。其他国家的人甚至认为"这位藏在英国王位背后的德意志男爵"令维多利亚女王心中悄悄产生了一种反英情绪。在维多利亚女王统治的前几年，英国议会下议院议长辉格党人邓弗姆林男爵詹姆斯·阿伯克龙比就警告议会要警惕斯托克马男爵克里斯蒂安·弗里德里希的问题——一个因墨尔本子爵威廉·兰姆的轻敌而被忽视的危险问题。当时有个传言,斯托克马男爵克里斯蒂安·弗里德里希才是维多利亚女王真正的私人秘书。对这个传言,墨尔本子爵威廉·兰姆断然否认。这样一来,英国人的注意力就暂时从斯托克马男爵克里斯蒂安·弗里德里希身上转移。斯托克马男爵克里斯蒂安·弗里德里希虽然长期活跃在英国王室社交圈中,但从没摆脱他人的猜忌。

英国人一直担心维多利亚女王受其外籍顾问的摆布。为打消英国人的顾虑,维多利亚女王公开背叛了以前的家庭教师路易丝·莱森,并且命其离开英国。平心而论,维多利亚女王和路易丝·莱森之间的关系是无可厚非的。在彼此交往中,两人都为对方付出了许多。维多利亚女王登基前,路易丝·莱森一直充当其秘书,并且为其打理私人事务。维多利亚女王继位后,路易丝·莱森继续发挥其作为秘书的作用。不过,维多利亚女王从不会让路易丝·莱森接触到国事,路易丝·莱森也心无怨言地接受这种安排。

此时,肯特公爵兼斯特拉森公爵的夫人玛丽·路易丝·维多利亚虽然仍然和女儿维多利亚女王住在一起,但享有一套独立的房间。她与女儿维多利亚女王的关系慢慢疏远,这种疏远是一位母亲无法承受的。被排除在所有国事之外,肯特公爵兼斯特拉森公爵的夫人玛丽·路易丝·维多利亚很不甘心。很长一段时间内,对女儿维多利亚女王疏远自己的事实,肯特公爵兼斯特拉森公爵的夫人玛丽·路易丝·维多利亚一肚子委屈,心里总是愤愤不平。①在英国议会上议院发言,并且提到肯特公爵兼斯特拉森公爵的夫人玛丽·路易丝·维多利亚时,布鲁厄姆男爵兼沃克斯男爵亨利·布鲁厄姆将其称为"王太后",这种含沙射影的指责是毫无依据的。墨尔本子爵威廉·兰姆义愤填膺地指责使用这一不恰当的称呼指代"维多利亚女王的母亲"——政治圈彻底的局外人。

与此同时,参与公共庆典仪式占用了维多利亚女王大量时间。1837年6月27日,在肯辛顿宫,维多利亚女王举行了首个晨觐仪式,接受各国使者递交的国书。晨觐仪式上,维多利亚女王一身黑衣。不过,作为嘉德勋章获得者,她身上戴满了彰显荣

---

① 查尔斯·格雷维尔:《查尔斯·格雷维尔回忆录》,第1部。——原注

誉的饰物,如绶带、星形勋章、绣有警句的领环和固定在左臂上的吊袜带。①接着,多个来自公众团体的代表团向维多利亚女王表达慰问和祝贺。维多利亚女王以其特有的沉着冷静一一表示感谢。1837年7月17日,依照宪法中君主驾崩后六个月内必须举行大选,并且组成新议会下议院的规定,维多利亚女王解散了议会下议院,同时遵从了君主在议会开会时、闭会时都必须到场的惯例。这是维多利亚女王第一次身穿王袍亮相。她头戴王冠,身披镶着白鼬皮的绛红色天鹅绒披风,肩上裹着白鼬皮披肩,里面穿着滚金边的白色绸缎礼服,胸口露出镶满钻石的胸衣,礼服上佩戴着嘉德勋章。

在一些乏味的演说中,维多利亚女王对议会祝贺自己登基一事表达了谢意。当时,呈给维多利亚女王批准的唯一一项重要法案是涉及刑法和进一步限制死刑的修正案。对这一修正案的慈悲用意,维多利亚女王表现出"特别的兴趣",并且在最后的讲话中表示:"我将致力于通过全面的改善措施,壮大民间和教会的福利机构,并且在我能力的范围内,竭力缓解仇恨和争端。"维多利亚女王演说时语气真挚,带着一种震撼人心的效果。当时,在演说现场的范妮·肯布尔写道:"维多利亚女王声音优美……语音和语调都十分动听,维多利亚女王用具有女王风范的英语做的演说是天下最精彩的演说。"②1837年7月19日,在圣詹姆斯宫,维多利亚女王再次举行晨觐仪式。1837年7月20日,仍然是在圣詹姆斯宫,维多利亚女王举行了第一次客厅会议。出席这两次活动的人数都不少。

---

① 弗朗西斯·沃丁顿·本森:《本森男爵回忆录》,伦敦,朗文格林公司,1868年,第2卷,第273页。——原注
② 《范妮·肯布尔书信集》。——原注

第6章

王室年俸及殖民地事务

精彩看点

维多利亚女王入住白金汉宫——海德公园"维多利亚门"落成——参观布赖顿的英王阁——私人生活——白金汉宫中的创新——外国的亲友——对待亲戚的态度——宫廷礼仪与对家人的爱——1837年大选——辉格党对汉诺威王国阴谋的有效反击——占微弱优势的辉格党——1837年11月9日参加伦敦市政厅宴会——1837年11月20日第一届议会会议开幕——王室年俸——王室世袭的土地——威廉四世的收入——兰开斯特和康沃尔的领地——年俸的解决方案——津贴——激烈的批评——对肯特公爵兼斯特拉森公爵的夫人玛丽·路易丝·维多利亚的安排——维多利亚女王替父还债——1837年的大英帝国——加拿大的叛乱——达勒姆伯爵约翰·兰布顿的使命——召回达勒姆伯爵约翰·兰布顿

1837年7月13日，维多利亚女王搬离从小生活的肯辛顿宫，入住白金汉宫，并且将白金汉宫作为自己在伦敦的新寝宫。白金汉宫是乔治四世委派建筑师约翰·纳什建造的，直到威廉四世继位时才完工。威廉四世并不喜欢白金汉宫，他更愿意继续住在圣詹姆斯宫。因此，维多利亚女王是第一位入住白金汉宫的英国君主。有人在《泰晤士报》上开玩笑说，白金汉宫是现存最廉价的建筑——由一位君主修建，并

白金汉宫

第6章 王室年俸及殖民地事务

且由另一位君主装修。威廉四世草草装修好了白金汉宫，宫内许多地方的设计都极不合理。因此，在维多利亚女王入住前，应维多利亚女王的要求，白金汉宫进行了一次大规模的改造和扩建。为让白金汉宫形成四方形格局，在白金汉宫东侧，施工方增建了一排建筑。在白金汉宫后面，施工方兴建了一座四十英亩的游乐园，并且将宫内一座温室改造成小教堂。1856年，白金汉宫还增建了一座舞厅。

最早在白金汉宫举办的几场活动中，有一场是1837年8月17日举行的大型音乐会。这场音乐会是应维多利亚女王的要求举办的，由科斯塔先生担任指挥。为配合音乐会的气氛，维多利亚女王指示在音乐会举办当天停止对先王威廉四世的悼念活动。在音乐会上表演的歌唱家有朱莉娅·格里西女士、爱玛·阿尔贝塔奇女士、路易吉·拉布拉什先生和安东尼奥·坦布里尼先生。

1837年8月21日，维多利亚女王第一次在室外公开亮相，并且为海德公园开启位于贝斯沃特街的新大门，新大门被命名为"维多利亚门"。1837年8月22日，维多利亚女王乘车前往温莎，并且第一次在温莎城堡居住。1837年9月28日，维多利亚女王检阅了驻防温莎的警卫队，这是维多利亚女王第一次检阅军队。

直到1837年10月4日，维多利亚女王一直住在温莎城堡。随后，维多利亚女王在内政大臣约翰·拉塞尔伯爵及其妻子阿德莱德·利斯特的陪同下，前往布赖顿并参观英王阁。英王阁是英国王室拥有的第三座宫殿，也是最后一座宫殿。它是乔治四世下令修建，并且由其最喜爱的建筑师约翰·纳什设计的。1837年11月4日，维多利亚女王返回白金汉宫。

对于所有权概念的理解，维多利亚女王的认知水平完全像个孩子。她喜欢指挥白金汉宫内的仆人工作，并且喜欢按自己的方式在白金汉宫内生活。此外，维多利亚女王乐善好施，这是前几任英国君主身上不多见的品质。如果有客人到访，维多利亚女王就喜欢带着客人一个房间接一个房间地参观，甚至连厨房都不放过。不过，维多利亚女王参与的娱乐活动，都比较正统，有些沉闷。尽管维多利亚女王热衷于遵守各项礼仪规矩，但如果能更好地向客人传达善意，她也很愿意对礼仪做出改变。大多数早晨，维多利亚女王都是和墨尔本子爵威廉·兰姆在一起处理国事。在温莎城堡居住期间，每天下午稍早时候，在一支由三十人组成的庞大车队护送下，维多利亚女王会骑马到公园或周边转转。下午晚些时候,维多利亚女王会和孩子们一起嬉闹,这些孩子常常是维多利亚女王从客人里挑选出来的。有时,维多利亚女王会和宫中的女侍从玩板羽球游戏。直到中年,维多利亚女王还坚持参与这项运动。此外,维多利亚女王还会练习唱歌和弹钢琴。通常,维多利亚女王在19时30分用餐。晚餐后,维多利亚女王会整晚玩扑克牌、象棋或跳棋,她的母亲肯特公爵兼斯特拉森公爵的夫人玛丽·路易丝·维多利亚总在玩惠斯特牌。

在白金汉宫居住期间,维多利亚女王的一项创举就是组建了一支宫廷乐队,并且要求在晚餐中及晚餐后,宫廷乐队进行演奏。在白金汉宫安顿后,每个星期一,维多利亚女王都会跳舞。此外,维多利亚女王也会花时间阅读一些严肃的历史读物。在她最早阅读的书目中,就包括威廉·考克斯著的《罗伯特·沃波尔爵士时代》。另

威廉·考克斯

外，她还开始尝试阅读小说。她最初阅读的三本小说的作者分别是沃尔特·司各特爵士、詹姆斯·费尼莫尔·库珀和罗西娜·布尔沃·利顿。①后来，维多利亚女王又研读了亨利·哈勒姆的《宪法史》和圣西蒙公爵路易·德·鲁夫罗伊的《回忆录》。

　　刚登基时，维多利亚女王与欧洲大陆的亲戚们来往甚密。与这些亲戚在一起时，维多利亚女王总显得很自在，她也格外关心自己的亲戚。当有两个嘉德勋位出现空缺时，维多利亚女王就将这两份至高无上的荣誉分别赐给了最先来拜见她的两位德意志亲属。首先，1837年7月，维多利亚女王将嘉德勋章授予同母异父的哥哥莱宁根的卡尔。接下来，1838年，维多利亚女王将另一枚嘉德勋章授给阿尔伯特的父

詹姆斯·费尼莫尔·库珀

---

① 弗朗西斯·沃丁顿·本森：《本森男爵回忆录》，伦敦，朗文格林公司，1868年，第1卷，第296页。——原注

维多利亚女王(右)与表妹维多利亚(左)

亲萨克森-科堡-哥达公爵欧内斯特一世。1837年8月到1837年9月,比利时国王利奥波德一世携温柔的妻子奥尔良的路易丝王后来到温莎城堡,并且与维多利亚女王同住了三个星期。以后很多年,每逢秋季,比利时国王利奥波德一世就会携妻子奥尔良的路易丝王后到温莎城堡小住一段时间。另外,经常在下午与维多利亚女王玩耍的还有维多利亚女王的表妹。这位表妹的名字也叫"维多利亚",是萨克森-科堡-哥达的斐迪南的女儿。1840年,萨克森-科堡-哥达的维多利亚嫁给了法兰西王国的内穆尔公爵路易。

当然,维多利亚女王也没有忽视英国国内的亲属。对先王威廉四世的遗孀阿德莱德王后,维多利亚女王极其尊敬。1837年6月20日,就在继位当天,维多利亚女王还向阿德莱德王后写了一封慰问信。为避免给阿德莱德王后带去更多的悲伤,维多利亚女王在信里依然称呼对方为"王后",而不是"已故国王的妻子"。几天后,就在威廉四世的葬礼前,维多利亚女王又前往温莎城堡探望守寡的伯母阿德莱德王后。其间,当发现温莎城堡的旗帜没有按王室规范升降时,维多利亚女王立即指出,降半旗时,如果君主到场,旗帜就要降得比平时略高一些。当阿德莱德王后搬离温莎城堡迁往马堡大厦时,维多利亚女王允许伯母阿德莱德王后带走其在温莎城堡中所有珍爱的家具。可以说,维多利亚女王一直都十分关照伯母阿德莱德王后,直到阿德莱德王后去世。

在对待自己的各位叔叔和姑姑时,维多利亚女王同样表现得很友善。维多利亚女王与自己的叔叔和姑姑保持书信往来,并且款待他们,看望他们,为他们读书、唱歌。不过,对叔叔和姑姑们时常表现出的忌妒和坏脾气,维多利亚女王也有些厌烦。1889年,这辈人中最后一位在世者——剑桥公爵夫人黑森-卡塞尔的奥古斯塔——去世了。对年迈的剑桥公爵夫人黑森-卡塞尔的奥古斯塔,维多利亚女王一直很关心,并且从来没有因家人和大臣的顾虑而改变自己对她的态度。即使是对威廉四世与女演员多罗西娅·乔丹夫人生下的姓为"菲茨克拉伦斯"的私生子们,维多利亚女王同样关心他们,并且经常会动用手中的权力照顾他们。①

当然,在需要遵守自己推崇的宫廷礼节时,维多利亚女王还是很善于掩藏自己对家人的热爱的。在安排来宾座次时,除总坐在自己左边的墨尔本子爵威廉·兰姆

---

① 在叔叔萨塞克斯公爵奥古斯塔斯·腓特烈身体抱恙时,1837年12月29日,维多利亚女王在白金汉宫向叔叔萨塞克斯公爵奥古斯塔斯·腓特烈写了一封亲笔信,内容如下:

我亲爱的叔叔:
  从昨天你充满爱意的来信中得知,你仍然受着病痛的折磨,还拄着腋杖,这令我很难受。鉴于你的身体状况,我担心本周末你可能还是无法出门。因此,我希望知道1838年1月12日星期二你是否能和我一起驾车出行。亲爱的叔叔,我相信到时你会完全康复的。
我亲爱的叔叔,一定要相信我,爱你的侄女。(署名:维多利亚女王)

1837年7月19日,担任皇家学会主席的萨塞克斯公爵奥古斯塔斯·腓特烈按照惯例,正式推荐皇家学会代表团向维多利亚女王陈述法典,并且得到维多利亚女王的恩准。皇家代表团的成员亚当·塞吉维克写道:"在接待萨塞克斯公爵奥古斯塔斯·腓特烈时,维多利亚女王完全不顾宫中的规矩,似乎只记得对方是自己的叔叔……萨塞克斯公爵奥古斯塔斯·腓特烈按礼节弯腰去吻维多利亚女王的手时,维多利亚女王立刻阻止了萨塞克斯公爵奥古斯塔斯·腓特烈。接着,维多利亚女王搂住萨塞克斯公爵奥古斯塔斯·腓特烈的脖子,并且亲吻了他的脸"。(约翰·威利斯·克拉克和托马斯·麦克肯尼·休斯:《亚当·塞吉维克牧师的生平和书信》,剑桥,剑桥大学出版社,1890,第511期。)——原注

剑桥公爵夫人黑森－卡塞尔的奥古斯塔

多罗西娅·乔丹夫人

的位置不变外，维多利亚女王完全不顾其他来宾的级别，给予外国大使优待，甚至连美国公使安德鲁·斯蒂芬森先生也受到了优待。多年来，维多利亚女王拒绝改变照顾英国王室成员的做法，但后来也有一些例外时刻。

与此同时，议会大选正在进行。这是维多利亚女王继位后议会的第一次大选，也是《1832年改革法案》广泛扩大选举权后的第三次议会大选。辉格党领袖对外暗示将进行一场温和的国内改革，其主要内容包括：第一，废除强制征收宗教税；第二，进一步缓和与爱尔兰的矛盾。结果，维多利亚女王的地位问题成为两党针锋相对的焦点。1831年到1837年，六年以来，托利党一直在议会下议院占绝对少数。此时，保守党①向辉格党发难，指责以墨尔本子爵威廉·兰姆为首的辉格党人将维多

安德鲁·斯蒂芬森先生

---

① 1834年，托利党解散，原托利党成员成立保守党。——原注

马尔格雷夫伯爵康斯坦丁·菲普斯

利亚女王拉拢到其羽翼下,并且利用维多利亚女王,将她变成辉格党犯罪的武器。1837年7月,保守党发言人威廉·威尔逊·克罗克在《评论季刊》上发文,抨击维多利亚女王身边围满辉格党领导人的女性亲属。罗伯特·皮尔也批评称,维多利亚女王受辉格党领袖墨尔本子爵威廉·兰姆的控制,并且感叹维多利亚女王地位岌岌可危。约翰·拉塞尔伯爵写信安抚爱尔兰总督马尔格雷夫伯爵康斯坦丁·菲普斯,信中称维多利亚女王支持辉格党对爱尔兰的政策。于是,将维多利亚女王从辉格党人的暴政中解救出来就成为保守党的诉求,甚至民间还流传着一首讽刺诗:

辉格党人不要脸地说:"女王与我们同在",
"女王因为喜欢我们,所以就支持我们"。
事情或许如此,但我也深表怀疑。

第6章 王室年俸及殖民地事务 | 117

女王如果哪天不再青睐你们辉格党人了,还会支持你们多久。①

汉诺威的新国王欧内斯特·奥古斯塔斯废除了汉诺威王国的立宪政体,以加强自己的统治地位。辉格党领导人利用这件事进行反击,毕竟此时汉诺威国王欧内斯特·奥古斯塔斯是英国王位第一顺位继承人。坊间流传,汉诺威新国王欧内斯特·奥古斯塔斯正密谋篡位。他不仅要废除汉诺威王国的立宪政体,还要破坏英国的立宪政体。对此,辉格党的选举代理人还广泛散发一则名为《对比》的漫画。漫画并列了一组维多利亚女王和汉诺威国王欧内斯特·奥古斯塔斯的肖像画。在这组漫画中,维多利亚女王一副纯洁迷人的样子,她的叔叔汉诺威国王欧内斯特·奥古斯塔斯却是个长着浓密花白头发的恶棍。

对大选的最终结果,辉格党和保守党都不满意。在议会下议院中,保守党虽然从辉格党手中夺来三十七个议席,并且大大动摇了辉格党议会多数党的地位,但辉格党还是获得三百四十八个议席,保守党只获得三百一十个议席。因此,在议会下议院中,辉格党依然凭借多出的三十八个议席略占上风,墨尔本子爵威廉·兰姆及其同僚继续当政,但其手中的权力受到限制。此外,在议会下议院中,作为辉格党的对手,保守党由经验丰富的罗伯特·皮尔领导,展现出一副警觉好斗的架势。经历新大选的保守党不仅扩充了议席,还招揽到许多有才华的人。其中,最有名的要数本杰明·迪斯雷利。当时,本杰明·迪斯雷利只是一位出色的小说家。不过,在维多利亚女王后半生的政治生涯中,本杰明·迪斯雷利将发挥"指挥棒"的作用。经历两次落选后,本杰明·迪斯雷利在梅德斯通获得了一个议员席位。②当时,本杰明·迪斯雷利以后的老对手威廉·尤尔特·格拉德斯通也是保守党内一颗冉冉升起的政治新星。同样,威廉·尤尔特·格拉德斯通以后与维多利亚女王建立起亲密的往来。1832

---

① 《年鉴》,1837年,第239页。——原注
② 1804年12月21日,本杰明·迪斯雷利出生在伦敦的一个犹太家庭,父亲艾萨克·迪斯雷利是位勤奋的学者。1827年,二十二岁时,本杰明·迪斯雷利已经成为著名小说家,并且因其过人的智慧和浮夸的穿着受到伦敦社会的追捧。进入议会下议院后,文学创作依旧是本杰明·迪斯雷利的主业。作为小说家,他的名声也越来越大。在议会下议院期间,本杰明·迪斯雷利加入一个名为"青年英国"的团体,并且迅速成为该组织的领袖。这一团体主张在不破坏现有制度的前提下,进行社会改革。——原注

本杰明·迪斯雷利

年起,威廉·尤尔特·格拉德斯通就一直拥有纽瓦克的议席。这是他作为保守党人第三次获得这一议席。①本杰明·迪斯雷利和威廉·尤尔特·格拉德斯通在地位、经历、体力和才能等方面都是旗鼓相当的对手,他们的实力绝对不容小觑。

新议会开会前,维多利亚女王从白金汉宫出发,前往伦敦市政厅与伦敦市长约翰·考恩爵士共进晚餐。维多利亚女王的车队由五十八辆马车组成,乘客中有许多外国大使。车队受到街道两边民众的热烈欢迎,场面震撼。在坦普尔巴,伦敦市长

---

① 威廉·尤尔特·格拉德斯通是利物浦富商的儿子,比本杰明·迪斯雷利小五岁,曾先后就读于伊顿公学和牛津大学基督教堂学院,在校期间表现突出。1832年,威廉·尤尔特·格拉德斯通进入议会下议院,并且凭借雄辩的口才在议会下议院备受瞩目。1839年,托马斯·巴宾顿·麦考利将其形容为"顽固的托利党人的新希望"。——原注

约翰·考恩爵士、两位郡长官乔治·卡罗尔和摩西·蒙蒂菲奥里及伦敦公司的股东们迎接维多利亚女王。宴会从15时30分开始，一直持续到20时30分。宴会期间，伦敦灯火通明。

  1837年11月20日，维多利亚女王参加了新议会的开幕会议。开幕仪式上，维多利亚女王演说致辞。此后，维多利亚女王只要出席议会的会议，都会演说致辞。维多利亚女王将这个惯例一直坚持到阿尔伯特亲王去世。在演说致辞中，维多利亚女王指出，西班牙内战引发的困境，在加拿大的法兰西移民反抗英国的统治，以及丹尼尔·奥康奈尔领导下的爱尔兰抗议者的活动，都暴露出当地对英国统治的不满。不过，当天会议的主题还是确定王室年俸。

摩西·蒙蒂菲奥里

继位以来，维多利亚女王的经济状况一直令人担忧。维多利亚女王本人没有继承任何遗产，又失去了汉诺威王国的收入。维多利亚女王曾向墨尔本子爵威廉·兰姆抱怨过自己拮据的经济状况，但墨尔本子爵威廉·兰姆除了耐心倾听，深感无能为力。幸亏此时，资助过许多王室成员的库茨银行给维多利亚女王提供了临时贷款，才解了她的燃眉之急。

要解决维多利亚女王的年俸问题，政府需要考虑的主要问题不仅仅是需要花多少钱才能维持维多利亚女王应有的体面生活，还涉及维多利亚女王的年俸在王室世袭收入，如王室土地收入中的比例。当初，为得到一笔固定的年金，乔治三世交出了王室世袭收入中的一大笔收入。后来，乔治四世交出的收入比乔治三世交出的还多。再后来，威廉四世交出了全部王室收入。当然，交出的部分不包括王室在康沃尔领地和兰开斯特领地的收入，因为这部分收入被认为不在王室收入的范围内。

威廉四世登基后规定，此后，国王年俸中支出的管理性开支必须从共同基金中划拨。除了支付个人家庭开支，威廉四世的年俸中只允许一小部分钱花在其他事务上。这样一来，王室每年七万五千英镑的津贴和一万英镑的特勤处基金都不属于国王自己的开支。在这种情况下，威廉四世很愿意接受四十六万英镑的年俸，而不是像前几位国王那样领取八十五万英镑的年俸。此外，威廉四世的王后阿德莱德每年还有五万英镑的年金。如此一来，扣除津贴和特勤处基金，议会拨给威廉四世的个人净年收入就达三十七万五千英镑。更不用说在康沃尔领地和兰开斯特领地，威廉四世每年还有大约两万五千英镑的收入。

激进的议员敦促墨尔本子爵威廉·兰姆通过议会控制王室土地，剥夺君主对兰开斯特领地和康沃尔领地的所有权及享有其收入的权利，并且议会拨给君主的年俸只能用于支付君主的个人开支，而不能覆盖任何政府部分的开支。为实现上述目的，财政部的官员们还起草了一份方案。但墨尔本子爵威廉·兰姆担心引发侵犯君主特权的争议，并且危及尚不稳定的政府，就否决了这份方案中的大部分内容。最终，在维多利亚女王年俸的问题上，议会采用了先王威廉四世时期的办法。当然，议会也对老办法做了调整。

维多利亚女王放弃了所有王室世袭收入，但像威廉四世一样，议会还是保留了她享有兰开斯特和康沃尔领地收入的权利。康沃尔是英国王位法定继承人的法定封地。因此，一旦王位合法继承人诞生，康沃尔领地就不再是君主的财产。在维多利亚女王统治初期，康沃尔和兰开斯特两处领地每年为她带来大约两万七千五百英镑的收入，并且这两处领地的收入还在快速增长。作为维多利亚女王的一处永久收入来源，兰开斯特领地上的收益每年超过了六万英镑。①除了这两处世袭领地的收入，维多利亚女王还获得议会拨给的一笔数额为三十八万五千英镑的年金。与先王威廉四世的年金相比，这笔年金多了一万英镑。这笔年金中，六万英镑是维多利亚女王的零花钱，十三万一千两百六十英镑是宫廷雇员的工资，十七万两千五百英镑是维多利亚女王的家庭花费开支，一万三千两百英镑是王室赏金，剩下八千零四十英镑的用途未作规定。此外，维多利亚女王官邸的修缮费用和王室游艇的维护费用，不仅可以动用维多利亚女王的年俸，也可以靠财政部拨款。

每年发放的七万五千英镑的津贴和一万英镑的特勤处基金不再从维多利亚女王的年俸中支出，但维多利亚女王有权提出每年向某人发放金额为一千两百英镑的津贴，这笔开支由财政部承担，而不是从王室收入中扣除。最终算下来，这笔开支大约每年是两万三千英镑。其实，以维多利亚女王名义发放的津贴完全与维多利亚女王无关，这类津贴只发放给政治圈外需要帮助的人，并且这些人还必须在文学、艺术或者公共事业领域做出突出贡献。

坚定主张在国家各行业奉行保守经济政策的激进议员认为，议会提出的维多利亚女王年俸解决方案过于慷慨。因此，激进议员坚决抵制这一年俸解决方案。在第三次审议《王室年俸草案》时，议会下议院激进议员的一位领袖约瑟夫·休姆提出削减五万英镑年俸，但他的建议以十九票对一百九十九票被否决。另一位激进议员本杰明·霍斯提出削减一万英镑年俸，这个提议获得四十一名议员支持，遭到一百七十三名议员反对。在议会上议院进行第二次审议时，《王室年俸草案》遭到布鲁厄姆男爵兼沃克斯男爵亨利·布鲁厄姆的猛烈抨击。针对王室两处领地的收入情况，布鲁厄姆男爵兼沃克斯男爵亨利·布鲁厄姆提出了许多问题，明确表示反对《王

---

① 1841年，威尔士亲王爱德华出生后，康沃尔就成为威尔士亲王爱德华的领地。最终，康沃尔领地每年的收益超过六万六千英镑。——原注

约瑟夫·休姆

室年俸草案》对维多利亚女王生活做出的经济安排。即使这样，英国政府并没有对《王室年俸草案》做任何修改，并且没过多久《王室年俸草案》就在议会获得通过，变成了法律。后来，维多利亚女王的孩子们陆续得到大量额外补贴，总共加起来每年高达二十万英镑。不过，在近六十四年的统治时间里，维多利亚女王的年俸没有发生任何变化。看来，这笔年金完全满足了维多利亚女王的需求。

《王室年俸草案》在议会获得通过的同时，维多利亚女王的母亲肯特公爵兼斯特拉森公爵的夫人玛丽·路易丝·维多利亚获得了三万英镑年金。此前，肯特公爵兼斯特拉森公爵的夫人玛丽·路易丝·维多利亚每年有两万两千英镑的补贴，其中有一万英镑是指定用在当时还是公主的维多利亚女王身上。对这一安排，维多利亚女王十分满意。1837年12月23日，维多利亚女王亲自前往议会表达谢意。在白金汉宫，维多利亚女王愉快地度过了圣诞节。1837年12月26日，她就住到了温莎城堡。

此时，富足的津贴使维多利亚女王能立即实现为父还债的诺言。1838年秋，维多利亚女王从自己的私人账户向父亲肯特公爵兼斯特拉森公爵爱德华的债主们转账的金额就接近五万英镑。1839年10月7日，维多利亚女王收到了来自债主们的正式感谢。

与此同时，维多利亚女王对辉格党大臣的支持与日俱增。当时，辉格党人可谓举步维艰。1838年到1839年，维多利亚女王焦虑地关注着辉格党大臣在议会的动向，唯恐辉格党微弱的多数议席优势无法保证其继续执政。1838年年初，加拿大发生动荡的消息顿时在议会下议院激起了千层浪。因此，辉格党的执政地位受到动摇。最终，加拿大的动荡演变成一场危机。1838年4月14日，外交大臣帕默斯顿子爵亨利·约翰·坦普尔写道："维多利亚女王一如既往地支持我们，她认为我们有被推翻的危险，这令她很绝望。她身体健康，在伦敦时甚至长时间骑行，这对她的健康大有裨益。"①在墨尔本子爵威廉·兰姆的指导下，维多利亚女王每天十分勤勉地仔细阅读大量公文和官方信函。

大臣们让维多利亚女王认识到的第一个重大政治问题就关乎大英帝国的海外利益。维多利亚女王统治末期，她占用大量精力解决的最后一个重大政治问题也与英国的海外利益相关。维多利亚女王统治期间，在不列颠群岛以外，大英帝国的版图得到大规模扩张和明显的巩固。不仅如此，维多利亚女王个人继承的殖民地遗产也大幅度增加。1837年，除了联合王国②，大英帝国的统治区域大约有八百万平方英里，这是英国本土面积的六倍。但在维多利亚女王统治初期，大英帝国的扩张形势似乎并不乐观。大约18世纪80年代，维多利亚女王的祖父乔治三世允许英属北美殖民地脱离大英帝国。最终，这一政策导致美国独立。这种缺乏政治远见的行为令大英帝国受到重创，大英帝国花了相当长的时间才从美国独立带来的余震中恢复元气。维多利亚女王统治时期，大英帝国的统治版图从八百万平方英里扩张到一千两百万平方英里。其实，在威廉四世统治后期，大英帝国新一轮殖民扩张的势头就已

---

① 伊芙琳·阿什利：《帕默斯顿子爵亨利·约翰·坦普尔传》，伦敦，R.宾利出版社，1876年，第344页。——原注
② 包括与英国政府结盟得到特许权的商人们统治的印度半岛。——原注

经出现，尤其是在澳大拉西亚和大洋洲大部海域的殖民扩张。①但当维多利亚女王刚继位时，在确保帝国各个殖民地继续保持统一，避免帝国进一步分裂瓦解方面，政府并没有形成成熟的政策。

殖民地上的移民，无论是现在，还是将来，都要心甘情愿、满心欢喜地向大英帝国效忠，这是英国和英国女王的地位提出的客观要求。1837年，就在维多利亚女王继位那年，关于维多利亚女王及其政府如何处理与海外殖民地关系的问题，很快就有了明确的答案。1838年，由墨尔本子爵威廉·兰姆领导的辉格党政府一直陷入与反对党党的争斗中。在两党的激烈斗争中，维多利亚女王支持辉格党。这场斗争就是围绕着加拿大殖民地拉开序幕的，随即波及英国的所有海外殖民地。在很大程度上，大英帝国的命运取决于如何解决加拿大的叛乱。

加拿大曾是法兰西王国的殖民地，1763年通过条约割让给英国。然而，在加拿大，法兰西定居者的数量成倍增加，导致来自英国的移民无法融入当地。英国政府将这两个国家的定居者安置到不同省，但这样鲁莽的做法加深了两个民族的相互忌妒。在加拿大，每个省都采取与英国相似的议会制，但行政实权还是掌握在代表维多利亚女王的总督手中。此时，对加拿大发展眼红的美国图谋吞并加拿大，于是在法裔和英裔加拿大人中煽动不满情绪。

维多利亚女王继位时，在加拿大的英国人和法兰西人都对英国的统治失去了耐心。他们联合起来希望在加拿大建立一个完全自治的议会制政府，并且主张，对于选举产生的政府和议会来说，加拿大总督只是名义上的统治者，就像英国的维多利亚女王与英国政府和议会的关系一样。对是否在加拿大问题上让步，墨尔本子爵威廉·兰姆领导下的软弱政府举棋不定。当叛乱在加拿大英裔省和法裔省同时爆发后，墨尔本子爵威廉·兰姆领导的政府决策又出现失误，暂停在加拿大实行现有的宪法。墨尔本子爵威廉·兰姆派遣支持者达勒姆伯爵约翰·兰布顿奔赴加拿大，负责汇报加拿大整体形势，并且对加拿大实行专制统治。虽然叛乱很容易就被镇压下

---

① 1836年，英国在南澳大利亚形成一个定居点，并且开始向新西兰移民。1840年，新西兰也成为英国的殖民地。以后称为维多利亚和昆士兰的新南威尔士、以后称为西澳大利亚的天鹅河定居点及以后称为塔斯马尼亚的范迪门斯地三处殖民据点的形成时间更早一些，这些地区主要是被驱逐罪犯的流放地。——原注

去了，但在重建秩序的过程中，达勒姆伯爵约翰·兰布顿采取的独裁措施反而给保守党一个打击辉格党的绝佳口实。

屈服于保守党制造的不安情绪，墨尔本子爵威廉·兰姆的政府召回了达勒姆伯爵约翰·兰布顿。保守党的这次胜利令维多利亚女王十分担心。达勒姆伯爵约翰·兰布顿的妻子路易莎·格雷夫人是查尔斯·格雷伯爵的女儿，也是维多利亚女王身边的侍女。丈夫达勒姆伯爵约翰·兰布顿从加拿大卸任后，路易莎·格雷夫人隐退。维多利亚女王深表惋惜。她十分尊敬达勒姆伯爵约翰·兰布顿及其妻子路易莎·格雷夫人。对两人不幸的命运，维多利亚女王深感伤心。

事实上，在不光彩地卸任前，达勒姆伯爵约翰·兰布顿解决了大英帝国的前途问题，并且最大限度地巩固了英国君主的地位。在同僚查尔斯·布勒和爱德华·吉本的协助下，达勒姆伯爵约翰·兰布顿精心起草了一份详细的报告。这份报告中指出，确保大英帝国长治久安的唯一办法是授予殖民地自治权，强调殖民地人民自愿效忠英国君主靠的是发自内心的爱国情怀，而不是靠指定或强制的责任感，因为只有发自内心的忠诚才是最可靠的。因此，授予殖民地自治权是唯一可行的措施。这种纽带可以将殖民地人民对英国君主疏远的依赖感与母国英国联系起来。虽然作为该报告撰写人的达勒姆伯爵约翰·兰布顿被革职，但这一崭新的殖民政策理念被英国政府采纳。墨尔本子爵威廉·兰姆执政时，仅用了两年时间，加拿大就获得了实际的自治权。后来，殖民扩张中的自治原则成为维多利亚女王漫长统治中的最显著特征，并且自始至终没有发生变化。

第 7 章

加冕典礼及1839年危机

精彩看点

加冕典礼的日期——加冕典礼的华丽场面——王室游行——威斯敏斯特大教堂的加冕典礼——没有进行过彩排的典礼——为维多利亚女王喝彩——返回白金汉宫——年轻人的兴奋——庆祝活动的结束——1838年到1839年维多利亚女王在议会的演说——1839年的危机——1839年福洛拉·黑斯廷斯小姐事件——福洛拉·黑斯廷斯小姐的家人对维多利亚女王的诉求——报纸的推波助澜——福洛拉·黑斯廷斯小姐之死——对王室的敌意——第二场危机——1839年5月第一次政府危机——墨尔本子爵威廉·兰姆辞职——罗伯特·皮尔同意组阁——维多利亚女王和寝室侍女——1839年维多利亚女王对宫中变化的反抗——1839年5月10日维多利亚女王写给罗伯特·皮尔的信——墨尔本子爵威廉·兰姆内阁重新评估自己的地位——墨尔本子爵威廉·兰姆支持维多利亚女王——墨尔本子爵威廉·兰姆重组后的内阁——1839年维多利亚女王承认自己的过失——保守党对维多利亚女王的批评——寝室危机造成的影响

解决加拿大问题的同时，维多利亚女王的头等大事是准备自己的加冕典礼及一系列庆祝活动。三场官方舞会，其中一场定在了1838年6月18日。然而，选择1838年6月18日举办官方舞会冒犯了法兰西王国，因为这天是滑铁卢战役纪念日。① 除了三场舞会，英国官方还要举行两次晨觐、一次客厅会议和一场官方音乐会。此外，维多利亚女王还要首次官方出席阿斯科特赛马会。1838年6月28日，即维多利亚女王继位满一周年后的第八天，她的加冕典礼正式举行。加冕典礼前，维多利亚女王还出席了伊顿公学的"山丘"仪式。

　　大臣们一心想将维多利亚女王的加冕仪式办得盛大而华丽。1831年，威廉四世的加冕典礼耗资五万英镑。维多利亚女王的加冕礼，议会同意拨款不少于二十万英镑。人们用深红色的布料和黄金精心布置威斯敏斯特大教堂，并且恢复了前往威斯敏斯特大教堂的王室游行。1761年乔治三世的加冕典礼后，王室游行被废除。1838年6月28日，维多利亚女王加冕典礼当天，有四十万民众来到伦敦观礼。其中，1838年6月27日晚，许多人露营街头，等待第二天加冕典礼的到来。

　　1838年6月28日，天气晴朗。10时，维多利亚女王盛装从白金汉宫出发，途j经宪

---

① 当时，在巴黎的托马斯·雷克斯于《日记》第2卷第105页中这样描述这次事件："由于在滑铁卢战役纪念日当天，维多利亚女王举行晚会并招待前来观礼的外宾，对此，法兰西人感到受到了侮辱。法兰西王国国王路易·腓力一世左右为难，但还是希望与包括英国在内的各位驻法兰西王国的大使保持友好关系。"——原注

法山、皮卡迪利大街和圣詹姆斯街,又穿过纪念纳尔逊子爵霍拉肖·纳尔逊将军的特拉法尔加广场,最后从议会大街到达威斯敏斯特大教堂。维多利亚女王抵达威斯敏斯特大教堂时,正好是1838年6月28日11时30分。维多利亚女王豪华的游行队伍中有众多外宾,其中一位是让-德-迪厄·苏尔特元帅。在伊比利亚半岛战争和滑铁卢战役中,让-德-迪厄·苏尔特是威灵顿公爵阿瑟·韦尔斯利的老对手。此时,作为法兰西王国的特别代表,他将出席维多利亚女王的加冕典礼。英国人像迎接维多利亚女王一样热烈地迎接让-德-迪厄·苏尔特元帅。对东道国英国的热情,让-德-迪厄·苏尔特元帅非常感动。① 在维多利亚女王的德意志亲戚中,出席典礼的有舅舅

让-德-迪厄·苏尔特元帅

---

① 托马斯·雷克斯在《日记》第2卷第107页写道:"不管是在威斯敏斯特大教堂里面还是外面,让-德-迪厄·苏尔特元帅都兴高采烈,情绪高涨。他曾公开说:'这是我人生中最美好的一天。英国人认为我一直是个忠诚的人。'在威斯敏斯特大教堂内,他抓住自己副官的胳膊说:'啊,的确是勇敢的民族。'"——原注

萨克森-科堡-哥达公爵欧内斯特一世及同母异父的哥哥莱宁根的卡尔和姐姐莱宁根的菲奥多拉公主。①

当维多利亚女王进入威斯敏斯特大教堂时,"八位身着白衣的侍女簇拥在维多利亚女王周围,维多利亚女王停了下来,好像是深吸了一口气,双手紧紧抱在一起"。②加冕后,当维多利亚女王跪在圣坛上领圣餐时,一束阳光照在她头上,目睹这一幕的肯特公爵兼斯特拉森公爵的夫人玛丽·路易丝·维多利亚顿时热泪盈眶。盛大隆重的场景令每个人肃然起敬。

整个加冕典礼虽然圆满完成,但也有一些遗憾。参加了整个加冕典礼的哈丽雅特·马蒂诺写道:"盛大、耀眼、迷幻的场景营造出一种奇怪的效果,让人疲惫,昏昏欲睡。"维多利亚女王也是一样,不仅身心俱疲,还由于在漫长仪式中,行礼的神职人员在许多环节对维多利亚女王具体该做什么拿不准,令维多利亚女王有些不知所措。造成这种局面的原因与加冕仪式前维多利亚女王没有得到足够的培训有关。威斯敏斯特大教堂院长约翰·爱尔兰博士③虽然主持过乔治四世和威廉四世的加冕典礼,但由于年老体弱,他已经无法再次参加维多利亚女王的加冕典礼。因此,主持维多利亚女王加冕典礼的重任落在了威斯敏斯特大教堂副院长约翰·锡恩勋爵的身上。维多利亚女王对站在身旁的约翰·锡恩勋爵说:"我祈祷上帝告诉我下一步该做什么,因为神职人员自己都不知道下一步该做什么。"维多利亚女王抱怨说,放到自己手上的王权宝球重得难以托住。她还抱怨说本该戴在小指头上的宝石戒指,却被坎特伯雷大主教威廉·豪利强行戴到无名指上,因为用力过猛,疼得她差点叫出声来。由于担心别人会察觉出自己的紧张,维多利亚女王的不自在心理加剧了。显然,在场的其他行礼人员行事笨拙,但维多利亚女王没有在观众们面前失去自己的冷

---

① 《英格尔比传说》的作者理查德·巴勒姆牧师在其讽刺剧《巴内·马奎尔讲述维多利亚女王的加冕典礼》中对出席加冕仪式的官员、维多利亚女王亲属和外国嘉宾都做了形象有趣的描述。——原注
② 厄恩利男爵罗兰·普罗瑟洛和乔治·格兰维尔·布拉德利:《阿瑟·彭林·斯坦利院长传》,纽约,查尔斯·斯克里布纳之子出版社,1894年。——原注
③ 1816年,约翰·爱尔兰博士出任威斯敏斯特大教堂的院长。虽然身体羸弱,但他一直出任大教堂院长一职,直到1842年9月2日去世。维多利亚女王加冕礼进行时,约翰·爱尔兰博士已经七十八岁。约翰·爱尔兰博士的继任者是托马斯·特顿。1845年,托马斯·特顿离开威斯敏斯特大教堂,出任伊利主教。——原注

加冕礼上,大臣们簇拥着维多利亚女王走向王位

加冕礼上,维多利亚女王坐上王位

静。与其他议会下议院议员一起参加加冕典礼的本杰明·迪斯雷利写道:"维多利亚女王极其优雅、完美地履行了自己的职责,其他行礼人员的表现差强人意。这些人从头到尾不知道下一步该做什么,真应该提前彩排一次。"①

在加冕典礼上,贵族成员为君主喝彩是一项古老的传统。这次加冕礼中,议会下议院议员首次被允许在贵族成员喝彩结束后为君主喝彩。议会下议院的议员们为维多利亚女王喝彩九次。在喝彩的下议院议员中,就有爱尔兰领袖丹尼尔·奥康奈尔。当时还是小男孩的阿瑟·彭林·斯坦利院长坐在走廊里,心想人们的喝彩声并不是很大。然而,庆典尾声发生了一起小意外。当时,在向维多利亚女王致敬时,年逾八旬的贵族约翰·罗尔男爵摔倒了。维多利亚女王的第一反应是站了起来。当约

在向维多利亚女王致敬时,罗尔男爵约翰不慎跌倒

---

① 本杰明·迪斯雷利:《给姐姐的信》,伦敦:约翰·默里出版社,1886年,第139页。——原注

翰·罗尔男爵再次过来向维多利亚女王致敬时,维多利亚女王说:"我能起身接见他吗?"说完,维多利亚女王从宝座上起身,下了两三个台阶,迎向年老的约翰·罗尔男爵。当时,维多利亚女王亲切和蔼的举动引起了轰动。①本杰明·迪斯雷利这样评价这一事件:"没什么能比这一举动更能收服人心了。"②当贵族们挨个向维多利亚女王致敬时,宫务大臣正带领下属向人群抛掷贝内代托·皮斯特鲁奇设计的奖章。众人争抢奖章的场面十分混乱。

晚年的约翰·罗尔男爵

① 查尔斯·格雷维尔:《查尔斯·格雷维尔回忆录》,第2部,第1卷,第107页。——原注
② 本杰明·迪斯雷利:《给姐妹的信》,伦敦:约翰·默里出版社,1886年,第139页。——原注

持续了五个多小时的加冕仪式终于结束了。1838年6月28日16时，维多利亚女王启程返回白金汉宫。英国王室的车队穿过伦敦的街道，维多利亚女王头戴王冠，身着华服，看上去脸色苍白，整个人都在颤抖。人群中的托马斯·卡莱尔低声说："可怜的小维多利亚女王！像维多利亚女王这个年龄的姑娘连给自己选帽子都不会，但现在她要扛起重任，连天堂的大天使都望而却步的重任。"

尽管认识到自己的角色将承担的责任，维多利亚仍然还是很天真无邪。一回到白金汉宫，维多利亚女王脱掉一身华服，为其宠物狗"达什"——一只西班牙猎犬——洗下午澡。①随后，维多利亚女王安静地与受邀的各位亲属共进晚餐。晚餐后，维多利亚女王又差信使询问可怜的约翰·罗尔男爵的情况。最后，她又来到屋

加冕后的维多利亚女王

---

① 查尔斯·罗伯特·莱斯利，汤姆·泰勒：《回忆录》，波士顿，蒂克纳和菲尔兹出版社，1860年。——原注

顶，观赏伦敦的灯火和格林公园、海德公园的烟火表演。1838年6月29日，获得政府批准在海德公园举办的规模盛大的"加冕"游园会开幕，历时四天。1838年6月30日，即游园会开幕第二天，维多利亚女王也前往游园会现场，并且玩了很长时间。

1838年7月9日，维多利亚女王再次在海德公园与五千民众见面，并且与让-德-迪厄·苏尔特元帅一起接受民众的鼓掌致敬，这一安排完全是为法兰西贵宾让-德-迪厄·苏尔特元帅设计的。此时，维多利亚女王加冕典礼的所有庆祝活动结束了。①

1838年8月16日，维多利亚女王亲自宣布议会休会。聆听了议会下议院议长对本次会议工作的长篇大论后，维多利亚女王一如既往地做了清晰明了的发言。随着不断的历练，维多利亚女王的发言愈加优美。1839年2月，议会重新开幕时，维多利亚女王又做了类似的发言。美国未来的演说家、发言人查尔斯·萨姆纳碰巧聆听了维

查尔斯·萨姆纳

① 维多利亚女王的加冕典礼吸引了全欧洲民众的目光，并且以多种外语进行了报道。一份意大利的畅销小册子以"1838年6月28日维多利亚女王隆重的加冕典礼"为题报道了这一盛况。为与以前君主的加冕礼进行对比，这份小册子还以附录的形式附上了对1553年玛丽女王加冕典礼的完整描述。——原注

多利亚女王的这次发言,见证了维多利亚女王出色的演说口才。查尔斯·萨姆纳诚恳地写道:"以前,我并不欣赏维多利亚女王,但她的演说改变了我的看法。我很吃惊,也十分享受……她娓娓道来,吐字清晰,字字珠玑。我认为这是我听过的最好的演说。"①当时,在维多利亚女王身边一个显眼的位置上,还有一个外国人在聆听她的演说。这个外国人是法兰西王国的路易·波拿巴。当时,路易·波拿巴还是一位流亡者。但后来,他成为拿破仑三世。拿破仑三世担任法兰西皇帝的二十年中,给英国制造了不少麻烦。

拿破仑三世

---

① 爱德华·利耶·皮尔斯:《查尔斯·萨姆纳的回忆录和书信集》,波士顿,罗伯茨兄弟出版社,1877年,第1卷,第59页。——原注

1839年2月，英国议会一开会，围绕在维多利亚女王四周那种平和、满足的气氛遭到无情地破坏。维多利亚女王逐渐意识到自己并不是那么受欢迎，也清楚自己虽然有墨尔本子爵威廉·兰姆家长般的爱护，但仍然面临重重困难，充满危险。更不幸的是，她自己根本无力应对。1839年上半年，维多利亚女王经历的两场危机都要归咎于她年少无知，缺乏经验。对出现的问题，要及时找出解决办法，但在当时，这远远超出了维多利亚女王具备的自制力和对世界的认识。

最终，一系列事件的发生酿成了第一场危机，让一个小姑娘来应对这场危机是十分尴尬的事情。1839年1月，在白金汉宫做肯特公爵兼斯特拉森公爵的夫人玛丽·路易丝·维多利亚的侍女时，黑斯廷斯侯爵弗朗西斯·罗顿-黑斯廷斯的女儿弗洛拉·黑斯廷斯小姐由于身形变化，维多利亚女王的侍从毫无根据地怀疑其有不规

弗洛拉·黑斯廷斯小姐

矩行为。维多利亚女王和肯特公爵兼斯特拉森公爵的夫人玛丽·路易丝·维多利亚都不相信对弗洛拉·黑斯廷斯小姐的指控，但维多利亚女王的内廷女官塔维斯托克侯爵夫人将这一情况通报给墨尔本子爵威廉·兰姆。维多利亚女王赞同墨尔本子爵威廉·兰姆的提议，要求可怜的弗洛拉·黑斯廷斯小姐必须接受王室医生詹姆斯·克拉克爵士的体检。1839年2月17日，詹姆斯·克拉克爵士在检查完毕后，签署了一份证明，否认了对弗洛拉·黑斯廷斯小姐的所有指控。

这件事很快闹得满城风雨。弗洛拉·黑斯廷斯小姐的家人直接上书维多利亚女王，要求恢复弗洛拉·黑斯廷斯小姐的名誉。弗洛拉·黑斯廷斯小姐的弟弟黑斯廷斯侯爵乔治·罗顿-黑斯廷斯请求进宫看望姐姐。弗洛拉·黑斯廷斯小姐的母亲伦杜恩女伯爵弗罗拉·缪尔-坎贝尔给维多利亚女王写了一封言辞激烈的信。在信中，她请求维多利亚女王解雇詹姆斯·克拉克爵士。对这封信，维多利亚女王本人并没

黑斯廷斯侯爵乔治·罗顿－黑斯廷斯

有给予答复,墨尔本子爵威廉·兰姆以自己的名义写了封回信,信中称维多利亚女王已经亲自在第一时间了解到发生在弗洛拉·黑斯廷斯小姐身上的不幸错误,但并没有打算要采取任何其他行动。受到伤害的弗洛拉·黑斯廷斯小姐写信给自己的亲戚汉密尔顿·菲茨杰拉德说:"我敢肯定,维多利亚女王根本不了解那些人对我做了什么。维多利亚女王对我以礼相待,竭力表达自己的歉意,说话时眼泪都在眼眶里打转。"不过,弗洛拉·黑斯廷斯小姐的家人认为,维多利亚女王和宫廷上下冤枉了弗洛拉·黑斯廷斯小姐,应该公开承认错误并道歉。

黑斯廷斯家族支持的保守党控制着一家名为《晨报》的报纸。利用弗洛拉·黑斯廷斯小姐的事件,《晨报》借题发挥,并且通过对这一事件大胆露骨的描述,扰乱公众视听。弗洛拉·黑斯廷斯小姐被誉为"堕落宫廷里的受害者"。

一方面,弗洛拉·黑斯廷斯小姐在报纸上公开了自己与维多利亚女王和墨尔本子爵威廉·兰姆书信的内容。另一方面,詹姆斯·克拉克爵士也在伦敦多家报纸的专栏为自己的行为辩护。双方的口水战令大众很反感,王室的声誉也受到严重损害。由于悲剧性结局,事态不断恶化。事实上,弗洛拉·黑斯廷斯小姐患上了一种致命的疾病——肝肿大。1839年7月4日,白金汉宫对外宣布弗洛拉·黑斯廷斯小姐病危,原定于当晚举行的王室晚宴被迫取消。①1837年7月5日,弗洛拉·黑斯廷斯小姐去世了。这一噩耗令维多利亚女王非常难过,也令整个英国社会感到震惊和悲痛。

维多利亚女王的顾问们犯了个巨大的错误——他们保证维多利亚女王会亲自表达歉意,即使这将违反王室要员不能承认错误的王室礼仪规范。但维多利亚女王一直保持沉默,毫无动作。维多利亚女王的置若罔闻令人们将责备的矛头指向路易丝·莱森。尽管维多利亚女王的态度完全是由天真和缺乏经验造成的,但的确证明英国上下弥漫着一种敌视王室的情绪,这差点演变成一场全国性的灾难。多年后,维多利亚女王回顾这一事件时,充满了厌恶之情。

1839年,第二场王室危机发生,起因是在没有听取任何建议的情况下,维多利亚女王想当然地利用自己的权威,蛮横干涉国家事务。

1839年议会开会期间,辉格党政府失去了对议会下议院的控制。殖民地问题持

---

① 马姆斯伯里伯爵詹姆斯·哈里斯:《一位前政府官员的回忆录》,第77页。——原注

续让辉格党出丑。辉格党以废除奴隶制为己任,大刀阔斧地在英属殖民地推进各项废奴措施,但遭到顽固的抵制。英国的直属殖民地牙买加解放了奴隶,引发了奴隶的主人——种植园主——的反抗。辉格党政府被迫承认现实,请求议会批准暂停牙买加的宪法,1839年5月7日,这一议案以多数票获得通过。对此,墨尔本子爵威廉·兰姆感到绝望,向维多利亚女王递交了自己和同僚的辞职书。维多利亚女王十分苦恼。议会下议院领袖约翰·拉塞尔伯爵来拜见她。讨论时局时,维多利亚女王放声痛哭。

没过多久,维多利亚女王重整旗鼓,第一次行使君主权力,挑选一名继任者来代替即将离任的首相墨尔本子爵威廉·兰姆。维多利亚女王很快摆脱掉墨尔本子爵威廉·兰姆离任带来的悲伤情绪。她没有再向墨尔本子爵威廉·兰姆咨询,而是听取了斯潘塞·霍拉肖·沃波尔的建议。于是,1839年5月8日,她召见了威灵顿公爵阿瑟·韦尔斯利。维多利亚女王的泰然自若令威灵顿公爵阿瑟·韦尔斯利大吃一惊。

斯潘塞·霍拉肖·沃波尔

威灵顿公爵阿瑟·韦尔斯利以年事已高和首相必须出自议会下议院为由，谢绝了维多利亚女王提出的组阁邀请。

随后，维多利亚女王又召见了议会下议院的保守党领袖罗伯特·皮尔。1835年威廉四世当政时，罗伯特·皮尔曾出任过几个月的首相。维多利亚女王虽然已经习惯了墨尔本子爵威廉·兰姆的宽容和慈爱，对罗伯特·皮尔冷淡、严厉的行事风格有些担心，但她心里十分清楚在议会的权力从一个党移交到另一个党的情况下宪法赋予自己的责任。[1]

第一次接见罗伯特·皮尔时，维多利亚女王的态度虽然直率，但很有分寸。他们讨论的第一个话题是保守党组建新政府是否需要解散旧议会，重新进行大选。维多利亚女王表示"对前政府的倒台深感歉意"，强烈反对在如此短的时间内解散刚刚产生不久的议会。罗伯特·皮尔含糊其辞地表达了对维多利亚女王观点的理解，但拒绝放弃解散议会。最终，罗伯特·皮尔同意组建政府。告别了维多利亚女王后，他开始着手挑选自己的内阁成员。

保守党人强烈地感觉到，维多利亚女王一直以来都回避与自己打交道，并且毫不掩饰她对自己的厌恶。维多利亚女王身边也尽是辉格党人的女性亲属。在与朋友们商量后，罗伯特·皮尔认为维多利亚女王宫中占据着重要职位的夫人们必须撤换，只有这样保守党人才能从维多利亚女王那里得到全力支持。罗伯特·皮尔并不打算干涉不重要职位的任命问题，但他认为，至少有必要更换维多利亚女王身边的几位女官，甚至女侍长和其他两三位侍女。

罗伯特·皮尔认为自己责任重大。不过，面对选择谁来填补可能空缺的内廷女官时，罗伯特·皮尔很愿意聆听维多利亚女王的意见。不幸的是，罗伯特·皮尔一开始没能决定哪些职位需要更换。因此，1839年5月9日，当罗伯特·皮尔再次拜见维多利亚女王商讨这一话题时，维多利亚女王立刻警觉起来，担心自己将失去密友的陪伴，错误地认为路易丝·莱森是罗伯特·皮尔的目标。因此，维多利亚女王立即表态，明确拒绝任何更换宫中女性成员的建议。维多利亚女王情绪激动，丝毫不掩饰

---

[1] 查尔斯·斯图尔特·帕克特：《罗伯特·皮尔私人书信集》，伦敦，约翰·默里，1899年，第2卷，第391页。——原注

自己的愤怒。罗伯特·皮尔只好匆匆告退。随后，维多利亚女王写信给墨尔本子爵威廉·兰姆，信中说保守党企图更换自己身边的侍女，然后是自己的服装师和女仆。此外，她还写到，保守党人对待自己像对待小女孩一样，自己一定要让保守党人明白自己是英国的维多利亚女王。在信的结尾处，维多利亚女王请求墨尔本子爵威廉·兰姆起草一份声明，拒绝罗伯特·皮尔的要求。

　　出于慈父般的怜爱，墨尔本子爵威廉·兰姆担心罗伯特·皮尔对维多利亚女王过于严厉，也没多说什么，只管按照维多利亚女王的吩咐行事。维多利亚女王写给罗伯特·皮尔的信如下："1839年5月10日写于白金汉宫——对罗伯特·皮尔1839年5月9日向我提出希望更换内廷女官一事，我经过考虑，决定不能接受这一做法，认为这一做法毫无必要，并且伤害到我的感情。"罗伯特·皮尔回信称维多利亚女王误解了自己，并且拒绝继续进行组阁事宜。

　　得知罗伯特·皮尔的决定后，维多利亚女王总算松了一口气。1839年5月10日晚，维多利亚女王出现在舞会上时，毫不掩饰自己内心的喜悦之情。维多利亚女王得到了自己想要的结果，请求墨尔本子爵威廉·兰姆重新组阁。墨尔本子爵威廉·兰姆没有拒绝，而是默默接受了。1839年5月11日，原墨尔本子爵威廉·兰姆的内阁成员碰头会面，重新审视自己的位置。一些内阁成员认为，应该建议维多利亚女王放弃之前的态度。墨尔本子爵威廉·兰姆的老上级查尔斯·格雷伯爵认为，罗伯特·皮尔的态度是合理的，并且告诉墨尔本子爵威廉·兰姆，1830年自己出任首相时，也对王后身边的侍女做过类似的调整。但与此同时，查尔斯·格雷伯爵承认："当前的情况与当时有很大不同，因为那时涉及的是国王的配偶，但现在面对的是作为一国之君的维多利亚女王。"在战争时期，查尔斯·格雷伯爵的儿子亨利·格雷伯爵曾担任墨尔本子爵威廉·兰姆的战争大臣。格雷子爵查尔斯·格雷虽然有自己的疑虑，但最终还是建议在这场争端中，墨尔本子爵威廉·兰姆应该站在维多利亚女王一边。[①]斯潘塞·霍拉肖·沃波尔也认为，作为绅士，大臣们也应该支持维多利亚女王。

　　最终，和善的墨尔本子爵威廉·兰姆默许了众人的观点。辉格党人重新掌权，但这次辉格党人认识到自己的不足。因此，在获得维多利亚女王的支持后，辉格党

---

① 《墨尔本子爵威廉·兰姆书信集》，第397页。——原注

人力图改善政府的人事结构。诺思布鲁克男爵弗朗西斯·巴宁代替布兰登的蒙蒂格尔男爵托马斯·斯普林·赖斯出任新一任财政大臣。无能的殖民大臣格莱内尔格男爵查尔斯·格兰特被挤出内阁，其职位由约翰·拉塞尔伯爵担任。此前，约翰·拉塞尔伯爵担任的内政大臣一职由马尔格雷夫伯爵康斯坦丁·菲普斯担任。其中，内阁最有意思的一位新成员是接替格雷伯爵亨利·格雷出任战争大臣的托马斯·巴宾顿·麦考利。

政府重组后，墨尔本子爵威廉·兰姆再次上台执政。很快，议会两院陷入激烈的辩论中。罗伯特·皮尔继续主张调整宫中女官的任命。约翰·拉塞尔伯爵力图证明自己的主张。墨尔本子爵威廉·兰姆绅士般地支持维多利亚女王。但无论是支持罗伯特·皮尔的威灵顿公爵阿瑟·韦尔斯利，还是布鲁厄姆男爵兼沃克斯男爵亨利·布鲁厄姆，都强烈批评墨尔本子爵威廉·兰姆的优柔寡断。布鲁厄姆男爵兼沃克斯男爵亨利·布鲁厄姆认为，在君主责任这个问题上，罗伯特·皮尔和墨尔本子爵威廉·兰姆都难辞其咎。幸好，这场争论很快平息下来。因此，它并没有对墨尔本子爵威廉·兰姆领导的政府造成实质性伤害。

罗伯特·皮尔的行为是有正当理由的，连墨尔本子爵威廉·兰姆、约翰·拉塞尔伯爵和维多利亚女王自己都承认这一点。1853年，维多利亚女王向约翰·拉塞尔伯爵坦言："当时，我太愚蠢了！"墨尔本子爵威廉·兰姆也评论说："总应该给别人时间考虑问题。在这件事情上，罗伯特·皮尔的错误在于当他组阁失败后，他没有给维多利亚女王时间，让她回心转意。"但从内心讲，墨尔本子爵威廉·兰姆更担心维多利亚女王的任性脾气。曾在一瞬间，墨尔本子爵威廉·兰姆的脑海中想到了维多利亚女王的一位祖先——苏格兰玛丽女王。这是不由自主的瞬间想法，但稍晚时候，当他和维多利亚女王共进晚餐时，他不经意提到苏格兰玛丽女王在断头台上说过的话，称这些话或许是真情流露。① 在谈论苏格兰的玛丽女王时，墨尔本子爵威

---

① 议会闭会当晚，在与维多利亚女王交谈中，墨尔本子爵威廉·兰姆不经意提到维多利亚女王的名字和苏格兰玛丽·维多利亚女王名字的联系。当天议会上议院闭会仪式后，维多利亚女王在更衣时，侍女无法将维多利亚女王戴在头上的王冠取下来。当晚用晚餐时，维多利亚女王将这件事告诉墨尔本子爵威廉·兰姆。维多利亚女王说："肯定是侍女太紧张了——那么多人都看着她，她又从来没有做过这个差事。"墨尔本子爵威廉·兰姆答道："陛下说的话好像苏格兰玛丽·维多利亚女王在断头台上也说过，'在这么多人面前，我不习惯更衣，也不习惯帮我更衣的这些侍从'。"——原注

亨利·格雷伯爵

诺思布鲁克男爵弗朗西斯·巴宁

格莱内尔格男爵查尔斯·格兰特

托马斯·巴宾顿·麦考利

廉·兰姆是以一种戏谑的口吻说的。他经常用类似口吻跟朋友们交谈，但用这种语气同维多利亚女王讲话，他还是第一次。

维多利亚女王拒绝更换身边的女侍官，使保守党人更不喜欢她。两党对峙的阴云始终笼罩在墨尔本子爵威廉·兰姆政府的头顶。1839年7月，在一次保守党会议上，就长期以来维多利亚女王对保守党公开的仇视态度，坎特伯雷选区的保守党下议院议员詹姆斯·布拉德肖进行了一番挖苦。詹姆斯·布拉德肖的言论激起科克茅斯选区的辉格党下议院议员爱德华·霍斯曼的愤怒，他甚至向詹姆斯·布拉德肖发出决斗邀请。这场决斗按约如期进行。当时，对保守党的厌恶之情，维多利亚女王绝对有增无减。当在一份托利党的日报上读到针对自己的尖酸刻薄评论时，维多利亚女王公开表示："保守党人想尽办法让我生厌。"[1]

不过，这场危机带来的效果是积极的。此后，维多利亚女王再也没有像这次危机中表现的一样执拗。在新政府产生的过程中，虽然维多利亚女王常常表现出自己的偏好，但历经十九届政府更迭，组阁问题很少再产生摩擦。这样的宫廷危机再也没有发生过，宫中的女侍官也不再从两党要员的家人中挑选。1839年7月，维多利亚女王邀请一位保守党贵族的妻子桑威克夫人进宫。后来，只有女侍长一职具有政治意义，并且任职者必须与执政党达成协议才能出任该职。因此，一旦执政党下台，女侍长也随之卸任，女侍长的政治倾向不再是受到关注的问题。

总的来说，1839年的两场危机虽然没有给维多利亚女王的性格带来积极影响，但的确十分有趣，因为从两场危机中，人们可以看到维多利亚女王的秉性。不过，随着时间的流逝和环境的改变，维多利亚女王的秉性也在不断变化。随着年龄的增长，再加上一位明智夫君的良好引导，维多利亚女王一定能更熟练地掌控自己专横的作风及与生俱来的独立性，更好地控制自己暴躁的脾气。

---

[1] 查尔斯·斯图尔特·帕克特：《罗伯特·皮尔私人书信集》，伦敦，约翰·默里，1899年，第2卷，第405页。——原注

第 8 章

维多利亚女王的婚事引发争论

精彩看点

1839年采纳便士邮资制度——未作好结婚的准备——利奥波德一世推荐的人选——萨克森-科堡-哥达的阿尔伯特——斯托克马克男爵里斯蒂安·弗里德里希的配合——英国大臣和德意志贵族青年——维多利亚女王备感孤立——1839年10月15日与阿尔伯特订婚——1839年11月20日公布婚约——1839年丹尼尔·奥康奈尔的祝贺——公众的批评——维多利亚女王的要求——1840年墨尔本子爵威廉·兰姆的困境——政府的提议——顽固不化的议会下议院——愤怒的维多利亚女王——与议会上议院的分歧——阿尔伯特的优先地位——维多利亚女王的授权令——阿尔伯特的随从——维多利亚女王的婚庆大典

为昭告世人自己重新当政，墨尔本子爵威廉·兰姆推动议会通过了一项邮资改革措施。对未来英国的繁荣昌盛，这项改革措施产生了深远的影响，并且在某种程度上拉近了维多利亚女王和大臣们的关系。1839年7月，议会采纳了罗兰·希尔提出的邮资方案，即在英国范围内统一实行最低一便士的邮资制度。长期以来，邮局垄

罗兰·希尔

断送信业务，邮资根据送信路程的远近，一页信纸的资费从四便士到一先令八便士不等，计费方式十分复杂。将邮资统一降低到一便士的做法给英国的商业通信和出于其他目的的交流注入巨大活力。与此同时，可粘贴邮票的发明令通信更加便利。政府很快开始使用这种可粘贴的邮票，并且设计出一款印有维多利亚女王头部肖像的邮票。这款邮票令全世界都认识了维多利亚女王。通信方式的进步可能是维多利亚女王时代英国社会方面最令人赞叹的一部分，也是英国人才能和创新的集中体现。其他国家以一种敬畏的姿态，心甘情愿地远远跟随其后。人们不禁要问：与这次邮政改革相比，维多利亚女王的立法举措是否对英国社会的进步，乃至世界的进步发挥了更大的推动作用？要知道，起初可是维多利亚女王固执地坚持要改革邮政体系，随后英国政府才介入，以法律形式推进邮政体系改革。

专注国事、充满激情、刚经历从依赖他人到实现自身的独立，这些都让维多利亚女王在其执政的前两年不愿意考虑婚姻问题。然而，维多利亚女王的家人们一直在替她考虑这个问题。维多利亚女王的枢密院顾问认为，在这个关乎个人幸福的问题上，虽然维多利亚女王可以按自己的心意行事，但他们十分清楚，维多利亚女王的婚姻问题将对整个国家产生重大影响。

舅舅利奥波德一世认为，外甥女的婚姻问题是自己职责所在。实际上，利奥波德一世早已行动起来，他选择了维多利亚女王的表弟——萨克森-科堡-哥达的阿尔伯特。维多利亚女王继位后不久，利奥波德一世向外甥女维多利亚女王表达过自己的想法。此时，既然外甥女维多利亚女王已经成为英国女王，利奥波德一世当然不愿意自己的人选被否决。

早在1838年，利奥波德一世曾向外甥女维多利亚女王提到过自己的打算。当时，维多利亚女王对这种安排有点紧张，并且告诉舅舅利奥波德一世，自己和小自己三个月的阿尔伯特都还太年轻，不是考虑婚姻大事的时候，请求舅舅利奥波德一世将这个想法再推迟三年。

1838年3月，利奥波德一世将阿尔伯特召唤到布鲁塞尔，说明情况。阿尔伯特虽然有几分疑虑，但同意推迟婚事的建议。阿尔伯特认为，以维多利亚女王高贵的地位，最终会寻找到一个地位更加尊贵的婚姻伴侣，而不会屈就于一个落魄的德意

青年时期的阿尔伯特

志公爵的小儿子,这种一厢情愿的联姻想法实在有点自不量力。对阿尔伯特的婚事,利奥波德一世的密友斯托克马男爵克里斯蒂安·弗里德里希也很上心。与利奥波德一世一样,斯托克马男爵克里斯蒂安·弗里德里希是一位激情四溢的斗士,但为人更加精明。1838年年底,斯托克马男爵克里斯蒂安·弗里德里希告别维多利亚女王。危机四伏的1839年,斯托克马男爵克里斯蒂安·弗里德里希并不在英国。因此,对维多利亚女王面临的两次危机,他都不负任何责任。斯托克马男爵克里斯蒂安·弗里德里希将自己视作维多利亚女王在国外的眼线。1839年年初,斯托克马男爵克里斯蒂安·弗里德里希陪同阿尔伯特出游意大利。他在阿尔伯特身边,监督、提醒阿尔伯特不能忘记利奥波德一世的联姻计划,并且在需要时教导阿尔伯特如何做一名合格的英国君主的配偶。

萨克森-科堡-哥达的奥古斯塔斯

对利奥波德一世的联姻计划，英国人充满疑虑，这在海外是众人皆知的事情。拜访维多利亚女王时，科堡大家族的成员表现得太无知了，实在令人无法将他们引荐给维多利亚女王的陪同人员。1839年8月，萨克森-科堡-哥达的奥古斯塔斯来温莎访问，维多利亚女王的一位女侍从评论说："他们与英国青年差别太大了！" 1838年4月，帕默斯顿子爵亨利·约翰·坦普尔也写道："我担心维多利亚女王早已习惯了英国男士讨喜的性格和渊博的知识，很难喜欢上一位外国贵族。"其实，从维多利亚女王继位以来，除了阿尔伯特，还有其他几位合适的配偶人选供维多利亚女王考虑。维多利亚女王的另一个堂兄——剑桥公爵乔治——是其中一位。另外，还有一位是内穆尔公爵奥尔良的路易，他是比利时王后奥尔良的路易丝的弟弟、路易·腓力一世的次子，也是维多利亚女王加冕典礼邀请的外宾之一。据说，内穆尔公爵奥尔良的路易深得维多利亚女王和一部分枢密院顾问的喜爱。1839年5月，在温莎

剑桥公爵乔治

城堡，维多利亚女王接待了俄罗斯帝国皇储，后来的亚历山大二世，他是维多利亚女王的教父俄罗斯帝国沙皇亚历山大一世的侄子。另外，维多利亚女王接见的人中还有荷兰国王威廉二世的第三子亨利王子。先王威廉四世在世时，鼓励亨利王子与侄女维多利亚女王联姻。因此，当时，人们普遍认为，亨利王子也是维多利亚女王考虑的人选之一。

　　解决维多利亚女王配偶人选的问题并没有拖很长时间。1839年上半年的政治危机令维多利亚女王深感孤立。因此，与以前相比，维多利亚女王更期待婚姻生活。与此同时，一些低能的大臣不断向维多利亚女王提出结婚对象的人选。为引起维多利亚女王的注意，其中几位大臣甚至在维多利亚女王骑马外出时，截住她的去路，更有甚者直接闯入维多利亚女王的宫中。这些疯狂的举动令维多利亚女王烦恼不已。1839年9月，在温莎城堡做客的利奥波德一世敏锐地抓住这次机会。

　　利奥波德一世回到欧洲大陆后，便示意阿尔伯特及其兄长欧内斯特一个月后前往英国拜访维多利亚女王。当时，维多利亚女王并不知晓他们来访的意图。1839年10

亚历山大二世　　　　　　　　　　　　　　　　　　　　　　　　　　亨利王子

月10日，阿尔伯特和欧内斯特带着利奥波德一世的信，到达温莎城堡。当时，许多其他客人正在温莎城堡做客，其中有墨尔本子爵威廉·兰姆。

1839年10月11日到1839年10月14日，每天下午，阿尔伯特和欧内斯特都和一大群人陪同维多利亚女王骑马散步，并且每天晚上出席宴会，在宴会上翩翩起舞。不过，在消遣期间，维多利亚女王还是设法尽可能多地与阿尔伯特交流。这样一来二去，维多利亚女王与阿尔伯特突然产生了真挚而浓烈的爱意。1839年10月15日，维多利亚女王将阿尔伯特召唤到自己的房间，以君主的身份突然向阿尔伯特求婚。事后，维多利亚女王告诉姑姑格洛斯特公爵兼爱丁堡公爵的夫人玛丽公主，自己当时十分紧张，但没有办法，因为阿尔伯特是不可能向英国女王求婚的。"他绝不敢主动向维多利亚女王求婚。"[1]以前，在维多利亚女王择夫的问题上，一直秉持遵从维多利亚女王喜好的墨尔本子爵威廉·兰姆似乎也对维多利亚女王向阿尔伯特求婚的消息颇感吃惊。墨尔本子爵威廉·兰姆对阿尔伯特的第一印象是这个人太稚嫩，不适合做维多利亚女王的丈夫。尽管如此，墨尔本子爵威廉·兰姆还是真心祝福维多利亚女王，热情地向两人表达了祝福。

虽然对外公布婚约的时间被推迟了一个多月，但维多利亚女王立刻将订婚的消息通知了利奥波德一世，收到消息的利奥波德一世满心欢喜。在正式公布婚约前，不管是在公开场合，还是在私底下，维多利亚女王和阿尔伯特简直是如胶似漆。1839年11月1日，维多利亚女王检阅了一支步枪旅。那天，维多利亚女王头戴镶着金边的军帽，身边的阿尔伯特十分引人瞩目。

1839年11月14日，阿尔伯特和其兄欧内斯特告别了温莎城堡。1839年11月15日，维多利亚女王以少女般欢喜的心情给所有英国王室成员写信，宣布婚讯。在读了维多利亚女王写给阿德莱德王后的信后，罗伯特·皮尔情绪低落，懊恼地说："维多利亚女王对待爱情像朱丽叶对待爱情一样。"[2]1839年11月20日，维多利亚女王离开温莎城堡，返回白金汉宫。1839年11月23日，墨尔本子爵威廉·兰姆草拟了一份官方声明，要求召开一次特殊的枢密院会议。结

---

[1] 查尔斯·斯图尔特·帕克特：《罗伯特·皮尔私人书信集》，伦敦，约翰·默里，1899年，第2卷，第414页。——原注
[2] 《约翰·威尔逊·克罗克书信集》。——原注

果,出席当天会议的人不足八十三人。会上,维多利亚女王胳膊上戴着镶有阿尔伯特微型肖像的臂镯,坚定地做了简短的发言,并且在发言时,维多利亚女王的手一直在抖。维多利亚女王说:"与萨克森-科堡-哥达的阿尔伯特缔结婚约是我个人的意愿。我将坚守这一神圣的约定,因为这是我经过深思熟虑后才做出的决定。我坚信有万能的上帝的保佑,这桩婚事将给我带来快乐,也符合国家利益。"结束发言后,维多利亚女王冷静地接受了大臣们的祝贺。

对维多利亚女王的婚讯,英国人普遍抱有一种复杂的心情。在班登的集会上,与辉格党结盟的丹尼尔·奥康奈尔以一种滑稽、夸张的兴奋,描述了即将到来的婚事。丹尼尔·奥康奈尔警告保守党人,不要在维多利亚女王最幸福的时刻给维多利亚女王找麻烦,否则将招致爱尔兰人的无情报复。①

丹尼尔·奥康奈尔的担心不无道理。对于维多利亚女王的婚事,一片祝福声背后隐藏着恶毒的低语。人们对阿尔伯特知之甚少,只知道他是个德意志人,年纪很轻。这两点都不受英国人待见。于是,有关阿尔伯特的一些荒诞说法开始流传。有人说阿尔伯特对国事一无所知,追求一些毫无意义的爱好。还有人说阿尔伯特是危险的野心家。保守党人理所当然地认为阿尔伯特是自由党人。②对阿尔伯特的宗教信仰,也有一些空穴来风的异议。众所周知,萨克森-科堡家族的成员都是坚定的路德宗信徒,但家族中的两位成员——利奥波德一世和斐迪南·奥古斯特迎娶的妻子——除外,她们是虔诚的罗马天主教教徒。因此,甚至有传言说,阿尔伯特是"教

---

① 1839年10月5日,丹尼尔·奥康奈尔在班登演说时说:"我们忠于也必须忠于我们年轻可爱的维多利亚女王——愿上帝保佑她!我们忠于也必须忠于王权,就是要忠于那个手握王权可爱的人。她即将步入婚姻的殿堂!我的祖母养育了两百二十个子孙,愿维多利亚女王也能像我祖母一样,膝下儿孙满堂。愿上帝保佑维多利亚女王!我是个父亲,也是个祖父。上帝作证,为维多利亚女王祈祷时,我就像为自己的任何一个子孙祈祷,热情而真挚。因此,听说保守党人对维多利亚女王进行胆大妄为的威胁时,我通过报纸表达了自己对此事的痛恨和决心。啊!我坚信我能一天之内召集五十万勇敢的爱尔兰人,起来保护坐在英国王位上的亲爱的年轻女士,捍卫她的生命和荣誉!来参加本次声势浩大集会的人们,如果你忠于维多利亚女王,愿意为维多利亚女王战斗到最后一刻,请在我面前举起你们的右手!你们的右手就代表你们的忠心。我告诉你们,如果有必要,这些高举的手中将紧握宝剑!"——摘自《年鉴》,1839年,第314页。——原注
② 查尔斯·斯图尔特·帕克特:《罗伯特·皮尔私人书信集》,伦敦,约翰·默里出版社,1899年,第2卷,第408页到第409页。——原注

皇党人①"。在国外，人们普遍认为，对维多利亚女王来说，这桩婚事其实一点好处都没有。

　　对这些批评，沉浸在爱河中的维多利亚女王持一种鄙视的态度，尤其是对那些国外的评论。维多利亚女王公开表示，对阿尔伯特为婚姻放弃家族和国家的行为感到遗憾，认为自己有责任对阿尔伯特做出补偿。因此，维多利亚女王催促大臣们妥善解决阿尔伯特地位的问题。维多利亚女王效仿都铎王朝的玛丽女王，恳求大臣们批准授予阿尔伯特"国王"的称号。但对这个要求，大臣们犹豫不决。墨尔本子爵威廉·兰姆提醒维多利亚女王，一旦承认议会拥立国王的合法权力，就等于承认了议会罢免君主的合法权力。据史料记载，墨尔本子爵威廉·兰姆直率地对维多利亚女王说："看在上帝的份儿上，请不要再提及此事了。"在墨尔本子爵威廉·兰姆看来，阿尔伯特的头衔和待遇必须符合惯例，必须仿效前朝亲王——安妮女王的丈夫丹麦的乔治。对这种将自己的爱人和那个"安妮女王愚蠢、微不足道的丈夫"相提并论的做法，维多利亚女王非常愤怒。因此，她故意拖延效仿惯例确定阿尔伯特地位这件事。

　　能决定阿尔伯特地位的既不是维多利亚女王，也不是首相，而是议会。墨尔本子爵威廉·兰姆拒绝与政治对手提前磋商，根本不打算就这个问题向议会两院施压。1840年1月16日，议会开会期间，维多利亚女王坐在宝座上，发表讲话。讲话中，她很有分寸地提到自己将至的婚事，并且敦促议会对此做出恰当安排。会议一开始，墨尔本子爵威廉·兰姆发现自己处境艰难。虽然维多利亚女王私下一再要求给予自己未来的丈夫比先例更高的地位，但显然，议会两院中大多数议员已经下定决心，绝不破坏传统。为辅佐维多利亚女王，也为充当利奥波德一世和阿尔伯特的眼线，早已回到白金汉宫的斯托克马男爵克里斯蒂安·弗里德里希不遗余力地敦促墨尔本子爵威廉·兰姆，一定要在1840年1月16日11时举行一场辉格党和保守党的磋商会。不幸的是，斯托克马男爵克里斯蒂安·弗里德里希的诉求并没有得到墨尔本子爵威廉·兰姆回应，最糟糕的事还是发生了。

　　大臣们提议给阿尔伯特每年五万英镑的年金，与当年乔治二世、乔治三世和威

---

① 新教徒对天主教徒的蔑称。

查尔斯·西布索普

廉四世的王后们享受的待遇一致。然而,议会两院对这一金额都不满意。保守党人和一些激进派认为,这一金额实在太高。根据阿尔伯特日常开支的习惯,激进派发言人约瑟夫·休姆还提出一项修正案,建议将其年金降低到两万一千英镑,但该修正案以三百零五票对三十八票被否决。接着,作为思想狭隘的老派保守党人,来自林肯郡的老议员查尔斯·西布索普立即提出另一项修正案,又将阿尔伯特的年金降低到三万英镑。在议会中,查尔斯·西布索普提出的修正案得到大量支持。保守党领袖罗伯特·皮尔发言表示支持。刚刚抛弃辉格党、投入保守党怀抱的詹姆斯·格雷厄姆爵士否认婚后阿尔伯特的地位和国王配偶王后的地位相当。詹姆斯·格雷厄姆爵士说,宪法承认作为国王配偶王后的独立地位,但没有必要承认作为维多利亚女王配偶王夫的独立地位。显然，这一言论听上去缺乏逻辑，无法令人信服。最后，在议会分组表决时，每年三万英镑的修正案获得二百六十二票支持，一百五十八票反对，以一百零四票的明显优势获得通过。这意味着，政府每年五万英镑的提议遭到否决。

显然，议会下议院的做法不仅是对墨尔本子爵威廉·兰姆政府的藐视，也是对维多利亚女王及其未来丈夫阿尔伯特的侮辱。罗伯特·皮尔和同僚否认背叛维多利亚女王的各种说法，否认"保守党的行为是对1839年5月一系列丑恶事件的报复"。不过，约翰·拉塞尔伯爵坚持认为，议会的这次投票是对君主的侮辱。当涉及阿尔伯特未来安排的法案提交给特别委员会审议时，查尔斯·西布索普又进一步建议，如果将来维多利亚女王先于阿尔伯特去世，阿尔伯特再娶信奉天主教的妻子，或者每年在英国居住时间不到六个月，阿尔伯特将不再享受每年三万英镑的年金。罗伯特·皮尔否决了这个建议，认为它表现出对阿尔伯特的不信任。无论如何，议会做出的每年三万英镑年金的方案是铁板钉钉的事情了。

维多利亚女王很不满意。维多利亚女王的舅舅利奥波德一世也专门从布鲁塞尔写信，抗议议会下议院的行为，称这一决议令人无法接受。

议会上议院的态度也不友好。威灵顿公爵阿瑟·韦尔斯利带头发难，指责内阁没有公开阿尔伯特是一名新教教徒，完全能按英国国教的规定参加领圣餐仪式。针对阿尔伯特的宗教信仰，斯托克马男爵克里斯蒂安·弗里德里希曾私下向内阁保证过，但对此内阁故意保持沉默。

事情远远没有结束。1840年1月27日，有关阿尔伯特入籍的法案提交到议会上议院。法案中有一项条款，赋予阿尔伯特仅次于维多利亚女王的地位。对此，萨塞克斯公爵奥古斯塔斯·腓特烈和剑桥公爵阿道弗斯都无异议，愿意自己屈居于阿尔伯特之后。但由于对自己没当上英国君主的事情耿耿于怀，仍然拥有英国贵族头衔的汉诺威国王欧内斯特·奥古斯塔斯拒绝让步。上议院的议员们都十分理解汉诺威国王欧内斯特·奥古斯塔斯的态度。此外，墨尔本子爵威廉·兰姆据理力争，称自己提出的方案是遵循玛丽女王及其丈夫腓力二世的先例。不过，与此同时，他表示，愿意修订提案中的条款，确保维多利亚女王的法定继承人诞生后，法定继承人的地位先于作为父亲的阿尔伯特，但上议院认为这一让步微不足道。因此，上议院将有关阿尔伯特优先地位的条款全部删掉。

最终，阿尔伯特的入籍法案获得通过，但阿尔伯特的地位问题悬而未决。不过，几个月后，枢密院执事查尔斯·格雷维尔起草了一份文件，声称维多利亚女王可以不通过议会，直接颁布王室授权令，授予丈夫阿尔伯特优先地位。维多利亚女王采纳了这项建议，签署授权令，赋予阿尔伯特仅次于自己的地位。[1]但授权令受到冷遇，它对外毫无效力。更令维多利亚女王愤怒的是，国外的王室也纷纷拒绝承认阿尔伯特的地位，依然坚持区别对待阿尔伯特和维多利亚女王。面对这种局面，作为妻子的维多利亚女王很伤心。

另外一个有争议的问题与阿尔伯特的私人随从有关。大臣们认为，不能允许阿尔伯特自己挑选私人秘书，尤其是私人秘书的人选绝对不能是德意志人。然而，阿尔伯特也不愿意让一个英国人来当自己的秘书。为解决这个问题，墨尔本子爵威廉·兰姆推荐了自己的私人秘书乔治·安森。对于这一安排，维多利亚女王和阿尔伯特都表示接受。后来的事实也证明这是个明智的选择。

维多利亚女王和阿尔伯特的婚期定在了1840年2月10日。在本届议会论战结束前，托林顿子爵乔治·宾和乔治·格雷上校受命前往科堡，给阿尔伯特颁发嘉德勋章，并且护送他前往英国。1840年1月28日，在父亲萨克森-科堡-哥达公爵欧内斯特一世和哥哥欧内斯特的陪同下，阿尔伯特从科堡启程，[2]先前往布鲁塞尔与叔叔利奥波德一世会面。然后，1840年2月7日，他到达多佛。1840年2月8日，阿尔伯特抵达伦敦，受到热烈欢迎。阿尔伯特到达白金汉宫后，大法官科特纳姆伯爵查尔斯·佩皮斯主持了其入籍仪式。1840年2月10日，在圣詹姆斯宫的小教堂内，维多利亚女王与阿尔伯特的婚礼如期举行。利物浦子爵罗伯特·詹金森是唯一一位受维多利亚女王邀请出席婚礼的保守党人。在白金汉宫用完丰盛的早餐后，在众人的欢呼声中，

---

[1] 《查尔斯·格雷维尔回忆录》第2部第1卷附录中的相关文件。——原注

[2] 阿尔伯特离开科堡时，其众多亲属都很伤心，他们都很担心阿尔伯特的未来。1840年2月3日，阿尔伯特的祖母——埃博斯多夫的奥古斯塔斯·罗伊斯女伯爵在写给一位朋友的信中说："即使知道他将拥有崇高的地位，我还是对他的离开非常伤心。尽管年轻的维多利亚女王对他一往情深，但他的未来充满荆棘。不过，他也的确深爱着维多利亚女王，一定会永远忠诚地支持她。"——原注

维多利亚女王和阿尔伯特的婚礼

这对新人驱车前往温莎城堡。1840年2月12日,肯特公爵兼斯特拉森公爵的夫人玛丽·路易丝·维多利亚、萨克森-科堡-哥达公爵欧内斯特一世和其他人来到温莎城堡,看望维多利亚女王和阿尔伯特亲王[①]。1840年2月14日,维多利亚女王和阿尔伯特亲王返回伦敦。1840年2月19日,维多利亚女王举行了晨觐仪式。仪式上,阿尔伯特亲王站在维多利亚女王左边。尽管这段时间艰难、充满荆棘,但维多利亚女王勇敢地挺了过去。在婚姻问题上,她是人生的赢家。

---

① 根据汉语的翻译习惯,王子与女性君主结婚后,会翻译成"亲王"。因此,后面"阿尔伯特"会翻译成"阿尔伯特亲王"。(除原注外,均为译者注,不再另行说明)

第 9 章

阿尔伯特亲王与《摄政法案》

精彩看点

阿尔伯特亲王和妻子维多利亚女王——阿尔伯特亲王的性格和对维多利亚女王的影响——阿尔伯特亲王不受英国人喜爱——阿尔伯特亲王最终获得的地位——难以扭转的偏见——白金汉宫发生的变化——肯特公爵兼斯特拉森公爵的夫人玛丽·路易丝·维多利亚的隐退——路易丝·莱森的离去——斯托克马男爵克里斯蒂安·弗里德里希留在维多利亚女王身边——维多利亚女王首次遇刺——1840年6月12日白金汉宫举行音乐会——维多利亚女王怀孕——《摄政法案》——1840年11月21日长公主诞生——1841年2月10日的受洗仪式——1840年期间维多利亚女王面对的政治难题——阿尔伯特亲王和外交政策——外交大臣帕默斯顿子爵亨利·约翰·坦普尔——帕默斯顿子爵亨利·约翰·坦普尔对阿尔伯特亲王的怠慢——穆罕默德·阿里和奥斯曼土耳其帝国——内阁出现分化——1841年帕默斯顿子爵亨利·约翰·坦普尔取得的胜利——1841年墨尔本子爵威廉·兰姆政府失利——1841年6月维多利亚女王访问牛津——维多利亚女王对辉格党政府的同情——民调中失利的辉格党

婚后，维多利亚女王的生活和理政都进入新阶段。从个人角度讲，维多利亚女王和阿尔伯特亲王的结合体现了婚姻给人带来的最理想状态。维多利亚女王对丈夫阿尔伯特亲王的爱是纯粹的，她恨不得将世上最好的东西都给他。丈夫阿尔伯特亲王也投桃报李，将维多利亚女王的幸福当作自己主要的人生目标。

从智慧层面和道德层面看，阿尔伯特亲王做维多利亚女王夫君是合适的。他接受过良好的教育，兴趣广泛，热爱艺术、科学和文学，是一流的音乐家。他生活作风严谨，为人友善、勤勉、无私。在阿尔伯特亲王的影响下，维多利亚女王的性格和脾气变得更加沉稳、平和，知识和见识也愈加宽广。维多利亚女王一直将1837年6月到1840年2月，自己继位到结婚的两年零八个月视作"人生中最不理智、最糟糕的时候……那是一段有趣、虚荣又激动人心的时光，但单单一个政治博弈就足以令她身心俱疲，这放在任何人身上都是一样的"。维多利亚女王还说过："1840年，我结婚后，一切都变了。"后来，维多利亚女王曾告诉一位朋友："墨尔本子爵威廉·兰姆对我帮助很大，但我十分感谢上帝，让我最终步入婚姻殿堂。在婚姻中，我得到安宁和庇护，一直幸福地过了二十一年。"①

事实上，阿尔伯特亲王的处境一点也不乐观。在王宫外，他一点也不受人爱戴。他待人冷淡，其德意志人特有的思维方式和行为方式令英国人难以接受。他的性格

---

① 罗兰·埃德蒙·普罗瑟洛和乔治·格兰维尔·布兰得利：《阿瑟·彭林·斯坦利院长传》，纽约：查尔斯·斯克里布纳之子出版社，1894年，第2卷，第127页。——原注

与英国贵族一贯的享乐和轻浮格格不入。他缺乏幽默感，不喜欢户外运动，没有沾染任何恶习，生活作息十分规律，痛恨不守时，①也丝毫不掩饰自己对英国上流社会推崇许多消遣方式的鄙视。

其实，阿尔伯特亲王的地位十分尴尬。在国事中，虽然阿尔伯特亲王的地位悬而未决，但他认为自己有责任参与其中，并且发挥重要作用。但公众认为阿尔伯特亲王没有头衔，没有资格参与任何事务。或许是出于忌妒，英国国外也有人担心阿尔伯特亲王对维多利亚女王的影响，担心阿尔伯特亲王的偏见会左右维多利亚女王的行为，损害本国利益。对阿尔伯特亲王会干涉朝政的不满情绪很快弥漫到整个英国。按照维多利亚女王的要求，在得到维多利亚女王批准后，墨尔本子爵威廉·兰姆可以将一些文件呈给阿尔伯特亲王阅读。但这种特殊待遇的前提条件是阿尔伯特亲王不能干涉国家事务。1840年到1842年，婚后头两年，维多利亚女王会见大臣时，阿尔伯特亲王都必须回避，这令阿尔伯特亲王经常感觉受到了侮辱。1840年5月，在致好友勒文施泰因-韦尔特海姆-弗罗伊登贝格的威廉的信中，阿尔伯特亲王这样评价自己的地位："贵为女王的丈夫，却不是白金汉宫的主人。"无力改变现状的阿尔伯特亲王一度心灰意冷。

维多利亚女王十分理解丈夫阿尔伯特亲王的志向，并且一直认为，阿尔伯特亲王在家庭和国家中的地位应该与自己是平等的。在1841年12月28日的日记中，维多利亚女王写道："在各个方面，他真的是，也应该是比我好。因此，我希望在地位上他能与我相当。"幸运的是，时间是治愈一切的良药。阿尔伯特亲王的才能和谨慎一点点获得大臣们的认可，大臣们也慢慢地接受了维多利亚女王的劝说，开始听取阿尔

---

① 1840年6月，诺曼比侯爵夫人玛丽亚·里德尔在自己伦敦的住所为维多利亚女王和阿尔伯特亲王举行音乐晚会。晚会上，威洛比·德·厄斯比夫人对记者描述说："在路易吉·拉布拉什和乔瓦尼·鲁比尼的协助下，威廉森夫人、卡罗琳·巴林顿夫人和苏珊·哈德威克夫人歌声优美。维多利亚女王听得很入迷，坐在诺曼比夫人身边的阿尔伯特亲王很英俊，但还是像往常一样安静地睡着了"。（参见《查尔斯·柯克帕特里克·夏普的书信集》，爱丁堡和伦敦：威廉·布莱克伍德父子，1888年，第2卷，第524页）1840年，时任法兰西王国驻英国大使弗朗索瓦·基佐先生，以一种有些轻蔑的语气描述自己在白金汉宫参加的一次"沉闷的"音乐会。他写道："与来宾相比，维多利亚女王对音乐会表现得更投入。其间，阿尔伯特亲王睡着了。维多利亚女王微笑着看着他，有点生气，然后用胳膊肘捅了他一下。阿尔伯特亲王醒过来，点头表示欣赏正在演奏的音乐，可没过多久又睡过去了，但继续装着在点头。这时，维多利亚女王再次叫醒他。"（欧内斯特·都德：《世纪末大使夫人的生活——利芬公爵夫人》，1903年，第285页。）——原注

1842年的阿尔伯特亲王

伯特亲王的意见,因为永远将阿尔伯特亲王排除在国事之外显然是绝对不可能的事情。墨尔本子爵威廉·兰姆主动将维多利亚女王私人秘书一职让给阿尔伯特亲王,这为阿尔伯特亲王全面参与议政铺平了道路。不久,维多利亚女王因为怀孕无法专注于朝政。因此,在各个方面,她对丈夫阿尔伯特亲王越来越依赖。在名义上,虽然阿尔伯特亲王不能代表维多利亚女王,但在现实中,阿尔伯特亲王其实是维多利亚女王的代言人。1840年到1861年,在二十一年婚姻的大部分时间中,两人是在共同治理英国。

适应了新生活后,阿尔伯特亲王立即将辅佐维多利亚女王视作自己的责任。1850年,他写信给威灵顿公爵阿瑟·韦尔斯利时称:"在履行君主职责时,身为女性的维多利亚女王会忽视一些问题,自己将帮助维多利亚女王认识到这些问题。自己会一直关注所有国家事务,以便在维多利亚女王面临各种各样棘手的国际问题、政治问题、社会问题或者个人问题时,能随时帮助维多利亚女王。"他称自己是维多利亚女王"家庭的天然家长、宫廷的监督者、私人事务经理人、唯一的政治机要顾问、维多利亚女王与内阁成员间唯一的交流协调人"。与此同时,阿尔伯特亲王指出,自己是"维多利亚女王的丈夫、孩子们的导师、维多利亚女王的私人秘书和维多利亚女王永远的臣子"。阿尔伯特亲王如此定位自己的身份意味着,他认为自己是不受议会制约的。但依据英国宪法,这种认识是错误、危险的。此外,他将自己描述成维多利亚女王"永远的臣子"也是不准确的。但总的来说,阿尔伯特亲王的这番评论真实地反映了作为维多利亚女王的配偶而担负的职责和发挥的作用。

尽管这样,大量英国人仍然没放下对阿尔伯特亲王的戒备之心,从未心甘情愿地认可阿尔伯特亲王逐渐获得的权力。直到去世,阿尔伯特亲王一直都受到公众无休止的攻击。对维多利亚女王来说,尽管家庭生活幸福,但她知道自己的臣民不喜欢甚至怀疑自己的丈夫阿尔伯特亲王,这令维多利亚女王一直深感痛苦和焦虑。不过,从1841年直到1861年阿尔伯特亲王去世,阿尔伯特亲王与维多利亚女王共同治理英国,这是不容争辩的事实。

婚后,维多利亚女王身边和宫廷中的人员发生了巨大变化。维多利亚女王的母亲肯特公爵兼斯特拉森公爵的夫人玛丽·路易丝·维多利亚很快搬出了白金汉宫。其实,在英国王室的影响力,肯特公爵兼斯特拉森公爵的夫人玛丽·路易丝·维多利亚早已大不如从前。此时,肯特公爵兼斯特拉森公爵的夫人玛丽·路易丝·维多利亚终于退出了政治舞台。不久,路易丝·莱森退休,也告别了维多利亚女王。王室中的人员变化为阿尔伯特亲王势力的发展扫清了道路。

肯特公爵兼斯特拉森公爵的夫人玛丽·路易·维多利亚和路易丝·莱森的离开没有引起任何波澜。脾气暴躁的汉诺威国王欧内斯特·奥古斯塔斯拒绝了维多利亚女王的要求,不愿将自己在圣詹姆斯宫的寓所让给肯特公爵兼斯特拉森公爵的夫人玛丽·路易丝·维多利亚,即使他从来都没在那里住过。无奈之下,维多利亚女王只好以每年两千英镑的价格,为母亲租下了位于贝尔格雷夫广场的英格斯特别墅。1840年9月,奥古斯塔·索菲亚公主去世后,克拉伦斯别墅、圣詹姆斯宫及温莎城堡的弗罗格莫尔庄园都归维多利亚女王所有。因此,维多利亚女王与母亲肯特公爵兼

克拉伦斯别墅

斯特拉森公爵的夫人玛丽·路易丝·维多利亚几乎天天见面。肯特公爵兼斯特拉森公爵的夫人玛丽·路易丝·维多利亚通常会与女儿维多利亚女王共进午餐和晚餐。

1842年，路易丝·莱森离开英国，回到祖国汉诺威王国，并且在比克堡定居。①维多利亚女王一直保持每星期给路易丝·莱森写一封信的习惯。后来，体贴的路易丝·莱森请求维多利亚女王每月给自己来一封信就很好了。因此，两人通信的频率延长到每月一次，这种状态一直持续到1870年路易丝·莱森去世。②

维多利亚女王婚后，在她众多早期亲密的随从中，斯托克马男爵克里斯蒂安·弗里德里希是唯一一个仍保持原职位的人。1857年前的每个秋天、冬天和春天，斯托克马男爵克里斯蒂安·弗里德里希都与维多利亚女王和阿尔伯特亲王待在一起。在维多利亚女王的所有寝宫中，斯托克马男爵克里斯蒂安·弗里德里希都有

---

① 乔治亚·布鲁姆菲尔德女男爵：《宫廷和外交生活回忆录》，1883年，第1卷，第215页。——原注
② 1867年，在读到西奥多·马丁爵士翻译的亚当·欧伦施莱厄的戏剧《柯勒乔》后，维多利亚女王写信给西奥多·马丁爵士。信中，维多利亚女王表示路易丝·莱森经常向自己提到这部作品的原作，并且要求给自己寄一本译作。——原注

自己的房间。关于英国国内所有问题，维多利亚女王和阿尔伯特亲王都会咨询斯托克马男爵克里斯蒂安·弗里德里希的意见。

维多利亚女王结婚庆典活动期间，有人企图袭击维多利亚女王，这次袭击事件没有任何政治因素。1840年6月10日，维多利亚女王乘车从白金汉宫前往海德公园，途经格林公园时，鲁莽的酒馆侍者爱德华·牛津持枪向维多利亚女王连开两枪。维多利亚女王并未受伤，并且表现得极其镇定。她只是前往母亲肯特公爵兼斯特拉森公爵的夫人玛丽·路易丝·维多利亚的府上稍做休息，压了压惊，便若无其事地按计划前往海德公园。行刺的小伙子当场被捕，随后被认定为精神失常。对维多利亚女王遇刺，议会两院都发表了官方声明。

遇刺事件不但令维多利亚女王更受人们爱戴，而且没有影响到维多利亚女王的健康和精神状态。遇刺事件发生两天后，1840年6月12日，白金汉宫举行了一场音乐会，音乐会的指挥是科斯塔先生。音乐会上，维多利亚女王亲自参加演唱的歌曲不少于五支，其中包括与阿尔伯特亲王的二重唱、与乔瓦尼·鲁比尼和路易吉·拉布拉什先生的三重唱及其他三个合唱节目。一两星期后，在阿斯科特赛马场，人们为维多利亚女王举办了一场隆重的招待会。

在接下来的一个月，即1840年7月，一个关乎君主制未来和维多利亚女王幸福的消息从白金汉宫传出。维多利亚女王怀孕了。于是，大臣们对维多利亚女王提出的任何要求都百依百顺。遵照维多利亚女王的意思，政府向议会提交了一份法案，该法案规定万一维多利亚女王遭遇不测，就任命阿尔伯特亲王为摄政王。不过，前提是，阿尔伯特亲王如果再婚，绝对不能娶天主教教徒，并且婚后必须住在英国。

很快，对于公众可能会反对该法案的担心消散了。阿尔伯特亲王和维多利亚女王最近展示出的明智谨慎也令保守党人和维多利亚女王的叔叔们没什么好说的。经斯托克马男爵克里斯蒂安·弗里德里希建议，并且征得墨尔本子爵威廉·兰姆同意，阿尔伯特亲王着手缓和王室和保守党原本紧张的关系。维多利亚女王出面款待了保守党的重要人物，并且对他们以礼相待。威灵顿公爵阿瑟·韦尔斯利努力维持这种友好关系，十分愿意回报维多利亚女王的好意。维多利亚女王的叔叔萨塞克斯公爵奥古斯塔斯·腓特烈很不给维多利亚女王面子，无论维多利亚女王如何向他表达

爱德华·牛津刺杀维多利亚女王

孝心，他都一副不满的样子。直到1840年4月10日，维多利亚女王授予其第二任平民妻子塞西莉亚·安德伍德"因佛内斯公爵夫人"的头衔①，萨塞克斯公爵奥古斯塔斯·腓特烈的态度才有所转变。当月，维多利亚女王和阿尔伯特亲王在兰斯道恩府参加舞会时，因佛内斯公爵夫人塞西莉亚·安德伍德受邀与维多利亚女王共进晚餐。

由此产生的平和气氛有助于阿尔伯特亲王预备摄政的提名获得两院议员的认可。对这一提名，只有萨塞克斯公爵奥古斯塔斯·腓特烈提出异议。在议会上议院，萨塞克斯公爵奥古斯塔斯·腓特烈反对《摄政法案》，其理由是忽视了"家庭成员"的权利。不过，在普遍的支持下，《摄政法案》还是获得通过了。1840年8月11日，维多利亚女王照例宣布议会休会。当时，阿尔伯特亲王首次坐在维多利亚女王旁边的扶椅上。其实，对这一安排，大臣们是有顾虑的，但所幸担心是多余的。人们认为阿

因佛内斯公爵夫人塞西莉亚·安德伍德

---

① 第二任阿伦伯爵阿瑟的女儿，塞西莉亚·安德伍德夫人是乔治·布金爵士的遗孀，于1873年8月1日去世，无子嗣。——原注

尔伯特亲王处于支配地位是必然的，就欣然接受了这一结果。1840年8月28日，阿尔伯特亲王获得"伦敦荣誉市民"称号。1840年9月11日，阿尔伯特亲王进入枢密院，成为其中一员。1841年2月5日，维多利亚女王命人将阿尔伯特亲王的名字增加到礼拜仪式中。从此，阿尔伯特亲王便和维多利亚女王同享"一国之君"的待遇。对此，没有人再公开提出异议。

1840年11月21日，在白金汉宫，维多利亚女王的第一个孩子出生，是个女孩。一切都十分顺利，维多利亚女王也迅速从生产中恢复过来，《摄政法案》似乎注定要被束之高阁。维多利亚女王移居到温莎城堡过圣诞节。

1841年2月10日，正好也是维多利亚女王结婚一周年纪念日，英国的长公主在白金汉宫受洗，教名定为"维多利亚·阿德莱德·玛丽·路易莎"。长公主维多利亚·阿德莱德·玛丽·路易莎的教父母有阿尔伯特亲王的父亲萨克森-科堡-哥达公爵欧内斯特一世、维多利亚女王的母亲肯特公爵兼斯特拉森公爵的夫人玛丽·路易丝·维多利亚、维多利亚女王的舅舅利奥波德一世、维多利亚女王的姑姑们、阿德莱德王

长公主维多利亚·阿德莱德·玛丽·路易莎

太后、格洛斯特公爵兼爱丁堡公爵的夫人玛丽公主及维多利亚女王刻薄的、不领情的叔叔萨塞克斯公爵奥古斯塔斯·腓特烈。洗礼当天，由于阿尔伯特亲王的父亲萨克森-科堡-哥达公爵欧内斯特一世无法亲自参加受洗仪式，维多利亚女王邀请威灵顿公爵阿瑟·韦尔斯利代为出席。此前，由于威灵顿公爵阿瑟·韦尔斯利公开反对维多利亚女王的婚事导致的不愉快总算烟消云散。在自己的日记中，维多利亚女王这样写道："他是我们最好的朋友。"

与此同时，政治的阴云正笼罩在维多利亚女王美满的家庭生活上空。因为维多利亚女王格外关注亲戚们在海外财富积累的情况，所以与其他部门相比，英国外交部的事务范畴更加广泛。这时，维多利亚女王第一次体会到内心的挣扎，努力在对亲戚的私心和对国家的责任之间寻找平衡点。后来，维多利亚女王多次面临这样的利益冲突。虽然维多利亚女王心里厌恶外交圈中毫无意义的让步，但像这样的冲突自然会令她与大臣们产生摩擦。

对外交政策方面的问题，阿尔伯特亲王相当感兴趣，并且仔细、深入地研究过这些问题。出于对维多利亚女王的爱护，而不是从国家角度考虑，墨尔本子爵威廉·兰姆赞成维多利亚女王对阿尔伯特亲王应该毫无限制地阅读所有外交部公文的主张。但仅仅默许阅读公文根本不能满足阿尔伯特亲王的需求。不久，阿尔伯特亲王以维多利亚女王的名义要求政府在海外采取任何行动前，都必须询问自己的意见。就这样，在阿尔伯特亲王的指点下，维多利亚女王逐步认识到，监管外交事务是自己作为君主的特殊责任。

宪法规定议会是管理政府各部门唯一的最高权威。在处理外交事务的紧要关头，维多利亚女王坚持让阿尔伯特亲王参与其中的做法势必会导致王权和议会的摩擦。墨尔本子爵威廉·兰姆政府的成员帕默斯顿子爵亨利·约翰·坦普尔担任外交大臣长达十年。其间，因为1835年在罗伯特·皮尔的领导下，保守党曾执政四个月，所以帕默斯顿子爵亨利·约翰·坦普尔的任期中间有过中断。①1830年年末，帕

---

① 1807年，二十三岁时，帕默斯顿子爵亨利·约翰·坦普尔作为托利党人进入议会下议院。三十年后，即1837年，维多利亚女王才继承王位。1809年到1828年，帕默斯顿子爵亨利·约翰·坦普尔在不少于五届托利党政府中担任一些无关紧要的职位。1828年后，帕默斯顿子爵亨利·约翰·坦普尔改换阵营，成为辉格党成员。——原注

默斯顿子爵亨利·约翰·坦普尔出任查尔斯·格雷伯爵政府的外交大臣。在这段时间里,帕默斯顿子爵亨利·约翰·坦普尔树立了自己的权威,变得雄心勃勃。其实,帕默斯顿子爵亨利·约翰·坦普尔从没有真正摆脱早期托利党人的政治烙印。在国内事务上,他并不是那么坚定地持有自由主义立场,态度暧昧,但一旦涉及外交事务,他又完全是坚定的自由主义者。之所以会这样,是因为他受到乔治·坎宁的影响,发自内心地渴望人民自由,憎恨政治独裁,并且对英国的影响力充满自信。他坚信,英国能令其他国家采纳与英国一样的君主政体和政治原则,同时认为这是英国的权利。帕默斯顿子爵亨利·约翰·坦普尔为人专横,常常奚落给自己提建议的人。言辞上的鲁莽让他很不得人心。由于不愿退让的秉性,他很不受两位先王乔治四世和威廉四世的喜爱。他经常无视一个事实,那就是英国的君主会自然而然、不可避免地对国外君主产生同情心。

从个人角度讲,在执政初期,维多利亚女王觉得比自己年长三十五岁的帕默斯顿子爵亨利·约翰·坦普尔是个不错的人。1839年,帕默斯顿子爵亨利·约翰·坦普尔迎娶了彼得·克拉弗林-考珀的遗孀、墨尔本子爵威廉·兰姆的妹妹埃米莉·兰

彼得·克拉弗林－考珀

第 9 章 阿尔伯特亲王与《摄政法案》 | 177

姆。这桩政治联姻得到了维多利亚女王的大力支持。不过,总的来说,阿尔伯特亲王,或者准确地讲,维多利亚女王本人希望参与管理外交事务,这对帕默斯顿子爵亨利·约翰·坦普尔来说,是不能接受的事。阿尔伯特亲王首次参与外交事务时,帕默斯顿子爵亨利·约翰·坦普尔公开表达了不满,这种表态立即招致王室的愤怒。尽管如此,帕默斯顿子爵亨利·约翰·坦普尔也没有让步。这样一来,双方对彼此的不满越来越深。最终,这导致王室与帕默斯顿子爵亨利·约翰·坦普尔的公开决裂。当然,维多利亚女王与帕默斯顿子爵亨利·约翰·坦普尔的关系发展到这种地步并不是一夜之间的事。

最早导致维多利亚女王与外交大臣帕默斯顿子爵亨利·约翰·坦普尔产生分歧的直接原因与发生在东欧的事件有关。一系列事件的发生严重地影响到英国和法兰西王国的友好关系。臣服维多利亚女王的埃及总督穆罕默德·阿里图谋背叛,转而与接受英国和其他强国庇护的奥斯曼土耳其帝国苏丹阿卜杜勒-迈吉德一世结盟。

维多利亚女王及阿尔伯特亲王都极不希望与路易·腓力一世统治下的法兰西王国开战,毕竟多年来两国的王室通过不断联姻已经建立起亲密的亲戚关系。此外,作为英国政治盟友的比利时国王利奥波德一世,其领土受到英国的保护。因此,一旦英国与法兰西王国爆发战争,法军入侵比利时的可能性是极大的。对此,维多利亚女王充满了担忧。

政府内阁中出现的分歧加快了维多利亚女王和阿尔伯特亲王干涉外交事务的步伐。约翰·拉塞尔伯爵不赞同帕默斯顿子爵亨利·约翰·坦普尔对外交冲突的看法,大声疾呼要不惜一切代价维护和平。相反,帕默斯顿子爵亨利·约翰·坦普尔坚决主张防止法兰西王国控制埃及的最好办法是立即出兵打击穆罕默德·阿里的势力。维多利亚女王全力呼吁墨尔本子爵威廉·兰姆调解内阁成员的分歧,利用其影响力遏制帕默斯顿子爵亨利·约翰·坦普尔,努力与法兰西王国和平解决争端。对此,帕默斯顿子爵亨利·约翰·坦普尔也毫不退缩,向英国海军舰队下达命令,武力打击穆罕默德·阿里的势力。这迫使1840年11月穆罕默德·阿里再次与奥斯曼土耳其帝国的苏丹阿卜杜勒-迈吉德一世结盟。法兰西国王路易·腓力一世被迫对英国展

穆罕默德·阿里

阿卜杜勒-迈吉德一世

开报复,从军事上援助穆罕默德·阿里,并且为其提供物资。英国和法兰西王国之战似乎一触即发。整个事件对维多利亚女王精神上产生了多大的影响,我们可以从维多利亚女王自己的言语中一窥全豹。当时,身处这场外交危机中的维多利亚女王正在考虑给新出生的孩子起名字。在写给舅舅利奥波德一世的信中,她半开玩笑地说:"我们天天都在考虑奥斯曼土耳其帝国和埃及的问题。我觉得,我的孩子必须有个奥斯曼土耳其帝国式的名字或埃及式的名字"。

最终,帕默斯顿子爵亨利·约翰·坦普尔取得胜利,而且时间之快、胜利之彻底是他本人始料未及的。令人吃惊的是,法兰西国王路易·腓力一世实在有些怯懦,没胆量为埃及的朋友出头。不久,穆罕默德·阿里向英国屈服了。1841年,欧洲列强签订条约,一致同意维持奥斯曼土耳其帝国和埃及的现状。这次外交事件令法兰西国王路易·腓力一世和法兰西王国的官员,以及比利时国王利奥波德一世对帕默斯顿子爵亨利·约翰·坦普尔产生了很深的成见。虽然欧洲的和平得到了维护,但维多利亚女王和阿尔伯特亲王对帕默斯顿子爵亨利·约翰·坦普尔的好感荡然无存。

此时,维多利亚女王面临的政治问题不仅是外交危机,还有国内近在咫尺的内患。墨尔本子爵威廉·兰姆领导的政府正慢慢失去对议会下议院的控制,显然,其内阁倒台只是时间问题。长久以来,这也是维多利亚女王最担心的事情。一想到墨尔本子爵威廉·兰姆这位鞠躬尽瘁的谋臣不久将离自己而去,维多利亚女王就很苦恼。在这种形势下,应阿尔伯特亲王的要求,宫廷中的大臣向保守党领导人传达了维多利亚女王的态度:当新旧政府交替时,维多利亚女王绝不会制造任何障碍,也绝不会抵制任何对王室职位必要的调整。1841年5月,墨尔本子爵威廉·兰姆政府倒台。在理查德·科布登的推动下,要求自由贸易的呼声在英国国内一浪高过一浪。辉格党大臣提出了一份预算。这份预算稍微照顾到大众的利益。议会根本没有准备好对国家财政体系做出实质性的巨大变革。在英国议会,政府提出的降低白糖关税的提案以三十六票之差被否决。接着,罗伯特·皮尔对政府进行了一场一票否决式的信任投票。墨尔本子爵威廉·兰姆完全可以主动辞职,然后建议维多利亚女王授权罗伯特·皮尔组建新政府。但由于被维多利亚女王的盛情感动,墨尔本子爵威廉·兰姆没有辞职,而是建议维多利亚女王呼吁民众挽留政府。1841年6月29日,议会解散。

理查德·科布登

  维多利亚女王把挽留老朋友墨尔本子爵威廉·兰姆的希望完全寄托在民众身上，但种种迹象表明这并不容易。1841年6月，处于政治漩涡中的维多利亚女王前往纽纳姆，访问了约克大主教威廉·维纳布尔斯-弗农-哈考特。随后，她又和阿尔伯特亲王一起前往牛津，参加了一个纪念仪式。威灵顿公爵阿瑟·韦尔斯利和牛津大学校长主持了纪念仪式。仪式上，阿尔伯特亲王被授予牛津大学荣誉学位。但令维多利亚女王不高兴的是，参加仪式的辉格党大臣受到观众的一片嘘声。

  虽然辉格党失去了民心，但维多利亚女王更加同情辉格党。维多利亚女王接连访问了多名辉格党贵族。维多利亚女王前往查茨沃思与德沃恩舍尔公爵威廉·卡文迪什共度了一两天。1841年7月，她又访问了正在沃本修道院的贝德福德公爵弗朗西斯·拉塞尔和墨尔本子爵威廉·兰姆的侄子——潘尚格庄园的威廉·考珀-坦普尔男爵。离开潘尚格庄园后，维多利亚女王一行又奔赴墨尔本子爵威廉·兰姆在布罗克公园的乡间别墅，并与他共进午餐。

与此同时，议会大选正在进行。辉格党充分利用了维多利亚女王的同情和对保守党的反感，但令维多利亚女王失望的是，选举中，保守党作为多数党胜出，取得了对议会下议院的控制权。这一结果令维多利亚女王意识到即使自己以前多么不喜欢、不信任保守党，在处理国事时，也必须要与其打交道。

第 **10** 章

罗伯特·皮尔政府

精彩看点

1841年维多利亚女王的遗憾——接受罗伯特·皮尔政府——维多利亚女王和罗伯特·皮尔的关系密切——维多利亚女王改变对保守党的态度——1841年11月9日威尔士亲王诞生——普天同庆——教父母——普鲁士国王——对德意志势力的普遍担忧——在布赖顿时维多利亚女王遇到的不便——1842年伦敦社交季——引进铁路——1842年6月维多利亚女王首次乘火车旅行——维多利亚女王第二次遭遇暗杀——维多利亚女王第三次遭遇暗杀——对于维多利亚女王人身安全出台的新法规——宪章派的愤怒——维多利亚女王首访苏格兰——东道主苏格兰——维多利亚女王对苏格兰的喜爱——维多利亚女王第二次到访苏格兰——1842年维多利亚女王和罗伯特·皮尔的关系——苏格兰教会分裂——1843年1月爱德华·德拉蒙德被谋杀——维多利亚女王和阿伯丁伯爵乔治·汉密尔顿-戈登——阿尔伯特亲王的影响力日增——1843年4月21日萨塞克斯公爵奥古斯塔斯·腓特烈薨——爱丽丝公主的受洗仪式——乖张的汉诺威国王——1843年9月维多利亚女王会晤法兰西国王路易·腓力一世——对摄政权的疑问——在厄镇城堡——维多利亚女王在比利时——1843年10月维多利亚女王首次来到剑桥大学三一学院——在德雷顿庄园——在查茨沃思——阿尔伯特亲王的父亲去世——1844年6月俄罗斯沙皇尼古拉一世到访——维多利亚女王遇到来自议会的阻力——罗伯特·皮尔威胁辞职——外交事务——1844年8月6日阿尔弗雷德王子诞生——1844年10月法兰西国王路易·腓力一世到访温莎城堡——1844年10月28日皇家交易所开业——1845年维多利亚女王走访各位贵族——1845年1月维多利亚女王在斯特拉菲尔德塞伊——1845年1月维多利亚女王在斯托——维多利亚女王第一次会见本杰明·迪斯雷利

1841年8月19日，新议会成立。对本次议会选举的结果，维多利亚女王丝毫不掩饰自己的失望。这是她执政以来第一次缺席议会开幕仪式，由大法官代她发言，这显示出维多利亚女王对议会下议院人员组成的不满。墨尔本子爵威廉·兰姆的政府虽然继续执政，但举步维艰。1841年8月28日，议会对墨尔本子爵威廉·兰姆的政府进行了信任投票。结果显示，议会两院都对墨尔本子爵威廉·兰姆的政府投了不信任票。1841年8月28日晚，墨尔本子爵威廉·兰姆赴温莎城堡拜见维多利亚女王，并且向维多利亚女王递交了辞呈。维多利亚女王接受了墨尔本子爵威廉·兰姆的辞呈，但情绪十分低落。为了让维多利亚女王安心，墨尔本子爵威廉·兰姆表示自己相信阿尔伯特亲王的能力。听到这句话，维多利亚女王才好受点儿。1841年8月30日，墨尔本子爵威廉·兰姆向阿尔伯特亲王告辞。当天晚些时候，阿尔伯特亲王写信给墨尔本子爵威廉·兰姆，表达了自己的悲伤之情。

　　维多利亚女王听从墨尔本子爵威廉·兰姆的建议，马上召见罗伯特·皮尔，要求他组建新政府。维多利亚女王汲取1839年的教训，对罗伯特·皮尔言听计从。即使在罗伯特·皮尔面前，维多利亚女王也开诚布公地表达自己对上届政府离去的悲痛，但在商讨手头的工作时，她立刻头脑清醒、不偏不倚。这着实令罗伯特·皮尔对维多利亚女王刮目相看，敬佩不已。此外，罗伯特·皮尔向维多利亚女王保证当涉及宫中人事任命时，自己一定会听取维多利亚女王的意见，在征得维多利亚女王的完全同意后才会变更相关人员安排。1841年9月18日，罗伯特·皮尔写道："与维多利亚女王陛下在相互理解的融洽气氛中会面。"巴克卢公爵夫人夏洛特·蒙塔古·道格拉斯·斯科特代替萨瑟兰公爵夫人哈丽雅特·萨瑟兰-莱韦森-高尔出任宫中新的女侍长，贝德福德公爵夫人安娜·玛丽亚·斯坦诺普和诺曼比夫人主动让位，以便其他人可以进宫侍奉维多利亚女王。1841年9月，新政府成立。维多利亚女王很得体地会见了新政府成员，态度十分友好。在克莱尔蒙特召开的枢密院会议上，这批新官员得到正式任命。在罗伯特·皮尔政府中出任贸易委员会副主席，同时是枢密院顾问的威廉·尤尔特·格拉德斯通这样描述当时的情景："维多利亚女王坐在桌头，神情镇定，但情绪有些低落，这不禁让人同情她。"①

最终，有关维多利亚女王将与新政府交恶的预言没能实现，这主要归功于阿尔伯特亲王和罗伯特·皮尔的共同努力。在阿尔伯特亲王的影响下，维多利亚女王在政治博弈中自信却不乏谨慎。在维多利亚女王以前的表现中，这是看不到的。罗伯特·皮尔也很有策略，适应了这种新形势。最终，没过多长时间，罗伯特·皮尔和维多利亚女王成了好朋友。罗伯特·皮尔接受了墨尔本子爵威廉·兰姆的提醒，总是详细地向维多利亚女王解释事情的来龙去脉，但又言简意赅。按照维多利亚女王的要求，罗伯特·皮尔每日及时地向维多利亚女王汇报议会两院的相关公报。此外，维多利亚女王还要求罗伯特·皮尔频繁与自己见面，以及每天与自己保持几次亲笔通信，这些要求对罗伯特·皮尔的时间和耐心都是严峻的考验。令人欣慰的是，在其整个任期，罗伯特·皮尔忠实地履行了这些职责。②虽然墨尔本子爵威廉·兰姆永远是维多利亚女王的座上宾，并且会偶然进宫拜见她，但此时，维多利亚女王已经完全习惯遇事立即寻求罗伯特·皮尔的政治建议，而不去问其他人。不久，维多利亚女王就像信任前首相墨尔本子爵威廉·兰姆一样信任新首相罗伯特·皮尔了。

与此同时，随着与罗伯特·皮尔手下几位主要官员变得熟识，维多利亚女王改变了自己以前对保守党及保守党主张的反感态度。威灵顿公爵阿瑟·韦尔斯利是罗伯特·皮尔内阁中的成员，虽然没有具体职务，但由于与维多利亚女王有了官方沟通渠道，他与维多利亚女王的关系也逐渐升温。此外，维多利亚女王还与大法官林德

---

① 约翰·莫利：《威廉·尤尔特·格拉德斯通传》，伦敦，麦克米伦出版社，1903年，第1卷，第242页。——原注
② 约翰·莫利：《威廉·尤尔特·格拉德斯通传》，伦敦，麦克米伦出版社，1903年，第1卷，第297页到第299页。——原注

赫斯特男爵约翰·科普利、外交大臣阿伯丁伯爵乔治·汉密尔顿-戈登及内政大臣詹姆斯·格雷厄姆爵士保持频繁的接触。在与维多利亚女王打交道时，这些人友善中带着敬意，坦诚又不失分寸。因此，他们总能赢得维多利亚女王的尊重。战争与殖民大臣德比伯爵爱德华·史密斯-斯坦利也给维多利亚女王留下了十分好的印象。以后，德比伯爵爱德华·史密斯-斯坦利曾三度出任维多利亚女王的首相。[①]对于宫中的新任官员，维多利亚女王热情欢迎老朋友利物浦伯爵查尔斯·詹金森成为新任内务府大臣。

德比伯爵爱德华·史密斯－斯坦利

---

① 最初，罗伯特·皮尔内阁的其他成员还包括：财政大臣亨利·古尔本、贸易委员会主席古德里奇子爵弗雷德里克·约翰·罗宾逊、战争大臣亨利·哈丁子爵、枢密院议长霍恩克利夫男爵詹姆斯·斯图尔特-沃特利、掌玺大臣白金汉公爵兼钱多斯公爵理查德·坦普尔-纽金特-布里奇斯-钱多斯-格兰维尔。此外，当时还不是内阁成员的威廉·尤尔特·格拉德斯通出任贸易委员会副主席。不过，1843年，威廉·尤尔特·格拉德斯通正式进入内阁，成为贸易委员会主席。至于本杰明·迪斯雷利，当时，罗伯特·皮尔没有任命他担任任何职务，这让本杰明·迪斯雷利很失望。参见查尔斯·斯图尔特·帕克特：《罗伯特·皮尔私人书信集》，伦敦，约翰·默里出版社，1899年，第2卷。——原注

经历了短暂的秋季会议期后,1841年10月7日,议会休会。维多利亚女王缺席了休会仪式,一部分原因是维多利亚女王的身体情况,另一部分原因是维多利亚女王对新内阁的信任。1841年11月9日,在白金汉宫,维多利亚女王诞下第二个孩子——一个男孩,也就是王位的继承人。临近产期的几星期内,维多利亚女王虽然不愿公开亮相,但还是继续"批阅文件、签署文件,即使在生产前最后一刻,她都是容光焕发,像没事人一般"。

英国王位继承人的降生令整个英国王室和民众都欢欣鼓舞。温莎城堡举行了盛大的圣诞庆祝活动。1842年1月25日,小王子的洗礼在圣乔治礼拜堂举行,场面十分壮观。小王子被取名为"阿尔伯特·爱德华"。五十九年后,即1901年,

童年时期的阿尔伯特·爱德华

普鲁士国王腓特烈·威廉四世

威尔士亲王阿尔伯特·爱德华从母亲维多利亚女王那里继承了英国王位,成为英王爱德华七世。

出于一些微妙的政治原因,英国政府邀请普鲁士国王腓特烈·威廉四世做威尔士亲王阿尔伯特·爱德华的首位教父。威尔士亲王阿尔伯特·爱德华的其他几位教父母包括:维多利亚女王的叔叔剑桥公爵阿道弗斯、维多利亚女王的姑姑索菲亚公主及萨克森-科堡家族的三位成员。

1842年1月22日到1842年2月4日,来参加教子威尔士亲王阿尔伯特·爱德华受洗仪式的普鲁士国王腓特烈·威廉四世一直与维多利亚女王待在一起。对腓特烈·威廉四世,维多利亚女王以礼相待,十分尊敬。维多利亚女王与普鲁士王室的私交是

第10章 罗伯特·皮尔政府 | 189

从这时发展起来的。随后,颇具政治头脑的普鲁士国王腓特烈·威廉四世利用与维多利亚女王建立起的良好私人关系,秘密写信给维多利亚女王,讨论一些政治问题,这种做法多少令维多利亚女王有些为难。

受邀参加威尔士亲王阿尔伯特·爱德华受洗仪式的宾客中,德意志人占了绝大多数,这引起一些人的不满。另外,刚出生的威尔士亲王阿尔伯特·爱德华被正式授予萨克森公爵的头衔,这个头衔是其父阿尔伯特亲王的世袭头衔。接着,又将阿尔伯特亲王家族盾徽上的萨克森纹章与英国王室的纹章组合在一起,这些做法招致大量非难。但对维多利亚女王来说,这些做法其实是对丈夫阿尔伯特亲王的一种补偿,并且符合历代纹章惯例。1842年2月3日,在普鲁士国王腓特烈·威廉四世的陪同下,维多利亚女王宣布议会开幕。在开幕致辞中,维多利亚女王称"儿子威尔士亲王阿尔伯特·爱德华的出生令我获得了家庭的幸福与美满",这一说法得到议会上议院各位贵族的认可,因为这句话说到了英国人民的心坎上。

1842年2月10日后,维多利亚女王携家人前往布赖顿的王室宫殿——英王阁——住了一个月。维多利亚女王的这次露面虽然给王室带来不便,但更多的是激发了英国人对王室的好感。①在布赖顿时,维多利亚女王及其家人毫无隐私可言。最终,维多利亚女王和阿尔伯特亲王都开始讨厌布赖顿,很快两人就带着家人移居到海边的一处僻静之地。

1842年,伦敦社交季既发生了许多令人愉快的事情,也出现了一些倒人胃口的事件。首先,1842年5月12日,白金汉宫举办了好几场盛大的化装舞会。对这几场舞会,维多利亚女王十分满意。在舞会上,她装扮成埃诺的菲利帕王后,阿尔伯特亲王装扮成爱德华三世。不幸的是,一些法兰西人自以为是地将这解读为英国人在庆祝其先人击败法军的历史。实际上,这场化装舞会的目的是帮助斯皮塔佛德的织布工。当时,这批织布工正处在困境中。两星期后,维多利亚女王一行又参加了在科文特花园歌剧院举行的一次舞会,这次舞会也是为帮助斯皮塔佛德的织布工而举办的。尽管如此,法兰西人过于敏感的神经还是难以安抚。

1842年6月,维多利亚女王第一次在公开场合接触到铁路这种为英国社会经济

---

① 乔治亚·布鲁姆菲尔德女男爵:《宫廷和外交生活回忆录》,1883年。——原注

化装舞会上的维多利亚女王与阿尔伯特亲王

带来变革的现代化交通方式。事实上,早在1825年,英国就建成了从斯托克顿到达灵顿的首条客货铁路。1830年,从曼彻斯特到利物浦的铁路也竣工开通。威廉四世时期,铁路这种新型交通工具在英国各地逐步得到推广,但当时,赞同和反对铁路的人都大量存在。维多利亚女王继位时,仍有很多人坚信,以马匹为动力的货运方式优于以蒸汽为动力的货运方式。直到1838年,维多利亚女王继位第二年,伦敦才首次开通铁路——西北公司修建了一条从伯明翰到伦敦的铁路。此后,进入伦敦的铁路线成倍增加。铁路发展的攻坚战并非在一夜之间取得完全胜利,而是经历多年才完成的。直到1845年,维多利亚女王继位后第八年,随着最后一批驿站马车从英国南部的马路上消失,铁路发展之战才最终落幕。

维多利亚女王首次铁路之行,除了对她本人来说意义重大,对铁路的倡导者也有巨大的鼓舞。维多利亚女王的这次出行是沿着新建成的大西线,从斯劳出发一直到帕丁顿。①按照宫廷礼仪,维多利亚女王在陆路上的行程应该由掌马官及其手下的马夫负责,但面对新的交通工具时,就很难再按老规矩行事。尽管如此,维多利

曼彻斯特到利物浦的铁路

---

① 1849年10月8日,从斯劳到温莎的铁路开通。——原注

亚女王第一次铁路行程的安排还是令人满意的,她也十分享受这次全新的出行体验。后来,维多利亚女王充分利用了英国不断发展的铁路系统。对确保乘坐安全、提升较贫穷旅客舒适度的技术,她也特别关心。

令人不愉快的是,这段时间接连发生了两起针对维多利亚女王的刺杀事件,这令维多利亚女王顿时失去了安全感。不过,这些刺杀事件也展现了维多利亚女王的无畏精神。对第一起刺杀事件,维多利亚女王认为自己和阿尔伯特亲王都十分勇敢,或者说近乎鲁莽。1842年5月29日星期日,维多利亚女王乘坐马车途经格林公园。当马车驶过一名男子时,阿尔伯特亲王注意到这位男子举起手枪瞄准了维多利亚女王。幸运的是,这名男子并没有来得及行动。维多利亚女王和阿尔伯特亲王推测这名男子会再次行动。因此,为了能抓住这名刺客,维多利亚女王和阿尔伯特亲王决定当天下午再次途经相同的地点。这个大胆的设想奏效了。当时,维多利亚女王这样解释两人的决定:"我真的宁愿立刻冒一次险,也不愿意时刻怀着危险将至的念头,过一种提心吊胆的日子。"当维多利亚女王第二次从刺客身边经过时,刺客向维多利亚女王开枪。幸运的是,维多利亚女王没有受伤,刺客也当场被捕。这名刺客叫约翰·弗朗西斯,被判处死刑。然而,约翰·弗朗西斯被查明是个一贫如洗的木匠,最终被改判终身流放。遇刺当晚,维多利亚女王像没事人一样,怀着极高的兴致观看歌剧《预言家》。

不过,对维多利亚女王来说,危险远未过去。不久,一次类似的袭击事件再次发生。1842年7月3日,维多利亚女王与远道而来的比利时国王利奥波德一世同乘马车驶入林荫道后,腿部残疾的约翰·威廉·比恩抱着效仿约翰·弗朗西斯和爱德华·牛津的心理,一时头脑发热向维多利亚女王的马车开枪。当时,刺客并没有打算伤害任何人。最终,他仅仅被判入狱十八个月。

这两起刺杀事件表明,英国政府有必要采取新措施预防此类犯罪事件再次发生,因为这类行为会损害英国的国家声誉。按照当时的法律,此类卑劣暴行将被视为叛国罪。通过施暴引起一时轰动,罪犯满足了自己的虚荣心,却落得臭名远扬的下场。"约翰·威廉·比恩事件"后,罗伯特·皮尔立刻在议会通过了一项名为《进一步加强保护维多利亚女王陛下人身安全的法案》。这项法案规定,任何企图伤害维多利亚女王的犯罪行为都不算叛国重罪，而属于轻罪。因此，无论是否有法官参与量刑，对这类罪行量刑时，要么判处罪犯流放七年，要么判处罪犯入狱三年。从总体上看，新法案产生了不错的社会效果。

英国国内也不太平。长期以来，宪章派不断在各地组织暴动，蛊惑人心。引发宪章运动的根源是工人阶级对政治状况和社会状况不满。重新选举产生的议会下议院没能解决存在的社会问题，没能帮助自拿破仑·波拿巴战争以来就陷入经济困境的社会贫苦阶层。因此，普通民众的失望逐渐演变成要求进一步改革立法机构的骚动。1838年，由工人阶级领导人起草的人民宣言要求，男人拥有选举权、平等对待各选区、选举采取无记名投票、废除对议会成员必须拥有财产的要求，以及为议会下议院议员发放工资。对这些要求，辉格党政府和保守党政府都拒绝考虑。对此，宪章派的一部分领导人主张采用暴力手段进行抗争。于是，1842年春到1842年冬，英国北部地区和中部地区爆发了多起针对警察和中产阶级富裕人士的暴力袭击事件。面对这种形势，维多利亚女王只是督促各位大臣尽快采取有力措施维护社会稳定，但没有意识到事态的严重性。

1842年夏，在维多利亚女王的授意下，罗伯特·皮尔开始筹划维多利亚女王在同年秋季赴苏格兰度假的计划。维多利亚女王没想到的是，大臣们强烈反对王室车队途经局势不稳的英格兰北部地区。不过，罗伯特·皮尔急于满足维多利亚女王的愿望。在与内政大臣詹姆斯·格雷厄姆爵士商议后，罗伯特·皮尔认为经海路前往苏格兰或许更明智、更安全。

这是维多利亚女王平生第一次前往英国北部。这趟苏格兰之行令维多利亚女王终身受益，点燃了她对苏格兰及苏格兰人民的热爱，并且随着年龄的增长，她的心灵，用她自己的话来说就是，"越来越渴望那片热土"。在这次远行中，从斯劳到帕丁顿这段路程，维多利亚女王再次乘坐了火车。1842年8月29日，在伍尔维奇，王室车队登上"皇家乔治"号邮轮。1842年9月1日，王室车队抵达格兰顿码头。

按照维多利亚女王的要求，罗伯特·皮尔在格兰顿码头与王室车队汇合。途经爱丁堡时，维多利亚女王一行下榻到巴克卢公爵沃尔特·蒙塔古·道格拉斯·斯科特在达尔基斯的住所。1842年9月5日，在巴克卢公爵沃尔特·蒙塔古·道格拉斯·斯科

巴克卢公爵沃尔特·蒙塔古·道格拉斯·斯科特

特的家中，维多利亚女王举行了客厅会议，聆听了多人演说。1842年9月6日，维多利亚女王一行动身前往苏格兰高地地区。她先去斯昆访问了曼斯菲尔德伯爵威廉·默里，然后又在泰茅斯受到布雷多尔本伯爵兼荷兰伯爵约翰·坎贝尔的丰盛款待。返回达尔基斯时，她匆匆访问了德拉蒙德城堡的罗伯特·弗尼男爵。1842年9月15日，维多利亚女王一行经海路离开苏格兰回到英格兰。

维多利亚女王不仅对在苏格兰所到之处的美丽风景流连忘返，还对苏格兰的历史展现出巨大的兴趣，尤其是有关"自己不幸的祖先"苏格兰女王玛丽和她的儿子詹姆斯一世的历史。利用海上航行时间，维多利亚女王饶有兴味地阅读了沃尔特·司各特爵士的两首诗《湖畔夫人》和《最后一位游吟诗人》。[1]登船返回前，维

---

[1] 参阅《维多利亚女王日记摘录》1867年，第1页到28页。——原注

多利亚女王授意阿伯丁伯爵乔治·汉密尔顿-戈登向苏格兰总检察长威廉·雷爵士写了一封信,信中表达了维多利亚女王对本次访问苏格兰时间短暂的遗憾,并且感谢苏格兰各地各阶层臣民对自己的忠诚与热情。①1842年9月17日,维多利亚女王回到了温莎城堡。②

对维多利亚女王来说,1842年的苏格兰之行是愉快的,很快维多利亚女王返回了苏格兰。两年后,即1844年,维多利亚女王又前往苏格兰度过了一个平静的秋天。本次访问苏格兰,维多利亚女王和阿尔伯特亲王经海路从伍尔维奇到达邓迪。然后,维多利亚女王夫妇驱车前往布莱尔阿索尔,访问了格伦里昂男爵乔治·默里和夫人安妮·默里。维多利亚女王对格伦里昂男爵乔治·默里夫妇产生了深厚的感情。后来,格伦里昂男爵乔治·默里和夫人安妮·默里又称"阿索尔公爵乔治·默里"和阿索尔公爵夫人安妮·默里。在这段时间,阿尔伯特亲王参加了猎鹿活动,维多利亚女王进行了大量写生。维多利亚女王夫妇比以往任何时候都享受"安静自由的生活"。因此,他们决定一旦条件允许就会经常访问苏格兰。1844年10月3日,维多利亚女王夫妇带着遗憾启航返回伍尔维奇,他们的第二次苏格兰之行结束。③

维多利亚女王与罗伯特·皮尔的关系一直不错。执政六个月后,即1842年4月6日,罗伯特·皮尔这样描述自己的处境:"我与维多利亚女王陛下的关系十分令人满意。正如了解维多利亚女王陛下性格的每一个人期待的那样,维多利亚女王不但信任我、尊敬我,还善待我、体谅我。处理国家事务时,维多利亚女王游刃有余。履行国家责任时,维多利亚女王毫不推诿、一丝不苟,并且她能准确认识到作为立宪君主自己与大臣们的关系"④

维多利亚女王完全认同罗伯特·皮尔政府的对内政策。1842年秋,由于在特定条件下,长老会对是否有权拒绝世俗赞助人提出的圣职人选存在争议,苏格兰教会出现分裂。最终,这一分裂导致苏格兰长老会与苏格兰自由教会的决裂。在致罗伯

---

① 查尔斯·格兰维尔:《查尔斯·格兰维尔回忆录》,1888年。——原注
② 1842年11月,威灵顿公爵阿瑟·韦尔斯利将沃尔默城堡交给维多利亚女王使用。1842年11月10日到1842年12月3日,维多利亚女王及其家人居住在沃尔默城堡。——原注
③ 《维多利亚女王日记摘录》,第29页到第42页。——原注
④ 查尔斯·斯图尔特·帕克特:《罗伯特·皮尔私人书信集》,伦敦,约翰·默里,1899年,第2卷,第544页。——原注

特·皮尔的信中,维多利亚女王称苏格兰教会的联合大会中限制世俗人员对教会进行赞助的成员,其主张和要求令人无法接受。维多利亚女王对政府表态,自己绝不会干涉赞助人由来已久的自由权利,并且对赞助人制度持完全支持的态度。①

1843年1月,由于被刺客错当成罗伯特·皮尔,罗伯特·皮尔的秘书爱德华·德拉蒙德惨遭不幸。维多利亚女王对此深感忧虑,私下严辞批评了在审理"刺客丹尼尔·麦克诺顿案"时,陪审团做出的不合理裁决。②1843年1月25日,维多利亚女王写信给罗伯特·皮尔说:"在我看来,证明丹尼尔·麦克诺顿心智失常的证据是站不住脚的。一个人意识不到自己所作所为时的心智失常与一个人有目的地购买手枪,然后毫不犹豫地对别人扣动扳机时的丧心病狂,肯定是、也应该是有区别的。"

除了罗伯特·皮尔,在其同僚中,还有一位大臣后来与维多利亚女王和阿尔伯特亲王建立了亲密的私人关系,这位大臣是时任外交大臣的阿伯丁伯爵乔治·汉密尔顿-戈登。维多利亚女王发现自己与阿伯丁伯爵乔治·汉密尔顿-戈登很有默契。即使这样,对外交事务,维多利亚女王还是心存余悸。对阿伯丁伯爵乔治·汉密尔顿-戈登,她从来没有表达过积极参与外交事务的想法。维多利亚女王命令阿伯丁伯爵乔治·汉密尔顿-戈登要遵守"在发任何公文前,外交部应该将其草案呈给维多利亚女王的规定"。对此,阿伯丁伯爵乔治·汉密尔顿-戈登的答复是"在任何情况下都应该如此"。这样一来,维多利亚女王发现自己很容易接受对方的保留意见,阿伯丁伯爵乔治·汉密尔顿-戈登的基本政策也不会得到维多利亚女王和阿尔伯特亲王的反对,双方一直保持了这种默契的交往。③

由于完全认可阿尔伯特亲王的地位,罗伯特·皮尔极大地巩固了自己与维多利亚女王亲密的关系。罗伯特·皮尔允许阿尔伯特亲王和维多利亚女王一起参加大臣们的会议,并且提名阿尔伯特亲王成为皇家委员会主席。通过重建1834年毁于火灾的议会大厦,阿尔伯特亲王推动了英国艺术的发展。此外,罗伯特·皮尔还鼓励阿尔

---

① 查尔斯·斯图尔特·帕克特:《罗伯特·皮尔私人书信集》,伦敦,约翰·默里,1899年,第2卷,第568页。——原注
② 查尔斯·斯图尔特·帕克特:《罗伯特·皮尔私人书信集》,伦敦,约翰·默里,1899年,第2卷,第553页。——原注
③ 斯潘塞·霍拉肖·沃波尔:《约翰·拉塞尔伯爵传》,第2卷,第54页。——原注

伯特亲王改革混乱不堪的王宫管理系统。通过采取一系列措施,阿尔伯特亲王的权威一步步树立起来。1843年起,在向大臣们宣布自己对国家问题的看法时,维多利亚女王用复数人称"我们"代替了单数人称"我",这完全将自己的看法等同于丈夫阿尔伯特亲王的看法。1843年春,在维多利亚女王缺席的情况下,阿尔伯特亲王代替维多利亚女王主持了晨觐活动,这充分显示阿尔伯特亲王权势的增长。显然,无论对新闻界来说,还是对大众来说,阿尔伯特亲王权势的增长都不受欢迎。

与此同时,维多利亚女王的精力都放在家务事上。1843年4月21日,维多利亚女王的叔叔萨塞克斯公爵奥古斯塔斯•腓特烈薨。1843年4月25日,维多利亚女王的第三个孩子爱丽丝公主降生。连续发生的两件事造成维多利亚女王情绪的波动,促使

在婴儿床上安睡的爱丽丝公主

维多利亚女王做出一些新的努力去改善与另一位对自己不友好的叔叔——汉诺威国王欧内斯特·奥古斯塔斯的关系。此时,在乔治三世的儿子中,只有汉诺威国王欧内斯特·奥古斯塔斯和剑桥公爵阿道弗斯仍在世。

维多利亚女王邀请汉诺威国王欧内斯特·奥古斯塔斯、她同母异父的姐姐莱宁根的费奥多拉、阿尔伯特亲王的哥哥欧内斯特及索菲亚公主四人当自己第二个女儿爱丽丝公主的教父母。汉诺威国王欧内斯特·奥古斯塔斯虽然接受了维多利亚女王的邀请,但由于来得太晚,竟没赶上1843年6月5日爱丽丝公主的受洗仪式。姗姗来迟的汉诺威国王欧内斯特·奥古斯塔斯在英国待了几个星期。显然,他在向外人表明自己继承父亲乔治三世王位的野心不死,并且仍然视侄女维多利亚女王是自己前途的绊脚石。汉诺威国王欧内斯特·奥古斯塔斯抵达英国后,由于1843年6月,英国王室碰巧要举办一场婚礼,维多利亚女王借机举行了一次大型家庭聚会。1843年6月28日,在白金汉宫,剑桥公爵阿道弗斯的大女儿,即维多利亚女王的堂姐奥古斯塔,嫁给了世袭的梅克伦堡-施特雷利茨大公腓特烈·威廉。

婚礼上,脾气暴躁的汉诺威国王欧内斯特·奥古斯塔斯成心不让维多利亚女王好过,双方的紧张关系不断加剧。婚礼结束,并且在登记簿上签名时,汉诺威国王欧

维多利亚女王的堂姐奥古斯塔

梅克伦堡-施特雷利茨大公腓特烈·威廉

内斯特·奥古斯塔斯企图悄悄地将自己的名字签在维多利亚女王的签名后,阿尔伯特亲王的签名前。幸好,维多利亚女王识破了叔叔欧内斯特·奥古斯塔斯的小花招,并且及时制止他这样做。当时,维多利亚女王迅速从桌子的一边走到阿尔伯特亲王站着的这边,敦促身边人立即将登记簿递给自己。签完名后,她又在汉诺威国王欧内斯特·奥古斯塔斯从桌子那边过来前,立刻将笔递给丈夫阿尔伯特亲王签名。为表示对叔叔欧内斯特·奥古斯塔斯恶劣行径的厌恶,维多利亚女王将汉诺威国王在王室中的地位排到了比利时国王的后面。对这一做法,维多利亚女王首先咨询威灵顿公爵阿瑟·韦尔斯利,自己应该如何顺理成章地处理这件事情。威灵顿公爵阿瑟·韦尔斯利建议维多利亚女王效仿维也纳会议的做法,代表的位次以他们国家的字母顺序安排。这样一来,比利时王国就排在了汉诺威王国的前面。[①]1843年8月,法兰西国王路易·腓力一世的两个儿子,即比利时王后奥尔良的路易丝的弟弟茹安维尔亲王奥尔良的弗朗索瓦和奥马勒公爵奥尔良的亨利前往英国参加维多利亚女

奥尔良的弗朗索瓦

奥马勒公爵奥尔良的亨利

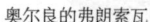
① 托马斯·雷克斯:《日记》。——原注

王的聚会。这两位法兰西王子得到维多利亚女王的热情款待，只有萨克森-科堡家族的成员才得到过维多利亚女王同一规格的款待。

1843年8月24日，维多利亚女王亲自宣布议会休会。然后，她乘坐游艇沿英国南部海岸进行了一趟短途旅行。维多利亚女王早有访问法兰西国王路易·腓力一世的想法，因为通过联姻，英国王室与法兰西王室建立了亲密的联系。这并不是维多利亚女王的大臣们策划的什么计策，也不是为讨好法兰西王国，而是一个自然而然的结果，毕竟维多利亚女王是比利时王后奥尔良的路易丝的外甥女，比利时王后奥尔良的路易丝又是法兰西国王路易·腓力一世的女儿。此前，经常前往温莎城堡小住的比利时王后奥尔良的路易丝一直敦促维多利亚女王出访法兰西王国。1843年9月，维多利亚女王出访法兰西王国的想法终于变成了现实。

维多利亚女王和阿尔伯特亲王决定访问法兰西王国是具有重要意义的政治事件。首先，这是维多利亚女王第一次踏上外国领土。其次，这也是继1520年亨利八世受弗朗索瓦一世邀请到金缕地会面后，英国君主第一次与法兰西君主会面。最后，这是近一个世纪以来，第一次出现由于英国君主离开自己的国土而暂时不在宫中，需要指定一位摄政王或者多位上诉法官代替君主履行职责的情况。

维多利亚女王离开这段时间，如何根据先例摄政令大臣们伤透了脑筋。乔治三世和威廉四世在位期间都没有离开过英国国土，乔治一世和乔治二世经常视察其在汉诺威的领地，乔治四世也曾经前往汉诺威领地一次。当国王不在朝中时，授权指定代理人履行君主主要的行政权力是汉诺威王朝的惯常做法。此时，大臣们在重新考虑这种做法。威灵顿公爵阿瑟·韦尔斯利认为"维多利亚女王不能在没有出台《摄政法案》的情况下离开英国"，还认为当年亨利八世之所以在没有启动摄政程序的情况下前往加莱，是因为当时加莱被英格兰占领，相当于英格兰的一个郡。最终，摄政问题被提交给王室律师团，律师们的建议是可以不需要提名摄政王，大臣们采纳了这一建议。从此，维多利亚女王的人身自由不再受摄政问题限制。①此后，维多利亚女王充分享受这一便利，频繁出访欧洲大陆——多为非正式访问。这是维多利亚女王不同于先王们的统治特色之一。

---

① 托马斯·雷克斯：《日记》，第2卷，第368页。——原注

虽然维多利亚女王法兰西王国之行的初衷是拉近与欧洲其他王室的关系，并非出自任何政治考量，并且在维多利亚女王第一次提出访问法兰西王国的计划时，罗伯特·皮尔和阿伯丁伯爵乔治·汉密尔顿-戈登没有任何异议，但最终两人的努力令维多利亚女王认识到英国君主与欧洲大陆君主保持良好的私人关系会为国家间的和平与友谊提供一种保证。持相同观点的还有布鲁厄姆男爵兼沃克斯男爵亨利·布鲁厄姆，尽管在其他所有问题上，他几乎与当政者的意见相左。当时，法兰西国王路易·腓力一世和王后那不勒斯和西西里的玛丽亚·阿马利娅住在厄镇城堡——法兰西国王在特雷波尔附近的一处私人领地。1843年9月2日，维多利亚女王在阿伯丁伯爵乔治·汉密尔顿-戈登的陪同下，乘坐新游艇"维多利亚和阿尔伯特"号，抵达特雷波

布鲁厄姆兼沃克斯男爵亨利·布鲁厄姆

尔。实际上，1843年4月25日，维多利亚女王乘坐的新游艇"维多利亚和阿尔伯特"号才下水，游艇的船长是威廉四世的私生子阿道弗斯·菲茨克拉伦斯勋爵。

法兰西王国国王路易·腓力一世乘坐驳船前来迎接维多利亚女王。迎接场面壮观，充分体现了维多利亚女王尊贵的客人身份。法兰西王室快乐幸福的家庭生活给维多利亚女王留下了深刻的印象。法兰西国王路易·腓力一世对待维多利亚女王就像对待自己的女儿一样，这令维多利亚女王十分感激。①在法兰西国王路易·腓力一世邀请的客人中，有一位是音乐家丹尼尔·奥柏，因为对丹尼尔·奥柏的作品十

丹尼尔·奥柏

---

① 1843年8月31日，在给阿伯丁伯爵乔治·汉密尔顿–戈登的信中提到路易·腓力一世对热情好客的庸俗理解时，罗伯特·皮尔戏谑道："我了解到，为表达对维多利亚女王及其随行人员的敬意，路易·腓力一世给英国送来一张大订单，订购了大量英国奶酪和瓶装啤酒。我祝愿法兰西王国那边天气晴朗，风平浪静，你们就可以安心享用这些美食了。"查尔斯·斯图尔特·帕克特：《罗伯特·皮尔私人书信集》，伦敦，约翰·默里，1899年，第3卷，第393页。——原注

分熟悉,所以维多利亚女王热情地与他打了招呼。在厄镇城堡期间,维多利亚女王参加了两次野外聚会和一次阅兵式。对这些活动,维多利亚女王都十分喜欢。在友好的气氛中,阿伯丁伯爵乔治·汉密尔顿-戈登与法兰西王国外交大臣弗朗索瓦·基佐先生讨论了一些政治问题。1840年,弗朗索瓦·基佐先生任法兰西王国驻英国大使时并没有赢得英国王室的好感。当时,二人的谈话进行得很顺利,但出人意料的是,阿伯丁伯爵乔治·汉密尔顿-戈登和弗朗索瓦·基佐的这次谈话后来引发了误解。维多利亚女王的法兰西王国之行从1843年9月2日一直持续到1843年9月7日,历时五天。当整个行程结束时,维多利亚女王的情绪也变得低落。①

弗朗索瓦·基佐

① 1844年,路易·腓力一世给住在温莎城堡的维多利亚女王送去了一个马车模型,因为在厄镇城堡时,维多利亚女王对乘坐的马车赞叹不已。因此,路易·腓力一世就按自己一辆马车的模样命人打造了这个马车模型。1844年9月6日,维多利亚女王给法兰西王后那不勒斯和西西里的玛丽亚·阿马利娅用法语写了一封长长的感谢信。这封信现保存在大英博物馆中。——原注

夏洛特·勃朗特

离开特雷波尔后,维多利亚女王及其孩子在布赖顿待了四天,生平最后一次去了乔治四世时期建造的英王阁。此时,维多利亚女王的海外之旅还没结束。接下来,维多利亚女王乘坐游艇从布赖顿出发,奔赴奥斯坦德,看望住在布鲁塞尔附近拉肯宫的舅舅比利时国王利奥波德一世。随后,与利奥波德一世分别时,维多利亚女王写道:"再次与这个我视作父亲的人同住一个屋檐下,我万分喜悦。"当时,正在布鲁塞尔的小说家夏洛特·勃朗特有次乘车经过皇家大道时,见到维多利亚女王正与他人愉快地交谈,并且她注意到维多利亚女王极其朴素、自然的穿着。[1]活力十足的维多利亚女王为利奥波德一世沉闷的宫中,着实带来了少有的欢乐。

---

[1] 伊丽莎白·盖斯凯尔:《夏洛特·布朗特传》,伦敦:史密斯与埃尔德出版公司,1900年,第270页。在其小说《维莱特》的第二十章,夏洛特·勃朗特将利奥波德一世描绘成一个很阴郁的人物,"一个紧张忧郁的人"。——原注

威廉·休厄尔

维多利亚女王从安特卫普出发。1843年9月21日,她抵达伍尔维奇。1843年剩下的几个月中,维多利亚女王基本上都在英国国内旅行。1843年10月,维多利亚女王乘车首次到访剑桥。在了解到维多利亚女王和阿尔伯特亲王有意到访剑桥后,剑桥大学校长兼三一学院院长威廉·休厄尔向维多利亚女王写了封信,表示能接待维多利亚女王或者维多利亚女王的代表是三一学院的荣幸,并且邀请维多利亚女王一家下榻三一学院的小屋。从接待维多利亚女王的规格看,威廉·休厄尔显然认为即使在自己的学院内,维多利亚女王的权威也高于自己。身为剑桥大学校长的威廉·休厄尔亲自在三一学院门外迎接维多利亚女王,并且将自己的权杖交给维多利亚女王。作为三一学院的院长,威廉·休厄尔又在庭院中央将三一学院所有房门的钥匙都献给维多利亚女王。①住在三一学院的小屋期间，维多利亚女王在三一礼堂举行了一次晨觐仪式。此外，她还参观了三一学院的议事厅，并且在那里参加了剑桥大学授予阿尔伯特亲王博士学位的仪式。维多利亚女王受到三一学院本科生的热烈欢迎。

1843年11月28日到1843年12月1日，维多利亚女王前往罗伯特·皮尔的住所德雷顿庄园做客，向世人展示自己对首相罗伯特·皮尔的器重。

随后，维多利亚女王再次驾临查茨沃思。令维多利亚女王欣喜的是，墨尔本子爵威廉·兰姆和威灵顿公爵阿瑟·韦尔斯利也在那里做客。此外，由于帕默斯顿子爵亨利·约翰·坦普尔及帕默斯顿子爵夫人埃米莉·坦普尔也在查茨沃思，这多少令维多利亚女王有些不快。一天晚上，查茨沃思举行了一场盛大的舞会。在舞会上，维多利亚女王见到了日后成为卡莱尔伯爵的莫佩思子爵乔治·霍华德和格兰维尔伯爵格兰维尔·莱韦森-高尔。后来，这两人都成为维多利亚女王最信任的大臣。还有一天晚上，地上布满了各式彩灯。第二天天亮前，在后来成为约瑟夫爵士的德沃恩舍尔公爵威廉·卡文迪什的园丁约瑟夫·帕克斯顿的指挥下，两百名工人才将彩灯全部拆走。②离开查茨沃思后，维多利亚女王一行又前往贝尔沃城堡看望拉特兰公爵约翰·曼纳斯。在贝尔沃城堡，维多利亚女王又见到了罗伯特·皮尔和威灵顿公爵阿瑟·韦尔斯利。直到1843年12月7日，维多利亚女王才返回温莎城堡。

1844年1月29日，阿尔伯特亲王的父亲萨克森-科堡-哥达公爵欧内斯特一世去世。1844年3月28日到1844年4月11日，阿尔伯特亲王回到德意志。这是维多利亚女王和阿尔伯特亲王结婚后第一次分开，维多利亚女王心里很不好受。在阿尔伯特亲王

---

① 斯泰尔·道格拉斯夫人：《威廉·休厄尔传和他的书信选集》，伦敦：查尔斯·基根·保罗出版公司，1881年，第302页。约翰·威利斯·克拉克和托马斯·麦肯尼·休斯：《亚当·塞奇威克的生平和书信集》，英国，剑桥大学出版社，1890年。书中有对1843年维多利亚女王访问剑桥大学的完整描述。——原注

② 这个情节多多少少令人想到了伊丽莎白女王访问另一位地位显赫的大臣的故事。1576年，伊丽莎白一世前往奥斯特利公园访问托马斯·格雷欣爵士时，"发现托马斯·格雷欣爵士房子的门厅太大，表示'如果中间用一堵墙隔成两个房间会更好'"。当晚，托马斯·格雷欣爵士就派人前往伦敦请来工匠。这些工匠悄无声息地迅速开工，就这样，前一天晚上还只有一个房间的门厅，到第二天早上就变成两个房间。很难说第二天，看到这一变化的伊丽莎白一世感到更加高兴是因为托马斯·格雷欣爵士听从了自己的意见，还是因为其出其不意的做法"。彼得·奥斯汀·纳托尔：《英格兰名人传》，伦敦，托马斯·特格，1840年，第2卷，第313页。——原注

不在时,在维多利亚女王心中地位仅次于自己丈夫阿尔伯特亲王的舅舅和舅母,比利时国王利奥波德一世及王后奥尔良的路易丝,来到维多利亚女王身边,这多少起到安慰维多利亚女王的作用。

1844年6月1日,两位欧洲大陆的君主——萨克森国王腓特烈·奥古斯塔斯二世和沙皇尼古拉一世——同时抵达英国,向维多利亚女王表达敬意。腓特烈·奥古斯塔斯二世是英国王室成员的朋友,但沙皇尼古拉一世突然不请自来,令人不得不警觉起来。尼古拉一世的兄长沙皇亚历山大一世曾是维多利亚女王的教父,加上需要考虑到某些政治利益,英国王室必须加强与沙皇尼古拉一世的私人关系。在维多利亚女王的陪同下,沙皇尼古拉一世在温莎公园内检阅了军队。随后,沙皇尼古拉一

萨克森国王腓特烈·奥古斯塔斯二世

约瑟夫·约阿希姆

世奔赴阿斯科特。最后,他还欣赏了歌剧。为欢迎沙皇尼古拉一世,白金汉宫专门举办了一场盛大的音乐会,当时还是孩子的约瑟夫·约阿希姆参加这场演出。对维多利亚女王,长相和举止都很庸俗的沙皇尼古拉一世彬彬有礼。维多利亚女王有点瞧不上沙皇尼古拉一世。虽然沙皇尼古拉一世一直忙于俄罗斯帝国国内的事务,但在政治利益方面,他一直在避免英国和俄罗斯帝国出现分歧。①

实际上,在这段时间里,与外交事务相比,令维多利亚女王更加不安的是英国国内的政治形势。在爱尔兰,动乱引发的仇恨在继续蔓延,这令维多利亚女王忧心忡忡。虽然在宗教和土地立法问题上,维多利亚女王赞同对爱尔兰实行宽容政策,但她

---

① 赫伯特·麦斯威尔爵士:《查尔斯·默里爵士回忆录》,伦敦:威廉·布莱克伍德父子公司,1898年;《利特尔顿夫人的书信集》。——原注

也一直坚持对任何暴力行为和混乱局面实施严酷镇压。与此同时,维多利亚女王认为废除大不列颠与爱尔兰的共主制度是不合法的。对这一问题的立场,使维多利亚女王多少成为众矢之的。在一封公开信中,爱尔兰大法官圣伦纳德男爵爱德华·萨格登声称维多利亚女王本人已经决定阻止废除共主制度。出于对维多利亚女王的敬仰,主张废除共主制度的领导人丹尼尔·奥康奈尔立即站出来否认这一说法。罗伯特·皮尔言辞温和地驳斥了圣伦纳德男爵爱德华·萨格登的说法,但面对事实,他不得不承认考虑到大不列颠和爱尔兰的渊源,维多利亚女王"将尽全力维护与爱尔兰的共主制度"。[①]可以说,维多利亚女王至死都在为维护不列颠与爱尔兰的共主制度而努力。

圣伦纳德男爵爱德华·萨格登

[①] 查尔斯·斯图尔特·帕克特:《罗伯特·皮尔私人书信集》,伦敦,约翰·默里,1899年,第3卷,第52页。——原注

遇到重重阻力的爱尔兰政策、议会中某些反对党成员的刁难，都引发维多利亚女王的担忧。1844年8月15日，在写给罗伯特·皮尔的信中，维多利亚女王称"议会中少数议员不断阻挠事情的进展，对这种不可理喻的做法，自己很气愤"。与此同时，她希望全力以赴"阻止不光彩的行为"，还希望罗伯特·皮尔"不要向这些议员妥协，因为任何妥协都会让他们变本加厉，不知悔改"①。

　　1844年6月，俄罗斯沙皇尼古拉一世到访时，英国政府还发生了更糟糕的事。1844年6月14日，政府针对降低白糖关税的提案未获议会通过。尽管议会下议院不支持自由贸易，但在英国全国范围内，自由贸易的呼声迅速获得民众的支持。对贸易保护的立场，罗伯特·皮尔在不断动摇。他预测到立场的改变会让自己陷入绝境。出于替维多利亚女王考虑，罗伯特·皮尔立即表达了辞职的意向。幸运的是，四天后，即1844年6月18日，议会对政府进行了信任表决，罗伯特·皮尔领导的政府经受住了考验，这场危机才算过去。1844年6月18日，维多利亚女王立刻向罗伯特·皮尔写信，表示得知信任投票结果后，自己总算松了口气，信中说："昨晚，所有人都认为政府没有胜利的希望，但今天的表决结果更让人惊喜，更令人满意。"②

　　虽然英国王室盛情款待了外国王室的来宾，但很快，外交事务又令维多利亚女王心烦意乱。英国王室和法兰西王国王室的友好可能暂时缓解英国人和法兰西人彼此的忌妒，但无法根除这种心理。1844年秋，在法兰西人刚刚占领的塔西提岛上，英国驻塔西提岛领事乔治·普里查德受到法兰西官员的不公正对待。这件事激起了英国国内的反法情绪。维多利亚女王及其政府曾一度认为随着拿破仑·波拿巴战争的结束，英国国内的反法情绪已经消退。

　　在这种不安的气氛中，1844年8月6日，维多利亚女王在温莎城堡诞下第二个儿子——阿尔弗雷德王子。

　　不久，英国王室又开始热情地接待外国君主了。1844年8月月底，维多利亚女王款待了普鲁士王室的一位要人——普鲁士国王腓特烈·威廉四世的弟弟威廉王子。

---

① 查尔斯·斯图尔特·帕克特：《罗伯特·皮尔私人书信集》，伦敦，约翰·默里，1899年，第3卷，第568页。——原注
② 查尔斯·斯图尔特·帕克特：《罗伯特·皮尔私人书信集》，伦敦，约翰·默里，1899年，第3卷，第153页。——原注

后来，威廉王子成为德意志帝国皇帝威廉一世。威廉王子与维多利亚女王的这次会面成果丰硕。从此，两人建立了长达四十年的亲密友谊。后来，维多利亚女王的长女维多利亚·阿德莱德·玛丽·路易莎嫁给了威廉王子的长子腓特烈，这进一步巩固了二人的友谊。

1844年晚些时候，维多利亚女王大胆地决定要以同样的热情招待欧洲大陆的另一位君主——法兰西国王路易·腓力一世。要知道，法兰西国王是普鲁士王国在欧洲大陆的一个强大对手。这次法兰西国王路易·腓力一世对英国的访问是对1843年维多利亚女王访问法兰西王国的回访。1844年10月8日，路易·腓力一世抵达英国，这是法兰西国王首次主动登陆英国海岸。与近期英国王室的其他活动相比，法兰西国王路易·腓力一世的这次访问似乎更有力地预示西欧地区将再次出现和平。塔西提岛事件已经平息，英国和法兰西王国的友好交流充满希望。1844年10月9日，在温莎城堡，法兰西国王路易·腓力一世兴高采烈地被授予嘉德勋章。1844年10月14日，法兰西国王路易·腓力一世对英国的访问结束。维多利亚女王和阿尔伯特亲王将心满意足的来访者路易·腓力一世送到朴茨茅斯，但由于遇到风暴天气，路易·腓力一世不得不改道前往多佛，并且从多佛经海路返回加莱。

维多利亚女王的一举一动明显提升了英国人对自己的喜爱——维多利亚女王喜欢让公众了解自己幸福的家庭生活，伦敦举办的一场盛大庆典更激发了普通民众对维多利亚女王的忠心。1844年10月28日，维多利亚女王亲临伦敦市中心，并且为新开的皇家交易所剪彩。①1844年11月6日，罗伯特·皮尔在给亨利·哈丁爵士的信中写道："如同以往，维多利亚女王度过了愉快的一天，取得了又一个胜利。这是值得称颂的一天。没有几个君主拥有她的眼界，成百万民众脸上都带着笑容的场景或许以后再难看到。她没有听到任何不和谐的声音。"②1844年11月12日，当维多利亚女王途经北安普顿去伯利庄园访问埃克塞特侯爵布朗洛·塞西尔时，原本局势动荡的城市北安普顿热情地迎接了维多利亚女王的到来。伯利庄园是斯坦福德附近一处

---

① 当时出版了一幅精美的描述那场盛大游行的全景式彩色插图，但现在人们已经很少能见到这幅画了。——原注
② 查尔斯·斯图尔特·帕克特：《罗伯特·皮尔私人书信集》，伦敦，约翰·默里，1899年，第3卷，第264页。——原注

有历史意义的庄园,维多利亚女王小时候曾与母亲肯特公爵兼斯特拉森公爵的夫人玛丽·路易丝·维多利亚在此居住。

和丈夫阿尔伯特亲王在一起时,维多利亚女王很喜欢谈论自己早年的经历。维多利亚女王也希望王室贵族能多邀请自己前往他们家中做客,因为这总能令维多利亚女王回想起自己还是公主时受母亲玛丽·路易丝·维多利亚管束的少女时期。维多利亚女王总是要求提前将宾客名单呈给自己批准,但很少对名单进行改动。维多利亚女王不希望参加晚会的宾客都是熟人,而是更希望自己和阿尔伯特亲王可以借晚会扩大朋友圈。

1844年到1845年的冬季,除了埃克塞特侯爵布朗宁·塞西尔邀请维多利亚女王到家中做客,1845年1月20日到1845年1月22日,在斯特拉菲尔德塞伊,威灵顿公爵阿瑟·韦尔斯利也款待了维多利亚女王。威灵顿公爵阿瑟·韦尔斯利不大愿意在其乡间别墅连续几日举行宴会,这令维多利亚女王颇有微词。不过,因为此前维多利亚女王刚在斯托受到白金汉公爵兼钱多斯公爵理查德·坦普尔-纽金特-布里奇斯-钱多斯-格兰维尔的热情招待,心情很不错,所以没跟威灵顿公爵阿瑟·韦尔斯利计较。

有着"农夫的朋友"绰号的白金汉公爵兼钱多斯公爵理查德·坦普尔-纽金特-布里奇斯-钱多斯-格兰维尔是坚定的保守主义者。最近,他刚刚辞去掌玺大臣一职,以抗议在应对自由贸易大骚动时首相罗伯特·皮尔的暧昧态度。尽管如此,应维多利亚女王的特别要求,罗伯特·皮尔和阿伯丁伯爵乔治·汉密尔顿-戈登也出席了白金汉公爵兼钱多斯公爵理查德·坦普尔-纽金特-布里奇斯-钱多斯-格兰维尔的宴会。从各个方面看,这次宴会十分有趣。受邀参加宴会的客人中有本杰明·迪斯雷利——保守党内一位才华横溢的青年。后来,他令维多利亚女王又爱又恨——维多利亚女王首先是对他充满好奇,接下来是不信任,最后又对他充满了尊敬。

1845年1月,维多利亚女王在斯托第一次私下会见了本杰明·迪斯雷利。当时,本杰明·迪斯雷利正由于自己非凡的才能得不到罗伯特·皮尔的赏识而烦恼。当维多利亚女王出现在宴会中时,白金汉公爵兼钱多斯公爵理查德·坦普尔-纽金特-布里奇斯-钱多斯-格兰维尔的客人们心怀鬼胎,各有各的盘算。本杰明·迪斯雷利热情洋溢地描述了这场奢华的宴会,并且对白金汉公爵兼钱多斯公爵理查德·坦普尔-纽金特-布里奇斯-钱多斯-格兰维尔的好客充满了溢美之词。在写给妻子玛丽·安妮·迪斯雷利和妹妹的信中,本杰明·迪斯雷利称:"维多利亚女王陛下、罗伯特·皮尔、阿伯丁伯爵乔治·汉密尔顿-戈登及其他人都对我们以礼相待,这令我们深感荣耀。"①巧合的是,在斯托会见本杰明·迪斯雷利后不久,维多利亚女王在温莎城堡接见了威廉·尤尔特·格拉德斯通,他给维多利亚女王留下了很好的印象。据维多利亚女王身边的人说,维多利亚女王很欣赏威廉·尤尔特·格拉德斯通的口才。②

---

① 拉尔夫·本杰明·迪斯雷利:《本杰明·迪斯雷利书信集》,1887年,第204页。在款待维多利亚女王的宴会上,保守主义者白金汉公爵兼钱多斯公爵理查德·坦普尔-布里奇斯-钱多斯-格兰维尔邀请罗伯特·皮尔和本杰明·迪斯雷利作陪,这种做法本身就很具讽刺意味。不过,更具讽刺意味的是,白金汉公爵兼钱多斯公爵理查德·坦普尔-布里奇斯-钱多斯-格兰维尔这次对维多利亚女王奢侈的款待令自己陷入巨大的财政危机。1847年,由于无法偿还欠债主的一百多万英镑,他的庄园都被债主收走了。——原注
② 《利特尔顿夫人书信集》。——原注

第11章

维多利亚女王与自由贸易

精彩看点

1845年议会会议——维多利亚女王和梅努斯之乱——王室活动——1845年8月维多利亚女王首次出访德意志邦联——腓特烈·威廉四世对维多利亚女王的欢迎——阿尔伯特亲王的优先地位——1845年8月19日在玫瑰宫——第二次见法兰西国王路易·腓力一世——维多利亚女王愉快的科堡之旅——罗伯特·皮尔与《谷物法》——维多利亚女王支持罗伯特·皮尔——1845年12月6日罗伯特·皮尔引咎辞职——维多利亚女王召见约翰·拉塞尔伯爵——维多利亚女王与约翰·拉塞尔伯爵协商——维多利亚女王对帕默斯顿子爵亨利·约翰·坦普尔的担心——约翰·拉塞尔伯爵坚定不移的诉求——罗伯特·皮尔重返政坛——1846年维多利亚女王对罗伯特·皮尔的支持——维多利亚女王对罗伯特·皮尔的困境深感惋惜——1846年6月26日罗伯特·皮尔下野——维多利亚女王对自由贸易的热情

1845年1月结束前，维多利亚女王再次深陷到紧急的国家事务中。紧锣密鼓的议会会议在即。当时，大臣们都认为，在外交事务方面，维多利亚女王通过自己独特的影响力促成了和平的局面。大臣们的这一共识令维多利亚女王心满意足。1845年2月4日，在议会开幕仪式的致辞中，维多利亚女王自豪地提到俄罗斯沙皇尼古拉一世和法兰西国王路易·腓力一世对英国的访问。对此，罗伯特·皮尔立即回应指出，接待这两位君主及其他王室客人产生的费用全部由维多利亚女王个人负担，这并没有为维多利亚女王增加任何债务。

　　议会议事的大部分时间都在讨论爱尔兰问题。废除大不列颠与爱尔兰共主制度的运动正逐渐平息，罗伯特·皮尔政府也正在考虑采取安抚措施。有人建议资助梅努斯的天主教神父培训学院。威廉·尤尔特·格拉德斯通认为这有悖于自己之前公开支持的原则。因此，他退出了罗伯特·皮尔政府。对威廉·尤尔特·格拉德斯通，这位原本支持首相罗伯特·皮尔的前途无量的内阁成员的退出，维多利亚女王深感惋惜。1845年2月3日，维多利亚女王在白金汉宫的私人会客厅接见了威廉·尤尔特·格拉德斯通，表示威廉·尤尔特·格拉德斯通退出政府是个"巨大的损失"。另外，维多利亚女王鼓励罗伯特·皮尔推进实施安抚措施，因为在维多利亚女王看来，这项安抚政策是控制爱尔兰宗教的一个明智的妥协举措。对英国国内有些新教教徒的顽固盲从，维多利亚女王不屑一顾。1845年4月15日，维多利亚女王写信给罗伯特·皮尔称："对于新教教徒来说，目睹此刻这种盛行的、邪恶的、顽固不化的情绪，是一件令人羞耻的事情。"

在这次议会召开期间，英国王室安排了大量活动。1845年6月6日，白金汉宫举办了一场化装舞会，主题为乔治二世统治时代。化装舞会是1845年英国王室的一次主要活动。1845年6月21日，维多利亚女王检阅了集结在斯皮海德的海军舰队。1845年7月，维多利亚女王接待了来自欧洲大陆的荷兰国王威廉二世。

1845年秋，维多利亚女王第二次挑战先例，离开英国出访德意志邦联。这次没人再提摄政之事，维多利亚女王离开英国整整一个月。这次陪同维多利亚女王出访的还是外交大臣阿伯丁伯爵乔治·汉密尔顿-戈登。此次外访的主要目的是访问科堡和维多利亚女王的母亲肯特公爵兼斯特拉森公爵的夫人玛丽·路易丝·维多利亚及丈夫肯特公爵兼斯特拉森公爵爱德华年轻时待过的地方。此行还有个目的是在前往科堡的路上回访普鲁士国王腓特烈·威廉四世。

1845年8月6日，维多利亚女王和阿尔伯特亲王抵达安特卫普，并且在梅赫伦与比利时国王利奥波德一世和王后奥尔良的路易丝会面。随后，在亚琛，维多利亚女王受到普鲁士国王腓特烈·威廉四世的欢迎。最后，她途经科隆抵达普鲁士国王腓特烈·威廉四世位于布吕尔的王宫。迎接维多利亚女王和阿尔伯特亲王的活动十分丰富：两人前往波恩既参加了路德维希·范·贝多芬塑像的揭幕仪式，又出席了一场盛大的路德维希·范·贝多芬节日音乐会。维多利亚女王夫妇在布吕尔还参加了另一场音乐会。这场音乐会由贾科莫·迈尔贝尔指挥，参加表演的艺术家有珍妮·林德、弗朗茨·李斯特和亨利·维厄当。直到1845年8月16日维多利亚女王和阿尔伯特亲王离开，莱茵河畔科布伦茨附近施托尔岑费尔斯城堡中的欢迎活动才结束。

虽然维多利亚女王受到热烈欢迎，并且兴致勃勃，但其间还是发生了一些扫兴的事。阿尔伯特亲王的级别问题很让维多利亚女王头疼。在普鲁士王宫时，另一位客人奥地利皇帝斐迪南一世的叔叔奥地利大公腓特烈的地位排在阿尔伯特亲王之前。对1845年在施托尔岑费尔斯城堡丈夫阿尔伯特亲王受到的不公正对待，维多利亚女王一直耿耿于怀。因此，在相当长的一段时间里，她对普鲁士王室态度冷淡。

1845年8月19日，维多利亚女王抵达此行的主要目的地玫瑰宫，这是阿尔伯特亲王的出生地。接着，维多利亚女王途经科堡到达哥达。在哥达，维多利亚女王见到了自己以前的家庭教师路易丝·莱森，这令她十分高兴。与此同时，在哥达维多利亚女

路德维希·范·贝多芬

贾科莫·迈尔贝尔

王多次前往图林根的森林进行短途旅行,并且玩得很开心。1845年9月3日,维多利亚女王奔赴法兰克福,途中在魏玛休息了一晚。

维多利亚女王的首次德意志邦联之行结束了。1845年9月6日,维多利亚女王和阿尔伯特亲王回到安特卫普,但没有直接返回英国,而是打算在前往奥斯本途中拐到特雷波尔做一次短暂访问,拜访法兰西国王路易·腓力一世。然而,糟糕的天气状况令维多利亚女王一行无法登陆。路易·腓力一世天真地建议维多利亚女王借助更衣车登陆。伦敦的大臣们听说后,觉得这个提议简直太可笑了。

1845年9月9日,维多利亚女王回到奥斯本。1845年9月14日,在写给格洛斯特公爵兼爱丁堡公爵的夫人玛丽公主的信中,维多利亚女王述说道:"我对德意志着迷,尤其是对科堡和哥达。在科堡和哥达,我都留下了巨大的遗憾。这次愉快的德意志邦联之行实现了我多年的愿望,我十分满意。"在写给舅舅利奥波德一世的信中,维多利亚女王也表达了同样的感受。

整个1845年,维多利亚女王一直处在对政府危机的担忧中。爱尔兰的马铃薯完全绝收,英格兰和苏格兰的马铃薯收成也很差。1845年冬,整个英国一派萧条景

爱尔兰马铃薯绝收后等待救济的灾民

象。在这个背景下,罗伯特·皮尔决定废除《谷物法》。尽管罗伯特·皮尔已经清楚地表达了自己愿意接受自由贸易支持者提出的主要原则,但议员们还是普遍认为罗伯特·皮尔及其领导的保守党会誓死反对废除《谷物法》。最后,在罗伯特·皮尔的同僚中,除了德比伯爵爱德华·史密斯-斯坦利站在罗伯特·皮尔一边,其他大多数成员都对罗伯特·皮尔立场的转变很吃惊,许多人还威胁要抵制废除《谷物法》。

不满情绪弥漫朝野。本杰明·迪斯雷利领导的青年英国党已经在罗伯特·皮尔的左右摇摆中显露出桀骜不驯。1845年议会议事期间,本杰明·迪斯雷利不断措辞严厉地抨击罗伯特·皮尔政府对国家农业利益的漠不关心,宣称现任政府已经变得"虚伪"。对本杰明·迪斯雷利的这些言论,维多利亚女王深感不安,并且很反感本杰明·迪斯雷利尖酸刻薄的语言。后来,虽然维多利亚女王认识到,即使本杰明·迪斯雷利对待罗伯特·皮尔的言辞有失公允,但考虑到当时的状况,其言辞也是情有可原的。当时,维多利亚女王全力支持自己的首相罗伯特·皮尔。1845年11月5日,维多利亚女王写信给罗伯特·皮尔,表达了自己的忧虑,因为罗伯特·皮尔在报告中提到"当需要大家团结合作解决当前严重的经济问题时,内阁却出现了分歧"。1845年11月28日,维多利亚女王再次从奥斯本写信给罗伯特·皮尔,并且表示:"听说内阁的意见分歧还在进一步扩大。对此,我感到很遗憾。在这千钧一发的时刻,更需要的是政府内部的团结。我认为,批准取消对进口粮食种种限制的时机已经到来,希望你的同僚不要阻止你做出正确的事情。"①

尽管对维多利亚女王的支持感激涕零,但在支持者和对手看来,罗伯特·皮尔已经"缴械投降"。1845年12月6日,罗伯特·皮尔辞职。就像当初痛失墨尔本子爵威廉·兰姆一样,此时维多利亚女王又要痛失罗伯特·皮尔。1845年12月5日,在罗伯特·皮尔辞去首相一职的前一天,维多利亚女王写信给罗伯特·皮尔,信中说道:"无论什么原因,我确信在一场危机即将到来时,你绝不会在这个艰难时刻离我而去。"但此时,罗伯特·皮尔去意已决。

虽然罗伯特·皮尔的决定令维多利亚女王深感惋惜,但维多利亚女王立即做

---

① 查尔斯·斯图尔特·帕克特:《罗伯特·皮尔私人书信集》,伦敦,约翰·默里出版社,1899年,第3卷,第237页到第238页。——原注

好准备，打算在组建新政府这件事上发挥自己的作用。听从罗伯特·皮尔的建议，维多利亚女王差人邀请约翰·拉塞尔伯爵组阁。当时，约翰·拉塞尔伯爵正在爱丁堡。1845年12月11日，他才来到温莎城堡。与此同时，维多利亚女王向墨尔本子爵威廉·兰姆发出邀请，希望他能来温莎城堡帮助自己。但当时，墨尔本子爵威廉·兰姆的健康状况不断恶化。经过谨慎的考虑后，墨尔本子爵威廉·兰姆觉得自己不应该介入组阁事宜，便拒绝了维多利亚女王的邀请。

维多利亚女王害怕辉格党组阁的主要原因是自己及其外国亲属都对帕默斯顿子爵亨利·约翰·坦普尔出任外交大臣缺乏信心。维多利亚女王认为帕默斯顿子爵亨利·约翰·坦普尔一定会在辉格党政府中任职。于是，她想尽办法阻止帕默斯顿子爵亨利·约翰·坦普尔在内阁中出任外交大臣。在与约翰·拉塞尔伯爵的首次会面中，维多利亚女王立即请求让帕默斯顿子爵亨利·约翰·坦普尔管理殖民部。约翰·拉塞尔伯爵自然表达了反对意见，并且提出需要时间考虑维多利亚女王的建议。

万分忧虑的维多利亚女王只能努力开展更广泛、更紧密的游说活动。维多利亚女王恳求罗伯特·皮尔政府的外交大臣阿伯丁伯爵乔治·汉密尔顿-戈登在政治圈中支持自己反对任命帕默斯顿子爵亨利·约翰·坦普尔为外交大臣的提议。但众所周知，帕默斯顿子爵亨利·约翰·坦普尔对出任外交大臣一职志在必得。因此，阿伯丁伯爵乔治·汉密尔顿-戈登实在无能为力，只能建议维多利亚女王充分利用当下的形势，让帕默斯顿子爵亨利·约翰·坦普尔明确知道她希望与法兰西王国保持和平的态度，继而在外交事务方面，要求帕默斯顿子爵亨利·约翰·坦普尔定期听取她的意见和建议，因为想阻止帕默斯顿子爵亨利·约翰·坦普尔在新政府中出任外交大臣一职是不可能的事。维多利亚女王虽然极其不愿意，但还是听从了阿伯丁伯爵乔治·汉密尔顿-戈登的建议。

1845年12月13日，维多利亚女王在温莎城堡第二次与约翰·拉塞尔伯爵会面。这次陪同约翰·拉塞尔伯爵前来的还有经验丰富的辉格党领袖兰斯多恩侯爵亨利·佩蒂-菲茨莫里斯。阿尔伯特亲王坐在维多利亚女王身旁，维多利亚女王明确向两位客人表示，在这次会面中，她不光陈述的是自己的想法，也是阿尔伯特亲王的想法。约翰·拉塞尔伯爵也很坦诚,向维多利亚女王保证罗伯特·皮尔内阁成员中反对自由贸易政策的人将不会在新政府中任职,还表示一旦着手废除《谷物法》,维多利亚女王就应该向他保证他会得到罗伯特·皮尔及其追随者的支持。对此,维多利亚女王前去咨询罗伯特·皮尔的意见,但罗伯特·皮尔闪烁其词,不肯表态。这令约翰·拉塞尔伯爵很不满意,执拗地不停催促维多利亚女王给他一个更明确的承诺。维多利亚女王虽然认为约翰·拉塞尔伯爵的要求不合理,但还是再次温和地呼吁罗伯特·皮尔做出表态。然而,维多利亚女王依然没有得到罗伯特·皮尔的回应。事到如此,维多利亚女王只能在一旁静观其变。

一时之间,维多利亚女王似乎没有了政府。在这种情况下,维多利亚女王又一次向罗伯特·皮尔寻求帮助。在维多利亚女王的殷切期望下,罗伯特·皮尔重新回归政坛。通过在大臣们内部游说,维多利亚女王最终促成罗伯特·皮尔重回政坛。对这一结果,维多利亚女王十分满意。可以说,这次维多利亚女王很有策略地取得了一场胜利。1845年12月30日,也就是罗伯特·皮尔重新出任首相那天,维多利亚女王致信罗伯特·皮尔,信中称:"我无法用言语描述对您高尚的行为、勇气及忠诚的敬意,正是您身上的这些品质不断增强我对您的信任。"重新上台的罗伯特·皮尔政府从内部做了一些调整,令维多利亚女王最满意的一项人员任命是,威廉·尤尔特·格拉德斯通接替德比伯爵爱德华·史密斯-斯坦利,出任新的战争与殖民大臣。威廉·尤尔特·格拉德斯通一直都有力地支持着罗伯特·皮尔。对此,维多利亚女王一直心存感激。

维多利亚女王勇敢地支持罗伯特·皮尔废除《谷物法》。在温莎城堡用餐时,墨尔本子爵威廉·兰姆警告维多利亚女王,他认为罗伯特·皮尔的行为是"极不诚实的"。维多利亚女王拒绝讨论这个话题,并且在这个问题上,她责令墨尔本子爵威廉·兰姆三缄其口。维多利亚女王充分利用每一个机会鼓励罗伯特·皮尔坚持废除《谷物法》。1846年1月12日,当得知罗伯特·皮尔提出的严厉措施后,维多利亚女王满意地写道:"确信无疑,公正、明智的举措一定会胜利。"1846年1月27日,阿尔伯特亲王出席议会下议院会议,聆听罗伯特·皮尔陈述在接下来的三年废除《谷物法》的具体计划。阿尔伯特亲王的出现引发了贸易保护主义者的强烈抗议,他们认为阿尔伯特亲王的出现显示了王室的党派偏见。维多利亚女王觉得贸易保护主义者的抗议很可笑,但感到这类抗议冒犯到自己。于是,阿尔伯特亲王再也没有去过议会下议院。1846年2月4日,维多利亚女王告知罗伯特·皮尔,他将得到国家的嘉奖,"以此补偿他受到的来自自己政党的不公待遇"。1846年2月18日,维多利亚女王不但写信对罗伯特·皮尔的演说表示祝贺,而且随信附上阿德莱德王太后的一张纸条。纸条上表达了阿德莱德王太后对罗伯特·皮尔的欣赏与赞美。

尽管威廉·尤尔特·格拉德斯通和第五世纽卡斯尔公爵亨利·佩勒姆-克林顿都支持罗伯特·皮尔,但由于两人的议会资格提名人都是第四世纽卡斯尔公爵亨利·佩勒姆-克林顿——一个坚定的贸易保护主义者,威廉·尤尔特·格拉德斯通和纽卡斯尔公爵亨利·佩勒姆-克林顿都无法心安理得地反对自己的提名人。因此,在会议开始时,两人主动退出了议会下议院。对罗伯特·皮尔失去两位副手,维多利

第五世纽卡斯尔公爵亨利·佩勒姆－克林顿

海伦娜公主（右）和哥哥阿尔弗雷德王子

亚女王深表同情，并且敦促罗伯特·皮尔为他们谋求其他职位。1846年3月4日，维多利亚女王匆匆向罗伯特·皮尔写信询问："该给威廉·尤尔特·格拉德斯通先生和纽卡斯尔公爵亨利·佩勒姆-克林顿任命什么职务呢？"在《谷物法》辩论期间，维多利亚女王总是第一时间阅读每一场发言，仔细研究意见清单。维多利亚女王曾写道："对我们来说，每晚的进展都意义重大。"

1846年5月25日，甚至海伦娜公主的降生都没能转移维多利亚女王的注意力。维多利亚女王高兴地看到《废除〈谷物法〉法案》在议会两院顺利通过。然而，接下来发生的事令维多利亚女王感到难堪。1846年6月26日，议会上议院三审通过《反〈谷物法〉法案》当晚，贸易保护主义者和辉格党人在二审《针对爱尔兰的高压政策议案》时，联合起来反对罗伯特·皮尔政府。最终，他们以七十三票的优势击败了罗伯特·皮尔政府。罗伯特·皮尔不可避免地再次下台。曾几何时,对维多利亚女王来说,罗伯特·皮尔的辅佐是那么有价值。但现在,就像历史的重演,自己又失去了这位得力的首相。在与罗伯特·皮尔的告别信中,维多利亚女王提到自己深深的忧虑,并且在信的结尾说:"不管以后你的地位发生什么变化,我们将永远视你为一位友善的朋友。"对阿伯丁伯爵乔治·汉密尔顿-戈登的辞职,维多利亚女王倒没那么惋惜。至于威廉·尤尔特·格拉德斯通,当1846年7月6日他上交自己的公章时,维多利亚女王表示自己"收到公章很遗憾"。罗伯特·皮尔辞职为维多利亚女王带来的沮丧与1841年墨尔本子爵威廉·兰姆辞职时一样强烈。在给舅舅利奥波德一世的信中,维多利亚女王提到罗伯特·皮尔和阿伯丁伯爵乔治·汉密尔顿-戈登时称:"与他们在一起时,我们觉得很安全。"在保护君主有限权力的问题上,利奥波德一世认为,包括罗伯特·皮尔在内,英国当时的政治家们还是值得信赖的。①

  罗伯特·皮尔当首相时,虽然维多利亚女王行使权力的范围还是紧紧受宪法制约,但通过在政治事务上与维多利亚女王进行实实在在地频繁交流,罗伯特·皮尔提高了维多利亚女王对其权力的认识。这样一来,君主和首相之间建立起互信,既激发了维多利亚女王对国事的关注,也激发了维多利亚女王对改革发自内心的热情。比如,在这次针对废除《谷物法》的改革中,首相罗伯特·皮尔很容易让维多利亚女王相信改革会减轻人民的苦难,并且会让人民生活富裕。当下定决心实践自由贸易的原则时,虽然罗伯特·皮尔的处境艰难,但试想如果没有维多利亚女王的支持,那么罗伯特·皮尔几乎不可能坚持到底。

---

① 查尔斯·斯图尔特·帕克特:《罗伯特·皮尔私人书信集》,伦敦,约翰·默里出版社,1899年,第3卷,第172页。——原注

第 12 章

西班牙王室联姻事件

精彩看点

1846年7月约翰·拉塞尔伯爵的第一届政府——维多利亚女王与约翰·拉塞尔伯爵——约翰·拉塞尔伯爵的同僚——托马斯·巴宾顿·麦考利——与帕默斯顿子爵亨利·约翰·坦普尔的矛盾——与西班牙王室联姻——阿尔伯特亲王和萨克森-科堡的利奥波德——来自玛丽亚·克里斯蒂娜王太后的干涉——在温莎城堡召开家庭会议——帕默斯顿子爵亨利·约翰·坦普尔的紧急信函——法兰西人的报复——法兰西人背信弃义——维多利亚女王的愤怒

罗伯特·皮尔在议会的惨败令维多利亚女王别无选择,只能邀请反对党领导人接替罗伯特·皮尔的职位。受维多利亚女王之托,约翰·拉塞尔伯爵组建了新一届政府。不过,他坚持任命帕默斯顿子爵亨利·约翰·坦普尔为外交大臣。对此,维多利亚女王虽然有顾虑,但只能接受。议会大选将在第二年——1847年——举行。与此同时,这次议会选举将决定新政府的任期。尽管根据1847年11月的民调显示,约翰·拉塞尔伯爵政府并不是很受欢迎,但约翰·拉塞尔伯爵政府的任期还是持续了近五年。在新一届议会下议院中,辉格党拥有三百二十五个议席,罗伯特·皮尔领导的保守党拥有一百零五个议席,罗伯特·皮尔的对手本杰明·迪斯雷利领导的保守贸易保护主义者拥有二百二十六个议席。这种席位分布令这届新政府很难有稳固的执政基础。另外,维多利亚女王缺席了新议会的开幕仪式,以此表示自己对约翰·拉塞尔伯爵政府的冷淡态度。

维多利亚女王统治时期的第三位首相约翰·拉塞尔伯爵是个不讨人喜欢的、难缠的人。他对宪法赋予维多利亚女王权力的认识是狭隘的,并且极力效仿前人的做法。在处理与王室关系时,他采用安抚政策,并且投其所好。在自己统治初期,维多利亚女王经常与约翰·拉塞尔伯爵打交道。在墨尔本子爵威廉·兰姆政府时期,约翰·拉塞尔伯爵是内政大臣,兼任下议院领袖。对维多利亚女王和墨尔本子爵威廉·兰姆发生的事情,约翰·拉塞尔伯爵了如指掌。维多利亚女王与约翰·拉塞尔伯爵的进一步交往增进了两人的关系。为表达与约翰·拉塞尔伯爵日益深厚的友谊,

埃罗尔女伯爵伊丽莎白·哈伊

1847年3月，彭布罗克庄园的主人去世后，维多利亚女王将彭布罗克庄园永久地赠予约翰·拉塞尔伯爵。彭布罗克庄园位于里士满公园内，旧主人是埃罗尔伯爵威廉·哈伊，他的妻子是威廉四世的私生女埃罗尔女伯爵伊丽莎白·哈伊。

维多利亚女王对约翰·拉塞尔伯爵的几位同僚很感兴趣。起初，在墨尔本子爵威廉·兰姆的政府曾任掌玺大臣的克拉伦登伯爵乔治·维利尔斯在约翰·拉塞尔伯爵的政府中任贸易委员会主席。1847年，他又出任爱尔兰总督。克拉伦登伯爵乔治·维利尔斯不认同帕默斯顿子爵亨利·约翰·坦普尔主张的高压外交政策，并且与自己的弟弟查尔斯·佩勒姆·维利尔斯一样，是一位自由贸易的支持者。在内政方面和外交方面的见解，克拉伦登伯爵乔治·维利尔斯、查尔斯·佩勒姆·维利尔斯与维多利亚女王夫妇不谋而合。在私底下，完全对社交活动不感兴趣的克拉伦登伯爵乔治·维利尔斯是个彬彬有礼、体贴的人。因此,他获得了维多利亚女王的完全信任,成为维多利亚女王的密友。维多利亚女王身边另一位重要人物是乔治·格雷爵士。乔治·格雷爵士是约翰·拉塞尔伯爵政府的内政大臣,并且任职近二十年,与维多利亚女王的关系一直都很融洽。

维多利亚女王喜爱的另一位大臣是在约翰·拉塞尔伯爵政府中任财政部主计长的托马斯·巴宾顿·麦考利。起初,与维多利亚女王谈话时,托马斯·巴宾顿·麦考利还有些羞涩。不过,克服了羞涩后,他精彩的谈话内容引起了维多利亚女王极大的兴趣。对维多利亚女王的智慧和友善的态度,托马斯·巴宾顿·麦考利评价颇高。1850年3月9日,在白金汉宫用餐时,托马斯·巴宾顿·麦考利畅谈自己眼中的"英国历史"时,"维多利亚女王表示自己对可怜的祖先詹姆斯二世没什么可说的"。托马斯·巴宾顿·麦考利回应说:"不是指您的祖先,而是陛下的前任。"这句

乔治·格雷爵士

第 12 章 西班牙王室联姻事件

恭维的话令维多利亚女王感觉很受用。①1851年1月14日，在温莎城堡时，根据托马斯·巴宾顿·麦考利回忆，他"让维多利亚女王笑得很开心，维多利亚女王亲切地和自己谈了很久。她对德意志事务很有见地"。②

维多利亚女王虽然对约翰·拉塞尔伯爵政府中大多数成员都很尊敬，但总体来说，与她统治时期的第一届政府和第二届政府相比，维多利亚女王与约翰·拉塞尔伯爵领导的第三届政府的关系不很融洽。主要原因是这届政府中的一位要员——外交大臣帕默斯顿子爵亨利·约翰·坦普尔。帕默斯顿子爵亨利·约翰·坦普尔自以为是，不懂得通融。因维多利亚女王在外交事务中的监管角色，他一直与维多利亚女王争执不断。宪法并没有赋予君主监管外交大臣或其他任何部门大臣日常工作的权力。任何大臣都有权不受君主制约独立履行其工作职责，并且有权采纳或否决君主提出的具体办事流程，更不用说君主的观点了。正如后来维多利亚女王和阿尔伯特亲王认识到的，作为君主，去挑战宪法的规定并且去对付一位意志坚定、享有一定声望的政府官员，只会给自己带来痛苦的无助感。

起初，维多利亚女王与帕默斯顿子爵亨利·约翰·坦普尔达成共识。虽然帕默斯顿子爵亨利·约翰·坦普尔实现了英国与法兰西王国暂时的和平，但维多利亚女王和阿尔伯特亲王认为总有一天，英国和法兰西王国会再次决裂。在西班牙问题上，英国和法兰西王国长期以来存在争执。此时，西班牙君主是十六岁的伊莎贝拉二世，其处境与维多利亚女王非常相似。世人都知道路易·腓力一世一直图谋将西班牙王国笼络到法兰西王国麾下。另外，英国所有政党的成员都一致认为法兰西王国在伊比利亚半岛扩张势力是不能容忍的。因为路易·腓力一世心里很清楚英国国内反法势力不容小觑，所以他的言行格外小心。一度谣传路易·腓力一世打算让自己的儿子奥马勒公爵奥尔良的亨利③迎娶西班牙女王伊莎贝拉二世，但对此事，路易·腓力极力否认。1843年，路易·腓力一世公开表示西班牙女王伊莎贝拉二世的

---

① 乔治·奥托·特里维廉：《托马斯·巴宾顿·麦考利生平和书信集》，伦敦，朗曼·格林公司，1876年，第537页到第538页。——原注
② 乔治·奥托·特里维廉：《托马斯·巴宾顿·麦考利生平和书信集》，伦敦，朗曼·格林公司，1876年，第549页。——原注
③ 原文提到的奥马勒公爵奥尔良的亨利其实是路易·腓力一世的第五子。1828年7月25日，路易·腓力一世的第四子奥尔良的查理夭折，年仅八岁。

婚姻大事与自己毫不相干。不过，他承认自己的小儿子蒙庞西耶公爵安托万将与西班牙女王伊莎贝拉二世的妹妹路易莎·费尔南达订婚，而不是伊莎贝拉二世本人。

当得知蒙庞西耶公爵安托万与西班牙女王伊莎贝拉二世的妹妹路易莎·费尔南达订婚的消息时，维多利亚女王的反应很平静。对这桩婚事，外交大臣阿伯丁伯爵乔治·汉密尔顿-戈登没有异议，但提出了两个前提。第一个前提是蒙庞西耶公爵安托万与路易莎·费尔南达的婚礼要推迟到西班牙女王伊莎贝拉二世结婚后再举行。第二个前提是英国与法兰西王国达成共识：法兰西王国波旁家族的男性成员绝不能成为西班牙女王伊莎贝拉二世的配偶。每次维多利亚女王访问厄镇城堡时，法兰西国王路易·腓力一世都会口头重申法兰西王国的立场，向维多利亚女王保证法兰西王国会遵守相关约定。

西班牙女王伊莎贝拉二世拥有众多的追求者。对到底选谁做自己的丈夫，她一直犹豫不决，正是这种犹豫使西班牙问题一直悬而未决。更不利的是，阿尔伯特亲王在英国的地位及其德意志背景增加了为西班牙女王伊莎贝拉二世择婿的难度。西班牙女王伊莎贝拉二世的母亲——两西西里的玛丽亚·克里斯蒂娜不希望法兰西王国的阴谋得逞。因此，她建议女儿伊莎贝拉二世效仿维多利亚女王和葡萄牙女王玛丽亚二世的做法，在萨克森-科堡家族内挑选丈夫。1841年，当第一次提出这一想法时，阿尔伯特亲王的兄长，当时还未结婚的欧内斯特，被认为是不错的人选。不过，1842年，欧内斯特娶了其他人。于是，两西西里的玛丽亚·克里斯蒂娜又选定萨克森-科堡家族的利奥波德为女儿伊莎贝拉二世夫婿的人选。利奥波德是阿尔伯特亲王和欧内斯特的大侄子，其兄萨克森-科堡的斐迪南·奥古斯特娶了葡萄牙女王玛丽亚二世。利奥波德前往温莎城堡询问阿尔伯特亲王的意见。阿尔伯特亲王认为利奥波德王子不应该轻易放弃继承王位的机会，但与此同时，他认为英国人要满足萨克森-科堡家族的利益是一件棘手的事。因此，阿尔伯特亲王和维多利亚女王只好在一旁静观事态发展。

法兰西王国立即强烈反对这种安排。法兰西王国首相弗朗索瓦·基佐立刻宣布他将不惜一切代价阻止西班牙王国走英国和葡萄牙王国的老路，落入萨克森-科堡家族的"魔掌"。作为对法兰西王国的回应，出于维护和平的考虑，西班牙王国和

伊莎贝拉二世

蒙庞西耶公爵安托万

路易莎·费尔南达

两西西里的玛丽亚·克里斯蒂娜

英国经过协商后公开拒绝了萨克森-科堡家族的请求。然而，1846年5月2日，两西西里的玛丽亚·克里斯蒂娜又悄悄重提此事，并且写信给正在葡萄牙王国拜访亲戚的萨克森-科堡-哥达公爵欧内斯特二世，请求他向维多利亚女王寻求帮助，促成伊莎贝拉二世与萨克森-科堡的利奥波德的婚事。由于欧洲各国王室普遍对英国宪法的规定缺乏必要了解，两西西里的玛丽亚·克里斯蒂娜原本希望自己的信会直接送到维多利亚女王手上，而不会落入任何英国大臣的手中。最后，萨克森-科堡-哥达公爵欧内斯特二世将两西西里的玛丽亚·克里斯蒂娜的信转寄给利奥波德一世，再由其将信转寄给维多利亚女王。

1846年8月，萨克森-科堡-哥达公爵欧内斯特二世和比利时国王利奥波德一世来到英国，与维多利亚女王和阿尔伯特亲王讨论萨克森-科堡家族的事情。在这次王室秘密会议上，参会各方勉强达成共识，即反对萨克森-科堡的利奥波德娶伊莎

萨克森－科堡－哥达公爵欧内斯特二世

贝拉二世，理由是英国首相和法兰西王国首相都拒绝这一提议。随后，萨克森-科堡-哥达公爵欧内斯特二世立刻给两西西里的玛丽亚·克里斯蒂娜写信，信中建议伊莎贝拉二世找一个西班牙人做丈夫。①

参会各方达成共识时，帕默斯顿子爵亨利·约翰·坦普尔在不了解萨克森-科堡家族最近这次密会结果的情况下，匆匆给西班牙王国政府写了一封信。在信中，帕默斯顿子爵亨利·约翰·坦普尔敦促伊莎贝拉二世尽快从三位候选人中选定一位做自己未来的丈夫，萨克森-科堡的利奥波德就在这三位候选人之中。法兰西王国的官员们获悉了这封信的内容，认为帕默斯顿子爵亨利·约翰·坦普尔重提萨克森-科堡家族的求婚请求是对英国与法兰西王国协定的背弃。因此，法兰西王国政府对英国王室十分不满。

对此，法兰西王国政府立即展开报复行动。在没有和英国协商的情况下，法兰西王国政府在马德里做出决定，西班牙女王伊莎贝拉二世应该立即结婚，夫婿为其西班牙追求者加的斯公爵弗朗西斯。伊莎贝拉二世婚礼当天，蒙庞西耶公爵安托万与伊莎贝拉二世妹妹路易莎·费尔南达的婚礼同时举行。1846年9月8日，在一封写给维多利亚女王的私人书信中，法兰西王后那不勒斯和两西西里的玛丽亚·阿马利娅透露了两桩婚事的日期。1846年9月10日，维多利亚女王回信表达了对这一消息的惊讶与遗憾。法兰西国王路易·腓力一世给女儿比利时王后奥尔良的路易丝写信解释了这件事，并且表达了歉意。比利时王后奥尔良的路易丝将这封信转寄给维多利亚女王。看完信后，维多利亚女王回复称路易·腓力一世没有信守诺言。

英国与法兰西王国相互指责背信弃义，两国及两国王室都卷入了一场口水战。英国国内甚至有谣言说，法兰西王国明知加的斯公爵弗朗西斯无法生育，但依然选他做伊莎贝拉二世的丈夫，其目的是确保以后西班牙王位由蒙庞西耶公爵安托万的后代来继承。最终，不管怎么说，这一希望落空了。婚后，伊莎贝拉二世虽然并不幸福，但还是生育了五个孩子，至少表面上对外宣称这些孩子是伊莎贝拉二世和丈夫加的斯公爵弗朗西斯生的。法兰西王国的官员及报纸对萨克森-科堡家族的不断诋

---

① 萨克森-科堡-哥达公爵欧内斯特二世：《萨克森-科堡-哥达公爵欧内斯特二世回忆录》，第1卷，第190页。——原注

毁令维多利亚女王和阿尔伯特亲王越来越难以忍受。法兰西国王路易·腓力一世及其家族试图通过内部调解方式实现英国王室和法兰西王室的和解，但最终失败了。

在英国政府与法兰西王国政府谈判过程中，帕默斯顿子爵亨利·约翰·坦普尔根本没有听取维多利亚女王和阿尔伯特亲王的意见。当时，帕默斯顿子爵亨利·约翰·坦普尔给在马德里的英国驻西班牙大使亨利·布尔沃男爵发去一封公函。令维多利亚女王不满的是，在这封公函中，帕默斯顿子爵亨利·约翰·坦普尔增加了一段话，这段话涉及蒙庞西耶公爵安托万与西班牙王位继承人关系的问题。在审阅这封公函的初稿时，阿尔伯特亲王将这段话删掉了。在公函中，帕默斯顿子爵亨利·约翰·坦普尔提出应该剥夺蒙庞西耶公爵安托万后代对西班牙王位的继承权。利奥波德一世认为，帕默斯顿子爵亨利·约翰·坦普尔应该对目前的政治乱局负主要责任。①不过，对维多利亚女王来说，在这种形势下，从公私两个角度，自己都要与帕默斯顿子爵亨利·约翰·坦普尔和英国人民站在一边。因此，她基本默许了帕默斯顿子爵亨利·约翰·坦普尔的做法。

得到维多利亚女王的默许后，英国政府正式抗议西班牙王室的这两桩婚事。不过，1846年10月10日，这两场婚礼在英国人的一片咒骂声中如期举行。1846年10月13日，维多利亚女王在写给舅舅利奥波德一世的信中称："英国政府对这件事的态度是一致的。哎呀！对我曾经敬仰的路易·腓力一世，我完全无法替他辩解。你能想象整个事情令我多么烦恼……你一定不能向法兰西国王路易·腓力一世和王后那不勒斯和西西里的玛丽亚·阿马利娅过多透露我对这件事的愤慨。"幸好，这场看似会引发战争的闹剧慢慢平息下来。"西班牙事件"对英国声誉的影响甚微，但从此，法兰西国王路易·腓力一世失去了英国在道义方面的支持。最终，路易·腓力一世摇摇欲坠的王位沦为法兰西革命的目标。

---

① 萨克森-科堡的欧内斯特公爵：《回忆录》，第1卷，第199页。——原注

第 13 章

1848 年革命席卷欧洲

精彩看点

1847年的社交季——阿尔伯特亲王成为剑桥大学校长——1847年维多利亚女王在剑桥大学——1847年第三次出访苏格兰——路易·腓力一世失去王位——维多利亚女王的反应——维多利亚女王对待遭流放的路易·腓力一世的态度——迎接路易·腓力一世的儿子们——德意志邦联的革命——1848年3月18日路易莎公主降生——宪章派的恐吓——恢复平静——议会休会——英国和革命运动

1847年到来时，英国政坛可以说是乌云密布。由于爱尔兰内战的威胁和英国小麦价格的飙升，维多利亚女王不得不削减宫中面包的供应量。虽然面临许多棘手的国内问题，但1847年的社交季异常热闹。许多客人都从海外赶来参加这一社交盛会，其中包括沙皇尼古拉一世的儿子——俄罗斯帝国君士坦丁·尼古拉耶维奇大公，后来成为瑞典和挪威国王的瑞典奥斯卡王子，以及多位德意志王子。1847年6月15日，维多利亚女王驾临位于海马基特的维多利亚女王剧院。当时是珍妮·林德的第一个演出季，这位著名的女演员在温琴佐·贝里尼的歌剧《诺尔玛》中扮演诺尔玛一角。[①]对珍妮·林德的表演，维多利亚女王给予了热烈的掌声，并且在给舅舅利奥波德一世的信中说："珍妮·林德真是一位了不起的演员。"

1847年春，阿尔伯特亲王当选剑桥大学校长，这令维多利亚女王十分高兴。剑桥大学校长一职竞争很激烈，按维多利亚女王的话说是一场"有非议的竞选"。最终，阿尔伯特亲王以一百一十七票的微弱优势战胜了对手波伊斯伯爵爱德华·赫伯特，当选剑桥大学校长。虽然对选举过程不满，但维多利亚女王还是明智地不计较这些，只为阿尔伯特亲王的当选感到高兴。维多利亚女王对朋友们表示，阿尔伯特亲王的胜出与自己一点关系都没有，阿尔伯特亲王是凭借自身优势，通过自己的努力获得的这份殊荣。

---

① 亨利·斯科特·霍兰和威廉·史密斯·罗克施特罗：《珍妮·林德女士回忆录》，伦敦，约翰·默里，1891年，第2卷，第113页。——原注

君士坦丁·尼古拉耶维奇大公

奥斯卡王子

珍妮·林德

波伊斯伯爵爱德华·赫伯特

1847年7月，维多利亚女王陪同丈夫阿尔伯特亲王参加剑桥大学的毕业典礼。作为剑桥大学的校长，阿尔伯特亲王主持了这次典礼。经"铁路大王"乔治·赫德森的推荐，维多利亚女王从托特纳姆出发，乘坐东部郡县铁路。这次旅行又一次激发起维多利亚女王对铁路的兴趣，惊叹铁路企业的飞速发展。1847年6月5日，在三一学院学堂，作为剑桥大学校长的阿尔伯特亲王致欢迎辞，欢迎维多利亚女王的到来。在致谢辞中，维多利亚女王面带微笑，祝贺毕业生们对校长人选做出了明智的选择。① 阿尔伯特亲王还向维多利亚女王的老朋友墨尔本子爵威廉·兰姆和维多利亚女王的贵宾，即三位德意志联邦贵族——利普的瓦尔德马、奥尔登堡的彼得公

奥尔登堡的彼得公爵

---

① 罗伯特·威尔伯福斯和塞缪尔·威尔伯福斯：《威廉·威尔伯福斯传》，第1卷，第308页；查尔斯·梅里韦尔：书信集；查尔斯·亨利·库珀：《剑桥年鉴》，剑桥：沃里克公司，1842年。——原注

爵、萨克森-魏玛-艾森纳赫世袭大公查理·腓特烈颁发了荣誉学位。[①]1847年6月6日傍晚，在三一学院小屋，维多利亚女王举行了招待会。1847年6月7日晨，维多利亚女王出席了一场公开的早餐会。

维多利亚女王第三次前往苏格兰度过秋季。这次，她住在阿德维里基拉根湖畔的一栋高地别墅内，别墅原为阿伯康公爵詹姆斯·汉密尔顿所有。1847年8月11日到1847年8月14日，维多利亚女王和家人从怀特岛出发，沿不列颠岛西海岸到达苏格兰。在锡利群岛上休息了一晚后，维多利亚女王和阿尔伯特亲王奔赴梅奈海峡。在梅奈海峡，两人走下"维多利亚和阿尔伯特号"游轮，换乘一艘吨位稍小的名为"仙

萨克森－魏玛－艾森纳赫世袭大公查理·腓特烈

[①] 1847年7月7日，报纸上发表了一篇就职颂歌，由托马斯·阿特伍德·沃姆斯利谱曲，据说这是应王室要求，由桂冠诗人根据当时的场景创作的。但这首颂歌的作者绝不可能是当时的桂冠诗人威廉·华兹华斯。这首颂歌可能是威廉·华兹华斯创作失败后，请爱德华·奎林代笔的。参见威廉·奈特：《威廉·华兹华斯诗歌作品》，1896年，第8卷，第320页。——原注

女号"的游艇。然后,维多利亚女王夫妇沿克莱德河而上,参观了法恩湾。1847年8月18日,维多利亚女王和阿尔伯特亲王抵达因弗雷里城堡,这座城堡是阿盖尔公爵乔治·坎贝尔的宅邸。接着,他们又途经威廉堡,最终到达此行目的地。在整个行程的大多数时间里,帕默斯顿子爵亨利·约翰·坦普尔都伴随维多利亚女王夫妇左右。猎鹿、散步和打牌之余,帕默斯顿子爵亨利·约翰·坦普尔和阿尔伯特亲王还在一起讨论政治,不过两人的观点依旧大相径庭。在苏格兰,维多利亚女王及其家人一直住到1847年9月17日,这次为期三星期的旅行让维多利亚女王更热爱这片土地。在返程途中,维多利亚女王一行只坐船到菲利特伍德。随后,他们乘火车从利物浦回到伦敦。①

接下来的几个月,英国国内事务,尤其是欧洲大陆发生的事务,都令维多利亚女王如坐针毡。对欧洲来说,1848年是革命之年。纵观全球,一时间君主制岌岌可危。虽然这段时间英国国内还算平静,但发生在国外的暴动带来的浩劫让原本冷静的维多利亚女王也有些慌了阵脚。法兰西国王路易·腓力一世遭废黜的消息给维多利亚女王带来前所未有的沉重一击。

法兰西国王路易·腓力一世遭废黜的消息令维多利亚女王伤心,也激起了维多利亚女王对其遭遇的同情。此时,维多利亚女王完全将不久前与路易·腓力一世存在的政治分歧抛掷脑后,满脑子想的是这个与自己有亲属关系的他国君主的不幸。路易·腓力一世的儿子与女儿们先匆匆逃到英国,但留在法兰西的路易·腓力一世和他的王后那不勒斯和西西里的玛丽亚·阿马利娅生死未卜。1848年3月2日,路易·腓力一世和妻子那不勒斯和西西里的玛丽亚·阿马利娅乔装抵达纽黑文后,立即致信维多利亚女王,请求得到维多利亚女王的庇护。

为了让路易·腓力一世的生活舒适,维多利亚女王竭尽所能。在得到舅舅利奥波德一世的同意后,维多利亚女王将逃亡中的路易·腓力一世和那不勒斯和西西里的玛丽亚·阿马利娅安顿在利奥波德一世位于克莱尔蒙特的皇家居所内。在克莱尔蒙特的皇家居所,路易·腓力一世和他的妻子那不勒斯和西西里的玛丽亚·阿马利娅度过余生。路易·腓力一世和那不勒斯和西西里的玛丽亚·阿马利娅一到达克

---

① 《维多利亚女王日记节选》,第43页到第61页。——原注

因弗雷里城堡

莱尔蒙特,阿尔伯特亲王就看望了他们。1848年3月6日,路易·腓力一世前往温莎城堡,向维多利亚女王表达感激之情,感谢维多利亚女王承诺给予自己的保护。路易·腓力一世的现状与其昔日到访英国时情景的反差令维多利亚女王感慨万千。不久,在克莱尔蒙特的一次晚餐中,路易·腓力一世对一位客人说道:"如果不是英国维多利亚女王的慷慨大方,那么现在,我一定会流离失所,饥寒交迫。"①

维多利亚女王不但善待前法兰西国王路易·腓力一世及其妻子那不勒斯和西西里的玛丽亚·阿马利娅,而且十分关心法兰西王室的其他成员。维多利亚女王将另一处位于布希的皇家住所提供给内穆尔公爵奥尔良的路易。此外,她经常宴请内穆尔公爵奥尔良的路易及其兄弟们,其中包括很有才华的奥马勒公爵奥尔良的亨利、巴黎伯爵腓力和茹安维尔亲王奥尔良的弗朗索瓦。对路易·腓力一世的儿子,维多利亚女王一直以礼相待,给予他们王室成员应有的待遇。

受到革命浪潮冲击的不仅有维多利亚女王在法兰西王国的王室亲戚和朋友,在德意志邦联的革命运动中,维多利亚女王同母异父的兄长莱宁根的卡尔②、同母异父的姐姐莱宁根的费奥多拉、阿尔伯特亲王的兄长萨克森-科堡-哥达公爵欧内斯特二世及普鲁士国王腓特烈·威廉四世也受到严重打击。他们虽然都保住了各自的王位,但吃了不少苦头。意大利境内各邦国和奥地利帝国的君主及其子女也面临同样的境况。

庆幸的是,革命并没有对英国造成实质性危害。在面对各种可能发生的局面时,维多利亚女王展现出巨大的勇气。其间,由于1848年3月18日产下路易莎公主,维多利亚女王不得不暂别政坛。不过,产期即将结束时,1848年4月4日,维多利亚女王写信向舅舅利奥波德一世表示:"我的所思所想都与政治有关,我根本无法平静下来。在面对大事时,我才能冷静下来。生活琐事只会让我变得烦躁。"这实在是精神可嘉。

1848年4月10日,在肯宁顿公地举行的宪章大会没有取得任何成果。宪章派宣称无论1848年4月10日是否部署警察和军队,五十万民众都将游行到议会,将一份带有

---

① 斯图尔特·约翰逊·雷德:《爱德华·布朗特爵士回忆录》,伦敦:朗曼·格林公司,1902年,第127页。——原注
② 1847年,维多利亚女王与莱宁根的卡尔曾在苏格兰会面。——原注

路易莎公主

五百万个签名的请愿书交给议会两院,并且要求英国议会采纳《大宪章》中的所有条款。人们普遍预期伦敦将会爆发严重的骚乱。因此,伦敦已经进入军事戒备中。①由于接受了大臣们的建议,几天前,维多利亚女王及其家人已经离开温莎城堡,前往奥斯本。不过,宪章派高估了自己的影响力。实际上,来肯宁顿公地参加集会的群众并不多,并且很快他们就平静地散去。1848年5月2日,维多利亚女王回到伦敦,发现所有关于暴动的预言都没发生。肯宁顿闹剧后不久,宪章运动以失败告终。

路易莎公主的教母是比利时王后奥尔良的路易莎。1848年5月13日,当在白金汉宫为路易莎公主举行受洗仪式时,革命的风波已经结束。但好景不长,就在伦敦上下刚刚平静下来时,维多利亚女王又不得不面对政党政治中的新难题。1848年6月,在议会下议院表决中,约翰·拉塞尔伯爵又在进一步降低白糖关税这个老问题上遭

---

① 《利特尔顿夫人书信集》。——原注

遇惨败。这一议题已经拖垮了两届政府，看起来立即就要摧毁第三届政府。虽然外交大臣帕默斯顿子爵亨利·约翰·坦普尔的行为影响了维多利亚女王对这届政府的信任，但她仍对外宣布，当社会中仍存在革命的威胁时，任何变化都是不合时宜的。虽说很不情愿，但维多利亚女王也不得不开始考虑接任约翰·拉塞尔伯爵的人选问题。约翰·拉塞尔伯爵提议让德比伯爵爱德华·史密斯-斯坦利接替自己首相一职。在政治上与罗伯特·皮尔分道扬镳后，德比伯爵爱德华·史密斯-斯坦利成为议会上议院贸易保护主义者的领袖，并且对维多利亚女王很不友善。因此，维多利亚女王极力反对这一人选。于是，维多利亚女王又去询问墨尔本子爵威廉·兰姆的意见，这也是维多利亚女王最后一次咨询墨尔本子爵威廉·兰姆。墨尔本子爵威廉·兰姆建议维多利亚女王召回罗伯特·皮尔。对此，维多利亚女王深表同意。不过最终，约翰·拉塞尔伯爵的政府垮台是一场虚惊。实际上，约翰·拉塞尔伯爵的政府比人们想象的要稳固得多。议会下议院中的微弱多数还是忠实地追随约翰·拉塞尔伯爵，这令约翰·拉塞尔伯爵的政府又继续执政了三年。

1848年9月5日，维多利亚女王亲自宣布议会休会，议会和整个英国再次平静下来。闭会仪式在新议会大厦的上议院中举行，陪同维多利亚女王出席闭会仪式的还有她的法兰西王室亲戚——内穆尔公爵奥尔良的路易和茹安维尔亲王奥尔良的弗朗索瓦。

闭会仪式上，民众热情高涨，维多利亚女王说了许多赞扬的话，赞扬在抵制煽动时，大多数人民彰显出的非凡定力。当然，这些话都是大臣们教维多利亚女王说的。

第14章

1848年到1854年维多利亚女王的活动

精彩看点

1848年首次住在巴尔莫勒尔——宫廷中的音乐和戏剧——维多利亚女王与费利克斯·门德尔松——阿尔伯特亲王与费利克斯·门德尔松——维多利亚女王为费利克斯·门德尔松演唱——告别费利克斯·门德尔松——来宫廷的演员们——温莎城堡里上演的戏剧——维多利亚女王与查尔斯·基恩——对艺术的资助——孩子们的教育——育婴室"设施"——对子女的教育——维多利亚女王对伦敦的讨厌——维多利亚女王对乡村的喜爱——1844年在奥斯本购置地产——1848年到1852年在巴尔莫勒尔购置地产——在奥斯本和巴尔莫勒尔的生活方式

1848年9月5日，议会休会仪式当天下午，维多利亚女王在伍尔维奇登船奔赴阿伯丁，并且在巴尔莫勒尔别墅住了三个星期。从前，巴尔莫勒尔别墅是个在狩猎季才使用的小屋。此时，维多利亚女王雇佣阿伯丁伯爵乔治·汉密尔顿-戈登的弟弟罗伯特·戈登维护巴尔莫勒尔别墅。巴尔莫勒尔气候宜人，维多利亚女王对苏格兰高地的喜爱之情倍增。当短暂的停留结束，启程赴英国南部地区时，维多利亚女王泪流满面。不过，维多利亚女王在苏格兰寻找一处永久住所的计划终于实现了。当时，英格兰境内和苏格兰境内主要铁路都已经竣工，往返英格兰与苏格兰变得既方便又快捷。由于天气状况糟糕，维多利亚女王打算乘坐火车返回伦敦。她从珀斯出发，途经克鲁。维多利亚女王从苏格兰乘坐火车返回伦敦的尝试很成功。此后，她只乘坐火车往返苏格兰。①

　　无论是住在温莎城堡，还是住在伦敦，维多利亚女王对音乐和戏剧方面的娱乐需求越来越多。温莎城堡和白金汉宫不停地举办各种高水平的音乐会、清唱剧演出及音乐朗诵会。1846年2月1日，当演奏费利克斯·门德尔松的音乐时，查尔斯·肯布尔朗诵了戏剧《安提戈涅》中的台词。1847年1月1日，白金汉宫上演戏剧《亚他利雅》，1848年1月1日再次上演戏剧《安提戈涅》，1848年2月10日和1852年1月1日两度上演戏剧《克洛斯的俄狄浦斯》。

---

① 1848年10月9日，一场可怕的事故令维多利亚女王心情十分沮丧。从奥斯本横渡到朴茨茅斯的途中，维多利亚女王乘坐的"仙女"号游艇与一艘隶属于"虎鲸"号护卫舰的船相撞，导致三个妇女溺亡。维多利亚女王后来写道："这件可怕的事一直在我脑海中挥之不去。"——原注

费利克斯·门德尔松

1842年到1844年，作曲家费利克斯·门德尔松多次进宫，受到维多利亚女王的盛情款待。1842年7月19日，在刚刚拜访完白金汉宫后，费利克斯·门德尔松写信给母亲莱亚·萨洛蒙，信中这样描述维多利亚女王平静美好的家庭生活：

> 阿尔伯特亲王请我星期六14时去见他，好让我在离开英国前能试试他的管风琴。我来到时，他独自一人。在我与阿尔伯特亲王聊天时，身穿一身朴素晨衣的维多利亚女王一人走了过来。她说自己一小时后必须启程前往克莱尔蒙特。然后，看到眼前的情景，她突然一怔，感叹道："天哪，这里太乱了！"只见大风将原本夹在大文件夹里的琴谱吹得满地都是。她一边说，一边蹲下去捡地上的乐谱。阿尔伯特亲王也开始帮忙捡，我也动

手来捡。随后，阿尔伯特亲王继续给我讲解管风琴上的音管，维多利亚女王说她会接着再收拾收拾。

我请求阿尔伯特亲王首先为我弹奏一曲。这样一来，我回到德意志时就能吹嘘一下。他没看任何琴谱就弹奏了一曲赞美诗。这时，收拾完东西的维多利亚女王过来坐在阿尔伯特亲王身边，一脸陶醉地欣赏着乐曲。接着，轮到我了，我唱起《圣保罗》中的副歌部分——"多么可爱的送信人"。当我唱完第一段后，阿尔伯特亲王和维多利亚女王加入合唱，与我一起唱起来……此时，阿尔伯特亲王的哥哥欧内斯特走了进来，大家又聊了一阵。维多利亚女王问我有没有创作新歌，还说十分喜欢我发表的歌曲。这时，阿尔伯特亲王对维多利亚女王说："你应该给他唱一曲。"维多利亚女王禁不住大家的请求，表示她可以试试降B大调的《春之歌》。她说："不知道能不能找到乐谱，所有的乐谱已经打包好并打算送到克莱尔蒙特。"于是，阿尔伯特亲王去找乐谱。过了一阵，他回来说没找到，估计乐谱已经收起来了。我马上说："能不能让人找出来。"她说："我们一定得找某某夫人过来。"①于是，她摇铃唤人去找那位夫人，但没有找到。最后，维多利亚女王只好自己去找。当她出去时，阿尔伯特亲王跟我说："她请你一定要收下这个礼物作为纪念。"说完，他递给我一个小盒子，里面装着一枚漂亮的戒指，戒指上镌刻着英文"V.R.1842"的字样。

不久，维多利亚女王回来了，称："某某夫人已经走了，走的时候带走了我所有的东西，实在是太让人心烦了。"您想象不到，对我来说，这一切多么有趣。我请求维多利亚女王一定给我这次机会，希望她能演唱一首别的歌曲。维多利亚女王和丈夫阿尔伯特亲王稍做商量后，阿尔伯特亲王告诉我："她打算为你演唱克里斯托弗·维利巴尔德·格鲁克的作品。"这时，欧内斯特的妻子巴登的亚历山德里娜也进入房间。一起穿过几个走廊和房间后，我们五人来到维多利亚女王的会客厅。肯特公爵兼斯特拉森公爵的夫人玛丽·路易莎·维多利亚也在。在他们几人交谈时，我在一堆

---

① 费利克斯·门德尔松没有听清楚是哪位夫人。——原注

乐谱中翻找，最终找到我最早创作的几首歌。我请求维多利亚女王不要演唱克里斯托弗·维利巴尔德·格鲁克的歌曲，一定要从我写的这几首歌中选一首演唱。维多利亚女王愉快地同意了我的请求，表示如果我能协助她，那么她很愿意试一试。最后，她选择了《朝圣者》中的"我们确实没有能力让你强忍悲痛"一段。她声情并茂，近乎完美地演绎了这段歌曲。我提醒自己，在这样的场合不要过分恭维。因此，我只是多次对她表示感谢。她回复道："噢，我要是能不那么紧张就好了！我一般唱歌时气息很足。"听到她这么说，我衷心地赞美了她几句。这首歌结尾处的C长调她处理得很好，她一口气竟将这个C长调与接下来的三个音节唱完，很难听到有人这样来演唱。因此，我很惊叹她竟能如此演唱。

接下来，阿尔伯特亲王演唱了《艾恩德特之歌》中的"从前有位收割者，名字叫死神"一段。演唱完后，他让我一定要来段即兴表演。在我即兴表演时，他们积极地配合我，令我感觉更加自如。维多利亚女王几次提到，希望不久我能再来英国，来看望他们。最后，我起身告退。在门口，我看见几辆华丽的马车在台阶下等候，马车两侧还有身着红衣的骑士护卫。十五分钟后，白金汉宫上方降下旗帜，王室公告宣布："15时20分，维多利亚女王陛下离开白金汉宫。"

维多利亚女王对待著名演员的热情不亚于对待著名音乐家的热情。法国女演员拉谢尔·费利克斯不止一次受邀到白金汉宫演出。1851年2月26日，男演员中的佼佼者威廉·麦克雷迪在德鲁里巷进行谢幕表演时，维多利亚女王到场观看了表演。

为丰富1848年的圣诞节活动，1848年年底，在温莎城堡，维多利亚女王组织了几场戏剧演出，指定查尔斯·基恩为导演。此后，直到阿尔伯特亲王去世，每年圣诞节期间，温莎城堡的鲁宾斯厅都要演出戏剧。其中，只有三年例外没有演出，这是因为1850年阿德莱德王太后去世、1855年克里米亚战争和1858年长公主维多利亚·阿德莱德·玛丽·路易莎结婚。1848年12月28日的首场演出是《威尼斯商人》，演员包括查尔斯·基恩夫妇和罗伯特·基利夫妇。在接下来的十三年里，鲁宾斯厅陆续

拉谢尔·费利克斯

查尔斯·基恩

上演了莎士比亚的其他十三部著作及十九部其他作家的作品,参演的男演员有威廉·麦克雷迪、塞缪尔·费尔普斯、查尔斯·詹姆斯·马修斯、本杰明·诺丁汉·韦伯斯特和约翰·鲍德温·巴克斯通。

维多利亚女王一直很关注身为导演的查尔斯·基恩和身为著名女演员的查尔斯·基恩夫人。1868年6月,当听到查尔斯·基恩去世的消息后,维多利亚女王立刻给查尔斯·基恩夫人写了封亲笔信,信中这样说:"我还清楚地记得你那有才华的亡夫查尔斯·基恩和你给我和我的丈夫阿尔伯特亲王带来的欢乐时光。我们永远也不会忘记那些时光。每当回想起那段时光,我既高兴,又伤心。"[①]1857年,威廉·博

查尔斯·詹姆斯·马修斯

[①] 目前,这封信收藏在维多利亚和阿尔伯特博物馆中。——原注

达姆·多恩接替查尔斯·基恩成为导演。1861年1月31日,威廉·博达姆·多恩指导的最后一部剧上演。大约十一个月后,1861年12月14日,阿尔伯特亲王去世。阿尔伯特亲王去世后,宫廷里的戏剧表演活动中止了。直到三十多年后,维多利亚女王才重新开始在宫中组织戏剧演出。

19世纪40年代,维多利亚女王和丈夫阿尔伯特亲王对艺术最引人注目的支持是雇佣八名艺术家,即查尔斯·洛克·伊斯特莱克、丹尼尔·麦克莱斯、埃德温·兰西尔、威廉·戴斯、克拉克森·弗雷德里克·斯坦菲尔德、托马斯·尤温斯、查尔斯·罗伯特·莱斯莉和威廉·查尔斯·罗斯,为坐落在白金汉宫花园中的避暑别墅绘壁画。壁画的主题取材于约翰·弥尔顿的《科摩斯》。1845年,《壁画》绘完。与此同时,维多利亚女王以优厚的酬劳雇佣埃德温·兰西尔及其他几位著名画家为自己作画,维多利亚女王及其家人是这些画作的主角。艺术家们偶尔会为维多利亚女王画肖像画。维多利亚女王统治中期,一个叫弗朗茨·克萨维尔·温特哈尔特的肖像画家深得维多利亚女王喜爱。弗朗茨·克萨维尔·温特哈尔特不仅为维多利亚女王画了无数幅单人肖像画,还为维多利亚女王及其家庭成员绘制了多组家庭肖像画。①

在阿尔伯特亲王的引导下,维多利亚女王的家庭生活井井有条。从孩子们降生那刻起,教育问题成为维多利亚女王夫妇关注的焦点。阿尔伯特亲王经常就孩子教育问题向斯托克马男爵克里斯蒂安·弗里德里希和克里斯蒂安·查尔斯·乔西亚斯·冯·本森咨询,甚至在墨尔本子爵威廉·兰姆不再担任首相后,维多利亚女王还就孩子教育问题向他咨询。1842年,萨拉·利特尔顿夫人被任命为维多利亚女王孩子们的家庭教师。萨拉·利特尔顿夫人是威廉·利特尔顿男爵的遗孀、乔治·斯潘塞伯爵的女儿。乔治·斯潘塞伯爵是以前在议会下议院领导辉格党的奥尔索普子爵。1838年起,萨拉·利特尔顿夫人成为宫中的女侍官,维多利亚女王对她十分信任。1851年,萨拉·利特尔顿夫人退休,继任者是卡罗琳·巴林顿夫人,皇家海军上尉乔治·巴林顿的遗孀、首相查尔斯·格雷伯爵的女儿。直到1875年4月28日去世,卡罗琳·巴林顿夫人一直担任维多利亚女王孩子们的家庭教师。随后,王室家庭教师先后有两位继任者。

---

① 见附录2。——原注

丹尼尔·麦克莱斯

克拉克森·弗雷德里克·斯坦菲尔德

托马斯·尤温斯

查尔斯·罗伯特·莱斯莉

不久，育婴室的工作人员完全交由王室家庭教师来管理，育婴室中既有英国仆人，又有德意志仆人和法兰西仆人。从幼儿时期起，维多利亚女王的孩子们可以流利地讲德语。维多利亚女王明智地认为要尽可能采用自然、简朴、文明的方式抚养孩子，不允许他人因孩子们的身份而对孩子们听之任之、阿谀奉承。维多利亚女王时刻牢记培养父母与孩子之间的完全信任，并且从孩子们小时候起，就树立他们真诚但自由的宗教观，绝不能溺爱或者过度夸奖孩子。只要有时间，维多利亚女王就陪在孩子身边，快乐地教孩子们玩各种游戏。对孩子们的朋友和宠物，维多利亚女王也流露出极大的兴趣。此外，她还经常询问孩子们的健康状况。孩子们稍大一些时，维多利亚女王和阿尔伯特亲王鼓励他们背诵诗歌、表演短剧或者设计一些吸引人的舞台造型。然后，维多利亚女王和阿尔伯特亲王会高兴地充当观众。

维多利亚女王和阿尔伯特亲王对王位继承人威尔士亲王阿尔伯特·爱德华的教育问题格外上心，竭尽全力保护威尔士亲王阿尔伯特·爱德华的利益。威尔士亲

维多利亚女王的四个女儿，从左至右分别是：爱丽丝、维多利亚、路易莎和海伦娜

王阿尔伯特·爱德华出生后不久，维多利亚女王就指定专门委员会代表儿子威尔士亲王阿尔伯特·爱德华管理王位继承人法定封地，即康沃尔领地的收入，直到威尔士亲王阿尔伯特·爱德华成年。一直以来，康沃尔领地的经营状况都不错。至于儿子们长大后的教育，维多利亚女王认为功劳都是阿尔伯特亲王一人的，自己没有丝毫贡献。在对王子的教育问题上，英国人对维多利亚女王的一味赞扬给她带来了苦恼。此外，在对女儿们的教育上，维多利亚女王承认自己做得更多一些。虽然维多利亚女王厌恶提高妇女社会地位的思想，激烈指责过增进女性权益的激进分子，但维多利亚女王还是在自己容忍的范围内，尽量将女儿们培养成和儿子们一样对社会有用的人。尽管要求女儿们必须学习各种家务技能，但维多利亚女王并不认同婚姻是教育女儿唯一目标的观点。[①]对英国上流社会普遍存在的共识，即婚姻是女孩子教育的全部，维多利亚女王经常表示遗憾。

　　维多利亚女王和阿尔伯特亲王都很在意按照自己的喜好做事。由于要处理国家事务，客观上维多利亚女王和阿尔伯特亲王很多时间必须待在伦敦。然而，阿尔伯特亲王很快发现自己很不喜欢伦敦，并且将自己的想法告诉了维多利亚女王。维多利亚女王曾表示过自己还很年轻，不愿离开伦敦，并且自己从不鄙视或讨厌伦敦的娱乐生活。但即使如此，维多利亚女王还是接受了丈夫阿尔伯特亲王的想法，认为和伦敦保持一段距离才能更好地获得心灵上的安宁。随着时间的流逝，维多利亚女王的这种想法越来越坚定，并且得出"伦敦压抑、沉闷的气氛"不利于自己健康的结论。因此，她在白金汉宫居住的次数越来越少，时间越来越短。在维多利亚女王后半生，她每年顶多去白金汉宫两三次，每次停留时间不会超过两天。维多利亚女王虽然慢慢开始不喜欢住在温莎城堡，但从没有像对待伦敦一样，公开表达过对温莎城堡的厌恶。毕竟温莎城堡距离伦敦还比较近，住在那里能方便维多利亚女王处理国家事务。因此，婚后很长一段时间，维多利亚女王是住在温莎城堡的。

　　维多利亚女王最快乐的时光并不是在办公室里，也不是在城市中。1846年，维多利亚女王命人拆除布赖顿的英王阁——乔治四世最钟爱的宫殿，并且于1850年将其出售给布赖顿公司。随后，布赖顿公司将英王阁改造成一处公众集会的场所。维

[①] 《爱丽丝公主书信集》，1874年，第320页。——原注

多利亚女王下定决心按照自己的意愿在相中的地区购置房产，这些房产是维多利亚女王的私人财产，不受政府监管。最后，维多利亚女王决定在怀特岛和苏格兰高地一带购置私人住宅，因为与自己领土上其他地区相比，它们尤其受到她的喜爱。

首先，维多利亚女王在英国南部购置了房产。1844年年底，从伊莎贝拉·布拉什福德夫人手中，维多利亚女王购得东考斯附近奥斯本的房产，大约八百英亩。小时候，维多利亚女王就知道这里，因为母亲肯特公爵兼斯特拉森公爵的夫人玛丽·路易丝·维多利亚的朋友兼顾问约翰·康罗伊爵士就住在奥斯本小屋。随后，维多利亚女王又购得几处地产。于是，她在怀特岛上拥有的土地将近两千英亩。由于奥斯本宫的设计极不合理，1845年6月23日，维多利亚女王下令开始兴建新的奥斯本宫。1846年9月，一部分新建筑竣工并开始使用。直到1851年，整个奥斯本宫的建设工程才结束。阿尔伯特亲王积极参与了新奥斯本宫和花园的设计工作。1854年，阿尔伯特亲王又在开阔地带添建了一栋瑞士小屋，用作孩子们的工作室和游戏室。同时，维多利亚女王很关心奥斯本宫周边地区的发展，并且出资重建了惠廷厄姆的教堂。①

不过，在苏格兰购置私人房产更令维多利亚女王感兴趣。1843年，维多利亚女王从法伊夫信托人那里租下巴尔莫勒尔别墅，一幢位于阿伯丁郡布雷马附近的小型建筑。1852年以前，维多利亚女王每年都要来这里小住。1852年，维多利亚女王将巴尔莫勒尔别墅买了下来，决定将它改造成花岗岩结构的宏伟建筑。接着，巴尔莫勒尔别墅附近陆陆续续修建了不少建筑物。最终，巴尔莫勒尔别墅达到两万五千英亩。维多利亚女王在巴尔莫勒尔别墅的基础上修建了巴尔莫勒尔城堡。1854年秋，崭新的巴尔莫勒尔城堡落成。肯特公爵兼斯特拉森公爵的夫人玛丽·路易丝·维多利亚租下了巴尔莫勒尔别墅附近的阿伯杰尔迪城堡。后来，维多利亚女王不时会租下阿伯杰尔迪城堡。秋天，威尔士亲王阿尔伯特·爱德华经常会住在这里。可以说，巴尔莫勒尔别墅留下了维多利亚女王最珍贵的回忆。

直到去世前，每年秋季，维多利亚女王都要抽出时间到巴尔莫勒尔小住一段时间。丈夫阿尔伯特亲王去世后，每年初夏的几个星期，维多利亚女王都会在巴尔莫

---

① 1902年7月，维多利亚女王的大儿子爱德华七世在有条件的情况下，将奥斯本宫及周边土地所有权转让给国家，并且表示这里应该用作伤残军人康复中心。——原注

巴尔莫勒尔城堡

勒尔度过。此外，维多利亚女王还会每年定期前往奥斯本三四次。维多利亚女王在奥斯本和巴尔莫勒尔的生活很简单。尤其在巴尔莫勒尔居住时，对维多利亚女王如此简单的生活，大臣们和外国友人都很惊讶。在扩建巴尔莫勒尔别墅前，维多利亚女王一家人仅仅占用其两座客厅。晚上在一个客厅打台球时，由于空间实在狭小，通常坐在一旁观看的维多利亚女王不得不频繁地挪动座椅，以便给击球人腾出足够的空间。有时，维多利亚女王会在另一间客厅学习跳苏格兰里尔舞。在狭小的卧室里，当值大臣展开工作。维多利亚女王会整天随意地在巴尔莫勒尔别墅进进出出，要么独自散步，要么看望邻居，并且与大家聊天。在巴尔莫勒尔走访邻居成为维多利亚女王固定要做的事，维多利亚女王甚至希望身边的女侍官们也能这样做。如果哪位女侍官第一次来到巴尔莫勒尔，维多利亚女王通常会亲自向邻居介绍她。以后，维多利亚女王对温莎城堡的一个抱怨是，与巴尔莫勒尔相比，住在温莎城堡时她不能接触一般民众，住在苏格兰令她已经习惯了这种自由。①

---

① 维多利亚女王和巴尔莫勒尔的渊源，以及维多利亚女王在巴尔莫勒尔的生活方式在《一个王室教区的回忆录》中得到很好的体现。此书的作者是帕特里夏·林赛夫人，已故罗伯逊博士的女儿。1848年到1875年，罗伯逊博士是维多利亚女王派到苏格兰的传教士。——原注

第15章

爱尔兰局势及维多利亚女王遇袭

精彩看点

首次到访爱尔兰——爱尔兰局势——抵达昆斯敦——1849年最后一次皇家水上盛会——1848年到1850年去世的王室成员——墨尔本子爵威廉·兰姆去世——罗伯特·皮尔去世——路易·腓力一世薨——1849年到1850年维多利亚女王两次遭袭——阿瑟王子和威灵顿公爵阿瑟·韦尔斯利——维多利亚女王强健的体魄

与苏格兰建立亲密的关系后，对维多利亚女王来说，是时候熟悉爱尔兰了。在维多利亚女王统治的前十年，爱尔兰是唯一一块她还没有到访过的英国领土。罗伯特·皮尔曾建议维多利亚女王在1844年访问爱尔兰，并且当年，维多利亚女王收到都柏林市长的访问邀请，并且承诺将来一定会到访。1849年初秋，维多利亚女王出访爱尔兰的计划终于实现，并且取得丰硕成果。

　　爱尔兰的社会和政治局势不容乐观。饥荒带来的影响仍然十分严峻。1848年，爱尔兰爆发了内战，虽然内战很快得到平息，但政治上的不满情绪仍在爱尔兰蔓延。1849年6月，在将一批爱尔兰煽动者判处叛国罪时，英国政府遇到了一个难题，这引起维多利亚女王对爱尔兰令人担忧的局势的关注。这个难题具体是这样的，当局决定给死刑犯减刑，但发现除非出台一项新法规，赋予君主特别权力，否则无法用坐牢来代替死刑。当然，在内政大臣和爱尔兰总督的建议下，这个难题匆匆得到解决，这也是英国历史上，君主第一次被迫废除对重罪的死刑判决。

　　一般认为，爱尔兰人对英国君主是忠诚的，事实证明这种认识是正确的。即使这样，整个爱尔兰萧条的经济和动荡的政治局势其实已经为维多利亚女王的访问奠定了灰暗的基调。维多利亚女王经海路从考斯抵达科克郡。为纪念首次登陆爱尔兰，维多利亚女王赐给科克郡一个新名字昆斯敦。① 在昆斯敦，维多利亚女王受到

---

① 在这个问题上，维多利亚女王效仿了乔治四世的先例。1821年9月，乔治四世访问爱尔兰，并且在邓利瑞港登陆。后来，邓利瑞港改名为金斯敦。——原注

高规格地接待。接着,她乘坐游艇抵达金斯敦,并且在都柏林菲尼克斯公园中的爱尔兰总督官邸住了四天。在都柏林城堡时,某晚,她还举行了一场见面会。维多利亚女王受到爱尔兰各方欢迎,参观了许多公共机构。总之,她受到了预期的欢迎。霍顿男爵理查德·蒙克顿·米尔恩斯以讽刺的口吻写道:"对一个自由民族来说,这种盲目崇拜实在掉价,更何况这个民族刚被对方凌辱过。"①对眼前的一切,维多利亚女王很满意。为纪念这一时刻,1849年9月10日,威尔士亲王阿尔伯特·爱德华被封为"都柏林伯爵"。然后,维多利亚女王又从都柏林出发,由海路到达贝尔法斯特。在贝尔法斯特,她受到同样热烈的欢迎。随后,维多利亚女王渡海来到苏格兰海岸,公开访问了格拉斯哥。最后,她回到巴尔莫勒尔,愉快地过起了隐居生活。

霍顿男爵理查德·蒙克顿·米尔恩斯

---

① 托马斯·韦姆斯·里德:《霍顿男爵理查德·蒙克顿·米尔恩斯生平、书信和朋友》,伦敦,卡塞尔公司,1890年,第1卷,第485页到第486页。——原注

1849年10月30日，突然爆发的水痘疫情使维多利亚女王无法参加在下泰晤士大街上举行的新煤炭交易所的开幕仪式，而由丈夫阿尔伯特亲王代为出席。参加新煤炭交易所的开幕仪式有两方面意义：一方面，这是维多利亚女王年龄最大的两个孩子维多利亚·阿德莱德·玛丽·路易莎公主和威尔士亲王阿尔伯特·爱德华首次参加公开仪式。另一方面，在泰晤士河上，王室驳船载着王室家庭从威斯敏斯特到达圣保罗大教堂的码头，这是在维多利亚时代，王室驳船最后一次航行。

维多利亚女王的家庭和朋友圈很大。因此，她不可避免会经常收到亲属和朋友去世的消息，并且会不断失去少女时代的一些珍贵友谊。1848年到1850年，维多利亚女王一直处在悲痛的情绪中。1848年5月27日，姑姑索菲亚公主逝世。1848年11月24日，前首相，自己的导师墨尔本子爵威廉·兰姆逝世。1849年后，阿尔伯特亲王的前任秘书，现任私人钱包保管人的乔治·安森突然暴毙。维多利亚女王称失去乔治·安森是"不可挽回的损失"，可见这件事对她的巨大打击。1849年12月2日，阿德莱德王太后在斯坦莫尔修道院去世。随后，1849年12月13日，她被安葬在温莎城堡的圣乔治教堂，威廉四世的旁边。对维多利亚女王，阿德莱德王太后生前一直如母亲般慈爱。

墨尔本子爵威廉·兰姆的去世切断了一份更长久、更深厚的友谊。听到墨尔本子爵威廉·兰姆去世的消息后，维多利亚女王在日记中写道："对失去这样一位最慈爱、最无私、最真诚的朋友，我衷心感到悲痛。在我继位后的两年半里，除了斯托克马男爵克里斯蒂安·弗里德里希和路易丝·莱森，他几乎是我唯一的朋友。那时，我习惯每天和他见面，整天心里想的，嘴上谈论的都是他。"两天后，维多利亚女王又以一贯简练的语言写道："我收到墨尔本子爵威廉·兰姆的妹妹帕默斯顿子爵夫人埃米莉·兰姆的来信，信中说我最后一封写给墨尔本子爵威廉·兰姆的信为他带来巨大的安慰和解脱，还说在他生命最后的阴郁岁月里，我们经常是令他高兴起来的主要原因。听帕默斯顿子爵夫人埃米莉·兰姆这么说，我心满意足。"

1850年，维多利亚女王身边也是丧事不断。1850年7月2日，罗伯特·皮尔不幸从马背上摔下后身亡。听到罗伯特·皮尔去世的消息，维多利亚女王说自己失去的不只是一位朋友，还是一位父亲。在给舅舅利奥波德一世的信中，她写道："人们对他逝世的悲痛之情令人感动,整个英国就像悼念逝去的父亲一样悼念他,好像每个人都失去了一位朋友。"罗伯特·皮尔去世六天后,1850年7月8日,维多利亚女王的叔叔剑桥公爵阿道弗斯也去世了。剑桥公爵阿道弗斯在世时,一直很关心照顾维多利亚女王。

1850年8月26日,前法兰西国王路易·腓力一世薨,维多利亚女王一直很同情这位遭到流放的老人。紧接着,1850年10月11日,路易·腓力一世的女儿,比利时王后,利奥波德一世的妻子奥尔良的路易丝也离开了人间。路易·腓力一世的家族每次遭受打击似乎都能令自己与维多利亚女王的关系变得更紧密。

两起针对自己的袭击事件令维多利亚女王稍微有些焦虑。1849年5月19日,维多利亚女王乘马车从宪法山返回的途中,一个来自阿代尔,叫威廉·汉密尔顿的爱尔兰人举起手枪并向维多利亚女王开枪。1850年5月27日,当维多利亚女王打算离开位于皮卡迪利大街的剑桥公馆时,一位叫罗伯特·佩特的政府退休官员举起拐棍击打维多利亚女王的头部。这两起龌龊的袭击事件激起英国上下对维多利亚女王的同情。虽然应对袭击时,维多利亚女王勇气可嘉,但这两起袭击事件还是为维多利亚女王带来巨大的痛苦。①

相比之下,第二起袭击事件显得更加残忍,因为当时维多利亚女王正处于分娩后的恢复期。1850年5月1日,维多利亚女王的第三个儿子阿瑟王子出生,这天刚好是威灵顿公爵阿瑟·韦尔斯利八十一岁的生日。几星期前,威灵顿公爵阿瑟·韦尔斯利仓促建议阿尔伯特亲王应该接替自己成为新的陆军元帅,虽然这一建议令维多利亚女王很高兴,但阿尔伯特亲王明智地谢绝了这项荣誉。由于当前手头的事情已经应接不暇,并且一直以来承受过大的心理压力,阿尔伯特亲王的健康状况已经出现了问题。不过,为向威灵顿公爵阿瑟·韦尔斯利表达谢意,维多利亚女王邀请威灵顿公爵阿瑟·韦尔斯利做刚出生的阿瑟王子的教父。阿瑟王子的第二位教父是普鲁士王子,普鲁士国王腓特烈·威廉四世的弟弟。1850年6月22日,阿瑟王子的受洗仪式举行。阿瑟王子的第三个名字是帕特里克,是为纪念不久前维多利亚女王对爱尔兰的访问。

---

① 依照1841年通过的保护维多利亚女王人身安全的法案,威廉·汉密尔顿和罗伯特·佩特分别被判处流放七年。——原注

维多利亚女王与阿尔伯特王子

当时，虽然要顾及纷繁的家事和国事，但维多利亚女王充满活力，她的身体异常健康。1850年秋，北方旅行期间，参加完纽卡斯尔高架桥和苏格兰境内贝里克皇家边境大桥落成仪式后，维多利亚女王在爱丁堡的霍利鲁德宫住了两天。在仔细参观了一些历史遗迹后，维多利亚女王写道："每一阶段都充满对历史的回忆，我们生活的这段历史只不过是历史长河中的一个时代。这个时代目睹了许多事情，我恐怕遇到的坏事情多于好事情。"维多利亚女王尤其对大卫·里齐奥的遇难地和苏格兰玛丽女王从前使用的房间感兴趣。待在霍利鲁德宫的第二天，维多利亚女王登上亚瑟王座，一座俯视整个爱丁堡的圣山。用维多利亚女王的话说，这次激动人心的登山之旅"是个苦差事，因为自己已有一年没爬过山了"。尽管如此，维多利亚女王一点也不疲倦，反而兴致高涨。①在巴尔莫勒尔度假时，维多利亚女王每天都要进行快步走锻炼，这显示出她非同一般的体力。维多利亚女王的身体越来越强健，这是件幸事，因为未来有更严峻的考验在等着她，她需要大量的体力来冷静应对即将到来的考验。

---

① 《维多利亚女王日记摘录》，第81页之后。——原注

第16章

维多利亚女王与帕默斯顿子爵
亨利·约翰·坦普尔不和

精彩看点

与帕默斯顿子爵亨利·约翰·坦普尔的分歧——阿尔伯特亲王的立场——各自对意大利的态度——各自对普鲁士的态度——帕默斯顿子爵亨利·约翰·坦普尔的冒犯行为——维多利亚女王的私人通信——1847年葡萄牙女王玛丽亚二世的诉求——1847年写给普鲁士国王腓特烈·威廉四世的信——顽固不化的帕默斯顿子爵亨利·约翰·坦普尔——民众对帕默斯顿子爵亨利·约翰·坦普尔政策的欢迎——1850年维多利亚女王提出的要求——维多利亚女王的两个要求——阿尔伯特亲王与帕默斯顿子爵亨利·约翰·坦普尔的对峙——新的不和——"教皇的入侵"——政府危机和僵局——召回约翰·拉塞尔伯爵

在墨尔本子爵威廉·兰姆和约翰·拉塞尔伯爵的政府，帕默斯顿子爵亨利·约翰·坦普尔先后担任外交大臣。他对王权的一贯态度致使维多利亚女王与大臣存在随时爆发冲突的风险，这也令他与维多利亚女王的隔阂越来越深。随着年纪的增长和执政经验的丰富，维多利亚女王和丈夫阿尔伯特亲王对外交事务越来越有兴趣。尤其是阿尔伯特亲王，遇到的外交问题越复杂，他研究得越认真。阿尔伯特亲王总是一丝不苟准备好厚厚的备忘录，带着想法去听取帕默斯顿子爵亨利·约翰·坦普尔的意见。但帕默斯顿子爵亨利·约翰·坦普尔对阿尔伯特亲王的付出和兴趣无动于衷，甚至将阿尔伯特亲王的努力当作对自己公然的蔑视。帕默斯顿子爵亨利·约翰·坦普尔总会否决阿尔伯特亲王提出的建议，一意孤行。对维多利亚女王的意见，帕默斯顿子爵亨利·约翰·坦普尔也不听取，有时他甚至都不和同僚商量。

阿尔伯特亲王的观点，即维多利亚女王认同的观点，与帕默斯顿子爵亨利·约翰·坦普尔观点的对立是原则性的。自由主义思潮在国外的势力逐步扩大，帕默斯顿子爵亨利·约翰·坦普尔一贯支持自由主义运动，甚至不惜背负推动"革命"的罪名。维多利亚女王和阿尔伯特亲王虽然完全认同英国的立宪政府，一点也不反对自由主义思想在欧洲大陆的传播，但与欧洲王室的私人关系使他们十分同情当政的欧洲君主。因此，维多利亚女王和阿尔伯特亲王对革命有种不由自主的抵触情绪。在帕默斯顿子爵亨利·约翰·坦普尔看来，这是危险的苗头。

对欧洲来说，1848年是革命之年。在整个1848年，阿尔伯特亲王和帕默斯顿子爵亨利·约翰·坦普尔的分歧越来越大。对1848年到1849年发生在柏林、维也纳和巴登的革命暴乱，帕默斯顿子爵亨利·约翰·坦普尔轻描淡写，还装作不懂为什么革命暴乱对维多利亚女王的情绪造成巨大影响，不理解为什么维多利亚女王会同情人身和财产都受到威胁的欧洲王室。

对欧洲各国过去的历史和未来的命运，帕默斯顿子爵亨利·约翰·坦普尔和阿尔伯特亲王存在分歧。当时，意大利和普鲁士的形势受到人们的广泛关注。在对这两地的态度上，帕默斯顿子爵亨利·约翰·坦普尔和阿尔伯特亲王各执一词。当意大利首次尝试统一，推翻奥地利帝国的统治时，帕默斯顿子爵亨利·约翰·坦普尔以仁慈怜悯的口吻谈论意大利爱国者的行为，并且总对意大利爱国者的成功充满希望。虽然阿尔伯特亲王极力反对奥地利帝国的统治者和意大利本土的专制统治者对意大利人民的残暴统治，但阿尔伯特亲王和维多利亚女王很同情奥地利皇帝，并且对意大利北方试图摆脱奥地利帝国的统治忧心忡忡。在阿尔伯特亲王和维多利亚女王眼中，意大利通过革命实现独立统一意味着对王权的打击。

至于对德意志邦联的态度，王室和政府存在巨大分歧。阿尔伯特亲王很支持普鲁士王国领导的德意志民族统一运动。自从普鲁士国王腓特烈·威廉四世成为威尔士亲王阿尔伯特·爱德华的教父、腓特烈·威廉四世的弟弟普鲁士亲王威廉·腓特烈·路德维希成为阿瑟王子的教父后，阿尔伯特亲王和维多利亚女王与腓特烈·威廉四世兄弟二人关系变得越来越亲近。因此，对英国王室来说，在德意志邦联和欧洲范围内，普鲁士王国地位的任何提升都是件好事。然而，帕默斯顿子爵亨利·约翰·坦普尔认为普鲁士国王腓特烈·威廉四世是个懦夫，一位保守的政治家，他与德意志众亲王的同盟简直不值得一提。因此，帕默斯顿子爵亨利·约翰·坦普尔并不看好德意志民族主义者的远大抱负。

对普鲁士王国和奥地利帝国的不信任造成帕默斯顿子爵亨利·约翰·坦普尔对德意志政治的偏见。面对1848年发生的对石勒苏益格-荷尔斯泰因公爵领地控制权的内部争夺，帕默斯顿子爵亨利·约翰·坦普尔倾向于支持丹麦王国拥有这两块公爵领地的主权，反对德意志邦联的诉求，无论德意志邦联是由普鲁士王国领导，还是由奥地利帝国领导。英国王室满心期望普鲁士王国能成为德意志各邦国博弈的最终赢家。

无论是帕默斯顿子爵亨利·约翰·坦普尔坚持的原则及其执行的政策，还是其实际行动，都极大地冒犯了维多利亚女王和阿尔伯特亲王。帕默斯顿子爵亨利·约翰·坦普尔总是暗示自己对维多利亚女王和阿尔伯特亲王的个人倾向不感兴趣，不需要两人的建议，也不打算定期与两人交流想法。在不提前向维多利亚女王报备的情况下，帕默斯顿子爵亨利·约翰·坦普尔时常使英国政府卷入严重的国际危机。这一做法令维多利亚女王和阿尔伯特亲王极其愤怒，并且感到恐慌。1848年，在没有询问维多利亚女王意见的情况下，帕默斯顿子爵亨利·约翰·坦普尔专横地命令保守的西班牙王国政府进行自由化改革。在帕默斯顿子爵亨利·约翰·坦普尔的授意下，英国驻西班牙王国大使亨利·布尔沃男爵向西班牙女王伊莎贝拉二世的顾问们转交了一封言辞冒犯的公函。不久，亨利·布尔沃男爵被驱逐出马德里。1850年1月，帕默斯顿子爵亨利·约翰·坦普尔的行为再次令维多利亚女王惊恐万分。这次，帕默斯顿子爵亨利·约翰·坦普尔将英国舰队部署到希腊海域，企图胁迫希腊王国政府和英国政府一起要求戴维·帕西菲科和一些反对希腊王国政府的英国人进行赔偿。当时，法兰西第二共和国打算充当这起争端的调停者，但由于认为帕默斯顿子爵亨利·约翰·坦普尔突如其来的举动具有侮辱性，法兰西第二共和国忽视了干预的和平基调。于是，法兰西第二共和国召回其驻英国大使。这是维多利亚女王执政以来，帕默斯顿子爵亨利·约翰·坦普尔第三次[①]将法兰西与英国推到战争边缘。英国和法兰西两国要冰释前嫌，还有很长的路要走。

长期以来，与外国君主建立的私人亲密关系更令维多利亚女王觉得自己颜面尽失。这些外国君主不切合实际地认为维多利亚女王的权力很大，他们与维多利亚女王保持大量书信交往的动力也源于这一错误认识。他们习惯给维多利亚女王写亲笔信表达其政治诉求，幻想通过维多利亚女王影响英国的外交政策，达到维护自身利益的目的。维多利亚女王其实很聪明，对非亲属的来信，为避免落入圈套，

[①] 这次英国和法兰西第二共和国的外交争端，维多利亚女王甚至没有机会了解整个事件的前因后果。——原注

普鲁士军队镇压柏林街头的革命者

维也纳街头的革命者

她总是会坦诚地咨询帕默斯顿子爵亨利·约翰·坦普尔后才回信。帕默斯顿子爵亨利·约翰·坦普尔总是嘲笑维多利亚女王试图安抚外国王室的想法。

每当维多利亚女王的海外书信呈交给帕默斯顿子爵亨利·约翰·坦普尔过目时,帕默斯顿子爵亨利·约翰·坦普尔向维多利亚女王提的建议都令维多利亚女王感到十分窘迫。1847年,维多利亚女王小时候的玩伴,大表哥萨克森-科堡-哥达的斐迪南·奥古斯特的妻子葡萄牙女王玛丽亚二世受到革命分子的威胁,王位不保。于是,玛丽亚二世连忙向维多利亚女王求救。维多利亚女王立即询问帕默斯顿子爵亨利·约翰·坦普尔的看法。但帕默斯顿子爵亨利·约翰·坦普尔认为葡萄牙问题是"科堡家族的家务事",还将葡萄牙女王玛丽亚二世的困境归咎于过分依赖一个叫迪茨的科堡人的专制主义意见。迪茨对葡萄牙女王玛丽亚二世和萨克森-科堡-哥达的斐迪南·奥古斯特的影响有点像斯托克马男爵克里斯蒂安·弗里德里希对维多利亚女王和阿尔伯特亲王的影响。帕默斯顿子爵亨利·约翰·坦普尔坚持认为葡萄牙女王玛丽亚二世挽救时局的唯一办法是免除迪茨的职务。对维多利亚女王和科堡家族来说,这样的表态是极其具有冒犯性的。在谈话或写信时,科堡家族的成员们用"坏脾气的、粗俗的和威胁的"这类形容词描述帕默斯顿子爵亨利·约翰·坦普尔。①帕默斯顿子爵亨利·约翰·坦普尔郑重其事地口述了一封信,信中满是宪政意见及对迪茨罪行的警告,甚至他还让维多利亚女王亲笔抄写一份寄给里斯本不满的亲戚。②

1847年晚些时候,摇摆不定、优柔寡断的普鲁士国王腓特烈·威廉四世效仿葡萄牙女王玛丽亚二世,也给维多利亚女王写了一封私人信,并且指示在圣詹姆斯宫的普鲁士王国驻英国大使克里斯蒂安·查尔斯·乔西亚斯·冯·本森男爵背着英国政府的大臣悄悄将信带给维多利亚女王。在信中,腓特烈·威廉四世请求维多利亚女王公开支持普鲁士王国对德意志邦联的领导。然而,这一切没能逃过帕默斯顿子爵亨利·约翰·坦普尔的眼睛。通过克里斯蒂安·查尔斯·乔西亚斯·冯·本森男爵,帕默斯顿子爵亨利·约翰·坦普尔获悉了普鲁士国王腓特烈·威廉四世这封信

---

① 萨克森-科堡-哥达公爵欧内斯特二世:《萨克森-科堡-哥达公爵欧内斯特二世回忆录》,第1卷,第288页后。——原注
② 斯潘塞·霍拉肖·沃波尔:《约翰·拉塞尔伯爵传》,第2卷。——原注

的内容，坦诚表示除非与外国君主是亲戚关系，否则英国君主与外国君主直接通信是不合常规的做法，惯例做法是信必须经大臣之手转交英国君主。①在与阿尔伯特亲王交涉后，帕默斯顿子爵亨利·约翰·坦普尔起草了一封对普鲁士国王腓特烈·威廉四世的回信，并且要求维多利亚女王亲手抄写一份，还要求回信"可以用德语开头和结尾，但正文部分必须用英语"。这件事严重伤害了维多利亚女王和阿尔伯特亲王的感情。经常私下跟普鲁士国王腓特烈·威廉四世互通书信的阿尔伯特亲王原

1848年的阿尔伯特亲王

---

① 克里斯蒂安·查尔斯·乔西亚斯·冯·本森：《回忆录》，第2卷，第149页。——原注

本一直鼓励普鲁士国王腓特烈·威廉四世积极巩固普鲁士王国政权在德意志邦联的领导地位。阿尔伯特亲王对普鲁士王国事业的一腔热情与帕默斯顿子爵亨利·约翰·坦普尔逼迫维多利亚女王在信中流露出的冷漠，这种明显的矛盾令维多利亚女王及其丈夫阿尔伯特亲王都十分反感。

对维多利亚女王和阿尔伯特亲王来说，两人在外交事务上的发言权很难有任何改变，要说服帕默斯顿子爵亨利·约翰·坦普尔似乎是徒劳的。1848年6月，阿尔伯特亲王责令约翰·拉塞尔伯爵提醒帕默斯顿子爵亨利·约翰·坦普尔，外交部每年收到一万封信，每一封信，包括涉及的每一封回信都要呈给维多利亚女王、首相约翰·拉塞尔伯爵和自己过目。1848年秋，首相约翰·拉塞尔伯爵代表维多利亚女王又向帕默斯顿子爵亨利·约翰·坦普尔提出抗议。对此，帕默斯顿子爵亨利·约翰·坦普尔态度冷漠地回应说："很不幸，维多利亚女王很容易听信对政府有敌意之人的话，还有意图毒害维多利亚女王思想，离间君臣关系之人的话。这样下去，维多利亚女王会一直感到一种莫名的不安。"1840年10月1日，约翰·拉塞尔伯爵代表维多利亚女王回应称："我想维多利亚女王自然很担心有时你先以她的名义批准事情，然后又迫使她不予承认。"①对此，帕默斯顿子爵亨利·约翰·坦普尔认为不值得理睬。

对维多利亚女王来说，不幸的是，帕默斯顿子爵亨利·约翰·坦普尔秉持的外交政策收获了议会中大多数议员及英国上下的一片赞扬。对于1850年6月"戴维·帕西菲科事件"使英国和法兰西第二共和国战争一触即发的问题，帕默斯顿子爵亨利·约翰·坦普尔在议会下议院为自己的行为辩护，他雄辩的口才令在场人士激情澎湃。除了与政治朋友，如阿伯丁伯爵乔治·汉密尔顿-戈登和克拉伦登伯爵乔治·维利尔斯在谈话中高声表达自己受到的屈辱，维多利亚女王什么也做不了。首相约翰·拉塞尔伯爵再怎么安慰维多利亚女王也丝毫不起作用。实际上，与维多利亚女王一样，约翰·拉塞尔伯爵不赞成帕默斯顿子爵亨利·约翰·坦普尔的外交主张，但他明白，政府必须要有一位受人欢迎的外交大臣。一向厌恶政府换届带来混乱局面的维多利亚女王经常对眼前的局面感到绝望，但即使这样，她也没打算逆来顺受。

1850年3月，维多利亚女王和阿尔伯特亲王尝试矫正帕默斯顿子爵亨利·约

---

① 斯潘塞·霍拉肖·沃波尔：《约翰·拉塞尔伯爵传》，第2卷，第47页。——原注

翰·坦普尔的一些主张。他们起草了一份控诉声明，并且计划发给帕默斯顿子爵亨利·约翰·坦普尔。不过声明的发布推迟了三个月，直到1850年6月，这份控诉声明才发布。当时，正值在议会下议院，帕默斯顿子爵亨利·约翰·坦普尔大张旗鼓地呼吁支持他的任期，这令维多利亚女王和阿尔伯特亲王的诉求显得十分不合时宜。因此，控诉声明的发布又被搁置。1850年夏，约翰·拉塞尔伯爵再次提醒帕默斯顿子爵亨利·约翰·坦普尔，注意维多利亚女王的愤怒。不过，帕默斯顿子爵亨利·约翰·坦普尔拒不承认自己对维多利亚女王大不敬，依然我行我素。

最终，1850年8月12日，维多利亚女王就帕默斯顿子爵亨利·约翰·坦普尔未来行为问题，通过约翰·拉塞尔伯爵向帕默斯顿子爵亨利·约翰·坦普尔传达了两条用词严谨的要求，内容如下："第一，外交大臣帕默斯顿子爵亨利·约翰·坦普尔要针对具体情况，清楚地说明建议的内容，以便维多利亚女王可以明确知道她批准的事项。第二，一旦维多利亚女王批准某个事项，外交大臣帕默斯顿子爵亨利·约翰·坦普尔不能做随意的变更或修改。维多利亚女王认为随意的变更或修改是对王权的不敬。因此，一旦出现此类行为，维多利亚女王将正当行使宪法赋予的权力，解除外交大臣帕默斯顿子爵亨利·约翰·坦普尔的职务。维多利亚女王希望在做出任何重要决定前，能通过沟通了解外交大臣与外交官员的动向，并且希望能及时收到国外的公函，有充足时间了解待她批准草案的内容。"①

1850年8月14日，在与帕默斯顿子爵亨利·约翰·坦普尔的私人会面中，阿尔伯特亲王又详细地陈述了维多利亚女王抱怨的理由。阿尔伯特亲王说："维多利亚女王最近，或者应该一向对帕默斯顿子爵亨利·约翰·坦普尔主张的政策存有异议。一直以来，她都在开诚布公地表达自己的异议。当自己的意见遭到内阁否决时，或者认识到出于一些政治因素的考虑，更妥善的做法是放弃自己的质疑时，她清楚地知道自己在宪法中地位，不会一味附和政府的做法。她明白同心协力的重要性，明白自己将由于政府的一些做法成为众矢之的，并且在过去几年中，她已经好几次被当成攻击的目标。这给她带来巨大的痛苦，要知道历史上还没有哪位英国君主被迫承受过如此的打击。因此，作为回报，在政府采纳某个政治路线前或呈请她批准

---

① 西奥多·马丁:《王夫阿尔伯特亲王传》，第2卷，第51页。——原注

前,她有权掌握所有的事实和了解所有的动机。她认为,目前在这方面,她没有得到应有的待遇。在她处理的国事中,没有一件是'完整'的,也没有说对哪个问题是不妥协的。她完全不了解内阁的动向,也完全不了解帕默斯顿子爵亨利·约翰·坦普尔及其他外交官员开会的内容。她知道的仅仅是帕默斯顿子爵亨利·约翰·坦普尔愿意告诉她的,或者她自己在报纸上读到的。"

帕默斯顿子爵亨利·约翰·坦普尔假装一副痛苦吃惊的样子,并且郑重承诺会改正错误,但在任期内,他的行事风格没有发生实质性改变。几个月后,在维多利亚女王不同意的情况下,帕默斯顿子爵亨利·约翰·坦普尔又将维多利亚女王卷入与奥地利帝国政府的纷争中,并且他重新支持丹麦王国对石勒苏益格-荷尔斯泰因公爵领地拥有主权。在第一件事中,面对维多利亚女王的抗议,帕默斯顿子爵亨利·约翰·坦普尔以辞职威胁约翰·拉塞尔伯爵。可是后来,帕默斯顿子爵亨利·约翰·坦普尔改变态度,迎合维多利亚女王的要求,言辞闪烁地表达对奥地利帝国的同情。至于丹麦王国对石勒苏益格-荷尔斯泰因公爵领地的主权要求,帕默斯顿子爵亨利·约翰·坦普尔拒绝公开放弃对丹麦王国正义诉求的支持。可以说,帕默斯顿子爵亨利·约翰·坦普尔从没流露出一丝悔罪的念头。

1850年冬,一场令人不快的国内事件让维多利亚女王不得不暂时将外交问题抛掷脑后。枢机主教尼古拉·怀斯曼宣布教皇庇护九世将恢复英国的天主教制度,这激起了约翰·拉塞尔政府强烈的新教主义情绪。维多利亚女王收到来自公共团体的上百封抗议信。对这些信,维多利亚女王都耐心逐一阅读。不过,她厌恶这场争论,并且对新教主义煽动者展现的"违背基督教精神的狭隘情绪"充满歉意。维多利亚女王私下写道:"我不能容忍听到对天主教的任何粗暴言论。对众多无辜、虔诚的天主教教徒来说,这些言论简直太痛苦、太残酷了。"1851年2月4日,当维多利亚女王主持议会开幕仪式时,有人高喊"禁止天主教"的口号。对此,维多利亚女王十分气愤。然而,政府积极投身到抵制"教皇入侵"的运动中。议会通过一项法案,禁止天主教神父在英国拥有任何教会头衔。对此,除了同意,维多利亚女王别无他法。

1851年2月,当维多利亚女王目睹,由于在宗教问题上存在分歧,约翰·拉塞尔伯

教皇庇护九世

爵的政府在议会下议院遭否决时,她比较担心,内心很焦虑。接下来,亟待解决的问题是选举改革,一个政府极其不愿面对的话题。政府拒绝承认自治市郡选举权的提议,虽然提出这一想法的是约翰·拉塞尔伯爵政府的支持者。约翰·拉塞尔伯爵立刻辞职,麻烦接踵而来。维多利亚女王派人传唤保守党领袖德比伯爵爱德华·史密斯-斯坦利①,但德比伯爵爱德华·史密斯-斯坦利拒绝在缺乏议会下议院足够支持的情况下,接任首相一职,并且强烈建议在一个更广泛的基础上重新改组现任政府。维多利亚女王完全赞同这一思路,并且全力促成此事。1851年2月22日,维多利亚女王会见阿伯丁伯爵乔治·汉密尔顿-戈登,商讨撮合辉格党人和已经与保守党决裂的罗伯特·皮尔派保守党人合作一事,但这种尝试被证明是徒劳的。

---

① 后来,德比伯爵爱德华·史密斯-斯坦利成为议会上议院保守党领袖。——原注

德比伯爵爱德华·史密斯-斯坦利和阿伯丁伯爵乔治·汉密尔顿-戈登的婉言谢绝带来的僵局令维多利亚女王一筹莫展,她只好再去寻求年迈的威灵顿公爵阿瑟·韦尔斯利的帮助。在威灵顿公爵阿瑟·韦尔斯利的建议下,维多利亚女王召回约翰·拉塞尔伯爵。阿尔伯特亲王已经向约翰·拉塞尔伯爵送去一份最近与德比伯爵爱德华·史密斯-斯坦利交涉的备忘录。约翰·拉塞尔伯爵虽然有些犹豫,但最终同意重新出任首相,并且稳稳当当地获得议会通过。尽管约翰·拉塞尔伯爵已经认识到完全有必要废除《教会头衔法案》,但当时,他还是促成通过这一旨在反对教皇庇护九世的法案。1851年7月29日,维多利亚女王签署了这项法案,但实际上,这项法案从没有被执行过。1870年,《教会头衔法案》被废止时,维多利亚女王十分满意。

第 17 章

**万国博览会
及帕默斯顿子爵亨利·约翰·坦普尔被解职**

精彩看点

1851年万国博览会——万国博览会大获成功——维多利亚女王在利物浦和曼彻斯特——帕默斯顿子爵亨利·约翰·坦普尔和拉约什·科苏特——帕默斯顿子爵亨利·约翰·坦普尔和拿破仑三世——帕默斯顿子爵亨利·约翰·坦普尔倒台——阿尔伯特亲王得志——解雇外交大臣带来的危险

不久，英国宫廷及全国的注意力从党派斗争转移到对世界和平与美好的向往，这是因为万国博览会的开幕式在水晶宫举行了。水晶宫坐落在海德公园内，由约瑟夫·帕克斯顿爵士设计。实际上，阿尔伯特亲王最初负责举办和推进万国博览会，但不断遭到保守党高层和社会各界敌视的人的反对。在国外，万国博览会也莫名其妙地受到各国君主和大臣的谴责。维多利亚女王和阿尔伯特亲王原本希望邀请世界

水晶宫

各国的统治者或他们的代表来参加这个喜庆的盛会,还并且希望不受约束地发出这些邀请。然而,不少外国君主都认为这场众人聚集到一起的博览会将孕育革命的阴谋,甚至谋害他们的性命。在不少外国君主的眼中,这场博览会打着表面上无辜的幌子,号召欧洲的革命分子聚集到伦敦,密谋邪恶的计划。维多利亚女王尤其期待普鲁士亲王——后来成为普鲁士国王和德意志帝国皇帝威廉一世——及其儿子能来参加万国博览会的开幕式。但普鲁士大臣埃德温·冯·曼陀菲尔男爵强烈反对普鲁士王室的任何重要成员出席万国博览会开幕式。他甚至写信给普鲁士亲王称一群疯子汇集到伦敦,这群疯子一心想摧毁现有秩序。普鲁士王国政府极其憎恶革命思潮。在伦敦,如果普鲁士亲王及其儿子遭暗算,从而造成普鲁士王位后继无人,那么这将给普鲁士王国带来不可挽回的巨大灾难。

埃德温·冯·曼陀菲尔男爵

结果证明，所有关于万国博览会的邪恶预言都是错误的。维多利亚女王一心扑在这项事业上，事必躬亲。当然，维多利亚女王的付出得到了回报，万国博览会有力地激发了英国人民的想象力。尽管一度担心不已，但最终，外国王室成员悉数到场，其中包括普鲁士亲王夫妇和他们的长子腓特烈·威廉·尼古拉斯·卡尔。1851年5月1日，维多利亚女王主持了万国博览会的开幕式。这场盛大的开幕式激发起英国人对君主的无限忠诚。所有人用"十足的王者风范"描述维多利亚女王的举止。①除了两万五千人参加了水晶宫的开幕式，在维多利亚女王从白金汉宫出发前往水晶宫的路上，七十万人向她致敬欢呼。据维多利亚女王说，这是她幸福生活中最自豪、最快乐的一天。维多利亚女王在1851年5月1日的日记中写道："今天发生了一件伟大的事，一场绝妙的完全胜利，震撼人心的光辉一幕。为此，我将永远为亲爱的阿尔伯特亲王和祖国感到骄傲自豪……是的，这是让我内心充满骄傲、自豪和感恩的一天！"在维多利亚女王的眼中，与激动人心的加冕典礼相比，这场伟大的和平盛会的纪念意义更重大。

　　1850年11月，阿尔弗雷德·丁尼生接替威廉·华兹华斯成为"桂冠诗人"。在阿尔弗雷德·丁尼生的第七部诗集中，有一首《致女王》这样描述万国博览会：

> 她带着宏伟的计划而来，
> 当欧洲和世界穷途末路时，
> 原本相互敌视的人们又如兄弟朋友般，
> 相聚在她那座玻璃宫殿中。

　　这首诗并没有再版。

　　万国博览会举办期间十分热闹。1851年6月13日，白金汉宫举办了一场主题为查理二世时期的化装舞会。1851年7月9日，在吉尔德霍尔，维多利亚女王出席了一场舞会，庆祝万国博览会的成功。维多利亚女王在任何地方都受到热情的欢迎。当最后

---

① 厄恩利男爵罗兰·普罗瑟洛和乔治·格兰维尔·布拉德利：《阿瑟·彭林·斯坦利院长传》，纽约：查尔斯·斯克里布纳之子出版社，1894年，第1卷，第424页。——原注

维多利亚女王来到万国博览会现场,受到臣民热烈欢迎

维多利亚女王主持万国博览会的开幕式

暂时离开伦敦前往奥斯本时,维多利亚女王痛苦地表示:"这场了不起、让人永生难忘的盛会竟然要结束了。"在写给斯托克马男爵克里斯蒂安·弗里德里希的信中,维多利亚女王在讲述伦敦人民对自己的爱戴时说:"不用说,这一切都发挥了作用。这次盛会让我们与人民产生了共鸣,让人民又多了一个拥护我们的理由。"

1851年8月月初,维多利亚女王到威斯敏斯特宫宣布议会休会,顺便最后一次参观了万国博览会。英国全国上下对维多利亚女王的爱戴与日俱增。对来自人民的爱戴,维多利亚女王积极地投桃报李。1851年10月,维多利亚女王照例离开巴尔莫勒尔。在从利物浦前往曼彻斯特的途中,她在埃尔斯米尔伯爵弗朗西斯·埃杰顿的沃斯利庄园住了几天。对了不起的工业中心在制造工艺上取得的进步,维多利亚女

埃尔斯米尔伯爵弗朗西斯·埃杰顿

王流露出极大的兴趣。维多利亚女王的利物浦和曼彻斯特之行很成功。1851年10月10日，为了纪念维多利亚女王到访索尔福德的皮尔公园，人们为维多利亚女王立了一尊雕像。这尊雕像的费用主要由主日学校的八千名教师和学者负担。1857年5月5日，阿尔伯特亲王为这尊雕像揭幕。

　　1851年11月后，万国博览会闭幕，太平盛世的假象逐渐散去。1851年11月18日，维多利亚女王尖酸刻薄的叔叔汉诺威国王欧内斯特·奥古斯塔斯驾崩。实际上，对维多利亚女王来说，这并不是个坏消息，但帕默斯顿子爵亨利·约翰·坦普尔依然搅得维多利亚女王心神不宁。匈牙利的革命领袖拉约什·科苏特来到英国，帕默斯顿子爵亨利·约翰·坦普尔曾公开宣称支持拉约什·科苏特。因此，帕默斯顿子爵

拉约什·科苏特

亨利·约翰·坦普尔的立场对英国和奥地利帝国的良好关系构成了威胁。维多利亚女王给内阁写了一张纸条，要求大臣们毫不含糊地严厉批评帕默斯顿子爵亨利·约翰·坦普尔的态度，但这一努力是徒劳的。

不过，维多利亚女王即将从折磨中解脱，不用再忍受帕默斯顿子爵亨利·约翰·坦普尔的无礼行为。这一切发生在维多利亚女王几乎放弃了所有希望时，并且与维多利亚女王没有丝毫关系。1851年12月2日，法兰西第二共和国的路易·波拿巴发动政变，成为法兰西政府的独裁者，号称"拿破仑三世"，妄图复辟拿破仑帝国。帕默斯顿子爵亨利·约翰·坦普尔相信拿破仑三世的能力。几天后，在与法兰西驻英国大使亚历山大·科隆纳·瓦莱夫斯基的非正式交谈中，帕默斯顿子爵亨利·约翰·坦普尔表达了自己对法兰西新政府的认可。这与维多利亚女王对最近在巴黎发生事件的认知背道而驰。维多利亚女王与约翰·拉塞尔伯爵都认为拿破仑三世的统治是专政，并且对拿破仑三世的统治手段深恶痛绝。在没有与维多利亚女王和同僚

亚历山大·科隆纳·瓦莱夫斯基

沟通的情况下，帕默斯顿子爵亨利·约翰·坦普尔草率地表示英国对法兰西新政权的认可，这将维多利亚女王和同僚置于一种不可容忍的尴尬境地。

最终，帕默斯顿子爵亨利·约翰·坦普尔欠考虑的言辞解决了他与维多利亚女王长期存在的矛盾。他的自负激怒了首相约翰·拉塞尔伯爵，因为与此同时，约翰·拉塞尔伯爵向维多利亚女王保证目前英国会冷处理拿破仑三世的问题。1851年12月19日，约翰·拉塞尔伯爵在没有征询维多利亚女王意见的情况下，就以帕默斯顿子爵亨利·约翰·坦普尔对亚历山大·科隆纳·瓦莱夫斯基的言论为由，要求帕默斯顿子爵亨利·约翰·坦普尔辞职。对此，维多利亚女王虽然大吃一惊，但难掩内心的喜悦。帕默斯顿子爵亨利·约翰·坦普尔十分惊讶，无力地替自己辩解，称在与亚历山大·科隆纳·瓦莱夫斯基的交流中表达的仅仅是个人观点，自己有权与各位大使自由交流。约翰·拉塞尔伯爵提出改组政府，重新安排帕默斯顿子爵亨利·约翰·坦普尔的职位，但帕默斯顿子爵亨利·约翰·坦普尔拒绝了，并且立刻将外交部的印章交接给格兰维尔伯爵格兰维尔·莱文森-高尔。格兰维尔伯爵格兰维尔·莱文森-高尔和维多利亚女王是同龄人，从小关系很融洽。

维多利亚女王和阿尔伯特亲王对帕默斯顿子爵亨利·约翰·坦普尔离开政府很高兴，并且毫不掩饰自己的喜悦。帕默斯顿子爵亨利·约翰·坦普尔对革命的态度一直令维多利亚女王和阿尔伯特亲王心存不满。此时，维多利亚女王夫妇终于能畅快地宣泄他们的不满了，能自由倾诉帕默斯顿子爵亨利·约翰·坦普尔傲慢无礼的嘲笑给他们带来的心理折磨了，能高兴地看着帕默斯顿子爵亨利·约翰·坦普尔被赶下台了。在写给哥哥萨克森-科堡-哥达公爵欧内斯特二世的信中，阿尔伯特亲王毫无保留地谈道："对我们来说，今年有个令人高兴的结尾。一直以来，帕默斯顿子爵亨利·约翰·坦普尔要么逼迫我们批准他在欧洲的罪行，要么逼迫我们支持他在国内培植以他为首的激进党派，或者公然与君主作对，致使唯一一个自由、有序、法制的国度陷入大混乱。这个让我们日子痛苦不堪的人，现在自食其果。英语中有句谚语'坏人必自取灭亡'，我们有时会拿这句话来安慰自己，现在这句话应验了。"①

---

① 萨克森-科堡-哥达公爵欧内斯特二世：《萨克森-科堡-哥达公爵欧内斯特二世回忆录》。——原注

事实证明，当时，维多利亚女王和阿尔伯特亲王对帕默斯顿子爵亨利·约翰·坦普尔行为的判断和对免除帕默斯顿子爵亨利·约翰·坦普尔职位的形势判断都不正确。事实上，起初，对维多利亚女王来说，解雇帕默斯顿子爵亨利·约翰·坦普尔是个错误。首先，解雇帕默斯顿子爵亨利·约翰·坦普尔不是维多利亚女王的行为，而是首相约翰·拉塞尔伯爵的决定，并没有受到维多利亚女王情绪的影响。不过，这个决定注定会让约翰·拉塞尔伯爵后悔一辈子。其次，与在王室不受欢迎相反，帕默斯顿子爵亨利·约翰·坦普尔在民众中声望很高。在随后的十年时间里，帕默斯顿子爵亨利·约翰·坦普尔在国内事务和外交事务中的影响力，尤其是对政府的影响力持续扩大。因此，真正的赢家其实是帕默斯顿子爵亨利·约翰·坦普尔。不受君主意志影响支配，帕默斯顿子爵亨利·约翰·坦普尔工作的原则是国家宪法的根基，是君臣之间任何个人矛盾都无法撼动的事实。

第18章

维多利亚女王与拿破仑三世

精彩看点

帕默斯顿子爵亨利·约翰·坦普尔的报复——德比伯爵爱德华·史密斯－斯坦利的第一届政府——缺乏经验的政府成员——对本杰明·迪斯雷利的最初印象——德比伯爵爱德华·史密斯－斯坦利政府的失利——第二次访问比利时——来自尼尔德的遗产——威灵顿公爵阿瑟·韦尔斯利去世——威灵顿公爵阿瑟·韦尔斯利的葬礼——德比伯爵爱德华·史密斯－斯坦利辞职——维多利亚女王希望建立联合政府——维多利亚女王对阿伯丁伯爵乔治·汉密尔顿－戈登的呼吁——维多利亚女王对约翰·拉塞尔伯爵的呼吁——罗伯特·皮尔派保守党人与辉格党人的联合——阿伯丁伯爵乔治·汉密尔顿－戈登的辉格党同僚们——满意的维多利亚女王——1853年4月7日利奥波德王子降生——军事上的准备——1853年第二次访问都柏林——拿破仑三世求和——拿破仑三世的结婚计划——利奥波德一世在维多利亚女王和拿破仑三世之间斡旋——拿破仑三世的胡搅蛮缠

实际上，帕默斯顿子爵亨利·约翰·坦普尔被解职只让宫廷平静了短短几个星期。1852年，约翰·拉塞尔伯爵的政府开局不利。新组建的、经验不足的政府认为法兰西第二帝国居心不良。英国与法兰西的旧恩怨总有可能突然碰撞出战争的火花。约翰·拉塞尔伯爵的政府不得不面临扩大海军和陆军的需要。当议会下议院就这一问题展开讨论时，帕默斯顿子爵亨利·约翰·坦普尔立即介入，强烈谴责《民兵法案》中包括的最早的一些不到位的条款。当时，议会下议院大多数议员都站在了帕默斯顿子爵亨利·约翰·坦普尔的一边。1852年2月20日，帕默斯顿子爵亨利·约翰·坦普尔击败以前的同僚，取得胜利。认识到议会对政府充满敌意后，约翰·拉塞尔伯爵立刻辞去首相一职。被解职后仅仅用了两个月，帕默斯顿子爵亨利·约翰·坦普尔将以前的同事们赶下了台。1852年2月24日，帕默斯顿子爵亨利·约翰·坦普尔写道："对约翰·拉塞尔伯爵，我以牙还牙。星期五，我终于将他撵走了。"①

　　维多利亚女王不喜欢约翰·拉塞尔伯爵的政府，也不信任反对党保守党。然而，此时，维多利亚女王只能遵照先例，传唤保守党领袖德比伯爵爱德华·史密斯-斯坦利。维多利亚女王请求德比伯爵爱德华·史密斯-斯坦利组建保守党政府。在与同僚仔细商讨后，德比伯爵爱德华·史密斯-斯坦利同意组建新政府。德比伯爵爱德华·史密斯-斯坦利接受出任首相，显然意味着议会下议院中保守党的核心人物、德

---

① 伊芙琳·阿什利：《帕默斯顿子爵亨利·约翰·坦普尔》，伦敦，R.宾利出版社，1876年，第1卷，第334页。——原注

比伯爵爱德华·史密斯-斯坦利的亲密盟友本杰明·迪斯雷利将进入职业生涯的第一个高峰。

尽管两位领导人德比伯爵爱德华·史密斯-斯坦利和本杰明·迪斯雷利很有能力，但新政府的势力还不够强大。这届政府的成员中没有与维多利亚女王意趣相投的人，他们都是刚刚涉足政坛的新人，都在寻求政党的保护。在维多利亚女王看来，实际政治斗争是不存在保护伞的。她已经准备好责备这些新官员，责备他们迟迟认识不到过时的政策缺乏可行性。在谈到新一届政府成员对政治问题的陈腐观点时，维多利亚女王说："大胆一些不会让人讨厌，也不会让问题变得困难。"

在与德比伯爵爱德华·史密斯-斯坦利及其同僚进行面对面的交流后，维多利亚女王很快改变了对这些人的偏见。维多利亚女王发现德比伯爵爱德华·史密斯-斯坦利很有风度，外交大臣马姆斯伯里伯爵詹姆斯·哈里斯经常向她汇报外交部发

马姆斯伯里伯爵詹姆斯·哈里斯

生的事情，并且很愿意听取她的建议。之前，对本杰明·迪斯雷利的了解令维多利亚女王对他很难产生好感，她和自己的朋友预计本杰明·迪斯雷利成为内阁成员会引发一些问题，不过很快都解决了。通过激烈的言辞，本杰明·迪斯雷利阻止了维多利亚女王的朋友罗伯特·皮尔在议会中赢得声望。维多利亚女王认为，在议会中，反对罗伯特·皮尔的人都是不讲原则的冒险家。本杰明·迪斯雷利清楚地认识到维多利亚女王对自己的疑虑。因此，在任职前的那场政府危机中，本杰明·迪斯雷利明确表示只接受不用和宫廷经常打交道的职位。维多利亚女王与本杰明·迪斯雷利熟悉后，立即开始信任本杰明·迪斯雷利。他妙趣横生的谈话令维多利亚女王觉得很有意思。虽然听到本杰明·迪斯雷利对罗伯特·皮尔的谴责时很伤心，但维多利亚女王很欣赏本杰明·迪斯雷利的做事风格和彬彬有礼的风度。后来，维多利亚女王完全消除了早期对本杰明·迪斯雷利的敌意，取而代之的是慢慢建立起的对他的信任和爱戴。可以说，本杰明·迪斯雷利是维多利亚女王在位期间最信任、最喜爱的一位大臣。

不过，目前，维多利亚女王与本杰明·迪斯雷利的交往是短暂的。保守党政府执政五个月后，1852年7月的大选，保守党在议会中只保住了二百九十九个议席，变成少数党。相反，自由党赢得三百一十五个议席，罗伯特·皮尔派保守党获得四十个议席。从前，罗伯特·皮尔派保守党的四十个议席通常是由自由党控制的。

1852年7月，维多利亚女王乘坐皇家游艇在英国南部海岸进行了一次巡游。几个星期后，维多利亚女王第二次去拉肯宫看望二度鳏居的舅舅利奥波德一世。当时，天气很糟糕，但在回程途中，维多利亚女王前往安特卫普参观了主要的历史名胜。然后，她前往加莱附近，就为看一眼这个地方。

1852年秋，在巴尔莫勒尔时，一个叫约翰·卡姆登·尼尔德的性格怪异的人将总计五十万英镑的遗产赠予维多利亚女王。1814年，约翰·卡姆登·尼尔德从他的父亲著名慈善家詹姆斯·尼尔德那里继承了大约二十五万英镑的遗产。然后，在接下来的三十年里，约翰·卡姆登·尼尔德节衣缩食又积累了二十五万英镑。约翰·卡姆登·尼尔德一生未婚，没有任何亲戚。维多利亚女王心存感激地接受了这笔巨资，但没有将其立刻花掉，而是存了起来。与此同时，她将约翰·卡姆登·尼尔德留给三位遗嘱执行人的遗产从一百英镑增加到一千英镑。安顿好约翰·卡姆登·尼尔德的仆人们,维多利亚女王还给曾经成功阻止约翰·卡姆登·尼尔德自杀的一位女人发放每年一百英镑的年金。1855年,在约翰·卡姆登·尼尔德大部分地产所在地白金汉郡,维多利亚女王出资重建了北马斯顿教堂的祭坛,并且在教堂里立了一扇窗户纪念约翰·卡姆登·尼尔德。

这笔丰厚遗产带来的喜悦并没有持续太长时间,因为很快传来1852年9月14日威灵顿公爵阿瑟·韦尔斯利去世的消息。在日记中,维多利亚女王写道:"无法想象我国失去了一位不朽的英雄威灵顿公爵阿瑟·韦尔斯利,没有哪位君主像我一样幸运拥有,恐怕以后我也很难再拥有这样一位无私奉献、忠心耿耿的臣子。他是我们坚定的支持者,天啊!迄今为止,我们已经失去太多有价值、有能力的朋友了。对我们来说,失去他是不可挽回的损失。他在生前对我们的帮助和教导谁也比不上……他是我们了解过去的时代,上个世纪的钥匙。"[1]在写给舅舅利奥波德一世的信中,维多利亚女王说:"他是我们的真朋友,是我们最有价值的顾问……我们很快就会孤立无援。现在,阿伯丁伯爵乔治·汉密尔顿-戈登基本是唯一一位对我们友善的亲密朋友。墨尔本子爵威廉·兰姆、罗伯特·皮尔和利物浦伯爵罗伯特·詹金森[2]都走了。现在,威灵顿公爵阿瑟·韦尔斯利也离我们而去了。"

维多利亚女王向陆军发布了默哀令,并且命令宫廷也要哀悼威灵顿公爵阿瑟·韦尔斯利的逝世,一位君主这样哀悼一位大臣很少见。维多利亚女王去切尔西医院瞻仰了威灵顿公爵阿瑟·韦尔斯利的遗体。1852年11月18日,维多利亚女王又站在白金汉宫的露台上目送了前往圣保罗大教堂的送葬队伍。

1852年11月11日,维多利亚女王主持了新议会的开幕式。德比伯爵爱德华·史密斯-斯坦利出任首相,但他的政府岌岌可危。1852年12月3日,本杰明·迪斯雷利提出政府预算方案,却被怀疑具有保护主义色彩。因此,1852年12月17日,这一预算方案在议会以十九票的劣势被否决。德比伯爵爱德华·史密斯-斯坦利立即辞职。

1846年到1852年,六年以来,英国政府异常软弱,党派组织混乱,没有哪个党

---

[1] 《维多利亚女王日记摘录》,第99页。——原注
[2] 1851年10月3日,维多利亚女王早期的朋友利物浦伯爵查尔斯·詹金斯去世。——原注

威灵顿公爵阿瑟·韦尔斯利的葬礼

派的领袖能在议会下议院获得大多数议员的信任。对维多利亚女王和阿尔伯特亲王来说,重新组建政党似乎是当务之急。1852年11月,维多利亚女王与德比伯爵爱德华·史密斯-斯坦利讨论辉格党与保守党组成联盟的可能性。当时,维多利亚女王提出的主要条件是帕默斯顿子爵亨利·约翰·坦普尔绝对不能成为议会下议院的领导人。德比伯爵爱德华·史密斯-斯坦利认为维多利亚女王的计划不切实际。当德比伯爵爱德华·史密斯-斯坦利辞职后,维多利亚女王下定决心努力实现自己的想法。

维多利亚女王派阿伯丁伯爵乔治·汉密尔顿-戈登和兰斯多恩侯爵亨利·佩蒂-菲茨莫里斯两位老道的大臣当说客,游说辉格党和罗伯特·皮尔派保守党。辉格党领袖兰斯多恩侯爵亨利·佩蒂-菲茨莫里斯曾是约翰·拉塞尔伯爵政府时期的枢密院院长。在政府出现危机前,兰斯多恩伯爵亨利·佩蒂-菲茨莫里斯一直致力于打压帕默斯顿子爵亨利·约翰·坦普尔的权势。最近,他认识到让一个不受支持的政府继续执政会损害国家利益。但此时,兰斯多恩侯爵亨利·佩蒂-菲茨莫里斯已经七十二岁,又饱受痛风折磨,根本无法执行维多利亚女王的命令。因此,罗伯特·皮尔派保守党领袖阿伯丁伯爵乔治·汉密尔顿-戈登只能孤军奋战。阿伯丁伯爵乔治·汉密尔顿-戈登很赞成维多利亚女王的提议。

在与阿伯丁伯爵乔治·汉密尔顿-戈登会面后不久,维多利亚女王写信给约翰·拉塞尔伯爵:"女王认为在保守党和辉格党真诚努力下,建立一个受拥戴、有效率、经得住考验的政府的时机已经成熟。"[①]约翰·拉塞尔伯爵表示赞同,其他人也表示满意。最终,在维多利亚女王的协助下,阿伯丁伯爵乔治·汉密尔顿-戈登成功组建起辉格党和罗伯特·皮尔派保守党的联合政府。

实现联合执政并没有维多利亚女王想象的那样简单。阿伯丁伯爵乔治·汉密尔顿-戈登依然得不到保守党领导人的任何帮助,保守党人继续对罗伯特·皮尔派保守党人态度冷淡,并且完全不会支持辉格党人。如果维多利亚女王默许将保守党排除在新政府之外,那么联合执政的计划似乎也行得通。在国内问题上,阿伯丁伯爵乔治·汉密尔顿-戈登领导的罗伯特·皮尔保守党和辉格党的分歧逐渐消失。最终,在阿伯丁伯爵乔治·汉密尔顿-戈登的努力下,内阁中的罗伯特·皮尔派保守党

---

① 斯潘塞·霍拉肖·沃波尔:《约翰·拉塞尔伯爵传》,第2卷,第161页。——原注

领导人与辉格党领导人结成联盟。四名罗伯特·皮尔派保守党议员接受阿伯丁伯爵乔治·汉密尔顿-戈登的邀请加入政府。这四名议员为出任财政大臣的威廉·尤尔特·格拉德斯通、出任殖民大臣的纽卡斯尔公爵亨利·佩勒姆-克林顿、出任海军大臣的詹姆斯·格雷厄姆爵士及出任战争大臣的莱亚的悉尼·赫伯特男爵。自由党中的左翼和激进派也意在和解，威廉·莫尔斯沃思爵士作为这部分人的代表，进入内阁出任劳工大臣。此外，内阁中其他七名大臣均为上届政府中的辉格党人。

在阿伯丁伯爵乔治·汉密尔顿-戈登的辉格党同盟中，最重要的成员当属帕默斯顿子爵亨利·约翰·坦普尔，他在政府中任职被认为是实现政府稳定的压舱石。

莱亚的悉尼·赫伯特男爵

第 18 章 维多利亚女王与拿破仑三世

已经充分意识到这一事实的维多利亚女王没有反对帕默斯顿子爵亨利·约翰·坦普尔担任内政大臣一职。起初,外交大臣由约翰·拉塞尔伯爵担任。但没过多久,约翰·拉塞尔伯爵将这一职位让给了维多利亚女王的忠实朋友克拉伦登伯爵乔治·维利尔斯。兰斯多恩侯爵亨利·佩蒂-菲茨莫里斯也将成为内阁成员,但他没有担任任何职位。此外,格兰维尔男爵格兰维尔·莱韦森-高尔将出任枢密院院长、克兰维尔男爵罗伯特·罗尔夫出任议会上议院大法官、阿盖尔公爵乔治·坎贝尔将出任掌玺大臣及后来成为哈利法克斯子爵的查尔斯·伍德出任印度管制委员会主席。

查尔斯·伍德

汉诺威新国王乔治五世

在这届内阁中,每位成员都很有能力。因此,虽然保守党成员拒绝加入内阁,但维多利亚女王对自己经过一番努力后的组阁成果还是很满意的。1852年12月28日,阿伯丁伯爵乔治·汉密尔顿-戈登完成了组建联合政府的工作。维多利亚女王写信给舅舅利奥波德一世,满意地称这是"出色的阿伯丁伯爵乔治·汉密尔顿-戈登的胜利"和"实现了国家和我们最热切的愿望"。

1853年有个不错的开头,但这只是暴风雨来临前的暂时平静。1853年4月7日,维多利亚女王最小的儿子,即第四子出生。维多利亚女王以舅舅利奥波德一世的名字命名小王子,并且邀请舅舅利奥波德一世当孩子的教父。利奥波德王子的另一位教父是汉诺威新国王乔治五世。为纪念维多利亚女王对苏格兰的深情厚谊,利奥波

利奥波德王子

德王子的第三个名字为邓肯。以后,维多利亚女王在情感上很依赖利奥波德王子。不过,利奥波德王子的身体一直很虚弱。在其短暂的三十一年人生中,利奥波德王子经常是最让母亲维多利亚女王揪心的孩子。

因为国事需要,利奥波德王子出生后,维多利亚女王休养的时间很短。鉴于欧洲大陆有爆发战争的可能性,经维多利亚女王同意,英国各地都在如火如荼地进行军事训练。1853年6月21日和1853年8月5日,维多利亚女王两次视察了位于乔伯姆公地的一处新军营①。其中,第一次去时,维多利亚女王邀请了汉诺威新国王乔治五世

---

① 1901年8月5日,乔伯姆公地上立起了一座花岗岩十字架,以纪念维多利亚女王的第一次到访。——原注

和王后萨克森-阿尔滕堡的玛丽。在这两次视察期间，维多利亚女王、阿尔伯特亲王、威尔士亲王阿尔伯特·爱德华、长公主维多利亚·亚历山德里娜·玛丽·路易莎和爱丽丝公主都染上了麻疹。最让维多利亚女王担心的是阿尔伯特亲王，他病得很严重，几近虚脱。不过，阿尔伯特亲王很快恢复过来。1853年8月11日，维多利亚女王在斯皮海德举办了一场盛大的海军阅兵式，令英国海军的士气大振。

爱尔兰效仿1851年的万国博览会筹备了一场工业展。1853年8月月底，为视察这次在爱尔兰举行的工业展，维多利亚女王第二次到访都柏林。据说，在维多利亚女

萨克森－阿尔滕堡的玛丽

第18章 维多利亚女王与拿破仑三世 | 313

王登陆金斯敦时，一百万爱尔兰人迎接了她。1853年8月30日到1853年9月3日，在都柏林期间，英国王室一行出席了多场公开活动。维多利亚女王称参观工业展是"一次愉快、有趣的体验"。

整个1852年，维多利亚女王都坚持自己的立场，不愿与将路易·腓力一世赶下王位的法兰西皇帝拿破仑三世有任何私人往来。维多利亚女王与流亡的法兰西王室的关系给了拿破仑三世——这个篡位者——怀疑和不满的口实。虽然帕默斯顿子爵亨利·约翰·坦普尔对拿破仑三世充满好感，但这并不能缓和维多利亚女王对拿破仑三世的敌意。不过，维多利亚女王逐渐意识到允许个人感情破坏英国和法兰西第二帝国的和平关系是危险的事。德比伯爵爱德华·史密斯-斯坦利政府的外交大臣马姆斯伯里伯爵詹姆斯·哈里斯很早就认识拿破仑三世。他对待拿破仑三世的态度和帕默斯顿子爵亨利·约翰·坦普尔一样。前保守党政府的最后几项举措之一是通过在1852年12月2日正式承认新建立的法兰西第二帝国的方式，意欲促成英国进入欧洲列强的行列。与此同时，法兰西皇帝拿破仑三世不断向英国示好。

就在英国政府正式承认法兰西第二帝国当天，法兰西第二帝国驻英国大使询问英国外交大臣马姆斯伯里伯爵詹姆斯·哈里斯，英国能否接受拿破仑三世与维多利亚女王同母异父的姐姐莱宁根的费奥多拉之女霍恩洛厄-兰根堡的阿德莱德的联姻。对这一提议，维多利亚女王大吃一惊，恐惧地提到拿破仑三世的宗教信仰和道德观，以及法兰西大革命以来法兰西君主配偶的悲惨命运。因此，1853年1月，听说拿破仑三世要娶欧仁妮·德·蒙蒂若小姐时，维多利亚女王松了口气。不过，具有讽刺意味的是，维多利亚女王后来与欧仁妮·德·蒙蒂若建立了长久的友谊。

舅舅利奥波德一世意识到改善维多利亚女王与拿破仑三世关系的必要性。1853年的前几个月，与利奥波德一世商量后，阿尔伯特亲王的哥哥萨克森-科堡-哥达公爵欧内斯特二世以私人身份访问巴黎，并且在杜伊勒里宫受到热情招待。事实证明这次斡旋是成功的。法兰西皇帝拿破仑三世和皇后欧仁妮·德·蒙蒂若对维多利亚女王的家庭生活赞不绝口。此外，欧仁妮·德·蒙蒂若皇后很真诚地表示希望与维多利亚女王、阿尔伯特亲王及孩子们建立亲密的关系。她称维多利亚女王和葡萄牙女王玛丽亚二世是欧洲宫廷的道德模范，在两人的引领下，欧洲宫廷的生活方

欧仁妮·德·蒙蒂若

式发生了巨大变化。萨克森·科堡-哥达公爵欧内斯特二世立即将在杜伊勒里宫的会谈内容汇报给弟弟阿尔伯特亲王和弟媳维多利亚女王。一向很重视家庭生活的维多利亚女王对法兰西皇室的表态很欣慰,她之前对法兰西皇室的偏见开始动摇,新的政治局面很快形成。

拿破仑三世立刻抓住每个机会改善英国王室和法兰西皇室的关系。1853年年底,拿破仑三世第二次大胆提出两个家族的联姻建议,与上次联姻的请求相比,这次联姻的建议更实际。在征得利奥波德一世和帕默斯顿子爵亨利·约翰·坦普尔的同意后,拿破仑三世提议让堂兄热罗姆-拿破仑·波拿巴迎娶维多利亚女王的堂妹剑桥的玛丽。后来,热罗姆-拿破仑·波拿巴成为波拿巴家族的政治领袖,剑桥的玛丽公主特克公爵夫人。剑桥的玛丽是温莎城堡的常客，经常和维多利亚女王在一起消磨时间。维多利亚女王虽然从来都对强迫的政治婚姻不认同，但还是立即询问阿尔伯特亲王的意见。阿尔伯特亲王毫不犹豫地拒绝了这门亲事。因此，拿破仑三世的联姻建议到此为止。对草率拒绝拿破仑三世的提议，帕默斯顿子爵亨利·约翰·坦普尔表示震惊，冷冷地评论道："无论如何，热罗姆-拿破仑·波拿巴也比一位德意志王子合适。"

第19章

克里米亚战争

精彩看点

与俄罗斯帝国的纠纷——帕默斯顿子爵亨利·约翰·坦普尔坚定的立场——维多利亚女王对战争的惧怕——外国君主的态度——民众对阿尔伯特亲王的怀疑——对阿尔伯特亲王的攻击——维多利亚女王的愤怒——对俄罗斯帝国宣战——维多利亚女王和军队——宫中的接待活动——维多利亚女王不满人们对战争冷漠的态度——阿尔伯特亲王在圣奥梅尔——1854年8月12日议会下议院议长最后一次慷慨激昂地劝说维多利亚女王——对战争的担忧——1854年和1855年冬——阿伯丁伯爵乔治·汉密尔顿-戈登的失败

虽然拿破仑三世的努力没有任何成果，但英国和法兰西第二帝国结盟近在咫尺。这是第一次，也是唯一一次，在维多利亚女王的左右下，英国打算介入欧洲战事，并且对手不是法兰西，而是俄罗斯帝国。英国与法兰西第二帝国结成联盟，共同对俄罗斯帝国宣战。1853年秋，为达到迫使奥斯曼土耳其帝国宣战的目的，俄罗斯帝国强硬表示使用武力保护奥斯曼土耳其帝国境内的基督徒。英国人认为英国有责任武力介入，帮助同盟奥斯曼土耳其帝国。决定欧洲和平的问题摆在英国内阁的面前。

不幸的是，阿伯丁伯爵乔治·汉密尔顿-戈登的政府内部出现分歧。首相阿伯丁伯爵乔治·汉密尔顿-戈登认为俄罗斯帝国的行为是站不住脚的，但他寄希望于通过与欧洲列强协商来避免战争。内政大臣帕默斯顿子爵亨利·约翰·坦普尔的立场更受大家支持。他明确提出奥斯曼土耳其帝国远不是俄罗斯帝国的对手，维护奥斯曼土耳其帝国的主权符合英国利益。因此，英国应该立即介入与俄罗斯帝国的战事。然而，阿伯丁伯爵乔治·汉密尔顿-戈登并不打算马上放弃和平解决问题的途经。1853年11月16日，帕默斯顿子爵亨利·约翰·坦普尔突然以不赞成选举改革议案为由辞职，但实际上，他辞职的真正原因是对外交问题的看法。希望帕默斯顿子爵亨利·约翰·坦普尔重新返回政府的呼声此起彼伏，搅得政府不得安宁。最终，阿伯丁伯爵乔治·汉密尔顿-戈登迫于压力召回帕默斯顿子爵亨利·约翰·坦普尔。帕默斯顿子爵亨利·约翰·坦普尔的复职意味着欧洲和平走到了尽头。

无论从哪个角度讲，英国国内外事态的发展都令宫廷感到不悦。维多利亚女王完全信任并支持阿伯丁伯爵乔治·汉密尔顿-戈登，也希望避免战争。因此，对帕默斯顿子爵亨利·约翰·坦普尔重新得势，维多利亚女王忧心忡忡。原本以为自己在与帕默斯顿子爵亨利·约翰·坦普尔的斗争中取得了胜利，但此时，维多利亚女王突然感到一切努力付诸东流，这令她感到羞耻。与此同时，对战争的恐惧压得维多利亚女王喘不过气来。

当时，维多利亚女王非常绝望。国外的形势与国内的形势一样让人担忧。拿破仑三世立即表示法军会加入英军，撒丁国王维托里奥·埃马努埃莱二世承诺如果英军立即进攻俄罗斯帝国，那么自己会效仿拿破仑三世，派军加入英军。然而，平日与维多利亚女王私交很好的君主们恳求她阻止帕默斯顿子爵亨利·约翰·坦普尔的战

撒丁国王维托里奥·埃马努埃莱二世

争计划。沙皇尼古拉一世态度坚决地向维多利亚女王证明俄罗斯帝国的清白。紧张的普鲁士国王腓特烈·威廉四世恳请维多利亚女王不惜一切代价维护和平，甚至派特使冯·格勒本给维多利亚女王送去一张亲笔字条，字条上称维多利亚女王接下来的任何举动都将令普鲁士王国在中欧处境艰难。英国外交大臣克拉伦登伯爵乔治·维利尔斯也有同感，并且就回复的内容给维多利亚女王一些很明智的建议。在回复中，维多利亚女王责备普鲁士国王腓特烈·威廉四世的软弱，并且提醒腓特烈·威廉四世的责任是协助自己维护国际社会的法律和秩序，而不是说服自己逃避责任。此外，维多利亚女王说如果欧洲各强国能与英国联合起来，那么俄罗斯帝国一定会屈从于外交压力。

在维多利亚女王与欧洲大陆君主们的通信中，她的态度无可指责。然而，整个英国开始失去耐心，很快有谣传说维多利亚女王和丈夫阿尔伯特亲王在外交上的偏心损害了英国的国家利益。阿伯丁伯爵乔治·汉密尔顿-戈登对战争的犹豫不决，以及众所周知的帕默斯顿子爵亨利·约翰·坦普尔与维多利亚女王的意见分歧，都令人们不得不怀疑维多利亚女王在阿尔伯特亲王的影响下受到对手的操控，正在妨碍英国的国家权利。

1853年到1854年冬，英国政府没有做出任何实质性举动。因此，英国人的不满情绪倍增，并且将所有的愤怒都撒到阿尔伯特亲王和维多利亚女王头上。人们指责阿尔伯特亲王是欧洲大陆奥地利-比利时-科堡-奥尔良政治集团的头目，是英国的对手，是帮助俄罗斯帝国实现野心的工具。据传，通过阿尔伯特亲王在哥达和布鲁塞尔的亲戚，沙皇尼古拉一世向阿尔伯特亲王表达了自己的意愿。1854年1月7日，阿尔伯特亲王告诉哥哥萨克森-科堡-哥达公爵欧内斯特二世说："有人说我向维多利亚女王传达了沙皇尼古拉一世的命令。然后，维多利亚女王说服阿伯丁伯爵乔治·汉密尔顿-戈登，压制帕默斯顿子爵亨利·约翰·坦普尔的声音。"[①]实际上，维多利亚女王的丈夫阿尔伯特亲王只是英国政府政策摇摆不定的替罪羊而已。诚实正直的人都认为阿尔伯特亲王自愿背上了叛国的罪名，并且强烈质疑维多利亚女王的清白。

---

① 萨克森-科堡-哥达公爵欧内斯特二世：《萨克森-科堡-哥达公爵欧内斯特二世回忆录》，第2卷，第46页。——原注

维多利亚女王对这些诽谤很伤心,慈祥的阿伯丁伯爵乔治·汉密尔顿-戈登尽量想办法安慰她。1854年1月4日,维多利亚女王对阿伯丁伯爵乔治·汉密尔顿-戈登说:"阿尔伯特亲王代表的是我自己。因此,大家攻击阿尔伯特亲王时,就是在攻击我。我万万没想到我的臣民竟然会如此报答阿尔伯特亲王一直以来孜孜不倦的付出。"首相阿伯丁伯爵乔治·汉密尔顿-戈登以鄙视的态度回复,称这一行径是"卑鄙恶毒的派系斗争的表现"。不过,他也承认阿尔伯特亲王的确拥有不符合宪法规定的地位。

对维多利亚女王肆无忌惮的攻击很快激起人们对维多利亚女王的同情。1854年1月31日,当维多利亚女王宣布议会开会时,两院领袖——议会上议院的阿伯丁伯爵乔治·汉密尔顿-戈登和德比伯爵爱德华·史密斯-斯坦利、议会下议院的约翰·拉塞尔伯爵和斯潘塞·霍拉肖·沃波尔都对维多利亚女王毕恭毕敬,并且有力地回击了针对维多利亚女王和阿尔伯特亲王的诽谤。对王室的责难声逐渐退去,1854年2月27日,维多利亚女王向议会上议院传达信息,宣布与俄罗斯帝国的协商失败。直到此时,对王室的指责才暂时平息。1854年2月28日,英国正式对俄罗斯帝国宣战,法兰西第二帝国和撒丁王国也宣布支持英国,做好参战的准备。

普通民众对维多利亚女王的批评是毫无道理的。维多利亚女王对战争的态度既体现了君主的尊严,也体现了自身的智慧。虽然维多利亚女王憎恶战争,但在战争变得不可避免时,她不会躲避战争,并且相信一旦投入战争,就要一心一意坚持到底。尽管厌恶战争,对战争带来的灾难深感痛心,但当战争真的来临时,维多利亚女王能不断敦促大臣和将军们以坚强的意志不断向前推进战事,不达胜利绝不松懈。从宣战那天起,维多利亚女王不遗余力地鼓励陆军和海军的各级军官将领。数月以来,维多利亚女王亲自目送军队奔赴战场。1854年3月10日,她又在斯皮海德检阅舰队。这支舰队将在查尔斯·内皮尔爵士的指挥下奔赴波罗的海。克里米亚战争刚开始时,阿伯丁伯爵乔治·汉密尔顿-戈登的政府提出为确保英军的胜利,设立耻辱日。但维多利亚女王并不支持这项提议,警告阿伯丁伯爵乔治·汉密尔顿-戈登以祷告的形式进行自贬是伪善的表现,并且强烈反对对军队的辱骂。

幸运的是,宫廷的日常生活多少缓解了克里米亚战争带来的焦虑感。1854年

5月12日，承认已经与拿破仑三世结盟的维多利亚女王应法兰西驻英国大使亚历山大·科隆纳·瓦莱夫斯基的邀请，出席了位于阿尔伯特门的法兰西第二帝国驻英国大使馆举办的化装舞会。在这场化装舞会上，只有维多利亚女王穿着普通的晚礼服。1854年5月13日，维多利亚女王又前往伍尔维奇，将一艘巨大的新战舰命名为"皇家阿尔伯特号"。1854年6月，维多利亚女王招待了表弟葡萄牙新国王佩德罗五世及其弟弟波尔图公爵路易。在哥哥佩德罗五世去世后，波尔图公爵路易继承了葡

葡萄牙新国王佩德罗五世

萄牙王位，成为路易一世。七个月前的1853年11月20日，两人的母亲玛丽亚二世死于分娩。维多利亚女王很关心两个年轻人，并且带他们去听歌剧、看戏剧、去阿斯科特看赛马。两兄弟在英国宫廷期间，宫廷中有些侍臣不明智地向他们建议葡萄牙王国应该与英国一起加入克里米亚战争。这一建议自然遭到葡萄牙王国方面的拒绝。不过，这并没有影响到佩德罗五世兄弟与维多利亚女王的关系。在这个社交季中，最重大的事件是1854年6月10日，维多利亚女王出席了水晶宫迁址后的开放仪式。万国博览会后，在阿尔伯特亲王的赞助下，水晶宫从海德公园搬迁到锡德纳姆。

1854年夏，维多利亚女王公开驳斥了指责自己软弱的言论。与许多民众一样，此时，维多利亚女王担心在面对战争时，阿伯丁伯爵乔治·汉密尔顿-戈登的政府立场不坚定。1854年6月，阿伯丁伯爵乔治·汉密尔顿-戈登在议会上议院发表演说，批评英国报纸对俄罗斯帝国的恶意攻击。维多利亚女王立即提醒阿伯丁伯爵乔治·汉密尔顿-戈登，其对战争的冷淡态度必然会令公众产生误解。维多利亚女王表示无论是否曲解了沙皇的政策，此时，大臣们一定要认识到"俄罗斯帝国目前的政策已经给了我们充分的理由去全力反击"。

维多利亚女王和阿尔伯特亲王不断催促大臣们加快商议战争事宜，提升克里米亚陆军的战斗力。1854年7月，阿尔伯特亲王接受拿破仑三世的紧急邀请，一起视察了位于圣奥梅尔的军营。在圣奥梅尔，有一支军队正整装待命，准备奔赴克里米亚。阿尔伯特亲王与拿破仑三世的这次会面十分成功，拿破仑三世很看重阿尔伯特亲王。对此，维多利亚女王心存感激，这为英国和法兰西第二帝国君主间的良好关系奠定了更稳固的基础。

1854年8月12日，维多利亚女王最后一次出席了议会的闭会仪式。一直以来，惯例做法是在议会会期结束时，君主接见议会下议院议员，聆听议会下议院议长慷慨激昂的长篇大论。1839年到1854年，十五年来，多次出任议会下议院议长的埃弗斯利子爵查尔斯·肖·勒菲弗站在维多利亚女王的立场上回顾了大臣们以前的做法，告诉维多利亚女王爆发战争势必阻碍立法的进程："尽管陛下竭尽全力想维护和平，但俄罗斯帝国对奥斯曼土耳其帝国的无端入侵已经迫使我们必须通过战争来解决问题。"埃弗斯利子爵查尔斯·肖·勒菲弗继续为战争的合理性辩解，为维多利亚女王派出"史无前例的舰队和军队"的做法欢呼。虽然埃弗斯利子爵查尔斯·肖·勒菲弗的演说内容相对简短，语气中充满敬意，但维多利亚女王很不喜欢别人对自己指手画脚，也从不愿意打破先例。因此，最后维多利亚女王并没有亲自宣布议会闭会。此后，因为君主不再出席闭会仪式，所以议会下议院议长也不必履行发表正式演说的职责。至此，这一古老的惯例被维多利亚女王废除了。

维多利亚女王对克里米亚的战事一直忧心忡忡。1854年9月，在巴尔莫勒尔别墅，维多利亚女王兴高采烈地听取了在阿勒马取得的了不起的、决定性胜利的详细汇报。离开巴尔莫勒尔别墅时，维多利亚女王参观了格里姆斯比和赫尔两地的码头。不过这一路上，她心神不宁。在赫尔时，维多利亚女王写信给舅舅利奥波德一世，并且说道："我们，实际上可以说整个国家，都在为克里米亚担心。"从英克曼和巴拉克拉瓦传来的胜利消息并没有完全消除维多利亚女王对战争的担忧。在1854年11月7日的日记中，她写道："我从没想到会面对这样一个充满变数的局面，更别说深陷其中了。"

1854年冬，英军遭受天气、疾病和粮食补给中断的残酷考验，这令英国人十分不安。对严峻的形势，维多利亚女王心知肚明，也在积极应对。她发起并号召民众志愿对军队展开任何形式的救援，甚至她亲手为士兵们制作了一批羊毛被子和手套。1855年1月1日，维多利亚女王写信给驻克里米亚军队总司令拉格伦男爵菲茨罗伊·萨默塞特，对"深陷物资匮乏和疾病折磨的"将士表示慰问，恳求拉格伦男爵菲茨罗伊·萨默塞特要"在条件允许的范围内让军营尽可能舒适些"。维多利亚女王注重每个细节，甚至向拉格伦男爵菲茨罗伊·萨默塞特证实"给士兵提供的咖啡不是烘焙过的，而是生的咖啡豆"的传言的真实性。虽然越来越确信战争部门的工作不利，但维多利亚女王和阿尔伯特亲王仍坚定支持已经成为众矢之的的首相阿伯丁伯爵乔治·汉密尔顿-戈登。1855年1月议会开会前，维多利亚女王授予阿伯丁伯爵乔治·汉密尔顿-戈登嘉德骑士勋章。

即使这样，对阿伯丁伯爵乔治·汉密尔顿-戈登政府的瓦解，维多利亚女王也无力回天。议会一宣布开会，面对全国上下反战呼声，约翰·拉塞尔伯爵突然提出退出政府。1855年1月24日，内阁在经过激烈辩论后，全体成员向维多利亚女王提

阿勒马战役

英克曼战役

交辞呈。对此,维多利亚女王关切地敦促"各位要三思而后行"。阿伯丁伯爵乔治·汉密尔顿-戈登及其同僚不情愿地遵从了维多利亚女王的意愿,表示会继续留任。然而,该来的事迟早会到来。1855年1月29日,议会通过一项动议,在询问政府面对战争的作为时,阿伯丁伯爵乔治·汉密尔顿-戈登的政府完全被击垮,只获得一百四十八张支持票,但有三百零五人投了反对票。事到如今,阿伯丁伯爵乔治·汉密尔顿-戈登下台已经成为定局。1855年2月7日,维多利亚女王充满深情地向阿伯丁伯爵乔治·汉密尔顿-戈登写了一封告别信,信中盛赞了阿伯丁伯爵乔治·汉密尔顿-戈登以往的功劳。在信中,维多利亚女王写道:"自从认识您以来,您就是我亲爱的朋友。对我来说,现在要与您这样一位重要的朋友分离,是一件痛苦的事。当年,您成为我的首相时,我十分开心。在您的整个任期内,您一直是我最具智慧的顾问。离任后,您会一直是我的顾问。但面对您不再是政府中首席顾问的事实,我还是很痛心。"①

---

① 斯坦莫尔男爵阿瑟·汉密尔顿-戈登:《阿伯丁伯爵乔治·汉密尔顿-戈登传》,伦敦,桑普森·洛、马斯顿、塞尔和里温顿出版社,1893年,第291页到第292页。——原注

第20章

拿破仑三世访英与维多利亚女王访法

精彩看点

帕默斯顿子爵亨利·约翰·坦普尔重新成为维多利亚女王的噩梦——维多利亚女王对约翰·拉塞尔伯爵的呼吁——无所不能的帕默斯顿子爵亨利·约翰·坦普尔——维多利亚女王接受帕默斯顿子爵亨利·约翰·坦普尔——伤残军人——拿破仑三世主动提出前往克里米亚——维多利亚女王对政治伙伴的不信任——1855年拿破仑三世来访——讨人喜欢的拿破仑三世——英国人民对拿破仑三世的欢迎——维多利亚女王对忠诚的讽刺——维多利亚女王责备约翰·拉塞尔伯爵——1855年5月18日首次颁发战争勋章——拿破仑三世的邀请——1855年维多利亚女王访问巴黎——对维多利亚女王的盛大欢迎——首次会见奥托·冯·俾斯麦——成功的巴黎之行——与拿破仑三世的关系

显然，阿伯丁伯爵乔治·汉密尔顿-戈登的辞职迫使维多利亚女王不得不直面一个自己最不愿意履行的义务。维多利亚女王命中注定要将政府的最高权力交给老对手帕默斯顿子爵亨利·约翰·坦普尔。面对这种局面，维多利亚女王需要的是胆识和勇气。维多利亚女王没有急于做出决定，而是花时间研究了一番议会中议员分化的状况。她发现促成阿伯丁伯爵乔治·汉密尔顿-戈登下台的主要力量是德比伯爵爱德华·史密斯-斯坦利的支持者。了解到这一点后，维多利亚女王不顾阿伯丁伯爵乔治·汉密尔顿-戈登的反对，向德比伯爵爱德华·史密斯-斯坦利发出组建新政府的邀请。德比伯爵爱德华·史密斯-斯坦利回应称，如果得不到其他政党的支持，就不会接受组阁邀请。一天后，德比伯爵爱德华·史密斯-斯坦利宣布争取其他党派支持的努力失败。本杰明·迪斯雷利敦促德比伯爵爱德华·史密斯-斯坦利再做一番努力，但德比伯爵爱德华·史密斯-斯坦利拒绝了，表示不再参与任何协商活动。

　　维多利亚女王只好求助于经验丰富的辉格党领导人兰斯多恩侯爵亨利·佩蒂-菲茨莫里斯，委托他私下向各党派的领袖征求建议。兰斯多恩侯爵亨利·佩蒂-菲茨莫里斯原以为只要威廉·尤尔特·格拉德斯通加入自己的政府并出任财政大臣，他就能组建新一届政府。然而，当时，威廉·尤尔特·格拉德斯通还没有完全认定自己辉格党员的身份。因此，他拒绝了兰斯多恩侯爵亨利·佩蒂-菲茨莫里斯的邀请。[1]

---

[1]　威廉·尤尔特·格拉德斯通晚年时写道："后来，我再审视当时的决定时，必须痛心地承认当时的决定是一个严重的误判。"他认为自己的决定促成了帕默斯顿子爵亨利·约翰·坦普尔取代兰斯多恩侯爵亨利·佩蒂-费茨莫里斯成为首相，并且这个结果是灾难性的。参见约翰·莫利：《威廉·尤尔特·格拉德斯通传》，伦敦，麦克米伦出版社，第1卷，1903年，第529页到第530页。——原注

这样一来，与德比伯爵爱德华·史密斯-斯坦利一样，兰斯多恩侯爵亨利·佩蒂-菲茨莫里斯在组建政府的问题上束手无策。最后，维多利亚女王不得不召唤约翰·拉塞尔伯爵。对阿伯丁伯爵乔治·汉密尔顿-戈登的失利，约翰·拉塞尔伯爵要负很大一部分责任，其支持者在人数和团结度上仅次于德比伯爵爱德华·史密斯-斯坦利的支持者。维多利亚女王告诉约翰·拉塞尔伯爵，因为德比伯爵爱德华·史密斯-斯坦利无力组建新政府，所以这项责任就落在他身上了。这时，维多利亚女王不得不克制自己的情绪，主动向约翰·拉塞尔伯爵表示希望帕默斯顿子爵亨利·约翰·坦普尔能成为新政府的成员，但也仅此而已。维多利亚女王并没有主动联系帕默斯顿子爵亨利·约翰·坦普尔。然而，约翰·拉塞尔伯爵宣称自己无力接受维多利亚女王的委托。

国家事务一时之间陷入停滞状态。这种僵局危机四伏。维多利亚女王向密友克拉伦登伯爵乔治·维利尔斯坦言自己不愿意采取下一步措施，恐怕这是唯一能结束目前危机的办法。克拉伦登伯爵乔治·维利尔斯表示这是唯一能采取的办法，并且向维多利亚女王保证，只要坦诚对待帕默斯顿子爵亨利·约翰·坦普尔，帕默斯顿子爵亨利·约翰·坦普尔一定也希望和解，并且目前只有帕默斯顿子爵亨利·约翰·坦普尔能担负起政府领导人的角色。虽然有一百个不愿意，但最终维多利亚女王以大局为重，派人请帕默斯顿子爵亨利·约翰·坦普尔进宫，委任其组建新一届政府。

帕默斯顿子爵亨利·约翰·坦普尔受欢迎的程度是毋庸置疑的，这令维多利亚女王的进一步反抗显得危险而多余。木已成舟，维多利亚女王此时最明智的做法是让不利的局面尽可能朝有利于自己的方向发展。维多利亚女王表示自己会像信任前几任首相一样信任新首相帕默斯顿子爵亨利·约翰·坦普尔。1855年2月15日，帕默斯顿子爵亨利·约翰·坦普尔写信给弟弟威廉·坦普尔称："我受到全国上下的普遍支持，我对朝廷给予我的友好和信任十分欣慰。"最令维多利亚女王放心和满意的是，克拉伦登伯爵乔治·维利尔斯留任外交大臣，格兰维尔伯爵格兰维尔·莱韦森-高尔留任枢密院议长，乔治·格雷爵士接替帕默斯顿子爵亨利·约翰·坦普尔出任内政大臣。与此同时，阿伯丁伯爵乔治·汉密尔顿-高尔说服其内阁同僚在帕默斯顿子爵亨利·约翰·坦普尔的政府中至少暂时留任。维多利亚女王曾这样写道："得知阿伯丁伯爵乔治·汉密尔顿-戈登如此忠诚、高尚和无私地帮助组建新政府，得知阿伯丁伯爵乔治·汉密尔顿-戈登的同僚将留任原职，这着实减轻了与他分别的痛苦，也很大程度上防范了可能发生的危机。"但几天后，旧政府中的罗伯特·皮尔派保守党成员——威廉·尤尔特·格拉德斯通、詹姆斯·格雷姆爵士和莱亚的悉尼·赫伯特男爵退出新政府。接着，约翰·拉塞尔伯爵及几位朋友进入政府填补职位空缺。对罗伯特·皮尔派保守党成员退出内阁，维多利亚女王"很伤心"，"坦言在当前形势下，组建新政府的不易"。但事实上，罗伯特·皮尔派保守党成员的退出确保了新政府的团结。至此，再也没人能束缚帕默斯顿子爵亨利·约翰·坦普尔手中的权力了。

有关阿尔伯特亲王影响国家政策走向毫无根据的诽谤依然盛行。不过，维多利亚女王竭力主张救助伤员的做法无疑转移了人们的注意力。1855年3月，维多利亚女王视察了位于查塔姆和伍尔维奇的军队医院，用质朴的语言鼓励伤残军人。在私底下，维多利亚女王抱怨战争部没有向她提供足够信息，以便了解伤残军人回国后的安置情况。维多利亚女王下定决心全力以赴改善退伍伤残军人的生活状况。

拿破仑三世宣布将前往克里米亚指挥法军，这导致新问题产生了，他的出现势必使克里米亚战区联合军队指挥权的问题复杂化。因此，英国外交部做出了比较温和的抗议。鉴于这种情况，拿破仑三世暗示自己与维多利亚女王亲自讨论这一问题可能结果会更好。维多利亚女王和顾问们接受了拿破仑三世的提议，邀请他和皇后欧仁妮·德·蒙蒂若对英国进行国事访问。

可以说，在各个方面，维多利亚女王都被迫与自己不信任的人打交道。首先，帕默斯顿子爵亨利·约翰·坦普尔成为维多利亚女王的首相，用阿尔伯特亲王的话说，帕默斯顿子爵亨利·约翰·坦普尔是"一个让我们的生活充满痛苦的人"。其次，出于对国家的责任，维多利亚女王不得不与声名狼藉的拿破仑三世和解，让对方成为自己在欧洲最亲密的盟友。在国家危难时，维多利亚女王欣然放弃私人感情，以国家利益为重。

维多利亚女王全力以赴盛情款待王室的客人，亲自监管以自己和丈夫阿尔伯特亲王名义组织的所有活动中的每个细节，甚至亲手起草接待活动的宾客名单。1855年4月16日，法兰西第二帝国皇帝拿破仑三世和皇后欧仁妮·德·蒙蒂若抵达多佛。

然后，他们途经伦敦来到温莎城堡。对外国君主的接待仪式，英国王室从来都搞得十分隆重，法兰西皇帝拿破仑三世立刻对英国好感倍增。

出乎维多利亚女王的预料，接待活动进行得十分顺利。1855年4月16日晚，拿破仑三世抵达温莎城堡当晚，英国王室举行了一场盛大的宴会。在宴会上，拿破仑三世殷勤的奉承和恰到好处的亲密感赢得维多利亚女王的好感。维多利亚女王发现拿破仑三世其实是一个"十分安静、随和、容易相处的人"。席间，拿破仑三世提到早年与维多利亚女王会面的情形，并且说当时自己在伦敦避难，对维多利亚女王的家事格外感兴趣。第二天，在举行了一场舞会后，拿破仑三世检阅了温莎城堡的防务部队，一切都那么和睦。1855年4月18日，维多利亚女王授予拿破仑三世嘉德骑士勋章，这将他的情绪推到顶点。事情总在变化中，遥想十一年前的1844年，当拿破仑三世的手下败将路易·腓力一世从维多利亚女王手中接过嘉德骑士勋章时同样的兴高采烈。

英国人也积极配合维多利亚女王，热烈欢迎路易·腓力一世的继任者拿破仑三世。1855年4月19日，在科文特花园歌剧院，①拿破仑三世一行受到英国人的热烈欢迎。1855年4月20日，在水晶宫，拿破仑三世一行再次受到英国人同样热烈的欢迎。1855年4月21日，拿破仑三世结束访英行程。在英国和法兰西第二帝国相互释放的善意中，拿破仑三世离开白金汉宫，前往多佛。维多利亚女王这样评价拿破仑三世这次的访问："从各个方面讲，这都是一次令人愉悦，令人满意的经历。"在访问英国的行程中，拿破仑三世和维多利亚女王多次讨论了克里米亚的战事，并且达成一定共识。1855年4月25日，拿破仑三世写信给维多利亚女王，表示已经放弃前往克里米亚指挥作战的计划。

虽然热情地接待了拿破仑三世，但维多利亚女王的脑海中始终萦绕着一个声音，这是嘲弄命运的呐喊声。1855年4月13日，拿破仑三世抵达英国三天前，路易·腓力一世的遗孀那不勒斯和西西里的玛丽亚·阿马利娅来到温莎城堡拜见了维多利亚女王。随后，那不勒斯和西西里的玛丽亚·阿马利娅带着尽可能少的随从低调离开温莎城堡。从前地位高贵、现在沦为逃亡者的那不勒斯和西西里的玛丽亚·阿马利

---

① 当时演出的剧目是路德维希·范·贝多芬的《费德里奥》。——原注

娅的命运令维多利亚女王感慨不已。1855年4月17日，在温莎城堡滑铁卢厅举办的舞会上，维多利亚女王与拿破仑三世共跳了一支方阵舞。事后，维多利亚女王在日记中写道："作为乔治三世的孙女，我现在竟然在滑铁卢厅和英国最大的对手拿破仑·波拿巴的侄子拿破仑三世共舞。1849年，我的这位盟友拿破仑三世曾流亡英国。当时，他既可怜又轻浮。但现在，他成为我最亲密的盟友。这是多么不可思议的事情啊！"

与此同时，在维也纳召开的会议上，欧洲各国开始考虑在克里米亚实现和平，但不幸的是，和平协商最终流产。鉴于战争带来的损失，维多利亚女王坚定地认为英国的大臣们应该只考虑最有利于英国的条款。在维也纳会议上，约翰·拉塞尔伯爵代表英国，爱德华·德鲁安·德·于斯代表法兰西第二帝国。约翰·拉塞尔伯爵似乎愿意接受在维多利亚女王看来明显有利于俄罗斯帝国的条款，并且认为坚持让俄罗斯帝国对未来不入侵奥斯曼土耳其帝国做出实质性保证是不必要的要求。对于约翰·拉塞尔伯爵的懦弱，维多利亚女王十分气愤。1855年4月25日，维多利亚女王写信给帕默斯顿子爵亨利·约翰·坦普尔称："约翰·拉塞尔伯爵和爱德华·德鲁安·德·于斯怎么能提出这样的建议让我们接受，我们实在理解不了。"这次维也纳会议无果而终。在接下来的几个月里，维多利亚女王和阿尔伯特亲王不知疲倦地对内阁施加影响，反对对俄罗斯帝国做出任何不值得的退让。1855年7月16日，由于近期不如人意的外交表现，约翰·拉塞尔伯爵辞职。对维多利亚女王和阿尔伯特亲王来说，这令未来的英国对俄罗斯帝国的政策更加明朗。

1855年5月，在王室骑兵卫队阅兵场，维多利亚女王为从战场归来的士兵颁发勋章。这是维多利亚女王的提议，也是英国君主首次履行这项义务。在整个授勋仪式上，战争大臣达尔豪西伯爵福克斯·莫尔-拉姆齐站在一侧协助维多利亚女王，但显然很不熟练。①维多利亚女王很认真地描写了这次新经历："这是历史上第一次

---

① 达尔豪西伯爵福克斯·莫尔-拉姆齐的愚钝是出了名的。流传着这样一个有趣的故事：在颁发勋章仪式即将结束时，著名女作家卡洛琳·诺顿夫人问战争大臣达尔豪西伯爵福克斯·莫尔-拉姆齐，维多利亚女王是不是深有"感触"。达尔豪西伯爵福克斯·莫尔-拉姆齐回答道："上帝保佑，当然不会！她前面有一排黄铜栏杆保护她，没人能碰到她。"诺顿夫人接着说："我的意思是女王是不是深受'感动'？"达尔豪西伯爵福克斯·莫尔-拉姆齐回答道："感动！她没时间动来动去。"——马姆斯伯里伯爵詹姆斯·哈里斯：《一位前政府官员的回忆录》，第363页。——原注

维多利亚女王授予拿破仑三世嘉德骑士勋章

拿破仑三世在科文特花园歌剧院受到热烈欢迎

勇敢诚实的二等兵们粗糙的手触到他们君主的手。"当天晚些时候,维多利亚女王还视察了威灵顿军营的骑兵学校。当时,学员们正聚在一起吃晚餐。

1855年,维多利亚女王经历了家庭的不幸。1855年夏,宫中突然流行猩红热,维多利亚女王的四个孩子都病倒了。就在孩子们需要照顾时,维多利亚女王和阿尔伯特亲王将主要精力放在国事上。维多利亚女王夫妇都认为值得努力维护与法兰西第二帝国当前的联盟。为了加强与法兰西第二帝国的联盟,维多利亚女王和阿尔伯特亲王接受了法兰西皇帝拿破仑三世的邀请,前往巴黎进行回访。拿破仑三世效仿阿尔伯特亲王,组织了一场规模盛大的"博览会",希望远道而来的英国王室朋友能将这次盛会和其组织的万国博览会相提并论。

1855年8月20日,在丈夫阿尔伯特亲王和两个年龄较大的孩子威尔士亲王阿尔伯特·爱德华和长公主维多利亚·亚历山德里娜·玛丽·路易莎的陪同下,维多利亚女王从奥斯本出发,抵达布洛涅。在布洛涅,维多利亚女王一行受到法兰西皇帝拿破仑三世的盛情欢迎。由于途中遇到事故,维多利亚女王一行到达巴黎时,天色已

维多利亚女王访法,拿破仑三世乘坐小艇亲自迎接

晚。不过，他们还是受到热烈欢迎。在盛大游行队伍的簇拥下，维多利亚女王一行穿过巴黎城，来到位于郊区的圣克劳德宫。①虽然英国王室姗姗来迟令巴黎民众有些失望，但当维多利亚女王出现在巴黎街头时，人们还是情绪激动地为维多利亚女王欢呼。贝尔纳·皮埃尔·马尼昂元帅称，当年伟大的拿破仑·波拿巴皇帝从奥斯特利茨归来时都没有受到民众如此热情的欢迎。

这的确是令人激动的时刻，因为这是自1422年，仍是婴儿的亨利六世来到巴黎加冕为王以，英国君主首次踏上法兰西首都巴黎的土地。这也是维多利亚女王受到的最隆重的一次欢迎，无论是在英国国内还是在国外。访问巴黎期间，除了要参加

拿破仑三世与皇后欧仁妮·德·蒙蒂若在圣克劳宫接待维多利亚女王一行

---

① 1870年10月，普鲁士王国入侵者摧毁了圣克劳德宫。如今，圣克劳德宫只有遗址。——原注

各种盛大的庆典活动，维多利亚女王每天还有一些时间安排一些私人活动，如参观博览会，游览巴黎，尤其是游览圣日耳曼和凡尔赛的建筑。对有历史意义的建筑，维多利亚女王很着迷，尤其是能令人想起一些王室悲剧，如玛丽·安托瓦内特①和詹姆斯二世悲剧。当在圣日耳曼的教堂看到詹姆斯二世墓地上方年久失修的纪念碑时，维多利亚女王捐资对其进行修缮，并且给旧碑文添加了一句悲伤的序言："虔诚的国王安息之地。"拿破仑·波拿巴的命运也令维多利亚女王非常感动。维多利亚女王命身着高地服的威尔士亲王阿尔伯特·爱德华陪她一起参观荣军院，拜祭英雄墓地。当时，暴风雨突然袭来，在场的法兰西将军看到这震撼人心的一幕时，每人都流下了激动的泪水。

众多官方庆典活动包括去马斯河军营检阅一支四万五千人的军队，聆听歌剧，前往巴黎市政厅和凡尔赛宫参加各种盛大舞会。1855年8月25日，在凡尔赛舞会上，维多利亚女王遇到了一个人。此人成为她朋友圈中影响到她命运的人。在舞会上，拿破仑三世向维多利亚女王介绍了奥托·冯·俾斯麦和一位法兰克福的普鲁士官员。拿破仑三世，维多利亚女王的女儿，甚至维多利亚女王本人，以后都备受奥托·冯·俾斯麦铁腕政策的煎熬。维多利亚女王用德语礼貌地与奥托·冯·俾斯麦进行交谈。虽然奥托·冯·俾斯麦感到维多利亚女王对自己很感兴趣，但与此同时他感到自己与维多利亚女王不是一路人。对维多利亚女王的印象，奥托·冯·俾斯麦是准确的。后来，维多利亚女王一直不断努力与奥托·冯·俾斯麦达成共识。维多利亚女王结识的法兰西有识之士有弗朗索瓦·塞尔坦·德·康罗贝尔元帅。弗朗索瓦·塞尔坦·德·康罗贝尔元帅是法军在克里米亚最后几场战役的总司令，他对维多利亚女王在问候自己时友好的态度与不拘礼节的做法印象深刻。②

---

① 维多利亚女王沾沾自喜地回忆起自己曾通过年迈的亨特利侯爵乔治·戈登与玛丽·安托瓦内特有间接的关系。在法兰西大革命前，当时还是青年的亨特利侯爵乔治·戈登在杜伊勒里宫与后来命运多舛的法兰西王后玛丽·安托瓦内特共舞了一分钟。到了晚年时，亨特利侯爵乔治·戈登又与维多利亚女王一起跳了支方形舞。罗纳德·高尔勋爵：《1881年到1901年日记》，伦敦，约翰·默里出版社，1902年，第116页。——原注
② 对当时维多利亚女王穿的礼服，弗朗索瓦·塞尔坦·德·康罗贝尔元帅多少有些吃惊。他在日记中写道："尽管天气炎热，维多利亚女王还是戴了一顶巨大的白色丝绸帽子，身穿一袭白色礼裙，外披斗篷，手上拿着一把绿色阳伞。我真觉得这把阳伞和她的礼服不搭调。晚上，她又换上一身低颈露肩礼服，礼服上满是天竺葵花朵的图案。"——原注

拿破仑三世在凡尔赛宫举办宴会,招待维多利亚女王一行

1855年8月27日，维多利亚女王对法兰西第二帝国的回访结束。在途经布洛涅返回奥斯本时，拿破仑三世为维多利亚女王举行了隆重的军队送别仪式。在送别仪式上，拿破仑三世表达了对维多利亚女王、阿尔伯特亲王及他们的孩子最热情的关怀。晚年时，维多利亚女王经常心满意足地回忆这一幕，并且在自己的日记中对当年的情景做了完整的描述。[①]维多利亚女王的这次出访产生了十分理想的直接效果。当时，这次出访似乎兑现了实现英国与法兰西第二帝国永久联盟的期待。

最后，人们发现对英国与法兰西第二帝国永久联盟的期待过于乐观了。不久，维多利亚女王与拿破仑三世的政治关系变得紧张。维多利亚女王对拿破仑三世的信任产生严重动摇。不过，在温莎城堡及在巴黎时，拿破仑三世的殷勤还是给维多利亚女王留下了不可磨灭的印象。因此，虽然对拿破仑三世缺乏政治信任，但在拿破仑三世在世时，维多利亚女王一直与他保持友好的亲笔书信往来。随着时间的流逝和命运的变迁，维多利亚女王与法兰西皇后欧仁妮·德·蒙蒂若建立起情同手足的友谊。

---

① 西奥多·马丁:《王夫阿尔伯特亲王传》中有大量相关引言，第3卷，第15章。——原注

第 21 章

《巴黎和约》

精彩看点

攻陷塞瓦斯托波尔——长公主维多利亚·亚历山德里娜·玛丽·路易莎的订婚——国内的敌意——普鲁士政治家的看法——维托利奥·埃曼努埃莱二世会见维多利亚女王——维多利亚女王对维托里奥·埃曼努埃莱二世的打击——1856 年 3 月 30 日达成的《巴黎和约》——皆大欢喜——1856 年首次到访奥尔德肖特——身为总司令的剑桥公爵乔治——宫中的庆祝活动——1856 年 5 月 9 日白金汉宫的舞会——接见芬威克·威廉姆斯和弗洛伦斯·南丁格尔——王室家庭的接待活动

1855年早秋发生的两件事令当时住在巴尔莫勒尔别墅的维多利亚女王很开心。第一件事是1855年9月10日，在围攻塞瓦斯托波尔近一年后，英军攻陷这座要塞的消息传来了。对英军来说，攻陷塞瓦斯托波尔是一场决定性的胜利，这令实现和平近在咫尺。阿尔伯特亲王亲自指挥人在邻近的灯塔上点灯。

　　第二件事令作为母亲的维多利亚女王很高兴。当时，在老赫尔穆特·冯·毛奇的陪同下，后来成为腓特烈三世的威廉·腓特烈·路德维希的长子腓特烈·威廉·尼古劳斯·卡尔来到巴尔莫勒尔做客。①其间，腓特烈·威廉·尼古劳斯·卡尔向英国长公主维多利亚·亚历山德里娜·玛丽·路易莎求婚。当时，英国长公主维多利亚·亚历山德里娜·玛丽·路易莎还不满十五岁，腓特烈·威廉·尼古劳斯·卡尔已经二十四岁，但人们能看出他们是相互爱慕的。维多利亚女王很欣赏腓特烈·威廉·尼古劳斯·卡尔身上的男子气概。1855年9月29日，腓特烈·威廉·尼古劳斯·卡尔与维多利亚·亚历山德里娜·玛丽·路易莎的婚事私下定了下来。不过，直到1856年，长公主维多利亚·亚历山德里娜·玛丽·路易莎的坚信礼举行后，英国王室才对外公开宣布这一订婚消息。

　　英国的政客们普遍不赞同这门婚事。随即，阿尔伯特亲王立刻否认这门婚事背后的政治意义。英国王室和普鲁士王室的紧密联合是拿破仑三世不愿看到的事情，

---

① 1861年1月2日，腓特烈·威廉四世驾崩后，其弟普鲁士亲王威廉·腓特烈·路德维希继位，称"威廉一世"。1888年3月9日，威廉一世驾崩，其长子腓特烈·威廉·尼克劳斯·卡尔继位，称"腓特烈三世"。

围攻塞瓦斯托波尔

围攻塞瓦斯托波尔的法军

也是英国政府不愿看到的事情。在大多数英国官员眼中,普鲁士王国在反动无能的政府领导下呈现出衰落的迹象。虽然阿尔伯特亲王和维多利亚女王对普鲁士王国的未来充满信心,但当时两人对普鲁士王国国王腓特烈·威廉四世——未来女婿腓特烈·威廉·尼古劳斯·卡尔的叔叔——在维护普鲁士王国在中欧的统治及消除普鲁士王国内部分歧方面表现出的无能失望透顶。在最近的战事中,腓特烈·威廉四世懦夫般地背叛了维多利亚女王夫妇,竟然恬不知耻地私下给维多利亚女王写信,希望得到她的外交声援,甚至恳请维多利亚女王不要让英国政府和法兰西第二帝国政府知道他们私下的书信往来。后来,腓特烈·威廉四世愈来愈一意孤行,这令维多利亚女王很烦恼。为了避免冲突,维多利亚女王决定最聪明的做法是不回复腓特烈·威廉四世的任何来信。①

因此,当整个英国得知长公主维多利亚·亚历山德里娜·玛丽·路易莎的婚约时,英国人对王室不满的评论也就不足为奇了。1855年10月3日的《泰晤士报》措辞严厉地谴责了婚约,称约是对"卑鄙的德意志王朝"的献媚。此外,普鲁士的政治家们对婚约也不热心。1856年3月26日,普鲁士官员恩斯特·路德维希·冯·格拉赫向上级奥托·特奥多尔·冯·曼陀菲尔男爵写信道:"您怎么看与英国王室的这门婚事?奥托·冯·俾斯麦强烈反对,我也一样。这门婚事会将我们卷入许多对我们无益、成本巨大的事件中。"俄罗斯帝国也不希望看到英国王室和普鲁士王室联姻。虽然普鲁士王国的大臣们坚持认为普鲁士王位继承人腓特烈·威廉·尼古劳斯·卡尔最好找一位"德意志公主"做妻子,但对这门婚事,普鲁士国王腓特烈·威廉四世异常热心。当得知英国王室和普鲁士王室铁了心要履行婚约时,普鲁士的大臣们只能默默接受。

1855年11月,英国王室再次回到温莎城堡。为了增进与一些君主和政治家的关系,维多利亚女王在温莎城堡接待了克里米亚战争中的第二位盟友撒丁国王维托里奥·埃马努埃莱二世及其大臣加富尔伯爵卡米洛·本索。对撒丁王国的国内事务,维多利亚女王格外关心。1852年,撒丁国王维托里奥·埃马努埃莱二世的弟弟热那

---

① 萨克森-科堡-哥达公爵欧内斯特二世:《萨克森-科堡-哥达公爵欧内斯特二世回忆录》,第3卷。——原注

加富尔伯爵卡米洛·本索

亚公爵费迪南多拜见维多利亚女王时,维多利亚女王送给热那亚公爵费迪南多一匹马。这一友好的举动被热那亚公爵费迪南多解读为维多利亚女王赞同撒丁王国统一意大利,消灭意大利各邦国的暴政,并且赶走国外统治势力。[1]此次,维托里奥·埃马努埃莱二世访问温莎城堡是为求证弟弟热那亚公爵费迪南多对维多利亚女王态度的判断是否属实。此前,维托里奥·埃马努埃莱二世刚刚访问过杜伊勒里宫,拿破仑三世表示了对他的支持。人们都知道维多利亚女王的现任首相帕默斯顿子爵亨利·约翰·坦普尔支持意大利人自己实现统一的方案。

---

[1] 奥托·特奥多尔·冯·曼陀菲尔:《腓特烈·威廉四世的统治》,第3卷,第115页到116页,第267页。德意志人认为英国长公主维多利亚·亚历山德里娜·玛丽·路易莎的嫁妆实在太寒酸了。——原注

对帕默斯顿子爵亨利·约翰·坦普尔来说，现在不是答应维托里奥·埃马努埃莱二世并向他提供实质性帮助的恰当时机。与此同时，无论多么深恶痛绝地批评意大利的暴政，多么想推翻其统治，阿尔伯特亲王都严正申明不会破坏与奥地利帝国的协定，要知道意大利北部是奥地利帝国的势力范围。阿尔伯特亲王和维多利亚女王真的十分惧怕欧洲因任何原因而重燃战火。因此，在政治方面，维多利亚女王对维托里奥·埃曼努埃莱二世和加富尔伯爵卡米洛·本索很冷淡。即使这样，对维托里奥·埃曼努埃莱二世，维多利亚女王仍然十分尊敬，但维托里奥·埃马努埃莱二世十分粗鲁，并不领维多利亚女王的情。1855年12月5日，维托里奥·埃马努埃莱二世被授予嘉德勋章。1855年12月5日晚，在圣乔治厅，英国王室还为他举办了盛大的宴会。阿尔伯特亲王私下将现任外交大臣克拉伦登伯爵乔治·维利尔斯和前任外交大臣詹姆斯·马姆斯伯里伯爵介绍给维托里奥·埃马努埃莱二世认识。当维托里奥·埃曼努埃莱二世离开温莎城堡时，为了向他道别，维多利亚女王4时就起床了。

与此同时，英国及其盟国奥斯曼土耳其帝国、法兰西第二帝国及撒丁王国在巴黎与俄罗斯帝国达成令双方都满意的和约。《巴黎和约》的主要内容包括黑海是中立的，所有战舰必须驶离黑海海域，但各国商人可以自由出入黑海海域。奥斯曼土耳其帝国必须承认欧洲盟国的利益。未来，一旦奥斯曼土耳其帝国政府与任何一个欧洲国家产生纷争，必须通过各国一同协商的方式来解决。此外，《巴黎和约》还规定所有遭侵占的领土必须恢复，奥斯曼土耳其帝国宗主权下的个别省的边界必须重新划定，以及奥斯曼土耳其帝国境内的基督徒必须受到应有的保护。

1856年1月31日，鉴于在克里米亚战争中取得了令人满意的结果，沉浸在喜悦中的维多利亚女王宣布议会开会。1856年3月30日，《巴黎和约》签署，俄罗斯帝国对奥斯曼土耳其帝国的蚕食被认为得到有效遏制。在谈判中，拿破仑三世态度消极，似乎倾向于讨好联盟共同的对手俄罗斯帝国。《巴黎和约》签署后，维多利亚女王与拿破仑三世互致贺电。1856年4月11日，为了庆祝英国国内的团结和睦，维多利亚女王授予帕默斯顿子爵亨利·约翰·坦普尔嘉德骑士勋章，因为维多利亚女王认识到帕默斯顿子爵亨利·约翰·坦普尔在克里米亚战争中的功劳。

维多利亚女王一直认为自己出身于军人世家。克里米亚战争后，她比以往更关心军队事务。她认为,与其他活动相比,军方的活动与自己息息相关。1856年4月16日,维多利亚女王前往查塔姆视察了军队医院。此前,她先前往奥尔德肖特视察了一处新建成的军营。在奥尔德肖特的军营中,维多利亚女王留宿了一晚——她第一次住在皇家帐篷里。第二天,身穿装饰着嘉德勋章和绶带的元帅制服,维多利亚女王骑在马背上检阅了一万八千名士兵。不久,维多利亚女王出席了两个奠基仪式,一个是1856年5月19日在奈特利为军队新医院——皇家维多利亚医院——举行的奠基仪式,另一个是1856年6月2日在桑德赫斯特为一所专门为军官的儿子开设的学校——威灵顿学院——举行的奠基仪式。1856年夏的大部分时光,维多利亚女王将精力花在欢迎从克里米亚归来的士兵身上。1856年6月7日和1856年6月8日,在比利时国王利奥波德一世和瑞典奥斯卡王子的陪同下,维多利亚女王再次奔赴奥尔德肖特,视察慰问了大批从克里米亚归国的士兵,并且向他们做了感人肺腑的演说。为了在陆军和海军士兵中提倡英雄主义,维多利亚女王设立了旨在褒奖英勇作战的奖章——维多利亚十字勋章。此外,维多利亚十字勋章获得者每年可以领取十英镑的年金。很快,一份最早获得维多利亚十字勋章的人员名单就确定下来。1857年6月26日,在海德公园举行的一场大阅兵中,维多利亚女王亲手将维多利亚十字勋章一一别在了六十二名士兵的胸前。

1856年6月8日,维多利亚女王到访奥尔德肖特时发生了一件令人悲伤的事。威灵顿公爵阿瑟·韦尔斯利去世后,亨利·哈丁子爵继任总司令一职。此时,亨利·哈丁子爵告诉维多利亚女王他患上了无法治愈的瘫痪,不得不请求离职。[①]对维多利亚女王来讲,这似乎是加强王室与军队传统纽带的绝佳时机。维多利亚女王很看重任命总司令的王室特权,因为这不但将赋予她名义上对军队的控制权,而且还不受议会限制,但实际上,议会通过战争大臣对军队享有同等的控制权。让维多利亚女王不满的是,长期以来议会通过削弱她的特权逐渐控制军队的最高指挥权。此时,维多利亚女王的近期目标是明确军队和自己的私人关系。1856年7月14日,维多利亚女王诱导帕默斯顿子爵亨利·约翰·坦普尔支持任命她的堂兄剑桥公爵乔治为总司令,接替亨利·哈丁子爵。剑桥公爵乔治曾在克里米亚指挥作战,再加上近期维多

---

① 1856年9月,亨利·哈丁子爵去世,享年七十二岁。——原注

利亚女王对军队的关注，使大臣们不好提出反对意见。但任命剑桥公爵乔治并不符合国家政策，甚至引起民众的批评。维多利亚女王原本希望通过任命剑桥公爵乔治强化君主对军队的特权，没想到最终适得其反。

接连发生的国事和家事都表明1856年是格外值得庆祝的一年。1856年3月20日，长公主维多利亚·亚历山德里娜·玛丽·路易莎举行了坚信礼。1856年4月29日，英国王室对外宣布了长公主维多利亚·亚历山德里娜·玛丽·路易莎的婚约。1856年5月，在老赫尔穆特·冯·毛奇的陪同下，普鲁士王子腓特烈·威廉·尼古劳斯·卡尔拜访了维多利亚女王一家。当时，维多利亚女王情绪高涨。1856年5月7日，维多利亚女王为议会两党的领导人及其配偶举办了一场盛大的宴会。在宴会上，维多利亚女王故意将辉格党官员和前保守党官员的妻子安排在一起，又将前保守党官员和辉格党官员的妻子安排在一起。显然，这种安排让每个人都很别扭，但维多利亚女王觉得很有意思。德比伯爵爱德华·史密斯-斯坦利告诉阿尔伯特亲王，各位来宾组成了"一个幸福的大家庭"。①舞会一场接着一场，维多利亚女王不知疲倦地一支接着一支地跳舞。

1856年5月9日，阿尔伯特亲王为白金汉宫新设计的舞厅和音乐厅首次启用，长公主维多利亚·亚历山德里娜·玛丽·路易莎初登社交圈的庆祝舞会在这里举行。1856年5月27日，维多利亚女王出席了奥斯曼土耳其帝国驻英国大使举办的舞会。维多利亚女王选择奥斯曼土耳其帝国驻英国大使作为开场舞的舞伴，这令奥斯曼土耳其帝国驻英国大使很尴尬。人们夸赞维多利亚女王是当天舞池中最优雅的舞者。1856年6月10日，在温莎的滑铁卢艺术馆内，维多利亚女王跳了舞会中每一支舞。在舞会最后，她在苏格兰风笛的伴奏下跳了一段里尔舞。②1856年6月26日，威斯敏斯特侯爵理查德·格罗夫纳为维多利亚女王在格罗夫纳别墅举办了盛大的舞会。在这次舞会上，维多利亚女王依然是全场最耀眼的舞者。

在克里米亚战争中赢得声誉的每个人都受到维多利亚女王的热情款待。1856

---

① 马姆斯伯里伯爵詹姆斯·哈里斯：《一位前政府官员的回忆录》，第380页。——原注
② 老赫尔穆特·冯·毛奇，《书信集》，第1卷多次提到。马姆斯伯里伯爵詹姆斯·哈里斯：《一位前政府官员的回忆录》，第380页以后多页。——原注

芬威克·威廉姆斯爵士

年6月20日,维多利亚女王在白金汉宫接见了芬威克·威廉姆斯爵士[①]。1856年7月9日,维多利亚女王举行国宴,欢迎从克里米亚归来的御林军。1856年秋,她又在巴尔莫勒尔接见了弗洛伦斯·南丁格尔小姐。在克里米亚,弗洛伦斯·南丁格尔小姐重新构建了军队医院的护理工作。早在1856年1月,维多利亚女王就已经送给弗洛伦斯·南丁格尔一件价值不菲的珠宝作为纪念。

王室的家庭接待活动一直没有间断过。1856年10月10日到1856年10月28日,

---

① 克里米亚战争期间,芬威克·威廉姆斯爵士是奥斯曼土耳其帝国军队中的英籍随军传教士。在1855年6月至11月俄罗斯军队围攻卡尔斯时,他表现非常英勇。——原注

维多利亚女王的未来女婿腓特烈·威廉·尼克劳斯·卡尔的双亲，普鲁士亲王威廉·腓特烈·路德维希及普鲁士王妃萨克森-魏玛-爱森纳赫的奥古斯塔，亲自来英国拜访了维多利亚女王。1856年11月，维多利亚女王同母异父的哥哥莱宁根的卡尔去世，这是维多利亚女王少年玩伴中去世的第一个人。

第22章

印度兵变

精彩看点

应对印度叛乱——1857年3月帕默斯顿子爵亨利·约翰·坦普尔在中国问题上的失败——比阿特丽斯公主的诞生——给长公主维多利亚·亚历山德里娜·玛丽·路易莎的拨款——宫中隆重的庆典活动——国家职责——王室的客人们——阿尔伯特亲王的头衔——与拿破仑三世的关系——在巴尔干半岛问题上的分歧——阿尔伯特亲王和维多利亚女王到访瑟堡——印度的叛乱——维多利亚女王心急如焚地表达意见——德里的沦陷和勒克瑙的解围——内穆尔公爵夫人萨克森-科堡-哥达的维多利亚公主去世——长公主维多利亚·亚历山德里娜·玛丽·路易莎的婚礼——帕默斯顿子爵亨利·约翰·坦普尔与费利切·奥尔西尼阴谋——1858年2月帕默斯顿子爵亨利·约翰·坦普尔下台

1857年，维多利亚女王又面临新的严重问题，由此产生的焦虑感压得她喘不过气来。1857年2月3日，议会受委托举行开幕大典。1857年2月即将结束前，印度叛乱的消息传到英国国内。土生印度士兵对英国的不满情绪迅速蔓延到印度中部地区。当时，驻扎在边远地区军事基地的少数英国军官孤立无援，眼看要沦为狂热愤怒的当地民众的阶下囚。

1857年3月，与中国的冲突令英国政界陷入一片混乱，也令维多利亚女王愈加担忧。在议会下议院，帕默斯顿子爵亨利·约翰·坦普尔遭遇挫折，议会通过的科布登动议谴责了他在中国问题上奉行的好战政策。一艘从香港出发、插有英国国旗的中国商船在抵达广州时，清政府以疑似海盗罪逮捕并关押了船上的所有船员。英国领事要求清政府释放被扣押船员，清政府拒绝这一要求。随后，英国舰队受命强行驶入广州河域，英军和清军展开激烈的交锋。虽然在议会下议院惨遭失败，但帕默斯顿子爵亨利·约翰·坦普尔拒绝辞职，并且要求解散议会。对此，维多利亚女王只能不情愿地表示同意。自信满满的帕默斯顿子爵亨利·约翰·坦普尔坚信大多数民众是支持自己的。帕默斯顿子爵亨利·约翰·坦普尔发出的呼吁得到民众积极的回应，议会实现改选。在新议会中，帕默斯顿子爵亨利·约翰·坦普尔获得七十九个议席的支持。显然，这次议会改选体现了帕默斯顿子爵亨利·约翰·坦普尔的受欢迎程度。认识到这一点后，维多利亚女王的心情变得复杂起来。

对维多利亚女王来说，应该多关心一点国事还是多关心一点家事一直是一个矛

比阿特丽斯公主

盾。这时，维多利亚女王繁衍后代的任务尚未结束。1857年4月14日，在白金汉宫，维多利亚女王最小的孩子比阿特丽斯公主出生。后来，在这九个孩子当中，最小的孩子比阿特丽斯公主成为维多利亚女王眼中"家里最好的孩子"。比阿特丽斯公主出生十六天后，维多利亚女王与先王乔治三世的最后一丝联系被切断了。1857年4月30日，作为乔治三世最后一位在世的孩子，维多利亚女王的姑姑，格洛斯特公爵兼爱丁堡公爵的夫人玛丽公主去世。维多利亚女王在日记中写道："在我们所有人眼中，她像祖母一样。"

不久，另一件家务事又花去维多利亚女王不少精力。维多利亚女王的大女儿维多利亚·亚历山德里娜·玛丽·路易莎的婚礼日益临近。1857年5月16日，柏林方面也正式宣布了婚约。1857年5月25日，维多利亚女王通知议会为长公主维多利亚·亚历山德里娜·玛丽·路易莎的将来做准备。这是维多利亚女王第一次要求国家为自己的孩子提供金钱方面的帮助。对此，她的内心充满焦虑，好在最后事实证明她的担心纯属多余。英国政府提出划拨四万英镑作为长公主维多利亚·亚历山德里娜·玛丽·路易莎的嫁妆。与此同时，英国政府向维多利亚·亚历山德里娜·玛丽·路易莎提供每年八千英镑的年金。一位叫约翰·阿瑟·罗巴克的激进议员直言不讳地反对这项提议，称即将到来的这门婚事只会带来"纠缠不清的联盟关系"。因此，他反对向长公主维多利亚·亚历山德里娜·玛丽·路易莎发放任何数额的年金。财政大臣乔

约翰·阿瑟·罗巴克

治·康沃尔·刘易斯爵士指出，维多利亚女王之前法兰西之行的所有费用全部由维多利亚女王自己支付。此外，历史上乔治二世和乔治三世的长公主分别得到八万英镑的嫁妆和每年五千英镑的年金。最终，议会中所有党派一致同意支持政府提出的议案。在议案表决的最后阶段，只有十八名议员持反对意见。

为了庆祝长公主维多利亚·亚历山德里娜·玛丽·路易莎的婚事，英国王宫接连举办了一系列庆祝活动。1857年6月到1857年7月，老赫尔穆特·冯·毛奇再次陪同腓特烈·威廉·尼古劳斯·卡尔访问英国宫廷。老赫尔穆特·冯·毛奇称，接连不断的庆祝活动实在太震撼人心了。①1857年6月15日的国事活动是去公主大剧院观看查尔斯·基恩导演的威廉·莎士比亚的戏剧《理查二世》。1857年6月16日，比阿特丽斯公主受洗。1857年6月11日，阿斯科特赛马会开幕，王室邀请的宾客包括拿破仑三世的财政大臣巴黎银行家阿希尔·富尔德先生。1857年6月17日，整个王室出席了在水晶宫举行的首届亨德尔音乐节。音乐节的表演剧目是《犹大·马卡比》。全体王室成员往返乘坐的是九辆四马马车。1857年6月18日，英国王室举行了晨觐仪式。

长公主维多利亚·亚历山德里娜·玛丽·路易莎的婚礼庆典期间，几乎每天都有庆典活动。1857年6月26日，在民众高涨的热情中，英国王室在海德公园内举行了一场阅兵式，并且颁发了维多利亚十字勋章。1857年6月29日到1857年7月2日，为参观在曼彻斯特举行的"艺术珍宝展"，维多利亚女王下榻在埃尔斯米尔伯爵弗朗西斯·埃杰顿的沃斯利庄园。1857年8月，维多利亚女王为位于旺兹沃思公地的皇家维多利亚爱国收容所奠基，这所收容所是专门为陆军士兵、水手和海军士兵的女儿们设立的。1857年8月月底前，维多利亚女王还挤出时间，去了趟奥尔德肖特。

维多利亚女王的宫中接待了许多来自欧洲大陆的王室要人。比利时国王利奥波德一世带着女儿夏洛特公主及其未婚夫奥地利大公马克西米利安来到英国。后来，这位奥地利大公在墨西哥被杀。不久，霍亨索伦的利奥波德、荷兰王后符腾堡的索菲和蒙庞西耶公爵安托万及蒙庞西耶公爵夫人路易莎·费尔南达也抵达英国。对于这些客人，维多利亚女王都很感兴趣。此外，维多利亚女王还赴奥斯本与俄罗斯沙皇亚历山大二世的弟弟君士坦丁大公进行了简短会晤。以前，君士坦丁大公受

---

① 参见老赫尔穆特·冯·毛奇《书信集》中写给妻子和朋友的信。——原注

长公主维多利亚·亚历山德里娜·玛丽·路易莎的婚礼

拿破仑三世的邀请访问了杜伊勒里宫。当时，拿破仑三世正抓紧每一个机会向俄罗斯帝国传达善意，维多利亚女王也不甘示弱，希望能与以前的对手俄罗斯帝国和解。在这次简短的会晤中，双方诚意十足。

这时，维多利亚女王和阿尔伯特亲王与欧洲王室家庭的频繁交往，促使维多利亚女王要比以往更准确地界定丈夫阿尔伯特亲王的地位。1857年6月25日，通过王室特许状，维多利亚女王授予丈夫阿尔伯特亲王"王夫"头衔。对此，阿尔伯特亲王曾写道："对王室来说，这永远是个缺憾。当出现在公众面前时，维多利亚女王身边总站着个外国丈夫。"这绝对是无可争辩的事实。即使是王室最亲密的朋友们也从没有忽视阿尔伯特亲王身上的德意志癖好和秉性。① 至于赐予"王夫"这个新头衔能否有效消除阿尔伯特亲王面对的尴尬，此时尚无定论。《泰晤士报》讥讽说"王夫"的新头衔绝对能让施普雷河和多瑙河沿岸的人愈加尊敬阿尔伯特亲王，但在其他地区，这一头衔对提高阿尔伯特亲王的地位毫无用处。但不管怎样，在国外，授予阿尔伯特亲王"王夫"头衔还是达到了预期的目的。1857年7月29日，在布鲁塞尔，当阿尔伯特亲王参加比利时公主夏洛特和奥地利大公马克西米利安的婚礼时，他的位次紧随比利时国王之后，在奥地利大公们之前。

英国政府依然奉行谨慎发展与法兰西第二帝国同盟的政策，但拿破仑三世的政策越来越令人费解。当依据《巴黎和约》的条款解决巴尔干半岛（Balkan）问题时，欧洲大国之间出现了小规模的外交冲突，拿破仑三世与英国政府站到了对立面。拿破仑三世对与维多利亚女王保持良好私人关系的渴望成为恢复和睦局面的法宝。拿破仑三世向英国的大臣们保证，他与维多利亚女王私下谈一谈就能解决所有问题。于是，维多利亚女王邀请拿破仑三世和皇后欧仁妮·德·蒙蒂若到奥斯本进行私人访问。1857年8月6日到1857年8月10日，维多利亚女王和拿破仑三世在奥斯本会面。法兰西第二帝国方面，陪同到访的有大臣亚历山大·科隆纳·瓦莱夫斯基和佩尔西尼公爵让·吉尔贝·维克托·菲亚兰。陪同维多利亚女王与拿破仑三世会面的英国大臣是帕默斯顿子爵亨利·约翰·坦普尔和克拉伦登伯爵乔治·维利尔斯。

奥斯本会谈的气氛是友善的，但从实际外交的角度看，拿破仑三世取得了最终

---

① 马姆斯伯里伯爵詹姆斯·哈里斯：《一位前政府官员的回忆录》，第323页。——原注

佩尔西尼公爵让·吉尔贝·维克托·菲亚兰

的优势。拿破仑三世支持俄罗斯帝国和撒丁王国的看法，认为巴尔干半岛上曾经被奥斯曼土耳其帝国占领的两个半独立公国，即瓦拉几亚和摩尔达维亚最好能实现统一。与此相反，英国政府支持奥地利帝国的想法，认为这两个公国最好保持各自的独立。在奥斯本时，拿破仑三世同意继续维持这两个公国的独立地位。奥斯本之行结束时，拿破仑三世和维多利亚女王互致亲笔信，表达各自对对方的深情厚谊。英国和法兰西第二帝国在奥斯本达成的协议被看作是双方在巴尔干问题上的最终方案。但出人意料的是，两年后，即1859年，通过自身努力，瓦拉几内和摩尔达维亚实现了统一，建立了统一的国家，并且这个统一的国家被命名为罗马尼亚。对此，拿破仑三世坚持维护两国的统一，英国发现没有必要再继续持反对意见。

与此同时，英国和法兰西第二帝国的君主都在不遗余力地维护双方友善的关系。维多利亚女王和拿破仑三世一如既往地对外宣称双方的全面亲善关系。1857年，与拿破仑三世分别后，维多利亚女王曾向拿破仑三世写信，信中坦诚表达了自己作为一国之君的孤立感，还表达说幸好法兰西皇室和自己一样都希望通过一门幸福的婚事补偿以前发生的一切。然而，拿破仑三世在瑟堡不断加强军备，似乎令继续维护双方亲善关系的道路变得越来越灰暗。拿破仑三世自相矛盾地将法兰西好战的军事准备硬生生解释成英国和法兰西第二帝国友谊之路上的新契机。

离开奥斯本后不到两个星期，拿破仑三世邀请维多利亚女王访问瑟堡。1857年8月19日，维多利亚女王和阿尔伯特亲王乘坐"维多利亚和阿尔伯特"号游艇抵达瑟堡，并且参观了瑟堡新建成的造船厂、兵工厂和军事防御工事。虽然拿破仑三世没有到场，但维多利亚女王和阿尔伯特亲王参观了每一处设施。在欢迎的客套气氛中，维多利亚女王时时提醒自己，如果英国和法兰西第二帝国交战，那么眼前这些规模庞大的设施很可能会派上用场。因此，可以看出，维多利亚女王和拿破仑三世的友谊始终充满酸楚的讽刺意味。

与此同时，英国正经历印度叛乱带来的阵痛。可以说，印度的这次叛乱是一场比克里米亚战争更艰苦、更惨烈的危机。叛乱酝酿于1857年2月，爆发于1857年6月，1857年8月进入白热化阶段。和大臣们一样，维多利亚女王饱受剧烈的精神折磨。她心急如焚地浏览来自叛乱地区的消息，不断恳求大臣们关注印度的叛乱，并且要求尽快镇压这场叛乱。对维多利亚女王在印度叛乱问题上不断地指手画脚，帕默斯顿子爵亨利·约翰·坦普尔很不高兴。1857年6月18日，他写信给维多利亚女王，称自己感到很幸运，维多利亚女王没有站到议会下议院的对立面，但他字里行间透出不得体的暗讽语气。对此，维多利亚女王装作不知。与此同时，帕默斯顿子爵亨利·约翰·坦普尔在信中提醒维多利亚女王"有时候需要一步步推进的措施最好按计划去实现"。

维多利亚女王以写信应对帕默斯顿子爵亨利·约翰·坦普尔的吹毛求疵。民众并不了解维多利亚女王的能力，严重低估了她对危险的警惕性。1857年8月，维多利亚女王离开奥斯本，前往巴尔莫勒尔别墅度秋假。当时，议会还处于会期。印度危机尚未解决，维多利亚女王却在议会闭会前离开并前往北方，这使维多利亚女王遭受大量不利的批评。人们直率地指出，对维多利亚女王来说，私事排第一位，国事排第二位。这已经不是维多利亚女王第一次受到这样的指责，当然也不会是最后一次。这样的指责毫无道理。在巴尔莫勒尔别墅期间，维多利亚女王脑子里想的尽是印度问题。由于远离叛乱发生地，并且通信交流不便利，这使维多利亚女王愈发焦虑。维多利亚女王警告帕默斯顿子爵亨利·约翰·坦普尔不能总是过于乐观。1857年9月18日，在写给帕默斯顿子爵亨利·约翰·坦普尔的信中，维多利亚女王这样说："当我们由于不切实际地希望问题会自行得到解决和不停地讨论各种反对措施而犹豫不决时，印度问题正在迅速恶化，好时机是不等人的。"

令人欣慰的是，当王室还在苏格兰时，印度局势发生了有利的改变。1857年9月30日，叛乱分子的大本营德里被攻陷，解放另一座叛乱分子控制的城市勒克瑙也指日可待。拿破仑三世是最早对这一可喜局势向维多利亚女王表达祝贺的人之一，他通过最新发明的电报向维多利亚女王表示祝贺，电文如下："我和皇后欧仁妮·德·蒙蒂若祝贺维多利亚女王陛下攻占德里。"1857年12月3日，当维多利亚女王亲自主持议会开幕仪式时，印度的叛乱已经基本平息。

1857年10月，住在克莱尔蒙特的内穆尔公爵夫人萨克森-科堡-哥达的维多利亚公主突然去世，这令维多利亚女王心情更加郁闷。内穆尔公爵夫人萨克森-科堡-哥达的维多利亚公主是维多利亚女王和阿尔伯特亲王在萨克森-科堡家族的亲戚，本名也叫维多利亚。当路易·腓力一世的统治被推翻后，内穆尔公爵夫人萨克森-科堡-哥达的维多利亚公主跟随丈夫内穆尔公爵路易从法兰西逃亡到英国。维多利亚女王这样写道："我们如同亲姐妹，叫同样的名字，在同一年结婚，有年龄相仿的儿女。"

幸好，由于需要安排大女儿维多利亚·亚历山德里娜·玛丽·路易莎的婚庆事宜，维多利亚女王的注意力很快从其他事转移到婚庆这件大事。长公主维多利亚·亚历山德里娜·玛丽·路易莎的婚礼规模很大，总共有十七位德意志王子和公主

攻克德里

攻克勒克瑙

受邀出席婚礼。此外，这场婚礼庆祝周期长，庆祝活动丰富多彩。整个庆典活动从1858年1月19日开始，陛下剧院首先上演了由费尔普斯和海伦娜·福西特小姐主演的《麦克白》，接着又上演了基利夫妇的滑稽剧《两次被杀》。最后，1858年1月25日，婚礼在圣詹姆斯宫举行。维多利亚女王在日记中写道："这是我人生中第二个最有纪念意义的日子，好像我自己又结了一次婚一样，唯一不同的是，这次我的心情更紧张。"1858年2月2日，维多利亚·亚历山德里娜·玛丽·路易莎公主和腓特烈·威廉·尼古劳斯·卡尔王子离开英国。与大女儿维多利亚·亚历山德里娜·玛丽·路易莎的分离令维多利亚女王很难受，在回复铺天盖地的祝贺信时，维多利亚女王一直沉浸在既喜悦又悲伤的复杂情绪中。此后，德意志的命运，尤其是普鲁士的命运，成为维多利亚女王最操心的家庭事务之一。

还没有从与大女儿维多利亚·亚历山德里娜·玛丽·路易莎分别的伤感中完全恢复过来，维多利亚女王突然又陷入一场前所未有的政府危机中。这场危机令人尴尬，又令人费解。帕默斯顿子爵亨利·约翰·坦普尔没想到自己极力促成的与法兰西第二帝国的联盟在背后捅了他一刀，搞垮了他的这届政府。拿破仑三世在法兰西的地位一直都不稳固。1858年年初，在巴黎时，有人企图谋害拿破仑三世的性命。1858年1月15日，在拿破仑三世和欧仁妮·德·蒙蒂若前往歌剧院的途中，走到勒佩勒捷大街时，一位叫费利切·奥尔西尼的意大利难民向他们投了一枚炸弹。拿破仑三世和欧仁妮·德·蒙蒂若逃过一劫，但当场有十人被炸死，一百五十人被炸伤。起初，这起暴行并没有影响英国与法兰西第二帝国的关系，但不久，就爆出策划这场阴谋的人实际在英国，使用的炸弹也是英国制造的。法兰西第二帝国大臣亚历山大·科隆纳·瓦莱夫斯基向帕默斯顿子爵亨利·约翰·坦普尔发去一封措辞严厉的急件，要求帕默斯顿子爵亨利·约翰·坦普尔采取措施限制给予外国政治反叛者避难权。法兰西第二帝国军方将庆祝拿破仑三世死里逃生的多篇文章发表在官方的《教官报》上，并且这些文章将矛头对准英国，威胁要对英国进行报复。对亚历山大·科隆纳·瓦莱夫斯基的急件，帕默斯顿子爵亨利·约翰·坦普尔置之不理，迟迟不予答复。但为安抚拿破仑三世，帕默斯顿子爵亨利·约翰·坦普尔提出了一份温和的法案，建议将此前定为轻罪的密谋谋杀改成重罪。这一法案得到维多利亚女王的支

拿破仑三世遭遇炸弹袭击

持，但受到辉格党人和公众的反对。他们认为，这一法案是帕默斯顿子爵亨利·约翰·坦普尔对老朋友拿破仑三世献媚。①民众开始对帕默斯顿子爵亨利·约翰·坦普尔不满。1858年2月19日，这项法案提交到议会下议院进行二审时被否决。随后，帕默斯顿子爵亨利·约翰·坦普尔提出辞职。

　　心中对费利切·奥尔西尼罪行充满恐惧的维多利亚女王认为，议会遮遮掩掩不愿承认同情刺客从犯的做法实在过于循规蹈矩。这次，维多利亚女王完全支持帕默斯顿子爵亨利·约翰·坦普尔，根本没想过要摒弃他。因此，维多利亚女王请求帕默斯顿子爵亨利·约翰·坦普尔重新评估形势，不要急于辞职。实际上，维多利亚女王希望维持现政府还有另一重考虑。如果未来失去帕默斯顿子爵亨利·约翰·坦普尔，那么她只能依赖外交大臣克拉伦登伯爵乔治·维利尔斯，这正是她担心的局面——一个和自己观点不同，能力也不如帕默斯顿子爵亨利·约翰·坦普尔的政客将出任新政府的首相。出于这样的担心，维多利亚女王极力恳请帕默斯顿子爵亨利·约翰·坦普尔留任。然而，帕默斯顿子爵亨利·约翰·坦普尔根本无心迎合维多利亚女王，坚持辞去首相一职。

---

① 在帕默斯顿子爵亨利·约翰·坦普尔政府的授意下，费利切·奥尔西尼的朋友西蒙·弗朗索瓦·贝尔纳博士在伦敦被捕，罪名是串通谋杀法兰西皇帝拿破仑三世。1858年4月12日，西蒙·弗朗索瓦·贝尔纳博士出庭受审，后被判无罪释放，这一结果令维多利亚女王和拿破仑三世都很不高兴，但大部分的英国人和报界对这项判决十分满意。——原注

第23章

调整对印度政策

精彩看点

德比伯爵爱德华·史密斯-斯坦利的第二届内阁——1858年第二次访问瑟堡——德意志之行——在伯明翰和利兹——首条海底电缆——对印度政策的调整——维多利亚女王对政府法案的反对——维多利亚女王对印度的个人兴趣——维多利亚女王对印度当地人的同情——维多利亚女王对印度大臣的态度——维多利亚女王宣言的最终版本——印度之星勋章——维多利亚女王的帝国责任感

维多利亚女王只能召唤保守党领袖德比伯爵爱德华·史密斯-斯坦利组建内阁。维多利亚女王和德比伯爵爱德华·史密斯-斯坦利都认识到,议会下议院受辉格党控制是保守党执政的软肋。不过,即使这样,维多利亚女王还是成功说服德比伯爵爱德华·史密斯-斯坦利执政。德比伯爵爱德华·史密斯-斯坦利顺利组建内阁,其大部分成员曾服务过1852年的保守党政府,维多利亚女王也曾与这些内阁成员打过交道。马姆斯伯里伯爵詹姆斯·哈里斯出任外交大臣,本杰明·迪斯雷利再次出任财政大臣,并且兼任议会下议院领袖。新加入内阁的成员中,最令维多利亚女王感兴趣的是罗伯特·皮尔的弟弟——乔纳森·皮尔将军,乔纳森·皮尔将军出任战争事务大臣。对这一任命,维多利亚女王十分满意,曾这样写道:"不管在举止、思维方式,还是爱国情感方面,他和他去世的哥哥罗伯特·皮尔都很像,让人感动。"在经过深思熟虑后,晚年的维多利亚女王宣称,乔纳森·皮尔将军是她见过最好的战争事务大臣。

新首相德比伯爵爱德华·史密斯-斯坦利顺利地恢复了与法兰西第二帝国的友好关系。法兰西皇帝拿破仑三世任命著名的马拉科夫公爵艾马布勒·佩利西耶将军为法兰西皇室驻英国宫廷代表,取代之前的佩尔西尼公爵让·吉尔贝·维克托·费亚兰。对这一任免,维多利亚女王十分满意,因为她很不喜欢佩尔西尼公爵让·吉尔贝·维克托·费亚兰。马拉科夫公爵艾马布勒·佩利西耶将军到任后,频繁出入英国宫廷,并且经常与维多利亚女王的孩子们玩耍,深受英国王室一家人的喜爱。1859

马拉科夫公爵艾马布勒·佩利西耶将军

年3月5日,马拉科夫公爵艾马布勒·佩利西耶将军离任时,英国王室一家人都流下了伤心的眼泪。①

　　国事和家事需要维多利亚女王出国访问。出于全面维护与法兰西第二帝国同盟的需要,1858年8月,维多利亚女王和阿尔伯特亲王出访法兰西,第二次访问瑟堡。在军舰的护卫下,维多利亚女王乘坐王室游艇驶向瑟堡。与此同时,几乎所有法军

---

① 艾马布勒·佩利西耶是一名身经百战的法兰西士兵,征服阿尔及尔时,他的残暴令他恶名远扬。后来,又因在克里米亚战争中指挥法军第一陆军团,他名声大噪。塞瓦斯托波尔战役前,艾马布勒·佩利西耶从弗朗索瓦·塞尔坦·德·康罗贝尔元帅手中接过指挥权。1855年9月8日,艾马布勒·佩里西耶率军成功突袭马拉科夫。为表彰其功勋,拿破仑三世任命艾马布勒·佩利西耶为法兰西元帅,并且封他为马拉科夫公爵。——原注

舰船都集结在瑟堡，迎接维多利亚女王的到来。维多利亚女王一在瑟堡登陆，就受到法兰西皇帝拿破仑三世的欢迎。此外，维多利亚女王和拿破仑三世一道出席了一座新兵工厂的落成仪式。随后，维多利亚女王又登上峭壁上的堡垒，鸟瞰整个防御工事。拿破仑三世用打趣的口吻提醒做客的维多利亚女王，一百年前英国舰队曾炮轰瑟堡。因此，两位君主之间的关系还是一如既往的融洽。拿破仑三世激动地反复强调对永久保持英国和法兰西第二帝国的同盟，自己充满信心。

离开法兰西后，维多利亚女王前往德意志，看望已婚的大女儿维多利亚·亚历山德里娜·玛丽·路易莎。作为父母，维多利亚女王和阿尔伯特亲王一直都十分挂念女儿维多利亚·亚历山德里娜·玛丽·路易莎的幸福。实际上，1858年6月，王夫阿尔伯特亲王已经见过女儿维多利亚·亚历山德里娜·玛丽·路易莎，并且在女儿处待了几天。此时，阿尔伯特亲王又陪维多利亚女王去看女儿维多利亚·亚历山德里娜·玛丽·路易莎。维多利亚女王的这次德意志之行，行程时间长，充满乐趣。维多利亚女王进一步与许多朋友和亲戚加强了联系。维多利亚女王和阿尔伯特亲王在安特卫普登陆，又在梅赫伦与利奥波德一世会合，然后三人一同前往韦尔维耶。在亚琛，维多利亚·亚历山德里娜·玛丽·路易莎的公公普鲁士亲王威廉·腓特烈·路德维希与维多利亚女王等人会合，一同前往汉诺威的赫恩豪森，看望失明的汉诺威王国乔治五世和王后特克的玛丽。当第一次见到汉诺威先王们的各种纪念物时，维多利亚女王十分高兴。当时，大女儿维多利亚·亚历山德里娜·玛丽·路易莎正住在巴伯尔斯贝格的城堡中，离波茨坦大约三英里。1858年8月13日，维多利亚女王到达巴伯尔斯贝格。家人团聚令维多利亚女王非常喜悦，幸福的时光总是过得很快。接下来的几天，维多利亚女王还多次前往柏林，参观公共建筑，瞻仰腓特烈大帝之陵，探访无忧宫、夏洛滕堡和新宫。1858年8月27日，维多利亚女王奔赴科隆，参观了当地一些历史名胜。最后，经安特卫普和多佛，1858年8月31日，维多利亚女王抵达奥斯本。

维多利亚女王与阿尔伯特亲王照例在北方度年假。不过，在途中，维多利亚女王去了一趟利兹，为新落成的利兹市政厅剪彩。维多利亚女王仍然每年尽职参加各地大量的活动。1858年6月，尽管天气异常炎热，维多利亚女王还是前往伯明翰，参加阿斯顿公园的落成典礼。在伯明翰,维多利亚女王和阿尔伯特亲王住在威廉·亨利·利男爵的斯通利庄园。

维多利亚女王并没有因出访海外而不关注英国国内的大事。启程出访前,英国全国都在关注美国和英国之间第一条海底电缆铺设工程的完工——借助科学手段,英国和美国建立起最有效的纽带。维多利亚女王向美国总统詹姆斯·麦吉尔·布坎南发去一封措辞精美的贺电。在贺电中,维多利亚女王指出,英美两国的友谊是建立在共同利益和相互尊重的基础上。此时,海底电缆铺设工程的完工又让英美两国多了一层联系。不幸的是,不久,这条电缆出现故障。直到1861年,这条电缆

詹姆斯·麦吉尔·布坎南

才彻底恢复运行。不过，就当时而言，铺设海底电缆的尝试是完全成功的，维多利亚女王预计这项发明带来的好处也都变成了现实。

当维多利亚女王在德意志时，英国政府正忙着处理印度问题。虽然正在镇压印度的叛乱，但英国议会仍然决定废除东印度公司。自1600年12月31日，依靠伊丽莎白一世女王颁发的特许状成立以来，东印度公司作为英国政府的合法伙伴，长期管理着印度半岛大部分地区。此时，英国议会决定将东印度公司管辖的地域及行政权完整地交给英国君主。这样一来，印度变成由一位大臣和一个由十五人组成的委员会管理的地区。维多利亚女王自然十分重视这项举措让印度和自己形成的直接关系，认为这强化了英国君主制的声望。

然而，与此同时，维多利亚女王希望自己对印度的权威是实质性的。因此，她主张议会法案不应该排除王室特权。维多利亚女王认为，旨在将印度管理权并入君主管辖权的法案中，有两项规定威胁到自由行使王权。第一项规定，在新的印度行政部门人事任用中引入竞争性考核，这等于废除君主提名各职位候选人的权利。第二项规定，印度军队要交由印度委员会指挥。维多利亚女王坚持，作为一国之君、三军总司令，自己享有对所有军队至高无上的指挥权。与第一项规定相比，维多利亚女王更反对第二项规定，但她还是直言不讳地将自己对这两项规定的反对意见都告诉了德比伯爵爱德华·史密斯-斯坦利。但政府坚持已经提出的法案，德比伯爵爱德华·史密斯-斯坦利告诉维多利亚女王，自己不会在任何问题上妥协，并且威胁说如果维多利亚女王继续坚持己见，那么自己将辞去首相一职。维多利亚女王知道自己势单力薄，于是知趣地放弃对第一项规定的反对意见。但对于第二项规定的反对意见，维多利亚女王正在等待一个更合适的时机提出。在印度军队指挥权的"争夺战"中，维多利亚女王至少是名义上的胜利者。1860年，英国议会决定合并在印度的欧洲军队和印度军队。因此，至少在名义上，英国君主依然拥有对印度军队的控制权。

1858年8月2日，维多利亚女王批准了重组印度政府的法案。随后，德比伯爵爱德华·史密斯-斯坦利政府起草了《致印度人民宣言》，宣言规定了日后决定英国君主与印度人民关系的主要原则。维多利亚女王决定，在对印度人民的第一次演说中，自己应该明白地陈述对印度人民福祉的关心。

查尔斯·坎宁伯爵

维多利亚女王已经公开表达了对印度人民的关心,并且完全反对对参与叛乱的印度当地人实施无差别的报复性惩罚。印度总督查尔斯·坎宁伯爵坚持和解政策,立场与维多利亚女王一致。1857年12月,维多利亚女王在写给查尔斯·坎宁伯爵的信中称:"印度人民应该明白,我们不仇视棕色皮肤,一点儿也不。我最大的希望是他们生活得幸福和满足,社会繁荣昌盛。"

德比伯爵爱德华·史密斯-斯坦利将《维多利亚女王对印度主权宣言》的初稿寄给了在巴伯尔斯贝格的维多利亚女王。维多利亚女王不满意宣言的措辞,认为宣言的初稿以一种不合适的无礼言辞宣称英国对印度的主权,并且完全无意安抚印度人民的情绪。以前尝试修改《印度政府法案》失败的经历并没有阻止维多利亚女王再次发声。维多利亚女王提醒首相德比伯爵爱德华·史密斯-斯坦利道:"这是在一场该死的内战后,一位女性君主向超过一亿东方人宣誓自己有统治他们的直接权力,向他们保证在未来的统治中一定会履行承诺,以及向他们解释自己统治的主要原则。这样一份宣言,应该体现出慷慨、仁慈和宗教包容的特征,还应该指出作为英国君主的臣民,印度人享有的特权,以及在文明进程中,印度必将繁荣昌盛。"①

对宣言草稿中没有表达对印度当地宗教和习俗的认同,维多利亚女王尤其不满。维多利亚女王称,对自己信奉宗教的深厚情感令自己肩负起保护所有臣民宗教信仰自由的责任。维多利亚女王希望表达出对叛乱的恐惧和歉意,并且感谢上帝让叛乱结束。最后,维多利亚女王希望德比伯爵爱德华·史密斯-斯坦利能以"优美的语言"重新起草一份宣言,并且体现出包容与和解的精神。

这次,维多利亚女王对政府的施政方针产生了前所未有的影响。德比伯爵爱德华·史密斯-斯坦利很有气度地接受了维多利亚女王的批评。宣言的第二稿从头到尾都体现出人道主义精神,为未来英国对印度实现繁荣统治做好保证,尤其是维多利亚女王建议造就的这篇伟大宣言,无论从文学角度,还是从政治角度看,其产生的效果都是难以估量的:"我们紧紧依靠基督教真理,带着一颗感恩之心,从宗教中得到慰藉。我们拒绝将自己的信仰强加给任何臣民。我们起誓,没人会由于宗教信仰或宗教仪式受到迫害或被打扰,所有人都享受法律平等且获得法律公正的保护。我们严厉指责和禁止官员回避解决任何干涉臣民宗教信仰的行为。"

为了在礼仪方面完善英国君主与印度的关系,维多利亚女王建议设立印度之星勋章,专门奖励忠于英国君主的印度王公和为印度政府做出杰出贡献的官员。1861年11月1日,首次授勋仪式举行。这次仪式被认为在维多利亚女王统治下,印度历史第一章画上了圆满的句号。印度叛乱平息时,维多利亚女王就印度之星勋章的事,亲自给印度总督查尔斯·坎宁伯爵写了一封信。虽然维多利亚女王的许多提议都未被采纳,但这封信意义重大,内容如下:

  首先,对叛乱结束,维多利亚女王必须向查尔斯·坎宁伯爵表达自己的喜悦和感激之情。这场叛乱让人悲伤,也给许多人带来巨大不幸。

---

① 西奥多·马丁:《王夫阿尔伯特亲王传》,第4卷,第49页。——原注

维多利亚女王还必须再次表扬查尔斯·坎宁伯爵在艰难岁月中的出色表现。

查尔斯·坎宁伯爵会收到德比伯爵爱德华·史密斯—斯坦利的信。信中会涉及一个维多利亚女王感兴趣的话题，即如何满足印度王公的情感需要，将他们团结起来，并且让他们与英国君主形成亲密联系。

维多利亚女王找到的办法是建立一种骑士勋章。这种勋章的章程可以与嘉德勋章、蓟花勋章和圣帕特里克勋章相似。授予的人数可以少些，比如二十人或二十四人。印度总督可以任骑士团主席，亲自给成员颁发勋章，获得者向总督致敬。吸纳新成员，必须召集所有现有成员到场。授勋仪式的日期可以是英国君主获得印度政府领导权的周年纪念日。

维多利亚女王还希望，获得授予如波斯、尼泊尔和缅甸君主等东方君主荣誉骑士勋章的办法，扩大自己对东方君主的影响力。

维多利亚女王已经着手制定各种细节，以便查尔斯·坎宁伯爵在了解她对这一问题的看法后，提出自己的看法和意见，并且看看这些细则是否可行。①

白金汉宫

1859年5月18日

印度政府的重组体现了对英国君主和英国无限的尊敬。随着将东印度公司控制的领土及行政管理权并入英国君主的统治权，效忠维多利亚女王的人口增加了近两亿，英国的领土面积也增加了八十多万平方英里。对大英帝国来说，这是一次飞跃性的扩张。通过宣言中体现的高尚而公正的精神，维多利亚女王比以往任何时候都明确展现出帝国统治需要的高度责任感。

---

① 西奥多·马丁：《王夫阿尔伯特亲王传》，第4卷。——原注

第24章

撒丁王国与奥地利帝国的战争

精彩看点

威尔士亲王阿尔伯特·爱德华成年——维多利亚女王的第一个孙辈诞生——维多利亚女王对拿破仑三世发出和平倡议——拿破仑三世对意大利的干涉——奥地利帝国对意大利宣战——拿破仑三世与奥地利帝国交战——维多利亚女王对普鲁士王国的担忧——维多利亚女王努力阻止战火蔓延——德比伯爵爱德华·史密斯-斯坦利辞职——维多利亚女王召见格兰维尔勋爵——维多利亚女王的信任被出卖给《泰晤士报》——约翰·拉塞尔伯爵的固执己见——帕默斯顿子爵亨利·约翰·坦普尔再次出任首相——在意大利问题上与约翰·拉塞尔伯爵的分歧——维拉弗兰卡的和平协议——维多利亚女王与政府的争吵——为意大利统一奋斗——对拿破仑三世的愤怒——激烈抗议大臣的因循守旧——维多利亚女王与总司令

1858年最后几个月和1859年最初几个月,维多利亚女王感到岁月不饶人。1858年11月9日,1858年4月1日被正式确认为王位继承人的威尔士亲王阿尔伯特·爱德华度过了十八岁生日。在王室家庭中,年满十八岁就算成年。在给威尔士亲王阿尔伯特·爱德华的信中,维多利亚女王告诫他要做自己的主人,并且告诉他,如果需要任何建议,可以随时向自己求助,但她绝不会将自己的建议强加给儿子。

长子威尔士亲王阿尔伯特·爱德华成年时,维多利亚女王迎来了家族孙辈中第一位成员。1859年1月27日,在柏林,长公主维多利亚·亚历山德里娜·玛丽·路易莎诞下一个儿子。长期以来,这个孩子被维多利亚女王唤作"亲爱的小威廉",他是后来的德意志皇帝威廉二世。有一段时间,家人十分担心长公主维多利亚·亚历山德里娜·玛丽·路易莎的身体状况。维多利亚女王曾这样写道:"起初,医生们都不抱希望了",但还好是虚惊一场。在三十九岁时,维多利亚女王当上了外祖母,对她的祝贺从四面八方涌来。

其中,最早发送,也是最热烈的祝贺来自拿破仑三世。维多利亚女王借机郑重坦诚地敦促拿破仑三世坚持走和平之路。维多利亚在信中写道:"皇帝陛下现在面临两个选择,要么听从人道主义和正义的召唤,向世人展示您忠实履行条约的决心,以消除欧洲人民的疑虑,恢复大家对陛下和平政策的信心。要么听信意在制造混乱之人的意见,将欧洲拖入不可预测的战争深渊。战争无论能为法军带来多大荣誉,都只会严重破坏法兰西的繁荣和经济信用。我很高兴皇帝陛下毫不怀疑我们之间真诚的友谊,正是这种情谊促使我大胆向陛下写下这封信。战争重新在欧洲爆发会让我伤心,如果说还有什么事能让我更伤心,那就是看到陛下走上一条英国不可能支持的道路。"

维多利亚女王对拿破仑三世的呼吁是有充分理由的。拿破仑三世一直不停地扩充军备,令人普遍认为他打算效仿其伟大的前辈拿破仑·波拿巴。人们一度看不清楚拿破仑三世到底计划首先向哪个方向出击。但当第一个外孙威廉诞生时,维多利亚女王认识到,她满嘴甜言蜜语的盟友拿破仑三世计划以通过与撒丁国王维托里奥·埃曼努埃莱二世一起从伦巴底和威尼西亚将奥地利帝国赶走的方式,挑

长公主维多利亚·亚历山德里娜·玛丽·路易莎夫妇与威廉王子、夏洛特公主

战欧洲和平。拿破仑三世计划以武力干涉加速意大利的统一进程。收到维多利亚女王的信后，拿破仑三世表示接受维多利亚女王的和平倡议，同时为可能爆发的战争辩解。

维多利亚女王虽然缺乏信心，但还抱有拿破仑三世不可能真的开战的幻想。1859年2月3日，维多利亚女王亲自主持议会开幕大典，并且发表演说，强调英国绝不参与拿破仑三世野心勃勃的计划。1859年的4月结束前，奥地利帝国突然向撒丁王国宣战，维多利亚女王的和平计划落空，战争立即爆发。拿破仑三世立刻与同盟国撒丁王国并肩作战。

维多利亚女王和阿尔伯特亲王担心战事扩大。他们尤其清楚在意大利战争的问题上，英国人与他们的立场是截然相反的。英国人普遍认为，撒丁王国是勇敢的挑战者，对奥地利帝国的暴政发出挑战。拿破仑三世也由于公正地支持撒丁王国，收获一片喝彩。另外，维多利亚女王和阿尔伯特亲王在批评奥地利帝国的鲁莽宣战时，又因奥地利帝国属于德意志邦联，持支持奥地利帝国的态度，因为奥地利帝国的命运可能会直接影响其邻国普鲁士王国的命运。面对法军的进攻，如果奥地利帝国战败，那么普鲁士王国能避免同样的命运吗？

出于对新婚女儿维多利亚·亚历山德里娜·玛丽·路易莎的担心，维多利亚女王更希望普鲁士王国处在安全的局势下。1858年，由于健康状况持续恶化，无能的普鲁士国王腓特烈·威廉四世被维多利亚女王的女婿腓特烈·威廉·尼古劳斯·卡尔的父亲普鲁士亲王威廉·腓特烈·路德维希取代，普鲁士亲王威廉·腓特烈·路德维希成为摄政王。这样一来，女婿腓特烈·威廉·尼古劳斯·卡尔离普鲁士王位更近了一步。这一变化似乎使维多利亚女王在普鲁士事务上拥有比以前更大的话语权。新上任的普鲁士统治者威廉·腓特烈·路德维希与阿尔伯特亲王和维多利亚女王都是朋友，①并且十分信任阿尔伯特亲王的判断力，长期私下秘密向阿尔伯特亲王和维多利亚女王讨教。

---

① 1858年，当普鲁士亲王威廉·腓特烈·路德维希为儿子腓特烈·威廉·尼古劳斯·卡尔的婚事来到英国访问时，根据维多利亚女王的日记记载，维多利亚女王请求普鲁士亲王威廉·腓特烈·路德维希用"du"（你）来称呼自己。在德意志社交圈中，"du"通常能体现人与人之间一种最亲密的关系。——原注

当时，为了保障国家安全，普鲁士摄政王威廉·腓特烈·路德维希必须决定是否将筹码压在奥地利帝国一方。然而，想保护女儿维多利亚·亚历山德里娜·玛丽·路易莎安全的英国王室恳请普鲁士摄政王威廉·腓特烈·路德维希不要参与任何一方。普鲁士摄政王威廉·腓特烈·路德维希同意采纳维多利亚女王的建议。于是，维多利亚女王立即再次与拿破仑三世联系。她抱着全面保护普鲁士安全的希望，呼吁拿破仑三世将战争控制在小范围内。当1859年5月25日，法兰西皇后欧仁妮·德·蒙蒂若向维多利亚女王发来生日祝贺时，维多利亚女王在回信中恳请欧仁妮·德·蒙蒂若说服拿破仑三世不要扩大战火。法军的快速胜利达到了维多利亚女王想要的结果。虽然不是从此高枕无忧，但当1859年6月得知战争结束近在咫尺，拿破仑三世与奥地利皇帝弗朗茨·约瑟夫一世打算在维罗纳自由镇会面，商谈和平条约时，维多利亚女王还是松了口气。

弗朗茨·约瑟夫一世

就在奥地利帝国与意大利的战争进行时，英国国内政府的更迭更让维多利亚女王对未来忧心忡忡。1859年4月1日，由于《改革法案》在议会表决中没有通过，在外交政策上与维多利亚女王看法一致的德比伯爵爱德华·史密斯-斯坦利政府在议会中惨遭失利。《改革法案》由本杰明·迪斯雷利提出，但它没能如在议会下议院占多数议席的辉格党希望的那样扩大公民选举权。维多利亚女王拒绝接受德比伯爵爱德华·史密斯-斯坦利辞职，认为如果公开支持意大利的帕默斯顿子爵亨利·约翰·坦普尔、约翰·拉塞尔伯爵、威廉·尤尔特·格拉德斯通等人上台执政，英国有可能与奥地利帝国发生冲突。结果，维多利亚女王稍显轻率地同意了德比伯爵爱德华·史密斯-斯坦利提出的不辞职条件——解散议会。议会大选平静地结束后，保守党只获得四十三个席位，在议会下议院仍是少数党。

1859年6月10日，保守党大臣在新成立的议会下议院腹背受敌。维多利亚女王失望地意识到此时必须接受德比伯爵爱德华·史密斯-斯坦利的辞呈，帕默斯顿子爵亨利·约翰·坦普尔再次成为自由党①领袖的唯一可行继承人。但在当时外交政治的十字路口，维多利亚女王不愿意召回帕默斯顿子爵亨利·约翰·坦普尔，认为他对意大利的同情和对奥地利帝国的反感是难以遏制的。约翰·拉塞尔伯爵也支持意大利。因此，维多利亚女王也不愿意看到他出任首相一职。最终，维多利亚女王邀请在自由党内地位稍逊一筹的格兰维尔伯爵格兰维尔·莱韦森-高尔组建新政府。格兰维尔伯爵格兰维尔·莱韦森-高尔与维多利亚女王私交甚好，其政治观点虽然与党内其他年长者的观点并无二致，但为人比党内年长者圆滑。维多利亚女王心中十分清楚，如果没有帕默斯顿子爵亨利·约翰·坦普尔和约翰·拉塞尔伯爵的参与，那么将无法组建起一个自由党政府。因此，在一封托格兰维尔伯爵格兰维尔·莱韦森-高尔转交给威廉·尤尔特·格拉德斯通和约翰·拉塞尔伯爵的亲笔信中，维多利亚女王请求两位政坛元老为格兰维尔伯爵格兰维尔·莱韦森-高尔效力。

维多利亚女王的这一做法自然令两位政坛元老威廉·尤尔特·格拉德斯通和约翰·拉塞尔伯爵感觉自己遭受了侮辱，而且阴差阳错，事态的发展令所有人愈发感到骑虎难下。在一位朋友面前，格兰维尔伯爵格兰维尔·莱韦森-高尔说了一些不

---

① 1859年6月9日，原辉格党成员、罗伯特·皮尔派保守党成员等政治势力组成自由党。

该说的话。1869年6月12日晨,他与维多利亚女王的谈话内容出现在《泰晤士报》上面。面对这种辜负自己信任的行为,维多利亚女王十分绝望。当读到报纸上的报道时,维多利亚女王感叹道:"我还能信任谁呢?这全是我说过的原话。"

与约翰·拉塞尔伯爵相比,帕默斯顿子爵亨利·约翰·坦普尔的态度更友好一些。帕默斯顿子爵亨利·约翰·坦普尔同意接受格兰维尔伯爵格兰维尔·莱韦森-高尔的领导,但约翰·拉塞尔伯爵毅然拒绝为格兰维尔伯爵格兰维尔·莱韦森-高尔的内阁效力。格兰维尔伯爵格兰维尔·莱韦森-高尔只能退出组阁协商。事已至此,维多利亚女王只有一条路可走,请帕默斯顿子爵亨利·约翰·坦普尔第二次出任首相。

维多利亚女王的烦恼远远没有结束。就在帕默斯顿子爵亨利·约翰·坦普尔组建新政府前,一件令她失望的事发生了。维多利亚女王一直将克拉伦登伯爵乔治·维利尔斯看作自己在自由党中唯一可以相信的朋友,他也是维多利亚女王心中外交大臣的合适人选。但由于约翰·拉塞尔伯爵坚持出任新政府的外交大臣,克拉伦登伯爵乔治·维利尔斯被排除出新政府。①

维多利亚女王预感到与新政府有充分理由产生矛盾。让约翰·拉塞尔伯爵出任外交大臣,维多利亚女王经受的折磨一点不比当年帕默斯顿子爵亨利·约翰·坦普尔担任这一职位时少。约翰·拉塞尔伯爵和首相帕默斯顿子爵亨利·约翰·坦普尔很

---

① 帕默斯顿子爵亨利·约翰·坦普尔的内阁成员名单如下:
财政部第一财政大臣——帕默斯顿子爵亨利·约翰·坦普尔
大法官——约翰·坎贝尔男爵
枢密院议长——格兰维尔伯爵格兰维尔·莱韦森-高尔
掌玺大臣——阿盖尔公爵乔治·坎贝尔
内政大臣——乔治·康沃尔·刘易斯爵士
外交大臣——约翰·拉塞尔伯爵
殖民事务大臣——纽卡斯尔公爵亨利·佩勒姆-克林顿
战争事务大臣——悉尼·赫伯特男爵
印度事务大臣——哈利法克斯子爵查尔斯·伍德爵士
财政大臣——威廉·尤尔特·格拉德斯通
海军大臣——萨默塞特公爵爱德华·西摩尔
贸易委员会主席——托马斯·米尔纳·吉布森
邮政大臣——额尔金伯爵詹姆斯·布鲁斯
兰开斯特公爵领地大臣——乔治·格雷爵士
济贫委员会主席——查尔斯·佩勒姆·维利尔斯
爱尔兰首席大臣——爱德华·卡德韦尔子爵——原注

快公开表示支持意大利统一，反对奥地利帝国。因此，两人在王室小圈子里得到了"意大利人的主人"的绰号。

与此同时，维多利亚女王和英国政府都拿不准拿破仑三世与奥地利皇帝弗朗茨·约瑟夫一世正在进行的谈判内容。在维罗纳自由镇，拿破仑三世与弗朗茨·约瑟夫一世达成了让人捉摸不透的协定。在盟友撒丁王国看来，协定似乎过于对奥地利帝国有利，并且法兰西第二帝国没捞到任何好处。根据协定，奥地利帝国将放弃伦巴底，但会保留对威尼西亚的统治。法兰西第二帝国表示不愿继续参与该地区事务，并且建议撒丁王国依靠自身努力实现意大利统一。这一结果令意大利自由党人难以接受，也令帕默斯顿子爵亨利·约翰·坦普尔和约翰·拉塞尔伯爵愤愤不平，觉得对意大利不公。随即，英国政府展开外交斡旋，希望能修正协定内容，并且公开鼓励意大利人将战斗进行到底。

维多利亚女王很高兴意大利的战争停止，并且对有利于奥地利帝国的协定很满意。因此，她坚决反对英国政府干涉意大利统一。维多利亚女王对约翰·拉塞尔伯爵说："我们之前没有反对战争，我们现在也不能反对和平。"维多利亚女王坚信，一旦提出"意大利人的意大利"主张，英国政府就被迫在战争中与撒丁王国一起作战。但帕默斯顿子爵亨利·约翰·坦普尔和约翰·拉塞尔伯爵并不理会维多利亚女王的主张，拒绝置身于意大利统一事外。帕默斯顿子爵亨利·约翰·坦普尔甚至公开宣称，如果在外交问题上维多利亚女王不听取大臣们的意见，那么他们将辞职。维多利亚女王反驳称，首相并不能代表政府全体官员。1859年8月，大臣们都在各地度假。这时，维多利亚女王坚持将整个内阁的成员召唤回伦敦，以此显示在所谓的"意大利革命"过程中，自己决心坚持英国方面严守中立的立场。帕默斯顿子爵亨利·约翰·坦普尔依然不为所动，但维多利亚女王的努力还是起到了一些作用，至少令帕默斯顿子爵亨利·约翰·坦普尔对意大利统一的热情降温，也令他在言语上更谨慎。最终，英国没有介入意大利与奥地利帝国的问题，意大利人不得不依靠自己来解决统一问题。

然而，意大利问题的结果并没有令维多利亚女王感到满意。1859年7月，《维拉

朱塞佩·加里波第

弗兰卡条约》①刚刚签署,在没有任何外国援助的情况下,撒丁王国与朱塞佩·加里波第一起以武力完全控制了意大利半岛除罗马和威尼西亚以外的所有独立邦。维多利亚女王虽然明白意大利半岛独立邦的软弱,但还是对被朱塞佩·加里波第和维托里奥·埃曼努埃莱二世联军击败的狭隘的意大利各邦统治者充满同情。作为被赶下台的众多君主中的一位,帕尔马女公爵阿图瓦的路易丝·玛丽·泰雷兹向维多利亚女王寻求庇护,但约翰·拉塞尔伯爵冷漠地直接拒绝提供帮助。然而,维多利亚女王也拒绝按照约翰·拉塞尔伯爵的意思答复帕尔马女公爵阿图瓦的路易丝·玛丽·泰雷兹。约翰·拉塞尔伯爵在类似事务上的迟钝加剧了他与维多利亚女王的不和。当时,克拉伦登伯爵乔治·维利尔斯正好前往温莎城堡拜见维多利亚女王。于

---

① 1859年7月,撒丁王国、法兰西第二帝国和奥地利帝国在维罗纳自由镇签署的条约。

是，在克拉伦登伯爵乔治·维利尔斯的帮助下，维多利亚女王设法在语气上让自己给帕尔马女公爵阿图瓦的路易丝·玛丽·泰雷兹的答复更有同情心，更能体现自己的个人情感，但不公开违背大臣们的意见。

令维多利亚女王恼怒的不只是自己的大臣。当正与自己的大臣们对峙时，维多利亚女王震惊地获悉，在撒丁王国的勉强同意下，作为法军过去对意大利帮助的报答，拿破仑三世将萨沃伊和尼斯两省并入法兰西第二帝国，并且借此警告他国，在意大利统一进程中，法兰西第二帝国不允许任何外国势力干涉意大利事务，英国不得干涉，德意志也不得干涉。对这一事件的发生，维多利亚女王充满厌恶之情。拿破仑三世恣意破坏欧洲南部的和平，并且从混乱中渔翁得利的做法令维多利亚女王火冒三丈。维多利亚女王强烈谴责自己的大臣像是拿破仑三世的提线木偶，认为英国政府私底下支持拿破仑三世。但实际上，维多利亚女王对政府的指责毫无逻辑，因为是她本人要求政府恪守中立立场，避免干涉任何意大利半岛的事务。

尽管如此，1860年2月5日，维多利亚女王还是向约翰·拉塞尔伯爵写信称："我一直以来都在警告你们，但我们还是被别人愚弄了。"欧洲应该联合抵制吞并行为，但如果做不到联合抵制，至少英国应该公开反对法兰西第二帝国。1860年3月27日，维多利亚女王又向约翰·拉塞尔伯爵写信称："大家都认为英国与法兰西第二帝国已经达成共识，这令其他欧洲国家在反抗拿破仑三世不道德的行为时，缺乏底气，孤立无援。整个欧洲都因英国默认拿破仑三世的各种手段而无所作为。"欧洲大陆其他强国不信任英国，拒绝与英国在外交上一起遏制拿破仑三世的狼子野心，因为"英国的报界和民众"支持各地的骚乱和叛乱。维多利亚女王还讥讽约翰·拉塞尔伯爵说："英国的报界和民众支持意大利革命，为奥地利帝国失去意大利的几个邦叫好。对于匈牙利脱离奥地利帝国、波兰脱离俄罗斯帝国，他们也应该叫好。"在写给家人的信中，维多利亚女王更流露出对法兰西第二帝国的怨气。1860年5月8日，在写给舅舅利奥波德一世的信中，维多利亚女王写道："法兰西第二帝国唯恐天下不乱，到处搬弄是非，引发一片争吵。当然，随着世界对这个煽风点火者的讨伐，一切混乱终有一天会结束。"

在整个议会会期，虽然维多利亚女王和大臣们一直针锋相对，但最终她还是颇有气度地接受了不可避免的现实。至于对法兰西第二帝国和拿破仑三世的态度，维多利亚女王没有坚持之前的敌视态度，她与大臣们的关系自然也缓和下来。1860年下半年，帕默斯顿子爵亨利·约翰·坦普尔的政府又给维多利亚女王制造了烦恼。帕默斯顿子爵亨利·约翰·坦普尔等人建议废除总司令一职，并且将军队指挥权完全交给议会，由大臣代管。维多利亚女王强烈反对这项改革，认为这是对君主特权的践踏。维多利亚女王的抗议得到重视，这项议案暂时搁置。

第25章

威尔士亲王阿尔伯特·爱德华访美

精彩看点

军队仪式——志愿者——家庭生活——爱丽丝公主订婚——1860年2月到1860年11月威尔士亲王阿尔伯特·爱德华的美国之行——1860年第二次访问科堡——维多利亚女王与第一个外孙——阿尔伯特亲王发生意外——与普鲁士王国的关系——普鲁士国王威廉一世登基

虽然政治带来不少烦恼，但此时，维多利亚女王的生活是一帆风顺的。肩负的公共责任继续让维多利亚女王与军队保持密切的联系，维多利亚女王对自己与军队的紧密关系十分满意。1859年1月29日，维多利亚女王为新落成的威灵顿学院剪彩。威灵顿学院是一所专门招收军官儿子的学校，当初维多利亚女王曾参加过它的奠基仪式。1859年6月6日，维多利亚女王再次颁发维多利亚十字勋章，勋章获得者都是在平定印度叛乱中立下战功的人。1859年8月26日，在朴茨茅斯，维多利亚女王检阅了第三十二团，围攻勒克瑙的英雄们出自这个团。

1859年，拿破仑三世引发的担忧激起英国上下对军队高涨的热情——维多利亚女王十分认同这种热情。为防止法兰西第二帝国突然入侵英国，维多利亚女王下令，在1859年5月组建一支志愿军。这支军队得到维多利亚女王的支持。1860年3月7日，在圣詹姆斯宫，维多利亚女王专门举行了一场特殊的晨觐会，并且接见了两千五百名志愿者军官。1860年6月23日，在海德公园，维多利亚女王检阅了一支由两万名志愿者组成的军队。当天，萨克森-科堡-哥达公爵欧内斯特二世陪同维多利亚女王检阅了这支志愿军。萨克森-科堡-哥达公爵欧内斯特二世毫不掩饰对这支志愿军的蔑视，但维多利亚女王十分真挚地赞扬了志愿军的爱国热情。1860年7月2日，维多利亚女王亲自主持了全国步枪协会的成立大会。这个协会的成立是对志愿者运动的必要补充。在温布尔登公园举行的全国步枪协会第一届年会上，维多利亚女王还用一把惠特沃斯步枪瞄准目标，打响该协会的第一枪。此外，维多利亚女王立即

霍利鲁德宫

设立了一项两百五十英镑的奖金,每年颁发一次,直到自己统治结束。不过,爱德华七世继续颁发这一奖项。1860年8月,在前往巴尔莫勒尔别墅的途中,维多利亚女王在霍利鲁德宫稍做停留,检阅了苏格兰的志愿军。

维多利亚女王的家庭生活十分惬意。1859年,长公主维多利亚·亚历山德里娜·玛丽·路易莎两次返回英国看望维多利亚女王。第二次回来时,与她同来的还有她的丈夫腓特烈·威廉·尼古劳斯·卡尔。1859年秋在巴尔莫勒尔时,维多利亚女王的精力异常充沛,并且与孩子们多次登山远行。1859年9月,在阿伯丁,王夫阿尔伯特亲王主持了英国科学促进会会议。会议结束后,阿尔伯特亲王邀请了两百名会员到迪赛德参加高地集会。当在苏格兰北方的假期结束,并且在返回英格兰南方的途中,维多利亚女王为卡特琳湖上的格拉斯哥自来水厂剪彩,并且游览了特罗萨克斯的美景。此外,维多利亚女王前往班戈附近的彭林城堡,看望了议会下议院议员彭林男爵爱德华·道格拉斯-彭南特上校。途中,维多利亚女王受到彭林板岩采石场工人的热烈欢迎。

当时,维多利亚女王开始考虑家中的另一门婚事。1860年1月24日,亲自参加完议会开幕大典后不久,维多利亚女王在温莎城堡举行了一场盛大的晚会。参加晚会的人中有利奥波德一世、几位年轻的德意志贵族青年,以及黑森-达姆施塔特的路易及其弟弟。其中,黑森-达姆施塔特的路易引起维多利亚女王的二女儿爱丽丝公主的注意。此时,爱丽丝公主刚满十七岁。维多利亚女王虽然反对在这么小的年龄谈婚论嫁,但很有兴致地等待事情的结果。

与此同时,维多利亚女王和阿尔伯特亲王正在为威尔士亲王阿尔伯特·爱德华策划一次横跨加拿大和美国的旅行。这次旅行的目的是促进英国与美洲的良好关

彭林男爵爱德华·道格拉斯－彭南特

系。美国总统詹姆斯·麦吉尔·布坎南向维多利亚女王写信,邀请威尔士亲王阿尔伯特·爱德华访问华盛顿。维多利亚女王代表威尔士亲王阿尔伯特·爱德华亲笔回信接受了邀请。威尔士亲王阿尔伯特·爱德华对华盛顿的访问结束后,詹姆斯·麦吉尔·布坎南再次向维多利亚女王写信,告知维多利亚女王威尔士亲王阿尔伯特·爱德华受到的热情接待,并且提到自己对威尔士亲王阿尔伯特·爱德华的良好印象。维多利亚女王回信表示自己已经收到来信。实际上,这封回信是由阿尔伯特亲王执笔,维多利亚女王只是照抄一遍。在信中,维多利亚女王表示十分希望英国和美国这两个"有历史渊源和相似特性的民族"尽可能保持最佳关系。

1860年深秋,英国王室第二次访问科堡。这次前往科堡的主要目的是与年事已高、健康状况不断恶化的斯托克马男爵克里斯蒂安·弗里德里希见面。1857年退休后,斯托克马男爵克里斯蒂安·弗里德里希定居科堡。维多利亚女王与阿尔伯特亲王一直与斯托克马男爵克里斯蒂安·弗里德里希保持着频繁的书信往来,一如既往地依靠斯托克马男爵克里斯蒂安·弗里德里希的建议。1860年9月22日,在爱丽丝公主和外交大臣约翰·拉塞尔伯爵的陪同下,维多利亚女王在格雷夫森德登船,前往安特卫普。途中,获悉王夫阿尔伯特亲王继母符腾堡女公爵玛丽去世的消息,维多利亚女王和爱丽丝公主十分悲伤,维多利亚女王母女与符腾堡女公爵玛丽的关系都很亲密。①不过,在经过德意志,并且受到包括女婿腓特烈·威廉·尼古劳斯·卡尔在内的普鲁士王室成员的迎接时,维多利亚女王母女又高兴起来了。

在科堡,维多利亚女王和阿尔伯特亲王见到了女儿维多利亚·亚历山德里娜·玛丽·路易莎公主及其新生儿威廉王子,这是维多利亚女王第一次见到外孙威廉王子。1860年9月29日,维多利亚女王一行住到玫瑰宫。在玫瑰宫时,维多利亚女王接待的客人中有一位她十分感兴趣的德意志小说家古斯塔夫·弗赖塔格。在《回忆录》中,古斯塔夫·弗赖塔格这样形容维多利亚女王,"进行曲般的步态"和友善的举止。②

---

① 符腾堡女公爵玛丽是符腾堡公爵亚历山大的女儿。1860年9月24日,符腾堡女公爵玛丽逝世。——原注
② 古斯塔夫·弗赖塔格:《回忆录》,英译本,1890年,第2卷。——原注

古斯塔夫·弗赖塔格

1860年10月1日，阿尔伯特亲王遭遇了一场严重的马车事故。①维多利亚女王虽然控制住了自己的情绪，但还是被这场马车事故搞得心神不宁。返回英国后，维多利亚女王在科堡创立了"维多利亚基金会"，捐出一千英镑，以帮助开始新生活的年轻人。幸亏阿尔伯特亲王只是受了轻伤，但接下来，阿尔伯特亲王精神抑郁。然而，斯托克马男爵克里斯蒂安·弗里德里希认为阿尔伯特亲王身体羸弱。1860年10月10日，离开科堡那天，正与哥哥萨克森-科堡-哥达公爵欧内斯特二世散步的阿尔伯特亲王突然失声痛哭。他抽泣着说，这是自己最后一次看到祖国。②

在维多利亚女王和阿尔伯特亲王返回英国前，普鲁士摄政王威廉·腓特烈·路德维希和王妃萨克森-魏玛-爱森纳赫的奥古斯塔在科布伦茨的宫中款待了维多利

---

① 奥古斯塔斯·洛夫特斯勋爵：《奥古斯塔斯·洛夫特斯勋爵外交回忆录》，伦敦：卡塞尔公司，1892年，第一部，第2卷，第89页。——原注
② 萨克森-科堡-哥达公爵欧内斯特二世：《萨克森-科堡-哥达公爵欧内斯特二世回忆录》，第4卷，第55页。——原注

亚女王夫妇二人。由于身染微恙，维多利亚女王在科布伦茨多住了几天。于是，约翰·拉塞尔伯爵和德意志官员亚历山大·冯·施莱尼茨男爵正好有时间讨论政治，两人的谈话内容涉及一件当时正为两国带来摩擦的小插曲。英国旅行家麦克唐纳上校在波恩被一位立功心切的警察错误逮捕，并且被投入狱中。即使在约翰·拉塞尔伯爵访问科布伦茨后，这一问题依然没有得到解决。随后，帕默斯顿子爵亨利·约翰·坦普尔言辞激烈地要求普鲁士王国政府给予赔偿。因此，英国政府和普鲁士王国政府陷入争吵。对英国政府处理此事的方式，维多利亚女王和阿尔伯特亲王颇有微词。维多利亚女王明智地回避公开表态，但精明地认识到"外国政府的行为虽然常常是粗暴和随心所欲的，但我们的人民总是冒犯人，不遵守当地法律"。

英国和普鲁士王国的争端逐渐平息下来，维多利亚女王认为外交政治的前景更加光明。1861年1月2日，瘫痪的腓特烈·威廉四世驾崩，维多利亚女王的朋友普鲁士摄政王威廉·腓特烈·路德维希继承普鲁士王位，称"威廉一世"。与此同时，女婿腓特烈·威廉·尼古劳斯·卡尔与女儿维多利亚·亚历山德里娜·玛丽·路易莎成为普鲁士王储与王妃。当时，维多利亚女王认为英国和普鲁士王国或者英国王室与普鲁士王室之间的友谊将会永远保持下去。此时，维多利亚女王对拿破仑三世的愤怒正在逐步消退。由于健康问题，法兰西皇后欧仁妮·德·蒙蒂若私下访问了温莎城堡和奥斯本，这一举动恢复了欧仁妮·德·蒙蒂若皇后与维多利亚女王的个人情谊。在崭新的1861年中，维多利亚女王和拿破仑三世恢复了以往友好的书信往来。在中国，虽然英军与法军组成联军开展军事活动，但维多利亚女王与拿破仑三世交流的主要话题还是呼吁和平。1860年11月，黑森-达姆施塔特的路易第二次访问温莎城堡，维多利亚女王十分满意这次访问。1860年11月30日，黑森-达姆施塔特的路易正式与爱丽丝公主订婚。

第 26 章

美国内战、"特伦特"号事件及阿尔伯特亲王去世

精彩看点

本杰明·迪斯雷利给爱丽丝公主的拨款——维多利亚女王结婚二十一周年——维多利亚女王母的亲去世——来自本杰明·迪斯雷利的慰问——维多利亚女王对母亲身边人的安排——一些小麻烦——重新恢复接待活动——1861年第三次访问爱尔兰——在基拉尼——王夫阿尔伯特亲王最后一次去巴尔莫勒尔——1861年11月在温莎城堡——王夫阿尔伯特亲王病倒——帕默斯顿子爵亨利·约翰·坦普尔强硬的态度——阿尔伯特亲王的干涉——阿尔伯特亲王的建议得以采纳——美国民主党人心怀感激之情——阿尔伯特亲王去世

1860年12月14日，阿伯丁伯爵乔治·汉密尔顿-戈登的去世令人伤心，但1860年圣诞节到1861年新年，温莎城堡气氛高涨。来温莎城堡做客的人中包括帕默斯顿子爵亨利·约翰·坦普尔和本杰明·迪斯雷利夫妇。维多利亚女王和阿尔伯特亲王多次与本杰明·迪斯雷利交谈。随着对本杰明·迪斯雷利的深入了解，维多利亚女王和阿尔伯特亲王对他早期持有的偏见正慢慢消失。本杰明·迪斯雷利称，在外交事务上，自己的追随者将支持强调国家利益和国家声誉的政策，这一保证令维多利亚女王和阿尔伯特亲王感到满意。在更私人化的问题上，本杰明·迪斯雷利同样信心十足。当时，维多利亚女王正打算请求议会批准为二女儿爱丽丝公主的婚事拨款。一直以来，王室都有理由担心公众不同意给王室家庭拨款。因此，本杰明·迪斯雷利对这一拨款的支持很重要。本杰明·迪斯雷利表示自己完全赞同拨款。因此，维多利亚女王和阿尔伯特亲王很高兴。考虑到爱丽丝公主婚期将至，本杰明·迪斯雷利爽快同意支持政府划拨三万英镑作为爱丽丝公主的嫁妆，并且向爱丽丝公主每年发放六千英镑年金。

　　1861年2月4日，维多利亚女王主持了议会的开幕仪式，并且亲自宣布爱丽丝公主的婚事。这是维多利亚女王在位期间最后一次公开演说，因为1861年即将结束时，她经历了一场可怕的人生变故。1861年2月10日，维多利亚女王低调地在白金汉宫度过了结婚二十一周年纪念日。在写给舅舅利奥波德一世的信中，她说："没有几个人能像我一样自豪地说，结婚二十一年后丈夫不但仍对自己充满友情、善意和爱意,这是任何一段幸福婚姻的共同点,而且对自己还像新婚燕尔时那般柔情似水。"不幸的是,1861年年底,死神将夺去维多利亚女王幸福的源泉。

在人生巨大打击来临前,维多利亚女王经历了一场伤心事。住在弗罗格莫尔的母亲肯特公爵兼斯特拉森公爵的夫人玛丽·路易丝·维多利亚突然病倒。在经历了短暂的病痛折磨后,1861年3月16日,肯特公爵兼斯特拉森公爵的夫人玛丽·路易丝·维多利亚去世。由于这是维多利亚女王第一次经历失去至亲,痛苦令她根本无法承受。当时,维多利亚女王虽然伤心欲绝,但她还是立刻亲手动笔向同母异父的姐姐莱宁根的费奥多拉、长公主维多利亚·亚历山德里娜·玛丽·路易莎和利奥波德一世写信,告知这一噩耗。在给舅舅利奥波德一世的信中,维多利亚女王写道:"这是我人生中最伤心的一天。我亲爱温柔的母亲,我与她分离时间最长不超过几个

肯特公爵兼斯特拉森公爵的夫人玛丽·路易丝·维多利亚生前最后照片

月,没有她在我身边,我怎么活下去。但现在,她竟然走了!太可怕了!好在她走得很安详——终于不再受病痛的折磨!"肯特公爵兼斯特拉森公爵的夫人玛丽·路易丝·维多利亚去世时,一直陪在维多利亚女王身边的爱丽丝公主首次展现出安慰母亲的能力。此后,在母亲维多利亚女王经历人生考验时,爱丽丝公主经常担负起安慰母亲维多利亚女王的任务。正如维多利亚女王曾经写下的:"善良的爱丽丝公主始终陪在我们身边。"

向维多利亚女王表达慰问的人很多,其中本杰明·迪斯雷利完美地表达了大众的感情。在议会下议院发表演说时,他讲道:"在帝国壮丽的土地上,她是我们的领袖,她选择将对家人的爱作为指导生活的原则。"本杰明·迪斯雷利的这番话令维多利亚女王十分感激。

1861年3月25日,肯特公爵兼斯特拉森公爵的夫人玛丽·路易丝·维多利亚的遗体安葬在温莎城堡的圣乔治教堂内,但维多利亚女王决定在弗罗格莫尔为她建一座特别的陵墓作为永久墓地。1861年8月17日,肯特和斯特拉森公爵夫人玛丽·路易丝·维多利亚的遗体移到弗罗格莫尔。维多利亚女王对所有依靠母亲生活的人做出了妥善的安排,并且向仆人们发放了退休金。按肯特公爵兼斯特拉森公爵的夫人玛丽·路易丝·维多利亚生前的意愿,维多利亚女王继续向同母异父的姐姐莱宁根的费奥多拉及两个侄子莱宁根的卡尔的儿子——莱宁根的恩斯特·利奥波德和爱德华——发放生活费。肯特和斯特公爵夫人玛丽·路易丝·维多利亚的侍女奥古斯塔·布鲁斯女士是额尔金伯爵詹姆斯·布鲁斯的妹妹,忠心耿耿,深得维多利亚女王喜爱。因此,奥古斯塔·布鲁斯很快被任命为维多利亚女王寝宫的女侍官,永远陪伴在维多利亚女王身边。

所有庆祝活动都因哀悼肯特公爵兼斯特拉森公爵的夫人玛丽·路易丝·维多利亚而暂停。接下来,发生的一些小麻烦令维多利亚女王心情更沮丧。1861年5月,黑森和达姆施塔特的路易到访奥斯本。在奥斯本,他染上了麻疹。1861年7月14日,听闻有人企图在巴登行刺普鲁士新国王威廉一世后,维多利亚女王非常震惊。

不过,慢慢地,维多利亚女王重新开始参加接待活动和国事活动。1861年社交季结束前,维多利亚女王接待了比利时国王利奥波德一世、普鲁士王储腓特烈·威

瑞典国王卡尔十五世

廉·尼古劳斯·卡尔和王妃维多利亚·亚历山德里娜·玛丽·路易莎、瑞典国王卡尔十五世及奥斯卡王子，以及命运多舛的马克西米利安大公和大公夫人夏洛特。

1861年8月21日，维多利亚女王、阿尔伯特亲王、爱丽丝公主、海伦娜公主和阿瑟王子从奥斯本出发，第三次前往爱尔兰访问。这次爱尔兰之行的直接原因是看望正在卡勒军营受训的威尔士亲王阿尔伯特·爱德华。王室一家乘火车从南安普敦到霍利黑德，然后乘坐王室游艇抵达金斯敦。1861年8月22日，维多利亚女王住在菲尼克斯公园中的总督官邸。1861年8月24日星期六，维多利亚女王奔赴卡勒军营，检阅了一支由一万名士兵组成的军队，队列中有她的长子威尔士亲王阿尔伯特·爱德华。

维多利亚女王很聪明地计划在都柏林外安抚爱尔兰的臣子。因此，她继续前行到离爱尔兰首府都柏林较远的地区。1861年8月26日，王室一家人向南行到基拉尼，下榻在肯梅尔庄园，并且受到当地人的热烈欢迎。1861年8月27日，王室一家参观了基拉尼湖，晚上住在了亨利·阿瑟·赫伯特先生的府上——马克罗斯庄园。维多利亚女王邀请的客人包括鼓动家丹尼尔·奥康奈尔的家庭成员，其中有丹尼尔·奥康奈尔的弟弟詹姆斯·奥康奈尔爵士。此外，亨利·阿瑟·赫伯特先生还为王室一家安排了猎鹿活动。最终，王室一家虽然没有打到一只鹿，但都很享受整个猎鹿过程。1861年8月29日，维多利亚女王离开基拉尼奔赴都柏林。他们再次途经霍利黑德，最终返回巴尔莫勒尔别墅。

在巴尔莫勒尔别墅，维多利亚女王将大部分时间和精力都放在户外活动上。1861年，维多利亚女王同母异父的姐姐莱宁根的费奥多拉远道而来，这令维多利亚女王十分高兴。1861年10月月底，英国王室一家向南出发，并且对爱丁堡做了简短的访问，这主要因为1861年10月22日，阿尔伯特亲王要为一座新邮局和苏格兰工业博物馆奠基。1861年10月23日上午，英国王室一家回到温莎城堡。这是王夫阿尔伯特亲王生命中最后一次与家人一起旅行。

依照惯例，1861年11月，温莎城堡高朋满座。不过，英国王室成员的情绪因三个人的去世而受到影响。第一位是在罗伯特·皮尔政府及阿伯丁伯爵乔治·汉密尔顿-戈登政府都任过职的詹姆斯·格雷厄姆爵士，第二位和第三位分别是葡萄牙国王佩德罗五世及其弟葡萄牙的费尔南多，他们都是维多利亚女王的表弟。

葡萄牙的费尔南多

1861年11月中旬，阿尔伯特亲王的健康状况明显恶化。1860年，阿尔伯特亲王曾染上英国霍乱，此后经常出现低烧症状。在最后一次前往科堡时，他的情绪已经很低落。对阿尔伯特亲王的健康问题，维多利亚女王很上心，但像大多数身体健康的人一样，她总对丈夫阿尔伯特亲王的病情很乐观。直到最后，她才意识到阿尔伯特亲王病情的严重性。

此时，一场严重的政治危机突然爆发。在丈夫阿尔伯特亲王的建议下，为了国家的和平，维多利亚女王最后一次对大臣们施加自己的影响力。1861年4月，美国内战爆发，英国政府发表中立宣言，但对此，英国人的态度两极分化。他们分别支持对立的两方，其中大多数人支持南方邦联。首相帕默斯顿子爵亨利·约翰·坦普尔、财政大臣威廉·尤尔特·格拉德斯通及大部分政府官员毫不掩饰自己对南方邦联的支持，但维多利亚女王和阿尔伯特亲王倾向于支持美国联邦政府。

1861年11月，英国上下对南方邦联的普遍同情似乎已经演变成跟美国联邦政府作战的决心。南方邦联委派詹姆斯·默里·梅森和约翰·斯莱德尔两位信使前往英国和法兰西第二帝国游说两国王室。这两位信使冲破美国联邦军队对美国海岸的封锁，在哈瓦那登上一艘名为"特伦特"号的英国轮船。1861年11月8日，"特伦特"号启航出发。1861年11月9日，"特伦特"号遭遇美国联邦一艘战舰的攻击。一番武力威胁后，美国联邦方面的舰长查尔斯·威尔克斯登上"特伦特"号，逮捕了南方邦联的两位信使及其秘书。

1861年11月27日，"特伦特"号抵达南安普敦，南方邦联信使被捕的消息传遍英国。英国政府和英国人的情绪顿时被点燃。1861年11月30日，帕默斯顿子爵亨利·约翰·坦普尔向维多利亚女王递交了一份计划发往华盛顿的急电。在急电中，英国政府毫不妥协地强硬要求美国联邦政府立即为肆意践踏国际法的行为进行赔偿。帕默斯顿子爵亨利·约翰·坦普尔严厉的措辞似乎表明英美双方和解的可能性为零。

作为王夫的阿尔伯特亲王意识到"特伦特"号事件的严重性。与帕默斯顿子爵亨利·约翰·坦普尔不同，阿尔伯特亲王不支持南方邦联，不愿意看到英国与美国的任何一方作战。虽然病情在不断恶化，但阿尔伯特亲王仍然立刻代表维多利亚女王提出在措辞方面发给华盛顿的急电应该再温和一些的建议,并且1861年12月1日,他代表维多利亚女王给帕默斯顿子爵亨利·约翰·坦普尔写了一封信,敦促帕默斯顿子爵亨利·约翰·坦普尔修改急电。首先,阿尔伯特亲王建议,否认对"特伦特"号的袭击是美国联邦政府的故意行为。其次,他要求首相帕默斯顿子爵亨利·约翰·坦普尔假设袭击"特伦特"号是美国联邦舰队一位头脑发热军官犯了的=一个错误。不过,这个不幸的错误可以纠正,只要美国联邦政府释放并归还这两名不幸的乘客,并且做出恰当的道歉。

后来,维多利亚女王说给帕默斯顿子爵亨利·约翰·坦普尔的这封信是阿尔伯特亲王"最后的绝笔之作",这封信也发挥了应有的作用。这次,英国政府理由充分。法兰西皇帝拿破仑三世、奥地利皇帝弗朗茨·约瑟夫一世、普鲁士国王威廉一世和俄罗斯沙皇亚历山大二世立刻表示支持英国。最后,王夫阿尔伯特亲王更加明智的意见被政府采纳。按照阿尔伯特亲王的意见,帕默斯顿子爵亨利·约翰·坦普尔和约翰·拉塞尔伯爵修改了急电的内容。结果,美国联邦政府高兴地答应了英国政府的所有要求。因此,这次在维多利亚女王的首肯下,王夫阿尔伯特亲王以维多利亚女王的名义起草的急电最终避免了英美两国开战的风险。

无论在英国还是在美国,人们都认识到一个事实,即一场严重的外交灾难因阿尔伯特亲王的智慧而避免。后来,美国联邦的领导人承认,如果1861年与英国开战,那么会导致众多欧洲国家正式承认南方邦联。美国联邦中的大多数民主派人士心存感激地认为英国王室的介入让美国避免了一场灾祸。多年后,作为美国民主精神的杰出代表,诗人沃尔特·惠特曼热情洋溢地描写了维多利亚女王和阿尔伯特亲王对"特伦特"号事件的成功干预:

> 纵使我们有六千五百万或者七千万人口,纵使我们国库充盈,但现在我们美国人都没有冒险的资本。因为对所有国家来说,一国的实际军力,或者说陆海储备军力,实在是太宝贵的资源了。我敢说,我们没有意识到,如果"特伦特"号事件导致我们与英国开战,那么美国该有多危险,因为如果与英国开战,那么毫无疑问,这会导致所有欧洲列强承认南方邦

詹姆斯·默里·梅森

约翰·斯莱德尔

美国联邦海军截获"特伦特"号

联政府。现在，有一点是肯定的，当时，英国的大臣已经给美国政府写好了电报。电报言辞傲慢，语气强硬，可以说一场灾难即将降临。幸亏维多利亚女王及其身后的阿尔伯特亲王积极努力，及时阻止了电报发出。人类文明的进步和突破常常取决于微不足道的个人行为。这一刻，毫无疑问，维多利亚女王决定了现代历史的走向。在那时，其他外国君主和政府说了很多，做了很多，但他们的所作所为很可能会被美国遗忘。然而，我敢说，美国绝不会忘记维多利亚女王。①

阿尔伯特亲王没能看见介入"特伦特"号事件平息了英美两国的外交风波。他永远不知道，他对维多利亚女王和大臣们的谨慎提醒促成最终的有益结局。在那封重要急电最终修改前，他预感自己将不久于人世。结果就是这样，阿尔伯特亲王解脱了。不像维多利亚女王天性积极，有韧性，在生命的最后阶段，阿尔伯特亲王十分阴郁。1861年12月月初，阿尔伯特亲王病情恶化，但还是有望恢复。然而，1861年12月14日，阿尔伯特亲王竟然去世了，年仅四十二岁，他的年龄比维多利亚女王还小三个月。在没有任何警示的情况下，维多利亚女王的爱情演变成一幕悲剧。

---

① 沃尔特·惠特曼将这番话附在下面这首诗后，这是一首向维多利亚女王致敬的诗：
为庆祝维多利亚女王生日，1890年5月24日，在皇家早餐桌上花瓶中插上了一支美国杨梅树枝。
夫人，请接受生日的祝福——一件或许无用的礼物和信物，
来自芬芳土地的五月问候，
带来无尽的祝福和来自远古的谢意，
白中透粉的杨梅枝，沉静、浓烈、羞涩，
生长在郁郁葱葱的哈德逊河、特拉华河和波托马克河两岸。
参见沃尔特·惠特曼：《散文全集》，马萨诸塞州，波士顿，1898年。——原注

第27章

陷入丧夫之痛的维多利亚女王

精彩看点

寡妇维多利亚女王——民众的同情——阿尔弗雷德·丁尼生的挽歌——阿尔伯特亲王的声望——持久悲伤中的维多利亚女王——维多利亚女王对别人不幸的同情——丧夫后维多利亚女王的行踪——大臣们的非难——维多利亚女王对未来做出的决定——阿尔伯特亲王对维多利亚女王持久的影响力

对维多利亚女王来说，阿尔伯特亲王去世是致命一击，没有哪位妻子能向她那样依赖丈夫。大约十五年前的1846年7月30日，维多利亚女王曾写信给斯托克马男爵克里斯蒂·弗里德里希，信中这样描述自己与阿尔伯特亲王的几日分别："没有他的陪伴，一切都失去意义……对我来说，哪怕与他仅仅分别两天都是巨大的痛苦，我祈求上帝一定要让他活得比我长。"此时，永别成为现实，未来维多利亚女王将形单影只。在一张有她、孩子们和阿尔伯特亲王半身像的家庭合照上，维多利亚女王写道："白天已经变成黑夜。"

英国民众十分同情维多利亚女王不幸的命运，并且与维多利亚女王一起哀悼阿尔伯特亲王。虽然维多利亚女王说，"他们不明白我失去的是什么"，但她对人们的同情并非无动于衷。维多利亚女王希望得到的不仅仅是人民对自己丧夫的同情。她知道臣民并不认同自己对丈夫阿尔伯特亲王的高度评价。如同阿尔伯特亲王在世时一样，维多利亚女王更渴望看到阿尔伯特亲王去世后能赢得同胞们最崇高的敬意。在朋友萨瑟兰公爵夫人哈丽雅特·萨瑟兰-莱韦森-高尔的陪同下，维多利亚女王最后与阿尔伯特亲王的遗体道别。当时，维多利亚女王哭着问道："现在，他们能还他一个公道吗？"

赞美阿尔伯特亲王是维多利亚女王最大的慰藉。阿尔伯特亲王逝世不到一个月，诗人阿尔弗雷德·丁尼生在《国王叙事诗》的前言中写了一篇哀悼阿尔伯特亲王的颂词。维多利亚女王说这篇悼文像一剂良药，有效地安抚了"她那颗伤痛的心"：

>现在，我们终于了解他了。所有狭隘、忌妒的批评顿时销声匿迹；
>
>我们看着他，如同他在世时一样，
>
>那么的谦虚、友爱、智慧、才华横溢，
>
>为人极度克制自律，
>
>行事风格刚柔并济，
>
>从不参与党派之争，
>
>从不利用显要地位胡作非为，满足私欲；
>
>多年来过着圣徒般清白的生活，
>
>王室面临猛烈的抨击，
>
>受到污蔑：仅仅因为他是其中一员，
>
>可是哪个人敢妄称自己的生活比他的更美好、更圣洁呢？

在英国，突然出现的大量纪念碑和雕像提振了维多利亚女王的精神。多年来，维多利亚女王发现监督编纂阿尔伯特亲王传记的工作有效地减轻了自己的悲伤。与此同时，公众对阿尔伯特亲王的看法已经改变。最终，维多利亚女王满意地看到几乎所有人都认为阿尔伯特亲王工作勤勉，一心为第二祖国的利益着想。

历史上，很难再发现有谁像维多利亚女王一样，在经历了那么长时间后，依然无法摆脱失去爱人的痛苦。在威廉·莎士比亚戏剧《约翰王》中，痛失亲人的康斯坦丝的一句台词"悲伤与我随行"，是维多利亚女王一辈子都在念叨的话。那段时间，无论她做什么，孩子们做什么，无论做的事多么琐碎，都与对阿尔伯特亲王的回忆有关。[①]能让维多利亚女王想到阿尔伯特亲王的东西一定要保持原样，包括阿尔伯特亲王住过的房间，甚至是阿尔伯特亲王使用过的纸张。维多利亚女王余生一直都为阿尔伯特亲王戴孝，长期过着隐居生活，不再参加任何王室庆典和节日活动。直到自己去世，维多利亚女王每年都在阿尔伯特亲王祭日当天进行庄重的祈祷仪式，并且将阿尔伯特亲王的出生日、订婚日和结婚日统统赋予宗教意义，进行膜拜。

---

① 1864年，阿尔伯特亲王去世三年后，在给年龄稍小一些孩子的信中，维多利亚女王的落款依然是"你痛苦的妈妈"，并且总会提到"你亲爱的爸爸"。——原注

痛失亲人的康斯坦丝

除了饱受悲伤带来的煎熬,维多利亚女王从没有完全摆脱孤独感。按照常理,虽然她可以随意发泄自己的悲伤,但没有以病态的哀号来宣泄心中的悲痛,而是从此同情心泛滥,格外关心其他人的不幸,尤其是遭遇与她相似的人。毫不夸张地说,此后,维多利亚女王成为英国上下所有寡妇最亲切的支持者。①

阿尔伯特亲王在温莎城堡去世时,陪在维多利亚女王身边的是女儿爱丽丝公主和同母异父的姐姐莱宁根的费奥多拉,两人尽可能安慰维多利亚女王。1861年12月18日,悲剧发生四天后,维多利亚女王和爱丽丝公主乘车前往弗罗格莫尔的花园,为以后自己和丈夫阿尔伯特亲王合葬的陵墓选址。利奥波德一世急匆匆从布鲁

---

① 1862年1月10日,阿尔伯特亲王去世二十七天后,维多利亚女王给发生在诺森伯兰一起严重矿难的遗孀写了一封感人肺腑的慰问信,并且随信寄去两百英镑。——原注

塞尔写信给维多利亚女王,告诉她接下来该怎么做。于是,1861年12月19日,按照利奥波德一世的吩咐,维多利亚女王很不情愿地移居到奥斯本。1861年12月20日,维多利亚女王照例签署了一批国家文件。1861年12月20日午夜,阿尔伯特亲王的哥哥萨克森-科堡-哥达公爵欧内斯特二世来到奥斯本,维多利亚女王泪流满面地马上在楼梯上与他见面。1861年12月23日,在盛大的仪式中,阿尔伯特亲王的遗体被暂时安葬在温莎城堡的圣乔治教堂内。威尔士亲王阿尔伯特·爱德华代表母亲维多利亚女王作为主要送葬人。1862年1月,利奥波德一世赶到奥斯本,安慰、开导悲伤中的维多利亚女王。

接下来的几星期,爱丽丝公主和维多利亚女王私人钱包保管人查尔斯·博蒙特·菲普斯爵士成为维多利亚女王和大臣们中间的传话筒。但在丧期第一个月还没结束时,大臣们提醒维多利亚女王必须直接与他们交流。这时,由于痛风,帕默斯顿子爵亨利·约翰·坦普尔已经失去行动能力,内阁实际上由约翰·拉塞尔伯爵掌控。大臣们的责备让维多利亚女王认识到自己的职责所在。

维多利亚女王慢慢开始控制自己的痛苦,强迫自己接受命运的安排。但维多利亚女王已经失去了自己的另一半,一切都不一样了,即使她的子女也不能填补她心中的空虚。维多利亚女王并没有试图推卸肩上的重任,而是决心独自承担责任。维多利亚女王说以前有阿尔伯特亲王为自己操心,现在只能靠自己了,但阿尔伯特亲王的精神还将指引她前行。她将像阿尔伯特亲王在世时一样勤政,她将按照阿尔伯特亲王的思路决定国家大事,她将从对阿尔伯特亲王的回忆中汲取他说过的每一条金玉良言。①

---

① 本段和本章前几段中的大部分内容都取材于阿尔伯特亲王去世后不久维多利亚女王写给朋友们的信或者维多利亚女王与他们交谈的记录。所有这些人一直认为当维多利亚女王谈及自己的悲伤、镇定和面对未来责任的认真态度时,她是衷心的,是发自肺腑的。参见约翰·威利斯·克拉克和托马斯·麦肯尼·休斯:《亚当·塞吉维克生平和书信》,剑桥:剑桥大学出版社,1890年,第2卷,第382页。约翰·莫利:《威廉·尤尔特·格拉德斯通传》,伦敦,麦克米伦出版社,第2卷,第89页到第90页。至于在以后的岁月中,维多利亚女王极度依赖阿尔伯特亲王的看法,1864年9月28日,威廉·尤尔特·格拉德斯通在陪同维多利亚女王住在巴尔莫勒尔别墅时,曾写信给妻子凯瑟琳·格拉德斯通说:"每当她引述阿尔伯特亲王就某个问题的看法时,她本人及其他人在这个问题上的看法变得完全不重要了。"约翰·莫利:《威廉·尤尔特·格拉德斯通传》,伦敦,麦克米伦出版社,1903年,第2卷,第105页。——原注

1861年的爱丽丝公主

既然上天夺走了她二十一年来唯一的伴侣和智囊阿尔伯特亲王，维多利亚女王就感到必须开启新的统治时代，而且这个新的统治时代必须有别于过去。这个新的统治时代一方面要永远哀悼逝去的阿尔伯特亲王，另一方面要减少盛大的庆典活动。维多利亚女王深受阿尔伯特亲王的影响，毫不动摇地坚持阿尔伯特亲王的思想。在阿尔伯特亲王去世后的四十年中，她对国事的看法和对国事的处理方式完全是按照阿尔伯特亲王的理念进行的。

第 **28** 章

希腊王位之争

精彩看点

守寡期间的私人随从——家中的朋友们——苏格兰的同情者——约翰·布朗——维多利亚女王的私人秘书——查尔斯·格雷、查尔斯·博蒙特·菲普斯和托马斯·米德尔顿·比达尔夫——主任牧师杰拉尔德·韦尔斯利——1862年1月的国家事务——维多利亚女王签署官员委任状——威尔士亲王阿尔伯特·爱德华在圣地——在巴尔莫勒尔对阿尔伯特亲王的悼念——威尔士亲王阿尔伯特·爱德华订婚——希腊王位——萨克森-科堡-哥达公爵欧内斯特二世与希腊王位——萨克森-科堡-哥达公爵欧内斯特二世对维多利亚女王的恳求——维多利亚女王的回应——丹麦的乔治王子成为希腊国王——威尔士亲王阿尔伯特·爱德华大婚——期待维多利亚女王重新回归公众生活

1862年到1863年，阿尔伯特亲王去世后头两年，维多利亚女王与世隔绝，生活在恐惧和孤独中。她经常独自用餐，或者最多和同母异父的姐姐莱宁根的费奥多拉一起用餐，并且只见自己的家庭成员。守寡的维多利亚女王比以往任何时候都依赖身边的私人随从，她与私人随从的关系也变得愈加亲密。

在私人随从中，维多利亚女王最依赖的是奥古斯塔·布鲁斯女士。1863年12月23日，奥古斯塔·布鲁斯女士嫁给阿瑟·彭林·斯坦利院长后，自1857年起一直担任寝室女侍官的伊利侯爵夫人简·洛夫特斯接替了奥古斯塔·布鲁斯女士的职位，并且一直干到1889年4月30日。接下来的继任者是自1854年7月4日起一直是寝室女侍官的丘吉尔女男爵简·斯潘塞。丘吉尔女男爵简·斯潘塞一直陪伴在维多利亚女王身边。1900年圣诞节，维多利亚女王驾崩前不到一个月，丘吉尔女男爵简·斯潘塞突然去世。

甚至对来自家中地位低下的仆人的同情和关心，维多利亚女王也欣然接受。维多利亚女王发现与英格兰人相比，各个阶层的苏格兰人，尤其是地位低下的苏格兰人，更乐意表达善意。1862年5月守寡后第一次回到巴尔莫勒尔别墅时，当地人对维多利亚女王的热情欢迎令她感到安慰。维多利亚女王说过，与英格兰的神职人员相比，她的苏格兰牧师诺曼·麦克劳德博士带给她的安慰更多。

对家中雇佣苏格兰人，维多利亚女王感到十分满意。约翰·布朗是维多利亚女

约翰·布朗

王在苏格兰高地的庄园里一位农夫的儿子。自1849年起,他一直是巴尔莫勒尔别墅的一名户外侍从,得到阿尔伯特亲王和维多利亚女王的关注。不久,约翰·布朗被维多利亚女王任命为自己的私人随从。只要维多利亚女王来到巴尔莫勒尔别墅,约翰·布朗会一直伴随她左右。约翰·布朗外貌粗犷,举止粗鲁,但维多利亚女王相信他对自己的忠心,相信他的常识,心甘情愿地容忍他不遵守以往对仆人们在言语和行为举止方面的要求。约翰·布朗成为最受维多利亚女王信任的人之一。①

① 1866年,维多利亚女王在《高地日记》第93页这样描写约翰·布朗:"没人比他更尽心、更忠诚。近几年,我的健康状况饱受考验,大不如前,这令他的关心和忠诚在我眼中更显得珍贵而必要……约翰·布朗身上拥有苏格兰高地人特有的独立、高贵的精神。他为人直率、单纯、热心、公正,乐于奉献,但不谨慎。目前他四十岁。"约翰·布朗的弟弟阿奇博尔德·安德森·阿奇·布朗是维多利亚女王最小的儿子利奥波德王子的贴身男仆。——原注

在国事方面，守寡前几年，维多利亚女王得到家中职位更高一些仆人的大力协助。阿尔伯特亲王在世时，他一直充当维多利亚女王的私人秘书。此时，私人秘书这一职位空了出来。从前任命私人秘书时，维多利亚女王常遇阻力，但这次，在没有异议的情况下，查尔斯·格雷很快被任命为维多利亚女王新的私人秘书。查尔斯·格雷是查尔斯·格雷伯爵的第二个儿子。1846年起，他一直是阿尔伯特亲王的私人秘书。1851年，他的姐姐卡罗琳·巴林顿夫人成为王室家庭教师。虽然外界对查尔斯·格雷的能力和判断力有一些不同的看法，但直到1870年去世，查尔斯·格雷一直兢兢业业，他的工作为维多利亚女王减轻了不少压力。维多利亚女王曾写道："从许多方面讲，他对我都极其重要。他为人忠诚、热情，是一位十分得力的顾问和朋友。"

查尔斯·格雷

第28章 希腊王位之争 | 425

此外，维多利亚女王还十分信任自己的私人钱包保管人查尔斯·博蒙特·菲普斯爵士和自1851年起一直担任自己家庭总管的托马斯·米德尔顿·比达尔夫。1866年，查尔斯·博蒙特·菲普斯去世。1867年，托马斯·米德尔顿·比达尔夫成为维多利亚女王新的私人钱包保管人，直到1878年去世。没有人像查尔斯·格雷、查尔斯·博蒙特·菲普斯和托马斯·米德尔顿·比达尔夫一样，如此齐心协力为维多利亚女王效力。维多利亚女王的私人秘书查尔斯·格雷去世后，亨利·庞森比接任维多利亚女王的私人秘书。亨利·庞森比曾是阿尔伯特亲王的侍从，后进入核心权力圈，因为维多利亚女王认为亨利·庞森比能成为自己顾问团的核心人物。与查尔斯·格

亨利·庞森比

雷一样，亨利·庞森比属于自由派，但他很开明地对待政党问题。1870年4月8日到1895年5月，在长达二十五年的时间里，亨利·庞森比一直担任维多利亚女王的私人秘书。亨利·庞森比去世后，斯塔福德姆男爵阿瑟·比格爵士接替这一职位，成为维多利亚女王的最后一任私人秘书。

在宫廷外，维多利亚女王受益于杰拉尔德·韦尔斯利的协助。杰拉尔德·韦尔斯利是考利男爵亨利·韦尔斯利的儿子，威灵顿公爵阿瑟·韦尔斯利的侄子。自1849年起，杰拉尔德·韦尔斯利一直是维多利亚女王的家庭牧师。1854年起，他成为温莎城堡的主任牧师，直到1882年去世。维多利亚女王经常听取杰拉尔德·韦尔斯利的建议，尤其是与教会有关的问题。威廉·尤尔特·格拉德斯通认为对维多利亚女王和教会来说，杰拉尔德·韦尔斯利一贯谨慎的态度具有不可估量的价值。另外，还有一个人受到维多利亚女王的信任，这个人是阿瑟·赫尔普斯爵士。1860年，阿瑟·赫尔普斯爵士被任命为枢密院执事。此后，他一直协助维多利亚女王料理私人事务，直到1875年去世。

阿尔伯特亲王的后事刚办完，维多利亚女王就忙于理政了。1862年1月9日，维多利亚女王收到一则好消息，美国联邦政府同意接受英国政府的要求解决"特伦特"号危机。维多利亚女王提醒帕默斯顿子爵亨利·约翰·坦普尔，"这次与美国的争端之所以能和平解决，在很大程度上，是因为自己亲爱的丈夫阿尔伯特亲王的建议"。帕默斯顿子爵亨利·约翰·坦普尔很贴心地回应说，自己一直很欣赏阿尔伯特亲王的判断力，这次修改急电只是众多体现阿尔伯特亲王出色判断力的事例之一。1862年1月11日，维多利亚女王批准了帕默斯顿子爵亨利·约翰·坦普尔的提议，授予约翰·拉塞尔伯爵嘉德勋章。不过，与惯例相反，维多利亚女王坚持通过授权令的方式向约翰·拉塞尔伯爵颁发勋章。1862年1月11日，维多利亚女王主持了枢密院会议。1862年2月10日，维多利亚女王正式颁发维多利亚和阿尔伯特皇家勋章，一种授予王室成员和家仆的纪念性荣誉。

阿尔伯特亲王的去世让维多利亚女王耽误了一项工作。按照惯例，维多利亚女王必须在颁发给各级军官的每一份委任状上签名三处，但由于阿尔伯特亲王去世，维多利亚女王一直推延这项工作。此时，共计多达一万六千份文件等待她签署。1862

年3月,议会通过一项议案,规定不用维多利亚女王亲笔签署颁发委任状。不过,议案中保留了维多利亚女王的签署权,以防哪天维多利亚女王想恢复这一做法。果然不久,维多利亚女王又亲笔签署委任状了。

　　阿尔伯特亲王去世前,曾提出两项为家族利益服务的计划。此时,维多利亚女王立即着手开始实施。按计划,在阿瑟·彭林·斯坦利博士的陪同下,威尔士亲王阿尔伯特·爱德华将前往圣地。后来,阿瑟·彭林斯坦利博士成为威尔士亲王阿尔伯特·爱德华的牧师。1862年1月,维多利亚女王和专程来奥斯本拜见她的阿瑟·彭林·斯坦利一起敲定了威尔士亲王阿尔伯特·爱德华圣地之旅的行程。1862年2月6日到1862年6月14日,长子威尔士亲王阿尔伯特·爱德华告别维多利亚女王,踏上征途。此外,爱丽丝公主的婚礼不得不推迟。1862年7月1日,爱丽丝公主的婚礼在奥斯

阿瑟·彭林·斯坦利博士

爱丽丝公主与黑森－达姆施塔特的路易结婚

本低调举行。婚礼上,维多利亚女王十分悲痛,由萨克森-科堡-哥达公爵欧内斯特二世将爱丽丝公主交给新郎黑森-达姆施塔特的路易。在刚刚过去的人生变故中,爱丽丝公主是主要陪在维多利亚女王身边的人。因此,这时,维多利亚女王强烈地感受到与女儿爱丽丝公主分离的痛苦。

1862年8月21日秋,在巴尔莫勒尔别墅期间,维多利亚女王开始对去世的丈夫阿尔伯特亲王的漫长悼念。在离巴尔莫勒尔别墅不远的地方,维多利亚女王以"伤心寡妇的名义,为纪念王夫——伟大善良的阿尔伯特亲王"的石堆奠基,并且与六个孩子一起亲手用刻有他们姓名首字母的石头垒起石碓。

虽然沉浸在悲伤中,但维多利亚女王还是尽心安排着子女的未来。1862年9月,她开始讨论王位继承人威尔士亲王阿尔伯特·爱德华的婚事。威尔士亲王阿尔伯

亚历山德拉公主

特·爱德华选择了亚历山德拉公主。亚历山德拉公主的父亲是丹麦王位继承人石勒苏益格-荷尔斯泰因-宗德堡-格吕克斯堡的克里斯蒂安。1863年11月5日，他继承丹麦王位，成为克里斯蒂安九世。亚历山德拉公主的母亲黑山-卡塞尔的路易丝是丹麦国王克里斯蒂安八世的侄女，也是这一丹麦古老王室家族的唯一女性继承人。实际上，亚历山德拉公主本来是维多利亚女王的远房姻亲，因为维多利亚女王年迈的姐姐剑桥公爵夫人黑森-卡塞尔的奥古斯塔是黑山-卡塞尔的贵族，也是亚历山德拉公主的父亲克里斯蒂安九世的姑姑。维多利亚女王对这门亲事自然很满意。1862年11月，亚历山德拉公主来奥斯本做客。维多利亚女王和英国人民立即被亚历山德拉公主的美丽和优雅折服。虽然亚历山德拉公主的丹麦渊源对英国政府与普鲁士王国政府的联盟不利，因为此时普鲁士王国政府正期待与其北方小邻居丹麦王国发生摩擦，但这桩婚事不带任何政治意义，并且受到英国人民的普遍欢迎。

1862年11月，维多利亚女王需要考虑一个更令人头疼的问题，这个问题关系到二儿子阿尔弗雷德王子的未来。在阿尔伯特亲王的监督下，阿尔弗雷德王子已经成为一名海军军官。这时，他突然接到来自欧洲那一端的邀请。希腊王国全民会议将其国王奥托一世赶下王位，奥托一世是巴伐利亚王室的后代。接着，希腊王国全民会议突然决定将空缺的王位授予阿尔弗雷德王子，以感谢1828年英国帮助希腊恢复独立。起初，维多利亚女王对这项提议公开表示欢迎，但大臣们认为接受这项提议是不现实的，违反了英国与欧洲其他强国签订的条约。

大臣们反对阿尔弗雷德王子接受希腊王国全民会议的邀请继承希腊王位。对此，维多利亚女王虽然不高兴，但很快默认了大臣们的建议。不过，事情并没有到此为止。希腊王国全民会议又提出另一个王位候选人，他是维多利亚女王的大伯子萨克森-科堡-哥达公爵欧内斯特二世。萨克森-科堡-哥达公爵欧内斯特二世立即来到英国听取维多利亚女王的意见。他的做法对维多利亚女王造成了极大的困扰。由于萨克森-科堡-哥达公爵欧内斯特二世没有子嗣，如果他去世前依然没有子嗣，那么萨克森-科堡-哥达公爵的爵位自然要传给他唯一的弟弟阿尔伯特亲王的长子威尔士亲王阿尔伯特·爱德华。鉴于威尔士亲王阿尔伯特·爱德华是英国王位的继承人，英国王室和萨克森-科堡家族一致同意威尔士亲王阿尔伯特·爱德华应该将萨克森-科堡-哥达公爵的继承权过渡给弟弟阿尔弗雷德王子。萨克森-科堡-哥达公爵欧内斯特二世很愿意继承希腊王位，但他提出在继承希腊王位后，自己可以任意无限期保留萨克森-科堡-哥达公爵爵位。

对英国的大臣和希腊议会来说，这种情况是不可接受的。但即使这样，萨克森-科堡-哥达公爵欧内斯特二世依然固执地敦促维多利亚女王提出这个不切实际的计划。起初，维多利亚女王反对这项计划。在她看来，这项计划没有任何可取之处，因为萨克森-科堡-哥达公爵欧内斯特二世放弃萨克森-科堡-哥达公爵爵位意味着阿尔弗雷德王子立即能继承这一爵位。维多利亚女王对萨克森-科堡的感情很

克里斯蒂安九世

黑山-卡塞尔的路易丝

丹麦国王克里斯蒂安八世

希腊国王奥托一世

深,她也一直很关心二儿子阿尔弗雷德王子未来的前途。因此,对阿尔弗雷德王子继承萨克森-科堡-哥达公爵爵位,维多利亚女王很高兴。但萨克森-科堡-哥达公爵欧内斯特二世并没有轻易放弃,他不满地抱怨弟媳维多利亚女王态度暧昧,完全不为他这个大伯子考虑。利奥波德一世对萨克森-科堡-哥达公爵欧内斯特二世的支持令维多利亚女王倍感烦恼。与此同时,利奥波德一世不同意将萨克森-科堡-哥达公爵爵位过早地传给家族第三代人。

对此,维多利亚女王既尴尬又生气。在好言规劝大伯子萨克森-科堡-哥达公爵欧内斯特二世的同时,维多利亚女王又对他的顽固深恶痛绝。1863年1月29日,维多利亚女王恳求萨克森-科堡-哥达公爵欧内斯特二世不要再责备她了。"你可以指望我来解决问题,但我能做的前提是不损害孩子们的权利和可爱的萨克森-科堡的福祉。你一定知道我是爱你的,是爱科堡的,是爱整个国家的……我身体不是太好,整个希腊王位继承事件对我打击很大。我这个可怜的女人肩上担负太多太多的事情,孤苦伶仃,一个人带这么多孩子。每时每刻,我都感到空虚,并且这种空虚感越来越强烈,越来越可怕。"①

最终,萨克森-科堡-哥达公爵欧内斯特二世认识到由一个统治者统一治理萨克森-科堡-哥达公爵领地及希腊王国的想法不现实,他的希腊王位候选人资格也被收回。萨克森-科堡-哥达公爵欧内斯特二世补偿了自己为维多利亚女王带来的麻烦。与此同时,他承认质疑维多利亚女王是否关心萨克森-科堡的福祉是他自己错了,并且对外宣布自己完全支持未来由阿尔弗雷德王子继承自己的爵位。在征得欧洲其他强国的同意后,英国最终选择由准威尔士王妃亚历山德拉公主的哥哥乔治王子继承希腊的王位。这种安排令维多利亚女王避免了家庭内部的争吵。与此同时,希腊王国全民议会也对新君主乔治一世十分满意。

维多利亚女王的长子王位继承人威尔士亲王阿尔伯特·爱德华的婚事令英国上下一片沸腾。应维多利亚女王的要求,英国议会立即同意每年向威尔士亲王阿尔伯特·爱德华发放四万英镑的年金。此外,加上康沃尔领地的收入,威尔士亲王阿

---

① 萨克森-科堡-哥达公爵欧内斯特二世:《萨克森-科堡-哥达公爵欧内斯特二世回忆录》,第4卷,第99页到100页。——原注

尔伯特·爱德华每年的收入总计超过十万英镑。与此同时，他的新娘威尔士王妃亚历山德拉每年也有一万英镑的年金，并且一旦守寡，她的年金将增加到三万英镑。按照1863年1月15日在哥本哈根签订的婚约，1863年3月10日，威尔士亲王阿尔伯特·爱德华的婚礼在温莎城堡圣乔治教堂举行。婚礼当天，维多利亚女王并没有参加仪式，她只是从教堂祭坛上方的顶层楼座上观礼。维多利亚女王令人悲伤的处境让从不感情用事的帕默斯顿子爵亨利·约翰·坦普尔为之动容。当凝视维多利亚女王时，帕默斯顿子爵亨利·约翰·坦普尔忍不住潸然泪下。

威尔士亲王阿尔伯特·爱德华与亚历山德拉公主的结婚

长时间退出公众视野使维多利亚女王遭到普通民众的谴责。维多利亚女王十分清楚民众的这种不满情绪，但她毫无安抚民众的打算。原本人们希望维多利亚女王能借威尔士亲王阿尔伯特·爱德华的婚礼结束隐居生活。然而，这一希望落空了。威尔士亲王阿尔伯特·爱德华结婚后，整个王室又回到以前悼念阿尔伯特亲王的氛围中。尽管王室恢复举行各种小规模的舞会和音乐会，但维多利亚女王拒绝出席任何王室的娱乐活动，这令人们十分失望。在这些场合，维多利亚女王都是委托长子威尔士亲王阿尔伯特·爱德华和儿媳亚历山德拉或其他孩子代表自己出席。

第29章

维多利亚女王与奥地利皇帝弗朗茨·约瑟夫一世

精彩看点

1863年维多利亚女王对外交政策的看法——与大臣们的分歧——波兰的暴动——访问科堡——威尔士亲王阿尔伯特·爱德华不明朗的前途——维多利亚女王对普鲁士的绝望——普鲁士国王威廉一世的来访——与奥地利皇帝弗朗茨·约瑟夫一世会面——维多利亚女王对奥地利皇帝弗朗茨·约瑟夫一世热切的诉求——在达姆施塔特和巴尔莫勒尔——1863年王夫阿尔伯特亲王的雕像在阿伯丁落成

虽然对王室的娱乐活动漠不关心，但对国家事务，维多利亚女王丝毫不懈怠，尤其是在外交政策方面。维多利亚女王热切希望维护英国在海外的声望，维护和平，并且希望为欧洲其他君主树立和平的典范。出于家族利益的考虑，并且考虑到两位分别嫁到普鲁士王国和黑森-达姆施塔特的女儿，以及科堡忘恩负义的大伯子萨克森-科堡-哥达公爵欧内斯特二世的利益，维多利亚女王越来越不希望看到欧洲燃起战火。在维多利亚女王的认识中，这几位亲人的命运，尤其是在普鲁士的长公主维多利亚·亚历山德里娜·玛丽·路易莎的命运，似乎完全取决于欧洲的和平。维多利亚女王没有像丈夫阿尔伯特亲王那样综合考虑各国之间问题的真正价值，她只是坚持一点，即维护欧洲现有王朝的安全。实际上，这也是阿尔伯特亲王坚持的原则。

1863年到1866年，在一些引发欧洲关注的外交问题上，维多利亚女王与大臣帕默斯顿子爵亨利·约翰·坦普尔和约翰·拉塞尔伯爵一直存在分歧。维多利亚女王根本没有打算研究大臣们的脾气，或者体谅大臣们的难处，而是持续不断地向大臣们表达自己的看法。对维多利亚女王的态度，大臣们经常是一脸不耐烦的样子。在面对自己的建议遭到拒绝时，经常是无论多么不情愿，维多利亚女王只能默默接受。尽管如此，但维多利亚女王很好地实现了维护国家利益的目标。虽然不能在政治方面给予德意志亲戚有利的帮助，但维多利亚女王总能有效制约大臣们的行为，或者抑制人民对对手的同情。

对于1863年波兰的暴动，维多利亚女王和大臣们有各自不同的看法，这一点很好地体现了他们对眼下外交事件的不同态度。帕默斯顿子爵亨利·约翰·坦普尔和约翰·拉塞尔伯爵支持波兰努力摆脱俄罗斯帝国的控制，憎恨少数族裔受到迫害。然而，对波兰暴动，维多利亚女王完全无视波兰人民的不满。1859年，支持自由党的报纸表示支持波兰暴动，这造成维多利亚女王与帕默斯顿子爵亨利·约翰·坦普尔政府的嫌隙。当时，维多利亚女王认为自己是波兰的压迫者。波兰暴动爆发时，时任波兰总督的君士坦丁大公在克里米亚战争结束后曾是维多利亚女王的座上宾。此时，君士坦丁大公的生命受到波兰叛乱者的威胁。因此，维多利亚女王认为，即使在其他情况下，他的暴虐统治有多么令人反感，但在当时的形势下，暴力镇压已经成为必要的自卫武器。波兰问题已经让法兰西第二帝国和普鲁士王国分化到两个阵营，曾遭受俄罗斯帝国摧残的法兰西人希望与英国一起遏制俄罗斯帝国。然而，维多利亚女王严厉告诫政府不要插手干涉。奥托·冯·俾斯麦领导下的普鲁士王国表示波兰人是罪有应得。作为母亲，维多利亚女王选择支持普鲁士王国的立场，毕竟普鲁士王国是长公主维多利亚·亚历山德里娜·玛丽·路易莎移居的国家和将来统治的地方。

1863年初秋，维多利亚女王出访德意志，近距离亲自审视了一番欧洲的外交形势。维多利亚女王这次德意志之行的主要目的是唤醒有关去世丈夫阿尔伯特亲王年轻时的记忆。在拉肯宫和利奥波德一世待了一晚后，维多利亚女王出发来到阿尔伯特亲王的诞生地——玫瑰宫。最终，她到达科堡。1863年7月9日，阿尔伯特亲王的长期顾问斯托克马男爵克里斯蒂安·弗里德里希在科堡去世，这令维多利亚女王更伤感。好在不久，普鲁士王储腓特烈·威廉·尼古劳斯·卡尔和长公主维多利亚·亚历山德里娜·玛丽·路易莎来到玫瑰宫，这令维多利亚女王高兴了起来。

当时，普鲁士王储腓特烈·威廉·尼古劳斯·卡尔和长公主维多利亚·亚历山德里娜·玛丽·路易莎的政治前途引发维多利亚女王的担心。德意志各邦国的君主们在法兰克福举行会议，商议改革德意志邦联。普鲁士王国政府拒绝参加这次会议，奥地利帝国成为会议领导者。从会议形势上看，这很可能会发展成在奥地利帝国的领导下建立统一的德意志帝国，普鲁士王国被排除在外，并且最终普鲁士王国因孤立而走向灭亡。在维多利亚女王看来，无论是奥地利帝国，还是其他稍小一些的德意志邦国，都忌妒普鲁士王国，并且希望普鲁士王国立刻瓦解。

母亲的本能促使维多利亚女王在德意志邦联内发挥自己的影响力，并且为普鲁士王国和女儿维多利亚·亚历山德里娜·玛丽·路易莎的前途铺就一条更加稳妥的道路。萨克森-科堡-哥达公爵欧内斯特二世参加了这次德意志邦联君主会议。在玫瑰宫，维多利亚女王多次写信给萨克森-科堡-哥达公爵欧内斯特二世，请求他协助保护普鲁士王国。1863年8月，在绘制了一幅普鲁士王国快速瓦解图后，维多利亚女王写道："考虑到我们孩子的未来，削弱普鲁士王国不但我反对，而且绝对不利于德意志的利益。因此，我请求你一定要在权力范围内阻止对普鲁士王国的打击。我知道我们可爱的天使阿尔伯特亲王一直认为一个强大的普鲁士王国是必须的。因此，使普鲁士王国强大也是我奋斗的神圣职责。"

1863年8月31日，应维多利亚女王的请求，普鲁士国王威廉一世前往科堡与她会面。普鲁士国王威廉一世的随从是奥托·冯·俾斯麦。1862年，奥托·冯·俾斯麦开始掌控普鲁士王国的政局，他比维多利亚女王更了解当前的局势。奥托·冯·俾斯麦暗示普鲁士国王威廉一世，维多利亚女王的阴谋背后有不可告人的目的，即在德意志突显英国的地位。奥托·冯·俾斯麦没有出席威廉一世与维多利亚女王的会谈，但他使尽手腕令维多利亚女王的计划破产。普鲁士国王威廉一世语气友好，但没能让维多利亚女王安心。他很礼貌地反对维多利亚女王的干涉，但维多利亚女王认为他没能履行对国家和家族的职责。

普鲁士国王威廉一世的懦弱并没有浇灭维多利亚女王的热情。1863年9月月初，奥地利皇帝弗朗茨·约瑟夫一世参加完在法兰克福举行的德意志邦联君主会议后，打算返回维也纳。维多利亚女王邀请他在返程途中与自己在科堡会面。1863年9月3日，弗朗茨·约瑟夫一世抵达科堡。这是弗朗茨·约瑟夫一世和维多利亚女王第一次见面。在1848年这个多事之秋，弗朗茨·约瑟夫一世登基。从此，维多利亚女王对弗朗茨·约瑟夫一世很感兴趣。十年后的1858年8月，弗朗茨·约瑟夫一世从巴伯尔斯贝格曾派人向维多利亚女王送去一封信。信中表示，虽然维多利亚女王正在德意志，但自己很遗憾无法亲自认识维多利亚女王。1858年8月22日，弗朗茨·约瑟夫一世的儿子，即奥地利帝位继承人鲁道夫出生。听到这一消息，维多利亚女王立即写了一封热情洋溢的祝贺信。法兰西皇帝拿破仑三世帮助撒丁王国进攻奥地利帝国占领意大利北部地区，这是对弗朗茨·约瑟夫一世的侮辱。在这件事上，维多利亚女王是同情奥地利帝国的。

维多利亚女王和弗朗茨·约瑟夫一世在热烈的气氛中相见，两人的会晤长达三个小时。其他人中，只有萨克森-科堡-哥达公爵欧内斯特二世参与会晤。在会晤中，维多利亚女王言辞谨慎地否认了自己有意深度介入德意志政治问题的说法，并且解释说一个母亲对身处柏林的孩子的担心驱使她力图减少普鲁士王国面临的危险。维多利亚女王明白，如果能获得奥地利皇帝弗朗茨·约瑟夫一世的支持，那么普鲁士王国将受益匪浅。弗朗茨·约瑟夫一世毕恭毕敬地听维多利亚女王说，但没有承诺任何事。因此，这次会晤没有起到改变时局的作用。[①]维多利亚女王与弗朗茨·约瑟夫一世和威廉一世会面的结果都没有产生积极的结果，但有些事是实实在在的结果无法衡量的。维多利亚女王的努力起码是她勇敢的意志和对家人热爱的最好证明。

与奥地利皇帝弗朗茨·约瑟夫一世会面后不久，维多利亚女王启程回国了。途中，她在黑森·达姆施塔特稍做停留，看望了女儿爱丽丝公主。回到英国后，维多利亚女王照例在巴尔莫勒尔别墅度过秋季。1863年9月，她前往布莱尔阿索尔，与阿索尔公爵乔治·默里和阿索尔公爵夫人安妮·默里住了几天。

守寡第二年，即1863年，即将结束，但维多利亚女王在悼念亡夫阿尔伯特亲王的活动上丝毫没有懈怠。在守寡即将满两年时，隐居中的维多利亚女王短暂地出现在公众视野中。1863年10月13日，她在阿伯丁为刚落成的王夫阿尔伯特亲王的铜雕像揭幕。这尊雕像由阿伯丁市出资，卡洛·马洛切蒂男爵设计。卡洛·马洛切蒂男爵是深受维多利亚女王喜爱的意大利雕塑家，曾受路易·腓力一世资助。路易·腓力一世下台后，卡洛·马洛切蒂男爵从法兰西王国逃到英国。通过内政大臣乔治·格雷爵士，维多利亚女王对外表示自己"全身心尊敬和爱戴阿尔伯特亲王，失去阿尔伯

[①] 萨克森·科堡-哥达公爵欧内斯特二世：《萨克森-科堡-哥达公爵欧内斯特二世回忆录》，第4卷，第134页。——原注

阿尔伯特亲王的铜雕像

特亲王必将使我未来的生活黯淡无光"。对维多利亚女王来说,这次揭幕仪式是一次艰难痛苦的经历,也是她第一次主持这类仪式。此后,她参加的类似活动不计其数。对不断落成的亡夫阿尔伯特亲王的雕像,维多利亚女王喜出望外,正如威廉·尤尔特·格拉德斯通所说,阿尔伯特亲王的雕像"遍布全国"。

第 30 章

石勒苏益格－荷尔斯泰因问题

精彩看点

石勒苏益格-荷尔斯泰因问题——德意志的态度——石勒苏益格-荷尔斯泰因公爵腓特烈八世的主张——石勒苏益格-荷尔斯泰因公爵腓特烈八世支持者的努力——普鲁士王国的算盘——维多利亚女王对德意志的同情——英国履行条约的责任——英国王室中的不同声音——维多利亚女王为和平所做的努力——英国政府支持丹麦——维多利亚女王拒绝石勒苏益格-荷尔斯泰因公爵腓特烈八世——维多利亚女王在议会的讲话——伦敦会议——维多利亚女王热衷于中立——维多利亚女王巧妙的书信往来——维多利亚女王的胜利——威尔士亲王阿尔伯特·爱德华的儿子诞生——朱塞佩·加里波第的来访——给珀斯的王夫阿尔伯特亲王的雕像揭幕

1863年还没结束,一场争端就在中欧爆发了。这场争端的起因是长期以来德意志和丹麦分别宣称对石勒苏益格-荷尔斯泰因公爵领地拥有主权。英国的大臣们和维多利亚女王一直静观事态的发展,认为总有一天这一问题会诉诸武力解决。1852年,由各方代表参加的解决石勒苏益格-荷尔斯泰因的国际会议在伦敦召开,由于英国与德意志各邦国和丹麦的良好关系,本次会议在英国的主导下,各方达成妥协,并且在德意志的监管下,丹麦王国占领石勒苏益格-荷尔斯泰因公爵领地。1852年到1863年,十一年来,丹麦王国与德意志各邦国相安无事。但1863年,丹麦国王腓特烈七世重新提出对这一争议地区单独的主权要求。虽然腓特烈七世还没来得及将自己的主张付诸实践就去世了,但他的继承者威尔士王妃亚历山德拉的父亲克里斯蒂安九世,完全延续了腓特烈七世的政策。

　　尽管不满丹麦故意将德意志排除在石勒苏益格-荷尔斯泰因公爵领地之外,德意志内部在未来这一地区的地位及这一地区与德意志的关系等问题上产生了不同的看法,甚至分化成极端的两派。一派希望石勒苏益格-荷尔斯泰因公爵领地应该成为德意志邦联内一个拥有独立主权的邦国。另一派坚定打算将石勒苏益格-荷尔斯泰因并入现存的德意志国家中。

　　1852年,丹麦王国收买了一位对石勒苏益格-荷尔斯泰因公爵领地拥有所有权的德意志贵族石勒苏益格-荷尔斯泰因-宗德堡-奥古斯滕堡公爵克里斯蒂安·奥古斯特二世。然而，石勒苏益格-荷尔斯泰因-宗德堡-奥古斯滕堡公爵克里斯蒂安·奥古斯特二世的儿子石勒苏益格-荷尔斯泰因公爵腓特烈八世拒绝承认父亲当初与丹麦达成的协议。1863年，石勒苏益格-荷尔斯泰因公爵腓特烈八世重申对石勒苏益格-荷尔斯泰因公爵领地的世袭权。这一建议得到德意志邦联中一些小国和少数普鲁士人的一致支持。支持石勒苏益格-荷尔斯泰因公爵腓特烈八世的小型德意志邦国主要是忌妒普鲁士王国，而支持石勒苏益格-荷尔斯泰因公爵腓特烈八世的少数普鲁士人主要由自由派人士组成，他们憎恨奥托·冯·俾斯麦在普鲁士王国实行的高压、限制言论自由的统治。石勒苏益格-荷尔斯泰因公爵腓特烈八世的拥护者真心相信他的主张是合法的、正义的。

1863年年底前，希望石勒苏益格-荷尔斯泰因公爵领地成为德意志邦联中拥有独立主权邦国的人企图通过武力实现他们的目标，但最终失败了。1863年12月，石勒苏益格-荷尔斯泰因公爵腓特烈八世的两个追随者，萨克森国王约翰一世和汉诺威国王乔治五世，居然派军队驱赶居住在荷尔斯泰因的重要城市基尔内的丹麦人。不过最终，两人的企图以失败告终。

普鲁士王国政府强烈不满石勒苏益格-荷尔斯泰因公爵腓特烈八世的自命不凡，正打算以自己的方式解决石勒苏益格-荷尔斯泰因问题。与德意志各邦国的合作很艰难，因为大多数德意志小型邦国的目标与普鲁士王国的目标水火不容，整个形势一片混乱。在将丹麦势力赶出石勒苏益格-荷尔斯泰因公爵领地的问题上，普鲁士国王威廉一世说服奥地利皇帝弗朗茨·约瑟夫一世支持自己。与此同时，普鲁士王国与奥地利帝国达成一致，在击败丹麦势力后，以及达成最终协议前，普鲁士王国与奥地利帝国将共同拥有石勒苏益格-荷尔斯泰因地区。

这样一来，石勒苏益格-荷尔斯泰因争端涉及三方——丹麦国王克里斯蒂安九世、石勒苏益格-荷尔斯泰因公爵腓特烈八世和其他德意志拥护者，以及普鲁士国王威廉一世和奥地利皇帝弗朗茨·约瑟夫一世。维多利亚女王和这三方势力或多或少都有一些私人关系。三方当事人中的两方——丹麦国王克里斯蒂安九世和石勒苏益格-荷尔斯泰因公爵腓特烈八世，分别公开争取维多利亚女王的支持，并且赤裸裸地乞求英国出兵干涉。

克里斯蒂安·奥古斯特二世

石勒苏益格-荷尔斯泰因公爵腓特烈八世

虽然维多利亚女王了解整个石勒苏益格-荷尔斯泰因事件的渠道有限，但她对局势及时、准确的认知还是令英国的大臣们和国外的使者们大吃一惊。石勒苏益格-荷尔斯泰因的争端令维多利亚女王十分头疼。维多利亚女王自然是同情德意志，反对丹麦王国的。虽然王夫阿尔伯特亲王从没有承认丹麦王国主张的正义性，但面对德意志内部的两种对立观点时，维多利亚女王还是有些犹豫不决。出于家庭因素的考虑，维多利亚女王对争端双方都给予了积极的肯定。石勒苏益格-荷尔斯泰因公爵腓特烈八世是维多利亚女王同母异父的姐姐莱宁根的费奥多拉的女儿霍恩洛厄-朗根堡的阿德尔海德的丈夫。维多利亚女王曾在温莎城堡招待过石勒苏益格-荷尔斯泰因公爵腓特烈八世。石勒苏益格-荷尔斯泰因公爵腓特烈八世深得维

霍恩洛厄 – 朗根堡的阿德尔海德

多利亚女王喜爱。普鲁士王储腓特烈·威廉·尼古劳斯·卡尔也是石勒苏益格-荷尔斯泰因公爵腓特烈八世的密友。此外，石勒苏益格-荷尔斯泰因公爵腓特烈八世的主张得到维多利亚女王的女儿爱丽丝公主及其丈夫黑森-达姆施塔特的路易的支持，并且得到萨克森-科堡-哥达公爵欧内斯特二世的支持，萨克森-科堡-哥达公爵欧内斯特二世甚至大声疾呼要求维多利亚女王公开宣布支持石勒苏益格-荷尔斯泰因公爵腓特烈八世。虽然对石勒苏益格-荷尔斯泰因公爵腓特烈八世的自以为是，维多利亚女王是包容的，甚至是同情的，她同情他家族的不幸，但维多利亚女王始终不能消除心中的疑虑。她担忧的是，普鲁士王国的策略是精心策划好的，这对石勒苏益格-荷尔斯泰因公爵腓特烈八世极其不利。普鲁士王国的策略一旦成功，就可以极大地提高普鲁士王国的势力和影响力，而这也是维多利亚女王一直以来的一项"神圣使命"。

石勒苏益格-荷尔斯泰因公爵腓特烈八世的父亲石勒苏益格-荷尔斯泰因-宗德堡-奥古斯滕堡公爵克里斯蒂安·奥古斯特二世与丹麦王国达成的协议遭到废除时，英国也不能随便无视1852年伦敦会议上做出的安排。1864年1月8日，维多利亚女王在给萨克森-科堡-哥达公爵欧内斯特二世的信中写道："你似乎忽视了一个事实，即英国必须遵守1852年的条约。虽然我很反对条约中的相关规定，但英国政府必须按照条约规定行事。对此，我们亲爱的阿尔伯特亲王不会有异议。"

实际上，还有其他原因导致维多利亚女王不能明确表态支持争斗中的任何一方，因为王室家庭内部存在完全不同的意见。作为丹麦国王克里斯蒂安九世的女儿，威尔士王妃亚历山德拉自然支持自己的父亲克里斯蒂安九世。1863年12月，当普鲁士王储腓特烈·威廉·尼古劳斯·卡尔访问温莎城堡时，威尔士亲王阿尔伯特·爱德华和王妃亚历山德拉陪同住在温莎城堡。鉴于普鲁士王储腓特烈·威廉·尼古劳斯·卡尔是石勒苏益格-荷尔斯泰因公爵腓特烈八世的朋友，维多利亚女王将石勒苏益格-荷尔斯泰因公爵领地问题列为禁止讨论的话题。对英国的大臣们和民众来说，在这场争端中，丹麦有充分理由获得石勒苏益格-荷尔斯泰因公爵领地的主权。在他们眼中，普鲁士王国和奥地利帝国威胁小国丹麦王国似乎是恃强凌弱的又一例证，这比俄罗斯帝国压迫波兰、奥地利帝国压迫匈牙利还卑鄙。石勒苏益格-荷尔斯泰因公爵腓特烈八世的地位完全被人忽视。丹麦国王克里斯蒂安九世的女儿威尔士王妃亚历山德拉很受英国人民爱戴，这也增强了英国人民中普遍流行的亲丹麦情绪。

鉴于在石勒苏益格-荷尔斯泰因公爵领地问题上存在巨大的利益和立场分歧，维多利亚女王只能不断祈祷维持这一地区和平的局面。为了实现和平，维多利亚女王将能做的事都做了。在写给德意志的朋友和亲戚的私人书信中，她开诚布公地批评一些德意志小邦国，甚至包括萨克森-科堡-哥达公国，支持石勒苏益格-荷尔斯泰因公爵腓特烈八世的事业，认为这是鲁莽和不计后果的举动，会将德意志推上"革命和内战"的道路。维多利亚女王对爱发牢骚的萨克森-科堡-哥达公爵欧内斯特二世说："大家必须表现出意在和解的姿态。"无论如何，维多利亚女王坚信英国不应该直接介入这场争端。最终，如果无法避免冲突，那么维多利亚女王希望能尽可能缩短冲突的时间，尽可能缩小冲突的范围。

当得知内阁正考虑代表丹麦王国政府积极介入石勒苏益格-荷尔斯泰因公爵领地争端时，维多利亚女王感到自己受到严重的侮辱。英国政府询问拿破仑三世会不会助英国一臂之力时，得到的是对方冷漠的拒绝，因为此时，拿破仑三世已经和帕默斯顿子爵亨利·约翰·坦普尔渐行渐远。然而，拿破仑三世的断然拒绝并没有浇灭英国的大臣们代表丹麦王国政府的热情。与此同时，维多利亚女王对大臣们的丹麦情结的厌恶与日俱增。她毫不掩饰对德意志的同情，即使让她感到遗憾的是，自己对德意志的同情心已经成为报纸猛烈抨击的对象。在写给萨克森-科堡-哥达公爵欧内斯特二世的信中，维多利亚女王表示，由于同情德意志受到攻击，自己原本悲惨的处境变得更加无法忍受。然而，维多利亚女王受到公众批评主要由于她难以改变的直来直去的性格。1864年1月8日，在奥斯本，普鲁士历史学家和外交家特奥多尔·冯·伯恩哈迪拜见了维多利亚女王。维多利亚女王开诚布公地谴责说，英国国内支持丹麦的势力已经控制了英国主要的新闻机构，并且认为德意志或许能在新闻界发挥更大的影响力。此外，她还提到自己对普鲁士王储腓特烈·威廉·尼古劳斯·卡尔的地位很不满意，并且对普鲁士自由党艰难的处境深感失望。对于这次会面，特奥多尔·冯·伯恩哈迪的详细描述如下：

我发现维多利亚女王兴致很高,简直可以说是高兴。她在十分友好的气氛中接待了我。她用德语——王室私下使用的语言——告诉我她早已听闻我的大名。王夫阿尔伯特亲王时常提及我,对我很认可,曾给她读过许多我写的东西。

然后,她转移话题,谈起了阿尔伯特亲王的哥哥萨克森-科堡-哥达公爵欧内斯特二世,问我对他的看法,并且明确表示想谈论这个话题。她表示自己看不起萨克森-科堡-哥达公爵欧内斯特二世,没有她的帮助萨克森-科堡-哥达公爵欧内斯特二世将一事无成。此外,她还表示她一点也不在乎萨克森-科堡-哥达公爵欧内斯特二世的看法。她以女性独有的智慧和洞察力,大肆调侃萨克森-科堡-哥达公爵欧内斯特二世及其身上多变与异想天开的性格倾向。

维多利亚女王说:"我清楚地认识到,我如果想保住自己的王位,就一定要小心,绝不能与'善良的'萨克森-科堡-哥达公爵欧内斯特二世为伍。我必须要向人们表明我绝不会站到萨克森-科堡-哥达公爵欧内斯特二世一边,并且我很清楚如何判断他。"

然后,维多利亚女王很感兴趣地询问了有关石勒苏益格-荷尔斯泰因公爵腓特烈八世的情况,表示对英国人普遍支持丹麦王国,反对德意志的态度深感遗憾。经过多年经营,亲丹麦势力已经赢得英国主流报纸的支持,并且成功地左右了英国人的思想。很不幸,在这方面的工作,德意志还做得不够。她认为,德意志应该在争取议会和新闻界的支持上下功夫,应该让公众认识到德意志和丹麦争端的实质和重要性。总之,她说了这么多是想表明,在争端中,她个人站在德意志一方,并且已经做了能做的一切帮助德意志。

我只是顺着维多利亚女王的谈话进行,我知道如何从有限的话语中判断背后的意义。因此,我没有必要过分深入谈论某个话题,这令维多利亚女王很为难。但真的没这个必要,我们真的没必要费尽口舌赢得她的支持。

然后,维多利亚女王提到当时普鲁士王国不尽人意的形势,还提到普鲁士王储腓特烈·威廉·尼古劳斯·卡尔的艰难处境。在这种情形下，在目前的统治体系中，腓特烈·威廉·尼古劳斯·卡尔王储自然不希望和政府的核心人士走得太近。他尤其希望能得到某省的军事任命。这样一来，他就能在远离首都柏林的地方安顿下来。他认为，布雷斯劳驻军总指挥一职最适合他。

此时，我认为有必要说说实话。我已经说过王储腓特烈·威廉·尼古劳斯·卡尔的处境毫无疑问很艰难，他希望得到地方驻军指挥权还需要做从长计议。如果腓特烈·威廉·尼古劳斯·卡尔王储长时间远离政治核心，真的宣布放弃所有权力，那么事态很可能会变得更糟糕。自由党中最有远见的人和腓特烈·威廉·尼古劳斯·卡尔王储的朋友们都已经他长时间不在柏林感到遗憾，也对威廉一世只听到保守党的声音感到遗憾。

维多利亚女王饶有兴趣地耐心听完这些话。接着，我们就一些琐事闲聊了一阵。然后，我告退了。①

与此同时，对石勒苏益格-荷尔斯泰因公爵腓特烈八世的朋友们提出的给予实质性帮助和友好表示的诉求，维多利亚女王最终正面予以拒绝。与特奥多尔·冯·伯恩哈迪进行了几小时的会面后，维多利亚女王给萨克森-科堡-哥达公爵欧内斯特二世写了一封信，信中称她和她的政府一致认为石勒苏益格-荷尔斯泰因公爵腓特烈八世的要求是毫无希望实现的。维多利亚女王决心与自己的政府一起努力实现和平。然而，维多利亚女王在德意志的亲戚们大肆散布她与自己政府不和的消息，这更加剧了解决石勒苏益格-荷尔斯泰因公爵领地的归属问题的难度。实际上，德意志与英国"令人不快的紧张气氛"对各方没什么好处，要缓解这种不安的气氛需要各方保持克制。

然而，英国大臣们反对德意志的言行及普鲁士王储腓特烈·威廉·尼古劳斯·卡尔针对英国的鲁莽抗议，都与维多利亚女王的立场背道而驰。1864年2月4日，

---

① 特奥尔多·冯·伯恩哈迪：《特奥多尔·冯·伯恩哈迪自传》，1895年，第5部分，第276页到第281页。——原注

英国议会举行开幕大典,大臣们在维多利亚女王的演说中加入了一些内容。由于认为这些内容意在表明英国将代表丹麦王国政府积极介入石勒苏益格-荷尔斯泰因公爵领地争端,维多利亚女王坚持要求删掉这些话,并且用以下语气中立的话代替隐晦威胁德意志的言论:"女王陛下一直以来不懈地致力于和平解决德意志与丹麦王国出现的问题,致力于消除欧洲北方战事可能导致的危险。为了和平,女王陛下将继续努力。"

几星期后,解决石勒苏益格-荷尔斯泰因公爵领地争端进入一个更关键的时期。奥地利帝国和普鲁士王国为一方,丹麦王国为另一方,双方甚至真的爆发了军事对抗。此时,德意志军队进攻争议地区石勒苏益格-荷尔斯泰因公爵领地。虽然丹麦王国的军队进行了顽强反抗,但很快被德意志军队击垮。经维多利亚女王同意,英国政府不仅敦促各交战方休战,还要求各交战方参加在伦敦举行的会议,以便达成和解方案,终止战争。1864年4月20日,伦敦会议召开。会议期间,维多利亚女王接见了许多使者,并且与使者们畅所欲言,大力建议各方要相互谅解。不幸的是,很快人们认识到这次会议没有发挥什么作用。1864年5月,在没有达成一致意见的情况下,各方不欢而散。

令维多利亚女王感到烦恼的是,伦敦会议结束前,英国政府中的几位领导人开始积极声援丹麦王国的诉求。帕默斯顿子爵亨利·约翰·坦普尔告诉奥地利帝国参加伦敦会议的特使捷尔吉·阿波尼,如果奥地利舰队航行到波罗的海,那么等候它的将是英国舰队。通过格兰维尔伯爵格兰维尔·莱韦森-高尔,维多利亚女王表达了对这种威胁的严重不满,并且更努力地展开斡旋活动。按照以往对付首相帕默斯顿子爵亨利·约翰·坦普尔的方法,维多利亚女王呼吁内阁协助自己一起反对首相帕默斯顿子爵亨利·约翰·坦普尔。与此同时,她还邀请反对党领导人德比伯爵爱德华·史密斯-斯坦利支持自己。维多利亚女王暗示,如果议会不采纳和平、中立的政策,那么她将解散议会,让人民决定是选择女王还是选择政府。

随着石勒苏益格-荷尔斯泰因公爵领地局势的发展,维多利亚女王在海外通信方面越来越谨慎。维多利亚女王在德意志的亲戚们仍在继续抱怨维多利亚女王纵容英国的大臣和民众不断向丹麦妥协。然而,维多利亚女王否认自己有权不顾政府的意见自行其是的说法。

1864年6月，石勒苏益格-荷尔斯泰因公爵领地的战争重新打响。德意志同盟迅速击溃丹麦军队，占领了整个石勒苏益格-荷尔斯泰因地区，并且取得了最终的胜利。虽然英国国内一些公共演说家时不时地进行煽动活动，但从总体上说，在整个冲突中，英国保持了最严格的中立态度。外交圈普遍认为，英国能坚守中立政策主要是因为维多利亚女王发挥了作用。1864年年初，威廉·尤尔特·格拉德斯通在巴尔莫勒尔私下写道："在最近的争端中，维多利亚女王发挥了举足轻重的作用，她成功地影响了英国政府对石勒苏益格-荷尔斯泰因公爵领地主权归属的政策走向和事态的发展。"威廉·尤尔特·格拉德斯通认为，虽然对德意志的成见根深蒂固，但维多利亚女王运用自己"非凡的头脑"战胜了所有偏见，"让天平不偏不倚，保持在一定的平衡状态"。①

威尔士王妃亚历山德拉深陷在焦虑中。在荷尔斯泰因-石勒苏益格公爵领地问题白热化时，她怀孕了。1864年1月8日，在弗罗格莫尔，威尔士王妃亚历山德拉诞下英国王位直系继承人儿子阿尔伯特·维克托，这件喜事令身处政治焦虑中的维多利亚女王喜出望外。不久，维多利亚女王出现在伦敦人民的视野中，这是丧夫以来维多利亚女王首次公开亮相。1864年3月30日，维多利亚女王出席了在伦敦园艺公园举行的花卉展，并且允许1864年5月24日举国庆祝自己的生日，这也是她守寡以来第一次庆祝生日。

此时，令维多利亚女王感到扫兴的是，英国人的注意力完全集中到正在英国进行访问的朱塞佩·加里波第身上。朱塞佩·加里波第是意大利统一战争的英雄，但维多利亚女王对他没有什么好感。英国各界以极大的热情欢迎朱塞佩·加里波第，

---

① 约翰·莫利：《威廉·尤尔特·格拉德斯通传》，伦敦，麦克米兰出版社，1903年，第2卷，第104页到105页，第192页；萨克森-科堡-哥达公爵欧内斯特二世：《萨克森-科堡-哥达公爵欧内斯特二世回忆录》；弗里德里希·斐迪南·冯·博伊斯特伯爵《弗里德里希·斐迪南·冯·博伊斯特伯爵回忆录》，伦敦，雷明顿出版公司，1887年；维茨图姆·冯·埃克施塔特：《回忆录》。虽然英国政府主动避免介入冲突，但绝不是对冲突结果听之任之。在战争即将结束前，当普鲁士王国政府正式通知英国政府已经与奥地利帝国占领石勒苏益格-荷尔斯泰因公爵领地，企图为自己的行为辩解时，约翰·拉塞尔伯爵告诉奥托·冯·俾斯麦说，普鲁士王国发起的战争是一种侵略行径，这场战争完全没有必要。对奥地利帝国和普鲁士王国通过战争取得的优势，英国政府深感痛惜。与此同时，约翰·拉塞尔伯爵主张石勒苏益格-荷尔斯泰因公爵领地的人民应该有选择自己统治者的权利和享受"自由宪政"的权利。参见《1849到1889年奥托·冯·俾斯麦的政治信函》，1893年，第3卷，第144页到第149页。——原注

威尔士王妃亚历山德拉与阿尔伯特·维克托王子

但维多利亚女王毫不遮掩自己对他的鄙视。维多利亚女王曾不耐烦地称,"成为做出如此蠢事国家的元首,自己甚至感到有些羞耻"。

1864年秋,萨克森-科堡-哥达公爵欧内斯特二世和妻子巴登的亚历山德里娜来到巴尔莫勒尔做客。其间,他们与维多利亚女王热议的话题还是德意志的政治问题。不过,维多利亚女王主要将时间花在苏格兰的娱乐活动上,并且多次在邻近地区远足。即使这样,维多利亚女王还是沉浸在对过去的回忆中。1864年第二次到苏格兰时,维多利亚女王在珀斯为一尊王夫阿尔伯特亲王的雕像揭幕。在返回温莎城堡途中,她私下看了看已故丈夫阿尔伯特亲王建立的威灵顿学院。

第31章

维多利亚女王隐居

精彩看点

人民对维多利亚女王隐居生活的抱怨——维多利亚女王对人民福祉的关注——维多利亚女王对礼仪责任的忽视——猛烈的抨击——维多利亚女王的回应——对维多利亚女王地位的解释——苛刻的《泰晤士报》——对维多利亚女王的声援之声——约翰·布赖特维护维多利亚女王——维多利亚女王拒绝结束隐居生活

维多利亚女王面临的苦难又增添了一项。对她长期的隐居生活，全国上下越来越不满意，毕竟这不符合国家利益。人民的不满情绪愈加令人不安。

大多数民众不知道，虽然维多利亚女王不再参加公开活动，但她仍在一如既往地处理政务，一直在关注影响人民福祉的社会问题。1864年12月27日，维多利亚女王亲自写信给铁路公司，呼吁铁路公司关注事故发生的频率，提醒铁路公司乘客的安全是其责任。[①]1865年3月，维多利亚女王视察了位于伦敦布朗普顿的肺结核医院。1865年4月14日，亚伯拉罕·林肯总统遇刺，维多利亚女王深感同情，立刻给亚伯拉罕·林肯总统的遗孀玛丽·托德·林肯发去一封亲笔慰问信，这个举动令分处大西洋两岸的英国和美国顿时关系变得友好，并且使原本由于英国对南方邦联的同情导致的英国和美国的紧张关系得以缓和。

然而，与此同时，维多利亚女王明显无视自己的礼仪职责，这被认为削弱了政府权威。维多利亚女王已经有三次没有履行出席议会开幕大典的职责了。议会开幕大典是最能突显君主宪法地位的场合，大臣们都很重视，以前这一仪式从未被忽视过。威廉四世曾以妹妹格洛斯特公爵兼爱丁堡公爵的夫人玛丽公主生病为由缺席

---

① 这封信包含以下内容：
维多利亚女王希望铁路公司能关注到最近的几起悲剧，这并非出自对自身安全的考虑。维多利亚女王陛下知道自己出行时有十分周全的预防措施，但考虑到她的家人、考虑到为她办差出行的人、考虑到她的人民，她希望铁路公司能像为她服务那样，细心地为每一名旅客提供同样的安全保障……维多利亚女王希望自己不用提醒铁路公司的各位董事他们身上担负的重大责任，毕竟他们成功取得了对全国人民出行方式的独家垄断权。——原注

过议会开幕大典,但他被提醒缺席开幕大典是违反宪法的行为。对此,时任首相墨尔本子爵威廉·兰姆曾写信给约翰·拉塞尔伯爵,表示除了君主本人生病或身体欠佳,这是英国历史上首次君主缺席议会开幕大典。① 人们都知道维多利亚女王身体健康,虽然她仍然沉浸在丧夫的悲痛中,但她能重拾一些欢乐时光。因此,维多利亚女王缺席议会开幕仪式似乎完全说不过去。1864年年初,有消息称维多利亚女王将出席当年的议会开幕仪式,但最终她没有出席,这令议员们和民众很失望,对她更加不满。

本来对君主制不认同的激进分子开始议论君主制的代价与它发挥的实际作用不成正比。报纸媒体几乎一致认为维多利亚女王对待人民的态度简直是对她承担国家职责的背叛。一开始,虽然由于人民的不满饱受煎熬,但维多利亚女王根本不打算向民众的要求屈服,并且公然藐视对她行为的批评。1864年4月1日,《泰晤士报》刊登了一篇重要文章,文章首先提到有关"维多利亚女王将结束隐居生活的传闻"。然后,这篇报道评论道,维多利亚女王企图"在不露面的情况下对国家事务起到持久的影响力",这简直是天方夜谭。"打算与世隔绝的人和不想履行责任的人一定是无知的、什么也无所谓的人,这类人一定是停滞不前、听天由命的人。这类人往往对生活持无能为力的态度,其结果只会是他们如同行尸走肉般活着——既不能如他们期望的活在过去,又不能在'现世的世界'尽职尽责。"

1864年4月6日,维多利亚女王专横地否认了《泰晤士报》的那篇报道,回应称自己"将重新发挥原有的社会功能,重新开始亲自主持晨觐仪式和会客厅的活动,像从前一样出席宫廷舞会、音乐会。这总不能被直接否定吧"。

维多利亚女王大胆地说道:"无论多么痛苦,我都会继续努力奉献。然而,我还肩负其他更重大的责任。我绝不能抛弃对民众的责任,对民众的责任是我义不容辞的,也是令我寝食难安的。"维多利亚女王日理万机,日渐憔悴,无法承受参加各种国家礼节性活动带来的疲劳。实际上,这类活动由其他王室成员来做也完全可以。"在不影响健康和精力的前提下,我尽量满足人民对王室的要求,回馈社会。我做得越少,人民对我越没好感。"

---

① 斯潘塞·霍拉肖·沃波尔:《约翰·拉塞尔伯爵传》,第1卷,第275页。——原注

一方面，维多利亚女王坚持自己的信念；另一方面，公众的态度没有丝毫改变。整个1864年，人们对维多利亚女王的批评一浪高过一浪。1864年12月14日，在王夫阿尔伯特亲王逝世三周年时，《泰晤士报》重新发起对维多利亚女王的攻击。

要提醒维多利亚女王的是，"活着的人和死去的人都有各自的诉求，还有什么诉求比一个伟大民族的诉求、欧洲第一大首都伦敦的诉求更迫切……如果英国王位上坐着一位隐居者，那么必然会逐渐削弱君主的权威……因此，为了君主，也为了人民，我们恳求维多利亚女王恢复履行自己的职责。伦敦或许一时能习惯没有君主，但我们绝不希望走向共和制。我们有充分的理由相信，王夫阿尔伯特亲王已经去世三年，维多利亚女王陛下对他的悼念差不多了。维多利亚女王是时候考虑人民的呼声和自己的责任了，不能再沉溺于无益的悲伤中"。1865年9月28日，《笨拙周报》刊登出一幅漫画，漫画中将维多利亚女王描绘成莎士比亚《冬日童话》里的一尊赫耳弥俄涅雕像，把不列颠尼亚描绘成宝琳娜，宝琳娜对赫耳弥俄涅的雕像说："赶快下来，不要再当石头了。"①

在持续严厉的谴责声中，也有人替维多利亚女王说话，具有绅士风度的人指出，维多利亚女王的表现是再自然不过的女性情感流露。虽然这不能成为维多利亚女王隐居的正当借口，但可以理解。1865年2月7日是议会的开幕日，这天发行的第一期《帕尔摩报》上刊登的第一篇文章的题目是《维多利亚女王的隐居生活》，这篇报道站在同情的角度，旨在改变民众对维多利亚女王的误解。

几星期后，一个更有分量的声音开始声援维多利亚女王。1866年12月4日，在圣詹姆斯厅里，来自陶尔哈姆莱茨的议员阿克顿·斯米·艾尔顿先生毫不留情地抨击了维多利亚女王在国家责任上的不作为。随后，在场的激进派演说家约翰·布赖特滔滔不绝地开始为维多利亚女王辩护。他动情地说道："虽然我还不习惯站起来替保王党说话，但我认为对维多利亚女王孤独、不幸的命运，许多人的言论是有失公允的。我敢说，一个女人，无论她是伟大国家的女王，还是普通劳动者的妻子，当她沉浸在失去爱人的痛苦中时，她是绝不可能期待得到你们的理解和同情的。"议员阿克顿·斯米·艾尔顿先生还想进一步解释自己的话，但被拒绝。

---

① 威廉·莎士比亚：《冬日童话》，第3卷，第99页。——原注

尽管如此，不安情绪仍在蔓延。在一定程度上，维多利亚女王妥协了。她重新参加议会的开幕大典，但仍坚持拒绝恢复公众生活，并且开始认为对自己隐居生活的抱怨是一种迫害。维多利亚女王认为，人民之所以批评自己，是因为误解了自己的工作和焦虑。在国家事务上不断付出大量时间和精力，影响到维多利亚女王的健康。维多利亚女王认为，朋友们对自己专注于国事和私事的中肯评论会让媒体对自己的批评停止。亲戚们都很理解维多利亚女王的烦恼。维多利亚女王信任的顾问们严正地批评大众听信媒体对她的辱骂。

第32章

七星期战争

精彩看点

1865年出访科堡——海伦娜公主订婚——1865年8月议会解散——1865年10月18日帕默斯顿子爵亨利·约翰·坦普尔去世——约翰·拉塞尔伯爵成为新首相——比利时国王利奥波德一世驾崩——1866年2月10日维多利亚女王参加议会开幕大典——视察奥尔德肖特——两桩婚事——海伦娜公主和阿尔弗雷德王子的生活费——奥地利帝国和普鲁士王国的战争——维多利亚女王从中调停——维多利亚女王与《改革法案》——维多利亚女王反击约翰·拉塞尔伯爵——约翰·拉塞尔伯爵辞职——首相德比伯爵乔治·史密斯-斯坦利——普鲁士王国占领汉诺威王国——七星期战争结束

维多利亚女王是有动力勤政的。除了将国事常常放在心上，众多亲人的命运福祉是她经常考虑的问题。1865年秋，维多利亚女王家务事缠身。在家人的陪同下，维多利亚女王再次出访亡夫阿尔伯特亲王的祖国科堡。她此行的目的是在1865年8月26日，在阿尔伯特亲王亲属的见证下为其坐落在科堡的雕像揭幕，总共有二十四位亲属参加了雕像揭幕典礼。

在科堡期间，维多利亚女王批准了三女儿海伦娜公主的婚事。近几年，经常陪伴在维多利亚女王身边的是海伦娜公主。在萨克森-科堡-哥达公爵欧内斯特二世的大力主张下，海伦娜公主许配给了石勒苏益格-荷尔斯泰因的克里斯蒂安。石勒苏益格-荷尔斯泰因的克里斯蒂安的哥哥是当年受几个德意志小邦国怂恿，敦促丹麦王国和普鲁士王国与奥地利帝国组成的德意志联盟承认自己对石勒苏益格-荷尔斯泰因公爵领地主权，最后自食其果的石勒苏益格-荷尔斯泰因公爵腓特烈八世。石勒苏益格-荷尔斯泰因战争后，奥托·冯·俾斯麦剥夺了石勒苏益格-荷尔斯泰因公爵腓特烈八世及其家人的财产和地位，原本在普鲁士军队任职的弟弟石勒苏益格-荷尔斯泰因的克里斯蒂安也被迫退伍。鉴于不久前发生的一切，这场婚姻是精心策划的，目的是提振德意志的政治气氛。因为普鲁士王储腓特烈·威廉·尼古劳斯·卡尔和妻子维多利亚·亚历山德里娜·玛丽·路易莎很同情受到重创的奥古斯滕堡家族，所以他们十分欢迎这门亲事。然而，普鲁士王国政府不但不认可这门婚事，而且指责维多利亚女王不怀好意地染指德意志的内政。维多利亚女王坚定地支持这门婚事,甚至大度地解决了年轻的石勒苏益格-荷尔斯泰因的克里斯蒂安经济拮据的问题。

维多利亚女王返回英国时,整个人容光焕发,精神状态极佳。不久,她又前往奥斯坦德与舅舅利奥波德一世见面。不幸的是,1865年秋发生的事令维多利亚女王备感孤立。1865年夏,本届政府失去了对议会下议院的控制,并且议会面临解散。最终,在议会选举中,自由党赢得三百六十一个议席,成为新议会下议院中的多数派,保守党只得到二百九十四个议位。不过,在新议会成立前,一场危机即将来临。

1865年10月18日,在离八十一岁生日还有两天时,首相帕默斯顿子爵亨利·约翰·坦普尔去世了。当时,维多利亚女王正在巴尔莫勒尔。她很不情愿提前离开巴尔莫勒尔,并且回去安排重组政府事宜,更何况新政府意在加剧担心她对国事不重视的人的疑虑。

虽然拒绝回到英格兰南方处理危机,但对帕默斯顿子爵亨利·约翰·坦普尔的去世,维多利亚女王很伤心。二十八年前,即1837年,几乎自继位以来,帕默斯顿子

帕默斯顿子爵亨利·约翰·坦普尔去世后的葬礼

爵亨利·约翰·坦普尔就是维多利亚女王的臣子。虽然维多利亚女王从没有真正理解帕默斯顿子爵亨利·约翰·坦普尔,甚至他的行为还曾令自己饱受煎熬,但他的离去还是割断了她与过去的一层联系。此时,面对帕默斯顿子爵亨利·约翰·坦普尔的去世,维多利亚女王大度地原谅了他以前对自己的种种冒犯。维多利亚女王感叹自己只感到身边的仆人和大臣一个接一个地离自己而去。维多利亚女王承认自己很尊重帕默斯顿子爵亨利·约翰·坦普尔的作为,甚至包括自己以前不认可的作为。此外,维多利亚女王接受威廉·尤尔特·格拉德斯通的建议,在威斯敏斯特大教堂为去世的帕默斯顿子爵亨利·约翰·坦普尔举行一场公开的葬礼。随后,当维多利亚女王回到伦敦时,她前去探望帕默斯顿子爵夫人埃米莉·坦普尔,以示慰问。

帕默斯顿子爵亨利·约翰·坦普尔去世的消息一传到巴尔莫勒尔,维多利亚女王就果断决定让自己最年长的大臣约翰·拉塞尔伯爵成为首相一职的继任者。1861年,约翰·拉塞尔伯爵以拉塞尔伯爵的身份进入议会上议院。此时,维多利亚女王要求他接替帕默斯顿子爵亨利·约翰·坦普尔主持政府工作。形势的变化令维多利亚女王很满意,不是因为她对约翰·拉塞尔伯爵的政治观点和经验有信心,而是因为他的升迁能让维多利亚女王将其外交大臣的旧职授予自己信任的朋友克拉伦登伯爵乔治·维利尔斯。不过,政府成员的另一项变动给维多利亚女王带来了一些烦恼。财政大臣威廉·尤尔特·格拉德斯通必然会继承帕默斯顿子爵亨利·约翰·坦普尔在议会下议院的领导地位。在威廉·尤尔特·格拉德斯通还是罗伯特·皮尔的得力助手时,维多利亚女王十分钦佩威廉·尤尔特·格拉德斯通的才能,信任他的判断力和爱国热情。然而,维多利亚女王发现威廉·尤尔特·格拉德斯通的政治观点逐渐趋向自己憎恶的民主自由主义。因此,虽然认识威廉·尤尔特·格拉德斯通已经很长时间了,但当其出任财政大臣令维多利亚女王第一次能近距离了解他时,维多利亚女王发现自己并不喜欢他的行为方式和思想理念。此时,威廉·尤尔特·格拉德斯通担负起领导议会下议院的职责,维多利亚女王只能准备好以后以宽容的态度看待他的行为。议会开幕仪式上,威廉·尤尔特·格拉德斯通首次履行了议会下议院领导人的责任。1866年2月21日,维多利亚女王写信表达了自己的感激之情:"我收到各方来信,信中都称赞威廉·尤尔特·格拉德斯通的领导工作有了一个极好的开端。"①不过，在接下来的多年里，威廉·尤尔特·格拉德斯通对维多利亚女王的生活造成的影响丝毫不亚于当年帕默斯顿子爵亨利·约翰·坦普尔造成的影响。

  1866年12月10日，维多利亚女王又遭受了一次打击，即比利时国王利奥波德一世驾崩，这次打击令她悲痛欲绝。几乎从出生起，维多利亚女王在国事和家事上都要依靠舅舅利奥波德一世的建议，尤其是王夫阿尔伯特亲王去世后，在私人事务方面，维多利亚女王越来越依赖舅舅利奥波德一世的建议。当得知舅舅利奥波德一世驾崩的消息后，维多利亚女王立即在温莎城堡圣乔治教堂内为舅舅利奥波德一世立了一块纪念碑，紧邻利奥波德一世纪念碑的是其第一任妻子威尔士的夏洛特公主的墓地。夏洛特公主是乔治四世唯一合法的子女。在利奥波德一世纪念碑的铭文上，维多利亚女王表示舅舅利奥波德一世在自己心中的形象如同父亲一般。②此后，维多利亚女王替代了舅舅利奥波德一世在萨克森-科堡家族的位置，成为一家之主。实际上，在维多利亚女王的所有亲戚中，没有一个人有资格填补舅舅利奥波德一世驾崩后留出的空缺，成为维多利亚女王顾问团中的一员。萨克森-科堡-哥达公爵欧内斯特二世为人虚荣，总是异想天开，经常需要听取维多利亚女王的建议。因此，维多利亚女王一点也不信任他的判断力。至于孩子们，维多利亚女王是他们的良师益友，完全不指望从他们那里能得到什么回报。如此看来，在家中，维多利亚女王比以往任何时候都无助。此时，她只能靠自己。

  维多利亚女王认识到，无论是对过去，还是对现在，自己都负有责任。即将到来的海伦娜公主的婚礼与二儿子阿尔弗雷德王子的成年礼的时间恰好撞到了一起。对议会为二儿子阿尔弗雷德王子和女儿海伦娜公主做的经济安排，维多利亚女王有些担心，因为在这个问题上，公众的态度令她实在没有底气。此外，议会选举正在进行。以上因素使维多利亚女王不得不屈从于政府的压力，在时隔五年后的1866年2月10日，再次出席议会开幕大典。当天，维多利亚女王从温莎城堡来到伦敦，并且要求仪式一切从简。维多利亚女王没有乘坐以前的镶金王室马车，而是乘坐了一辆更简朴的马车。不过，还是由以往八匹奶油色的马为她拉车。当她进入会场时，小号

---

① 约翰·莫利：《威廉·尤尔特·格拉德斯通传》，伦敦，麦克米伦出版社，1903年，第2卷，第157页。——原注
② 圣伦奇·塔朗迪耶：《利奥波德一世与维多利亚女王》，巴黎，1878年，第2卷。——原注

克兰威尔男爵罗伯特·罗尔夫

没有齐鸣。在议会开幕大典上,维多利亚女王没有穿王袍,而是将王袍摊开摆在身边的椅子上。按照惯例,维多利亚女王没有亲自发表讲话,而是由议会上议院大法官克兰威尔男爵罗伯特·罗尔夫代为宣读开幕致辞。从此,维多利亚女王再也没有按旧流程出席议会开幕大典。在其统治结束前,维多利亚女王参加了六次议会开幕仪式。议会的开幕仪式统统按照1866年订立的新规执行。维多利亚女王身穿丧服,头戴玛丽·斯图亚特帽,身上别着嘉德勋章蓝色绶带。在议会开幕大典上,维多利亚女王稳稳坐在座位上,但脸上流露出一副漠然的表情。1866年3月,维多利亚女王表示仍打算颁发一个阿尔伯特新荣誉奖章。这一奖章专门颁发给一类人,这类人冒着生命危险在海上解救遇险的人。

随后，维多利亚女王不得不再次放弃隐居生活，重访奥尔德肖特，这是阿尔伯特亲王去世后她第一次回到这里。维多利亚女王曾分别两次来到奥尔德肖特视察军队，一次是在1866年3月13日，另一次是在1866年4月5日。当第二次视察奥尔德肖特时，维多利亚女王授予第八十九团新军旗，还授予该团"维多利亚公主团"称号，并且允许该团军官在军便帽上佩戴公主冠冕徽章。

1866年夏，两桩直系亲人的婚礼点亮了维多利亚女王的生活，暂时让她忘记了忧伤。不但不久前，维多利亚女王的女儿海伦娜公主订婚了，而且剑桥的玛丽·阿德莱德也在不久前订婚了。剑桥的玛丽·阿德莱德许配给了特克公爵弗朗茨，因为特克

特克公爵弗朗茨

剑桥的玛丽·阿德莱德的婚礼

公爵弗朗茨来自萨克森-科堡家族,是维多利亚女王的远房表弟,其父是符腾堡的亚历山大大公爵,其母是克劳丁·雷代伊·冯·基斯-雷德女伯爵。因此,对这门亲事的安排,维多利亚女王很欢喜。1866年6月12日,在基尤,维多利亚女王一袭黑衣,出席了剑桥的玛丽·阿德莱德的婚礼。1866年7月5日,在温莎城堡,维多利亚女王参加了三女儿海伦娜公主和石勒苏益格-荷尔斯泰因的克里斯蒂安的证婚仪式。

议会意图在给阿尔弗雷德王子和海伦娜公主拨款这件事上与维多利亚女王缓和关系。海伦娜公主得到三万英镑的嫁妆和每年六千英镑的年金。当时,阿尔弗雷德王子每年可以领取六千英镑,一旦结婚,他的年金增加到两万五千英镑。维多利亚女王自己都没料到,为阿尔弗雷德王子和海伦娜公主拨款之事竟然会进行得如此顺利。

在整个议会会期,政府的立场与德意志境内的局势都令维多利亚女王一刻都不敢松懈。显然,在如何最终处理石勒苏益格-荷尔斯泰因公爵领地的问题上,普鲁士王国和奥地利帝国的矛盾导致这两个强国的冲突一触即发,除非最终两国为得到对德意志邦联的领导权进行的长期博弈分出伯仲。此外,两国存在爆发战争的可能性令维多利亚女王心神不宁。从维多利亚女王的角度看,家庭的牵绊令她看不出这场争端的价值。事实上,这场斗争已经让她德意志的亲戚们反目成仇。普鲁士王储腓特烈·威廉·尼古劳斯·卡尔是一派,黑森-达姆施塔特的路易、汉诺威国王乔治五世及萨克森-科堡-哥达公爵欧内斯特二世是支持奥地利帝国的另一派。一想到普鲁士王国和黑森-达姆施塔特的两位女婿很可能会刀兵相见,维多利亚女王就脊背发凉。从前,她一心希望普鲁士王国强大自立。然而,此时,她内心是矛盾的。她害怕普鲁士王国称霸会对德意志境内的小邦国造成毁灭性打击,毕竟对这些小邦国,她还是很有感情的。

1866年前几个月,维多利亚女王焦急地询问克拉伦登伯爵乔治·维利尔斯该如何更好利用自己的影响力维护欧洲的和平局面。此外,她还命令首相约翰·拉塞尔伯爵采取一切措施避免战争。1866年3月,得到维多利亚女王的同意后,英国政府向普鲁士国王威廉一世建议由维多利亚女王来担任普鲁士王国和奥地利帝国的调停人。然而,奥托·冯·俾斯麦断然拒绝了这番好意。在写给普鲁士国王威廉一世的信中,奥托·冯·俾斯麦对维多利亚女王出言不逊,认为维多利亚女王出于家族私利,正想方设法破坏自己的中欧政策。其中欧政策的目标是打击奥地利帝国,使普鲁士王国称霸中欧。接下来,奥托·冯·俾斯麦慷慨陈词,猛烈抨击维多利亚女王对普鲁士王国内政的邪恶干涉,称维多利亚女王通过女儿维多利亚·亚历山德里娜·玛丽·路易莎操控普鲁士王储腓特烈·威廉·尼古劳斯·卡尔,并且伙同萨克森-科堡-哥达公爵欧内斯特二世搞阴谋,暗中破坏普鲁士王国的力量。①

1866年5月,英国政府遇到的国内问题加剧了维多利亚女王的困扰。约翰·拉塞尔伯爵提醒维多利亚女王,政府不久前向议会下议院提交的《改革法案》有可能不会获得表决通过。此时,维多利亚女王已经认识到民众希望讨论了很久的扩大选举权问题能立即得到解决。她甚至告诉约翰·拉塞尔伯爵,鉴于扩大选举权这一问题一直悬而未决,如果政府继续无所作为,那么王权必被削弱。她还认为本可以拖延

---

① 《1849到1889年奥托·冯·俾斯麦的政治信函》,1893年。——原注

考虑解决扩大选举权的问题，但政府既然已经提出这一问题，这一问题就必须得到"彻底解决"。

实际上，维多利亚女王认为欧洲问题比国内政治问题重要得多。她拒绝承认《改革法案》是当前需要解决的第一要务，甚至热血沸腾地向首相约翰·拉塞尔伯爵写信表示，除非外交问题得到解决，无论议会下议院是否批准他的选举权议案，她都不会批准任何人的辞呈。大臣们乞求维多利亚女王不要像往年春季一样前往巴尔莫勒尔度假，而是待在温莎城堡内。这样一来，万一政府坚持不下去，大臣们能找到她。但维多利亚女王拒绝了这一请求，并且告诉大臣们，他们必须不惜一切代价避免政府危机。

1866年6月，英国国内和国外局势都迅速恶化。普鲁士王国和奥地利帝国爆发战争。与此同时，在议会下议院审议时，《改革法案》没有通过，约翰·拉塞尔伯爵政府失利。1866年6月19日，约翰·拉塞尔伯爵向住在巴尔莫勒尔的维多利亚女王寄去了辞呈，并且强烈反对解散议会。对此，维多利亚女王十分愤怒，并且回信表达了自己的震惊。在信中，维多利亚女王说道："鉴于欧洲的时局和国人对《改革法案》的冷淡，这点连约翰·拉塞尔伯爵自己也承认，因为在一个本来需要各方妥协才能解决的问题上，遇到并非原则性的细节问题，大臣们竟然要辞职。我认为这种行为简直背离了他们对我和这个国家许诺要承担的责任。因此，我必须要求大臣们三思而后行。"①约翰·拉塞尔伯爵立即表示自己继续留任是行不通的，并且在这一点上，内阁是支持他的。1866年6月26日，维多利亚女王返回温莎城堡后，立刻接见了首相约翰·拉塞尔伯爵和威廉·尤尔特·格拉德斯通。维多利亚女王重申，当前政府由于一个"细节问题"要下台，"欧洲局势"更让这种行为充满危险。与此同时，维多利亚女王暗示应该让议会了解自己的想法。然而，两位大臣认为这一建议实在不明智。②经过再三考虑，约翰·拉塞尔伯爵仍然拒绝撤回自己或同僚的辞呈。于是，随着这一届政府的结束，约翰·拉塞尔伯爵的政治生涯也宣告结束。维多利亚女王认为，约翰·拉塞尔伯爵辞职简直是一种逃兵行为。因此，她一时半会儿怒气难消。

---

① 斯潘塞·霍拉肖·沃波尔：《约翰·拉塞尔伯爵传》，第2卷，第415页。——原注
② 约翰·莫利：《格拉德斯通传》，第2卷，第209页到211页。——原注

一段时间里，政府的停摆令维多利亚女王忧心忡忡。最终，1866年7月6日，保守党领袖德比伯爵爱德华·史密斯-斯坦利①接受组建新政府的重托，担任首相一职。在新政府中，本杰明·迪斯雷利担任财政大臣，兼任下议院领袖。这时，新改选的下议院成立还不到一年时间，本杰明·迪斯雷利又被召回成为下议院领袖，但在下议院的保守党议员中，反对他的议员多达七十名。因此，保守党组建的新政府的处境其实很艰难。然而，对这届新政府的执政能力，维多利亚女王很有信心。维多利亚女王尤其对马姆斯伯里伯爵詹姆斯·哈里斯重新成为掌玺大臣、乔纳森·皮尔将军再次出任战争大臣表示欢迎。首相德比伯爵爱德华·史密斯-斯坦利的儿子德比伯爵爱德华·斯坦利成为外交大臣。维多利亚女王对德比伯爵爱德华·斯坦利的印象一直很好。

　　与此同时，普鲁士王国与奥地利帝国的战争正在德意志进行，维多利亚女王的许多亲戚都卷入其中。普鲁士王储腓特烈·威廉·尼古劳斯·卡尔为普鲁士王国而战，其他亲戚都支持奥地利帝国。维多利亚女王十分担忧他们的状况，并且与分属交战双方的亲戚频繁通信。当时，位于黑森-达姆施塔特的爱丽丝公主的孩子都在奥斯本由维多利亚女王托管。此外，维多利亚女王还给在黑森-达姆施塔特的爱丽丝公主送去大量救治伤员用的亚麻布。很快，战争结果变得明朗起来。起初，普鲁士

---

① 内阁成员名单如下：
　　财政部第一财政大臣——德比伯爵爱德华·史密斯-斯坦利
　　大法官——切姆斯福德男爵弗雷德里克·塞西杰
　　枢密院议长——白金汉公爵兼钱多斯公爵理查德·坦普尔-纽金特-布里奇斯-钱多斯-格兰维尔
　　掌玺大臣——马姆斯伯里伯爵詹姆斯·哈里斯
　　财政大臣——本杰明·迪斯雷利
　　内政大臣——斯潘塞·霍拉肖·沃波尔
　　外交大臣——德比伯爵爱德华·史密斯-斯坦利
　　殖民事务大臣——卡那封伯爵亨利·赫伯特
　　战争事务大臣——乔纳森·皮尔将军
　　印度事务大臣——索尔兹伯里侯爵罗伯特·加斯科因-塞西尔
　　贸易委员会主席——伊兹利伯爵斯塔福德·诺思科特
　　兰开斯特公爵领地大臣——德文伯爵威廉·考特尼
　　建设大臣——拉特兰公爵约翰·曼纳斯
　　海军大臣——汉普顿男爵约翰·帕金顿爵士
　　济贫委员会主席——克兰布鲁克伯爵盖索恩·盖索恩-哈迪先生——原注

军队迅速占领汉诺威王国,将维多利亚女王的堂兄汉诺威国王乔治五世赶下台,并且将汉诺威王国变成普鲁士的一个省。萨克森-科堡-哥达公爵欧内斯特二世将这个不幸的消息传达给维多利亚女王。通过电报,维多利亚女王向萨克森-科堡-哥达公爵欧内斯特二世回复说:"太可怕了,可怜的乔治五世和他的儿子现在在哪里?"对一个长期与英国有密切关系的王国被消灭,维多利亚女王感到被羞辱了。她很关心如何安排遭驱逐的汉诺威王室的未来,但她与本杰明·迪斯雷利和普鲁士国王威廉一世达成一致,如果将汉诺威王室安顿在英国,那么很可能会加剧英国和普鲁士王国已经紧张的关系。①最后,经维多利亚女王同意,汉诺威国王乔治五世选择定居巴黎。维多利亚女王将汉诺威国王乔治五世及其家人的幸福一直记挂在心上,尤其对汉诺威国王乔治五世的女儿汉诺威的弗雷德丽卡,维多利亚女王称她为"可怜的汉诺威百合"。

在德意志其他地方,普鲁士军队也很快取得胜利。1866年7月3日,在柯尼希格雷茨附近发生的萨多瓦战役中,奥地利军队被彻底击败。于是,在战争爆发七星期

萨多瓦战役

---

① 奥托·冯·俾斯麦:《反思与回忆》,第1卷,第169页到第170页。——原注

后，普鲁士王国与奥地利帝国的战争划上了句号。与此同时，更令维多利亚女王失望的是，意大利王国竟与普鲁士王国联合攻打奥地利帝国。因此，奥地利帝国失去了其在意大利半岛上最后一块土地——威尼西亚。在维托里奥·埃曼努埃莱二世的领导下，意大利半岛基本完成统一，这不是维多利亚女王希望看到的结果。

最终，普鲁士王国成为德意志西部的首领，称霸整个德意志指日可待。与此同时，奥地利帝国被迫退出德意志邦联。当看到以前希望的一个强大的普鲁士王国的梦想实现时，维多利亚女王的心情是复杂的，甚至可以说是忧虑多于欢喜，因为这场胜利的代价是汉诺威王国灭亡、黑森-达姆施塔特的路易失去领土及德意志邦联中众多小国国力受到削弱。此外，对普鲁士王国的胜利起到主要作用的奥托·冯·俾斯麦公然藐视普鲁士王储腓特烈·威廉·尼古劳斯·卡尔及其妻子维多利亚·亚历山德里娜·玛丽·路易莎。于是，刚开始还为普鲁士王国的胜利而感到高兴的维多利亚女王此时怎么也高兴不起来了。

第33章

阿尔伯特亲王的传记

精彩看点

在巴尔莫勒尔休养——维多利亚女王在阿伯丁——维多利亚女王在伍尔弗汉普顿——王夫阿尔伯特亲王的传记——选择西奥多·马丁做传记作家——传记的特点——维多利亚女王坚信传记的作用——《查尔斯·格雷维尔回忆录》引起维多利亚女王不快——维多利亚女王出版《日记节选》——与德比伯爵爱德华·史密斯－斯坦利的政府关系融洽

1866年10月，承受巨大的政治压力后，维多利亚女王躲到巴尔莫勒尔，求得几日清闲。在最近守寡的阿索尔公爵夫人安妮·默里的陪伴下，维多利亚女王再次前往邓凯尔德小住。实际上，1865年，维多利亚女王刚去过那里。阿索尔公爵夫人安妮·默里是维多利亚女王最喜爱的寝室侍女，但最近她的丈夫阿索尔公爵乔治·默里去世，这使维多利亚女王觉得自己与阿索尔公爵夫人安妮·默里同病相怜。

维多利亚女王接受建议，1866年年底参加了两场公开活动。首先，1866年10月16日，在因弗坎尼，维多利亚女王为阿伯丁自来水厂剪彩。其间，她守寡后第一次亲自发表了讲话。返回英国南方后，维多利亚女王又参加了另一场公开活动。这场公开活动显示虽然维多利亚女王受到诽谤和批评，但她的统治依然受到广泛支持。

1866年11月30日，在伍尔弗汉普顿，维多利亚女王为当地一个市场中王夫阿尔伯特亲王的一尊雕像揭幕。在所有英国城市中，伍尔弗汉普顿是最早向阿尔伯特亲王致敬的城市。维多利亚女王表示一定要好好安排出行路线，以便向所有伍尔弗汉普顿的居民表达自己的敬意。当天，维多利亚女王穿越伍尔弗汉普顿的大街小巷，路程加起来大约有三英里。当认识到"人们对自己热情友好的欢迎"比什么都重要时，维多利亚女王立刻精神焕发。

永远保持对丈夫阿尔伯特亲王的记忆依然是维多利亚女王生活的主要目标。此时，王夫阿尔伯特亲王的传记是她要完成的事。1862年，遵从维多利亚女王的意见，阿瑟·赫尔普斯爵士将阿尔伯特亲王的"演说和致辞"整理编辑成册。维多利亚女王在出版的每本书上都题了词:"来自心碎的寡妇,维多利亚。"然后,她将这些书送给朋友们。接下来,维多利亚女王又指示私人秘书查尔斯·格雷着手编写一部描述王夫阿尔伯特亲王早期生活的备忘录。查尔斯·格雷曾是阿尔伯特亲王的私人秘书。维多利亚女王参与了这本备忘录的设计。因为一开始阿尔伯特亲王的备忘录只打算在朋友和亲戚内部传阅,所以这本备忘录主要包括一些密函和相当私密的家庭通信。1866年,王夫阿尔伯特亲王早期生活的备忘录出版。虽然这本备忘录介绍的是阿尔伯特亲王的婚前生活,但人们对它充满兴趣。1867年,维多利亚女王允许这本备忘录面向大众发行。面向大众出版后,这本备忘录受到好评。在维多利亚女王的邀请下,萨缪尔·威尔伯福斯主教在《季刊》上发表书评,称这本备忘录是为得到人们的理解,维多利亚女王发自内心的呐喊。接着,他评论道维多利亚女王的呐喊得到了回应。①

维多利亚女王立即决定继续阿尔伯特亲王传记的编写工作,但查尔斯·格雷繁重的工作令他根本无法继续承担这项工作。因此,1866年,维多利亚女王就接手这项工作的人选听取了阿瑟·赫尔普斯爵士的建议。在讨论中,维多利亚女王表示,由于阿尔伯特亲王的后半生与自己密切相关,她希望这本传记能"尽量忠实"。阿瑟·赫尔普斯爵士推荐了后来被封为爵士的西奥多·马丁先生——一位不带任何政治偏见的德意志学者——承担这项工作。维多利亚女王虽然有些犹豫,但最终还是将这项工作交给了西奥多·马丁先生。接下来,维多利亚女王将大量时间花在整理自己和丈夫阿尔伯特亲王的私人文件和书信及选出适合出版的部分上面。西奥多·马丁先生每完成一章,维多利亚女王都亲自仔细阅读,并且提出修改意见。维多利亚女王能迅速发现并纠正日期和人名方面的错误,有时还能在用词方面提出很好的修改意见。不过,阿尔伯特亲王的这本传记主要依据西奥多·马丁的构思设计及他认为最好的方式进行创作。但有一点维多利亚女王一直坚持,即阿尔伯特亲王的这本传记应该全面陈述事实。

---

① 罗伯特·威尔伯福斯和塞缪尔·威尔伯福斯:《威廉·威尔伯福斯传》,伦敦,约翰·默里出版社,第3卷,第236页。——原注

1874年，西奥多·马丁先生撰写的《王夫阿尔伯特亲王传》的第一卷问世。1880年，这部传记的第五卷和最后一卷出版。《王夫阿尔伯特亲王传》的特点是十分直白。对此，孩子们甚至都很惊叹。维多利亚女王的解释是，只有完全的事实才能最好地为阿尔伯特亲王洗清罪名，并且必须在认识阿尔伯特亲王的人在世时将洗清罪名的话说清楚。阿尔伯特亲王在世时，他性格中的德意志特质得不到人们的理解，因为这种特质只能在全面的解释中才能被理解。维多利亚女王称，如果不完成这部书，她和丈夫阿尔伯特亲王就会继续被误解。①

　　随着编写阿尔伯特亲王传记的工作不断推进，维多利亚女王坚信自己的计划是明智的。与阿尔伯特亲王同时代的一些人开始纷纷出版回忆录，讲述自己对阿尔伯特亲王思想和行动的看法。在维多利亚女王看来，对阿尔伯特亲王，这些回忆录是最有力的平反材料。不过，1872年，斯托克马男爵克里斯蒂安·弗里德里希的儿子恩斯特·冯·斯托克马出版了一本记录其父一生的书。这本斯托克马男爵克里斯蒂安·弗里德里希的传记令维多利亚女王很不满意，维多利亚甚至认为这本传记对备受自己和丈夫阿尔伯特亲王信任的导师斯托克马男爵克里斯蒂安·弗里德里希有失公允。随后，爱丽丝公主质疑维多利亚女王将如此隐私的信息分享给公众是不明智的做法。然而，维多利亚女王重申："这能让各位王子后代认识到他们亲爱的父亲阿尔伯特亲王多么无私和具有自我牺牲精神，但他生前过得那么辛苦、不幸。"

　　与此同时，维多利亚女王严厉指责一些描写王室的轻率言论。1874年，《查尔斯·格雷维尔回忆录》第一卷的出版令维多利亚女王非常恼火。她指责这部著作随意对先王们评头论足，简直是对君主大不敬。此书的编辑亨利·里夫听闻维多利亚女王不悦，解释说乔治四世的堕落和威廉四世的荒诞有损君主制，但维多利亚女王身上的美德恢复了人民对君主制的信心。对这一解释，维多利亚女王并不买账。②

　　维多利亚女王不满足于让别人给普通英国人讲述自己真实的生活，她打算自己出一本书。为介绍自己婚后幸福的生活，1867年，维多利亚女王从自己的日记中节选了一部分，编纂为《1848年到1861年高地生活日记节选》，并且私下在朋友圈中发行

---

① 《爱丽丝公主书信集》：第333页到第335页。——原注
② 约翰·诺克斯·劳顿：《亨利·里夫回忆录》，1898年。——原注

传阅。1868年年初,维多利亚女王同意将这本书公开发行。为出版准备手稿时,维多利亚女王得到了阿瑟·赫尔普斯爵士的帮助,他尽心竭力地帮助维多利亚女王纠正文体上的错误。由于写东西速度很快,维多利亚女王的文章中总会出现错误。一次,维多利亚女王天真地向约翰·拉塞尔伯爵坦白,自己在写东西时常常会被一个长句子难倒,并且束手无策。对此,约翰·拉塞尔伯爵直言不讳地评论道:"对,陛下,我也注意到了。"①维多利亚女王出版的日记节选因其不矫揉造作的文风和质朴的语言而受到读者的关注。读者认为在这部日记节选中,维多利亚女王对私事的忠实描述证明了她希望与普通英国人一起分享自己的喜悦和悲伤。媒体对这部日记节选的积极评论既令维多利亚女王非常感动,又令她深受鼓舞。

  1867年,在忙于编纂自己的日记时,维多利亚女王关注着政局的变化。维多利亚女王和新上任的保守党大臣一直相处得不错。在外交事务上,新政府的立场大致与维多利亚女王的立场一致。在与新政府的关系中,维多利亚女王没有出现以前与帕默斯顿子爵亨利·约翰·坦普尔和约翰·拉塞尔伯爵相处时遇到的摩擦。新政府对维多利亚女王的理解甚至令维多利亚女王主动改变深居简出的作风。1867年2月5日,为向公众显示自己与新政府的和谐关系,维多利亚女王再次同意出席议会开幕大典。1867年5月,维多利亚女王再次出现在公众面前。这次,她是为皇家阿尔伯特音乐厅奠基。人们很难听到维多利亚女王的声音。维多利亚女王曾称自己不得不鼓起勇气参加仪式。人们心里很清楚,由于参加公开活动,维多利亚女王承受着巨大的精神压力。

---

① 查尔斯·拉科姆·格拉韦斯:《乔治·格罗夫爵士传》,伦敦,麦克米伦公司,1903年,第130页到131页。——原注

第34章

1867年的外交事务

精彩看点

本杰明·迪斯雷利的《改革法案》——维多利亚女王对拿破仑三世的不信任——卢森堡事件——1867年6月20日墨西哥皇帝马克西米利安惨遭谋杀——维多利亚女王的恐惧——来宫中做客的外国君主——1867年奥斯曼土耳其苏丹到访——1867年8月22日在阿伯茨福德——重新陷入悲伤

1867年，英国国内的主要政治事件当属本杰明·迪斯雷利的《改革法案》在议会获得通过。1861年到1867年，关于扩大选举权，英国不时发生社会动荡。因此，维多利亚女王鼓励政府解决扩大选举权这一问题。维多利亚女王无意进行彻底改革，并且认为与外交事务相比，英国国内的立法改革一点也不重要。然而，她因为长期受自由党思想熏陶，所以赞同扩大选举权，并且认为扩大人民的选举权既有利于君主制，又有利于巩固政府的统治。

与往常一样，外交问题依然是维多利亚女王关注的焦点。虽然1866年的风暴已经过去，但欧洲的天空并非万里无云。1867年前几个月里，对前盟友拿破仑三世的戒备之心尤其令维多利亚女王不安。维多利亚女王与拿破仑三世的私人通信还是与以前一样友好，但维多利亚女王越来越怀疑拿破仑三世的政治意图。因此，维多利亚女王动用一切资源阻止拿破仑三世危险的计划。众所周知，拿破仑三世长期以来伺机吞并莱茵河东岸地区。1863年，维多利亚女王曾开诚布公地提醒过拿破仑三世，吞并莱茵河东岸地区将对欧洲和平构成极大的威胁。1863年，比利时国王利奥波德一世曾向普鲁士王储腓特烈·威廉·尼古劳斯·卡尔指出，维多利亚女王义正辞严地批评了拿破仑三世妄图染指德意志领土的计划，这令拿破仑三世不敢再有进一步相关动作。与此同时，普鲁士国王威廉一世也向多疑的奥托·冯·俾斯麦保证，维多利亚女王的德意志亲戚们一致认为维多利亚女王冷静谨慎的做法一定会保护德意志不受法兰西的入侵。

1867年，拿破仑三世再次挑起事端，称半独立的邻国卢森堡公国，一个介于法兰西和德意志之间的小国，威胁到法兰西的利益。控制德意志北部后，普鲁士王国在卢森堡公国与法兰西第二帝国接壤的一侧筑起防御工事。当然，拿破仑三世反对在法兰西第二帝国边境驻扎任何新派遣的德意志军队。因此，与卢森堡公国的宗主国荷兰王国协商后，法兰西第二帝国允许荷兰王国或者比利时王国吞并卢森堡公国，但前提是法兰西第二帝国获得比利时王国的一小片领土。对此，普鲁士王国提出抗议，比利时王国拒绝了拿破仑三世的建议。德意志和法兰西第二帝国的敏感神经都受到触动，战争的乌云似乎笼罩在中欧上空。维多利亚女王继续1863年的做法，竭力呼吁英国政府敦促各方认识到和平的必要性。这次，维多利亚女王的呼吁发挥了作用。1867年5月11日到1867年5月14日，卢森堡问题各方聚集到伦敦参加国际会议，并且达成以下协议，即拆除卢森堡公国境内所有军事要塞，但各方要保证卢森堡公国的独立。对法兰西第二帝国没有从协议中获得任何实质利益，拿破仑三世很失落，他更是将自己计划落空归咎到维多利亚女王头上。

1867年6月，拿破仑三世与维多利亚女王的关系进一步恶化，因为维多利亚女王获悉拿破仑三世在墨西哥背叛了她的朋友与亲戚奥地利大公马克西米利安，并且导致其惨死的消息。奥地利大公马克西米利安的妻子比利时的夏洛特公主是维多利亚女王的嫡亲表妹，经常前往温莎城堡做客，深受维多利亚女王喜爱。1864年，拿破仑三世说服奥地利皇帝弗朗茨·约瑟夫一世的弟弟奥地利大公马克西米利安接受法军在共和制的墨西哥设立的皇位。然而，在墨西哥当地人中，几乎没人承认奥地利大公马克西米利安的皇帝头衔。1866年，就在美国内战结束后，美国政府曾警告拿破仑三世，如果法军不立即撤出北美大陆，那么美军将用武力驱逐法军。拿破仑三世懦弱地屈从于美国政府的要求，从北美撤出法军，但奥地利大公马克西米利安拒绝放弃抵抗。比利时的夏洛特公主一了解到丈夫奥地利大公马克西米利安的困境，就立即回到欧洲寻求帮助。令维多利亚女王一辈子感到悲伤的是，比利时的夏洛特公主的焦虑影响到了自己的心智。此后，比利时的夏洛特公主一直住在精神病院内。然而，在墨西哥，当地人恢复了共和制。1867年6月20日，在墨西哥城，军事法庭处决了奥地利大公马克西米利安。

奥地利大公马克西米利安之死震惊了维多利亚女王，她向奥地利大公马克西米利安的哥哥奥地利皇帝弗朗茨·约瑟夫一世发去一封慰问信，信中说在政治方面，拿破仑三世简直是无可救药。然而，无论在政治方面维多利亚女王与拿破仑三世有多么大的分歧，维多利亚女王对拿破仑三世的无礼行为有多么厌恶，都丝毫不影响维多利亚女王对法兰西皇后欧仁妮·德·蒙蒂若的喜爱。1867年7月，为奥地利大公马克西米利安和比利时的夏洛特公主的悲惨命运伤心到极点的维多利亚女王，甚至私下邀请法兰西皇后欧仁妮·蒙蒂若到奥斯本做客。即使1870年拿破仑三世落难时，维多利亚女王也没有因厌恶拿破仑三世的政治行动和原则而落井下石。

当墨西哥悲剧即将落幕时，第二届万国博览会正在巴黎举行。虽然被怀疑是墨西哥悲剧的始作俑者，但拿破仑三世成功地接待了许多王室要人，其中包括俄罗斯沙皇亚历山大二世、普鲁士国王威廉一世、奥斯曼土耳其苏丹阿卜杜勒·阿齐兹、埃及总督伊斯梅尔帕夏，以及威尔士亲王阿尔伯特·爱德华。英国的大臣们建议维多利亚女王邀请在巴黎的各国王室成员前往英国做客，借此展现英国宫廷的善意。1867年6月，在法兰西皇后欧仁妮·德·蒙蒂若到来前，普鲁士王后萨克森-魏玛-爱森纳赫的奥古斯塔早已到达英国几日。维多利亚女王拒绝扮演女主人的角色，拒绝款待不是自己朋友的君主。不过，因为维多利亚女王一直认为东南欧关乎英国的利益，所以考虑到巩固自己在东南欧影响力，她接受建议，款待了奥斯曼土耳其苏丹阿卜杜勒·阿齐兹和伊斯梅尔帕夏。伊斯梅尔帕夏是不速之客，单方面宣布要来英国。1867年7月6日到1867年7月18日，他访问了英国。

此前，奥斯曼土耳其苏丹从未踏上英国领土。因此，奥斯曼土耳其苏丹阿卜杜勒·阿齐兹的这次访问被认为是英国政府与奥斯曼土耳其帝国政府宣布先前达成的政治同盟正式生效的标志。1867年7月12日，奥斯曼土耳其苏丹阿卜杜勒·阿齐兹抵达伦敦后受到盛大欢迎，并且下榻在白金汉宫。维多利亚女王虽然尽可能少地参与接待活动，但不是完全不参加。在爱丽丝公主的协助下，维多利亚女王接待了奥斯曼土耳其帝国苏丹阿卜杜勒·阿齐兹，并且邀请他前往温莎城堡共进午餐。对此，奥斯曼土耳其苏丹阿卜杜勒·阿齐兹表示感谢。此外，维多利亚女王还为奥斯曼土耳其苏丹阿卜杜勒·阿齐兹在斯皮海德安排了一场隆重的海军阅兵仪式。当

奥地利大公马克西米利安接受墨西哥皇位

奥地利大公马克西米利安被处决

天，奥斯曼土耳其苏丹阿卜杜勒·阿齐兹与维多利亚女王乘坐的是"维多利亚和阿尔伯特"号游艇。当时，天公不作美。狂风暴雨中，维多利亚女王在游艇的甲板上为奥斯曼土耳其苏丹阿卜杜勒·阿齐兹颁发了嘉德勋章。对奥斯曼土耳其苏丹阿卜杜勒·阿齐兹的盛情接待达到了预期的效果。1867年7月23日，当奥斯曼土耳其苏丹阿卜杜勒·阿齐兹离开时，奥斯曼土耳其苏丹阿卜杜勒·阿齐兹与维多利亚女王互致了感谢电报。

1867年秋，在巴尔莫勒尔，维多利亚女王的精力比平时旺盛。前往巴尔莫勒尔途中，维多利亚女王先来到苏格兰边境上的凯尔索，看望了住在福罗尔斯城堡的罗克斯堡公爵詹姆斯·英尼斯-克尔和罗克斯堡公爵夫人苏珊娜·英尼斯-克尔。在凯

罗克斯堡公爵夫人苏珊娜·英尼斯 – 克尔

尔索，维多利亚女王住了两天。1867年8月22日，维多利亚女王参观了梅尔罗斯大教堂。接下来，维多利亚女王来到沃尔特·司各特爵士生前住过的阿伯茨福德。在阿伯茨福德，接待维多利亚女王的是房客詹姆斯·霍普-斯科特，他是沃尔特·司各特爵士外孙女夏洛特·哈丽雅特·简·洛克哈特的丈夫。对与伟大小说家沃尔特·司各特先生相关的一切纪念物，维多利亚女王都流露出浓厚的兴趣。书房中，在主人詹姆斯·霍普-斯科特的请求下，维多利亚女王在沃尔特·司各特爵士的日记中写下自己的名字。在日记中，维多利亚女王曾这样谦虚地评论这段小插曲："我感到我这么做简直有点妄自尊大。"接着，维多利亚女王来到迪赛德，为一座阿尔伯特亲王的纪念碑揭幕。1867年9月，她前往格兰菲迪看望了里士满公爵查尔斯·戈登-伦诺克斯。

里士满公爵查尔斯·戈登-伦诺克斯

不幸的是，1867年10月，一回到温莎城堡，维多利亚女王又立刻陷入了对往日的悲伤之中。在巴尔莫勒尔享受了暂时的自由生活后，住在温莎城堡的维多利亚女王又要忍受各种宫廷礼仪的束缚。1867年，守寡六年后，由于丈夫阿尔伯特亲王的去世，维多利亚女王对隐居生活和保护个人隐私的向往丝毫没有减弱。

第35章

本杰明·迪斯雷利的第一届政府

精彩看点

1868年2月本杰明·迪斯雷利出任首相——维多利亚女王对本杰明·迪斯雷利越发信任——威廉·尤尔特·格拉德斯通和爱尔兰国教会——维多利亚女王不赞成解散爱尔兰国教会——本杰明·迪斯雷利提出辞职——反对党——维多利亚女王选择解散议会——维多利亚女王的宪法权力——维多利亚女王尊重议会的权力——公共职能——首次出访瑞士——在格拉萨特希尔静修——本杰明·迪斯雷利惨败——维多利亚女王对本杰明·迪斯雷利情有独钟——任命阿奇博尔德·坎贝尔·泰特为坎特伯雷大主教——与阿奇博尔德·坎贝尔·泰特大主教的友谊——维多利亚女王对主教的态度——维多利亚女王对神职任免权的看法——干涉教会的人事任命——维多利亚女王对苏格兰教会的敬意

1868年年初，维多利亚女王迎来自己统治时期的第七位首相本杰明·迪斯雷利。与六位前任相比，本杰明·迪斯雷利与维多利亚女王关系最亲密。1868年2月，由于不断恶化的健康状况，德比伯爵爱德华·史密斯-斯坦利辞去首相一职。当时，新首相的人选有两名，一名是本杰明·迪斯雷利，另一名是德比伯爵爱德华·史密斯-斯坦利的儿子爱德华·斯坦利。本杰明·迪斯雷利已经为保守党服务了近二十五年，似乎更有资格出任首相。1850年起，本杰明·迪斯雷利就是议会下议院中保守党的领袖。凭借自身出色的演说才能和老练的政党管理能力，在巩固保守党的执政地位方面，本杰明·迪斯雷利做出的贡献比党内任何同僚都大。因此，维多利亚女王毫不犹疑将首相一职授予本杰明·迪斯雷利。

起初，作为首相的本杰明·迪斯雷利获得了维多利亚女王的好感，他与维多利亚女王的关系持续升温。虽然维多利亚女王知道本杰明·迪斯雷利为人古怪，但他努力取悦自己的初心还是令她认为他是忠于君主的。本杰明·迪斯雷利虽然有些玩世不恭，爱讽刺人，但总是彬彬有礼。因此，维多利亚女王相信本杰明·迪斯雷利仍然心存善意。本杰明·迪斯雷利越来越热衷于支持君主制政体，越来越坚信英国的君主制道路，这都令维多利亚女王高兴。本杰明·迪斯雷利很讲策略地听取维多利亚女王的意见，也令维多利亚女王感到自己越来越受到重视，越来越有威严。然而，在议会中，本杰明·迪斯雷利并没有什么影响力，支持他的人寥寥无几。因此，不久，维多利亚女王不得不面对一场新的政府危机。在这场政府危机中，本杰明·迪斯雷利认为维多利亚女王应该主动发挥与以往不同的重要作用。①

1868年4月，威廉·尤尔特·格拉德斯通提出自己第一项，也是主要的一个提议，即支持解散爱尔兰国教会。这是爱尔兰罗马天主教教会长期呼吁的措施，也是得到自由党人正式认可的措施。本杰明·迪斯雷利的政府抵制威廉·尤尔特·格拉德斯通的提议，但1868年5月1日，这个提议以六十五票的绝对优势在议会通过。第二天，即1868年5月2日，本杰明·迪斯雷利前往温莎城堡向维多利亚女王递交辞呈。这时，距本杰明·迪斯雷利担任首相仅仅三个月。

从个人角度讲，维多利亚女王不赞成威廉·尤尔特·格拉德斯通的提议。维多利亚女王认为，在自己的统治范围内，国教与王权紧密相关，任何干涉国教的行为都会损害君主的特权。但作为君主立宪政体下的君主，维多利亚女王认识到无论自己持有何种想法，在爱尔兰或者在其他任何地方，国教的未来都与自己的决定无关，而是取决于议会和人民的决定。因此，在当时的紧急形势下，维多利亚女王希望留给人民充足的时间决定爱尔兰国教会的未来。不过，问题没有那么简单。

维多利亚女王面前有一个最简单的解决办法，即接受本杰明·迪斯雷利的辞职，然后将首相一职授予威廉·尤尔特·格拉德斯通。但这样一来，政府势必立刻着手解散爱尔兰国教会，这是维多利亚女王希望尽量避免的结果。本杰明·迪斯雷利指出，维多利亚女王可以拒绝接受自己的辞呈，并且解散议会，这样至少可以拖延时间。然而，这种做法会导致巨大的难题。即使这一做法行得通，立刻解散议会也需要一些理由。最新的《改革法案》产生出新的选民，所有党派都希望能吸引新选民的支持。但苏格兰和爱尔兰的《改革法案》，以及适用全国的《边境法案》都还没有在议会通过。因此，即使维多利亚女王拒绝接受现政府倒台，议会也不会马上解散。这就意味着本杰明·迪斯雷利虽然在议会被击败，但将继续执政，并且利用接下来六个月时间争取到新选民的支持。

在这段时期，反对党可能会拒绝现政府继续执政。如果出现这种情况，那么君

---

① 德比伯爵爱德华·史密斯-斯坦利内阁的成员几乎都在本杰明·迪斯雷利的政府中留任。本杰明·迪斯雷利政府的主要变化是休·凯恩斯伯爵代替切姆斯福德男爵弗雷德里克·塞西杰出任新的大法官。——原注

主最好不要干预,而是像以往一样,坚持在新的选举完成前解散议会。不过,这一定会引起反对党的强烈反对,因为反对党要在全国取得胜利主要取决于新选举人能获得选举权。

本杰明·迪斯雷利与维多利亚女王详细商讨了局势。最终,他们达成共识。维多利亚女王必须从两个可行方案中选择一个,要么接受本杰明·迪斯雷利的辞职,要么拒绝本杰明·迪斯雷利的辞职,但坚持在六个月后举行大选。考虑了两天后,维多利亚女王选择了第二个方案。

维多利亚女王已经准备好为自己的决定负全部责任。1868年5月5日,本杰明·迪斯雷利在议会宣布维多利亚女王的决定时,大概叙述了一下与维多利亚女王商议的内容,并且明确表示这是维多利亚女王自己做出的决定。然而,在议会下议院,许多议员质疑本杰明·迪斯雷利的行为是否违反宪法。本杰明·迪斯雷利与维多利亚女王的第一次谈话是本杰明·迪斯雷利主动的行为,事前并没有咨询同事的意见。在某种程度上,这种我行我素的行为让本杰明·迪斯雷利在保守党内失去一些议员的支持。反对党更是大胆地指出:首先,首相应该向君主提供明确的建议,君主应该采纳首相的建议;其次,宪法没有赋予君主任何自行决断的权力;最后,首相为君主提供两种选项,让君主自行选择一种选项的做法是渎职行为。

行使宪法是比较敏感的一个问题,但这次对首相本杰明·迪斯雷利的批评实在太过分了。面对议会中的不利局面,维多利亚女王必须再次在解散议会和接受首相辞职之间做出选择。当时,形势有两个新特点:第一,维多利亚女王接受延迟解散议会,而不是立即解散议会。第二,本杰明·迪斯雷利公开承认最后的决定权在维多利亚女王手上。第一个新特点具有偶发性,相对来说并不重要,第二个新特点才至关重要。实际上,本杰明·迪斯雷利的行为并有严重违反先例,而是在一定限度中,更加突显宪法赋予君主应对政府危机的实际作用。关键是,这有利于提升君主的威望。本杰明·迪斯雷利的做法驳斥了一些人对宪法的误解,即君主一定是也必须是机器人。

虽然公开主张自己有选择的权力,但维多利亚女王无意逾越宪法赋予的权力。刚解决了政府的问题,议会下议院立即向维多利亚女王请愿,要求推迟对爱尔兰国教会的几项人员任命,并且要求维多利亚女王将皇家任免权交给议会。对此,维多利亚女王绝不允许任何个人喜好拖延自己的决定,哪怕推迟一天不也行。爱危言耸听的人认为维多利亚女王和首相本杰明·迪斯雷利一定正在密谋破坏议会的独立性,但不久,这种声音被压制下去。

维多利亚女王临时重新开始履行自己的公共职能也令本杰明·迪斯雷利的工作广受关注。1868年3月,维多利亚女王在白金汉宫举行会客厅会议,这是她守寡以来第一次举行会客厅会议。1868年5月20日,在温莎公园,维多利亚女王接见了两万七千名志愿者。1868年5月22日,她又在白金汉宫的花园中举办了一次公开"早餐会",或者下午茶聚会。①在活动中,看到维多利亚女王的人都说她很享受整个活动。但这类活动只是临时安排的活动,以后不会再举行更多类似的活动。事实上,维多利亚女王不打算改变已经习惯的深居简出的生活方式。

1868年8月,为表明渴望远离宫廷束缚,维多利亚女王首次出访瑞士。旅途中,维多利亚女王隐姓埋名,称自己是肯特伯爵夫人,并且禁止一切公开的欢迎活动。不过,她还是接受了拿破仑三世的好意。在过境法兰西时,她乘坐了拿破仑三世的皇家专列。1868年8月6日,在英国驻法兰西大使馆内,维多利亚女王休息了一天。法兰西皇后欧仁妮·德·蒙蒂若私下前来看望了维多利亚女王。1868年8月7日,维多利亚女王抵达卢塞恩。在卢塞恩,她租下湖畔的华莱士别墅,并且住下来享受了一段时光。1868年9月9日,维多利亚女王乘坐皇家专列离开卢塞恩。1868年9月10日,她在巴黎做短暂停留,并且再次前往圣克劳德宫。十三年前的快乐场面历历在目,维多利亚女王不免触景伤情。拿破仑三世没有与维多利亚女王会面,但两人互致电报,礼节性地相互问候了一番。

回到英国后,维多利亚女王又躲到巴尔莫勒尔,再次证明自己下定决心躲避公众及宫廷的繁文缛节。她首次搬入一所叫"格拉萨特希尔"的小房子,这是她命人在

---

① 19世纪初,"早餐会"成为时尚圈中一种十分流行的娱乐活动。查尔斯·巴戈特夫人在《怀旧》一书(1901年,第13页,第286页)中这样描写1840年伦敦的社交圈:"那时,花园招待会被称作'早餐会'。在夏季的几个月里,多数大庄园每星期都会举行这样的活动。贝德福德公爵夫人玛丽·拉塞尔在位于坎普顿山、以后被称为'阿盖尔庄园'的庄园里举行的早餐会风靡一时。实际上,在早餐会中,人们先跳舞,然后共进午餐。一些男性常客不仅会留下来吃晚餐,还真的会住一晚,第二天早晨再与主人共进早餐。"——原注

格拉萨特希尔

米克湖上游群山中一处荒无人烟的地方修建的一栋房子,正好位于洛赫纳加山下。在维多利亚女王看来,这栋房子完全符合自己的要求。她曾这样写道:"它是我这个寡妇的第一所房子,不是我丈夫阿尔伯特亲王建的,也不是为我丈夫阿尔伯特亲王建的。"1868年年底,维多利亚女王参加了一场哀悼会,这令她累积在心底的孤寂得到某种释放。1868年12月14日,在维多利亚女王的见证下,新落成的弗罗格莫尔陵墓举行了一场特殊的仪式,阿尔伯特亲王的棺椁被放进一口石棺中。将来,维多利亚女王百年之后,将与丈夫阿尔伯特亲王合葬在一起。建造弗罗格莫尔陵墓共花了二十万英镑。

当维多利亚女王还在苏格兰时,新的《选举法案》生效,议会大选拉开帷幕。结果,本杰明·迪斯雷利领导的政府惨败。在议会中,自由党赢得一百二十八个议席,成为多数党。本杰明·迪斯雷利一反常规,没有等到新议会开会就辞职了。因此,他只在首相——政府中最显赫的位子上——坐了十个月。

虽然维多利亚女王认为根据已经公布的议会大选结果,"首相立刻辞职是最有尊严的做法,也是最有利于国家利益的选择",但对本杰明·迪斯雷利的离去,她心中充满遗憾。她很想让本杰明·迪斯雷利知道他在自己心中的特殊地位。本杰明·迪斯雷利谢绝了维多利亚女王赐给的贵族头衔,因为他十分明智地认为自己应该留在议会下议院。维多利亚女王知道本杰明·迪斯雷利很爱自己的妻子玛丽·安妮·迪斯雷利。于是,她提出既然本杰明·迪斯雷利不能接受贵族头衔,但他的夫人玛丽·安妮·迪斯雷利应该接受贵族头衔。对维多利亚女王的提议,本杰明·迪斯雷利接受了。1868年11月30日,本杰明·迪斯雷利的夫人玛丽·安妮·迪斯雷利成为女贵族,即比肯斯菲尔德女子爵。

虽然维多利亚女王很喜欢本杰明·迪斯雷利,但作为首相,本杰明·迪斯雷利办的最后一件事引起维多利亚女王的异议。这件事表明,即使在和与自己政治理念基本一致、私人关系向来和谐的大臣打交道时,维多利亚女王依然强势维护自己的权威。1868年10月28日,由于查尔斯·朗利大主教逝世,坎特伯雷大主教出现空缺。

查尔斯·朗利大主教

阿奇博尔德·坎贝尔·泰特

维多利亚女王推荐了阿奇博尔德·坎贝尔·泰特担任坎特伯雷大主教。从1856年开始，阿奇博尔德·坎贝尔·泰德一直是伦敦主教，并且长期深得维多利亚女王的喜爱。①与此同时，本杰明·迪斯雷利推荐了其他候选人。然而，维多利亚女王坚持自己的人选。最终，本杰明·迪斯雷利做出让步，阿奇博尔德·坎贝尔·泰特成为坎特伯雷大主教。

---

① 阿奇博尔德·坎贝尔·泰特（1811—1882），苏格兰爱丁堡人，曾以优异成绩毕业于牛津大学，并且在内列尔学院任教七年。1842年到1850年，阿奇博尔德·坎贝尔·泰特担任拉格比公学校长。1856年，在卡莱尔当主任牧师时，他的五个子女都因感染猩红热不幸夭折，这赢得了维多利亚女王的极大同情。1856年，帕默斯顿子爵亨利·约翰·坦普尔任命他为伦敦主教。1862年，帕默斯顿子爵亨利·约翰·坦普尔又想任命他为约克大主教，但他谢绝了。1866年，阿奇博尔德·坎贝尔·泰特因在伦敦东区霍乱中的勇敢表现而赢得维多利亚女王的敬意。作为一名自由党人，阿奇博尔德·坎贝尔·泰特抵制牛津运动。他是一位非常开明的新教主义者，并且致力于推广英国国教。——原注

阿奇博尔德·坎贝尔·泰特大主教是历任坎特伯雷大主教中第一位与维多利亚女王保持亲密关系的大主教。无论是维多利亚女王刚登基时的坎特伯雷大主教威廉·豪利，还是后来的约翰·伯德·萨姆纳大主教和查尔斯·朗利大主教，他们都与维多利亚女王没有产生什么私人交集。然而，维多利亚女王与阿奇博尔德·坎贝尔·泰特及其继任者爱德华·怀特·本森都建立起亲密的友谊。

对主教这个群体，维多利亚女王没有什么个人感情。在参加仪式时，获得任命的主教必须亲吻维多利亚女王的手，以此向维多利亚女王致敬。对此，维多利亚女王很不喜欢。在这种场合，维多利亚女王总是十分羞涩拘谨，使在场的主教们都觉得她的行为无礼且冷漠。除了少数几位主教的布道，总体上说，维多利亚女王不喜

阿奇博尔德·坎贝尔·泰特大主教

欢主教的布道。主教布道时的语调和方式浮夸、高高在上，很不对维多利亚女王的口味。维多利亚女王对主教持这种态度的部分原因可能是她对路德宗的同情。在这方面，她完全受到王夫阿尔伯特亲王的影响。不过，对教会管理的主教制原则，维多利亚女王完全支持，并且希望具有崇高精神的主教可以指引自己的臣民。实际上，对许多主教的质疑应该主要归因于维多利亚女王在宗教信仰上的单纯，这种单纯使她对精神上的优越感和炫耀极其厌恶。一直以来，维多利亚女王都是一位专心聆听布道的听众，一位具有敏锐洞察力的批评家。她很钦佩主教布道时语言的简明扼要，认为如果他们不使用华丽的辞藻和说教的口气，而使用自然的语言和文风，那么他们的布道会更令人满意。有时，如果一位牧师的布道不能令维多利亚女王产生共鸣，那么这会成为这位牧师晋升路上致命的绊脚石。

与前几任首相和继任者相比，在任命阿奇博尔德·坎贝尔·泰特大主教的问题上，本杰明·迪斯雷利的经历并非独一无二。在整个统治时期内，维多利亚女王很重视自己手中神职人员的任免权。她虽然总会虚心听取大臣的建议，但绝不会仅限于评论大臣支持的候选人。事实上，维多利亚女王经常坚持任命自己的人选，而不是大臣提名的候选人。

维多利亚女王尤其注重主教的人选，认为遴选主教的原则应该是其为人忠实，具有政治家才能，并且反对遴选主教时受到宗教或党派偏见的左右。1890年1月8日，维多利亚女王在写给爱德华·怀特·本森大主教的信中称："选择一位主教，一定不能因为他迎合了教会中一派或另一派的利益，也一定不能因为他迎合了某个政党的利益，而是他一定配得上主教这一职位。理想的主教人选应该具有既坚定又灵活的品质，只有这样的人才能维持教会的活力。我们需要宽广的视野，否则无法超越眼前的困难。"

维多利亚女王虽然拥有这般真知灼见，但在现实中不免任人唯亲。事实上，她宁愿将教会的职位授予一个自己喜欢的熟人，尤其是此人还与她沾亲带故，也不愿将这一职位授予一个陌生人。1845年，维多利亚女王曾拒绝接受罗伯特·皮尔提名的威廉·巴克兰出任威斯敏斯特大教堂的院长，而是将这一职位授予与自己熟识的塞缪尔·威尔伯福斯。1845年晚些时候，当塞缪尔·威尔伯福斯升任牛津主教，威斯敏斯特大教堂院长一职空出时,维多利亚女王没有反对授予威廉·巴克兰这一职位。后来,阿瑟·彭林·斯坦利之所以能成为威斯敏斯特大教堂的院长,也是因为维多利亚女王对他的喜爱。阿瑟·彭林·斯坦利的朋友乔治·格兰维尔·布拉德利在接替他成为威斯敏斯特大教堂新院长时,如果不是阿瑟·彭林·斯坦利留下了临终遗言,请求乔治·格兰维尔·布拉德利接替自己,那么维多利亚女王很可能不会同意这一人选。

虽然对自己教派的问题很警觉,但对其他一切教派,维多利亚女王很宽容。对与自己教派神学观点不同的教派,维多利亚女王也很尊敬。不过,有两个教派是例外。一个是仪式派,其极端的观点和做法惹恼了维多利亚女王。另一个是高教会派,它有时也引起维多利亚女王的警惕。虽然从没有忘记自己英国国教领袖的身份,但与此同时,维多利亚女王也为自己与苏格兰长老会的关系引以为荣。由于对长老会缺乏了解,维多利亚女王意识到自己有时将其与路德会混淆。维多利亚女王很喜欢长老会朴素的宗教仪式和牧师亲切温馨的布道词。维多利亚女王对苏格兰牧师的态度十分真挚、友善,但她很少以这种态度与英格兰牧师相处。

第36章

威廉·尤尔特·格拉德斯通的第一届政府

精彩看点

1868年威廉·尤尔特·格拉德斯通出任首相——外交政策方面的分歧——君臣的疏远——政府的立法活动——威廉·尤尔特·格拉德斯通与维多利亚女王的私人往来——威廉·尤尔特·格拉德斯通的同僚们——爱尔兰教会法案——维多利亚女王的态度——维多利亚女王在议会上议院的斡旋——维多利亚女王对上议院议员的倡议——维多利亚女王与水手的胡须——1869年的公开活动——与文人的交往——阿尔弗雷德·丁尼生——乔治·艾略特和查尔斯·狄更斯——萨缪尔·斯迈尔斯博士

本杰明·迪斯雷利辞职后，维多利亚女王立即召唤威廉·尤尔特·格拉德斯通。1868年12月，威廉·尤尔特·格拉德斯通首次出任首相。自维多利亚女王继位以来，威廉·尤尔特·格拉德斯通就一直活跃在国家生活的核心。在政治上，威廉·尤尔特·格拉德斯通始终对罗伯特·皮尔保持忠诚。这是他最令维多利亚女王感兴趣的地方。前几年，威廉·尤尔特·格拉德斯通做过一些关于预算的演说，大获成功。维多利亚女王甚至加入祝贺大军，对这些演说的成功表示祝贺。正是从那时起，威廉·尤尔特·格拉德斯通第一次获得了公众的支持和认可。不过，后来，威廉·尤尔特·格拉德斯通慢慢与保守党疏远。在正式投入自由党的怀抱后，对几乎所有国内改革的紧迫问题，威廉·尤尔特·格拉德斯通逐渐开始形成成熟的看法。对威廉·尤尔特·格拉德斯通的观点，维多利亚女王不能理解，其原因不是她对自由化政治的认识是错误的，而是她秉持的自由主义还停留在自由党主张的宗教宽容和个人自由的陈旧理念上。维多利亚女王严厉批评政府要害部门的改革，尤其是对军队和教会的改革。她认为主张消除阶级差别简直是痴人说梦，并且认为从实质上说，激进主义是对革命力量的危险妥协。

威廉·尤尔特·格拉德斯通也不认同维多利亚女王认为的外交事务重于内政的看法。威廉·尤尔特·格拉德斯通认为英国的政局与欧洲无关。因此，英国无须介入其中。这种看法与维多利亚女王受到的教育及其外国血缘关系产生的家庭情感背道而驰。此外,威廉·尤尔特·格拉德斯通推崇帕默斯顿子爵亨利·约翰·坦普尔大力支持受压迫民族争取自由。然而,在这个问题上,维多利亚女王一直冷眼旁观,反对英国政府推波助澜。

维多利亚女王完全认同威廉·尤尔特·格拉德斯通的才能。对维多利亚女王,威廉·尤尔特·格拉德斯通一直很殷勤。在这一点上,他与帕默斯顿子爵亨利·约翰·坦普尔不同。帕默斯顿子爵亨利·约翰·坦普尔的秉性常常使自己在维多利亚女王面前像个陌生人。与维多利亚女王早期的交往经历令威廉·尤尔特·格拉德斯通认识到殷勤赞美维多利亚女王性格的重要性。1864年,在巴尔莫勒尔,威廉·尤尔

19世纪60年代的维多利亚女王

特·格拉德斯通这样评价维多利亚女王："她热爱真理、对人善良，这使她成为一个很公正的人。"但此时，这种正面的评价不断遭到严重质疑。随着维多利亚女王与威廉·尤尔特·格拉德斯通开始疏远，并且随着时间的流逝，两人的隔阂势必越来越深。可以说，从出任首相与维多利亚女王第一次见面开始，威廉·尤尔特·格拉德斯通就没获得维多利亚女王的信任。在与威廉·尤尔特·格拉德斯通的谈话中，维多利亚女王察觉到他在政治原则上的易变性和政治方向上的危险性。对此，维多利亚女王曾坦言"担心"。在以后与威廉·尤尔特·格拉德斯通的交往中，维多利亚女王的精神压力很大，甚至易怒，这有时会妨碍对国家事务的处理。①

在第一个任期内，威廉·尤尔特·格拉德斯通与同僚进行了大量立法方面的改革。在立法改革方面，他做的比维多利亚女王统治时期内任何一届政府都多。研究政府支持的观点成为维多利亚女王必须完成的工作。这种强加于自己的责任令维多利亚女王备感压力。②不断有新问题出现，维多利亚女王抱怨根本没有时间思考。威廉·尤尔特·格拉德斯通虽然不知疲倦地努力听取维多利亚女王的异议和问

---

① 威廉·尤尔特·格拉德斯通的第一届内阁成员名单如下：第一财政大臣：威廉·尤尔特·格拉德斯通先生。大法官：哈瑟利男爵威廉·伍德。枢密院院长：里彭侯爵乔治·罗宾逊；掌玺大臣：金伯利伯爵约翰·沃德豪斯；财政大臣：罗伯特·罗威；内政大臣：阿伯德尔男爵亨利·布鲁斯；外交大臣：克拉伦登伯爵乔治·维利尔斯；殖民事务大臣：格兰维尔伯爵格兰维尔·莱韦森–高尔；战争事务大臣：爱德华·卡德韦尔子爵；印度事务大臣：阿盖尔公爵乔治·坎贝尔；贸易委员会主席：约翰·布赖特；兰开斯特公爵领地大臣：达弗林和阿瓦侯爵弗雷德里克·汉密尔顿–坦普尔–布莱克伍德；邮政大臣：德沃恩舍公爵斯潘塞·卡文迪什；海军大臣：休.蔡尔德斯；济贫委员会主席：乔治·戈申子爵。1870年，枢密院副议长W.E.福斯特进入内阁。1870年，由于克拉伦登伯爵乔治·维利尔斯去世，格兰维尔伯爵格兰维尔·莱韦森–高尔接任外交大臣；金伯利伯爵约翰·沃德豪斯接任殖民事务大臣；哈利法克斯子爵查尔斯·伍德接任掌玺大臣。此外，约翰·布赖特因病退休，贸易委员会主席的职位由卡林福德男爵奇切斯特·帕金森·福蒂斯丘。1871年1月，乔治·戈申子爵接替休·蔡尔德斯，成为海军大臣；詹姆斯·斯坦斯菲尔德成为济贫委员会主席。1872年5月，休·蔡尔德斯接替达弗林和阿瓦侯爵弗雷德里克–汉密尔顿–坦普尔–布莱克伍德，成为兰开斯特公爵领地大臣；1872年10月，哈瑟利男爵威廉·伍德辞职，塞尔伯恩伯爵朗德尔·帕默接任大法官一职。1873年里彭侯爵乔治·罗宾逊和休·蔡尔德斯退休后，约翰·布赖特重新进入内阁，成为兰开斯特公爵领地大臣；爱德华·尤尔特·格拉德斯通继续任第一财政大臣，但他还接替罗伯特·罗威，兼任财政大臣；阿伯德尔男爵亨利·布鲁斯担任枢密院议长，罗伯特·罗威担任内政大臣。——原注
② 1869年到1873年，威廉·尤尔特·格拉德斯通的政府出台了六个重要的法案，即1869年出台的《爱尔兰教会解散法案》、1870年出台的《爱尔兰土地法案》、1870年的《基础教育法案》、1871年出台的《军队管理法案》、1872年出台的《投票选举法案》和1873年出台的《最高法院制度法案》。——原注

询,甚至连维多利亚女王自己都承认在国家事务方面,威廉·尤尔特·格拉德斯通"随时都能考虑她的看法,理解她的感受",但威廉·尤尔特·格拉德斯通阐释问题不够简洁。因此,对维多利亚女王来说,在讨论问题时,威廉·尤尔特·格拉德斯通的热情、对问题认识的深度及他的长篇大论简直是折磨。受宪法制约,维多利亚女王虽然明白无力坚持自己的观点,但毫不掩饰自己对威廉·尤尔特·格拉德斯通大部分提议的反对。

在国家事务之外,威廉·尤尔特·格拉德斯通在社会交往方面的表现也引起维多利亚女王的不满,这对二人政治观点上的分歧没有起到任何补偿作用。威廉·尤尔特·格拉德斯通感兴趣的生活话题或者是维多利亚女王不了解的,或者维多利亚女王完全不感兴趣的。

维多利亚女王与威廉·尤尔特·格拉德斯顿疏远的种子已经播下,并且迅速成长。维多利亚女王经常认为威廉·尤尔特·格拉德斯通对自己的私事"毫无兴趣"或者"毫无帮助"。事实上,与任何一位前任首相相比,威廉·尤尔特·格拉德斯通更坚持认为维多利亚女王的私事是她自己的事情。然而,君主的职责使维多利亚女王将国家的需要置于个人喜好之上。因此,威廉·尤尔特·格拉德斯通从不担心维多利亚女王的长期隐居生活会危害君主在国家的地位或者削弱王权。1865年,即威廉·尤尔特·格拉德斯通成为首相三年前,由于帕默斯顿子爵亨利·约翰·坦普尔去世,维多利亚女王需要尽快从巴尔莫勒尔返回伦敦处理紧急事务。然而,维多利亚女王拒绝离开巴尔莫勒尔。此时,威廉·尤尔特·格拉德斯通是这样提及维多利亚女王的:"目前,她落于窠臼中,需要有人拉她一把。"①作为首相,威廉·尤尔特·格拉德斯通认为在某种程度上这是自己的职责。

无论维多利亚女王与首相威廉·尤尔特·格拉德斯通有多么不合拍,威廉·尤尔特·格拉德斯通的某些同僚仍然很受维多利亚女王喜爱。维多利亚女王与殖民事务大臣格兰维尔伯爵格兰维尔·莱韦森-高尔和印度事务大臣阿盖尔公爵乔治·坎贝尔都保持着不错的关系。此时,曾经很绅士地捍卫过维多利亚女王的约翰·布赖特

---

① 约翰·莫利:《威廉·尤尔特·格拉德斯通传》,伦敦,麦克米伦出版社,1903年,第2卷,第152页。——原注

进入政府，成为贸易委员会主席。对约翰·布赖特进入内阁，维多利亚女王表示热烈欢迎。两年后，即1870年，当约翰·布赖特因病不得不退休时，维多利亚女王还给他写了一封亲笔信，表达关怀和惋惜之情。在私下，维多利亚女王一直不信任克拉伦登伯爵乔治·维利尔斯。宫中传言，克拉伦登伯爵乔治·维利尔斯说了一些欠妥的话，维多利亚女王认为这是对自己的大不敬。因此，对于克拉伦登伯爵乔治·维利尔斯再次出任外交大臣一职，维多利亚女王并不是很高兴。不过，不久，维多利亚女王和克拉伦登伯爵乔治·维利尔斯的关系得到修复，和好如初。①

威廉·尤尔特·格拉德斯通上任的第一项措施是通过解散爱尔兰教会的法案。由于深知维多利亚女王对这一法案的异议，在递呈草案时，威廉·尤尔特·格拉德斯通附上一封"超过十二页，每页有四开本大小"的说明信。维多利亚女王感到很难理解首相威廉·尤尔特·格拉德斯通讲的烦琐的、错综复杂的观点。绝望中，为理解这份报告的内容，维多利亚女王专门找人为自己写了一份摘要。②当最终理解了威廉·尤尔特·格拉德斯通支持这项法案的理由后，维多利亚女王公开承认自己不认同这项法案。对威廉·尤尔特·格拉德斯通竟然"对爱尔兰教会做出这种事"，维多利亚女王公开表示失望。③在写给女儿爱丽丝公主的信中，维多利亚女王称："这种方式无助于问题的解决，可能会给新教徒带来不公。这样解决问题实在欠妥。"1869年2月4日，威廉·尤尔特·格拉德斯通在日记中提到维多利亚女王给自己写了一封信，信里"表达了对法案的担忧"。对此，威廉·尤尔特·格拉德斯通"尽量进行安抚"。维多利亚女王告诉威廉·尤尔特·格拉德斯通自己很反对他的做法，并且表示自己无法摆脱对可能产生严重后果的担忧。

维多利亚女王虽然一开始就反对"草率地通过法案"，但从没有怀疑威廉·尤尔特·格拉德斯通打算在议会通过该项法案的决心和能力。维多利亚女王坦率地承认议会下议院"存在的意义是代表国家发声"，这次下议院支持解散爱尔兰教会。维

---

① 约翰·莫利：《威廉·尤尔特·格拉德斯通传》，伦敦，麦克米伦出版社，1903年，第2卷，第254页。——原注
② 约翰·莫利：《威廉·尤尔特·格拉德斯通传》，伦敦，麦克米伦出版社，1903年，第2卷，第427页。——原注
③ 罗伯特·威尔伯福斯和塞缪尔·威尔伯福斯：《威廉·威尔伯福斯传》，伦敦，约翰·默里出版社，第3卷，第97页。——原注

多利亚女王认为,即使再呼吁一番,选民投票结果也可能与现在一样。听从格兰维尔伯爵格兰维尔·莱韦森-高尔的建议,在征得首相威廉·尤尔特·格拉德斯通同意后,维多利亚女王与彼得伯勒主教威廉·康纳·马吉博士讨论了爱尔兰形势。彼得伯勒主教威廉·康纳·马吉属于反对政府政策的温和派。常识与朋友的意见都令维多利亚女王认识到,越快应对这场不可避免的考验,越有利于整个国家的和平。

维多利亚女王对困难的认识很到位,提前预见到议会上议院一定会进行无谓且危险的抵制。在上一次会议中,上议院议员搁置了威廉·尤尔特·格拉德斯通已经在下议院通过的有关爱尔兰教会的法案。以前的伦敦主教、现任坎特伯雷大主教阿奇博尔德·坎贝尔·泰特得到上议院多数议员的支持。显然,除非采取特殊措

彼得伯勒主教威廉·康纳·马吉的漫画形象

施,上议院与下议院的尖锐矛盾一触即发。维多利亚女王认为,这类冲突一定会动摇宪法的地位。她也清楚,在目前的斗争中,议会上议院必败无疑。因此,在上议院与下议院的战斗打响前,维多利亚女王主动提出在政府与上议院之间进行斡旋。威廉·尤尔特·格拉德斯通虽然拒绝听从维多利亚女王推迟向下议院提交法案的建议,但欢迎维多利亚女王介入上议院。对威廉·尤尔特·格拉德斯通的"和解的态度",维多利亚女王松了一口气。①

1869年2月15日,议会开幕大典前一天,维多利亚女王询问阿奇博尔德·坎贝尔·泰特大主教,上议院是否可能让步。维多利亚女王说威廉·尤尔特·格拉德斯通"似乎很克制",还提到解散爱尔兰国教会的原则不能改变,但细节问题可以进一步讨论协商。维多利亚女王建议阿奇博尔德·坎贝尔·泰特大主教与威廉·尤尔特·格拉德斯通见面详谈。1869年5月31日,解散爱尔兰国教会的议案在下议院以绝对优势通过后,维多利亚女王再三要求阿奇博尔德·坎贝尔·泰特大主教一定要让该法案在上议院获得第二次审议机会。维多利亚女王的呼吁得到了回应,1869年6月18日,上议院对解散爱尔兰教会的法案进行第二次审议。威廉·尤尔特·格拉德斯通完全明白这是维多利亚女王斡旋的结果。不过,当维多利亚女王要去巴尔莫勒尔时,威廉·尤尔特·格拉德斯通反对在如此关键时刻她离开伦敦,置身六百英里以外的地方。的确,要想结束这场危机,维多利亚女王要做的还有很多。对解散爱尔兰国教会的议案,上议院议员提出大量重大的修改意见,但大部分意见被威廉·尤尔特·格拉德斯通拒绝。1869年6月11日,维多利亚女王强烈反对上议院与下议院继续进行拉锯战,并且敦促上议院与下议院妥协。然而,上议院与下议院的争吵还是继续了一个月。虽然拒绝参与具体方案的商讨,但为实现上议院与下议院的妥协,维多利亚女王一刻也不敢放松。最后,在某些次要问题上,威廉·尤尔特·格拉德斯通政府让步了,爱尔兰国教会解散法案安全获得通过。此时,无论威廉·尤尔特·格拉德斯通,还是维多利亚女王,都感到如释重负。②对于通过这一法案,维多利亚女王的介入或者舆论的压力发挥了多大作用,人们的答案是仁者见仁、智者见智,但

---

① 约翰·莫利:《威廉·尤尔特·格拉德斯通传》,伦敦,麦克米伦出版社,1903年,第2卷,第259页到第262页。——原注
② 《阿奇博尔德·坎贝尔·泰特传》,第2卷,多处。——原注

有一点是毫无疑问的，即在整个事件中，正是在维多利亚女王的努力下，宪法这台大型机器的各个零部件才得以有序运行。

在解决爱尔兰国教会危机的过程中，维多利亚女王没有忽视其他相对次要的问题。维多利亚女王将解决爱尔兰教会解散问题的认真态度用在了讨论海军中一项微不足道的创新上，这展现了维多利亚女王思维的多样性。1869年3月，王室游艇艇长恩斯特·利奥波德，即维多利亚女王同母异父哥哥莱宁根的卡尔的儿子，提议应允许海军水手蓄须。这项建议引起维多利亚女王的注意。她立即提出反对意见，并且责令海军大臣休·蔡尔德斯在没有听取海军军官意见前不要轻举妄动。然而，休·蔡尔德斯同意批准这项建议。维多利亚女王只能不情愿地表示同意。不过，她提出一个附带条件，即鉴于水手的外貌必须明显区别于陆军士兵的外貌，应禁止水手蓄八字胡。[①]

在一个大事小事都要顾及的繁忙时期，维多利亚女王参加的主要公开活动是1869年4月17日在奥尔德肖特检阅军队。1869年5月25日，维多利亚女王低调庆祝了自己五十岁的生日。1869年6月月底，她第二次接待了埃及总督伊斯梅尔帕夏。1869年6月28日，在白金汉宫，维多利亚女王举行了一场"早餐会"，或者说是午餐会，这是社交季中维多利亚女王参加的主要庆祝活动。1869年秋，前往巴尔莫勒尔时，维多利亚女王旅行穿越特罗萨克斯，欣赏了洛蒙德湖的美景。1869年11月6日，为给新落成的黑衣修士桥和霍尔本高架桥剪彩，维多利亚女王罕见地从温莎城堡回到伦敦，但在伦敦，她只待了一天。这也是守寡以来维多利亚女王第一次在首都伦敦公开亮相。出席仪式前，维多利亚女王感到紧张、焦虑和恐惧，但在剪彩仪式中，她的表现令人十分满意。当时，没人说一些惊扰她的话，或者做一些惊扰她的事。

此时，维多利亚女王找到了一种新的消遣方式，即与一批著名文人来往。这批文人的名气铸就了维多利亚女王统治的辉煌。实际上，维多利亚女王对文学并不很感兴趣，甚至到了晚年，她对文学的兴趣越来越淡，但她一直敬佩文学作品的作者及其影响力。

---

① 埃蒙德·蔡尔德斯：《休·蔡尔德斯传》，伦敦，约翰·默里出版社，1901年，第1卷，第175页后。——原注

维多利亚女王很早就与阿尔弗雷德·丁尼生保持亲密的书信往来，丈夫阿尔伯特亲王极其喜欢阿尔弗雷德·丁尼生的作品。后来，阿尔弗雷德·丁尼生的《悼念》为维多利亚女王带来极大的安慰。阿尔弗雷德·丁尼生每次前往温莎城堡或者奥斯本拜见维多利亚女王时，维多利亚女王都向他倾诉心声。两人的书信交往一直保持到阿尔弗雷德·丁尼生去世。

从好友阿瑟·赫尔普斯爵士和阿瑟·彭林·斯坦利院长那里，维多利亚女王听说了其他健在的伟大作家。奥古斯塔·斯坦利夫人向维多利亚女王介绍了托马斯·卡莱尔。1866年，托马斯·卡莱尔的妻子简·韦尔什突然去世，维多利亚女王派

托马斯·卡莱尔

人给托马斯·卡莱尔送去了一张表示慰问的字条。托马斯·卡莱尔十分感动。1869年5月,维多利亚女王来到威斯敏斯特教区,此行主要目的是认识托马斯·卡莱尔。当时,阿瑟·彭林·斯坦利院长邀请的客人还包括希腊史专家乔治·格罗特及其夫人哈丽雅特·格罗特、地质学家查尔斯·赖尔爵士及其夫人玛丽·霍纳·赖尔,以及诗人罗伯特·勃朗宁。会见客人时,维多利亚女王十分风趣。托马斯·卡莱尔认为"不可能有比维多利亚女王更有礼貌的妇人了。她一点也不盛气凌人,十分温柔,十分真诚……让你觉得她就应该是女王"。① 然而,维多利亚女王对托马斯·卡莱尔的印象,远不及托马斯·卡莱尔对维多利亚女王的印象。她认为托马斯·卡莱尔性情冷

罗伯特·勃朗宁

① 詹姆斯·安东尼·弗劳德:《托马斯·卡莱尔在伦敦》,第2卷,第379页到第380页。——原注

伊丽莎白·巴雷特·勃朗宁

漠。维多利亚女王告诉罗伯特·勃朗宁，自己很喜欢他的夫人伊丽莎白·巴雷特·勃朗宁的诗。①

至于小说，当时，维多利亚女王读了乔治·艾略特的《弗洛斯河上的磨坊》。接着，她又仔细读了乔治·艾略特的另一部作品《米德尔马契》。对《米德尔马契》，维多利亚女王做过精到的点评。不过，在其统治早期和中期，最令维多利亚女王感兴趣的是查尔斯·狄更斯的作品。对查尔斯·狄更斯本人，维多利亚女王表现出浓厚的兴趣。1857年，在插画美术馆，维多利亚女王观看了由查尔斯·狄更斯及其他几位业余演员表演的威尔基·柯林斯的剧作《冰渊》。1858年，维多利亚女王邀请查

---

① 托马斯·韦姆斯·里德：《霍顿男爵理查德·蒙克顿·米尔恩斯生平、书信和朋友圈》，伦敦，卡塞尔公司，1890年，第2卷，第200页。——原注

尔斯·狄更斯来宫中朗诵《圣诞颂歌》，但最终，她的这一计划没有实现。①1870年3月，在阿瑟·赫尔普斯爵士的请求下，查尔斯·狄更斯将一些有关美国内战场景的照片借给维多利亚女王。维多利亚女王抓住这次梦寐以求的机会结识查尔斯·狄更斯。她将查尔斯·狄更斯召唤到白金汉宫，表达了谢意。在查尔斯·狄更斯告辞时，维多利亚女王请求查尔斯·狄更斯送给自己一些他写的文章。作为回报，维多利亚女王将自己的《日记节选》送给了查尔斯·狄更斯。在送给查尔斯·狄更斯的《日记节选》里，维多利亚女王亲笔留言："一位最卑微的作家致一位最伟大的作家。"

维多利亚女王给予高度评价的作家还有塞缪尔·斯迈尔斯博士。1865年，维多利亚女王曾将萨缪尔·斯迈尔斯博士的《工程师们的生活》一书推荐给女婿黑森-达姆施塔特的路易。与此同时，维多利亚女王对乔治·麦克唐纳的作品很感兴趣。1877年，她还请本杰明·迪斯雷利授予乔治·麦克唐纳退休金。

---

① 1864年，在威廉·梅克皮斯·萨克雷财产拍卖会上，维多利亚女王花了二十五英镑十先令购得查尔斯·狄更斯赠给威廉·梅克皮斯·萨克雷的《圣诞颂歌》。——原注

第37章

1870年到1871年焦虑的两年

精彩看点

克拉伦登伯爵乔治·维利尔斯去世——普法战争——维多利亚女王支持德意志——维多利亚女王对法兰西的恻隐之心——奥托·冯·俾斯麦对维多利亚女王介入其中的厌恶——法兰西感激涕零——维多利亚女王对拿破仑三世和欧仁妮·德·蒙蒂若的关心——国内政局——维多利亚女王不支持爱德华·卡德韦尔子爵对军队的改革——废除军队中的买卖晋升——对维多利亚女王隐居的持续不满——路易丝公主订婚——1871年2月9日维多利亚女王参加议会开幕大典——给路易丝公主和阿瑟王子的拨款——路易丝公主的婚礼——1871年9月维多利亚女王患病——威尔士亲王阿尔伯特·爱德华患病——感恩仪式——英国国内的共和主义倾向——民众对君主的批评——对维多利亚女王年收入的攻击——维多利亚女王著名的财富——虚假的谣言——官方的驳斥——1872年针对王室年俸的讨论——维多利亚女王受爱戴的原因

1870年，欧洲政局再次成为维多利亚女王关注的焦点。1870年7月，外交大臣克拉伦登伯爵乔治·维利尔斯的逝世，维多利亚女王变得更加焦虑了。格兰维尔伯爵格兰维尔·莱韦森-高尔继任外交大臣。虽然维多利亚女王和格兰维尔伯爵格兰维尔·莱韦森-高尔私交颇深，但她不太信任格兰维尔伯爵格兰维尔·莱韦森-高尔的政治判断力，而是愿意依靠自己的经验。

　　由于普鲁士与法兰西长期存在竞争，维多利亚女王密切关注两国的局势。直到最后一刻，维多利亚女王都希望普鲁士与法兰西避免战争。在写给普鲁士国王威廉一世和法兰西皇帝拿破仑三世的私人书信中，维多利亚女王经常劝他们要实现和平，但她的一切努力都是徒劳。1870年7月，拿破仑三世向普鲁士王国宣战。维多利亚女王认为拿破仑三世的宣战完全是非正义的。当奥托·冯·俾斯麦指控拿破仑三世图谋侵犯比利时王国的独立时，维多利亚女王更是火冒三丈。由于与比利时王室的血缘关系，维多利亚女王十分关心比利时王国的命运。

　　普法战争开始阶段，维多利亚女王本能地完全支持普鲁士。她的两个女婿——普鲁士王储腓特烈·威廉·尼古劳斯·卡尔和黑森-达姆施塔特的路易都上了战场。通过两个女儿普鲁士王妃维多利亚·亚历山德里娜·玛丽·路易莎和爱丽丝公主搜集的官方布告和民间消息，维多利亚女王急切地想了解女婿们的行踪。此外，维多利亚女王还给在黑森-达姆施塔特的女儿爱丽丝公主送去医疗用品，并且鼓励爱丽丝公主帮助伤员。当法军全线溃败时，维多利亚女王认为这是正义的降临。1870年10月2日,在巴尔莫勒尔,维多利亚女王大力支持朋友诺曼·麦克劳德博士主持一场布道会,她也聆听了这场布道。布道时,诺曼·麦克劳德博士称法兰西"自食恶果"。①

不过,许多英国大臣同情法兰西。善良的本性也使维多利亚女王对法兰西动了恻隐之心。为减轻邻居法兰西的苦难,维多利亚女王恳求女儿普鲁士王妃维多利亚·亚历山德里娜·玛丽·路易莎和女婿普鲁士王储腓特烈·威廉·尼古劳斯·卡尔,以及朋友普鲁士王后萨克森-魏玛-爱森纳赫的奥古斯塔帮忙尽量避免巴黎遭

19 世纪 70 年代的普鲁士王后萨克森-魏玛-爱森纳赫的奥古斯塔

① 维多利亚女王:《1862年到1883年高地生活日记节选》,多伦多,A.H.霍维公司,1884年,第151页。——原注

受炮轰。1870年10月2日,普鲁士王储腓特烈·威廉·尼古劳斯·卡尔在日记中写道:"一直对我们的一举一动表示支持的维多利亚女王致电普鲁士国王威廉一世,敦促其在法兰西第二帝国已经发出的求和请求上宽宏大量,但维多利亚女王并没有提出任何实质性措施。"①

奥托·冯·俾斯麦刻薄地指责维多利亚女王灌输给普鲁士王室的"妇人之仁"阻碍了德意志宏图的实现。普鲁士王储腓特烈·威廉·尼古劳斯·卡尔从不掩饰自己对维多利亚女王的真诚,并且愿意听取维多利亚女王的教导。因此,奥托·冯·俾斯麦对王储腓特烈·威廉·尼古劳斯·卡尔十分不满。奥托·冯·俾斯麦讥讽王储腓特烈·威廉·尼古劳斯·卡尔居然天真地相信维多利亚女王真的关心德意志的利益。②然而,奥托·冯·俾斯麦的嘲讽并没有阻止维多利亚女王敦促英国政府支持自己从中调停的决心。实际上,维多利亚女王的目的不仅是尽快结束战争,而且包括修订德意志试图强加给法兰西的报复性条款。

维多利亚女王的尝试收效甚微。欧洲国家拒绝英国的干预,俄罗斯帝国一心想借普鲁士与法兰西的冲突打破《巴黎和约》将俄罗斯舰队限制在黑海之外的条款。对俄罗斯帝国的这一挑衅行为,威廉·尤尔特·格拉德斯通政府采取了默认的态度,但维多利亚女王强烈抗议。

对维多利亚女王为法兰西的付出,法兰西感激涕零。1874年12月8日,在温莎城堡,维多利亚女王郑重地受到来自法兰西第三共和国代表的感谢致辞,他们感谢在普法战争中,英国人民给予法兰西的人道主义帮助。随后,维多利亚女王还用法语予以回应。事后,维多利亚女王将展现法兰西第三共和国代表致谢的大量精美照片和法兰西第三共和国代表的致辞存放在大英博物馆内。

维多利亚女王并没有由于厌恶拿破仑三世的政治方针而对拿破仑三世及其家人的命运漠不关心。普法战争刚开始时,战场形势已经对拿破仑三世不利了。1870年,法兰西第二帝国被推翻,法兰西第三共和国成立。1870年9月,欧仁妮·德·蒙蒂若逃到英国,并且在奇斯尔赫斯特住下。对欧仁妮·德·蒙蒂若的到来,维多利亚女

---

① 玛格丽塔·冯·波申格尔:《腓特烈三世日记》,伦敦,查普曼和霍尔出版社,1902年。——原注
② 约翰内斯·格夫肯教授:《普鲁士王储腓特烈·威廉·尼古劳斯·卡尔日记》,德意志评论,1888年。——原注

王立刻表示欢迎。1870年11月30日,通过长途跋涉,维多利亚女王来到奇斯尔赫斯特,看望欧仁妮·德·蒙蒂若。1870年12月5日,欧仁妮·德·蒙蒂若与维多利亚女王一起返回温莎城堡。对欧仁妮·德·蒙蒂若能冷静接受命运,维多利亚女王深感钦佩,并且对英国人民对欧仁妮·德·蒙蒂若的同情心存感激。此后,维多利亚女王与欧仁妮·德·蒙蒂若的友谊日益加深。拿破仑三世从德意志监狱出来后,1871年3月来到英国与妻子欧仁妮·德·蒙蒂若会合。维多利亚女王得知这一消息后,立即奔赴奇斯尔赫斯特看望拿破仑三世。直到1873年1月9日拿破仑三世驾崩,维多利亚女

被囚禁期间的拿破仑三世与奥托·冯·俾斯麦

在奇斯尔赫斯特的拿破仑三世

王一直公开表示对其不幸命运的同情。拿破仑三世的悲惨结局完全抵消了维多利亚女王以前对他的不信任和敌意。此外,维多利亚女王又被拿破仑三世的彬彬有礼折服,如同1855年两人第一次见面时那样。

与外交局势相比,1870年,英国国内的政局也好不到哪去。1870年1月,内阁决定进一步"驯化"爱尔兰。于是,内阁向议会递交了有关改革爱尔兰土地使用权的议案。该议案是威廉·尤尔特·格拉德斯通对爱尔兰政策的核心内容,威廉·尤尔特·格拉德斯通自然投入了巨大热情。为强调这该案的重要性,威廉·尤尔特·格拉德斯通恳求维多利亚女王出席议会开幕大典。威廉·尤尔特·格拉德斯通虽然清楚维多利亚女王对解散爱尔兰教会的态度,但还是说服自己相信维多利亚女王在土地问题上的态度一定会和自己保持一致。[1]当听了议案的内容后,维多利亚女王不为

---

[1] 约翰·莫利:《威廉·尤尔特·格拉德斯通传》,伦敦,麦克米伦出版社,1903年,第2卷,第293页。——原注

所动,并且以身体不适为由,拒绝接受前往威斯敏斯特参加议会开幕大典的建议。1870年4月,当阿尔弗雷德王子出访新南威尔士的杰克逊港时,一名芬尼运动成员企图暗杀阿尔弗雷德王子。在维多利亚女王的内心,这件事催生了巨大的波澜,她更不信任威廉·尤尔特·格拉德斯通的安抚政策了。幸运的是,阿尔弗雷德王子并无大碍。

更令维多利亚女王焦虑的是威廉·尤尔特·格拉德斯通政府重组军队的计划。战争事务大臣爱德华·卡德韦尔子爵的第一项措施是将总司令的权力收归己有。对于类似的提议,维多利亚女王已经成功驳回或拖延了三次。维多利亚女王认为这简直是对王权的侵犯,因为作为总司令,君主能直接控制军队,而不受政府或议会的干涉。但此时,政府支持爱德华·卡德韦尔子爵提出的改革措施。1870年6月28日,维多利亚女王极其不情愿地签署命令,废黜总司令头衔及剥离总司令头衔与君主独有的、直接的依附关系。①

接着,在军队改革问题上,威廉·尤尔特·格拉德斯通的政府提出进一步更好规范军队的议案,其主要条款是废除购买军职制度。在议会下议院,这项议案以绝对优势通过。在议会上议院,里士满公爵查尔斯·戈登-伦诺克斯提出的决议完全删除了废除买卖晋升的关键性条款。维多利亚女王严厉批评了上议院与下议院的斗争。当时,政府为让维多利亚女王和自己摆脱困境,竟提出一项大胆建议,即建议在得不到议会上议院批准的情况下,维多利亚女王通过行使手中的权力完成这项改革。因为购买军官职务的合法性不是靠法律的成文规定,而是依靠王室的授权令,所以在政府的建议下,君主可以废除王室授权令,并且无须获得议会批准。政府的建议实在令维多利亚女王左右为难。一方面,维多利亚女王被要求废除王室授权令。在维多利亚女王看来,这似乎是不必要的改革措施。另一方面,维多利亚女王希望充分运用君主特权来对抗立法机构的分支——议会上议院。不过,在内心深处,维多利亚又支持这一机构。由于缺乏改革军队的热情,维多利亚女王担心自己绕过议会上议院的做法会伤害君主与上议院的关系。然而,政府的意见势在必行。对此,维多利亚女王心情极其复杂。虽然不喜欢政府的这一策略,但对维多利亚女王

---

① 《英国议会议事录》,副本第2卷,第10页后。——原注

来说，能行使君主特权是好事。况且人们都知道她此时行使君主特权主要来自政府的要求。因此，1871年7月19日，维多利亚女王在签署授权令后，立即要求内阁起草一份正式备忘录，说明废除购买军官是内阁给自己的建议。

维多利亚女王私下勤于政务的做法并不能抵消普通民众对她较少公开露面的不满。有时，维多利亚女王已经答应出席一些官方活动，但在最后一刻反悔，这让她失去了普通民众的支持。1870年，维多利亚女王需要参加两个公开活动，但她只参加了一个。1870年5月11日，在伯林顿宫，维多利亚女王为伦敦大学的新建筑揭幕。但令人们失望的是，1870年7月13日，由于身体抱恙，维多利亚女王委托威尔士亲王阿尔伯特·爱德华为伦敦著名的市政建设工程泰晤士河河堤竣工剪彩。在整个1870年，针对维多利亚女王令人烦恼的批评声不绝于耳。因此，维多利亚女王请求首相威廉·尤尔特·格拉德斯通出面发表声明，保护自己，但这并没有收到多大效果。普通民众的不满令威廉·尤尔特·格拉德斯通很头疼，但他打心底里认为，要想解决这一问题，维多利亚女王只有恢复参加一些公开活动。

伯林顿宫

1870年10月，一条消息多少缓解了普通民众的不满情绪，维多利亚女王同意四女儿路易丝公主下嫁给一位法律意义上的平民。在巴尔莫勒尔，路易丝公主答应了阿盖尔公爵乔治·坎贝尔的长子洛恩侯爵约翰·坎贝尔的求婚。这是自1515年，亨利七世的小女儿、亨利八世的妹妹玛丽·都铎公主嫁给萨福克公爵查尔斯·布兰登后，英国历史上第一次君主批准一位公主与一位非统治王室成员结婚。①在考虑这门婚事时，维多利亚女王完全从女儿路易丝公主的幸福出发，因为维多利亚女王认为女儿的幸福才是最重要的。

路易丝公主订婚后，议会需要为她的未来做经济方面的安排。与此同时，维多利亚女王的三儿子阿瑟王子即将成年，需要议会为其拨款。因此，维多利亚女王亲

洛恩侯爵约翰·坎贝尔

---

① 1660年，詹姆斯二世与安妮·海德的婚姻并没有得到官方认可。——原注

自主持1871年议会的开幕大典似乎能起到安抚人民情绪的作用。1871年2月9日,作为寡妇的维多利亚女王,第三次出现在威斯敏斯特宫的宝座上。像前两次议会开幕大典一样,本次议会开幕式很简短。

洛恩子爵约翰·坎贝尔的父亲阿盖尔公爵乔治·坎贝尔是印度事务大臣。前首相罗伯特·皮尔的儿子罗伯特·皮尔公然抨击"一位公主下嫁给一位政府大臣的儿子是失策"。①尽管如此,政府建议的三万英镑嫁妆和六千英镑年金以三百五十票赞成,一票反对的结果在议会获得几乎一致的通过。不过,当维多利亚女王要

罗伯特·皮尔的漫画形象

---

① 《英国议会议事录》,副本第4卷,第359页。——原注

求议会为阿瑟王子拨款时，形势没有那么令人满意了。最终，议会同意拨给阿瑟王子一万五千英镑年金。在最后一轮投票中，虽然只有十一人投了反对票，但还是有五十一人投票支持将对阿瑟王子的拨款降到每年一万英镑。

婚礼期间，宫廷的气氛变得明快。1871年3月21日，温莎城堡的圣乔治教堂举行了路易丝公主的婚礼，场面十分盛大。维多利亚女王出现在婚礼现场，并且没有穿平时的丧服。接下来的几个月，维多利亚女王的活动异常频繁。1871年3月29日，她为皇家阿尔伯特音乐厅的落成剪彩。接着，她又主持圣托马斯医院新建筑的落成典

身着婚纱的路易丝公主

拿破仑皇太子

礼。1871年6月30日,她前往布希公园检阅了皇家卫队。拿破仑三世的继承人年轻的拿破仑皇太子也和英国王室成员一起参加了这次阅兵仪式。

1871年秋,在巴尔莫勒尔,维多利亚女王举行了一次大型家庭聚会。普鲁士王储腓特烈·威廉·尼古劳斯·卡尔与王妃维多利亚·亚历山德里娜·玛丽·路易莎及爱丽丝公主都前来参加这次家庭聚会。不过,此时,维多利亚女王患上严重的风湿性痛风和神经痛,健康状况令人担忧。疾病给维多利亚女王带来巨大痛苦。维多利亚女王将患病的原因归咎于操劳国事。随着维多利亚女王患病的消息传开,媒体对她的态度更加友善。维多利亚女王注意到这一变化,心里很高兴。不过,对于大臣们没能向人民解释清楚自己隐居的原因是繁重的政务严重消耗精力,维多利亚女王耿耿于怀。

这时,维多利亚女王担心的事有增无减。1871年年底,一场不幸又为王室家庭的短暂幸福时光蒙上一层阴影。这场不幸带来的影响几乎如同1861年那场不幸一样。1871年11月月底,在桑德灵厄姆的家中,威尔士亲王阿尔伯特·爱德华患上了伤寒,病情一度十分危急,这令所有人都十分担心。1871年11月29日,维多利亚女王前往桑德灵厄姆探望威尔士亲王阿尔伯特·爱德华。1871年12月8日,在听说威尔士亲王阿尔伯特·爱德华病情出现反复后,维多利亚女王再次前往桑德灵厄姆。这次与维多利亚女王同去的还有已经与母亲同住好几个月的爱丽丝公主。在桑德灵厄姆,维多利亚女王与爱丽丝公主待了十一天。其间,威尔士亲王阿尔伯特·爱德华生命危在旦夕。幸运的是,1871年12月14日,在阿尔伯特亲王去世十周年时,威尔士亲王阿尔伯特·爱德华的病情初现恢复迹象。1871年12月19日,威尔士亲王阿尔伯特·爱德华度过危险期。于是,维多利亚女王返回温莎城堡。1871年12月26日,即一星期后,维多利亚女王首次向人民致公开信,感谢人民在"煎熬、可怕的日子"里对王室的支持和理解。

威尔士亲王阿尔伯特·爱德华身体一痊愈,维多利亚女王就暂时放弃隐居生活。1872年2月27日,维多利亚女王陪同威尔士亲王阿尔伯特·爱德华参加半官方的游行活动,并且从白金汉宫行进到圣保罗大教堂,参加一场特殊的感恩仪式。维多利亚女王身穿镶着白鼬皮的黑色天鹅绒衣裳。这是伦敦市长最后一次按传统仪式在坦普尔栅门迎接君主。在迎接仪式中,坦普尔栅门的大门首先在维多利亚女王面前关闭,然后再为她打开。①1872年2月28日,维多利亚女王经历了一次前些年的可怕经历:一个叫阿瑟·奥康纳的刺客用一支未上膛的手枪瞄准正步入白金汉宫的维多利亚女王。维多利亚女王的随从约翰·布朗立刻逮住了刺客。为纪念随从约翰·布朗的警觉,维多利亚女王设立了金牌,奖励随从们常年对王室的忠诚服务。维多利亚女王将第一块金牌授予约翰·布朗。与此同时,约翰·布朗得到一笔二十五英镑的年金。1872年2月29日,维多利亚女王发表了致人民的第二封公开信。在公开信中,她赞扬英国人民的忠诚,感谢在1872年2月27日感恩仪式当天,英国人民对自己和威尔士亲王阿尔伯特·爱德华的欢迎。

---

① 1878年到1879年冬,坦普尔栅门被拆除,并且卖给了亨利·谬克斯爵士。亨利·谬克斯爵士将坦普尔栅门当成庄园的大门重新竖立在自己位于赫特福德郡西奥博尔德公园的地产上。人们在弗利特街坦普尔栅门的旧址上建立一座纪念碑,上面装饰着维多利亚女王和威尔士亲王阿尔伯特·爱德华的雕像。现在,纪念碑上还有爱德华七世的雕像。——原注

人民的焦虑、对维多利亚女王身体状况的普遍同情及这次感恩仪式，都极大增强了维多利亚女王与英国人民的感情。此时，英国特别需要加强这种联系。在很大程度上，法兰西第三共和国的建立使英国国内产生贬低君主立宪政体的苗头。实际上，产生这种苗头与维多利亚女王极力回避公众有很大关系。

在私底下，上流社会中许多人认为君主立宪制政体岌岌可危。在温莎城堡做客时，大法官塞尔伯恩伯爵朗德尔·帕尔默竟大胆告诉维多利亚女王，法兰西第三共和国的政权如果得以巩固，那么很可能会将英国人引向共和制一边。[①]1871年12月19日，思想家、历史学家约翰·理查德·格林有些愤世嫉俗地写道，威尔士亲王阿尔伯特·爱德华的疾病威胁到"人民的忠诚"。约翰·理查德·格林反复强调"维多利

约翰·理查德·格林

---

① 塞尔伯恩伯爵朗德尔·帕尔默：《纪念物》，伦敦，麦克米伦出版社，1896年，第2卷。——原注

亚女王是一位伟大的母亲，儿子威尔士亲王阿尔伯特·爱德华得了伤寒"，但"人民的忠诚"并不能解决"共和主义问题"。①当时，虽然维多利亚女王受欢迎程度有可喜的提升，但抨击君主制的声音愈来愈强。

激进共和主义演说家预言道，无论如何维多利亚女王都会是英国最后一位君主。聒噪的反王室分子的主要理由涉及王室的花费，包括维多利亚女王及其子女庞大的开支。他们揪住维多利亚女王的收入和支出问题大做文章，这深深伤害了维多利亚女王。一些宣传册，其中一部分被认为出自一些有地位的人之手，将维多利亚女王的年收入和美国总统微薄的一万英镑年收入做对比。1871年出版的一本恶毒的小册子，风靡一时。小册子名为《发给泰晤士报的短文之问题一：她把钱都花在哪里了》，署名为建筑工人所罗门·坦普尔。这本小册子声称其作者彻底研究了维多利亚女王的私人开支，并且认为维多利亚女王虽然一直请求议会为其子女拨款，但并没有将政府拨给她的年金花在该花的地方。政府给维多利亚女王发放年金只有一个目的，即维护君主的尊严，但此时，只有一小部分年金用于这一目的，更大一部分年金流入维多利亚女王的私人腰包。这聚集成一笔数额巨大的私人财产，估计总计达五百万英镑。作者认为，维多利亚女王无权使用这笔存款，并且在每年年底，没有花出去的王室年俸应该返还国库。

据称，即使不算王室年俸，维多利亚女王本人也十分富有。除了约翰·卡姆登·尼尔德的遗赠，维多利亚女王从王夫阿尔伯特亲王那里继承了五十多万英镑的遗产，她在兰开斯特公爵领地的收入也在稳步增长。

在很大程度上，有关维多利亚女王财富的报道都基于一些错误的信息。实际上，维多利亚女王每年的王室年俸存款还不到两万英镑，她的节俭被严重歪曲。但在共和制政府倡导者的操控下，金钱方面的问题变得很有价值，并且被操弄到极致。1871年11月6日，在纽卡斯尔，查尔斯·迪尔克爵士在发表支持英国实现共和制

---

① 约翰·理查德·格林还写道："对于任何小伙子在三十岁时去世，我深感遗憾，但我更为他们的母亲感到遗憾。现在，各大报纸和市政议会对'来自病榻的电报'的议论简直滑稽可笑。但有人还记得当年受爱戴的年幼的路易·约瑟夫王太子病倒后，法兰西人民担心得发疯。最终，1789年，路易·约瑟夫王太子夭折。"莱斯利·斯蒂芬：《约翰·理查德·格林生平和书信集》，纽约，麦克米伦出版社，1901年。——原注

查尔斯·迪尔克爵士

的演说中,指责维多利亚女王不交所得税。对煽动人民,这一言论无疑起到火上浇油的效果。

在维多利亚女王的要求下,政府出面详细驳斥了有损王室的指责。奉首相威廉·尤尔特·格拉德斯通之命,财政部官员阿尔杰农·韦斯特做好回应可恶宣传册的准备。另外,财政大臣罗伯特·罗威宣布维多利亚女王支付所得税。1871年议会休会前,威廉·尤尔特·格拉德斯通两度在议会下议院宣称维多利亚女王的全部收入完全由维多利亚女王本人支配。①

然而,支持共和制的闹事者不会善罢甘休。在1872年3月19日的议会下议院会议中,查尔斯·迪尔克爵士提出动议,要求全面调查维多利亚女王的开支状况,并且改革王室年俸制度。查尔斯·迪尔克爵士的演说时间长,内容翔实。然而,由于宣称自

---

① 《英国议会议事录》,副本第7卷,第1124页,副本第8卷,第158页到第159页。——原注

己属于共和派,他没有获得多少支持。最终,他宣称自己受到充满敌意与偏见的排挤。随后,同样宣称自己属于共和派的奥伯龙·赫伯特提出相同动议。结果,他们在议会下议院制造出一场巨大的混乱。首相威廉·尤尔特·格拉德斯通否认维多利亚女王的存款数目如外界宣称的那样。与此同时,他否认王夫阿尔伯特亲王去世后,王室花费明显减少。①只有两位下议院议员,即乔治·安德森先生和布雷顿的威尔弗雷德·劳森爵士,投票支持查尔斯·迪尔克爵士和奥伯龙·赫伯特的动议。最终,这项动议以多数票两百七十四票被否决。

最终,共和主义浪潮退去,但普通民众为君主制付出过高成本这种看法一直萦绕在大部分人头脑中,并且挥之不去。直到维多利亚女王开始明显调整隐居的生活习惯时,这种看法才改变。消除人民不满的主要途经是对维多利亚女王人格的狂热崇拜。这种崇拜既来自日后维多利亚女王漫长的统治,又来自普通民众心中新产生的强大信念,即维多利亚女王是大英帝国统一的象征。

---

① 《英国议会议事录》,副本第10卷,第253页后。——原注

第38章

波斯国王沙纳赛尔·丁·沙·卡扎尔访英

彩
精 点
看

出访德意志——梅奥伯爵理查德·伯克遭暗杀——诺曼·麦克劳德去世——同母异父的姐姐去世——拿破仑三世驾崩——本杰明·迪斯雷利拒绝出任首相——1873年4月2日视察伦敦东区——波斯国王沙纳赛尔·丁·沙·卡扎尔访问英国——与俄罗斯帝国的关系——阿尔弗雷德王子的婚姻——阿尔弗雷德王子婚姻的政治意义

1872年3月23日到1872年4月8日，为躲避舆论的批评，维多利亚女王前往德意志的巴登-巴登看望健康状况不断恶化的同母异父的姐姐莱宁根的费奥多拉。离开德意志回国后，维多利亚女王热情接待了德意志帝国皇后萨克森-魏玛-爱森纳赫的奥古斯塔。1872年4月，维多利亚女王听了一场音乐会。这场音乐会在新落成的皇家阿尔伯特音乐厅举行，由维多利亚女王最喜欢的作曲家夏尔·古诺担任指挥。

此时，维多利亚女王又有朋友死亡。1872年2月12日，印度总督梅奥伯爵理查德·伯克被暗杀，震惊世界。当时，在孟加拉湾的安达曼群岛视察一处位于布莱尔港的流放罪犯定居点时，梅奥伯爵理查德·伯克遭到一个印度当地人的袭击，当场死亡。维多利亚女王认识梅奥伯爵理查德·伯克是由于他曾是德比伯爵爱德华·史密斯-斯坦利三届政府的成员，并且在这三届政府中，他都担任爱尔兰首席大臣。1868年11月30日，在本杰明·迪斯雷利辞去首相的前一天，梅奥伯爵理查德·伯克被任命为印度总督。梅奥伯爵理查德·伯克赢得了维多利亚女王的尊敬。梅奥伯爵理查德·伯克遇刺事件发生后，维多利亚女王倾向于认为其发生的原因是防范措施不到位，并且公开肯定了梅奥伯爵理查德·伯克的能力和忠心。印度的叛乱让维多利亚女王很烦心。不过，值得庆幸的是，梅奥伯爵理查德·伯克遇刺事件只是个案，没有破坏大英帝国的和平。

1872年还发生了其他一些令人悲伤的事。在与苏格兰牧师诺曼·麦克劳德博士

夏尔·古诺

梅奥伯爵理查德·伯克遇刺

的交谈中，维多利亚女王获得无限安慰。她曾这样感叹："我太喜欢和他交谈了，询问他的建议，向他倾诉我的悲伤和焦虑！"[①]1872年6月16日，诺曼·麦克劳德逝世。1868年10月27日，维多利亚女王一生的挚友、第一任女侍长萨瑟兰公爵夫人哈丽雅特·萨瑟兰-莱韦森-高尔去世。1872年9月6日到1872年9月12日，维多利亚女王前往邓罗宾城堡，看望萨瑟兰公爵夫人哈丽雅特·萨瑟兰-莱韦森-高尔的儿子萨瑟兰公爵乔治·萨瑟兰-莱韦森-高尔和儿媳克罗马蒂伯爵夫人安妮·海-麦肯齐。她到访的主要目的是为萨瑟兰公爵夫人哈丽雅特·萨瑟兰-莱韦森-高尔的纪念碑奠基。

1872年，比失去梅奥伯爵查尔斯·伯克和诺曼·麦克劳德更令维多利亚女王悲伤的是同母异父的姐姐莱宁根的费奥多拉去世。1872年9月23日，莱宁根的费奥多

萨瑟兰公爵乔治·萨瑟兰－莱韦森－高尔

---

① 《更多日记节选》，第143页到第161页。——原注

拉——维多利亚女王年少时最后一位在世的朋友——在巴登-巴登去世。从童年开始，维多利亚女王与莱宁根的费奥多拉的关系就十分亲密，多年来不曾改变。

接着，另一个人的去世加剧了维多利亚女王心中的孤寂，这个人是法兰西以前的皇帝拿破仑三世。1873年1月9日，流亡中的拿破仑三世死在了奇斯尔赫斯特。拿破仑三世与维多利亚女王及其家人的关系一直十分友好，并且没有因拿破仑三世退位受到影响。拿破仑三世驾崩后，对拿破仑三世的遗孀欧仁妮·德·蒙蒂若，维多利亚女王立刻送去慰问。英国人对拿破仑三世驾崩表现出深切的同情，这令维多利亚女王备感欣慰，并且对德意志帝国皇后萨克森-魏玛-爱森纳赫的奥古斯塔在信中表达的慷慨友善充满感激。维多利亚女王对拿破仑三世苦难的同情似乎抹去了拿破仑三世身上所有的道德缺点。实际上，拿破仑三世根本配不上维多利亚女王的仁慈评价。维多利亚女王对他评价之所以高，主要是因为他在社交活动中彬彬有礼的举止。在两人第一次见面时，这一点就给维多利亚女王留下了深刻的印象。拿破仑三世驾崩后，维多利亚女王送去一口雕刻精美的石棺，用于保存他的遗体。最后，这口石棺安放在奇斯尔赫斯特的圣玛丽教堂内。

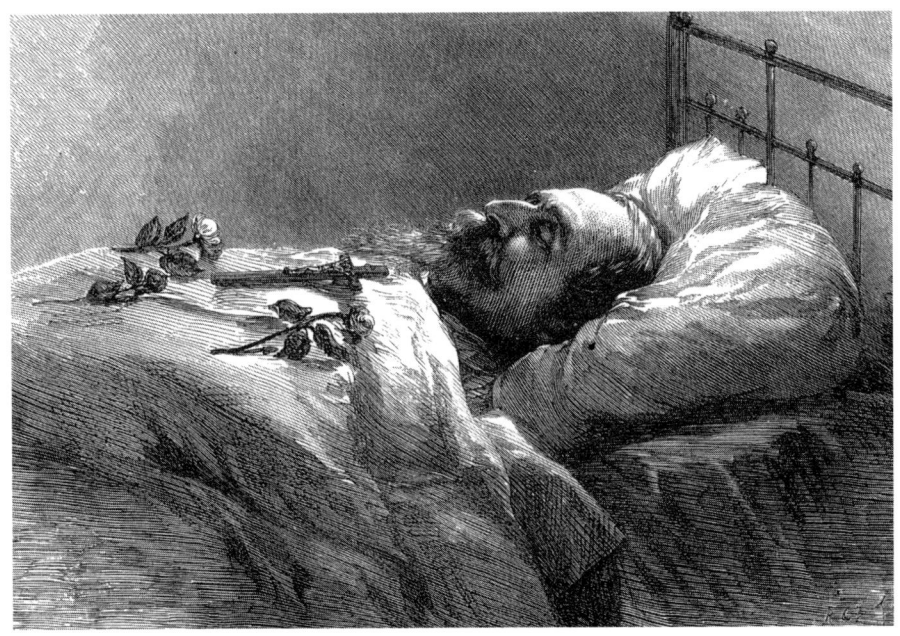

拿破仑三世驾崩

第 38 章 波斯国王沙纳赛尔·丁·沙·卡扎尔访英

1873年，开年不顺。1873年3月，威廉·尤尔特·格拉德斯通提出的《爱尔兰大学法案》在议会下议院表决未获通过。1873年3月11日，威廉·尤尔特·格拉德斯通立即提出辞职。维多利亚女王欣然接受了威廉·尤尔特·格拉德斯通的辞呈，并且建议威廉·尤尔特·格拉德斯通进入议会上议院。接下来，维多利亚女王邀请本杰明·迪斯雷利出任首相。但当时，在议会下议院，保守党是少数党，于是本杰明·迪斯雷利谢绝了维多利亚女王的邀请。威廉·尤尔特·格拉德斯通向维多利亚女王指出，导致自己下台的罪魁祸首本杰明·迪斯雷利拒绝出任首相是一种违反宪法、逃避责任的行为。实际上，本杰明·迪斯雷利正在满怀信心地等待议会大选的宣布。不过，虽然议会大选势在必行，但此刻，本杰明·迪斯雷利和威廉·尤尔特·格拉德斯通其实都不希望大选开始。面对本杰明·迪斯雷利坚持不出任首相，再加上自己没有准备好应对议会解散，1873年3月20日，威廉·尤尔特·格拉德斯通被迫重新出任首相。虽然威廉·尤尔特·格拉德斯通政府的信誉遭到严重损害，但他还是坚持执政到1874年年初。

　　政府危机结束后，维多利亚女王第一次视察了伦敦东区，这次视察的主要目的是为维多利亚公园的一个重要扩建项目剪彩。[①] 在伦敦东区，维多利亚女王受到人们的热烈欢迎。

　　1873年夏，维多利亚女王接待了一位重要的外宾——波斯国王沙纳赛尔·丁·沙·卡扎尔。和奥斯曼土耳其苏丹阿卜杜勒·阿齐兹一样，沙纳赛尔·丁·沙·卡扎尔也是第一次访问英国。维多利亚女王在印度的地位让她十分适合在宫中接待沙纳赛尔·丁·沙·卡扎尔。与此同时，英国与俄罗斯帝国在亚洲的角力也令获得波斯的友谊变得十分重要。维多利亚女王完全赞同并欢迎沙纳赛尔·丁·沙·卡扎尔访问英国。1873年6月19日到1873年7月4日，沙纳赛尔·丁·沙·卡扎尔一直下榻在白金汉宫。为欢迎沙纳赛尔·丁·沙·卡扎尔，白金汉宫举行了一场隆重的招待会。威尔士亲王阿尔伯特·爱德华代表维多利亚女王作为主人完成大

---

① 最初，根据《议会法案》的要求，1842年，位于贝思纳尔格林和哈克尼两区交界处的一座公园开始修建。后来，这座公园以维多利亚女王的名字命名。公园外围的土地主要是建筑用地，归政府所有。1872年，维多利亚女王公开认购了公园外围的土地，并且在1873年捐献这片土地，充公使用。——原注

波斯国王沙纳赛尔·丁·沙·卡扎尔

部分接待工作。不过,维多利亚女王曾三次在温莎城堡招待沙纳赛尔·丁·沙·卡扎尔。后来,沙纳赛尔·丁·沙·卡扎尔曾热情描述过维多利亚女王的友好举动。1873年6月20日,第一次见面时,维多利亚女王授予沙纳赛尔·丁·沙·卡扎尔嘉德勋章。1873年6月24日,第二次见面时,沙纳赛尔·丁·沙·卡扎尔与维多利亚女王一起在温莎公园检阅军队。1873年7月2日,第三次见面时,沙纳赛尔·丁·沙·卡扎尔与维多利亚女王交换照片,并且前往弗罗格莫尔拜祭了王夫阿尔伯特亲王的陵墓。①

---

① 《1873年波斯国王沙纳赛尔·丁·沙·卡扎尔欧洲旅行日记》,詹姆斯·威廉·雷德豪斯译,1874年,第144页后。——原注

彼得·安德烈耶维奇·舒瓦洛夫伯爵

与此同时，俄罗斯帝国政府正与英国政府致力于消除两国的摩擦和猜忌，正是摩擦和猜忌长期妨碍两国的友好关系。1873年伊始，沙皇亚历山大二世派彼得·安德烈耶维奇·舒瓦洛夫伯爵密访维多利亚女王，并且向维多利亚女王保证俄罗斯帝国无意在中亚继续扩张。事实证明，这一保证毫无意义。不过，彼得·安德烈耶维奇·舒瓦洛夫伯爵这次来访还有另一个目的。这一目的让维多利亚女王更感兴趣，也是维多利亚女王向亚历山大二世表达友善的原因，即英国王室与俄罗斯王室联姻。实际上，英国王室与俄罗斯王室早有姻亲关系，威尔士王妃亚历山德拉的妹妹玛丽亚·菲奥多罗芙娜嫁给了沙皇亚历山大二世的长子亚历山大①。此时,俄罗斯王室提出让维多利亚女王的二儿子阿尔弗雷德王子迎娶沙皇亚历山大二世唯一的女儿玛丽亚·亚历山德罗芙娜女大公。

在沙纳赛尔·丁·沙·卡扎尔访问英国期间,沙皇亚历山大二世的长子亚历山大和妻子玛丽亚·菲奥多罗芙娜在莫尔伯勒庄园拜访威尔士亲王阿尔伯特·爱德华和威尔士王妃亚历山德拉,并且商讨联姻事宜。维多利亚女王认为阿尔弗雷德王子与玛丽亚·亚历山德罗芙娜女大公的婚事是一个政治承诺。1873年7月,维多利亚女王

玛丽亚·亚历山德罗芙娜女大公

---

① 即后来的沙皇亚历山大三世。——原注

正式批准了阿尔弗雷德王子与玛丽亚·亚历山德罗芙娜女大公的亲事。接下来，维多利亚女王派朋友阿瑟·彭林·斯坦利院长前往圣彼得堡，并且按照英国国教的习惯主持婚礼。主持完婚礼后，阿瑟·彭林·斯坦利院长曾给维多利亚女王写信，生动、详细地描述了婚礼的情况，但其潦草的笔迹令维多利亚女王读起来十分困难。

维多利亚女王虽然欢迎与此时在亚洲的对手、过去在克里米亚的宿敌俄罗斯帝国联姻，但没有指望这次联姻能平息两国的政治分歧。1874年5月，在温莎城堡，维多利亚女王接待了新进门的儿媳妇玛丽亚·亚历山德罗芙娜女大公的父亲沙皇亚历山大二世。这次接待活动似乎为英国与俄罗斯帝国和平共处添上了一块压舱石，但这场联姻没有缓解英国与俄罗斯帝国危如累卵的政治关系。1877年，英国与俄罗斯帝国再次处于交战边缘。

第39章

本杰明·迪斯雷利再度执政

精彩看点

1874年本杰明·迪斯雷利上台执政——本杰明·迪斯雷利的影响力——维多利亚女王对本杰明·迪斯雷利政治观点的支持——本杰明·迪斯雷利的个人魅力——本杰明·迪斯雷利对自己职责的认识——1874年的宗教立法——继续受威廉·尤尔特·格拉德斯通的气——利奥波德王子生病——维多利亚女王担心德法再次开战——维多利亚女王向威廉一世呼吁——结束书信往来——与印度的新联系——1875年9月17日到1876年5月11日威尔士亲王的印度之行——1876年印度女王——维多利亚女王与印度王公——本杰明·迪斯雷利成为比肯斯菲尔德伯爵——1874年到1876年出席的公开活动——1876年参加的伦敦活动——1876年访问科堡——在巴尔莫勒尔和奥斯本——东欧危机——维多利亚女王对和平的努力——在休恩登——《王夫阿尔伯特亲王传》第三卷——维多利亚女王努力维护奥斯曼帝国——维多利亚女王支持本杰明·迪斯雷利的政策——柏林的代表大会——维多利亚女王迎接本杰明·迪斯雷利——1878年的家事——爱丽丝公主薨——康诺特公爵兼斯特拉森公爵阿瑟王子的婚姻——1879年首次意大利之行——法兰西皇太子拿破仑之死——政府面临的各种问题——印度的战乱——威廉·尤尔特·格拉德斯通在中洛锡安的讲话——维多利亚女王对本杰明·迪斯雷利始终如一的信任

1873年，自由党政府失利后又继续执政了近十个月。1874年1月，听闻威廉·尤尔特·格拉德斯通解散议会的决定时，维多利亚女王多少感到有些意外，但一点没有感到遗憾。结果，在议会大选中，保守党取得巨大胜利，威廉·尤尔特·格拉德斯通政府下台。对这个结果，维多利亚女王十分满意。在新议会开幕前，威廉·尤尔特·格拉德斯通卸任了。在与威廉·尤尔特·格拉德斯通的正式告别会面中，维多利亚女王态度友好又不失威严，分寸把握得极好。维多利亚女王说："我确定可以指望他支持我。"维多利亚女王重新提出授予威廉·尤尔特·格拉德斯通贵族爵位的想法，但威廉·尤尔特·格拉德斯通拒绝了。后来，维多利亚女王写到自己完全理解威廉·尤尔特·格拉德斯通拒绝的原因。与此同时，维多利亚女王毫不掩饰重新召回本杰明·迪斯雷利的喜悦。从这次保守党的胜利中，维多利亚女王认为自己担心的激进主义蔓延势头得到遏制，国家的保守主义本性重新焕发生机。

新首相本杰明·迪斯雷利的地位极其稳固，并且得到上议院和下议院大多数议员的支持，这一优势只有他和1841年上台的罗伯特·皮尔拥有过，其他历任首相都不曾享受过这样的待遇。虽然有一些怨言，但在保守党内，本杰明·迪斯雷利具有绝对权威，并且维多利亚女王打算完全信任他。维多利亚女王坚信本杰明·迪斯雷利品格高尚，有一颗赤诚的报国之心。维多利亚女王钦佩本杰明·迪斯雷利的政治生活，并且敬佩他的私人生活。1872年12月15日，在本杰明·迪斯雷利上次首相任期中，他的妻子玛丽·安妮·迪斯雷利去世了。本杰明·迪斯雷利深爱着妻子玛丽·安妮·迪斯雷利，尤其是他对妻子的深切缅怀令维多利亚女王感动。维多利亚女王认为，正是对妻子的缅怀使本杰明·迪斯雷利具有一种强大的道德力量，而此时，这种道德力量在上层社会难能可贵。

维多利亚女王越思考本杰明·迪斯雷利的政治主张，就越认同。本杰明·迪斯雷利灵活的保守主义原则和维多利亚女王骨子里的辉格党精神一点也不抵触。在宪法方面，本杰明·迪斯雷利的主张表面上赋予了维多利亚女王权力和尊严。从前，与不愿耐心倾听自己建议的首相打过交道后，维多利亚女王更看重这一点。此外，对君主在外交事务中应发挥的作用，本杰明·迪斯雷利的认识与阿尔伯特亲王灌输给维多利亚女王的思想高度一致，即英国君主有责任影响欧洲的命运。

当时，维多利亚女王很享受与本杰明·迪斯雷利的交往。随着对本杰明·迪斯雷利的深入了解，维多利亚女王发现他身上有一种魅力。本杰明·迪斯雷利不仅了解维多利亚女王的性格，而且善于利用自己的性格特点。他知道哪些话题能引起维多利亚女王的兴趣。与维多利亚女王交谈时，他很讲究技巧。以后，再没有哪位首相能像本杰明·迪斯雷利那样，私下能与维多利亚女王聊天，逗维多利亚女王开心。本杰明·迪斯雷利的个人魅力令乏味的国事变得有趣，他总是简要地向维多利亚女王汇报国家的状况，从不拿大量细节烦扰维多利亚女王。

尽管如此，本杰明·迪斯雷利还是十分清楚宪法的规定。因此，即使强调维多利亚女王的最高统治权，本杰明·迪斯雷利也从没放弃自己作为首相的至高责任。实际上，对本杰明·迪斯雷利来说，友善对待维多利亚女王的政治方针、苦口婆心地与维多利亚女王讨论是不必要的。不过，与自己的前任一样，在与维多利亚女王打交道的过程中，本杰明·迪斯雷利不会因维多利亚女王的建议或批评而改变自己的立场。甚至在重要的人事任免上，本杰明·迪斯雷利坚持不受维多利亚女王左右。但凭借非凡的策略和过人的机敏，每次无论维多利亚女王是否同意自己的决定，本杰明·迪斯雷利总能让她接受自己的决定。每当不能遵照维多利亚女王的意愿时，本杰明·迪斯雷利会恰当地表达歉意，绝不会让两人产生任何嫌隙。在一些不重要的问题上，如批准王室年俸或授予低级职位或头衔，本杰明·迪斯雷利不仅迁就维多利亚女王的要求，还确保维多利亚女王的要求能迅速实现。当比较自己对待维多利亚女王的态度和威廉·尤尔特·格拉德斯通对待维多利亚女王的态度时，以及比较自己与维多利亚女王的和谐关系和威廉·尤尔特·格拉德斯通与维多利亚女王的紧张关系时，本杰明·迪斯雷利总会说："威廉·尤尔特·格拉德斯通对待维多利亚女王像对待政府部门，而我与维多利亚女王打交道时，将她看作一个女人。"

  本杰明·迪斯雷利的政府悄无声息地开始运作。①1874年，它的主要任务是教会立法，涉及苏格兰教会和英国国教。对此，维多利亚女王完全支持。由阿奇博尔德·坎贝尔·泰特大主教提出的《公开敬拜活动监管法案》旨在遏制维多利亚女王深恶痛绝的仪式主义在英国的发展。《苏格兰教会资助法案》规定，在苏格兰教会任命牧师时，不是根据世俗资助，而是通过会众选举的方式任命牧师。对苏格兰教会的繁荣，《苏格兰教会资助法案》被认为至关重要，并且引起维多利亚女王的关注。实际上，起初，维多利亚女王反对《苏格兰教会资助法案》，但当她认识到反对将导致苏格兰教会瓦解时，她不再继续坚持。在苏格兰，反对《苏格兰教会资助法案》的人，尤其是已经离开教会的人，不同意对《苏格兰教会资助法案》做出任何妥协，因为他们认为妥协的时机早已过去。

---

① 本杰明·迪斯雷利的内阁成员名单如下：
第一财政大臣——本杰明·迪斯雷利
大法官——休·凯恩斯伯爵
枢密院议长——里士满公爵查尔斯·戈登-伦诺克斯
掌玺大臣——马姆斯伯里伯爵詹姆斯·哈里斯
外交大臣——德比伯爵爱德华·斯坦利
印度事务大臣——索尔兹伯里侯爵罗伯特·加斯科因-塞西尔
殖民事务大臣——卡那封伯爵亨利·赫伯特
战争事务大臣——克兰布鲁克伯爵盖索恩·盖索恩-哈迪
内政大臣——理查德·阿什顿·克罗斯子爵
海军大臣——乔治·沃德·亨特
财政大臣——伊兹利伯爵斯塔福德·诺思科特
邮政大臣——拉特兰公爵约翰·曼纳斯
1876年7月，马姆斯伯里伯爵詹姆斯·哈里斯辞职，本杰明·迪斯雷利出任掌玺大臣，并且兼任第一财政大臣。1877年8月，乔治·沃德·亨特逝世，威廉·亨利·史密斯成为新海军大臣。1878年2月，卡那封伯爵亨利·赫伯特卸任殖民事务大臣，圣奥尔德温伯爵迈克尔·希克斯·比奇成为新任殖民事务大臣。詹姆斯·劳瑟出任爱尔兰首席大臣，诺森伯兰公爵阿尔杰农·珀西成为掌玺大臣。1878年4月，德比伯爵爱德华·斯坦利辞去外交大臣一职，索尔兹伯里伯爵罗伯特·加斯科因-塞西尔接任外交大臣。克兰布鲁克伯爵盖索恩·盖索恩-哈迪出任印度事务大臣，德比伯爵弗雷德里克·斯坦利出任战争事务大臣。——原注威廉·尤尔特·格拉德斯通强烈反对《苏格兰教会资助法案》。对此,维多利亚女王十分生气,指责威廉·尤尔特·格拉德斯通的态度是纯粹故意设置障碍。当朋友约翰·塔洛克校长跟维多利亚女王谈论出色演说家对辩论的贡献时,维多利亚女王说:"驳倒他或许很容易。"最终,虽然威廉·尤尔特·格拉德斯通反对,但《苏格兰教会资助法案》还是在议会表决通过。对这一结果,维多利亚女王十分满意。

维多利亚女王计划1875年2月亲自参加议会开幕大典,以显示对新政府的支持,但利奥波德王子突然染上伤寒,病情严重,维多利亚女王被迫放弃原计划。

利奥波德王子病情好转后,由于与首相本杰明·迪斯雷利一致认为英国君主有责任介入欧洲政治,维多利亚女王投身于与其他欧洲君主微妙的协商中。有传言

约翰·塔洛克校长

说,德意志帝国与法兰西第三共和国的战争一触即发。此时,法兰西第三共和国正部署新的军队。人们普遍认为法兰西第三共和国意在一雪1870年到1871年战败之耻。1875年春,柏林和黑森-达姆施塔特的亲戚告诉维多利亚女王,奥托·冯·俾斯麦已经决定先发制人,突袭法兰西。由于最近刚结识的朋友沙皇亚历山大二世正在德意志旅行,维多利亚女王向亚历山大二世写信,请他出面劝说德皇威廉一世避免用武力解决问题。

1875年6月20日,维多利亚女王亲自给德皇威廉一世写信进行斡旋,信中引用陆军元帅老赫尔穆特·冯·毛奇的话,恳请威廉一世不要让欧洲重新陷入战火之中。德皇威廉一世回信否认了维多利亚女王的指控,感谢维多利亚女王调解德意志帝国与法兰西第三共和国关系的好意,并且对维多利亚女王竟然认为自己是欧洲和平的破坏者表示痛心之至,因为以维多利亚女王对自己人品的了解是不应该得出这一结论的。"大家都确信,挑起欧洲战事的人将受到舆论的谴责,没有盟友,只有对手。"维多利亚女王引用陆军元帅老赫尔穆特·冯·毛奇的话想表达争端双方都应该克制的道理。"包括老赫尔穆特·冯·毛奇在内的政治家,没人敢肆意将欧洲推入战争的深渊。"对德皇威廉一世的回信,维多利亚女王回复表示自己的担忧一点没有夸大其词。奥托·冯·俾斯麦听说维多利亚女王的行为后,写信给德皇威廉一世,刻薄地表达了对维多利亚女王干涉德意志帝国外交事务的憎恶,认为维多利亚女王的怀疑毫无根据,可笑之极。虽然奥托·冯·俾斯麦及德皇威廉一世矢口否认维多利亚女王的指控,但1875年年初,德意志帝国与法兰西第三共和国很可能爆发战争,这是毋庸置疑的事实。幸运的是,在维多利亚女王干涉前,德意志帝国与法兰西第三共和国出现和解迹象。虽然奥托·冯·俾斯麦无视维多利亚女王的和平呼吁,但显然,维多利亚女王的呼吁有助于中欧的政治局势朝着和平的方向发展。不久,德意志帝国与法兰西第三共和国战争的阴云散去了。①

在给德皇威廉一世的下一封信中,维多利亚女王表示,自己的观点得到威廉一世身边"随从"的支持,尽管德皇威廉一世自己并不清楚哪些"随从"支持维多利亚

---

① 奥托·冯·俾斯麦:《反思与回忆》,第2卷,第191页后;奥托·冯·俾斯麦:《反思与回忆》,第1卷,第256页到第260页;莫里茨·布施:《与奥托·冯·俾斯麦的谈话》;《爱丽丝公主书信集》,第339页。——原注

女王的观点。维多利亚女王还写道:"在这件事上,我不会再说什么,因为整个事件已经平息。"虽然德皇威廉一世保证不追究,但维多利亚女王拒绝给出向自己提供消息者的姓名。从此,两人的通信结束。至于奥托·冯·俾斯麦,他仍然一副轻蔑的态度,并且对事件不了了之愤愤不平。

欧洲的纷争结束后,本杰明·迪斯雷利建议提升维多利亚女王的威望,加强1858年立法后英国与印度的关系。对本杰明·迪斯雷利的提议,维多利亚女王十分认同。长期以来,维多利亚女王对自己与印度的关系引以为傲,并且从未减少对印度定居者福利的关心。

为加强维多利亚女王与印度的关系,本杰明·迪斯雷利的第一项提议是让威尔士亲王阿尔伯特·爱德华代表维多利亚女王出访印度,并且在印度全境巡游,拜访印度各地的王公。维多利亚女王立即同意了这项建议,并且命人迅速安排出访的必要事宜。1875年9月17日,维多利亚女王在巴尔莫勒尔为威尔士亲王阿尔伯特·爱德华送行。威尔士亲王阿尔伯特·爱德华的这次出访十分成功。1876年5月,他返回英

出访印度的威尔士亲王阿尔伯特·爱德华(左)

国。抵达伦敦当天，维多利亚女王亲自迎接他回国。与威尔士亲王阿尔伯特·爱德华一同回来的还有印度对维多利亚女王的忠诚。

　　本杰明·迪斯雷利的印度政策包括一项直接涉及维多利亚女王的措施。本杰明·迪斯雷利建议授予维多利亚女王一个新头衔，宣告维多利亚女王对印度的最高统治权。1876年，议会的主要工作是讨论《王室头衔法案》，该法案授予维多利亚女王印度帝国女皇的头衔。1876年，维多利亚女王带着极大的热情，亲自参加了议会开幕大典。在讨论中，自由党强烈批评本杰明·迪斯雷利的提案，但本杰明·迪斯雷利向下议院保证这个新头衔仅用于印度和印度事务，其目的是完善英国君主与叛乱后建立的印度帝国的关系。1876年5月1日前，《王室头衔法案》获得通过，维多利亚女王心满意足地正式昭告天下，自己成为印度帝国女皇。将"印度帝国女皇"这个新头衔翻译成印度当地语言，是经过反复考虑的。

讽刺漫画：本杰明·迪斯雷利向维多利亚女王献上印度皇冠

印度各地王公热情拥护维多利亚女王的统治。在信中，他们表达了对维多利亚女王的感激。他们的话充斥着东方式的拥戴，维多利亚女王感到十分有趣。在提到印度人对这个新头衔的看法时，一位印度王公写道："这是印度第三次由一位女皇来统治。第一位女皇是印度国王阿耆尼博纳的遗孀，第二位女皇是莱西娅女王，伊斯兰皇帝阿尔塔米谢的女儿；第三位女皇是维多利亚女王。但维多利亚女王成为印度女皇的意义并不仅限于此，因为还从来没有一个地域如此辽阔的帝国君主统治过印度。"①

对自己"印度女皇"的新头衔，维多利亚女王很高兴。虽然本杰明·迪斯雷利保证印度女皇这个头衔仅用于与印度相关的事务，但不久，维多利亚女王打破了这一限制。起初，维多利亚女王在与印度相关的文件上才使用"维多利亚女王和女皇"的署名。然而，1878年年初，她在所有文件上都这样署名。1893年，"印度女皇"的字样还出现在英国的货币上。

1876年8月21日，议会闭会前，维多利亚女王授予本杰明·迪斯雷利贵族头衔。由于长期不间断参加议会下议院的会议，本杰明·迪斯雷利的健康状况受到影响。于是，他有了辞去首相的念头。维多利亚女王虽然拒绝接受本杰明·迪斯雷利辞职的想法，但认为他应该尽量降低工作强度。因此，1876年，本杰明·迪斯雷利以比肯斯菲尔德伯爵的身份进入议会上议院。

与本杰明·迪斯雷利的良好关系促使维多利亚女王更频繁地出现在公众面前。本杰明·迪斯雷利政府刚上台时，维多利亚女王在几场军队仪式活动中发挥了重要作用。此外，维多利亚女王密切关注非洲西海岸阿散蒂战争的进展。英军取得阿散蒂战争的胜利后，1874年4月23日，维多利亚女王前往加斯波特的皇家克拉伦斯粮库检阅了参加阿散蒂战争的水手、海军士兵和陆军士兵。1874年年底，维多利亚女王

---

① 1877年1月，印度总督罗伯特·布尔沃-利顿伯爵在德里召集六十三位王公，宣布维多利亚女王成为印度女皇。随后，罗伯特·布尔沃-利顿伯爵给维多利亚女王写信，详细描述了整个过程。参见贝蒂·鲍尔弗夫人，《1876年到1880年罗伯特·布尔沃-利顿伯爵的印度行政事务》，伦敦，朗文格林公司，1899年，第115页到第132页。为永久纪念在德里举行的这次集会，维多利亚女王还设立印度帝国勋章，并且专门为有男性亲人服务于印度政府的女士设立了勋章。1878年，维多利亚女王在温莎城堡举行了首次授勋仪式。——原注

阿散蒂战争中英军雇用当地人运送伤员

向他们颁发了奖章。①1876年5月2日,在奥尔德肖特,维多利亚女王检阅军队。1876年9月,在巴尔莫勒尔,维多利亚女王授予为父亲肯特公爵兼斯特拉森公爵爱德华生前效力的皇家苏格兰卫队军旗,提醒人们自己的军人血统。

1876年早春时节,维多利亚女王在伦敦比平时更积极参加公开活动。1876年2月25日,她参加了一场在自己授意下举办的音乐会。1876年3月7日,她为伦敦医院的一处侧翼建筑剪彩。1876年3月9日,她视察了肯辛顿花园中美轮美奂的阿尔伯特纪念碑。这座纪念碑是全国所有献给王夫阿尔伯特亲王的纪念碑中最精美的一座。这座纪念碑中间树立着一尊巨大的阿尔伯特亲王的镀金雕像。接下来,维多利亚女王又与三个女儿一起前往威斯敏斯特大教堂出席老朋友奥古斯塔·斯坦利夫人的葬礼。奥古斯塔·斯坦利夫人是维多利亚女王三十年的好友,她的去世令维多利亚女王极其悲伤。为纪念奥古斯塔·斯坦利夫人,维多利亚女王在弗罗格莫尔的私人领地上为她立了一座十字架形纪念碑。

---

① 1875年8月18日,维多利亚女王的游艇"皇家阿尔伯特"号开往怀特岛途中,与另一艘游艇"槲寄生"号相撞,造成"槲寄生"号三名乘客遇难。当时,维多利亚女王在"皇家阿尔伯特"号上,并且受到惊吓。——原注

1876年3月31日到1876年4月20日,维多利亚女王离开伦敦,在科堡待了三星期。前往科堡时,她从瑟堡出发,穿越法兰西,但避过了巴黎。返回途中,在巴黎周围的拉维莱特车站,维多利亚女王与法兰西第三共和国总统帕特里斯·德·麦克马洪元帅会面。这次会面被认为是维多利亚女王正式承认法兰西第三共和国的新政权。因此,在礼节方面,法兰西第三共和国做得很到位。

从法兰西返回英国后,维多利亚女王再次接待了德意志帝国皇后萨克森-魏玛-爱森纳赫的奥古斯塔。接着,她再次与德意志帝国皇后萨克森-魏玛-爱森纳赫的奥古斯塔讨论了德意志帝国皇储腓特烈·威廉·尼古劳斯·卡尔和皇妃维多利

帕特里斯·德·麦克马洪元帅

亚·亚历山德里娜·玛丽·路易莎的未来，这是维多利亚女王一直操心的事。几个月后，维多利亚女王前往巴尔莫勒尔。途中，1876年8月17日，她在爱丁堡为另一座阿尔伯特亲王纪念碑揭幕。1876年，在温莎城堡，维多利亚女王度过圣诞节。这是王夫阿尔伯特亲王去世后，维多利亚女王第一次在温莎城堡过圣诞节。由于在怀特岛大病一场，维多利亚女王一反以前对宫廷娱乐活动的厌恶。因此，1876年12月26日，温莎城堡的圣乔治厅举行了一场音乐会。

接下来的两年，即1877年到1878年，维多利亚女王很关心欧洲局势的变化。维多利亚女王经常称自己此时做的、想的比以往任何时候都多，痛苦地抱怨自己缺乏休息。欧洲列强的冲突似乎一触即发。1875年秋，巴尔干半岛爆发反抗奥斯曼土耳其帝国统治的起义，这威胁着奥斯曼土耳其帝国的政权。这场起义迅速蔓延。图谋不轨的俄罗斯帝国显然打算支援起义者。本杰明·迪斯雷利采用威廉·尤尔特·格拉德斯通1854年采用的政策，宣称为维护英国在印度及世界其他地区的利益，英国必须维护奥斯曼土耳其苏丹政权不受侵犯。

巴尔干半岛局势的发展对欧洲的和平十分不利。奥斯曼土耳其帝国竭尽全力，采用一切暴力手段镇压巴尔干半岛的起义。1876年秋，在近期已经宣布退出政坛的威廉·尤尔特·格拉德斯通突然出现在公众面前，用雄辩的口才鼓动英国人民反对向奥斯曼土耳其帝国提供任何帮助。威廉·尤尔特·格拉德斯通的介入激怒了维多利亚女王，其过激行为加强了维多利亚女王和本杰明·迪斯雷利的关系。1876年圣诞节，巴尔干危机达到白热化程度。此时，维多利亚女王在温莎城堡，本杰明·迪斯雷利计划与朋友们去乡村度假。但在维多利亚女王的热切请求下，1876年圣诞节当天23时，本杰明·迪斯雷利改变计划，留在伦敦。维多利亚女王要求本杰明·迪斯雷利"不要在这时离开她"。在写给一个朋友的信中，首相本杰明·迪斯雷利说，维多利亚女王宣称"我和德比伯爵爱德华·斯坦利都认为，在这个紧要关头，本杰明·迪斯雷利离开伦敦，是十分轻率的行为"。

维多利亚女王没有一丝犹豫就接受了本杰明·迪斯雷利的意见，认为英国必须保护奥斯曼土耳其帝国免受俄罗斯帝国之害。维多利亚女王痛恨威廉·尤尔特·格拉德斯通对本杰明·迪斯雷利政策的猛烈抨击。与此同时，维多利亚女王并没有放弃俄罗斯帝国可能迫于政治压力放弃染指巴尔干半岛的希望。鉴于俄罗斯帝国和德意志帝国的统治者是私交甚密的朋友，维多利亚女王认为，凭借自己对这两位君主的影响力或许能维护欧洲和平。1876年7月，在黑森-达姆施塔特，爱丽丝公主与沙皇亚历山大二世见面。通过爱丽丝公主，亚历山大二世向维多利亚女王保证俄罗斯帝国不希望与英国发生任何冲突。得到保证的维多利亚女王直接向沙皇亚历山大二世写信，呼吁他影响德皇威廉一世。维多利亚女王甚至亲自两次向奥托·冯·俾斯麦写信，表达相同的意思。然而，奥托·冯·俾斯麦不相信维多利亚女王的诚意，认为在本质上，维多利亚女王对俄罗斯帝国的敌意与1870年拿破仑三世对德意志帝国的敌意是一样的。奥托·冯·俾斯麦无法原谅1875年维多利亚女王对德意志帝国的干涉。因此，他敦促德皇威廉一世和皇后萨克森-魏玛-爱森纳赫的奥古斯塔效仿当年维多利亚女王批评德意志帝国对法兰西的企图，向维多利亚女王写信。[1]最终，维多利亚女王试图阻止俄罗斯帝国攻打奥斯曼土耳其帝国的努力落空。1877年4月24日，俄罗斯帝国向奥斯曼土耳其帝国宣战。1877年年底，俄罗斯帝国军队取得决定性胜利。

当俄罗斯帝国对奥斯曼土耳其帝国取得全面胜利时，维多利亚女王一点没有掩饰自己的失望和厌恶。如同三十多年前，即19世纪40年代时，支持罗伯特·皮尔的自由贸易政策一样，此时，维多利亚女王毫不动摇地支持本杰明·迪斯雷利强硬的外交政策。维多利亚女王与本杰明·迪斯雷利都坚定地认为英国应该控制俄罗斯帝国的胜利。维多利亚女王曾两次公开表示理解首相本杰明·迪斯雷利担心的事情。第一次是1877年2月，维多利亚女王出席议会开幕大典。第二次是在万众瞩目下，她奔赴本杰明·迪斯雷利在白金汉郡的府邸休恩登庄园，看望本杰明·迪斯雷利。享受过同样待遇的有墨尔本子爵威廉·兰姆和罗伯特·皮尔，也就是说，维多利亚女王上次到首相家中做客已经是二十五年前——1852年——的事了。1877年12月21日，在比阿特丽斯公主的陪伴下，维多利亚女王乘火车从温莎出发抵达海威科姆车站，在那里迎接她们的是本杰明·迪斯雷利及其秘书罗顿男爵蒙塔古·科里。维多利亚

---

[1] 奥托·冯·俾斯麦：《反思与回忆》，第2卷，第488页；莫里茨·布施：《与奥托·冯·俾斯麦的谈话》，第2卷，第277页。——原注

女王下车后，白金汉郡郡长发表欢迎辞。随后，本杰明·迪斯雷利陪同维多利亚女王乘马车抵达休恩登庄园。在休恩登庄园，维多利亚女王与本杰明·迪斯雷利共进午餐。他们在一起共待了两个小时。离开时，维多利亚女王和本杰明·迪斯雷利还在草坪上栽下一棵树。[①]维多利亚女王这次登门访问首相本杰明·迪斯雷利，无论在英国国内，还是在欧洲，都造成不小的轰动。

当时，巴尔干半岛的局势勾起维多利亚女王对从前与俄罗斯帝国冲突的回忆，当年，克里米亚战争的走向很大程度上受到王夫阿尔伯特亲王的影响。最近，由于西奥多·马丁编写《王夫阿尔伯特亲王传》，作为监督人的维多利亚女王重新研究了克里米亚战争。维多利亚女王希望书中能完全真实再现当时的情况。1877年，严重的危机到来前，西奥多·马丁已经写到克里米亚战争时期的阿尔伯特亲王。这时，为安抚俄罗斯皇室，西奥多·马丁建议对阿尔弗雷德王子与俄罗斯公主玛丽亚·亚历山德罗芙娜的婚事进行改编。但维多利亚女王很不屑这样的想法，认为在任何情况下都必须以事实和文献记录为准。

1877年年底，《王夫阿尔伯特亲王传》第三卷问世。这一卷主要描述当年克里米亚战争最关键的时刻，英国王室和英国人强烈的反俄罗斯情绪。威廉·尤尔特·格拉德斯通支持的一家杂志《观察者》认为，《王夫阿尔伯特亲王传》第三卷是支持本杰明·迪斯雷利的"政党宣传册"。作为阿伯丁伯爵乔治·汉密尔顿-戈登内阁的成员，制造了克里米亚战争的威廉·尤尔特·格拉德斯通以一种自卫的姿态评论《王夫阿尔伯特亲王传》第三卷。在英国国内外，完全在维多利亚女王授意下出版的《王夫阿尔伯特亲王传》第三卷起到煽风点火的作用。

[①] 1877年12月29日，《笨拙周报》刊登了一首诗，还配着由爱德华·林利·桑伯恩先生创作的插画，幽默风趣地表现了欧洲大陆对这次事件的关注。诗中有一节如下：

远在布加勒斯特的亚历山大二世惊恐地颤抖了吗？
戈尔茨切科夫惊恐地颤抖了吗？
躲在枕头下的伊斯坦布尔的阿卜杜勒·阿齐兹
你有没有感到风暴正慢慢退去？
因为在休恩登庄园里
维多利亚女王和春风得意的本杰明·迪斯雷利
从房子中走出来，来到草坪上，
共同种下一棵纪念树！——原注

1878年，巴尔干危机达到顶点，维多利亚女王也没闲着。1878年年初，奥斯曼土耳其苏丹阿卜杜勒·阿齐兹以个人名义向维多利亚女王呼吁，希望维多利亚女王说服沙皇亚历山大二世接受和平条款。维多利亚女王发电报恳求沙皇亚历山大二世加快谈判步伐，但当沙皇亚历山大二世强迫奥斯曼土耳其苏丹阿卜杜勒·阿齐兹接受明显不平等的条约时，维多利亚女王支持本杰明·迪斯雷利的主张，要求整个谈判应该由欧洲国家代表大会主导。

后来，再没有哪位首相能像本杰明·迪斯雷利一样，得到君主如此坚定的支持。外交上的博弈令俄罗斯帝国和奥斯曼土耳其帝国再次走到战争边缘。即使这样，维多利亚女王丝毫不想放弃和平。1878年6月，欧洲国家代表大会在柏林召开。维多利亚女王建议由本杰明·迪斯雷利代表英国，与外交大臣索尔兹伯里侯爵罗伯特·加斯科因-塞西尔一起出席这一会议。出发前，首相本杰明·迪斯雷利警告维多利亚女王，决心阻止俄罗斯帝国在多瑙南岸获得一席之地可能直接引发俄罗斯帝国的敌对行动。维多利亚女王表示自己已经准备好面对一切风险。在维多利亚女王的批准下，英国开始备战。1878年5月13日，由德意志帝国皇储腓特烈·威廉·尼古劳斯·卡尔和皇妃维多利亚·亚历山德里娜·玛丽·路易莎陪同，在奥尔德肖特，维多利亚女王参加了一场规模盛大的阅兵式。1878年8月13日，维多利亚女王前往斯皮海德。在糟糕的天气中，她检阅了一支配备精良的"特种"舰队。

与此同时，欧洲国家代表大会正在柏林召开。虽然阻碍重重，但欧洲国家代表大会还是重建了和平秩序。会议刚开始时，英国代表本杰明·迪斯雷利和俄罗斯帝国代表亚历山大·米哈伊洛维奇·戈尔切科夫的谈判就陷入僵局。本杰明·迪斯雷利拒绝俄罗斯帝国获得多瑙河南岸任何领土。在谈判中，英国与俄罗斯帝国互不退让，本杰明·迪斯雷利甚至想通过威胁离开柏林会议的办法达到谈判目的。实际上，本杰明·迪斯雷利不是在虚张声势，而是完全按照之前与维多利亚女王达成的共识行动。最后，在奥托·冯·俾斯麦的劝说下，俄罗斯帝国做出让步。《柏林和约》很快敲定，并且签署。

维多利亚女王介入1877年俄罗斯帝国与奥斯曼土耳其帝国的争端到底让英国捞到多少实质性和道义性的好处，这个问题长期以来备受质疑。不过，维多利亚女

1878年柏林会议

王本人坚信英国在这两方面都受益了。本杰明·迪斯雷利带着,用他自己的话说,"有尊严的和平",从柏林归来时,受到维多利亚女王热情欢迎。1878年7月22日,维多利亚女王授予本杰明·迪斯雷利和索尔兹伯里侯爵罗伯特·加斯科因-塞西尔嘉德勋章。

1878年,维多利亚女王的家庭经历了不少事情。1878年2月22日,维多利亚女王在柏林的外孙女夏洛特公主结婚。德意志皇储腓特烈·威廉·尼古劳斯·卡尔和皇妃维多利亚·亚历山德里娜·玛丽·路易莎的大女儿夏洛特公主嫁给了世袭的萨克森-迈宁根公爵伯恩哈特三世,这是维多利亚女王孙辈中第一桩婚事。但对维多利

夏洛特公主

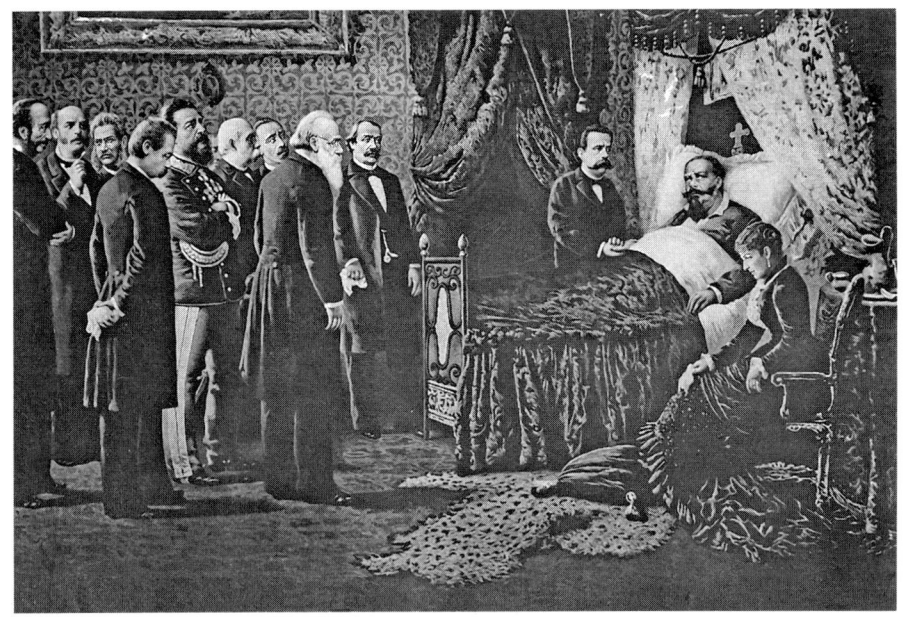

维托里奥·埃曼努埃莱二世的最后时刻

亚女王的家庭和朋友来说，1878年主要发生的是丧事。1878年1月9日，维多利亚女王的盟友维托里奥·埃曼努埃莱二世驾崩。1878年5月11日和1878年6月2日，柏林发生的两次针对德皇威廉一世的谋杀令维多利亚女王警觉地关注德意志局势。维多利亚尤其担心社会主义和无神论在德意志的发展。1878年6月4日，前首相约翰·拉塞尔伯爵去世。通过本杰明·迪斯雷利，维多利亚女王立刻安排在威斯敏斯特大教堂为约翰·拉塞尔伯爵举行公开葬礼，但遭到约翰·拉塞尔伯爵家人的拒绝。最终，约翰·拉塞尔伯爵被葬于谢尼斯。1878年6月12日，维多利亚女王的直系堂兄，被罢黜的、失明的汉诺威国王乔治五世在巴黎去世，维多利亚女王下令将其安葬在温莎城堡圣乔治教堂里。1878年6月25日，维多利亚女王出席了乔治五世的葬礼。

然而，对维多利亚女王来说，1878年最沉重的打击莫过于失去二女儿爱丽丝公主。毕竟在维多利亚女王最痛苦时，爱丽丝公主一直陪伴在她身边。1878年12月14日，爱丽丝公主因患白喉在黑森-达姆施塔特去世，那天正是王夫阿尔伯特亲王逝世十七周年纪念日。由于爱丽丝公主是维多利亚女王失去的第一个孩子，维多利亚女王经历了痛彻心扉的痛苦。与此同时，英国人再次分担了维多利亚女王的悲痛。

1878年12月26日,维多利亚女王向全体英国人发出一封简短的感谢信。在信中,她将逝去的爱丽丝公主比作"充满爱心、敢于奉献和自我牺牲的光辉典范"。1879年,为纪念爱丽丝公主,维多利亚女王在巴尔莫勒尔立起一座大理石十字架,以表达母亲对失去的女儿的浓浓爱意。

幸运的是,1879年,维多利亚女王喜事连连。1879年3月13日,在温莎城堡的圣乔治教堂,维多利亚女王出席了三儿子康诺特公爵兼斯特拉森公爵阿瑟王子的婚礼。新娘路易丝·玛格丽特公主是腓特烈·查理亲王的三女儿,也是德皇威廉一世的侄女,德意志帝国皇储腓特烈·威廉·尼古劳斯·卡尔的直系堂妹。这令英国王室与德意志皇室又多了一层关系。对这桩婚事,维多利亚女王十分高兴。

路易丝·玛格丽特公主

翁贝托一世

  1879年3月25日,维多利亚女王出访意大利,在巴韦诺的马焦雷湖待了近一个月。直到1879年4月23日,她才离开。维多利亚女王十分喜欢那里的风景,对翁贝托一世和王后萨伏伊的玛格丽塔前来看望自己非常高兴。维多利亚女王返回英国后,她第一个外曾孙女萨克森-迈宁根的费奥多拉降生的消息传来。[①]1879年,维多利亚女王庆祝六十大寿。当时,六十岁时迎来第四代是罕见的。

  维多利亚女王六十大寿的庆祝活动还没有结束,令人震惊的消息再次传来。1879年6月19日,维多利亚女王收到电报称前法兰西皇后欧仁妮·德·蒙蒂若唯一的

---

① 在维多利亚女王驾崩前,她的曾孙女费奥多拉已经成年。1898年9月24日,萨克森-迈宁根的费奥多拉嫁给罗伊斯的海因里希三十世。——原注

法兰西前皇太子拿破仑的最后时刻

儿子法兰西前皇太子拿破仑在南非的祖鲁战争中阵亡。①法兰西前皇太子拿破仑是志愿参加英军前往南非作战的。当独自骑行时,他被杀害。维多利亚女王和比阿特丽斯公主都十分喜爱法兰西前皇太子拿破仑。法兰西前皇太子拿破仑的遗体被运回英国。1879年7月12日,他被安葬在奇斯尔赫斯特,维多利亚女王是唯一陪伴欧仁妮·德·蒙蒂若出席葬礼的人。

此时,英国的政治局势不容乐观。南非和印度的前景令维多利亚女王十分担心。导致法兰西前皇太子拿破仑阵亡的祖鲁战争仅仅是南非动荡局势的冰山一角,开普敦殖民地总督亨利·巴特尔·弗里尔决意维护英国在当地的最高统治权。维多利亚女王大力支持亨利·巴特尔·弗里尔的政策。虽然亨利·巴特尔·弗里尔的政策

---

① 在1879年6月20日的日记中,维多利亚女王写道:"昨晚是个不眠夜,我一直在想这件可怕的事情,眼前总是浮现面目可憎的祖鲁人的形象,想到现在还不知道消息的可怜的欧仁妮·德·蒙蒂若皇后……1837年我登基时,万万没想到有一天会面对如此可怕的事情。"——原注

没有立即获得成功，但后来的事件证明其政策是明智并富有远见的。本杰明·迪斯雷利公开反对亨利·巴特尔·弗里尔的许多做法，但由于忙着处理东欧事务，他无暇顾及南非的局势。本杰明·迪斯雷利认为，如果政府委派的代表将政府置于尴尬的境地，那么自己有义务避免这种情况发生，因为顽固的反对党总是利用尴尬的局面，从中捞取政治资本。

在印度问题上，本杰明·迪斯雷利的政府遇到了阻力。在争夺控制阿富汗埃米尔的过程中，英国和俄罗斯帝国将印度政府卷入其中，导致1878年11月到1879年12

亨利·巴特尔·弗里尔

月，罗伯特·布尔沃·利顿伯爵出任印度总督期间，连续发生两场战争。印度政府的对手将这两场战争描述成无端的侵略行为，但维多利亚女王不这样认为。在整个任期，罗伯特·布尔沃·利顿伯爵经常给维多利亚女王直接写信，汇报事态进展。在回信中，维多利亚女王总是鼓励罗伯特·布尔沃·利顿伯爵坚持贯彻他的政策。1879年秋，英国驻阿富汗公使皮埃尔·路易·拿破仑·卡瓦尼亚里在喀布尔被杀。顿时，这起谋杀事件震惊整个印度政府，印度政府认为必须再次攻打阿富汗。维多利亚女王立即向罗伯特·布尔沃·利顿伯爵发去表示支持攻打阿富汗的书信，罗伯特·布尔沃·利顿伯爵用"仁慈、爱国和富有阳刚气"形容这封书信的内容。在写给朋友的信中，罗伯特·布尔沃·利顿伯爵这样描述本次事件："她比底下任何一位大臣都像英国人。在帝国利益和荣誉面临损害时，她在危机中从不会退缩。"[1]

英国国内的党派斗争让帝国遥远地区的局势变得更加复杂，这也令维多利亚女王多了一层担忧。1879年秋，威廉·尤尔特·格拉德斯通在中洛锡安做了一系列情绪激昂的演说，控诉本杰明·迪斯雷利的政府当时在全球范围内搞得如火如荼的帝国主义行为不断挑起灾难。维多利亚女王一直讨厌这种煽动民众情绪的演说，并且对威廉·尤尔特·格拉德斯通在中洛锡安的演说极其厌恶。维多利亚女王尤其对威廉·尤尔特·格拉德斯通不断抨击本杰明·迪斯雷利是一切邪恶的始作俑者感到愤怒。在私人信函中，维多利亚女王总是将威廉·尤尔特·格拉德斯通攻击自己最喜欢的首相本杰明·迪斯雷利的行为称作不知廉耻或不光彩的行为。

此时，维多利亚女王对本杰明·迪斯雷利的信任坚不可摧。通过公开表达对维多利亚女王的私人感情，本杰明·迪斯雷利获得维多利亚女王的支持。本杰明·迪斯雷利告诉维多利亚女王，自己有志让维多利亚女王的统治获得比以往更光辉的荣耀，并且渴望让维多利亚女王成为整个欧洲的仲裁者。本杰明·迪斯雷利曾写道："为了和平和人类文明，维多利亚女王陛下应该获得那个地位。此时，为了实现这一目标，许多事都在进行中。"虽然维多利亚女王极力想让本杰明·迪斯雷利的政府长久执政，但不祥的预兆依然出现了。本杰明·迪斯雷利第四次出任首相。1880

---

[1] 贝蒂·鲍尔弗夫人：《1876年到1880年罗伯特·布尔沃·利顿伯爵的印度行政事务》，伦敦，朗文格林公司，1899年，第360页。——原注

讽刺漫画：阿富汗埃米尔与他的朋友熊（俄罗斯）和狮子（英国）

年2月5日，维多利亚女王出席议会开幕大典。本次议会开幕式是阿尔伯特亲王薨后最隆重的一次议会开幕式。1880年3月24日，按照首相本杰明·迪斯雷利的意愿，议会解散，因为本杰明·迪斯雷利认为自己在大选中极有可能再次获胜。因此，本杰明·迪斯雷利——这位最受维多利亚女王喜爱的首相——未来的命运掌握在英国人民的手里。

第 40 章

威廉·尤尔特·格拉德斯通重新上台

精彩看点

1880年的德意志之行——德意志威廉王子订婚——1880年的议会大选——维多利亚女王的困惑——1880年威廉·尤尔特·格拉德斯通重新上台执政——汉诺威国王乔治五世的女儿弗雷德丽卡公主的婚事——对法兰西前皇太子拿破仑的纪念——对大臣们的左右——《安葬权利法案》——对政府政策的不信任——1880年的阿富汗——1880年7月27日的迈万德——召回亨利·巴特尔·弗里尔——1881年的德兰士瓦——对军队的关怀——本杰明·迪斯雷利去世——纪念本杰明·迪斯雷利的活动——沙皇亚历山大二世和詹姆斯·艾布拉姆·加菲尔德总统遇刺身亡——1882年埃及的战乱——维多利亚女王的活动——维多利亚女王面临的紧急情况——1882年9月13日的泰勒凯比尔战役——迎接军队——爱尔兰事务——第一次去里维埃拉——给奥尔巴尼公爵利奥波德的拨款——1882年4月27日奥尔巴尼公爵利奥波德的婚礼——埃平森林公园与新法院大楼

虽然密切关注即将到来的大选的结果，但维多利亚女王没有待在英国旁观事态进展，而是几个星期前安排好度假事宜。就在议会解散的当天，维多利亚女王启程前往德意志，并且在那里待了一个月。其间，她主要住在霍恩洛厄别墅，这里原是已经去世的同母异父的姐姐莱宁根的费奥多拉在巴登-巴登的住所。维多利亚女王还前往黑森-达姆施塔特参加爱丽丝公主的两个女儿的坚信礼。在黑森-达姆施塔特，维多利亚女王住在已经去世的女儿爱丽丝公主生前住过的房间。围绕在身边的孙辈们转移了维多利亚女王的注意力。在德意志期间，长女维多利亚·亚历山德里娜·玛丽·路易莎家中的一件事令维多利亚女王十分满意。

　　一出生就颇受维多利亚女王喜爱的外孙、德意志帝国威廉王子[①]与石勒苏益格-荷尔斯泰因的奥古斯塔·维多利亚订婚。奥古斯塔·维多利亚的父亲是石勒苏益格-荷尔斯泰因公爵腓特烈八世，即当年宣称对石勒苏益格-荷尔斯泰因公爵领地享有主权，并且在石勒苏益格-荷尔斯泰因公爵领地战争中惨败之人。由于奥托·冯·俾斯麦的铁血政策，石勒苏益格-荷尔斯泰因公爵腓特烈八世遭受重创，并且在1879年1月去世。威廉王子的父母德意志帝国皇储腓特烈·威廉·尼古劳斯·卡尔和维多利亚·亚历山德里娜·玛丽·路易莎认为，欢迎石勒苏益格-荷尔斯泰因公爵腓特烈八世的女儿石勒苏益格-荷尔斯泰因的奥古斯塔·维多利亚加入德意志皇位直系继承者的家庭，是对石勒苏益格-荷尔斯泰因公爵腓特烈八世的补偿。

---

① 1888年6月15日，德意志的威廉王子登基成为德意志帝国皇帝威廉二世。——原注

虽然对外孙威廉王子的订婚感到高兴，对能与爱丽丝公主的孩子建立亲密的关系感到欣慰，但此时，维多利亚女王最感兴趣的还是国内大选的情况。维多利亚女王与首相本杰明·迪斯雷利的电报往来相当频繁。然而，当维多利亚女王得知保守党惨败，本杰明·迪斯雷利不能再出任首相时，她的情绪低落到极点。在新议会中，自由党和地方自治党以不少于一百六十六议席的优势战胜保守党。

1880年4月17日，维多利亚女王返回温莎城堡。1880年4月18日，她与失利的本杰明·迪斯雷利进行了长达两个小时的促膝长谈。如同1855年和1859年的政府危机迫使自己任命了一个不信任的人担任首相一样，维多利亚女王感到十分无助，因为此时，不愉快的历史仿佛即将重新上演。维多利亚女王仔细权衡所有可能的首相人选。1880年4月18日到1880年4月22日，连续五天，维多利亚女王没有公开表态。1880年4月22日，本杰明·迪斯雷利第二次前往温莎城堡拜见维多利亚女王。本杰明·迪斯雷利离开后，维多利亚女王按照他的建议，召唤自由党在议会下议院名义领袖德沃恩舍尔公爵斯潘塞·卡文迪什。虽然在全国到处煽风点火，但1876年退休后，威廉·尤尔特·格拉德斯通没有再正式出任自由党领袖。通过选举，威廉·尤尔特·格拉德斯通在议会下议院的空缺由德沃恩舍尔公爵斯潘塞·卡文迪什填补。维多利亚女王邀请德沃恩舍尔公爵斯潘塞·卡文迪什以"一个负责任多数党领袖的身份"组建政府，并且强调自己相信他的"温和立场"。然而，令维多利亚女王和本杰明·迪斯雷利失望的是，德沃恩舍尔公爵斯潘塞·卡文迪什答复称，这次自由党的胜利属于威廉·尤尔特·格拉德斯通，必须由威廉·尤尔特·格拉德斯通收获胜利的果实。维多利亚女王无谓地劝说德沃恩舍尔公爵斯潘塞·卡文迪什履行"作为自由党领袖的职责"。最终，维多利亚女王要求德沃恩舍尔公爵斯潘塞·卡文迪什明确威廉·尤尔特·格拉德斯通是否愿意接受他人领导，在内阁中出任一个次等职位。① 本杰明·迪斯雷利称德沃恩舍尔公爵斯潘塞·卡文迪什是个懦夫，"在维多利亚女王需要他时，抛弃了维多利亚女王"。

返回伦敦后，德沃恩舍尔公爵斯潘塞·卡文迪什拜访了威廉·尤尔特·格拉德

---

① 约翰·莫利：《威廉·尤尔特·格拉德斯通传》，伦敦，麦克米伦出版社，1903年，第2卷，第622页到第624页。——原注

斯通，并且向他汇报了自己与维多利亚女王谈话的内容。威廉·尤尔特·格拉德斯通认为，自己在1875年将自由党的领导权移交给格兰维尔伯爵格兰维尔·莱韦森-高尔，而不是德沃恩舍尔公爵斯潘塞·卡文迪什。因此，在威廉·尤尔特·格拉德斯通看来，维多利亚女王首先不是召见格兰维尔伯爵格兰维尔·莱韦森-高尔，而是召见德沃恩舍尔公爵斯潘塞·卡文迪什的做法是违背先例的。威廉·尤尔特·格拉德斯通打定主意，不会在任何人手下工作，要么自己作为首相进入内阁，要么置身于事外。1880年4月23日，在格兰维尔伯爵格兰维尔·莱韦森-高尔的陪同下，德沃恩舍尔公爵斯潘塞·卡文迪什返回温莎城堡。格兰维尔伯爵格兰维尔·莱韦森-高尔是维多利亚女王的老朋友，他与德沃恩舍尔公爵斯潘塞·卡文迪什都坚持认为只有威廉·尤尔特·格拉德斯有资格出任首相。虽然有违自己的意愿，但最终，维多利亚女王还是接受了两人的意见。为缓和关系，维多利亚女王委托格兰维尔伯爵格兰维尔·莱韦森-高尔给威廉·尤尔特·格拉德斯通带去要求会面的口信。1880年4月23日晚，威廉·尤尔特·格拉德斯通匆匆赶往温莎城堡，接受维多利亚女王的委托，组建新政府。在与威廉·尤尔特·格拉德斯通的会面中，维多利亚女王表示自己希望新政府的执政方针是"缓和的"，坦言威廉·尤尔特·格拉德斯通最近的言论令自己很担心。当威廉·尤尔特·格拉德斯通宣称自己在职的言论肯定与不在职的言论不同时，维多利亚女王心中暗想，威廉·尤尔特·格拉德斯通将会为其以前的言论付出代价。1880年4月27日，在温莎城堡，维多利亚女王与本杰明·迪斯雷利正式告别。在谈话中，维多利亚女王和本杰明·迪斯雷利情绪沮丧。维多利亚女王提出要授予本杰明·迪斯雷利更高等级的贵族头衔，但遭到谢绝。

威廉·尤尔特·格拉德斯通的第二届政府很快组建好了。在组建政府过程中，相关内阁成员的人选问题，威廉·尤尔特·格拉德斯通很少顾及维多利亚女王的意见。由于害怕军事部门有任何进一步的变动，维多利亚女王推荐德沃恩舍尔公爵斯潘塞·卡文迪什出任战争大臣，但威廉·尤尔特·格拉德斯通任命德沃恩舍尔公爵斯潘塞·卡文迪什为印度事务大臣，并且将战争大臣一职授予休·蔡尔德斯。维多利亚女王虽然接受了这样的任命，但一点不掩饰自己的愤怒。[①]与此同时，维多利亚女

---

① 1882年12月，德沃恩舍尔公爵斯潘塞·卡文迪什调任战争大臣。——原注

约瑟夫·张伯伦

王反对授予罗伯特·罗威更高的贵族头衔。罗伯特·罗威是威廉·尤尔特·格拉德斯通第一届政府的重要成员,但在第二届政府中没有合适的职位担任。维多利亚女王坚持,按照罗伯特·罗威的情况,男爵头衔对他是最合适的头衔。维多利亚女王批评让一个像约瑟夫·张伯伦一样,持如此激进观点的政治家进入内阁。1882年,为了加强政府中激进派势力,威廉·尤尔特·格拉德斯通让查尔斯·迪尔克进入内阁。这时,维多利亚女王激烈地表达了反对意见。

对此，威廉·尤尔特·格拉德斯通毫不退让。虽然新政府中某些人事安排不合维多利亚女王的心意，职位分配方式也令维多利亚女王感到厌恶，但最终，维多利亚女王以一位立宪制君主该有的风范，接受了所有新内阁的成员。①

新的自由党政府组成后，由于两个善意的行为，维多利亚女王受到公众的谴责。维多利亚女王一辈子都对流亡的汉诺威国王乔治五世一家充满同情，尤其关心汉诺威国王乔治五世的女儿弗雷德丽卡公主，并且称她为"可怜的汉诺威百合"。维多利亚女王不仅支持弗雷德丽卡公主与阿尔方斯·冯·帕韦尔-拉明根男爵的婚事——阿尔方斯·冯·帕韦尔-拉明根男爵的父亲帕韦尔-拉明根男爵卡尔·尤里乌斯·奥古斯特·普拉托·埃米尔是维多利亚女王父亲肯特公爵兼斯特拉森公爵爱德

---

① 威廉·尤尔特·格拉德斯通第二届内阁成员名单：
第一财政大臣兼财政大臣——威廉·尤尔特·格拉德斯通
大法官——塞尔伯恩伯爵朗德尔·帕尔默
枢密院议长——斯潘塞·霍拉肖·沃波尔
掌玺大臣——阿盖尔公爵乔治·坎贝尔
海军大臣——诺斯布鲁克伯爵托马斯·巴林
内政大臣——威廉·哈考特
外交大臣——格兰维尔伯爵格兰维尔·莱韦森-高尔
战争事务大臣——休·蔡尔德斯
殖民事务大臣——金伯利伯爵约翰·沃德豪斯
印度事务大臣——德沃恩舍尔公爵斯潘塞·卡文迪什
兰开斯特公爵领地大臣——约翰·布莱特
贸易委员会主席——约瑟夫·张伯伦
地方管理委员会主席——蒙克·布雷顿男爵约翰·乔治·多德森
爱尔兰首席大臣——威廉·爱德华·福斯特
后来，威廉·尤尔特·格拉德斯通对内阁成员做了大幅调整。1881年5月，卡林福德男爵奇切斯特·帕金森-福蒂斯丘接替阿盖尔公爵乔治·坎贝尔成为掌玺大臣。1883年3月，卡林福德男爵奇切斯特·帕金森-福蒂斯丘接替约翰·斯潘塞伯爵，兼任枢密院院长。1882年5月，约翰·斯潘塞伯爵接替弗朗西斯·考珀伯爵成为爱尔兰总督。1882年5月，威廉·爱德华·福斯特让出爱尔兰首席大臣一职，由弗雷德里克·卡文迪什勋爵担任。1882年7月，约翰·乔治·多德森接替约翰·布莱特成为兰开斯特公爵领地大臣，查尔斯·迪尔克进入地方管理委员会。1882年12月，威廉·尤尔特·格拉德斯通将财政大臣一职让给休·蔡尔德斯，德沃恩舍尔公爵斯潘塞·卡文迪什成为战争事务大臣，德比伯爵爱德华·斯坦利成为殖民事务大臣，金伯利伯爵约翰·沃德豪斯成为印度事务大臣。1884年10月，乔治·特里维廉爵士接替约翰·乔治·多德森成为兰开斯特公爵领地大臣，亨利·坎贝尔·班纳曼成为爱尔兰首席大臣。1884年起，罗斯伯里伯爵阿奇博尔德·普罗姆罗丝开始担任建设大臣。1885年2月起，罗斯伯里伯爵阿奇博尔德·普罗姆罗丝接替卡林福德男爵奇切斯特·帕金森-福蒂斯丘，兼任掌玺大臣。——原注

华的侍从官,还将两人的婚礼安排在温莎城堡内的私人教堂。1880年4月24日,维多利亚女王亲自参加了婚礼仪式。不过,维多利亚女王的德意志亲戚们认为这门亲事有失体统,认为维多利亚女王不应该赞成这门亲事。然而,维多利亚女王千方百计向德意志亲戚们展示自己完全支持这门亲事。①

几个月后,在参观威斯敏斯特大教堂时,维多利亚女王要求教堂内立一块纪念碑,缅怀逝去的法兰西前皇太子拿破仑。这一提议虽然得到威廉·尤尔特·格拉德斯通的支持,但引起议会下议院的反对,原因包括法兰西前皇太子拿破仑的国籍和英国的国家政策。1880年7月22日,维多利亚女王极不情愿地撤回了自己的要求。与此同时,她立刻在温莎城堡的圣乔治教堂内划定纪念碑的位置。

新政府开始运作后,维多利亚女王让威廉·尤尔特·格拉德斯通回顾一下罗伯特·皮尔政府的特点和工作作风,毕竟在罗伯特·皮尔的政府内,威廉·尤尔特·格拉德斯通第一次荣登高位。对罗伯特·皮尔的成就,维多利亚女王给予"高度赞扬",认为威廉·尤尔特·格拉德斯通一定会尽力效仿前辈罗伯特·皮尔。威廉·尤尔特·格拉德斯通就维多利亚女王对过去历史的肯定表示赞同,但以模棱两可的措辞表示自己会追随前辈罗伯特·皮尔的步伐。②维多利亚女王没有得到威廉·尤尔特·格拉德斯通的明确保证,但不甘心做个被动的旁观者。新政府带来的不安激发了维多利亚女王积极参政的热情。在威廉·尤尔特·格拉德斯通政府执政的五年里,维多利亚女王的参政热情不降反升。起初,维多利亚女王告诉威廉·尤尔特·格拉德斯通及其他内阁官员,"在新政府完全成熟前,自己会坚持议政的权利",并且在将议案呈报给自己前,所有内阁成员不得决定任何事情。维多利亚女王要求大臣们严格遵照传统行事,甚至到了一丝不苟的地步。1883年9月,在没有提前通知维多利亚女王的情况下,威廉·尤尔特·格拉德斯通前往北海度假,并且在哥本哈根拜访丹麦王室。维多利亚女王立即向威廉·尤尔

---

① 1880年4月26日,维多利亚女王在《宫廷公报》上刊登出一份相当长的婚礼礼品单。1880年4月28日,她又宣布弗雷德丽卡公主婚礼上穿戴的礼服和面纱都是自己的礼物,并且详细描述了礼服和面纱。——原注

② 约翰·莫利:《威廉·尤尔特·格拉德斯通传》,伦敦,麦克米伦出版社,1903年,第1卷,第642页到第643页。——原注

特·格拉德斯通指出，他的这种行为已经违反惯例。按照规定，首相在出国访问前必须先征得君主的同意。在一封道歉信中，威廉·尤尔特·格拉德斯通承认了自己的错误。①

在新政府的第一批国内法案中，有一项法案，即《安葬权利法案》，令维多利亚女王极其不安。这项法案旨在授权非国教牧师在教区教堂的墓地上主持葬礼。关于在教堂墓地可以批准进行哪些宗教仪式，维多利亚女王和塞尔伯恩伯爵朗德尔·帕尔默看法一致，认为相关宗教仪式应该严格遵循英国国教的要求。

更令维多利亚女王不安的是，政府计划进一步重组军队，这涉及军队的控制权问题。在这个问题上，维多利亚女王坚持认为控制军队是君主的特权。任何军队方面的改革都逃不过维多利亚女王的法眼。1880年5月，维多利亚女王坚决反对在军队中完全废除鞭刑。她曾写到，自己虽然痛恨这种刑法，但认为这是"惩罚懦弱、变节、掠夺和站岗时玩忽职守"最有效的手段。1880年冬，当战争事务大臣休·蔡尔德斯提出要合并军营，以地域名称来命名部队时，维多利亚女王强烈抨击这一做法，认为这将削弱部队的团队精神。出于敬意，休·蔡尔德斯考虑了维多利亚女王的意见，但没有采纳。1882年1月19日，在庞蒂弗拉克特的一场演说中，休·蔡尔德斯公开质疑君主对军队的控制权。

在威廉·尤尔特·格拉德斯通第二届政府开始执政的前几个月，维多利亚女王的主要心思放在敦促大臣们结束在阿富汗和南非的战争，这是上届政府的遗留问题。1880年，维多利亚女王密切关注阿富汗战争。

英军在迈万德战役失利后，维多利亚女王写信给休·蔡尔德斯，表达自己对政府能否扭转战局的担忧。维多利亚女王在信中称，自己听说了政府有意削减军队规模的谣言。然而，维多利亚女王认为此时应该扩大军队规模。为表明自己的担忧，1880年8月22日，维多利亚女王视察了即将赶往印度增援的"亚穆纳"号运输船。弗雷德里克·罗伯茨突然进军坎大哈，迫使阿富汗军队投降，这一消息令维多利亚女王十分高兴。与此同时，阿卜杜勒-拉赫曼汗稳稳登上阿富汗王位。令维多利亚女王

---

① 约翰·莫利：《威廉·尤尔特·格拉德斯通传》，伦敦，麦克米伦出版社，1903年，第3卷，第115页到第117页。——原注

迈万德战役中运送弹药的英军

英军逃离迈万德战场

欣慰的是，阿卜杜勒-拉赫曼汗与她和英国政府一直保持友好关系，经常在其家人面前和朝廷里赞扬维多利亚女王的人品和治国能力。

维多利亚女王千方百计召回驻南非高级专员亨利·巴特尔·弗里尔。亨利·巴特尔·弗里尔要对过去几年冒进的南非政策负全部责任，但内阁并不重视维多利亚女王的建议。由于下议院大多数议员强烈反对亨利·巴特尔·弗里尔继续留任，政府才免除了亨利·巴特尔·弗里尔高级专员的职务。通过允许议会下议院不恰当地破坏政府的工作，维多利亚女王挑战了威廉·尤尔特·格拉德斯通的权威。

1880年12月，第一次布尔战争爆发。1881年2月27日，在马尤巴山战役中，英军败北，乔治·波默罗伊·科利将军阵亡。当时，维多利亚女王不断提醒政府振作起来，并且推荐弗雷德里克·罗伯茨出任德兰士瓦总司令一职。实际上，此时，政府做出了同样的决定。然而，政府决定继续与布尔人进行和平谈判。弗雷德里克·罗伯茨抵达南非前，第一次布尔战争结束，但代价明显是英国政府向布尔人做出妥协。政府的作为与维多利亚女王的看法和意愿相互冲突，维多利亚女王公开指责政府软弱。允许布尔人重新拥有自治权令维多利亚女王对政府政策越来越没有信心。

无论如何看待政府的外交政策，维多利亚女王一刻也不放松对军队的关心。此时，在祖鲁战争伊桑德尔瓦纳战役中丢失的第二十四团军旗已经被找到，并且按照维多利亚女王的建议送到奥斯本。1880年7月28日，在与第二十四团的军官交谈后，维多利亚女王在军旗上摆放了一个花圈。1882年5月6日，维多利亚女王再次前往奥尔德肖特检阅军队。1882年8月17日，在怀特岛的帕克赫斯特，维多利亚女王向伯克郡的第六十六团第二营授新军旗，该营的老军旗在阿富汗的迈万德战役中遗失。

1881年4月19日，本杰明·迪斯雷利去世。得知这一消息后，对本杰明·迪斯雷利，这位自己称为"亲爱的了不起的朋友"的逝世，维多利亚女王悲痛万分，尤其是对现政府的不满，加剧了她的悲痛之情。一时之间，维多利亚女王沉浸在悲痛中无法自拔。本杰明·迪斯雷利的逝世成为维多利亚女王和王室的损失。1881年4月21日，本杰明·迪斯雷利去世后两天，维多利亚女王从奥斯本向阿瑟·彭林·斯坦利院长写信道："本杰明·迪斯雷利对我忠诚友好。他性格温和，立场坚定，一心为国家的荣誉着想。他的逝世是我们国家的不幸。我悲痛万分，无法自拔。"在给另一位朋友的信中，维多利亚女王将已经去世的本杰明·迪斯雷利描述成"我亲爱的、重要的、忠诚的朋友兼顾问，他的逝世是我和国家的重大损失……每当回忆起和他在一起的场景，就能给我带来巨大安慰。"当被问及是否为本杰明·迪斯雷利举行国葬时，维多利亚女王说自己知道本杰明·迪斯雷利一定希望被安葬在休恩登，安息在妻子玛丽·安妮·迪斯雷利身旁。不过，为缅怀本杰明·迪斯雷利，维多利亚女王下令在威斯敏斯特大教堂内立一座公共纪念碑。①

1881年4月26日，威尔士亲王阿尔伯特·爱德华和利奥波德王子代表维多利亚女王出席了在休恩登为本杰明·迪斯雷利举行的葬礼。维多利亚女王送去两个花圈，其中一个是用报春花编成的，花圈上有一句题词"他最喜爱的花……来自维多利亚女王的深情致敬"。本杰明·迪斯雷利与报春花的渊源是从这时开始的。

这样向本杰明·迪斯雷利表达敬意还不够，维多利亚女王还有进一步的公开悼念活动。1881年4月30日，本杰明·迪斯雷利葬礼后第四天，维多利亚女王和比阿特丽斯公主前往休恩登慰问本杰明·迪斯雷利的家人，并且亲手在他的棺椁上献上一个山茶花花圈。1882年，维多利亚女王命人在休恩登教堂内，本杰明·迪斯雷利生前习惯坐的座位上方的墙上挂起一块牌匾——一块精美的本杰明·迪斯雷利肖像浅浮雕，上面还有维多利亚女王的亲笔题词："献给亲爱的本杰明·迪斯雷利，'说正直的话，为王所喜爱'——《箴言》第十六章第十三节，感恩的君主和朋友维多利亚女王和女皇敬上，1882年2月27日。"②在英国历史上，还没有哪位君主像维多利亚女王一样，如此爱戴一位大臣。

维多利亚女王深切的怜悯之心绝不限于英国国内的臣民和朋友。1881年3月13

---

① 厄恩利男爵罗兰·普罗瑟洛和乔治·格兰维尔·布拉德利：《阿瑟·彭林·斯坦利院长传》，纽约，查尔斯·斯克里布纳之子出版社，1894年，第2卷，第565页。维多利亚女王并不热心将对国家有贡献的人安葬在威斯敏斯特大教堂里。1873年，萨缪尔·威尔伯福斯主教去世后，其家人谢绝将萨缪尔·威尔伯福斯主教安葬在威斯敏斯特大教堂。维多利亚女王听闻后说，自己其实很高兴，"因为再没有什么比威斯敏斯特大教堂更让人感到阴郁悲伤的地方了"。约翰·莫利：《威廉·尤尔特·格拉德斯通传》，1903年，第2卷，第460页。——原注

② 与此同时，维多利亚女王命人制作了一块刻有纪念内容的黄铜牌子，并且固定在本杰明·迪斯雷利经常坐的教堂凳子上。此外，维多利亚女王命人将一直悬挂在温莎城堡圣乔治教堂中的本杰明·迪斯雷利的嘉德骑士徽章——方旗、盔状花冠和剑——移到休恩登教堂，并且将其悬挂在圣坛的墙上，自己赠送的牌匾上方。——原注

马尤巴山战役

伊桑德尔瓦纳战役

日，本杰明·迪斯雷利去世前几个星期，维多利亚女王的儿媳玛丽亚·亚历山德罗芙娜公主的父亲沙皇亚历山大二世遇刺身亡。几个月后，美国总统詹姆斯·艾布拉姆·加菲尔德遇刺身亡，这两起谋杀令维多利亚女王深感震惊。詹姆斯·艾布拉姆·加菲尔德总统的遗孀卢克丽霞·加菲尔德曾收到过维多利亚女王的亲笔慰问信，资深政治家查尔斯·佩勒姆·维利尔斯赞扬这一举动是"女性体贴和政治策略统一的杰出范例"。

1881年结束前，威廉·尤尔特·格拉德斯通的政府忙于应对埃及问题。1881年秋，埃及总督陶菲克帕夏的战争部长艾哈迈德·乌拉比发动政变，对抗埃及总督陶菲克帕夏的政权。1882年夏，艾哈迈德·乌拉比已经完全控制埃及政府。埃及政府财务管理的混乱直接导致英国和法兰西第三共和国1878年开始对埃及财政收入的双重管理，这种双重管理要求英国和法兰西第三共和国必须维护埃及的稳定。然而此时，法兰西第三共和国拒绝与英国一起捍卫埃及总督陶菲克帕夏的政权。维多利亚女王得出结论，英国必须不惜一切代价控制整个埃及。对维多利亚女王的观点，威廉·尤尔特·格拉德斯通有些犹豫，但内阁经过大量商讨后，决定英国将独自镇压艾哈迈德·乌拉比的叛乱。

坚信武装干涉的维多利亚女王流露出对迅速有效军事行动的关注。1882年7月10日，当战斗即将打响时，维多利亚女王询问战争事务大臣休·蔡尔德斯哪支军队已经做好战斗准备，并且严厉指责在自己没来得及考虑政府建议的指挥官人选的情况下政府就指定指挥官的做法。另外，她指出运输和战马补给是需要考虑的当务之急。1882年7月21日，维多利亚女王批准任命加尼特·沃尔斯利为总司令，约翰·埃迪为参谋长。1882年7月28日，维多利亚女王询问了相关新闻法规。经维多利亚女王同意，她的儿子康诺特公爵兼斯特拉森公爵阿瑟王子被任命为第一师警卫旅旅长，这一任命令维多利亚女王对这次远征的胜利更加期待。维多利亚女王的堂妹剑桥的玛丽·阿德莱德公主的丈夫特克公爵弗朗西斯也在加尼特·沃尔斯利麾下任职。

直到所有远征物资装上运输船，维多利亚女王就装备的实际问题不停地向战争部提出建议。此外，维多利亚女王多次语气强硬地强调食物供给和医疗物资储备等问题，因为她认为士兵的健康和舒适是必须关注的问题。1882年8月某日，在一天之内,维多利亚女王向战争事务大臣休·蔡尔德斯发去不少于十七个关于这些问题的字条。

随着战争的爆发,维多利亚女王的热情更加高涨。1882年9月12日,在巴尔莫勒尔,维多利亚女王写道:"我满脑子想的都是埃及和即将打响的战争。"1882年9月13日,当英军在泰勒凯比尔取得决定性胜利的消息传来时,维多利亚女王命人在克雷格-高恩山顶点燃篝火,庆祝收到胜利的消息,这与1855年维多利亚女王收到攻陷塞瓦斯托波尔消息后的做法如出一辙。但很快,胜利带给维多利亚女王的喜悦被心头的担忧冲刷得一干二净。维多利亚女王担心政府可能没有决心将战争进行到底。维多利亚女王注意到内阁中的不同意见,并且千方百计让大臣们挺直腰杆,拿出勇气。1882年9月19日,维多利亚女王反对减少在埃及的兵力,反对宽大处理叛乱的艾哈迈德·乌拉比。1882年9月21日,在给大臣们的信中,维多利亚女王写道①:"我们如果不严厉惩处导致上千人死亡的艾哈迈德·乌拉比及其他叛乱首领,那么会助长叛乱的势头。结果,很可能我们又得经历一场战争。目前,埃及的局势和未来充满挑战。我们必须认识到我们在埃及的地位已经得到巩固,我们一定不能让我们的血白流、钱白花。"

最终,埃及局势平息,英国获得对埃及的完全统治。不过,一些偏远省份的局势仍然比较混乱。1882年最后几个月,维多利亚女王陆续对参战人员进行嘉奖。1882年10月,为了奖励在战场上提供高效护理工作的护士,维多利亚女王新设了皇家红十字勋章。1883年4月7日,她颁布了皇家红十字勋章的最终章程。1882年11月18日,在圣詹姆斯公园,维多利亚女王检阅了刚从埃及归来的八万人的军队。1882年11月21日,她又在温莎城堡颁发战争奖章,并且对士兵发表了感人肺腑的感谢致辞。

1882年,令威廉·尤尔特·格拉德斯通政府和维多利亚女王头疼的不仅是埃及问题。这一年,维多利亚女王遭遇人生第五次刺杀。1882年3月2日,当维多利亚女王从伦敦返回温莎城堡时,在温莎火车站,一个叫罗德里克·麦克莱恩的疯子持枪向维多

---

① 埃德蒙·蔡尔德斯:《休·蔡尔德斯传》,伦敦,约翰·默里出版社,1901年,第2卷,第33页。——原注

沙皇亚历山大二世遇刺

詹姆斯·艾布拉姆·加菲尔德遇刺

利亚女王开火,幸亏子弹没有击中维多利亚女王。①不久,1882年5月6日,爱尔兰首席大臣弗雷德里克·卡文迪什和副首席大臣托马斯·亨利·伯克的谋杀案将爱尔兰的不满情绪推向高潮。1879年起,维多利亚女王开始密切关注爱尔兰民族主义者的动向。1880年12月26日,维多利亚女王写道:"现在,不幸的爱尔兰的状况简直太糟糕了!"维多利亚女王一直坚持用镇压手段解决问题,鼓励弗雷德里克·卡文迪什勋爵的继任者威廉·爱德华·福斯特要严守法律。此外,维多利亚女王不辞辛劳地询问叛乱分子的情况,敦促爱尔兰当局一定要保护好守法的地主和佃户。不过后来,威廉·爱德华·福斯特的继任者主张采用更温和的和解政策。对此,维多利亚女王十分不满。

  幸运的是,每年通过一次海外旅行或者其他家庭活动,为各种烦恼所累的维多利亚女王能得到放松。1882年春,维多利亚女王第一次前往里维埃拉度假,并且在芒通待了一个月。接下来,家中的一桩喜事令维多利亚女王内心喜悦。她的小儿子奥尔巴尼公爵利奥波德王子与来自德意志的瓦尔代克和皮尔蒙特的海伦娜订婚了,瓦尔代克和皮尔蒙特的海伦娜的姐姐瓦尔代克和皮尔蒙特的埃玛是荷兰国王威廉三世的第二任妻子。从前,维多利亚女王不认识瓦尔代克和皮尔蒙特的海伦娜,并且十分担心奥尔巴尼公爵利奥波德王子的健康状况。不过,她还是满心期待地同意了这门婚事。

  由于这门婚事,维多利亚女王再次代表奥尔巴尼公爵利奥波德王子向议会提出拨款要求。在这个问题上,有先例支持维多利亚女王,威廉·尤尔特·格拉德斯通表现得很友好。1882年3月23日,威廉·尤尔特·格拉德斯通向议会下议院提出效仿奥尔巴尼公爵利奥波德王子前两位哥哥的做法,增加奥尔巴尼公爵利奥波德王子的收入,将他成年后享受到的年金从一万五千英镑提高到两万五千英镑。威廉·尤尔特·格拉德斯通很有策略和热情地向议会下议院推销自己的提议,但有四十二位议员——主要是来自爱尔兰的议员,反对这项议案。不过最终,这项议案以多数票三百四十五票获得通过。另外,按照惯例,议会同意如果奥尔巴尼公爵利奥波德王子去世,其遗孀每年可获得六千英镑的年金。

---

① 本杰明·迪斯雷利去世后,租下休恩登庄园的塞缪尔·威尔逊爵士在庄园的教堂中竖起一扇彩色窗户,以此"歌颂上帝的荣耀,感谢1882年3月2日上帝在温莎城堡对维多利亚女王陛下的庇护"。——原注

从芒通返回后不久,维多利亚女王在温莎城堡圣乔治教堂参加了奥尔巴尼公爵利奥波德王子与瓦尔代克和皮尔蒙特的海伦娜公主的婚礼。对小儿子奥尔巴尼公爵利奥波德王子和儿媳瓦尔代克和皮尔蒙特的海伦娜,维多利亚女王十分大方。维多利亚女王为他们永久购买了在克莱尔蒙特的王室地产,这块地产原来的主人是利奥波德一世。1866年,利奥波德一世驾崩后,议会将这块王室地产终生划拨给维多利亚女王。当时,维多利亚女王将这块地产买下后,慷慨地送给了奥尔巴尼公爵利奥波德王子夫妇,作为这对新人的住所。

瓦尔代克和皮尔蒙特的海伦娜公主

1882年，维多利亚女王参加了两次公众活动。1882年5月6日，维多利亚女王来到埃平森林公园。埃平森林公园是伦敦公司近期为公众建设的一处娱乐场所。维多利亚女王这次前来是为了宣布埃平森林公园正式面向公众开放。1882年12月4日，应议会上议院大法官塞尔伯恩伯爵朗德尔·帕尔默的请求，维多利亚女王主持了位于河岸街新法院大楼的落成仪式。

第41章

查尔斯·乔治·戈登将军

精彩看点

1883年至1885年的伤心事——1883年大主教的人选问题——大主教的任命——1883年3月27日约翰·布朗去世——奥尔巴尼公爵利奥波德王子薨——苏丹——查尔斯·乔治·戈登将军——维多利亚女王对查尔斯·乔治·戈登将军阵亡的看法——1885年维多利亚女王写给戈登小姐的信——查尔斯·乔治·戈登的《圣经》——查尔斯·乔治·戈登将军的日记——苏丹的事态——维多利亚女王与1884年的《选举权法案》——维多利亚女王调解上议院与下议院的分歧——1884年到1885年在黑森-达姆施塔特——巴腾堡的贵族们——1884年11月29日比阿特丽斯公主订婚——1885年7月23日比阿特丽斯公主的婚礼——维多利亚女王与巴腾堡的亨利——1885年6月8日威廉·尤尔特·格拉德斯通下台——索尔兹伯里侯爵罗伯特·加斯科因-塞西尔与威廉·尤尔特·格拉德斯通的谈判——索尔兹伯里侯爵罗伯特·加斯科因-塞西尔的第一届政府

接下来的两年,即1883年到1885年,不管在国事方面,还是在家事方面,维多利亚女王生活的主色调是灰暗的。1882年年底,维多利亚女王失去了一位值得信任的好友——阿奇博尔德·坎贝尔·泰特大主教。在弥留之际,阿奇博尔德·坎贝尔·泰特大主教派人向维多利亚女王捎去口信"二十六年忠诚的奉献、真挚的热爱和祝福维多利亚女王和家人",这令维多利亚女王非常感动。威斯敏斯特大教堂院长和全体教士提议将阿奇博尔德·坎贝尔·泰特大主教安葬在威斯敏斯特大教堂内,但阿奇博尔德·坎贝尔·泰特大主教的女儿们更希望自己的父亲能安葬在阿丁顿的教堂墓地里,安息在亲人身边。阿奇博尔德·坎贝尔·泰特大主教最后安息地的问题提交维多利亚女王做最终定夺,维多利亚女王迅速选择了阿丁顿教堂墓地。

阿奇博尔德·坎贝尔·泰特大主教逝世后,维多利亚女王立即要与首相威廉·尤尔特·格拉德斯通一起面对一个严肃的问题,即坎特伯雷大主教继任者问题。1870年威廉·尤尔特·格拉德斯通第一次执政时,维多利亚女王和威廉·尤尔特·格拉德斯通曾讨论过这一问题。当时,阿奇博尔德·坎贝尔·泰特大主教从重病中恢复的可能性渺茫,坎特伯雷大主教一职不可避免将立即出现空缺。维多利亚女王和首相威廉·尤尔特·格拉德斯通达成一致,打算任命温莎的亨利·韦尔斯利院长为新的坎特伯雷大主教。对两人来说,亨利·韦尔斯利院长是他们的密友,并且多年来在教会问题上,他一直是维多利亚女王的顾问。但当时,亨利·韦尔斯利院长拒绝了维多利亚女王和首相威廉·尤尔特·格拉德斯通的邀请。在阿奇博尔德·坎贝尔·泰特大主教逝世前十个星期,亨利·韦尔斯利院长就已经去世了。对于失去亨利·韦尔斯利院长,维多利亚女王十分悲伤,但能积极应对眼前的问题。威廉·尤尔特·格拉德斯通向维多利亚女王提供了大量人选。理查德·威廉·丘奇院长曾这样写道:"几百年来,选择坎特伯雷大主教的人选从没有像这次这样艰辛——为了选择最合适的人选,可谓历经艰难,既要考虑个人喜好,又不得不考虑政治需要。这次,我都目睹到了。"① 阿奇博尔德·坎贝尔·泰特大主教去世前,曾表达过希望哈罗德·布朗博士成为自己的继任者。1873年,哈罗德·布朗博士接替塞缪尔·威尔伯福斯,成为温切斯特主教。这次,他得到威廉·尤尔特·格拉德斯通的提名,维多利亚女王十分愿意采纳阿奇博尔德·坎贝尔·泰特大主教的临终推荐。然而,哈罗德·布

理查德·威廉·丘奇院长的漫画形象

---

① 玛丽·丘奇:《理查德·威廉·丘奇院长的生平和书信集》,伦敦,麦克米伦出版社,1895年,第307页。——原注

朗博士年过七旬，威廉·尤尔特·格拉德斯通向维多利亚女王指出出于先例及谨慎原则考虑，年龄都是任命哈罗德·布朗博士出任坎特伯雷大主教无法克服的障碍。在恰当的场合，维多利亚女王向温切斯特主教哈罗德·布朗博士解释了原委，但实际上，哈罗德·布朗博士早已清楚整个事情的来龙去脉。"维多利亚女王认为，要求哈罗德·布朗博士出任坎特伯雷大主教不合适，因为在年过七旬的情况下还担任坎特伯雷大主教会给他的健康和精力带来巨大压力，就像温切斯特主教哈罗德·布朗自己说的，我们亲爱的已经去世的朋友阿奇博尔德·坎贝尔·泰特大主教属于这种情况"。①

　　幸运的是，最终，维多利亚女王与威廉·尤尔特·格拉德斯通一致认为爱德华·怀特·本森是继任坎特伯雷大主教的合适人选。起初，爱德华·怀特·本森是阿

爱德华·怀特·本森

---

① 乔治·威廉·基钦：《哈罗德·布朗博士传》，伦敦，约翰·默里出版社，1895年，第456页；约翰·莫利：《威廉·尤尔特·格拉德斯通传》，伦敦，麦克米伦出版社，第3卷，第93页到第95页。——原注

尔伯特亲王创建的威灵顿学院的校长。后来，他成为第一任特鲁罗主教。维多利亚女王称爱德华·怀特·本森接受邀请继任坎特伯雷大主教是"对她的大力支持"。如同前任阿奇博尔德·坎贝尔·泰特大主教一样，爱德华·怀特·本森大主教与维多利亚女王的关系十分融洽。

在任命爱德华·怀特·本森大主教的同时，维多利亚女王经历了一位朋友的去世。1883年3月27日，维多利亚女王忠诚的随从约翰·布朗去世。为了纪念约翰·布朗，维多利亚女王命人在克拉西的教堂墓地里立了一块墓碑，墓碑上的铭文是维多利亚女王亲自写的，并且专门听取了阿尔弗雷德·丁尼生的意见。此外，维多利亚女王在巴尔莫勒尔为谦卑的朋友约翰·布朗竖起一尊雕像，并且在奥斯本，她建了一个花岗岩椅子，椅子上刻着缅怀约翰·布朗的文字。几个月后，维多利亚女王写道："对我来说，失去他是不可弥补的损失。我日日，甚至时时，都在思念他，他生前对我无微不至的关怀赢得我一辈子对他的感激，下面的话可以表达我的感激之情：'一个最真实、最高尚、最值得信任、最忠诚和最充满爱心的人'。"

忠诚的随从约翰·布朗与维多利亚女王

1883年，在温莎城堡，一次意外摔倒让维多利亚女王好几个月无法行走，这加剧了维多利亚女王郁闷的心情。1884年1月，官方宣布维多利亚女王依然无法长时间站立。①1883年夏，为消磨寂寞的时光，维多利亚准备再出版一本日记选集《1862年到1882年关于高地生活更多日记节选》，并且将这本日记选集献给"忠诚的高地人民，特别要献给忠实的私人随从兼朋友约翰•布朗"。维多利亚女王以谦虚的态度看待这本日记选集的文学价值。当给诗人阿尔弗雷德•丁尼生送去自己的作品时，维多利亚女王这样描述自己："一位十分谦逊的作者，其作品的唯一优点是纯朴、真实。"

　　公众对自己作品的欢迎重新点燃维多利亚女王对生活的热情，但这股热情很快被浇灭。1884年3月28日，维多利亚女王的小儿子奥尔巴尼公爵利奥波德王子新婚不久突然在戛纳去世。维多利亚女王一直都担心小儿子奥尔巴尼公爵利奥波德王子的健康。因此，对这个儿子，她更加疼爱。对维多利亚女王来说，奥尔巴尼公爵利奥波德王子的去世是沉重的打击。晚年时，维多利亚女王曾说，奥尔巴尼公爵利奥波德王子的去世让她失去了一个巨大的依靠。不过，维多利亚女王以一种顺从的宗教心态，勇敢面对痛失爱子的事实。维多利亚女王这样回复一封慰问信："是啊，上帝总是带走我最亲爱的人，以及我最需要的人。我的确备受痛苦的煎熬。这是一次朝圣之旅、一场伟大的战斗，但不是我们真正的归宿。"②维多利亚女王给诗人阿尔弗雷德•丁尼生写信道："虽然我在世上的幸福已经终结，但我还是做好战斗的准备。"1884年4月14日，在温莎城堡，维多利亚女王在一封公开信中承诺："为了我的孩子，我会努力工作；为了我热爱的国家，我会努力到最后一刻。"此外，在这封信里，维多利亚女王向法兰西人民表达谢意，感谢他们给予的敬意和友善，毕竟那里是奥尔巴尼公爵利奥波德王子去世的地方。1884年4月6日，在温莎城堡圣乔治教堂，维多利亚女王为奥尔巴尼公爵利奥波德王子举行了一场军人葬礼，尽管这与他生前安静的性格及生活环境不符。

　　1883年到1884年，威廉•尤尔特•格拉德斯通政府的作为令维多利亚女王很不

---

① 《宫廷公报》，1884年1月21日。——原注
② 罗纳德•高尔勋爵：《1881年到1901年日记》，伦敦，约翰•默里出版社，1902年，第404页。——原注

满意。这时,埃及是维多利亚女王担忧的焦点。自艾哈迈德·乌拉比叛乱后,在狂热宗教领袖马赫迪的带领下,苏丹境内的居民一直在反抗英国的统治。此时,苏丹叛乱者对埃及边境地区构成威胁。1883年,英国政府不得不做出决定,在武力镇压苏丹境内的叛乱和将苏丹领土拱手让给叛乱者、完全让苏丹脱离埃及统治中做选择。最终,威廉·尤尔特·格拉德斯通政府选择放弃苏丹的政策,这令维多利亚女王极其失望。当时,在苏丹境内,一些埃及卫戍部队仍然在艰苦作战,英国政府打算对其展开救援行动。1884年1月,维多利亚女王建议立刻开展有效的救援行动,但没有得到政府任何回应。

迫于舆论压力,威廉·尤尔特·格拉德斯通政府派遣查尔斯·乔治·戈登将军前往叛乱的中心城市喀土穆,与叛军谈判解救被围困的埃及卫戍部队。过去,查尔斯·乔治·戈登将军在苏丹当地人中很有声望。但维多利亚女王立即表现出对查尔斯·乔治·戈登将军的不信任,怀疑他能否独自完成这次困难的使命。维多利亚女王心急如焚地关注着查尔斯·乔治·戈登将军的一举一动,不断提醒威廉·尤尔特·格拉德斯通政府,查尔斯·乔治·戈登将军是在玩火。

后来,维多利亚女王的预感被证明是完全正确的。当时,查尔斯·乔治·戈登将军对苏丹当地人的影响力大不如前。查尔斯·乔治·戈登将军抵达喀土穆后不久,敦促威廉·尤尔特·格拉德斯通政府任命一个在当地颇有影响力的埃及奴隶贩子阿祖拜尔·拉赫马·曼苏尔为苏丹总督。这个提议得到大家的支持,维多利亚女王也表示同意。虽然威廉·尤尔特·格拉德斯通愿意采纳这项建议,但在这一问题上,他没能成功消除大多数内阁成员的疑虑。查尔斯·乔治·戈登将军面临的局面迅速恶化,他被马赫迪的军队围困在喀土穆。于是,维多利亚女王立即郑重提醒威廉·尤尔特·格拉德斯通政府,政府有责任派兵解救查尔斯·乔治·戈登将军。然而,威廉·尤尔特·格拉德斯通的政府惧怕进一步陷入战争的泥潭。但维多利亚女王不会就此罢休,并且舆论支持维多利亚女王的建议。直到1884年秋,一支英国军队才磨磨蹭蹭地出发。这支军队由加尼特·沃尔斯利领导,目的是解救被围困的查尔斯·乔治·戈登将军。维多利亚女王指责威廉·尤尔特·格拉德斯通政府贻误战机,认为其行为是渎职。最终,更糟糕的事发生了。加尼特·沃尔斯利领导的这支远征

查尔斯·乔治·戈登将军

加尼特·沃尔斯利

军未达成此行的目标，因为这支援军抵达苏丹前，1885年1月26日，喀土穆已经被叛军攻占，查尔斯·乔治·戈登将军早已被杀。

查尔斯·乔治·戈登将军之死令维多利亚女王感受到前所未有的痛苦和愤慨。维多利亚女王一收到查尔斯·乔治·戈登将军被杀的消息，就满腔愤怒地向威廉·尤尔特·格拉德斯通和时任战争事务大臣德沃恩舍尔公爵斯潘塞·卡文迪什发去一封电报。收到电报时，威廉·尤尔特·格拉德斯顿正在德沃恩舍尔公爵斯潘塞·卡文迪什的霍克庄园。电报内容如下："想都不敢想，如果早点行动，喀土穆的陷落本可以避免，许多宝贵的生命本可以得到挽救。"维多利亚女王的这封电报是公开发送的，不像通常那样与大臣的电报通信采用加密形式。①

查尔斯·乔治·戈登将军被杀几个星期后，维多利亚女王从奥斯本给查尔斯·乔治·戈登将军的姐姐写了一封亲笔信，信中称自己强烈认为查尔斯·乔治·戈登将军"悲惨但富有英雄主义色彩的命运"是英国的耻辱。维多利亚女王还说，想到当初自己的紧急建议不被采纳，那种沉痛的心情是无法用语言形容的。这封信的内容如下：

亲爱的戈登小姐：

我该对你写些什么呢？或者说我该如何表达我的感受呢？一想到你那亲爱的高尚而勇敢的弟弟查尔斯·乔治·戈登，我的悲伤就无法用语言来表达。他那么真诚、勇敢地报效祖国和君主，其自我牺牲精神令世人钦佩……他的牺牲真的令我痛心！

作为姐姐，你爱你的弟弟，为他操碎了心。为此，我心疼你。在没有确凿证据表明你的弟弟查尔斯·乔治·戈登将军已经不在人世的情况下，现在，你甚至可能还抱有他生还的希望。这很好，但恐怕他早已牺牲的消息是可靠的。

我希望哪天能与你见一面，把在信中表达不清的东西当面告诉你！

---

① 约翰·莫利：《威廉·尤尔特·格拉德斯通传》，伦敦，麦克米伦出版社，第3卷，第167页到第169页。威廉·尤尔特·格拉德斯通匆忙回复维多利亚女王的谴责，声称所有的错误都在于政府不可能获得有关叛乱地区真实情况的可靠信息。——原注

查尔斯·乔治·戈登将军的最后时刻

我的女儿比阿特丽斯公主和我的感受是一样的，希望我代表她向你表达最深切的慰问。我也收到其他许多人的慰问——其中，我长女维多利亚·亚历山德里娜·玛丽·路易莎和我的表弟比利时国王利奥波德二世的慰问最深切。

你能代表我向你其他姊妹和哥哥表达我真挚的慰问吗？能转告他们我真的认为你亲爱的弟弟查尔斯·乔治·戈登将军悲惨但富有英雄主义色彩的命运是英国的耻辱吗？

你真诚的和充满怜悯之心的
维多利亚女王和女皇

最终，援军找到查尔斯·乔治·戈登将军的《圣经》和被围困在喀土穆时写下的日记，并且将这两样东西寄给了戈登小姐。戈登小姐收到东西后，立刻将弟弟查尔斯·乔治·戈登将军的《圣经》献给维多利亚女王。在一封落款为1885年3月16日写自温莎城堡的信中，维多利亚女王表达了谢意，全文如下：

你能将这本珍贵的《圣经》送给我，简直太好了。我希望你这么做不会令你和你的家人感到痛失了一件珍宝。可以问一下，这本《圣经》跟随你亲爱勇敢的弟弟查尔斯·乔治·戈登将军多少年了？我要命人为这本《圣经》做个带有铭文的盒子，然后将它和你的信都放在盒子中，放在我的图书馆里。

你知道嘛，我已经定制了一尊你亲爱的弟弟查尔斯·乔治·戈登将军的大理石半身雕像，打算摆在温莎城堡的过道里。我们国家许多伟大将军和政治家的半身雕像和肖像画都摆放在这个过道里。我希望半身雕像完成前，你去看一看，然后告诉我它与查尔斯·乔治·戈登将军的相似度如何。

请相信我，你永远真诚的，
维多利亚女王和女皇

1885年7月，维多利亚女王阅读了查尔斯·乔治·戈登将军被围困在喀土穆期间写下的日记。1885年7月11日，在奥斯本，维多利亚女王收到日记后，立即给戈登小姐回信表示感谢，部分内容如下：

> 我必须亲自感谢你将你亲爱的弟弟查尔斯·乔治·戈登将军的日记寄给我。我和我的女儿比阿特丽斯公主正带着极大的兴趣和沉重的心情阅读它。

维多利亚女王再次表达了在查尔斯·乔治·戈登将军危难之际，自己不能说服大臣们及时相救的屈辱。维多利亚女王在信的最后署名："你最真诚的，维多利亚女王和女皇。"

维多利亚女王及时将查尔斯·乔治·戈登将军的半身雕像摆放在温莎城堡的走廊中。查尔斯·乔治·戈登将军的日记装在特制的盒子里，然后安放在维多利亚女王私人房间附近的过道中。维多利亚女王经常会将这本日记当作最有价值的一件宝贝，展示给客人们。与此同时，维多利亚女王十分关心接下来如何解救依然困在苏丹境内的埃及卫戍部队。1885年2月，在温莎城堡，维多利亚女王检阅了曾受命在苏丹作战的近卫步兵团。对于澳大利亚殖民地政府主动提出的增援请求，维多利亚女王十分高兴，也心怀感激。不过，威廉·尤尔特·格拉德斯通政府拒绝接受来自澳大利亚的帮助，这令维多利亚女王非常不悦。1885年年底，在奈特利，维多利亚女王慰问了从苏丹归来的伤员，并且在温莎城堡为士官和军士颁发奖章。

英军在苏丹的后续军事行动令维多利亚女王十分不满。当时，英军没有取得任何决定性的胜利。当最终威廉·尤尔特·格拉德斯通的政府决定彻底放弃喀土穆，将其拱手让给马赫迪及其追随者时，维多利亚女王强烈反对这一做法，认为这种做法势必严重累及自己在印度的地位和形象。威廉·尤尔特·格拉德斯通为政府最新阶段的政策辩护，并且提醒维多利亚女王，在面对北美殖民地问题时，乔治三世在形势所迫的情况下不得不转变思路，做出妥协。对威廉·尤尔特·格拉德斯通的说辞，维多利亚女王通过秘书进行了反驳，含沙射影地指出，乔治三世的首相弗雷德

弗雷德里克·诺思勋爵

里克·诺思勋爵"一步也不退让,直到整个北美殖民地的局势发展到不可挽回的地步。随后,他辞职了,但他始终没有因要迎合大众的需要而改变自己的立场"。①威廉·尤尔特·格拉德斯通指责维多利亚女王歪曲历史,但他的说辞没有让维多利亚女王信服。维多利亚女王只能遗憾地目睹苏丹重新倒退回野蛮社会。

1884年秋,维多利亚女王将主要精力放在国内政治上。在例行的议会会议中,威廉·尤尔特·格拉德斯通政府在下议院通过了《扩大公民选举权法案》。1884年夏,上议院否决了《扩大公民选举权法案》。之后,威廉·尤尔特·格拉德斯通的政府宣布,打算在秋天议会会期内,让《扩大公民选举权法案》在下议院二次获得通过。由此,上议院与下议院的激烈斗争拉开序幕。维多利亚女王完全秉持本杰

---

① 约翰·莫利:《威廉·尤尔特·格拉德斯通传》,伦敦,麦克米伦出版社,第3卷,第179页到第182页。——原注

明·迪斯雷利的理念,即宪法的群众基础越广泛,君主的统治越稳固。因此,维多利亚女王主张赋予劳动阶级更广泛的公民选举权。与此同时,威廉·尤尔特·格拉德斯通和激进派主要议员威胁说,如果上议院议员坚持否决下议院的决议,那么上议院将面临"结构调整"。对威廉·尤尔特·格拉德斯通等人的威胁,维多利亚女王非常不悦。维多利亚女王一直认为,世袭的上议院议员和选举产生的下议院议员理应和谐共处,这是君主制稳定的必要条件。面对这场危机,维多利亚女王竭力想在涉及上议院的任何宪法问题被公开提出前,平息两院的争吵。这次,维多利亚女王采取的行动仿照了1869年自己在应对爱尔兰解散国教会时的做法。

维多利亚女王的私人秘书亨利·庞森比爵士为人圆通。维多利亚女王果断通过他对议会两党领袖施加影响。令人欣喜的是,这场争端的风险没有人们想象的那么严重。当维多利亚女王进一步介入上议院与下议院争端时,包括伦道夫·丘吉尔勋爵

伦道夫·丘吉尔勋爵

和圣奥尔德温伯爵迈克尔·希克斯-比奇在内的一些有影响力的保守党成员一致认为，如果增加重新分配议会席位的法案，那么该法案能在上议院顺利通过。这一观点迅速得到保守党内各派的支持，甚至连威廉·尤尔特·格拉德斯通的一些支持者也表示赞同，但起初威廉·尤尔特·格拉德斯通反对重新分配议会席位。维多利亚女王借机敦促各方妥协，并且多次给两党领导人写信。维多利亚女王以一贯的坦诚作风，指责在上议院与下议院协商期间，威廉·尤尔特·格拉德斯通及其一部分支持者屡次在演说中使用"强硬语言"。与此同时，她抱怨这些人让自己推动的"和解工作"变得"异常艰难"。不过，最终，努力得到了回报。在很大程度上，维多利亚女王对里士满公爵查尔斯·戈登-伦诺克斯及议会上议院保守党领导人产生的影响，促成了这场争端得到和平解决。威廉·尤尔特·格拉德斯通向反对党领导人索尔兹伯里侯爵罗伯特·加斯科因-塞西尔和斯塔福德·诺思科特爵士做出令人满意的保证。至于《席位重新分配法案》的细节问题，威廉·尤尔特·格拉德斯通还去咨询过斯塔福德·诺思科特爵士。威廉·尤尔特·格拉德斯通政府庄严承诺，《选举权法案》在上议院获得通过，《席位重新分配法案》也会在下议院获得通过。根据上议院与下议院达成的共识，争端很快平息。1884年11月27日，威廉·尤尔特·格拉德斯通写信感谢维多利亚女王促成上议院与下议院和解，避免了一场严重的政治危机。维多利亚女王回复道："能发挥作用，这是我现在唯一关心的事。"[①]当维多利亚女王看到，通过发挥影响力，一场自己最惧怕的宪法危机避免时，她感到心满意足。

　　议会发生危机期间，通过与德意志亲戚的密切交往，维多利亚女王得到了放松。此外，与已经去世的女儿爱丽丝公主的孩子们的交往为维多利亚女王带来无穷无尽的快乐。1884年，维多利亚女王的小儿子奥尔巴尼公爵利奥波德去世后不久，维多利亚女王前往黑森-达姆施塔特看望几位外孙，并且在那里待了三个星期。在黑森-达姆施塔特期间，1884年4月26日，维多利亚女王参加了爱丽丝公主的大女儿黑森和莱茵的维多利亚与巴滕贝格的路易的婚礼。婚礼结束后，维多利亚女王又前往艾克斯莱班度假。返程途中，她再次前往黑森-达姆施塔特，参加了爱丽丝公主的三女儿黑森的艾琳的坚信礼。

---

① 约翰·莫利：《威廉·尤尔特·格拉德斯通传》，伦敦，麦克米伦出版社，第3卷，第138页。——原注

黑森和莱茵的维多利亚与巴滕贝格的路易

对巴滕贝格三兄弟，维多利亚女王很感兴趣。此时，通过联姻，巴滕贝格的路易成为维多利亚女王的家族成员。巴滕贝格三兄弟是黑森大公欧内斯特·路易的直系堂兄。由于关心黑森家族，维多利亚女王得以认识巴滕贝格三兄弟。巴滕贝格三兄弟的父亲是黑森和莱茵的亚历山大，黑森大公欧内斯特·路易的叔叔。当年，巴滕贝格三兄弟的父亲黑森和莱茵的亚历山大与冯·豪克伯爵夫人朱莉娅贵贱通婚，生下三兄弟。1851年，冯·豪克伯爵夫人朱莉娅成为第一任巴滕贝格伯爵夫人。此时，巴滕贝格三兄弟中的老大巴滕贝格的路易娶了维多利亚女王的外孙女黑森和莱茵的维多利亚，但巴滕贝格的路易早就是维多利亚女王的门生。当巴滕贝格的路易还是孩子时，维多利亚女王允许其加入英国海军。于是，巴滕贝格的路易顺理成章地成为英国公民。1885年，巴滕贝格的路易升任指挥官。1899年，他成为海军情报副局长。1902年，他升任海军情报局长。经维多利亚女王特别批准，1879年，巴滕贝格的路易的二弟巴滕贝格的亚历山大被欧洲同盟指定为保加利亚亲王。维多利亚女王曾经在温莎城堡接见过巴滕贝格的亚历山大，并且对其不凡举止印象深刻。

1884年春，在黑森-达姆施塔特举行的巴滕贝格的路易与黑森和莱茵的维多利亚的婚礼上，维多利亚女王和比阿特丽斯公主第一次见到巴滕贝格的路易的三弟巴滕贝格的亨利。这次会面产生重要结果是，巴滕贝格的亨利赢得比阿特丽斯公主的

巴滕贝格的亚历山大

好感，1884年11月29日传出两人的婚讯。但在英国，这桩婚事不受人欢迎。对巴滕贝格的亨利，英国人一无所知，只知道巴滕贝格的亨利是德意志人。这门婚事在德意志宫廷也不受人欢迎，维多利亚女王在柏林的亲戚认为巴滕贝格家族地位偏低，与维多利亚女王做亲家不合适。此外，俄罗斯皇室不赞成这门亲事，因为巴滕贝格的亨利的二哥保加利亚亲王巴滕贝格的亚历山大，藐视俄罗斯帝国的权威，与俄罗斯皇室的关系很不好。即使这样，维多利亚女王对小女儿比阿特丽斯公主与巴滕贝格的亨利的结合也寄予厚望。因此，对于各方的不友好评论，她充耳不闻。在给朋友的信中写到这桩婚事时，维多利亚女王称赞巴滕贝格的亨利在军事方面的建树。不过，她也坦诚提到巴滕贝格的亨利并不是现役军人。长期以来，比阿特丽斯公主一直陪在维多利亚女王身边。因此，王室成员同意婚后比阿特丽斯公主和丈夫巴滕贝格的亨利与维多利亚女王住在一起。

维多利亚女王向议会提出拨款请求，威廉·尤尔特·格拉德斯通提议给比阿特丽斯公主拨款三万英镑作为嫁妆，六千英镑作为年金。议会下议院以三百三十七票赞成，三十八票反对，通过了威廉·尤尔特·格拉德斯通的拨款议案。1885年7月23日，在奥斯本附近的惠平汉姆教堂，比阿特丽斯公主与巴滕贝格的亨利的婚礼举行了。整场婚礼仪式很简单，维多利亚女王很满意。

此时，维多利亚女王的九个儿女全部步入婚姻殿堂。维多利亚女王的生活方式并没有因巴滕贝格的亨利进入王室家庭而受到任何影响。维多利亚女王十分喜欢巴滕贝格的亨利欢乐、友善的性格，很快就与他建立起亲密的关系。维多利亚女王一直喜欢和年轻人打交道，十分乐意以后家中有比阿特丽斯公主的孩子们陪在身边。

1885年夏，除了比阿特丽斯公主的喜事，令维多利亚女王高兴的事还有几件。1885年春，对俄罗斯帝国在阿富汗边境上不断蚕食阿富汗领土的行为，威廉·尤尔特·格拉德斯通立场坚定地向俄罗斯帝国政府发出警告。俄罗斯帝国政府公然藐视英国政府的警告。在一段时间内，维多利亚女王甚至认为英国与俄罗斯帝国的另一场战争在所难免。对威廉·尤尔特·格拉德斯通政府发动一场大战的能力，维多利亚女王深感怀疑。于是，她开始敦促政府官员加紧备战，提醒这些官员如果真要与俄罗斯帝国开战,那么要避免在克里米亚战争中犯过的错误。最后,在一些有争议的问题上,俄罗斯帝国做出妥协,和平才实现。这一结果令大家都松了口气。然而,维多利亚女王仍然不信任威廉·尤尔特·格拉德斯通的外交政策。与俄罗斯帝国的危机结束后不久,威廉·尤尔特·格拉德斯通的政府倒台。维多利亚女王一点也不掩饰自己的喜悦。对埃及政策的前后矛盾令威廉·尤尔特·格拉德斯通政府的名誉扫地,它早已失去稳固的执政基础。1885年6月8日,威廉·尤尔特·格拉德斯通政府提出的财政预算案遭议会否决,威廉·尤尔特·格拉德斯通立即辞职。虽然维多利亚女王私下大方承认对目前局面十分满意,但她还是表示,威廉·尤尔特·格拉德斯通应该将这次失利看作是一次挑战,并且询问威廉·尤尔特·格拉德斯通,如果反对党——保守党——拒绝组阁,那么他的下一步计划是什么。对于维多利亚女王的问题,威廉·尤尔特·格拉德斯通的回答模棱两可。此外,因为威廉·尤尔特·格拉德斯通没能前往巴尔莫勒尔亲自向维多利亚女王提出建议,所以维多利亚女王开始有些担心他是否能顺利组阁。但观点上的分歧没能让维多利亚女王放弃授予威廉·尤尔特·格拉德斯通贵族头衔的想法,以奖励"他长期做出的杰出贡献"。维多利亚女王敦促威廉·尤尔特·格拉德斯通接受伯爵头衔。威廉·尤尔特·格拉德斯通曾对一位朋友说,为了让自己接受贵族头衔,维多利亚女王给自己写了一封长信,并且开出丰厚的条件。然而,威廉·尤尔特·格拉德斯通以同样论据充分的语言谢绝了这份荣誉。在回信中,威廉·尤尔特·格拉德斯通告诉维多利亚女王,自己完全了解维多利亚女王对国家做出的所有贡献。[①]

威廉·尤尔特·格拉德斯通辞职后,维多利亚女王立即邀请索尔兹伯里侯爵罗伯特·加斯科因-塞西尔组建政府。本杰明·迪斯雷利逝世后,索尔兹伯里侯爵罗伯特·加斯科因-塞西尔成为保守党领袖。起初,索尔兹伯里侯爵罗伯特·加斯科因-塞西尔不愿意接受维多利亚女王的组阁邀请,因为此时,自由党依然是下议院的多

---

① 约翰·莫利:《威廉·尤尔特·格拉德斯通传》,伦敦,麦克米伦出版社,1903年,第3卷,第209页。这是维多利亚女王第四次建议威廉·尤尔特·格拉德斯通退出下议院,进入上议院。第一次出任首相时,维多利亚女王曾两次建议威廉·尤尔特·格拉德斯通进入上议院。威廉·尤尔特·格拉德斯通第二次出任首相并且在1883年年初健康出现问题时,维多利亚女王建议他进入上议院一次。

数党。不过，在维多利亚女王的努力下，当威廉·尤尔特·格拉德斯通明确保证接下来几个月新政府将得到议会的支持后，索尔兹伯里侯爵罗伯特·加斯科因-塞西尔同意出任首相。按照最近出台的《改革法案》的规定，1885年11月，议会再次解散。这次，维多利亚女王的做法与1845年的做法相似。1845年，维多利亚女王邀请约翰·拉塞尔伯爵代替退休的罗伯特·皮尔，面对充满敌意的下议院出任首相。效仿1845年的做法，维多利亚女王积极与各方协商，写了大量书信。面对维多利亚女王的询问，威廉·尤尔特·格拉德斯通在回答如何实现诺言帮助保守党政府时，言辞闪烁。最终，与威廉·尤尔特·格拉德斯通已经有大量书信往来的维多利亚女王说服索尔兹伯里侯爵罗伯特·加斯科因-塞西尔要满足于威廉·尤尔特·格拉德斯通模棱两可的保证。随后，1885年的6月24日，索尔兹伯里侯爵罗伯特·加斯科因-塞西尔正式出任首相。①

　　维多利亚女王与索尔兹伯里侯爵罗伯特·加斯科因-塞西尔的关系立即变得和睦起来。她将索尔兹伯里侯爵罗伯特·加斯科因-塞西尔视为本杰明·迪斯雷利衣钵

---

① 索尔兹伯里侯爵罗伯特·加斯科因-塞西尔的第一届内阁成员名单如下：
外交大臣——索尔兹伯里侯爵罗伯特·加斯科因-塞西尔
大法官——霍尔斯伯里伯爵哈丁·吉福德
枢密院议长——克兰布鲁克伯爵加索恩·加索恩-哈迪
掌玺大臣——哈罗比伯爵达德利·赖德
财政大臣兼下议院领袖——圣奥尔德温伯爵迈克尔·希克斯-比奇
内政大臣——克罗斯子爵理查德·阿什顿·克罗斯
殖民事务大臣——德比伯爵弗雷德里克·斯坦利
战争事务大臣——威廉·亨利·史密斯
印度事务大臣——伦道夫·丘吉尔勋爵
苏格兰事务大臣——里士满公爵查尔斯·戈登-伦诺克斯
海军大臣——乔治·汉密尔顿勋爵
第一财政大臣——伊兹利伯爵斯塔福德·诺思科特
爱尔兰总督——卡那封伯爵亨利·赫伯特
爱尔兰大法官——阿什伯恩男爵爱德华·吉布森
贸易委员会主席——爱德华·斯坦诺普
邮政大臣——拉特兰公爵约翰·曼纳斯
1886年1月27日，索尔兹伯里侯爵罗伯特·加斯科因-塞西尔政府结束的前一天，卡那封伯爵亨利·赫伯特辞去爱尔兰总督一职。接着，威廉·亨利·史密斯代替威廉·哈特-戴克爵士出任爱尔兰首席大臣，克兰布鲁克伯爵加索恩-加索恩·哈迪接替威廉·亨利·史密斯成为战争事务大臣。——原注

的传承人。索尔兹伯里侯爵罗伯特·加斯科因-塞西尔强调外交政治的重要性,维多利亚女王期待在自己的统治期内实现政治和平。因此,当1885年11月的大选结果威胁到索尔兹伯里侯爵罗伯特·加斯科因-塞西尔的第一届政府时,维多利亚女王十分失望。经过这次大选,保守党在下议院获得二百五十个议席,自由党获得三百三十四个议席,爱尔兰民族主义者获得八十六个议席。如果爱尔兰民族主义者与自由党联合,那么在下议院,保守党政府将变成绝对少数党。1886年1月21日,为公开显示对保守党政府的支持,维多利亚女王出席了议会开幕大典。这是维多利亚女王最后一次参加议会开幕大典。1886年1月26日,下议院做出不信任索尔兹伯里侯爵罗伯特·加斯科因-塞西尔政府的表决。维多利亚女王必须接受索尔兹伯里侯爵罗伯特·加斯科因-塞西尔辞职及邀请威廉·尤尔特·格拉德斯通第三次组阁的事实。[①]虽然威廉·尤尔特·格拉德斯通再次出任首相,但他认为维多利亚女王已经失去应有的中立立场,两人的关系注定将经历前所未有的考验。

[①] 1886年2月1日,威廉·尤尔特·格拉德斯通的第三届政府成立,内阁成员名单如下:
第一财政大臣兼掌玺大臣——威廉·尤尔特·格拉德斯通
大法官——法勒·赫舍尔男爵
枢密院议长——斯潘塞·霍拉肖·沃波尔伯爵
财政大臣——威廉·哈考特
内政大臣——休·蔡尔德斯
外交大臣——罗斯伯里伯爵阿奇博尔德·普里姆罗斯
殖民事务大臣——格兰维尔伯爵格兰维尔·莱韦森-高尔
战争事务大臣——亨利·坎贝尔-班纳曼
印度事务大臣——金伯利伯爵约翰·沃德豪斯
苏格兰事务大臣——乔治·特里维廉爵士
海军大臣——里彭侯爵乔治·罗宾逊
爱尔兰首席大臣——约翰·莫利
贸易委员会主席——安东尼·约翰·芒代拉先生
地方管理委员会主席——约瑟夫·张伯伦
1886年3月,詹姆斯·斯坦斯菲尔德出任地方管理委员会主席,达尔豪西伯爵约翰·拉姆齐出任苏格兰事务大臣,约瑟夫·张伯伦和乔治·特里维廉爵士辞职。——原注

第42章

1887年登基五十周年庆典

精彩看点

1886年的议会会议期——维多利亚女王反对地方自治权——1886年6月7日威廉·尤尔特·格拉德斯通的政府惨败——维多利亚女王反对解散议会——1886年的大选——索尔兹伯里侯爵罗伯特·加斯科因-塞西尔的第二届政府——维多利亚女王与索尔兹伯里侯爵罗伯特·加斯科因-塞西尔——维多利亚女王登基五十周年庆典——帝国主义的成长——维多利亚女王对帝国主义的热情——维多利亚女王学习印度斯坦语——1887年3月19日到1887年3月29日在伦敦——1887年6月21日登基五十周年庆典——维多利亚女王的喜悦——来自女同胞的礼物——登基五十周年庆祝活动——登基五十周年庆典的意义

威廉·尤尔特·格拉德斯通第三次上台执政后召开的议会会议是自1846年罗伯特·皮尔废除《谷物法》后，维多利亚女王目睹的最惊心动魄的一次会议。在1886年的危机中，维多利亚女王对待威廉·尤尔特·格拉德斯通的态度与1846年对待罗伯特·皮尔的态度正好相反。1846年，在关键的贸易保护主义问题上，罗伯特·皮尔改变了立场，年轻气盛的维多利亚女王鼓励罗伯特·皮尔坚持自由贸易的新道路。眼下，以前一直坚持爱尔兰自治是危险幻想的威廉·尤尔特·格拉德斯通突然决定授予爱尔兰地方自治的权利。对威廉·尤尔特·格拉德斯通立场的转变，维多利亚女王奋力反抗。

从统治早期开始，维多利亚女王坚决反对给予爱尔兰地方自治权。组建新政府的过程中，维多利亚女王要求首相威廉·尤尔特·格拉德斯通让内阁承认"不分离"——这个词的使用足以表达维多利亚女王对地方自治权的看法。新政府形成后，维多利亚女王告诉每位和自己打交道的大臣，她不愿意看到爱尔兰治理原则发生任何改变。维多利亚女王认为，批准爱尔兰自治权是走向无序与混乱，是对阿尔斯特忠诚拥护者的背叛。①但实际上，维多利亚女王最担心的是批准爱尔兰

---

① 威廉·尤尔特·格拉德斯通的《地方自治法案》引起普遍焦虑。当时，阿尔弗雷德·丁尼生的儿子莱昂内尔·丁尼生身患重疾。1886年4月26日，维多利亚女王借向阿尔弗雷德·丁尼生表达慰问之机，写信给阿尔弗雷德·丁尼生称："我在这封信里不能影射政治，但我知道你的感受。"阿尔弗雷德·丁尼生和维多利亚女王一样，对地方自治权充满恐惧。因此，对维多利亚女王的这句话，他这样评论："陛下提到这个灾难性的政策后，可以这样说，我希望当英军向阿尔斯特忠诚的拥护者开火时，我已经不在人世了，听不到，也看不到这可怕的一幕。"——摘自阿尔弗雷德·丁尼生：《阿尔弗雷德·丁尼生生平及作品集》，伦敦，麦克米伦出版社，1898年，第2卷，第445页到第446页。——原注

地方自治权将导致英格兰与爱尔兰实质的分裂。允许国家分裂违背了维多利亚女王在加冕时决心维护英格兰与爱尔兰统一的誓言。因此，对于威廉·尤尔特·格拉德斯通的主张，维多利亚女王不但充耳不闻，而且抱怨威廉·尤尔特·格拉德斯通在没有及时告知任何一方的情况下，突然向自己和议会提出《地方自治法案》。维多利亚女王认为反对《地方自治法案》的议员根本没有机会表达意见。威廉·尤尔特·格拉德斯通和支持者声称，在都柏林建立地方自治议会将最大限度巩固英格兰与爱尔兰的纽带，会提高君主的权威，而不会削弱君主的权威。对这种解释，维多利亚女王根本不相信。

最终，威廉·尤尔特·格拉德斯通大部分支持者抛弃了威廉·尤尔特·格拉德斯通，这令维多利亚女王如释重负。脱离威廉·尤尔特·格拉德斯通的议员组建了一个独立政党——"自由统一党"。在议会分组表决厅内，自由统一党和保守党联合起来。于是，威廉·尤尔特·格拉德斯通的《地方自治法案》在下议院以三十票之差被否决。

对于这次投票结果，维多利亚女王十分满意，希望爱尔兰地方自治问题的讨论到此为止。相信人民只会越来越反对地方自治的维多利亚女王不害怕重新进行大选，只是反对立即进行大选，因为她认为，在九个月中让人民两度陷于大选漩涡，无疑对自己个人的平静及整个国家的和平极其不利。然而，威廉·尤尔特·格拉德斯通已经打算破釜沉舟。因此，这届成立时间不到八个月的议会立即解散。

在大选中，威廉·尤尔特·格拉德斯通的政府遭遇惨败。对此，维多利亚女王十分满意。威廉·尤尔特·格拉德斯通毫无畏惧地奋力作战，完全不顾维多利亚女王的提醒。通过坚持在自己的选区外进行煽动性演说，他正在树立一个很不好的、有失体面的先例。结果证明，威廉·尤尔特·格拉德斯通在自己选区外进行演说的做法是竹篮子打水一场空。在这次大选中，保守党和自由统一党分别获得三百一十六个议席和七十八个议席，彻底击败了只获得一百九十一个议席的威廉·尤尔特·格拉德斯通的支持者及获得八十五个议席的爱尔兰地方自治支持者。威廉·尤尔特·格拉德斯通立即辞职，他与维多利亚女王见的最后一面可想而知。维多利亚女王对威廉·尤尔特·格拉德斯通的爱尔兰政策和任何国家事务只字未提。威廉·尤尔特·格拉德斯通语气严厉地写道:"这次见面基本上什么也没说。她的想法和观点充满偏见,我尊重她谨慎避免谈及任何可能暗示她认同我的话题。"①维多利亚女王和威廉·尤尔特·格拉德斯通一致认为两人关系破裂是不可挽回的事情。1886年7月,索尔兹伯里侯爵罗伯特·加斯科因-塞西尔二度接受维多利亚女王的邀请组建政府。②

维多利亚女王对政局的忧虑立刻消散。虽然1886年12月20日,刚刚出任下议院领袖的伦道夫·丘吉尔勋爵突然辞职,这令维多利亚女王对新政府的稳定性产生了一些怀疑,并且开始考虑再次解散议会的可能性,但最终,伦道夫·丘吉尔勋爵突然辞职带来的危机过去了。索尔兹伯里侯爵罗伯特·加斯科因-塞西尔的第二届政府保住了执政地位,并且完成了整个任期。除了1892年到1895年,直到维多利亚女王驾崩,索尔兹伯里侯爵罗伯特·加斯科因-塞西尔都是她的首相。维多利亚女王驾崩是

---

① 约翰·莫利:《威廉·尤尔特·格拉德斯通传》,伦敦,麦克米伦出版社,第3卷,第348页。——原注
② 索尔兹伯里勋爵第二届内阁成员名单如下:
第一财政大臣——索尔兹伯里侯爵罗伯特·加斯科因-塞西尔
大法官——霍尔斯伯里伯爵哈丁·吉福德
枢密院议长——克兰布鲁克伯爵加索恩·加索恩-哈迪
掌玺大臣——乔治·卡多根伯爵
财政大臣兼下议院领袖——伦道夫·丘吉尔勋爵
内政大臣——兰达夫子爵亨利·马修先生
外交大臣——伊兹利伯爵斯塔福德·诺思科特
殖民事务大臣——爱德华·斯坦诺普
战争事务大臣——威廉·亨利·史密斯
印度事务大臣——理查德·阿什顿·克罗斯子爵
海军大臣——乔治·汉密尔顿勋爵
爱尔兰大法官——阿什伯恩男爵爱德华·吉布森
爱尔兰首席大臣——圣奥尔德温伯爵迈克尔·希克斯-比奇
贸易委员会主席——德比伯爵弗雷德里克·斯坦利
兰开斯特领地大臣——拉特兰公爵约翰·曼纳斯
地方管理委员会主席——邓迪的里奇男爵查尔斯·里奇
1887年1月,伦道夫·丘吉尔勋爵辞职,乔治·戈申子爵成为财政大臣;威廉·亨利·史密斯成为第一财政大臣,兼任议会下议院领袖。爱德华·斯坦诺普成为战争事务大臣。纳茨福德子爵亨利·霍兰成为殖民事务大臣。1887年3月,圣奥尔德温伯爵迈克尔·希克斯-比奇辞职,阿瑟·鲍尔弗成为爱尔兰首席大臣;洛西恩侯爵朔姆贝格·克尔成为苏格兰首席大臣。1888年4月,圣奥尔德温伯爵迈克尔·希克斯-比奇重新进入内阁,接替德比伯爵弗雷德里克·斯坦利,成为贸易委员会主席,德比伯爵弗雷德里克·斯坦利成为加拿大总督。——原注

十四年零五个月后,即1901年1月的事情。索尔兹伯里侯爵罗伯特·加斯科因-塞西尔的整个执政时间是十二年零三个月,①几乎赶上威廉·尤尔特·格拉德斯通执政的十二年零六个月。命运弄人,在维多利亚女王统治时期的首相中,威廉·尤尔特·格拉德斯通竟是任职时间最长的一位。

无论是在索尔兹伯里侯爵罗伯特·加斯科因-塞西尔的第一个短暂首相任期内,还是在他第二个首相任期内,甚至漫长的第三个首相任期内,维多利亚女王与他的关系一直很融洽。维多利亚女王一直将索尔兹伯里侯爵罗伯特·加斯科因-塞西尔看作本杰明·迪斯雷利的前同事,继承了自己最喜欢的首相的衣钵。维多利亚女王完全赞同索尔兹伯里侯爵罗伯特·加斯科因-塞西尔的大政方针。多年来,正因为索尔兹伯里侯爵罗伯特·加斯科因-塞西尔重视外交,了解外交,所以深得维多利亚女王的欣赏。可以说,维多利亚女王对索尔兹伯里侯爵罗伯特·加斯科因-塞西尔判断力的信任及其扎实常识的钦佩与日俱增。因此,维多利亚女王和索尔兹伯里侯爵罗伯特·加斯科因-塞西尔的关系中完全没有一丝紧张感,这与她和威廉·尤尔特·格拉德斯通的关系截然不同。索尔兹伯里侯爵罗伯特·加斯科因-塞西尔的第二届政府和第三届政府能带给维多利亚女王安全感。相比之下,在其漫长的执政期内,威廉·尤尔特·格拉德斯通总是与维多利亚女王形同陌路。不久,维多利亚女王在温莎城堡自己房间门厅处挂起一幅索尔兹伯里侯爵罗伯特·加斯科因-塞西尔的肖像,其正对面是一幅本杰明·迪斯雷利的肖像。

维多利亚女王迈入其统治的第五十个年头。登基满五十周年,守寡即将满二十五年,这些都让维多利亚女王慢慢愿意融入公众生活。最终,维多利亚女王恢复了大部分以前的公开活动。为克服对在公开场合频繁会见普通民众的厌恶感,维多利亚女王做出不小的努力。普通民众欢迎维多利亚女王时始终不变的热情也激起她往日的高涨情绪。1886年2月26日,在座无虚席的皇家阿尔伯特音乐厅内,维多利亚女王欣赏了夏尔·古诺的《生与死》。1886年5月11日,维多利亚女王前往利物浦参观了一场有趣的航海与贸易展览。当天,维多利亚女王冒着瓢泼大雨乘车穿城而

---

① 维多利亚女王驾崩后,索尔兹伯里侯爵罗伯特·加斯科因-塞西尔又担任了近十八个月的首相。因此,他的首相任职总时长比威廉·尤尔特·格拉德斯通多了十五个月。1903年8月22日,索尔兹伯里侯爵罗伯特·加斯科因-塞西尔去世。——原注

过，受到利物浦市民的热烈欢迎。显然，民众的热情帮助维多利亚女王克服了对这种场面的恐惧心理。维多利亚女王重新参与公开活动，回归公众视野，使民众对维她隐居生活的不满情绪烟消云散了。维多利亚女王重新赢得民众和国家的尊敬，甚至与以前相比，她更受尊敬。

维多利亚女王统治后期，民众对君主态度的显著变化不是因为维多利亚女王的生活方式发生改变，而是存在一个在历史意义上更重大的基本原因。一种强大的帝国主义情绪，一种新的帝国的统一感，正在整个英国领土上蔓延。这种情绪正逐步增强英属各殖民地与宗主国英国的联系，并且通过让君主代表帝国统一的方式，逐步深化各殖民地对宗主国英国的忠诚感。这种迅速蔓延的新帝国主义情绪到底从何而来，很难判断。为显示对新帝国主义情绪的支持，维多利亚女王精准地选择了回归公众视野的时间。虽然维多利亚女王的行为促进了帝国主义思想的传播，但帝国主义并不是维多利亚女王开创的。我们必须通过更广泛的观察认识帝国主义思想的源头。

随着蒸汽轮船速度的提升和海底电缆的广泛铺设，宗主国英国和印度及其他英属殖民地的距离在缩小，并且它们之间的社会关系和贸易关系更容易维持。宗主国英国政府无条件地接受殖民统治自治原则，从而将英属殖民地与母国英国的政治冲突降到最低程度。更亲密的往来与不断深化的政治了解消除了长期存在的猜忌。从前，正是各方的戒备心理导致了相互的轻蔑和矛盾。忌妒和野蛮的对抗关系消失了，取而代之的是母国英国孕育出一种对殖民地的亲属感，殖民地孕育出一种对母国的亲情。这种情感令维多利亚女王感动，但对维多利亚女王来说，成为轰轰烈烈的帝国主义运动的核心人物是身不由己的事情。这是时代使然，非人力能操控。

此后，维多利亚女王带着一腔热忱，极力保护大英帝国的帝国主义精神。1886年年初，威尔士亲王阿尔伯特·爱德华在南肯辛顿积极参与、组织了一场英属殖民地——印度——的展览。这场展览吸引许多人专程从印度或其他殖民地赶到英国参观。对这次盛会，维多利亚女王表现出极大兴趣。1886年5月1日，她参观了展览。1886年7月2日，为欢迎印度和其他殖民地的客人，在奥尔德肖特，维多利亚女王举行了一场阅兵。1886年7月5日,她又邀请这些客人来到温莎城堡与自己共进午餐。1886年7月8日,在温莎城堡,维多利亚女王接见了参与展览工作的印度工匠及其他英国工匠,并且接受了工匠们送给她的礼物。1886年8月,在前往巴尔莫勒尔的路上,维多利亚女王先去爱丁堡参观了另一个国际博览会。1886年年底,为纪念维多利亚女王登基五十周年,威尔士亲王阿尔伯特·爱德华向伦敦市长建议,号召民众捐款修建一所大英帝国研究院——来自印度及其他殖民地的人可以在这所研究院汇聚一堂,来自大英帝国各个角落的产品样品可以在研究院内陈列展出。

　　1887年,维多利亚女王在登基五十周年时,招募了一批印度当地人当自己的私人随从,以此彰显对印度这片让自己感到特别骄傲的土地的依恋。在这批印度随从中,有一名成了维多利亚女王男仆。他叫孟希·阿卜杜勒·卡里姆。他开始教维多利

孟希·阿卜杜勒·卡里姆

亚女王印度斯坦语。在学习印度斯坦语中，虽然维多利亚女王没有取得多大进步，但直到维多利亚女王驾崩，孟希·阿卜杜勒·卡里姆一直在教她这门语言。

自从王夫阿尔伯特亲王薨后，维多利亚女王前往伦敦的次数极少。即使前往，她待在伦敦的时间也很短，基本不超过两晚。1887年，考虑到自己登基五十周年，有别于其他年份，维多利亚女王在首都伦敦连续住了十天。1887年4月，维多利亚女王前往欧洲大陆。前六天，她住在戛纳，接下来二十四天住在艾克斯莱班。返回英国后，维多利亚女王再次前往伦敦。1887年5月14日，在伦敦东区，维多利亚女王为人民宫剪彩。乘车穿越伦敦这座大都会时，热情高涨的民众展现出的忠诚再次让维多利亚女王振奋。

1887年3月到1887年6月，维多利亚女王照例在巴尔莫勒尔住了一段时间。随后，1887年6月20日，维多利亚女王抵达伦敦，参加登基五十周年庆典。关于庆典的每个细节，大臣们都咨询了维多利亚女王，维多利亚女王也给出大量建议和意见。一天，当需要敲定庆典的最终安排时，维多利亚女王向宫务大臣莱瑟姆伯爵爱德华·布特尔-韦伯拉汉竟然发了不少于四十二封电报。[1]随着登基庆典日临近，维多利亚女王坦言对自己扮演的角色十分紧张。与此同时，她焦虑地回忆起自己失去的东西和遭受的痛苦。不过，庆典活动比维多利亚女王预期的顺利。1887年6月21日，登基五十周年的主要庆典活动开始。当维多利亚女王游行到威斯敏斯特大教堂参加一场特殊的感恩仪式时，1837年，即自己五十年前加冕仪式的盛况仍然历历在目。遵照维多利亚女王的建议，她乘坐马车的前方是本家族中各王子的队列，包括她的儿子、女婿和孙子，共计三十二人。其他队列有来自欧洲、印度和其他英属殖民地的代表。这些人都为维多利亚女王带来大量礼物。印度的代表是大批王公，欧洲的代表除了四位国王，即萨克森国王阿尔伯特、比利时国王利奥波德二世、希腊国王乔治一世和丹麦国王克里斯蒂安九世，还有德意志皇储腓特烈·威廉·尼古劳斯·卡尔、希腊王储君士坦丁、葡萄牙王储维塞乌公爵米格尔、瑞典王储古斯塔夫亲王和奥地利皇储鲁道夫亲王。此外，教皇利奥十三世也派代表参加了庆典。为了表示谢意，

---

[1] 玛丽·埃尔索普·金·沃丁顿：《一位外交官妻子的书信》，伦敦，史密斯与埃尔德出版公司，1903年，第252页，第258页。——原注

萨克森国王阿尔伯特

维多利亚女王登基五十周年庆典

1888年，在教皇利奥十三世"大禧年"时，维多利亚女王回赠教皇利奥十三世一个金盆和一个金水壶。人们精心布置了维多利亚女王及其客人游行经过的街道，民众的巨大热情令维多利亚女王有些不知所措。①

此前，虽然维多利亚女王对登基五十周年庆典这一天有不祥的预感，但此时看来一切顺利。维多利亚女王从没有像这一天这样"开心"。结束游行回到白金汉宫后，维多利亚女王收到的第一条消息来自年迈的姐姐剑桥公爵夫人黑森-卡塞尔的奥古斯塔，她问候维多利亚女王的健康状况。维多利亚女王立即回复称自己"虽然十分疲惫，但十分开心"。1887年6月21日晚，在大英帝国的领土上，所有主要城市都

教皇利奥十三世

① 从白金汉宫出发后，维多利亚女王车队的游行线路为：宪法山、皮卡迪利大街、滑铁卢广场和议会街；返回白金汉宫时，她的车队途经白厅和帕尔摩街。——原注

大面积地被各式彩灯装饰起来。当晚22时,从莫尔文丘陵发出信号,从设德兰群岛和奥克尼群岛一直到兰兹角,大不列颠主要岬角和内陆高地同时点燃烽火。

1887年6月22日,维多利亚女王收到一笔七万五千英镑的礼金。这笔礼金是近三百万英国妇女共同捐赠的。维多利亚女王将礼金中的一小部分用于建造一尊王夫阿尔伯特亲王骑马的雕像——这尊骑马雕像出自约瑟夫·埃德加·伯姆先生之手,完全仿自卡洛·马洛切蒂男爵的一件作品。1887年7月15日,在温莎公园的史密斯草坪上,维多利亚女王为这尊雕像奠基。①维多利亚女王将大部分礼金捐给一个旨在为生病的穷人提供专业陪护的基金会。后来,全国的贫困阶层都受益于这个基金会。

约瑟夫·埃德加·伯姆

---

① 1890年5月12日,维多利亚女王为这尊雕像揭幕。——原注

接下来，除了参加多场宫廷晚宴和招待会，维多利亚女王主要参与的庆祝活动包括：1887年6月22日，在海德公园，维多利亚女王参加为两万六千名贫困学生举办的游园会。当晚，在返回温莎城堡途中，她访问伊顿。1887年7月6日，维多利亚女王为大英帝国研究院奠基。1887年7月9日，她在奥尔德肖特检阅军队。1887年7月29日，她检阅海军。1887年7月13日，为显示与首相索尔兹伯里侯爵罗伯特·加斯科因-塞西尔的和睦关系，维多利亚女王出席了他为庆祝她登基五十周年在哈特菲尔德家中举办的游园会。登基五十周年庆典活动结束后，维多利亚女王回顾整个庆典活动时，对人民的热情十分感激。维多利亚女王觉得人民的热情是对自己多年来经历的辛苦和遭受的磨难的认同。

登基五十周年庆典中的游行、阅兵和招待会等活动的影响是长久的。几乎所有英国城市和乡村都建了与这次庆典相关的永久纪念建筑，如大会堂、钟塔、喷泉和雕像等。维多利亚女王五十周年登基庆典的历史意义不容忽视。英国人，不甘落后的英属殖民地人民，尤其是印度人民，爆发出对维多利亚女王的热爱，这为君主制注入了新活力。此后，君主不但是英国统一的象征，而且成为整个大英帝国统一的象征。

第43章

维多利亚女王与奥托·冯·俾斯麦

精彩看点

德意志帝国皇储腓特烈·威廉·尼古劳斯·卡尔患病——维多利亚女王的悲伤——对意大利和德意志的访问——柏林的家庭争吵——巴滕贝格的亚历山大——与普鲁士的维多利亚公主订婚——维多利亚女王与奥托·冯·俾斯麦——夏洛滕堡的皇家宴会——腓特烈三世驾崩——苏格兰的公开活动——1889年3月27日维多利亚女王在西班牙——剑桥公爵夫人黑森-卡塞尔的奥古斯塔去世——重新对戏剧产生兴趣——公开活动——维多利亚女王与孙辈——维多利亚女王提出的经济安排——对维多利亚女王财富的不实报道——议会委员会的问询——政府的提议——威廉·尤尔特·格拉德斯通的介入——给威尔士亲王阿尔伯特·爱德华孩子们的拨款——维多利亚女王的存款——德皇威廉二世来访——德皇威廉二世以后的几次来访

在维多利亚女王五十周年登基庆典的节日气氛中，又有一片乌云笼罩在王室家庭的上空。1886年秋，德意志帝国皇储腓特烈·威廉·尼古劳斯·卡尔的喉咙突然感染。从19世纪50年代中后期开始，维多利亚女王一直翘首盼望自己的女婿腓特烈·威廉·尼古劳斯·卡尔能统治德意志。1887年6月月初，德意志帝国皇储腓特烈·威廉·尼古劳斯·卡尔与维多利亚·亚历山德里娜·玛丽·路易莎来到英国，住在上诺伍德。希望环境的改变能有助于德意志帝国皇储腓特烈·威廉·尼古劳斯·卡尔身体的恢复。在维多利亚女王登基五十周年庆典的游行中，德意志帝国皇储腓特烈·威廉·尼古劳斯·卡尔惹人注意，他英俊的外表和身着的白色波美拉尼亚胸甲骑兵制服俘获了英国人的心。庆典游行结束后，德意志帝国皇储腓特烈·威廉·尼古劳斯·卡尔先后在怀特岛和布雷马两地居住。直到1887年9月14日，他才返回德意志。1887年到1888年冬，德意志帝国皇储腓特烈·威廉·尼古劳斯·卡尔一直住在圣雷莫。此时，他已经被确诊患上了癌症。

当德意志帝国皇储腓特烈·威廉·尼古劳斯·卡尔与维多利亚·亚历山德里娜·玛丽·路易莎在英格兰和苏格兰时，操心长女幸福的维多利亚女王一直与长女维多利亚·亚历山德里娜·玛丽·路易莎和长女婿腓特烈·威廉·尼古劳斯·卡尔待在一起。对女婿腓特烈·威廉·尼古劳斯·卡尔的病情，维多利亚女王十分忧虑。1888年3月9日，维多利亚女王的老朋友——德意志皇帝威廉一世——驾崩。长久以来，维多利亚女王和女儿维多利亚·亚历山德里娜·玛丽·路易莎渴望腓特烈·威廉·尼古劳斯·卡尔登上德意志皇位的梦想终于变成现实。然而此时，这个好消息无

19 世纪 80 年代末的维多利亚女王

法减轻维多利亚女王的焦虑。不过，在这段时间内，维多利亚女王从其他儿女那里得到了些许快乐。1888年3月10日，在莫尔伯勒庄园，维多利亚女王与威尔士亲王阿尔伯特·爱德华和王妃亚历山德拉一起用餐，庆祝两人银婚。1888年3月10日晚，在返回温莎城堡途中，维多利亚女王乘车穿越伦敦，欣赏了绚烂的灯火。

1888年3月22日，维多利亚女王离开英国前往佛罗伦萨度假一个月。这是维多利亚女王第一次前往佛罗伦萨。这座城市及其周边景色令维多利亚女王着迷。1888年4月5日，维托里奥·埃曼努埃来二世的儿子翁贝托一世专程前往佛罗伦萨看望维多利亚女王。1888年4月20日，维多利亚女王启程前往德意志，探望病危的腓特烈三世。途中，在因斯布鲁克，维多利亚女王高兴地会见了专程赶来看望她的奥地利皇帝弗朗茨·约瑟夫二世。这是两人第二次见面，两人第一次会面是在1863年，已经是二十五年前的事了。

1888年4月21日，维多利亚女王途经柏林抵达女婿腓特烈三世的宫殿夏洛滕堡。这次前来，维多利亚女王不光是为见病入膏肓的腓特烈三世最后一面，还是为调解女儿维多利亚皇后①的家庭纠纷。这场家庭纠纷已经在柏林政界闹得沸沸扬扬。实际上，在这场纠纷中，维多利亚女王脱不了干系，整个问题的起因是维多利亚女王对巴滕贝格三兄弟的关心。对此，维多利亚皇后也是同样的心情。

巴滕贝格三兄弟中，老大巴滕贝格的路易娶了维多利亚女王的外孙女黑森和莱茵的维多利亚；老三巴滕贝格的亨利娶了维多利亚女王的女儿比阿特丽斯公主；老二巴滕贝格的亚历山大未婚，事业跌宕起伏。巴滕贝格的亚历山大曾当过七年的保加利亚亲王，但由于不受俄罗斯沙皇亚历山大三世的信任，1886年被赶下台。从此，巴滕贝格的亚历山大隐退到黑森-达姆施塔特。

俄罗斯沙皇亚历山大三世

---

① 腓特烈三世登基为德意志皇帝后，维多利亚·亚历山德里娜·玛丽·路易莎成为皇后。

与两位兄弟一样，巴滕贝格的亚历山大也认识维多利亚女王。1879年，他曾前往温莎城堡做客。维多利亚女王不但同情巴滕贝格的亚历山大的不幸遭遇，而且好奇巴滕贝格的亚历山大会不会像他的兄弟们一样，最后也娶一位自己家族的公主。机会终于来了，腓特烈三世的二女儿维多利亚公主爱上了巴滕贝格的亚历山大。她的母亲维多利亚皇后和外祖母维多利亚女王欣然同意两人订婚。然而，这门婚事遭到德意志朝廷的强烈反对。与德意志皇储威廉一向不和的首相奥托·冯·俾斯麦抨击这门亲事是维多利亚女王阴险的计谋，巴滕贝格三兄弟都是维多利亚女王的傀儡。奥托·冯·俾斯麦还宣称这门亲事将损害到德意志皇室的利益。在他看来，和一位社会地位较低的贵族联姻不但羞辱了德意志皇室，而且有损于德意志帝国与俄罗斯帝国的良好关系，毕竟在俄罗斯帝国，巴滕贝格的亚历山大不受欢迎。奥托·冯·俾斯麦甚至指责维多利亚女王故意设计离间俄罗斯帝国和德意志帝国，妄图建立英德联盟，对抗俄罗斯帝国。

当维多利亚女王抵达夏洛滕堡时，德意志皇室内部的争吵进入白热化阶段。维多利亚公主不愿放弃巴滕贝格的亚历山大，维多利亚皇后也支持女儿维多利亚公主的决定。病入膏肓的腓特烈三世和德意志皇储威廉无法改变维多利亚公主的决定。奥托·冯·俾斯麦威胁，如果不拒绝巴滕贝格的亚历山大，自己就辞去首相一职。1888年4月24日，在与女儿维多利亚皇后仔细商量后，维多利亚女王大胆地与奥托·冯·俾斯麦全面协商了这一问题。奥托·冯·俾斯麦迫使维多利亚女王认识到违背自己意愿的后果。告别奥托·冯·俾斯麦后，维多利亚女王劝说女儿维多利亚皇后和外孙女维多利亚公主终止与巴滕贝格的亚历山大的婚约。最终，维多利亚皇后及其女儿维多利亚公主不情愿地屈服了。在整个事件中，在维多利亚女王的劝说下，坚决反对母亲维多利亚皇后的德意志皇储威廉也与母亲维多利亚皇后和解。至此，德意志皇室恢复了往日的和睦。

与奥托·冯·俾斯麦见面当晚，即1888年4月26日晚，维多利亚女王参加了在夏洛滕堡举行的国宴。在宴会上，争吵各方和解。然而，维多利亚女王依然同情巴滕贝格的亚历山大，谴责巴滕贝格的亚历山大遭受的羞辱。1889年2月6日，当得知巴滕贝格的亚历山大与德累斯顿和达姆施塔特宫廷剧院的歌手约翰娜·卢瓦辛格结婚时，

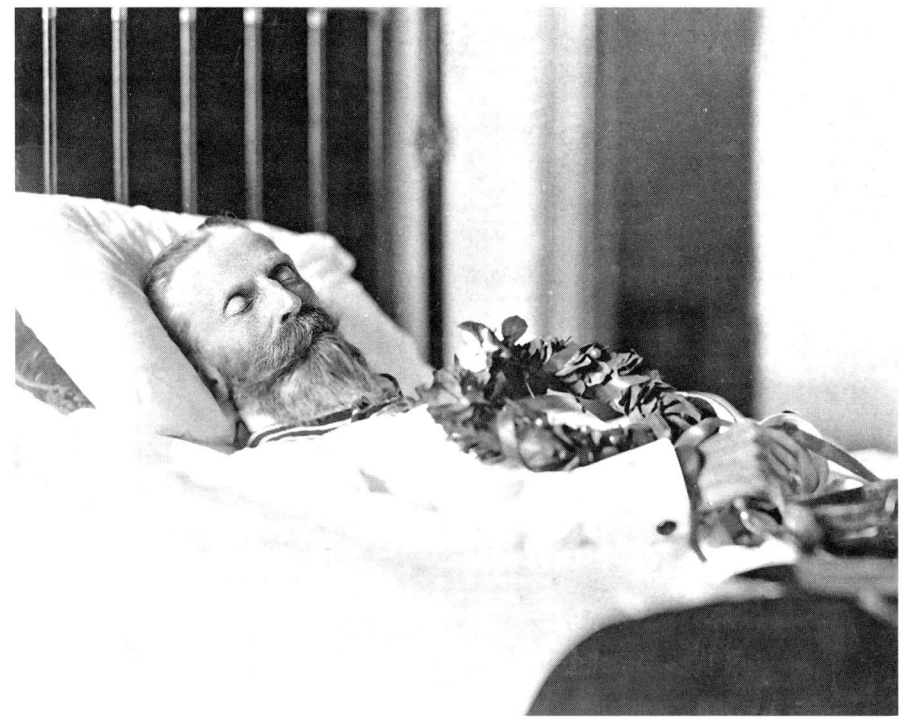

腓特烈三世驾崩

维多利亚女王虽然对这门婚事深感遗憾,但没有严厉指责,只是有点悲伤地评论道:"他们可能真爱彼此。"①

1888年6月15日,腓特烈三世驾崩,维多利亚女王三十年来希望他统治德意志的希望落空。一星期后,维多利亚女王从温莎城堡向好友爱德华·怀特·本森大主教写信称:"今年与去年登基庆典的反差实在太大了,今年是痛苦的一年。谁能想到一位出色、高贵、勇敢并受万人敬仰的君主,竟然在昨天离开人世?上帝带走他真是让人搞不懂。他的驾崩,无论对他的家庭,还是对他的国家,都是一场可怕的灾难。"②

由于需要悼念腓特烈三世,1888年6月28日,维多利亚女王加冕五十周年的所有庆祝活动被取消。不过,1888年秋,当维多利亚女王前往巴尔莫勒尔时,她参加

---

① 巴滕贝格的亚历山大的这段婚姻维持了不到四个月。1893年2月17日,巴滕贝格的亚历山大去世。——原注
② 《爱德华·怀特·本森大主教传》,第2卷,第211页。——原注

第43章 维多利亚女王与奥托·冯·俾斯麦 | 641

了几场公开的庆祝活动。维多利亚女王来到伦弗鲁郡的布莱斯伍德，住在阿奇博尔德·坎贝尔爵士家中。她住在这里，一方面是为格拉斯哥新的市政大楼剪彩，另一方面是为参观当地的一场博览会。另外，维多利亚女王前往佩斯利，庆祝这座小镇作为自治区加入格拉斯哥四百周年。1888年11月，守寡的维多利亚皇后来到温莎城堡做客。维多利亚女王曾向朋友们暗示，如果能向公众展示一下自己对"可怜的、受到迫害的女儿"维多利亚皇后的同情就太好了，尽管最终她的想法不了了之。不过，1888年11月19日，当维多利亚皇后抵达英国时，维多利亚女王亲自前往维多利亚港迎接，这显示出维多利亚女王对自己长女的异常关心。

1889年，维多利亚女王健康状况良好，为她安排的活动也很丰富。维多利亚女王第一次在比亚里茨度过春假，这里是深受前法兰西皇后欧仁妮·德·蒙蒂若喜爱

维多利亚女王与守寡的维多利亚皇后

奥地利女大公玛丽亚·克里斯蒂娜

的疗养胜地。1889年3月27日,维多利亚女王前往西班牙的圣塞瓦斯蒂安看望孀居的摄政王太后奥地利女大公玛丽亚·克里斯蒂娜①。对于英国君主来说,这是一次前所未有的经历。虽然作为王子,查理一世和查理二世都曾访问过西班牙,但以前,还没有英国君主到访过西班牙。

1889年4月6日,返回英国后,剑桥公爵夫人黑森-卡塞尔的奥古斯塔去世的消息传来,维多利亚女王非常悲伤。从此,维多利亚女王与童年的最后一丝联系消失。从很小的时候起,维多利亚女王就十分喜爱剑桥公爵夫人黑森-卡塞尔的奥古斯塔。维多利亚女王希望姆姆剑桥公爵夫人黑森-卡塞尔的奥古斯塔能安葬在温莎,但剑

---

① 奥地利女大公玛丽亚·克里斯蒂娜是西班牙国王阿方索十二世的妻子,1885年11月25日,阿方索十二世驾崩,其遗腹子阿方索十三世出生后继承父亲阿方索十二世的王位。由于阿方索十三世年幼,1885年到1902年,由其母奥地利女大公玛丽亚·克里斯蒂娜摄政。

桥公爵夫人黑森-卡塞尔的奥古斯塔留下遗言,希望将自己安葬在基尤,这里是其丈夫剑桥公爵阿道弗斯埋骨之地。1889年4月13日,维多利亚女王参加了婶婶剑桥公爵夫人黑森-卡塞尔的奥古斯塔公主葬礼,并且将花环放在棺椁上,以示敬意。

1889年4月月底,维多利亚女王前往桑德灵厄姆看望长子威尔士亲王阿尔伯特·爱德华。1889年4月26日,在桑德灵厄姆,维多利亚女王观看了亨利·欧文先生及其同事表演的《钟声》及《威尼斯商人》中的一幕。这是王夫阿尔伯特亲王薨后,维多利亚女王第二次允许自己观看戏剧表演。维多利亚女王守寡后第一次观看戏剧表演大概是在她守寡近二十年时,那次戏剧表演也是威尔士亲王阿尔伯特·爱德华和王妃亚历山德拉出资组织的。当时是1881年10月11日,威尔士亲王阿尔伯特·爱德华和王妃亚历山德拉住在阿伯杰尔迪城堡。威尔士亲王阿尔伯

亨利·欧文

弗朗西斯·考利·伯南德

特·爱德华夫妇说服维多利亚女王观看从伦敦到来的演员表演弗朗西斯·考利·伯南德的喜剧《上校》。

参加公开活动继续成为维多利亚女王生活的亮点。1889年5月18日，维多利亚女王前往伊顿为新建筑奠基。1889年5月31日，她又前往奥尔德肖特检阅军队。1889年6月3日，在温莎，她为一支与自己关系亲密的部队，即维多利亚公主皇家爱尔兰燧发枪团授新军旗。实际上，早在1833年和1866年，维多利亚女王已经分别两次向该团授予新军旗。1889年6月4日，在伊顿，维多利亚女王首次观看一年一度的花船游行，以庆祝乔治三世的诞辰。

1889年秋，新问题又出现了，再次考验了维多利亚女王的智慧和耐心。维多利亚女王开始考虑对众多孙辈成员的经济安排。对维多利亚女王的九个孩子和三个堂兄妹，即剑桥公爵乔治及其妹妹，议会已经全部做好经济安排。虽然爱丽丝公主和奥尔巴尼公爵利奥波德的去世让议会拨款总额减少了两万五千英镑,但除去维多利亚女王的一部分拨款,议会每年向王室成员的拨款总额还是高达十五万两千英镑。维多利亚女王没有责任供养德意志皇室长女维多利亚皇后的后代,也没有责任供养爱丽丝公主在黑森-达姆施塔特的家人。不过,维多利亚女王认为,为居住在英国的其他二十二个孙辈成员的未来做好经济安排是自己义不容辞的责任。

1889年7月,维多利亚女王认为,向议会提出资助家族第三代成员的时机已经成熟。实际上,这一想法早就萦绕在维多利亚女王的心头。她已经不止一次就这一想法提示过威廉·尤尔特·格拉德斯通,但她一直没有适合机会向议会提出。这时,威尔士亲王阿尔伯特·爱德华的长子克拉伦斯公爵兼阿文代尔公爵阿尔伯特·维克

克拉伦斯公爵兼阿文代尔公爵阿尔伯特·维克托

路易丝公主与法伊夫公爵亚历山大·达夫

托即将成年,威尔士亲王阿尔伯特·爱德华的长女路易丝公主已经得到维多利亚女王的许可,即将与法伊夫公爵亚历山大·达夫成婚。因此,维多利亚女王向下议院传达了两条信息,要求议会为威尔士亲王阿尔伯特·爱德华两位年长的孩子做好相应的经济安排。对于这一要求,维多利亚女王没想到会遭到严重的阻力,对君主开支巨大批评的声音再次响起。

  针对维多利亚女王的经济状况,英国国内的一些人,甚至国外一些人也会时不时发出一些不怀好意的言论。当时,广泛流传着一些关于维多利亚女王财富的夸张报道,但很少有人注意到维多利亚女王为纠正人们错误印象做出的努力。1885年,据一些权威报道,维多利亚女王近期已经投资一百万英镑购置伦敦市的地产。通过私人秘书亨利·庞森比爵士,维多利亚女王否认自己有如此巨大的财产。远在柏林的奥托·冯·俾斯麦经常拿维多利亚女王出名的财富开一些粗俗的玩笑,说凭借巨额财富,维多利亚女王才得以控制腓特烈三世一家。然而,即使腓特烈三世的密友严厉批评或者无视这样的评论,也仍然认为让国家无限期承担维多利亚女王家族中第三代成员及后代的生活费是不合适的。在英国议会中,极端的观点和温和的观点都能听到。在讨论中,像塞尔伯恩伯爵朗德尔·帕尔默这样头脑冷静的人能察觉到共和情绪复燃的危险信号。

政府提议指定一个能代表议会各方意见的委员会来决定如何答复维多利亚女王的要求。针对王室收入,北安普顿议员查尔斯·布雷德洛向委员会提出一项充满敌意的修正案。从19世纪60年代起,查尔斯·布雷德洛一直鼓吹共和制,抨击英国

查尔斯·布雷德洛

在保留君主方面浪费的资源，认为维多利亚女王仅凭其每年的年俸收入就能养活她的孙辈成员。此外，他还认为，对人民来说，向王室其他成员拨款是一种不可容忍的负担。在议会下议院，虽然这份修正案以多数票一百八十八票遭否决，但仍有一百二十五名议员投了赞成票。

最后，经维多利亚女王批准，委员会决定在成年和婚嫁时，威尔士亲王阿尔伯特·爱德华的五个孩子可获得总计四万九千英镑的拨款。另外，他的三个女儿还可获得一笔总计三万英镑的嫁妆，这笔嫁妆可由他的三位女儿平均分配。威尔士亲王阿尔伯特·爱德华的长子克拉伦公爵兼和阿文代尔公爵阿尔伯特·维克托可以获得一万英镑的年金。婚后，他的年金增加到一万五千英镑。威尔士亲王阿尔伯特·爱德华二儿子乔治成年后可以获得八千英镑年金。婚后，他的年金增加到一万五千英镑。

威尔士亲王阿尔伯特·爱德华二儿子乔治

威尔士亲王阿尔伯特·爱德华的每个女儿成年后可以获得三千英镑的年金。按照这样的标准，1889年，议会立刻要划拨的年金将是一万三千英镑。此外，议会还要向路易丝公主提供一万英镑的嫁妆。为君主儿子的所有孩子拨款是符合先例的做法。以前，君主的女儿们都会嫁给国外统治王室的王子。由于不是英国臣民，她们的孩子不在英国议会的管辖范围内。至于君主没有嫁给外国统治王室王子的女儿们是否有权享受国家的财政拨款，这一问题以前还没出现。

维多利亚女王和政府都认识到，目前民众不会赞同给予王室无条件的慷慨拨款，并且形势很快要求维多利亚女王做出妥协。虽然不喜欢辩论，但维多利亚女王展示出希望和解的愿望，立即同意放弃为女儿的孩子们争取拨款的要求，并且表示自己愿意承担这笔费用。然而，维多利亚女王反对正式撤回为自己其他儿子的孩子们争取拨款的要求。不过，她表示此事可以慢慢商量。威廉·尤尔特·格拉德斯通虽然与维多利亚女王有些私人恩怨，但一直是君主制的坚定支持者，一向尊敬王室。此时，他急于平息民众的不安。威廉·尤尔特·格拉德斯通说服政府修改了原来的议案，建议每年向威尔士亲王阿尔伯特·爱德华的孩子们固定划拨三万六千英镑，并且按季度，一年分四次发放。

威廉·尤尔特·格拉德斯通的这项建议得到委员会大部分成员的支持。然而，当这项新议案提交到下议院时，虽然威廉·尤尔特·格拉德斯通已经争取到查尔斯·斯图尔特·帕内尔在内的爱尔兰民族主义者的支持，但议案还是遭到下议院激进派的反对。亨利·拉布歇雷建议，下议院否决任何针对维多利亚女王孙辈的霸道拨款。亨利·拉布歇雷的提议以一百一十六票对三百九十八票被否决。接着，约翰·莫利先生提出一项修正案，建议对威尔士亲王阿尔伯特·爱德华的三万六千英镑的拨款采取开放态度，为以后商讨这一问题留下余地，但此时，议会必须按已经达成的金额拨款。威廉·尤尔特·格拉德斯通前政府中的大部分同僚都支持约翰·莫利先生。不过，这项修正案又以一百三十四票对三百五十五票被否决。最终，威尔士亲王阿尔伯特·爱德华获得每年三万六千英镑的拨款。①

议会辩论和问询期间，官方明确表示维多利亚女王来自年俸的总收入为

---

① 《英国议会议事录》。——原注

查尔斯·斯图尔特·帕内尔

八十二万四千零二十五英镑,这笔收入中大部分被用于接待外宾。在整个议会辩论和问询过程中,维多利亚女王抱着感激的心态接受政府的安排,她尤其重视威廉·尤尔特·格拉德斯通的介入。在这段时间,她对威廉·尤尔特·格拉德斯通异常友好。当议会就此问题进行协商时,1889年7月25日,正值威廉·尤尔特·格拉德斯通和夫人凯瑟琳·格拉德斯顿金婚纪念日,维多利亚女王派人送去热烈的祝贺。1889年6月27日,维多利亚女王参加了孙女路易丝公主与法伊夫公爵亚历山大·达夫在白金汉宫的私人教堂内举行的婚礼。

棘手的经济问题得到解决后,维多利亚女王开始忙于接待外国君主的来访。1889年7月,维多利亚女王第二次接待了波斯国王沙纳赛尔·丁·沙·卡扎尔。1889年8月,她接待了外孙德皇威廉二世,这是德皇威廉二世继位以来第一次访问英国。对于这次来访,维多利亚女王投入大量精力,亲自关注了接待活动的每一个细节。

自德皇威廉二世出生之日起，维多利亚女王就十分关心和爱护他。作为外孙，德皇威廉二世很关心和爱护外祖母维多利亚女王。此外，在与外孙德皇威廉二世的交往中，维多利亚女王享有很高威望。如果对德皇威廉二世的行为有任何看法，那么维多利亚女王总会坦诚地向他表达自己的意见。这次访问英国时，在十二艘战舰的护送下，德皇威廉二世乘坐"霍亨索伦"号游艇在前往奥斯本途中先抵达考斯。1889年8月8日，在斯皮海德，维多利亚女王为德皇威廉二世举行了一场海军阅兵仪式。1889年8月9日，在奥斯本，维多利亚女王检阅了德意志舰队。德皇威廉二世的访问活动进展得十分顺利。德皇威廉二世这次来访促进了英德两国友好关系，维多利亚女王对此十分满意。年轻的德皇威廉二世发表公报，任命维多利亚女王为自己的第一骑兵卫队的荣誉上校。

1890年，德皇威廉二世再次访问奥斯本。1891年、1893年、1894年和1895年，他接连正式访问伦敦。1896年年初，维多利亚女王发声谴责德皇威廉二世的做法。[①]然而，两人再次见面已经是1899年的事了。

---

① 参见本书第47章《第二次布尔战争》。

第 44 章

1889 年到 1896 年的国内事务

精彩看点

1889年到1901年的生活方式——1889年8月访问威尔士——地方性活动——1890年到1899年的国外旅行——最后几次访问德意志——感谢国外的盛情款待——戏剧和歌剧在宫中重新上演——克拉伦斯公爵兼阿文代尔公爵阿尔伯特·维克托的婚约和去世——约克公爵乔治的婚姻——萨克森－科堡－哥达公国——1894年11月23日沙皇尼古拉二世的婚礼——1894年6月23日爱德华王子诞生

  在人生最后十一年，即1889年到1901年，维多利亚女王完全过着一种循规蹈矩的生活。她三次前往奥斯本，两次前往巴尔莫勒尔，在伦敦或者奥尔德肖特待几天。有时，她会前往国外度假，或者长时间住在温莎城堡。在前往或离开巴尔莫勒尔或奥斯本途中，她偶然会改变出行线路去参加某个公开活动或私人活动。

  1889年8月，在前往苏格兰的途中，维多利亚女王简短地访问了威尔士。访问威尔士是维多利亚女王近十年来想做的事。邮政大臣亨利·塞西尔·雷克斯是登比郡人，被任命为随行大臣，这有违先例，因为他不是内阁成员。1889年8月23日，维多利亚女王抵达巴拉湖畔的帕莱别墅，这是她从亨利·罗伯逊家族那里租来的。在那里，维多利亚女王待了四天。刚到帕莱时，当地居民送给维多利亚女王一根用当地木头制作的拐杖。在接受礼物时，维多利亚女王对当地居民讲了几句威尔士语。在帕莱，维多利亚女王还饶有兴味地听了唱诗班的许多合唱。总之，威尔士人展示出的忠诚令维多利亚女王十分满意。[①]

  在英国主要城市，晚年的维多利亚女王至少参加了六次对她来说有些吃力的活动。1890年7月26日，维多利亚女王为南安普敦的深水码头剪彩。1891年2月26日，在朴茨茅斯，维多利亚女王参加海军舰队中最大装甲舰的下水仪式，并且将这艘装

[①] 1889年8月26日，维多利亚女王访问了兰戈伦附近的布林泰西罗别墅，西奥多·马丁及其夫人住在那里。1890年，维多利亚女王又私下看望了另一位大臣。1890年5月14日，维多利亚女王前往沃兹登庄园，在罗斯柴尔德家族的斐迪南男爵美丽的别墅中度过了一天。——原注

"皇家阿瑟"号

甲舰命名为"君权"号。与此同时,得到命名下水的还有新式非装甲巡洋舰"皇家阿瑟"号。1891年5月21日,维多利亚女王出席了在曼彻斯特举行的大型航道启用仪式,这是三十七年后,即1854年后,维多利亚女王再次访问曼彻斯特。1897年5月21日,维多利亚女王为谢菲尔德的新市政厅剪彩。1899年11月15日,维多利亚女王前往布里斯托尔,为一所新落成的康复院剪彩。这所康复院是为纪念维多利亚女王长期统治而专门建立的,这次活动也是维多利亚女王最后一次参加地方性活动。

虽然参加上述活动是职责使然,但在国外旅行时,维多利亚女王很享受眼前的不同景象。基本上,维多利亚女王大部分的国外旅行都限于访问法兰西南部。①1897年3月,从希米耶区返回英国途中,途经巴黎时,维多利亚女王在洛瓦西勒

---

① 1890年,维多利亚女王的旅行目的地是艾克斯莱班。1891年,她的旅行目的地是格拉斯。1892年,她的旅行目的地是耶尔附近的科斯特贝尔。1895年到1899年,连续五年,她的旅行目的地都是希米耶区,这里离尼斯市中心大约两英里。——原注

塞克站与法兰西第三共和国总统费利克斯·福尔会晤。1898年，当维多利亚女王在希米耶区时，费利克斯·福尔总统专门赶到那里与她会面。1898年4月13日，维多利亚女王与费利克斯·福尔总统的会面是在当天下午进行的。对费利克斯·福尔总统，维多利亚女王称赞有加。另外，维多利亚女王两度前往意大利，一次是在1893年，一次是在1894年。她两次都选择在佛罗伦萨度过春天。随着对佛罗伦萨深入了解，维多利亚女王越来越喜欢这座城市及其周边的地区。她频繁参观佛罗伦萨及周边地区的主要景点，并且参观的兴致一直很高。① 维多利亚女王每次来意大利，翁贝托一世

法兰西第三共和国总统费利克斯·福尔

---

① 1893年4月19日，维多利亚女王在圣马可修道院待了一个小时。维多利亚女王于当天17时抵达。她坐在轮椅上，被推着穿过教堂和回廊，但很遗憾没去参观一楼的修士房。不过，维多利亚女王认为圣马可修道院内最值得参观的是多梅尼科·基兰达约的《最后的晚餐》和弗拉·安杰利科伟大的《从十字架上放下基督遗体》。此外，对乔瓦尼·安东尼奥·索利亚尼的著名壁画《神意》，维多利亚女王当然认为值得参观。在这幅壁画前，维多利亚女王驻足观赏了很长时间。——罗纳德·高尔勋爵：《1881年到1901年日记》，伦敦，约翰·默里出版社，1902年，第196页。——原注

都会前来与她见面。1894年,玛格丽塔王后和翁贝托一世一起前来看望维多利亚女王。玛格丽塔王后对意大利人民福祉的关注给维多利亚女王留下了深刻印象。

一般从法兰西南部返回英国途中,维多利亚女王都会在德意志做短暂停留。1890年、1892年和1895年,维多利亚女王分别三次到访黑森-达姆施塔特。1894年,在返回英国途中,维多利亚女王生平最后一次前往科堡,一座给她留下人生最幸福记忆的城市。1894年4月19日,维多利亚女王前往科堡参加家族内两个孙辈,即她二儿子阿尔弗雷德的二女儿萨克森-科堡-哥达的维多利亚·梅丽塔与二女儿爱丽丝公主唯一在世的儿子黑森大公欧内斯特·路易的婚礼。①

萨克森-科堡-哥达的维多利亚·梅丽塔与黑森大公欧内斯特·路易

---

① 1901年12月21日,维多利亚女王驾崩十一个月后,达姆施塔特大公国最高法院以"无法化解的自然反感"为由,解除了这场婚姻。这场婚姻仅带来一个孩子,即黑森和莱茵的伊丽莎白。黑森和莱茵的伊丽莎白1898年3月11日出生,1903年11月16日夭折。——原注

1899年5月5日,维多利亚女王离开希米耶区,从瑟堡登船回国,这是她最后一次海外旅行。维多利亚女王十分感谢在国外时别人向自己提供的舒适便利的旅行条件,并且很想找机会回报这些人。1891年8月19日,维多利亚女王接待了一批驻扎在英吉利海峡的法兰西海军军官,他们都是海军上将阿尔弗雷德-阿尔伯特·热尔韦的部下。1895年7月11日,维多利亚女王接见了一批意大利海军军官,他们都是热那亚公爵托马斯的部下。

维多利亚女王生前最后几年,英国宫廷恢复了些许往日的喜庆气氛。音乐和戏剧再次成为认可的娱乐消遣活动。1890年2月,在奥斯本,女儿们参与了几场戏剧和舞台造型,维多利亚女王觉得很有趣。1891年3月6日,温莎城堡内上演威廉·吉尔伯特先生和阿瑟·萨利文先生的喜剧《贡多拉船夫》。这是王夫阿尔伯特亲王薨

阿瑟·萨利文

后，温莎城堡第一次举行戏剧演出。1894年，在温莎城堡，意大利女演员埃莉奥诺拉·杜丝夫人为维多利亚女王表演了卡洛·哥尔多尼的《女店主》。此外，在巴尔莫勒尔，赫伯特·比尔博姆·特里先生为维多利亚女王表演了《红灯》。1895年，为庆祝维多利亚女王的生日，温莎城堡的滑铁卢厅上演了朱塞佩·威尔第的歌剧《游吟诗人》。1900年6月26日，温莎城堡的滑铁卢厅内上演了彼得罗·马斯卡尼的《乡村骑士》及《卡门》的选段。1900年7月16日，滑铁卢厅上演了维多利亚女王最喜欢的歌剧《浮士德》。

埃莉奥诺拉·杜丝夫人

特克的玛丽

维多利亚女王驾崩前,王室家庭发生的事接连令她体会到人生的悲欢离合。1891年11月,维多利亚女王的堂妹剑桥的玛丽·阿德莱德的女儿特克的玛丽与威尔士亲王阿尔伯特·爱德华的大儿子克拉伦斯公爵兼阿文代尔公爵阿尔伯特·维克托订婚。克拉伦斯公爵兼阿文代尔公爵阿尔伯特·维克托是英国王位直系继承人。对于这门婚事,维多利亚女王深感满意。不幸的是,死亡阻断了这桩婚事。1892年1月14日,克拉伦斯公爵兼阿文代尔公爵阿尔伯特·维克托薨。一时之间,维多利亚女王完全无法接受这场悲剧。在给阿尔弗雷德·丁尼生的信中,维多利亚女王写道:"还有比这更可怕的事吗?一场充满希望的婚礼瞬间变成一场葬礼!"在对英国人发表讲话时,维多利亚女王形容这场悲剧为"发生在她身上最令人伤心的悲剧"。英国人

威廉·哈考特爵士

民也和他们的女王一样，沉浸在悲伤当中。1892年2月6日，威廉·尤尔特·格拉德斯通写信给威廉·哈考特爵士称："这次民众的悲伤与当年威尔士的夏洛特公主去世引发的悲伤十分类似，这充分证明了英国人对维多利亚女王和王室的感情。"塞尔伯恩伯爵朗德尔·帕尔默预见到，民众对王室的同情必将在维多利亚女王和民众之间形成新的情感纽带。

克拉伦斯公爵兼阿文代尔公爵阿尔伯特·维克托薨后，他的弟弟约克公爵乔治成为排在父亲威尔士亲王阿尔伯特·爱德华后面的王位第二顺位继承人。1893年5月3日，维多利亚女王恩准了约克公爵乔治和特克的玛丽的婚事。正所谓风雨之后见彩虹。1893年7月6日，约克公爵乔治的婚礼在圣詹姆斯宫皇家教堂内举行。容光焕发的维多利亚女王参加了婚礼，并且通过婚礼向民众公开讲话。在讲话中，维多利亚女王表达自己对美好未来的憧憬，并且对民众给予王室的支持表示感谢。

1893年，维多利亚女王的德意志亲戚中发生了另一起变故。1893年8月22日，萨克森-科堡-哥达公爵欧内斯特二世去世。此时，维多利亚女王早年与他的友好关系早已不复存在。维多利亚女王从来都不相信萨克森-科堡-哥达公爵欧内斯特二世的判断力，对其晚年的生活方式也很有看法。萨克森-科堡-哥达公爵欧内斯特二世去世时，他与维多利亚女王已经多年没有往来。随着萨克森-科堡-哥达公爵欧内斯特二世去世，一项多年前达成的协议随之生效，萨克森-科堡-哥达公国将由维多利亚女王的二儿子阿尔弗雷德继承。此后，萨克森-科堡-哥达公爵阿尔弗雷德及其家人主要住在科堡。于是，由于母亲肯特公爵兼斯特拉森公爵的夫人玛丽·路易丝·维多利亚和丈夫阿尔伯特亲王的关系，维多利亚女王格外钟爱的萨克森-科堡-哥达公国以后将长期由维多利亚女王的子孙统治。

萨克森－科堡－哥达公爵阿尔弗雷德

维多利亚女王越来越重视孙辈们的婚事。1894年4月19日,维多利亚女王前往科堡参加黑森大公欧内斯特·路易与萨克森-科堡-哥达公爵阿尔弗雷德的女儿萨克森-科堡-哥达的维多利亚·梅利塔的婚礼。其间,维多利亚女王高兴地同意了自己另一位外孙女,即黑森大公欧内斯特·路易的妹妹黑森的阿利克斯与沙皇亚历山大三世长子尼古拉·亚历山德罗维奇·罗曼诺夫的婚事。在维多利亚女王所有孙辈的婚事中,也可以说除了长公主德意志皇后维多利亚,在所有子女的婚事中,这门婚事是最有价值的一次联姻。虽然维多利亚女王的二儿子萨克森-科堡-哥达公爵阿尔弗雷德已经是沙皇亚历山大三世的女婿,但外孙女黑森的阿利克斯与沙皇亚历山大三世的长子尼古拉·亚历山德罗维奇·罗曼诺夫的联姻使亚历山大三世和维多利

黑森的阿利克斯与尼古拉·亚历山德罗维奇·罗曼诺夫

亚女王的关系更加亲密。黑森的阿利克斯与尼古拉·亚历山德罗维奇·罗曼诺夫的婚礼还没有举行，沙皇亚历山大三世就驾崩了。1894年11月1日，尼古拉·亚历山德罗维奇·罗曼诺夫继承皇位，成为俄罗斯沙皇尼古拉二世。紧接着，1894年11月23日，尼古拉二世举行婚礼。为庆祝这场婚礼，维多利亚女王在温莎城堡举行了盛大的宴会，封外孙女亚历山德拉·菲奥多罗芙娜①的丈夫尼古拉二世为第二龙骑兵团，即苏格兰皇家灰骑兵团荣誉团长。

1894年6月23日，约克公爵乔治和公爵夫人特克的玛丽的第一个儿子爱德华诞生，这为英国王位第四代直系继承人增加一人。1894年7月16日，维多利亚女王前往里士满的白屋，参加爱德华王子的洗礼。

爱德华王子

---

① 1894年11月2日，改宗俄罗斯东正教后，黑森的阿利克斯称亚历山德拉·菲奥多罗芙娜。

维多利亚女王不但格外关心自己不断壮大的直系子孙,而且关心自己早年的朋友及国外王室亲戚的后代。1895年,维多利亚女王热情款待了一位第三代外国亲属葡萄牙国王卡洛斯一世。半个多世纪以来,维多利亚女王都十分珍惜与卡洛斯一世的父亲路易一世、祖父萨克森-科堡的斐迪南·奥古斯特及祖母玛丽亚二世的友谊。1895年11月9日,为表示对葡萄牙国王卡洛斯一世的欢迎,维多利亚女王授予他嘉德勋章。

第45章

1892年到1896年的政治形势

精彩看点

1892年至1894年威廉·尤尔特·格拉德斯通重新执政——1893年9月8日《地方自治法案》的命运——1894年3月2日维多利亚女王告别威廉·尤尔特·格拉德斯通——在希米耶区与威廉·尤尔特·格拉德斯通最后一次会面——1894年罗斯伯里伯爵阿奇博尔德·普里姆罗丝出任首相——维多利亚女王对罗斯伯里伯爵阿奇博尔德·普利姆罗斯的政府缺乏热情——索尔兹伯里侯爵罗伯特·加斯科因-塞西尔的第三届政府——维多利亚女王与约瑟夫·张伯伦——维多利亚女王议政的劲头——维多利亚女王对军队的关注一如既往——1896年1月20日巴滕贝格的亨利薨——皇家维多利亚勋章——1896年9月22日到1896年10月5日沙皇尼古拉二世来访

英国国内政治的发展趋势再次引发维多利亚女王的担忧。1892年6月月底,历经六年的第十二届议会解散,大多数英国自由党人和爱尔兰地方自治拥护者许诺支持威廉·尤尔特·格拉德斯通有关爱尔兰地方自治的方案。出于维多利亚女王的请求,索尔兹伯里侯爵罗伯特·加斯科因-塞西尔没有遵循近期先例。他一直等到新议会开会后才辞职,但议会马上对他发起不信任投票。1892年8月12日,索尔兹伯里

1892年的威廉·尤尔特·格拉德斯通

第45章 1892年到1896年的政治形势

侯爵罗伯特·加斯科因-塞西尔辞职。维多利亚女王一反常态，公开表达对事态变化的失望。1892年8月13日，《宫廷公报》刊登出一则非同寻常的公告，称维多利亚女王"十分遗憾地"接受了索尔兹伯里侯爵罗伯特·加斯科因-塞西尔的辞呈。

当时，维多利亚女王别无选择，只能第四次召见威廉·尤尔特·格拉德斯通，请他出任首相。①新政府在立法方面的主张令维多利亚女王感到很难与其达成共识。维多利亚女王坚决反对爱尔兰搞地方自治。对于1893年7月27日威廉·尤尔特·格拉德斯通二度提出的《地方自治法案》在下议院获得通过，维多利亚女王深感遗憾。不过很快，事态发生了转机。维多利亚女王高兴地看到1893年9月8日《地方自治法案》在上议院以三百七十八票的绝对优势被否决。在维多利亚女王统治时期，《地方自治法案》遭到致命打击。从此，维多利亚女王不用再为这一问题烦恼。

1894年的政治形势对维多利亚女王更有利。直到1894年的3月月初，1893年1月31日开始的议会才结束。闭会前一天，威廉·尤尔特·格拉德斯通写信告知维多利亚女王自己被迫选择辞职。1894年3月2日晚，威廉·尤尔特·格拉德斯通前往温莎城堡正式提出辞职。威廉·尤尔特·格拉德斯通与维多利亚女王的关系始终没有任何改善。在威廉·尤尔特·格拉德斯通最后一次执政期间，每次与威廉·尤尔特·格拉德斯通

---

① 1892年8月16日，威廉·尤尔特·格拉德斯通的第四届政府成立，其内阁成员名单如下：
第一财政大臣兼掌玺大臣——威廉·尤尔特·格拉德斯通
大法官——法雷尔·赫舍尔男爵
枢密院议长兼印度事务大臣——金伯利伯爵约翰·沃德豪斯
财政大臣——威廉·哈考特爵士
内政大臣——赫伯特·亨利·阿斯奎思
外交大臣——罗斯伯里伯爵阿奇博尔德·普里姆罗丝
殖民事务大臣——里彭侯爵乔治·罗宾逊
战争事务大臣——亨利·坎贝尔-班纳曼
苏格兰事务大臣——乔治·特里维廉爵士
海军大臣——约翰·斯潘塞伯爵
爱尔兰首席大臣——约翰·莫利
邮政大臣——阿诺德·莫利
贸易委员会主席——安东尼·约翰·芒代拉
地方管理委员会主席——沃尔夫汉普顿子爵亨利·福勒
兰开斯特公爵领地大臣——詹姆斯·布里子爵
建设大臣——埃弗斯利男爵乔治·肖-勒弗夫尔
枢密院副议长——阿瑟·戴克·阿克兰爵士——原注

会面都会给维多利亚女王带来前所未有的焦虑。①因此,当接受威廉·尤尔特·格拉德斯通的辞呈时,维多利亚女王没有表现出一丝遗憾,只是很敷衍地说了几句模棱两可的话。对于这次与维多利亚女王的会面,威廉·尤尔特·格拉德斯通写道:"除了对我在阿尔弗雷德王子继承萨克森-科堡-哥达公爵那件事上②反复表示感谢,维多利亚女王对以前的事完全闭口不谈……事实是存在德意志帝国和英国竞争的问题,维多利亚女王确信德意志帝国是优胜者。我们还谈到我的妻子凯瑟琳·格拉德斯通,维多利亚女王与她已经见过面,她们的会面很融洽。"③当一位如此重要的政治人物与自己正式道别时,维多利亚女王竟没有谈及任何政治问题,甚至由谁继任首相这个关键性问题也成为会谈的禁忌。1894年3月2日晚些时候,维多利亚女王给威廉·尤尔特·格拉德斯通送去"几句话",表示威廉·尤尔特·格拉德斯通"在这个年纪能放下重担"是明智的决定,希望他能"获得安宁与祥和"。④

在维多利亚女王和威廉·尤尔特·格拉德斯通漫长的人生道路中,两人的思想和感情完全不同。很快,这两位政坛老手又有一次短暂的会面。1897年1月,维多利亚女王和威廉·尤尔特·格拉德斯通都在希米耶区过冬。某天下午,维多利亚女王的女儿路易丝公主邀请威廉·尤尔特·格拉德斯通及其家人拜访王室家庭。根据威廉·尤尔特·格拉德斯通的描述,维多利亚女王"不像以前那样充满活力"。维多利亚女王一动也不动,但对威廉·尤尔特·格拉德斯通很友好。对此,威廉·尤尔特·格拉德斯通坦言很意外。维多利亚女王让威廉·尤尔特·格拉德斯通握住自己

---

① 威廉·尤尔特·格拉德斯通最后一次执政期间,维多利亚女王每次与他会面都会感到身心俱疲,但维多利亚女王从没有流露出这种疲倦感。1893年3月10日,将要离职的法兰西第三共和国驻英国大使威廉·沃丁顿的妻子玛丽·艾尔索普·金·沃丁顿夫人来到白金汉宫与维多利亚女王话别。两人一见面,维多利亚女王对玛丽·艾尔索普·金·沃丁顿夫人说刚把威廉·尤尔特·格拉德斯通打发走,就是威廉·尤尔特·格拉德斯通把她耽误晚了。关于威廉·尤尔特·格拉德斯通的非凡才能,深受维多利亚女王喜爱的玛丽·艾尔索普·金·沃丁顿夫人略微评论了几句。维多利亚女王只是回应道:"他就是个聋子。"——玛丽·艾尔索普·金·沃丁顿:《一位外交官妻子的书信》,伦敦,史密斯与埃尔德出版公司,1903年,第371页。——原注
② 1893年,威廉·尤尔特·格拉德斯通促成解决维多利亚女王的二儿子阿尔弗雷德王子继承萨克森-科堡-哥达公爵的问题。——原注
③ 约翰·莫利:《威廉·尤尔特·格拉德斯通传》,伦敦,麦克米伦出版社,1903年,第3卷,第514页。——原注
④ 约翰·莫利:《威廉·尤尔特·格拉德斯通传》,伦敦,麦克米伦出版社,1903年,第3卷,第514页。——原注

的一只手，这是威廉·尤尔特·格拉德斯通以前想都不敢想的事。不过，两人聊了几句在希米耶区的生活及维多利亚女王住宿情况。①无论是维多利亚女王，还是威廉·尤尔特·格拉德斯通，都尽力克服以前交往带来的拘束感，但两人想畅所欲言是完全不可能的事。

　　这次见面后，威廉·尤尔特·格拉德斯通和维多利亚女王再没有见过面。1898年5月19日，威廉·尤尔特·格拉德斯通去世。维多利亚女王同情威廉·尤尔特·格拉德斯通的家人，感激威廉·尤尔特·格拉德斯通为君主制做出的贡献。维多利亚女王晚年时，当私下谈到威廉·尤尔特·格拉德斯通时，她几乎不会贬低威廉·尤尔特·格拉德斯通，并且正面评价威廉·尤尔特·格拉德斯通。如果有人碰巧向她提到威廉·尤尔特·格拉德斯通，那么维多利亚女王总会这样说，"他一直都十分体贴我和我的家人"。威廉·尤尔特·格拉德斯通去世时，维多利亚女王极力避免公开表达对他做出贡献的钦佩，但她心里很清楚许多大臣十分赞赏威廉·尤尔特·格拉德斯通的成就。在威斯敏斯特大教堂举行威廉·尤尔特·格拉德斯通的葬礼时，维多利亚女王向威廉·尤尔特·格拉德斯通的夫人凯瑟琳·格拉德斯通发去一封唁电，称凯瑟琳·格拉德斯通一定能"感受到普通民众对威廉·尤尔特·格拉德斯通的缅怀，他高尚的人格和非凡的才能让他成为英国最杰出的政治家"。除了在唁电最后称："我将永远铭记他为我个人和我家人的福祉做出的贡献和付出的热情"，维多利亚女王在唁电中没有过多表达自己对威廉·尤尔特·格拉德斯通的欣赏。

　　1894年，威廉·尤尔特·格拉德斯通提出辞职时，维多利亚女王在没有向这位即将卸任的首相寻求任何意见的情况下，匆匆将罗斯伯里伯爵阿奇博尔德·普里姆罗丝定为首相一职的继任者。②维多利亚女王早就认识罗斯伯里伯爵阿奇博尔德·普里姆罗丝及其家人。维多利亚女王刚继位时，罗斯伯里伯爵阿奇博尔德·普罗姆罗丝

---

① 约翰·莫利：《威廉·尤尔特·格拉德斯通传》，伦敦，麦克米伦出版社，1903年，第3卷，第524页。——原注
② 威廉·尤尔特·格拉德斯通与维多利亚女王最后一次会面前，维多利亚女王的私人秘书亨利·庞森比爵士就传言"议会中有些人反对首相一职由一个贵族出任"询问威廉·尤尔特·格拉德斯通的看法。威廉·尤尔特·格拉德斯通批评亨利·庞森比爵士不该听信这样的谣言，表示除非维多利亚女王明确请求听取自己的意见，他将拒绝与之讨论以后的问题。然而，维多利亚女王没有向威廉·尤尔特·格拉德斯通提出任何请求。——原注

克利夫兰公爵夫人威赫米娜·波利特

的祖母哈丽雅特·布弗里受邀进宫为王室服务,他的母亲克利夫兰公爵夫人威赫米娜·波利特曾是维多利亚女王结婚时的伴娘之一。对罗斯伯里伯爵阿奇博尔德·普罗姆罗丝,维多利亚女王敬佩他的才华,感激他一直对自己毕恭毕敬的态度。①

　　罗斯伯里伯爵阿奇博尔德·普里姆罗丝成为首相后,政府的政策发生了一些细微的变化。对于这些变化,维多利亚女王持反对态度。1895年4月1日,《苏格兰政教分离法案》在下议院进行第二次审议。这项法案与维多利亚女王支持建立英国国教的主张背道而驰。维多利亚女王虽然认识到战争部门人事调整的必要性——她的堂兄剑桥公爵乔治不再担任陆军总司令,但不欢迎这些变化。在战争部的不断重组

---

① 罗斯伯里伯爵阿奇博尔德·普罗姆罗丝出任首相后,只是略微调整了一下威廉·尤尔特·格拉德斯通的内阁。罗斯贝里伯爵阿奇博尔德·普罗姆罗丝辞去外交大臣一职,任命金伯利伯爵约翰·沃德豪斯为外交大臣。沃尔弗汉普顿子爵亨利·福勒接替金伯利伯爵约翰·沃德豪斯原来的职位,成为印度事务大臣。埃弗斯利男爵乔治·肖-勒弗夫尔先生接替沃尔弗汉普顿子爵亨利·福勒生原来的职位,成为地方管理委员会主席。赫伯特·格拉德斯通子爵接替埃弗斯利男爵乔治·肖-勒弗夫尔原来的职位,成为建设大臣,但他不属于内阁成员。——原注

中，内阁规定未来陆军总司令的任期为五年。这项新规给维多利亚女王一直持有的总司令永远是君主代理人的理念以致命一击。不过，罗斯伯里伯爵阿奇博尔德·普罗姆罗丝政府并非固若金汤。自由党内许多重要人物并不认可罗斯伯里伯爵阿奇博尔德·普罗姆罗丝的领导，社会各界也对罗斯伯里伯爵阿奇博尔德·普罗姆罗丝的政府缺乏热情。1895年6月，罗斯伯里伯爵阿奇博尔德·普罗姆罗丝的政府在下议院受挫。于是，罗斯伯里伯爵阿奇博尔德·普罗姆罗丝立刻辞职，他在首相位置上仅仅待了十四个月。

索尔兹伯里伯爵罗伯特·加斯科因-塞西尔第三次组阁，并且同意提前进行议会大选。对此，维多利亚女王十分满意。在新政府中，保守党领袖与自由党领袖结成联盟。经过重新选举后，联盟党获得议会大多数席位。此后，在索尔兹伯里伯爵罗伯特·加斯科因-塞西尔的领导下，联盟党一直保持执政地位，直到索尔兹伯里伯爵罗伯特·加斯科因-塞西尔去世。

维多利亚女王与索尔兹伯里伯爵罗伯特·加斯科因-塞西尔及其联盟党同事的关系一直十分融洽。① 其中，约瑟夫·张伯伦先生领导下的殖民事务部致力于激

---

① 索尔兹伯里侯爵罗伯特·加斯科因-塞西尔第三届内阁成员名单如下：
外交大臣——索尔兹伯里侯爵罗伯特·加斯科因-塞西尔
大法官——霍尔斯伯里伯爵哈丁·吉福德
枢密院议长——德沃恩舍尔公爵斯潘塞·卡文迪什
掌玺大臣——理查德·阿什顿·克罗斯子爵
财政部第一财政大臣——阿瑟·鲍尔弗
财政大臣——圣奥尔德温伯爵迈克尔·希克斯-比奇
内政大臣——马修·怀特·里德利子爵
殖民事务大臣——约瑟夫·张伯伦
印度事务大臣——乔治·汉密尔顿勋爵
战争事务大臣——兰斯多恩侯爵亨利·佩蒂-菲茨莫里斯
海军大臣——乔治·戈申子爵
爱尔兰总督——乔治·卡多根伯爵
爱尔兰大法官——阿什伯恩男爵爱德华·吉布森
苏格兰事务大臣——伯利的鲍尔弗勋爵亚历山大·布鲁斯
兰开斯特公爵领地大臣——赫里福德的詹姆斯男爵亨利·詹姆斯
贸易委员会主席——邓迪的里奇男爵查尔斯·里奇
地方管理委员会主席——亨利·查普林子爵
农业委员会主席——沃尔特·朗子爵
建设大臣——奇尔斯顿子爵阿雷塔斯·埃克斯-道格拉斯——原注

发帝国主义热情。对此,维多利亚女王衷心支持。如同以前的罗伯特·皮尔和本杰明·迪斯雷利一样,维多利亚女王对约瑟夫·张伯伦的第一印象并不好。因为约瑟夫·张伯伦曾是自由党内一个激进派别的领袖,所以维多利亚女王很不信任他。约瑟夫·张伯伦虽然曾在威廉·尤尔特·格拉德斯通的第二届政府内担任贸易委员会主席,但很少与维多利亚女王打交道。在仅有的几次前往温莎城堡与维多利亚女王的会面中,维多利亚女王的问题都是围绕如何降低铁路事故的。后来,约瑟夫·张伯伦坚决反对地方自治政策,与威廉·尤尔特·格拉德斯通一派划清界限。因此,维多利亚女王对他的担心逐渐消失了。1895年起,直到维多利亚女王驾崩,约瑟夫·张伯伦实施的帝国主义方针完全符合维多利亚女王的心意。维多利亚女王十分尊敬约瑟夫·张伯伦,鼓励他采取一切手段巩固自己的殖民帝国。

虽然信任大臣们的能力,但维多利亚女王参政议政的劲头从未松懈。她仍然要求大臣们必须定期向自己呈送所有文件,无法容忍任何对国事的疏忽大意,并且坚决要求给予自己充足时间考虑大臣们的议案。另外,维多利亚女王会阅读大臣们在全国发表的大部分演说稿。对特别喜欢的演说稿,她会给演说者发去亲笔写的祝贺信。相关大臣继续将高级职务任命名单报送维多利亚女王。就候选人的资质,维多利亚女王会开诚布公地评论一番。有时,大臣们会承认维多利亚女王的评论有道理。然后,他们会向维多利亚女王解释,根据实际情况,为何自己的人选才最合适。在这种情况下,维多利亚女王总会遗憾地明确表示自己未被对方说服。近期,维多利亚女王重新开始实行一项自己早期统治时的做法,即亲自签署军官的委任状。1895年,这项工作大量积压,大臣们建议维多利亚女王放弃这项权利,但被维多利亚女王拒绝。对于外交和其他方面的委任状,维多利亚女王会在最后附上自己的签名。在任何情况下,维多利亚女王都不会同意使用图章。甚至前往奥斯本或巴尔莫勒尔旅行时,维多利亚女王经常都会带几百个箱子,箱子里装满需要她亲笔签名的文件。维多利亚女王总是一天连续工作两三个小时,每天签署二三百份文件。

维多利亚女王从来都认为自己是军队的一员。1892年5月10日,维多利亚女王隆重地为大英帝国研究院落成剪彩。在人生最后几年,维多利亚女王很少参加公开活动。她在伦敦及附近地区参加的活动基本都与军队相关,她尤其注意不断加强与奥尔德肖特的联系。1890年7月4日，维多利亚女王前往切尔西医院参观军事博览会。1892年6月27日，她在奥尔德肖特参加一所新教堂的奠基仪式，并且观看了一万名军人的列队游行。1893年，康诺特公爵兼斯特拉森公爵阿瑟掌握了奥尔德肖特军队的指挥权。对此，维多利亚女王十分高兴，但民众中充斥着不满。1894年7月，维多利亚女王在奥尔德肖特住了两天。1894年7月11日晚，当地为维多利亚女王举行了一场野外军事表演。1894年7月12日，维多利亚女王又检阅了军队。在接下来的1895年7月、1898年7月和1899年6月，维多利亚女王重温了1894年7月的愉快经历。1898年，除了参加阅兵仪式，维多利亚女王还向科德斯特里姆近卫团第三营授予军旗。

1896年年初，维多利亚女王在王室内激发的对军事活动的热情导致了一场悲剧，甚至令维多利亚女王失去了一位亲人。1895年年底，一直与维多利亚女王住在一起的小女儿比阿特丽斯公主的丈夫巴滕贝格的亨利，自告奋勇奔赴阿散蒂执行任务。当时，阿散蒂的当地人正在反抗英国的统治。起初，维多利亚女王不愿巴滕贝格的亨利前往。然而，巴滕贝格的亨利给维多利亚女王写了一封信。在信中，他表示自己出生于军人世家，一直都在寻求证明自己对居住国英国一片赤诚的机会。此外，他还表示如果能参加这次远征，那么他就能建功立业，这对自己儿女的未来也有好处。比阿特丽斯公主也支持丈夫巴滕贝格的亨利的想法。于是，维多利亚女王答应了他的请求。不过，在阿散蒂参加了一些军事行动后，巴滕贝格的亨利因患热病被迫退役回国。1896年1月20日，在乘坐的轮船"布隆德"号驶向马德拉群岛途中，巴滕贝格的亨利病逝。维多利亚女王宣称，"失去了家中的一缕阳光"。然后，她带着巨大的悲伤开始安抚刚失去丈夫的女儿比阿特丽斯公主。对维多利亚女王来说，比阿特丽斯公主是一直陪伴在她身边的乖女儿。1896年2月5日，维多利亚女王和比阿特丽斯公主在考斯迎接巴滕贝格的亨利的遗体。随后，维多利亚女王母女二人护送遗体抵达巴滕贝格的亨利的安息地——惠平汉姆教堂，即1895年巴滕贝格的亨利与比阿特丽斯公主举行婚礼的地方。

维多利亚女王一直十分愿意看到普通民众对王室家庭悲剧的同情。普通民众给予维多利亚女王发自肺腑的安慰，维多利亚女王也经常很享受与普通民众的交流。巴滕贝格的亨利去世几个月后，维多利亚女王找到一种方法可以将自己看重的忠诚行为永远记录下来。1896年4月21日，维多利亚女王设立了一种新勋章，称作"皇家维多利亚勋章"。皇家维多利亚勋章颁发给为维多利亚女王陛下及她的继任者或后代做出杰出贡献的英国臣民。维多利亚女王会亲自颁发皇家维多利亚勋章，也会仔细遴选获得这项荣誉的候选人。

1896年秋，维多利亚女王高兴地在巴尔莫勒尔接待了年轻的俄罗斯沙皇尼古拉二世和外孙女亚历山德拉·菲奥多罗芙娜皇后，以及他们还在襁褓中的女儿女大公奥尔加·尼古拉耶夫娜。尼古拉二世的父亲亚历山大三世、祖父亚历山大二世和曾祖父尼古拉一世早年都曾是维多利亚女王的客人。尼古拉一世的兄长，即沙皇亚

女大公奥尔加·尼古拉耶夫娜

历山大一世，还曾是维多利亚女王的教父。但在维多利亚女王统治时期，俄罗斯帝国与英国的外交关系仍以对抗为主，这是不可避免的趋势。直到最后，维多利亚女王都认为警惕俄罗斯帝国在亚洲的扩张是英国大臣的职责。不过，与此同时，她对英国王室与俄罗斯皇室的亲密关系深感骄傲。

第46章

1897年登基六十周年庆典

精彩看点

登基六十周年庆典——圣保罗大教堂外的仪式——灯塔——庆祝活动——检阅海军——普通民众的忠诚

1896年9月23日标志着维多利亚女王成为英国历任君主中统治时间最长的君主。除了比维多利亚女王早十一年登基的奥地利皇帝弗朗茨·约瑟夫一世，与同时代世界上任何一位君主相比，维多利亚女王的统治时长几乎是其统治时长的二倍。英国历史上在位时间最长的君主是乔治三世，其在位时间长达五十九年零九十六天，维多利亚女王的在位时间比乔治三世还多了一天。

按计划，1897年要隆重庆祝维多利亚女王在位满六十周年。维多利亚女王欣然接受这项庆典应该突出帝国扩张的建议，因为帝国扩张是公认的她统治时期最显

维多利亚女王登基六十周年庆典

著的特征。按照这项建议,来自所有英属殖民地的领导人、印度和其他附属国的代表,以及大英帝国各武装力量的代表都应该成为各项公开活动的重要参与者。庆典的主要项目是1897年6月22日在伦敦进行的游行。在王室成员、外国使者、印度和其他殖民地官员,以及一支庞大的帝国军队的护送下,维多利亚女王几乎绕首都伦敦行进了一圈。护送维多利亚女王的帝国军队由来自帝国各个角落的士兵组成。这些士兵包括来自印度当地的士兵,来自澳大利亚、南非和加拿大的骑兵步枪手,以及来自非洲西海岸、塞浦路斯、香港和婆罗洲的士兵。

盛大的游行队伍从白金汉宫门前经过,一路行进到圣保罗大教堂西端的台阶处。在那里,教会的高级神职人员进行了一场简短的宗教仪式。[①]接着,皇家游行队伍跨过伦敦大桥,穿过泰晤士河南边比较贫穷的地区,又跨过威斯敏斯特大桥,穿越圣詹姆斯公园,最后回到白金汉宫。在六英里的游行线路上,成千上万的臣民迎接维多利亚女王的到来,这令维多利亚女王激动得热泪盈眶。当从白金汉宫出发时,维多利亚女王向帝国各个角落的人民致电:"我衷心感谢我亲爱的人民。愿上帝保佑他们!"这封电报真实地反映出维多利亚女王当时的心情。

如同1887年,1897年6月22日晚,英国所有城市都被灯光点亮。从英格兰、苏格兰到威尔士,从康沃尔到凯斯内斯,所有海岬和高地上的灯塔都灯火通明。

维多利亚女王登基六十周年的庆祝活动持续了两个星期。1897年6月28日,白金汉宫举行了一场游园会。1897年7月2日,温莎公园举行了阅兵式,维多利亚女王检阅了印度及其他殖民地的军队。1897年7月7日,英属各殖民地的领导人在枢密院宣誓。1897年7月13日,一百八十名高级教士聚集在兰贝斯宫参加招待会。1897年6月23日,当一些下议院议员在白金汉宫向维多利亚女王致贺词时,官员的失误导致这些议员们失礼。对这个无意的冒犯,维多利亚女王立刻采取行动弥补过失,邀请这些议员及其妻子1897年7月3日前往温莎城堡参加游园会。

由于七十八岁的高龄,维多利亚女王不能亲自参加的唯一一项官方庆祝活动是1897年6月26日在斯皮海德举行的一场盛大的战舰检阅仪式。在这次阅兵式中,

---

① 后来,为纪念这次庆典,英国人在圣保罗大教堂西端台阶下的路面上刻下这样几句话:"在这里,维多利亚女王感谢万能的上帝保佑她登基满六十周年。公元1897年6月22日。"——原注

兰贝斯宫

参与检阅的战舰的数量达到历史之最。一百七十三艘战舰排成四列,绵延三十多英里。威尔士亲王阿尔伯特·爱德华代表维多利亚女王出席战舰检阅仪式。这次庆祝仪式上最激动人心的时刻是开普敦殖民地赠给大英帝国一艘装甲舰。

1897年7月18日,登基六十周年庆祝活动接近尾声时,维多利亚女王向普通民众发出一封公开感谢信,用质朴简单的语言表达了自己无限感激之情。这种情感引起了普通民众的共鸣。1887年,登基五十周年庆典激发的对维多利亚女王的忠诚在十年后的1897年达到顶峰,这是前所未有的现象。在维多利亚女王在世不多的时日中,几乎大英帝国范围内所有臣民,无论他们属于哪个种族,居住在哪里,对维多利亚女王的忠诚一如既往地高涨,丝毫没有减弱的迹象。

第47章

第二次布尔战争

精彩看点

1897年到1898年的远征——维多利亚女王对奈特利医院的关注——检阅军队——维多利亚与阿尔伯特博物馆——维多利亚女王和塞西尔·罗德斯——1899年与德兰士瓦的谈判——第二次布尔战争——维多利亚女王与援军——1899年11月德皇威廉二世来访——对德皇威廉二世友好的欢迎——维多利亚女王对士兵的关怀——来自维多利亚女王的圣诞礼物——爱尔兰士兵——1900年4月第四次访问爱尔兰——1900年4月4日到1900年4月25日在都柏林的逗留——弗雷德里克·罗伯茨在南非——1900年澳大利亚联邦政府——澳大利亚联邦成立——战争的苦难——翁贝托一世遭谋杀——奥尔良公爵腓力——1900年新统一党领导下的议会下议院——政府中的变化——维多利亚女王最近失去的亲人——石勒苏益格－荷尔斯泰因的克里斯蒂安·维克托——维多利亚皇后的疾病——维多利亚女王的最后几次出行

在维多利亚女王的最后统治岁月中，维多利亚女王和英国政府麻烦不断，这是管理一个庞大帝国必须付出的代价。当时，英军忙于在世界各地作战。因此，维多利亚女王的大部分精力都放在改善军队福利待遇上。维多利亚女王仔细阅读了大量军事远征活动的报告，这些军事行动的目的是为镇压1897年到1899年发生在印度边境的骚乱。1898年9月2日，在赫伯特·基奇纳伯爵的指挥下，英军和埃及军队最终取得恩图曼战役的胜利，终结了苏丹长期的叛乱，收复了1883年失去的埃及大片领土。得知这一消息后，维多利亚女王沉浸在胜利的喜悦中。当赫伯特·基奇纳伯爵返回英国，前往温莎城堡接受维多利亚女王的祝贺时，维多利亚女王提醒赫伯特·基奇纳伯爵以前苏丹战役中发生的事情。实际上，赫伯特·基奇纳伯爵正是那些事情的亲历者。

　　1898年，为表示对战争的支持，维多利亚女王三度前往奈特利医院慰问印度军队和苏丹军队的伤员。这三次慰问的时间分别是1898年2月11日、1898年5月14日和1898年12月3日。维多利亚女王每星期都能收到奈特利医院的汇报，并且会仔细阅读相关报告。[1]维多利亚女王最喜欢的一项消遣活动是为医院的伤员缝被子。

　　在参与视察军队和向部队授予新军旗方面的活动时，维多利亚女王依然十分积极。1898年10月29日，维多利亚女王在巴尔莫勒尔向新成立的卡梅隆高地团第二

---

[1] 一次，维多利亚女王听说奈特利医院的病人发现做绒线刺绣是一项不错的娱乐消遣后，马上命侍女去采购刺绣材料，然后迅速寄给了医院。——原注

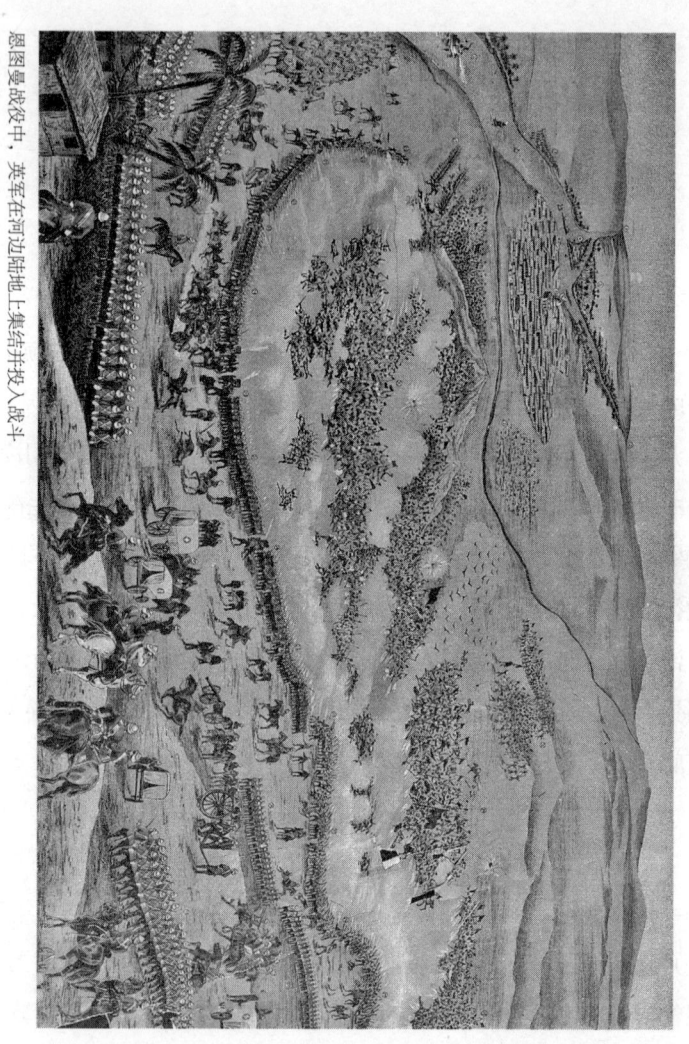

恩图曼战役中,英军在河边陆地上集结并投入战斗

恩图曼战役中,英军猛烈开火

营颁发军旗。1899年7月1日,维多利亚女王在温莎公园内检阅了荣誉炮兵连。威尔士亲王阿尔伯特·爱德华是荣誉炮兵连的指挥官。1899年7月15日,参加完温莎公园的游行后,在温莎城堡的院子内,维多利亚女王为苏格兰近卫团颁发军旗。1899年8月10日,维多利亚女王前往阿什利视察了朴茨茅斯志愿团。1899年9月29日,在巴尔莫勒尔,维多利亚女王向奥尔巴尼公爵团第二营颁发新军旗。

除了引人注目的军方活动,1899年,维多利亚女王主要参与的公开活动当属这年5月17日在肯辛顿举行的维多利亚与阿尔伯特博物馆奠基仪式。现在的南肯辛顿博物馆是王夫阿尔伯特亲王在1851年的万国博览会后兴建的。因此,在维多利亚女王眼中,南肯辛顿博物馆代表着丈夫阿尔伯特亲王对国家的贡献。

与1899年秋爆发的第二次布尔战争相比,维多利亚女王这时面对的其他所有军事行动都不那么重要。此时,维多利亚女王对南非局势很感兴趣。1891年,当塞西尔·罗德斯重返英国,与英国政府商量如何解决马绍纳兰问题时,他受邀前往温

塞西尔·罗德斯

莎城堡与维多利亚女王一起用餐。维多利亚女王对南非局势的了解及对马绍纳兰问题清晰睿智的评论，令塞西尔·罗德斯十分惊讶。维多利亚女王聚精会神地听塞西尔·罗德斯讲述金伯利钻石矿的基本情况，以及钻石是如何经过加工进入市场的。①这次见面后，维多利亚女王成为塞西尔·罗德斯的崇拜者。后来，当维多利亚女王和侍女们谈到塞西尔·罗德斯时，一名侍女告诉维多利亚女王塞西尔·罗德斯仇视女性。听到这句话，维多利亚女王以独有的天真答道："哦，但他对我很友善。"

第二次布尔战争爆发前，维多利亚女王赞成英国政府对南非的基本政策。不过，这时维多利亚女王已经不像以前那样仔细研究殖民地问题。1898年后，不断恶化的视力令维多利亚女王无法阅读所有呈送给她的国家文件。不过，她相信索尔兹伯里伯爵罗伯特·加斯科因-塞西尔的智慧和约瑟夫·张伯伦先生全心全意为帝国利益服务的决心。因此，虽然与德兰士瓦政府的谈判仍悬而未决，但维多利亚女王并不过分担心。与以前面对相似危机时一样，维多利亚女王主张只要有一丝维持和平的可能性，就不要发生战争。然而，越来越确信保持和平的代价是英国政府的声望受损时，维多利亚女王强烈呼吁政府尽可能快速有效地开战。

从1899年第二次布尔战争拉开序幕到1901年1月维多利亚女王弥留之际失去意识前，她满脑子考虑的都是这场战争。第二次布尔战争初期，英军的溃败给维多利亚女王带来无尽的烦恼。但面对危难，英军一场又一场的溃败反而令维多利亚女王的斗志越来越高昂，她敦促政府加倍努力。雷德弗斯·布勒在科伦索战役的大溃败，以及接下来另外两位指挥官保罗·梅休因男爵和威廉·福布斯·加塔克的小挫折，都没有让维多利亚女王乱了阵脚。当周围有人悲观地预测未来时，维多利亚女王表示自己绝不会意志消沉，并且宣称"一切都会好起来"。

1899年11月月底前，经维多利亚女王特别批准，在弗雷德里克·罗伯茨的指挥下，来自常规部队及志愿团的大批援军被紧急派往南非。与此同时，赫伯特·基奇纳伯爵从苏丹调到南非出任参谋长一职。对这两位将军，维多利亚女王十分信任。

英属各殖民地主动提出帮助，这令维多利亚女王受到鼓舞。对此，她一一发信表示感谢。1899年11月，维多利亚女王的外孙德皇威廉二世、皇后石勒苏益格-荷尔

---

① 霍华德·亨斯曼：《塞西尔·罗德斯传》，纽约，哈珀兄弟公司，1902年，第192页到第193页。——原注

科伦索战役中的弹药运输队

科伦索战役中受伤的英军士兵

斯泰因的奥古斯塔·维多利亚及他们的两个儿子到访温莎城堡，这令维多利亚女王深感欣慰。近来，英国王室与德意志皇室的关系远不如以前和谐。早在1896年，在英国与南非两个布尔共和国的关系上，英国与德意志帝国产生过误解。当时，威廉二世向德兰士瓦共和国总统保罗·克吕格尔发去一封祝贺信，祝贺布尔军队在阻止以利安德·斯塔尔·詹姆森为首的英国私人武装对德兰士瓦共和国的突袭中取得胜利。维多利亚女王和英国政府都斥责了德皇威廉二世的干涉行为，但对这件事，英国人持无所谓的态度。

1899年11月，德皇威廉二世对维多利亚女王和威尔士亲王阿尔伯特·爱德华的拜访是第二次布尔战争爆发前就已经安排好的事情。在双方已经产生敌意的苗头

德兰士瓦共和国总统保罗·克吕格尔

下,德皇威廉二世急于向英国示好。德皇威廉二世与维多利亚女王会面的气氛十分融洽,笼罩在两国君主头顶的乌云烟消云散。为向英军展现善意,德皇威廉二世捐出三百英镑,专门用于抚恤正在南非作战的第一龙骑兵团阵亡将士的遗孀和子女,毕竟他是这支军队的荣誉团长。

1900年,维多利亚女王不知疲倦地视察即将奔赴前线的军队,向前线发去各种鼓舞士气的消息,并且向阵亡将士的亲属写去大量慰问信。此外,她常常会索要阵亡将士的家庭照片,并且询问这些家庭的情况。对所有为国捐躯的将士,维多利亚女王都格外感兴趣。维多利亚女王亲自动手为在南非作战的将士制作羊毛围巾和帽子。当听说自己做的物品只发给军官,没有发给列兵时,维多利亚女王很不高兴。

1899年圣诞节,由于担忧南非战事,维多利亚女王没有像往年一样前往奥斯本过圣诞节,这差不多是她五十年来第一次没有前往奥斯本过圣诞节。1899年12月26日,即节礼日,维多利亚女王在温莎城堡圣乔治厅招待了士官的妻子和孩子及驻扎在皇家领地的民兵团。维多利亚女王命人向前线士兵送去上万盒巧克力作为礼物,还在1900年元旦对各级士兵表示问候。1900年年初,第二次布尔战争形势发生变化,维多利亚女王不断收到英军胜利的消息:1900年2月15日,英军解金伯利之围;1900年2月27日,英军俘虏皮特·克龙涅将军;1900年2月28日,英军攻克莱迪史密斯;1900年3月13日,英军攻占布隆方丹;1900年5月17日,英军解马菲肯之围;1900年6月5日,英军攻占比勒陀利亚。维多利亚女王与将军们互致贺电,十分高兴。

对爱尔兰士兵在战场上英勇顽强的表现,维多利亚女王尤其感到满意,并且给予高度认可。为纪念爱尔兰士兵在南非的功绩,维多利亚女王允许爱尔兰军队在1900年3月2日佩戴爱尔兰国徽——一枝三叶草。从前,英军一直禁止佩戴三叶草。1900年3月7日,维多利亚女王来到伦敦。1900年3月8日和1900年3月9日下午,维多利亚女王两度公开乘车穿越多条街道,以展现她对民众利益的关心及分担他们对战争的忧虑。因此,民众情绪高涨,维多利亚女王所到之处,民众不停地欢呼。1900年3月22日,维多利亚女王前往伍尔维奇的赫伯特医院,看望从南非返回的伤员。

不过,在所有对直接受到战火影响的人们表达深切慰问的行动中,最引人瞩目的行动是维多利亚女王决定改变前往欧洲南部度假的惯例,转而前往爱尔兰度假。

解放莱迪史密斯后的英军

英军解围马菲肯

要知道，前线军人中相当一部分是从爱尔兰招募的。这完全是维多利亚女王自己的决定。此时，离维多利亚女王上次访问爱尔兰已经过去近四十年。在这四十年中，对英国的政治不满在爱尔兰盛行，这令维多利亚女王无意再了解爱尔兰。曾几何时，维多利亚女王对心怀不满的爱尔兰大臣充满怨气，多次拒绝访问爱尔兰的邀请。她甚至多次明确拒绝在爱尔兰建立王室居所的建议。许多大臣提出这项建议是希望重振爱尔兰对英国的忠心。

然而，驾崩前几个月，维多利亚女王对爱尔兰的态度发生了巨大的转变。她在都柏林待了三个星期。几乎整个四月，即1900年4月4日到1900年4月25日，她都住在菲尼克斯公园的爱尔兰总督府内。在回应都柏林市政委员会的欢迎致辞时，维多利亚女王称这次访问爱尔兰是为了寻求改变和安宁，重温早年爱尔兰人民对她、她的丈夫阿尔伯特亲王及她的子女热烈欢迎的美好记忆。对受到的接待，维多利亚女王十分满意。这就表明，虽然爱尔兰对英国政府很不满，但爱尔兰人民忠于英国君主。对维多利亚女王来说，待在都柏林的日子忙碌而短暂。她接见爱尔兰各界领袖，参加阅兵式，出席在菲尼克斯公园举行的五万两千名学童的大集会，并且频繁乘车出行。1900年4月5日，维多利亚女王下令组建一个新的爱尔兰卫队团。1900年4月26日，维多利亚女王离开爱尔兰时，在写给爱尔兰总督的公开信中，感谢爱尔兰人民的盛情款待。

与此同时，南非的战事仍在继续。1900年5月2日，返回温莎城堡后，维多利亚女王检阅了曾被围困在莱迪史密斯，效忠君主的"威武"号船员，并且热烈欢迎了赫德沃思·缪克斯船长。1900年5月17日，维多利亚女王前往奈特利看望伤员。弗雷德里克·罗伯茨在南非取得的胜利缓解了维多利亚女王和英国人的焦虑。1900年夏，英国宫廷的庆祝活动照常进行。1900年5月4日，在温莎城堡，维多利亚女王接待了瑞典和挪威国王奥斯卡二世。奥斯卡二世还是王子时，经常来温莎城堡做客。1900年5月10日，在白金汉宫，维多利亚女王举行客厅招待会，这是她在这个社交季参加的唯一一次招待会，也是她参加的最后一次招待会。1900年5月11日，作为洗礼的引领人，维多利亚女王出席了约克公爵乔治第三个儿子亨利的洗礼。1900年5月22日到1900年6月20日，维多利亚女王照例前往巴尔莫勒尔度假。回到温莎城堡后，维多利亚女王举行了几场音乐会。接下来，1900年6月11日，维多利亚女王在白金汉宫举行了一场游园会。1900年6月28日，在温莎城堡，她为来英国访问的埃及总督阿巴斯二世举行欢迎宴会。1900年9月，在奥斯本，她再次见到了老朋友欧仁妮·德·蒙蒂若。

除了关注南非的战事，维多利亚女王对议会下议院通过的一项政治方案——《澳大利亚联邦法案》——充满兴趣。《澳大利亚联邦法案》的目的是按照1867年将北美各殖民省合并成加拿大自治领的做法，在澳大利亚成立联邦政府。1900年3月27日，在温莎城堡，维多利亚女王接见了来自澳大利亚的代表，他们来到英国是为见证《澳大利亚联邦法案》通过的全过程。维多利亚女王公开宣称对《澳大利亚

埃及总督阿巴斯二世

联邦法案》的一个地方不满——她十分讨厌法案的名称。对法案名称中"联邦"这个词,维多利亚女王发自内心地厌恶,因为这让她想起奥利弗·克伦威尔和共和政体。维多利亚女王建议采用"自治领"这个词,加拿大使用的是这个词。大臣们向维多利亚女王解释说"联邦"的含义与"自治领"的含义是完全一样的,"联邦"的历史意义绝不仅限于她提到的那项含义。最终,维多利亚女王很不情愿地放弃了自己的反对意见,但对《澳大利亚联邦法案》体现的政策和实现的目标,她完全赞同。

1900年8月27日,维多利亚女王批准《澳大利亚联邦法案》,并且欣然接受建议让孙子约克公爵乔治代表自己前往澳大利亚,参加1901年5月在墨尔本举行的新联邦议会开幕大典。与此同时,维多利亚女王很想对殖民地军队在第二次布尔战争中发挥的作用表示感谢。于是,她命令一支代表各团,包括志愿团的仪仗队,参加1901年1月1日在悉尼举行的澳大利亚联邦成立仪式。这支仪仗队共一千人,由包括正规军、民兵、义勇骑兵和志愿兵在内的军队各界代表组成。1900年11月12日,这支仪仗队从英国出发,1901年1月出现在悉尼的澳大利亚联邦成立仪式上。这支仪仗队返回英国前,受邀访问了维多利亚、南澳大利亚、昆士兰、西澳大利亚、塔斯马尼亚和新西兰等地。

新联邦议会开幕大典

南非的局势一直令维多利亚女王担忧，1900年夏末，南非出现的新状况加剧了维多利亚女王的忧虑。虽然弗雷德里克·罗伯茨的军队占领了南非的主要城镇，但战斗依然在进行，英军中因疾病或受伤而阵亡的士兵不计其数。1900年秋，收到的伤亡报告令维多利亚女王心急如焚。维多利亚女王虽然在反复考虑缓解南非局势的办法，甚至说服自己要相信政府正在全力以赴加速解决问题，但对继续战斗，直到取得完全胜利是自己和人民的神圣职责的信念，她从来没有动摇过。1900年10月到1900年11月，在巴尔莫勒尔时，维多利亚女王由于情绪低落，禁止所有庆祝活动。虽然维多利亚女王从没有对战争的前景绝望过，但事态的严重性令她备感压力。

与此同时，维多利亚女王密切关注国外的局势，发现各国发生的事件令人担忧。1900年7月29日，维多利亚女王的朋友意大利国王翁贝托一世在蒙扎遭到暗杀，这个消息打破了维多利亚女王内心的宁静。几天后，在访问巴黎时，波斯国王沙纳赛尔·丁·沙·卡扎尔遭无政府主义者行刺。行刺虽然未遂，但加剧了维多利亚女王的焦虑。尽管民族和统治方式的差异是存在的，但维多利亚女王认为波斯国

翁贝托一世被刺杀

王沙纳赛尔·丁·沙·卡扎尔与自己同属一个社会阶层，并且认为对波斯国王沙纳赛尔·丁·沙·卡扎尔安全的威胁更像在宣扬唯信仰论和激进思想。

与此同时，法兰西掀起了一股针对维多利亚女王名誉的反英浪潮，无良的记者们无耻地诋毁维多利亚女王。记者们的言论居然得到一位王室领袖——路易·腓力一世的曾孙奥尔良公爵腓力——的公开赞许，这令维多利亚女王觉得被侮辱了。要知道，维多利亚女王是路易·腓力一世及其家人最忠实的朋友。幸亏后来奥尔良公爵腓力对自己的恶劣行为向维多利亚女王做出诚恳的道歉，维多利亚女王也宽宏大量地原谅了奥尔良公爵腓力。与维多利亚女王相比，维多利亚女王的孩子们与许多英国大臣更加憎恨法兰西媒体对维多利亚女王的中伤。维多利亚女王一直感激地记得，在法兰西时当地民众对自己一贯友好的接待。法兰西新闻界的辱骂对象主要是反共和制或支持宗教的报纸，这几乎没有激起维多利亚女王对散布激进主义思想的反感。在维多利亚女王心中，激进主义是一种卑鄙、堕落的思潮。①

1900年10月，政府认为有必要举行大选。此时，这届议会已经存在超过五年。发动第二次布尔战争并将战争进行到底的索尔兹伯里侯爵罗伯特·加斯科因-塞西尔的政府获得英格兰和苏格兰的绝对支持。在议会选举中获胜的统一党共获得四百零二个议席，自由党获得一百八十六个议席，地方自治党获得八十二个议席。于是，统一党以一百三十四席的优势确保了下议院多数党的地位。大选中所有党派都支持维多利亚女王的观点，即无论付出多大的生命和金钱代价，战争必须强有力地进行下去，直到对手承认战败。

1900年12月，当维多利亚女王统治时期的第十五届议会，即最后一届议会开幕时，索尔兹伯里伯爵罗伯特·加斯科因-塞西尔依然是英国首相，但他辞去外交大臣一职，并且将这一职位让给原本担任战争事务大臣的兰斯多恩侯爵亨利·佩蒂-菲茨莫里斯。随后，在得到维多利亚女王批准后，索尔兹伯里侯爵罗伯特·加斯科因-塞

---

① 1891年2月，维多利亚皇后访问巴黎和凡尔赛宫，受到法兰西新闻界的猛烈抨击。维多利亚女王将这归咎于法兰西的激进主义。维多利亚女王似乎很不看好当时法兰西的政治局势。对英国驻法兰西第三共和国大使罗伯特·布尔沃-利顿伯爵没能保证维多利亚皇后受到法兰西第三共和国总统马里·弗朗索瓦·萨迪·卡诺和夫人塞西尔·卡诺的欢迎，维多利亚女王非常失望。——原注

西尔对内阁成员做了一些调整。不过，民众并不支持这些调整。①实际上，经过改组的政府在政策方面没有什么变化。

死神再次频繁降临维多利亚女王的亲朋好友，这令维多利亚女王在人生最后几年不停地经历失去亲友的悲痛。1897年10月27日，维多利亚女王的堂妹，年少时的好友，剑桥的玛丽·阿德莱德去世。1899年2月5日，她的外孙萨克森-科堡-哥达公爵继承人阿尔弗雷德在梅拉诺去世。这样一来，萨克森-科堡-哥达公国失去了继承人。对维多利亚女王来说，这是一个不小的打击。最后，萨克森-科堡-哥达公国的继承权被授予维多利亚女王的三儿子康诺特公爵兼斯特拉森公爵阿瑟。不过，康诺特公爵兼斯特拉森公爵阿瑟虽然暂时接受了继承权，但几个月后，遵从维多利亚女王的建议，他宣布放弃自己及儿子康诺特的阿瑟对萨克森-科堡-哥达公国的继承权，并且建议维多利亚女王的小儿子奥尔巴尼公爵利奥波德的遗腹子查尔斯·爱德华为继承人。1899年6月30日，年幼的查尔斯·爱德华被指定为萨克森-科堡-哥达公国的假定继承人，这令维多利亚女王十分满意。不幸的是，这种安排比人们预期的来得更快。1900年7月30日，维多利亚女王的二儿子萨克森-科堡-哥达公爵阿尔弗雷德患上恶疾，突然在玫瑰宫去世。

维多利亚女王失去的最后一位亲人是1900年10月29日去世的外孙——三女儿海伦娜公主的长子石勒苏益格-荷尔斯泰因的克里斯蒂安·维克托。由于在南非战场感染肠热病，石勒苏益格-荷尔斯泰因的克里斯蒂安·维克托死于第二次布尔战争。

然而，最令维多利亚女王痛苦的是得知长女维多利亚皇后患上一种不可治愈

---

① 内阁中有变化的职位名单如下：
掌玺大臣——索尔兹伯里侯爵罗伯特·加斯科因-塞西尔
外交大臣——兰斯多恩侯爵亨利·佩蒂-菲茨莫里斯
内政大臣——邓迪的里奇男爵查尔斯·里奇
战争事务大臣——米德尔顿伯爵圣约翰·布罗德里克
海军大臣——塞尔伯恩伯爵威廉·帕尔默
贸易委员会主席——杰拉德·鲍尔弗伯爵
地方管理委员会主席——沃尔特·朗子爵
农业委员会主席——罗伯特·威廉·汉伯里
邮政大臣——伦敦德里侯爵查尔斯·文-坦普尔-斯图尔特——原注

的顽疾，这种病会缓慢发展到致命的状况。后来，虽然维多利亚皇后的病情严重到丧失了行动能力，但她还是比母亲维多利亚女王多活了六个多月。

  在悲伤中，维多利亚女王走完了漫长人生的最后阶段。1900年11月7日，维多利亚女王从巴尔莫勒尔返回温莎城堡，安慰丧子的海伦娜公主。1900年11月中旬，维多利亚女王抓住两次机会，欢迎从南非归国的几支军队，其中有英属殖民地和加拿大的分遣队。维多利亚女王每次都会向士兵发表几句感谢辞。1900年12月12日，在温莎市政厅，维多利亚女王出席爱尔兰妇女的刺绣品销售会，这是她最后一次出现在公众面前。在销售会上，维多利亚女王购买了一些刺绣产品，其中一件是一个绣着紫罗兰和拿破仑家族徽章的屏风。维多利亚女王将这个屏风作为圣诞礼物送给了长期忠实的朋友欧仁妮·德·蒙蒂若。1900年12月14日，在弗罗格莫尔，维多利亚女王按照惯例纪念王夫阿尔伯特亲王逝世三十九周年纪念日。1900年12月18日，维多利亚女王离开弗罗格莫尔，前往奥斯本，这是维多利亚女王人生中最后一次旅行。

第48章

维多利亚女王驾崩

精彩看点

维多利亚女王晚年的健康状况——维多利亚女王的小病——1900年健康状况恶化——在奥斯本临终前的日子——1901年1月22日维多利亚女王驾崩——维多利亚女王的年龄和在位时间——爱德华七世继位——维多利亚女王的葬礼——全国人民的悲痛——人民忠于维多利亚女王的原因——维多利亚女王与大英帝国的统一

维多利亚女王一生身体都很健康。她相信新鲜空气和经常通风的好处，身边服侍她的人经常感叹她不怕冷。她每天通常会乘车外出两次，一次是清晨外出一个半小时，一次是下午外出两小时。维多利亚女王极其关注身体的健康状况，尤其是晚年时，她经常一天向家庭医生詹姆斯·里德爵士咨询好几次。

詹姆斯·里德爵士

虽然维多利亚女王没有患什么严重的疾病，但岁月不饶人。在生命最后五六年里，她小病不断。1895年起，维多利亚女王患上风湿性关节麻木，这导致她行走出现问题。她只有借助拐杖，才能吃力地行走。因此，更多的时候，她坐在轮椅上，被人推着走。1898年，维多利亚女王患上轻度白内障，视力受到很大影响。不过，她的白内障病情一直比较稳定，最终也没有发展到需要做手术的地步。最后几年，维多利亚女王基本上无法阅读。不过，她还能签名、写信，尽管很吃力。大臣们如果给她写信，就会被要求使用粗笔和颜色尽可能深的墨水。①

八十岁的维多利亚女王

---

① 1897年1月，威廉·尤尔特·格拉德斯通与维多利亚女王在希米耶区最后一次见面。随后，他称："她不像以前那样健谈。"不过，与威廉·尤尔特·格拉德斯通见面无疑令维多利亚女王感到拘谨。对此，威廉·尤尔特·格拉德斯通没有体谅。——原注

直到1900年夏末,维多利亚女王的身体状况开始明显恶化。对南非战事的担忧及亲友接二连三的逝世带来的悲伤令维多利亚女王在精神上承受着巨大的压力。维多利亚女王开始出现失语症状。不过,凭借强大的意志力,维多利亚女王一度抑制住病情的发展。一直以来,维多利亚女王对自己的记忆力很骄傲。因此,当开始不能回忆起一个熟悉的姓名或单词时,她十分恼怒,这导致了她脑力疲劳。即使没有罹患某种具体的病症,但1900年夏,体重减轻和失眠也足以证明维多利亚女王身体状况恶化。维多利亚女王原本希望1901年春前往里维埃拉以恢复体力,但当1900年11月回到温莎城堡后,她的家庭医生担心海外旅行有可能带来副作用。不过,维多利亚女王坚持安排1901年年初前往里维埃拉旅行。在奥斯本时,虽然维多利亚女王的身体没有丝毫好转的迹象,但没出现病危的信号。

1900年圣诞节清晨,维多利亚女王一生的好友兼侍女丘吉尔女男爵简·斯潘塞在睡梦中去世。维多利亚女王十分悲伤,立刻命人为丘吉尔女男爵简·斯潘塞的棺椁制作了一个花圈。1901年1月2日,维多利亚女王强打精神,迎接从南非归国的弗雷德里克·罗伯茨。弗雷德里克·罗伯茨返回英国前,将指挥权移交给赫伯特·基奇纳伯爵。凭借强大的意志力,维多利亚女王简短地对弗雷德里克·罗伯茨取得的胜利表示祝贺,并且授予他伯爵头衔及嘉德勋章。但实际上,维多利亚女王此时的身体状况已经十分糟糕,明显体力不支。1901年1月11日,殖民事务大臣约瑟夫·张伯伦与维多利亚女王有几分钟的会面,目的是让维多利亚女王了解南非未来的前景。在交谈中,维多利亚女王似乎是镇定、警觉的。这是维多利亚女王最后一次与大臣见面。殖民帝国的未来成为维多利亚女王最后考虑的问题,这是多么合情合理的事情。1901年1月14日,维多利亚女王第二次会见弗雷德里克·罗伯茨伯爵。维多利亚女王与他进行了一个小时的谈话,急切地想了解所有的最新战况。在与弗雷德里克·罗伯茨伯爵的会谈过程中,维多利亚女王显得比较有精神。然而,弗雷德里克·罗伯茨伯爵离开后不久,维多利亚女王晕倒了。

1901年1月15日,萨克森-科堡-哥达公爵夫人玛丽亚·亚历山德罗芙娜女大公来到奥斯本。在玛丽亚·亚历山德罗芙娜女大公的陪伴下,维多利亚女王最后一次乘车外出。当时,护士已经意识到维多利亚女王的身体状况已经不可挽回地衰弱了。

维多利亚女王的大脑慢慢失去意识，精力也在逐渐衰退。1901年1月19日，官方宣布维多利亚女王的器官衰竭。1901年1月20日到1901年1月21日，接下来的两天，维多利亚女王的身体情况越来越糟，她所有在英国的孩子都被召唤到病榻前。1901年1月21日，维多利亚女王的外孙德皇威廉二世也来到外祖母身旁。1901年1月22日星期二18时30分，在两个儿子威尔士亲王阿尔伯特·爱德华和康诺特公爵兼斯特拉森公爵阿瑟，三个女儿海伦娜公主、路易丝公主和比阿特丽斯公主，以及德皇外孙威廉二世的陪伴下，维多利亚女王驾崩。

维多利亚女王享年八十一岁零八个月，在位时间长达六十三年七个月零两天。她比乔治三世多活了三天，成为英国君主中最长寿者。在位时间比乔治三世长了近四个月，是英国历史上在位时间最长的君主，也是欧洲历史上在位时间第二长的君主。欧洲历史上在位时间最长的君主是法兰西国王路易十四，在位时间长达七十一年。

1901年1月23日，维多利亚女王驾崩第二天，威尔士亲王阿尔伯特·爱德华在圣詹姆斯宫会见枢密院成员，宣誓继承母亲维多利亚女王的王位。1901年1月24日，威尔士亲王阿尔伯特·爱德华登基，史称"爱德华七世"。

维多利亚女王指定的遗嘱执行人包括第三子康诺特公爵兼斯特拉森公爵阿瑟、小女儿比阿特丽斯公主及私人钱包保管人陆军中校弗利特伍德·爱德华兹爵士。维多利亚女王生前已经将自己后事安排的细节，甚至包括葬礼上演奏的音乐告知这三人。为体现自己一生的军队情结，维多利亚女王要求按照军人的规格举办葬礼。1901年2月1日，皇家游艇"艾伯塔"号载着维多利亚女王的棺椁，从考斯行到戈斯波特，沿途两列漫长的战舰纵队鸣礼炮，向维多利亚女王做最后的致敬。1901年2月2日早晨，维多利亚女王的遗体被送往伦敦。从维多利亚站到帕丁顿站途中，维多利亚女王的棺椁被放在炮架上。在游行的军队中，除了送葬队列，还有各支军队的代表。爱德华七世骑着马紧紧地跟在维多利亚女王棺椁的后面。爱德华七世后面一侧是弟弟康诺特公爵兼斯特拉森公爵阿瑟，另一侧是外甥德皇威廉二世。紧跟在他们后面的还有葡萄牙国王卡洛斯一世和希腊国王乔治一世，维多利亚女王的大部分孙辈成员，以及欧洲各王室的成员。1901年2月2日下午，维多利亚女王的葬礼在温莎

皇家游艇"艾伯塔"号载着维多利亚女王的棺椁

城堡圣乔治教堂内举行,场面极其庄重。1901年2月4日星期一,英国王室所有成员护送维多利亚女王的棺椁,步行来到弗罗格莫尔陵墓,沿途两侧挤满哀悼的人群。维多利亚女王的棺椁运到弗罗格莫尔陵墓后,被安放在石棺当中,并且与阿尔伯特亲王合葬在一起。

还没有哪位英国君主受到普通民众如此真挚地悼念。随着维多利亚女王驾崩的消息逐渐传开,联合王国、大英帝国及全球各个角落都沉浸在一片悲痛之中。印度、非洲和新西兰的当地人首领与英籍同仁一样,公开宣布维多利亚女王的驾崩让自己感到失去了主心骨。为让普通民众永远铭记维多利亚女王,加拿大和其他英属殖民地的立法机构纷纷将维多利亚女王生日这天,即5月24日,定为法定公共假日。

普通民众的悲痛证明了他们对维多利亚女王的忠诚。这种忠诚源自维多利亚女王的长寿、长久的统治、不幸的家庭命运及最近展现出对子民福祉的关心。然而,维多利亚女王的个人品性和治国能力只是其统治稳固和受拥护的部分原因。非人力所为的客观条件才是维多利亚女王统治期间帝国人民对君主极度尊敬和爱戴的主要原因。其实，人们对维多利亚女王晚期的统治并不满意。维多利亚女王驾崩后，人们才逐渐意识到对她是多么忠诚。维多利亚女王统治中期，人们对维多利亚女王统治早期她的青春、天真和简朴的家庭生活的兴趣消失殆尽，取而代之的是阿尔伯特亲王去世后，维多利亚女王长期的隐居生活让维多利亚女王与普通民众的关系降到冰点，这给她招来大量非议。

  无论是维多利亚女王晚年部分恢复公众生活，还是维多利亚女王的长寿，都不能完全解释普通民众在她晚年对她重新燃起的敬爱之情。在很大程度上，这是英国君主制新发展的结果，促成这种新发展的动力是不断的殖民扩张、殖民地对帝国的依赖及殖民地与母国英国突然强化的统一感。1880年后，维多利亚女王成为帝国统一的鲜活象征，每年发生的各种事件不断深化民众的这种意识，即维多利亚女王是民众利益和大英帝国领土上所有民众手足情深的体现。晚年，维多利亚女王与大臣们一起宣扬国家主权与帝国主义精神的紧密结合。对于帝国全体民众对自己和王权的热情，维多利亚女王给予充分的回应。然而，如果没有帝国主义思想的推动——维多利亚女王并不是帝国主义的始作俑者，那么她是否能在宪法的约束下毫无争议地获得民众普遍的尊敬，这是个值得商榷的问题。

第49章

维多利亚女王的历史地位

精彩看点

维多利亚女王对政务的态度——维多利亚女王的经历和独立的益处——维多利亚女王对宪法的忠诚——王室影响力的提升和君权的式微——维多利亚女王缺席议会活动——维多利亚女王的海外旅行——维多利亚女王与爱尔兰——维多利亚女王的海外关系——维多利亚女王对战争的态度——维多利亚女王的秉性——维多利亚女王丰富的同情心——维多利亚女王的娱乐消遣——维多利亚女王对艺术的态度——维多利亚女王的音乐品位——维多利亚女王对戏剧的热爱——维多利亚女王的文学品位——维多利亚女王的服装和马车——维多利亚女王的谈话——维多利亚女王对谄媚的反感——维多利亚女王的国家责任感——维多利亚女王的宗教观——维多利亚女王对妇女权利的反感——维多利亚女王对斯图亚特王室的同情——维多利亚女王受个人情感左右

理论上似乎手握大权的立宪君主，实际上毫无实权。维多利亚女王的性格和生活背景恰恰能让自己轻松面对实际发生的各种异常事件。虽然不具备超凡的智慧，但维多利亚女王检定、充满活力。与此同时，她极富同情心，抱着先辈们比不上的热情和敬业精神处理政务。英国历史上没有哪位君主能像维多利亚女王那样与政府官员保持频繁的书信往来。维多利亚女王不辞辛劳地研究国家事务的每个细节。对于政策或行政方面的每个问题，她都能形成自己的看法，顽固地坚持自己的看法，并且执着地要求大臣认真对待自己的看法。

　　在宪法的制约下，虽然维多利亚女王努力的结果总与自己的付出不成正比，但从总体上说，她参与政治产生了有益的效果。崇高却孤立的地位逐渐让维多利亚女王对政治形成一种超脱于任何政党利益的态度。正是这种相对中立的态度使维多利亚女王能洞察出政府方案中的任何危险漏洞。大臣们有时因派系斗争而看不到这类潜在的危机。在这种情况下，维多利亚女王的坚持会让政府方案得以修正，避免发生危机。维多利亚女王因为在位时间很长，执政经历比任何大臣的经历都丰富，所以能作为唯一幸存的见证人，讲述过去的历史。

　　无论多么反对一件事情，坦诚向大臣们表达自己观点的维多利亚女王能很有风范地接受普通民众投票的结果。比如，对1869年的《爱尔兰教会法案》和1884年的《扩大选举权法案》，维多利亚女王从维护国家稳定的立场出发，竭力阻止在她看来注定会失败的激进主义的蔓延。维多利亚女王积极参政，希望能在国家机器中发挥自己的作用。当自己主张的观点或意愿遭到否决时，她总能坦然接受失败。宪法规定，无论君主多么厌恶大臣做出的最终决定，君主的责任都是正式同意大臣的每个决定。维多利亚女王有这样的智慧回避与大臣的冲突。

此外，维多利亚女王自己的一些行为造成在外在形式上，君主权威失去了以往的某些特征。虽然对待一些不重要的礼仪规范态度保守，但维多利亚女王有足够的勇气改变一些重大的先例。当然，改变的前提是违背某种先例符合她的个人喜好。在统治的后三十九年，即1862年到1901年，维多利亚女王出席议会开幕大典的次数只有七次。在统治的后十五年里，即1886年到1901年，维多利亚女王没有去过议会大楼。1854年后，维多利亚女王从未出席过议会休会仪式，尽管在她统治结束前一共举行了不少于四十七场休会仪式。维多利亚女王登基前，定期参加议会开幕大典和闭幕式是所有先王遵守的铁律，除非他们因病不能参加。维多利亚女王打破了这一惯例。她的这种做法实际上弱化了"君主是执政中坚力量"的表象。

为方便自己，在君主政体方面，维多利亚女王还有另一项创新。在维多利亚女王继位以前的三位先王中，只有乔治四世在位时出过国，但仅仅是访问自己的汉诺威王国。大不列颠近代君主在位时很少出访海外。如果不在国内，他们就会在朝中指定一位摄政王或者几位法官，临时代表君主行使权力。与此同时，他们会指定一位负责的大臣陪同自己出访。但维多利亚女王完全无视这样的规矩，频繁出访海外。不在国内期间，她也不指定摄政王或法官，甚至有时出国时，她都不带随行大臣。相反，她经常使用低等头衔微服出访。新出现的蒸汽机和电力的运用让维多利亚女王与英国国内保持联系变得更方便。但这种一连数星期远离政治中心的做法——有时甚至是在政府面临危机时——显示出，与以往相比，这时君主的执政权力似乎变得可有可无。同时，这显示出维多利亚女王的做法虽然没有损害政府运作的效率，但至少干扰了政府的运作。维多利亚女王远离议会和频繁出国旅游都逐渐打破了政府的执政动力源自君主的错觉，这种错觉恰恰是君主立宪政体得以实现完美权力平衡的重要思想内容。

在其他方面，出于个人感情与个人享受，维多利亚女王做的某些事不仅让自己失去了民众的喜爱，还削弱了君主以维护联合王国各部分健康、和谐关系为目的合法使用的权力。在英格兰以外,维多利亚女王格外偏爱苏格兰。她在苏格兰逗留的时间加起来近七年。然而,在其统治的六十三年里,维多利亚女王有五十九年未涉足爱尔兰。后来,即使她访问爱尔兰,逗留的时间加起来也不足五个星期。晚年时,她对爱尔兰的访问是一次不服老的胜利,是她极富同情心的证明,大大缓解了她以前因忽视爱尔兰而引发的不满。与此同时,这充分说明在漫长统治期内,维多利亚女王一直抱有的、促使她不愿亲近爱尔兰人民的观念是多么大的错误。

关爱家人是维多利亚女王心中的重要观念,她频繁出国与这个观念有紧密联系。在所有亲戚中,与维多利亚女王关系最近的是她在德意志的亲戚,并且在德意志,亲戚的人数最多。在家中,维多利亚女王鼓励实行许多德意志的风俗。此外,她与众多德意志亲戚保持着频繁、紧密的书信往来。

维多利亚女王坚信应该由英国主导世界的命运,她对国家的忠诚和臣民的热爱是毋庸置疑的。不过,在外交政策方面,维多利亚女王的立场很大程度上受到其德意志背景影响,她总是热切希望保护直系德意志亲戚的利益。正如维多利亚女王自己所说,致力于保证普鲁士王国的福祉是"一份神圣的责任",因为她的长女维多利亚·亚历山德里娜·玛丽·路易莎嫁给了普鲁士王位继承人腓特烈·威廉·尼古劳斯·卡尔。萨克森-科堡-哥达公国是她母亲肯特公爵兼斯特拉森公爵的夫人玛丽·路易丝·维多利亚和丈夫阿尔伯特亲王的祖国。因此,作为女儿和妻子,维多利亚女王觉得维护萨克森-科堡-哥达公国的独立是自己义不容辞的责任。她对比利时王国的友情,源自她对舅舅利奥波德一世的爱,毕竟利奥波德一世是比利时国王。每当英国的利益与德意志亲戚的利益发生冲突时,强烈的爱国精神总能让维多利亚女王毫不犹豫地支持英国。即使这样,平衡英国与德意志帝国的利益是维多利亚女王一直以来奋斗的目标。

虽然不喜欢战争和随之而来的暴行,但维多利亚女王认为在一定情况下,战争是每位统治者必须考虑的解决问题的必要手段。因此,维多利亚女王虽然完全崇尚和平,但坚信为维护和平牺牲国家的利益和尊严是错误的做法。不过,与此同时,维多利亚女王主张,在战争中要尽可能推崇人道主义精神,这是她对军队医院及护士培养特别感兴趣的原因。

维多利亚女王关爱家人，并且由于人生的不幸，她对众生总怀着一副慈悲心肠。对失去亲人的人，无论他们来自哪个社会阶层，维多利亚女王都会送去自己的慰问。当自己的好意得到对方的回应时，维多利亚女王特别看重对方给予自己好意的回应。每当听说有人受到不应受的苦难时，维多利亚女王都义愤填膺。晚年时，维多利亚女王对法兰西的阿尔弗雷德·德雷福斯船长受迫害一事极其愤怒。① 对动

阿尔弗雷德·德雷福斯船长

① 应维多利亚女王的要求，首席大法官基洛文的弗兰克·拉塞尔男爵根据回忆，撰文描述了阿尔弗雷德·德雷福斯船长在雷恩接受二审的情况。该文出版在巴里·奥布莱恩先生所著的《基洛文的弗兰克·拉塞尔男爵传》中。——原注

维多利亚女王、阿尔伯特亲王与爱犬在温莎城堡

物,如马和狗,维多利亚女王也极富同情心。她尤其反对活体解剖,强烈谴责伤害和折磨不会说话的动物的行为。在她晚年时,她一直反对内政部颁布的为犬类戴口套的法令。此外,她曾敦促内政大臣立法禁止屠夫为获得小牛肉屠杀小牛的行为。她认为,屠杀小牛是野蛮的行为。

维多利亚女王不赞成宽恕残忍的罪行,多次表达不赞成宽恕针对妇女和儿童的罪行。作为执法者的内政大臣,他们表面上以维多利亚女王的名义实施法令,但实际上完全自作主张进行定罪。维多利亚女王不在乎罪行发生的复杂背景,也不在乎内政部裁决的合理性。在维多利亚女王眼中,弑妻和弃子都是必须用最严厉的法律惩处的暴行。

大量研究关于悲伤和苦难的事件总会产生一定的病态心理,维多利亚女王也不例外。收集亲朋好友遗物是她在这方面的一种表现。此外,维多利亚女王谴责逐渐遗忘逝者和越来越普遍的匆匆埋葬逝者的行为。因为生性活泼,又有强烈的好奇心,所以当身边的人一个接一个去世时,维多利亚女王还是控制住了自己的这种病态心理。维多利亚女王对自己的侍者的个人经历和家庭状况很感兴趣,尤其是自己身边侍女的经历与家庭状况。与此同时,维多利亚女王是一位极好的女主人,总会亲自对客人嘘寒问暖,研究每一位客人的喜好。

年轻人的天真直率从未从维多利亚女王身上消失。她很容易被逗乐,也很会玩。年轻时,她喜欢玩纸牌游戏,后来不玩了。不过,她一直钟爱年轻时从事过的优雅的娱乐活动,如素描、弹钢琴、唱歌、刺绣,她尤其喜欢钩针编织和绒线刺绣。由于严肃的性格,维多利亚女王不赞成过度参加体育运动,并且认为许多流行的体育运动过于吵闹。不过,维多利亚女王承认高尔夫球的魅力。对她来说,这是一项新颖的体育运动。

维多利亚女王的艺术细胞不是很发达。对家具的样式和服装的款式,维多利亚女王更偏爱刚结婚时的时尚。维多利亚女王不太会欣赏绘画,她主要资助的肖像画画家有弗朗茨·克萨韦尔·温特哈尔特和海因里希·冯·安盖利,雕塑家有约瑟

海因里希·冯·安盖利

夫·埃德加·伯姆。维多利亚女王资助约瑟夫·埃德加·伯姆的主要原因是他是德意志人。维多利亚女王唯一参观过的画家工作室是弗雷德里克·莱顿的工作室。当年,王夫阿尔伯特亲王将弗雷德里克·莱顿的作品《圣列的行进》送给了维多利亚女王。维多利亚女王十分欣赏弗雷德里克·莱顿,但她认为,弗雷德里克·莱顿与其说是一位有为的画家,还不如说是位十分讨人喜欢的有为侍从。在素描技能方面,维多利亚女王晚年没有太大长进。即使这样,维多利亚在艺术方面丰富的知识也经常发挥有益的作用。

相比之下,在音乐方面,维多利亚女王展现了出色的品位,拥有更丰富的知识。对年轻时崇拜的偶像的作品,如焦阿基诺·罗西尼、文琴佐·贝利尼和加埃塔诺·多尼采蒂的歌剧,维多利亚女王一直都很喜欢。接下来,维多利亚女王对费利克斯·门德尔松和路德维希·范·贝多芬的音乐着迷。后来,她喜欢夏尔·古诺和阿瑟·萨利文的音乐。其中,夏尔·古诺的《浮士德》是维多利亚女王最喜爱的歌剧,夏尔·古诺为主祷文配的背景音乐被维多利亚女王指定为在自己葬礼上演奏的音乐之一。对里夏德·瓦格纳的音乐,维多利亚女王立即就喜欢上了。她对里夏德·瓦格纳的《罗恩格林》的喜爱仅次于夏尔·古诺的《浮士德》。此外,维多利亚女王很喜欢当代德意志音乐。不过,她更偏爱旋律更简单的作品。① 约翰·塞巴斯蒂安·巴赫和乔治·弗里德里希·亨德尔的音乐很不讨维多利亚女王喜欢。至于原因,维多利亚女王解释说是小时候被强迫听了这两位作曲家太多的清唱剧。维多利亚女王一直很喜欢听钢琴演奏,甚至对想成为她身边侍女的人来说,她们必须首先成为出色的钢琴演奏者。每次晚饭后独处时,维多利亚女王的房间里总少不了音乐。

自少女时代起,维多利亚女王就对戏剧情有独钟。中年时,因悼念王夫阿尔伯特亲王,她对戏剧的热情一度中断了很长时间。晚年时,她对戏剧的热情重新燃烧起来。于是,宫中不时会上演戏剧。

---

① 流传着这样一个故事,一次,有人向维多利亚女王介绍了一首十分复杂的德意志现代音乐。维多利亚女王根本没有耐心听完,并且评论说:"安东·鲁宾斯坦的这支乐曲简直是饮酒歌,为什么呢?因为你根本无法一边喝茶,一边听它。"参见1901年4月的《评论季刊》。这个故事的实情是,当维多利亚女王欣赏安东·鲁宾斯坦的F大调时,突然忘了这首曲子的题目。于是,她问身边的一名侍女。这名侍女错误地告诉维多利亚女王这首乐曲是饮酒歌。随后,维多利亚女王很快发现这不是一首饮酒歌,并且觉得这个错误犯得很有意思。她没有多说其他话。——原注

弗雷德里克·莱顿

焦阿基诺·罗西尼

加埃塔诺·多尼采蒂

里夏德·瓦格纳

维多利亚女王对文学的热爱不如对戏剧的热爱。维多利亚女王不是一位出色的读者,但受丈夫阿尔伯特亲王影响,她很崇拜文学,尤其熟悉德意志诗歌。她将阅读看作一种严肃的消遣活动。晚年时,在晚上睡觉前,维多利亚女王喜欢别人读书给她听。虽然喜欢各种各样的小说,尤其喜欢情节夸张的小说,但维多利亚女王始终认为交替阅读小说和话题严肃的作品才是正确的阅读习惯。让维多利亚女王晚年感兴趣的严肃作品有厄尔利男爵罗兰·普罗瑟罗和乔治·格兰维尔·布拉德利合著的《阿瑟·彭林·斯坦利院长生平及书信集》,以及鲁道夫·卡尔·冯·斯拉京1896年创作的《苏丹的火与剑》。在当代小说中,弗洛伦斯·蒙哥马利小姐的作品最吸引维多利亚女王。亨利·塞顿·梅利曼先生的《播种者》也让维多利亚女王读得津津有味。不过,还有一位作家,维多利亚女王同样喜欢,他是马里恩·克劳福德先生。在

鲁道夫·卡尔·冯·斯拉京

希米耶区度假时，维多利亚女王曾有望与马里恩·克劳福德先生见上一面。据维多利亚女王说，马里恩·克劳福德的作品给自己带来了许多快乐时光。但不巧的是，因为一场意外，维多利亚女王与马里恩·克劳福德最终没能见面。虽然喜爱读小说，但从总体上说，维多利亚女王将阅读小说视为一种危险的干扰，并且认为阅读小说会干扰生活中严肃的兴趣。维多利亚女王曾认真研究了一些伟大的小说，并且从严肃实用的角度批判了这些小说，但她完全忽视了这些小说的美学价值。

维多利亚女王衣着朴素。对穿衣打扮，她不太感兴趣。阿尔伯特亲王鄙视时髦女士在穿着方面的奢靡之风，维多利亚女王十分认同丈夫阿尔伯特亲王的看法。不过，维多利亚女王清楚女性的这一弱点，并且会迁就。在会客厅内，她常常会对女性客人或侍女的穿着赞美几句。尽管身材矮小，衣着朴素，但维多利亚女王看上去总是十分优雅、庄重，所有与她打交道的人总被她的王者风范折服。虽然无法完全摆脱天生的羞涩，但维多利亚女王总能将自己的情绪控制得很好。

与人谈话时，维多利亚女王欣赏不露锋芒、平易近人的谈话风格。当听到笑话或趣事时，她会放声大笑。拐弯抹角的说话方式或者粗俗的话语会冒犯维多利亚女王，她有时甚至会一脸鄙夷地给予责难。维多利亚女王的谈话总是充满天真烂漫。晚年回忆维多利亚女王"独特的谈话风格"时，威廉·尤尔特·格拉德斯通评论道："这种独特的谈话风格与其说是强大智力的产物，还不如说是长期勤勉训练的结果。"① 维多利亚女王记忆力超群。每当在自己熟悉的话题上听到别人犯错时，她都会迅速而准确地给予纠正。

维多利亚女王希望交谈对方讲话时要有礼貌，并且讨厌唐突地表达反对意见。但她不喜欢谄媚奉承，会说"问某某人意见是没用的，他只会附和我的意见"。无论写东西，还是说话，维多利亚女王总是十分坦诚。与此同时，她希望所有跟自己交往的人都能对自己坦诚。她很担心对自己讲话的人尽说取悦自己的话，而不说实话，这一点常常令维多利亚女王十分烦恼。维多利亚女王曾对一位密友说："对我来说，听到实话真的太重要了。"

---

① 约翰·莫利：《威廉·尤尔特·格拉德斯通传》，伦敦，麦克米伦出版社，1903年，第3卷，第524页。——原注

维多利亚女王很感激公众认可自己在国事上的付出，但很讨厌公众对自己隐居生活的批评。她强调自己淡出公众生活很大程度上是繁重的国家事务造成的。维多利亚女王认为自己时刻将民众的福祉放在心上，完全有资格获得公众的赞扬，并且认为公众对自己的赞扬不是阿谀奉承。针对各大报纸上刊登的赞扬1887年登基五十周年庆典的一篇颂词，维多利亚女王这样评价："那不是奉承，我讨厌奉承。"不过，晚年时，维多利亚女王感到公众的赞扬有些过火。她会谦虚地打断一些过度赞扬自己的话，并且说道："如果他们能真正了解我就好了！"

维多利亚女王的宗教观简单、真诚、不教条。她对神学不感兴趣，提倡宗教包容，是一名虔诚的基督徒。维多利亚女王统治时期最后一位伦敦主教曼德尔·克赖顿博士曾宣称维多利亚女王是他认识的最出色的宗教自由派人士。但维多利亚女王的道德观十分严苛，她甚至反对寡妇再婚。

伦敦主教曼德尔·克赖顿博士

面对更广泛的妇女解放运动,维多利亚女王的态度几乎是一种盲目的反感。在维多利亚女王眼中,妇女在公开场合演说或者参与公众活动简直是不可原谅的行为。维多利亚女王从未意识到自己的地位恰恰向妇女权利拥护者提供了最有力的论据。当谈话中别人向她提及这一点时,她认为这两者毫无关系。相似的矛盾还有,维多利亚女王一方面十分讨厌自己伟大的女性祖先伊丽莎白一世,但另一方面她又在效仿伊丽莎白一世的直率和韧性。如果19世纪英国的宪法允许维多利亚女王一意孤行,那么这种不达目的不罢休的韧性很可能会在历史上发挥决定性作用。

维多利亚女王同情斯图亚特王室和詹姆斯二世的支持者。她拒绝用流行的称号"小王位觊觎者"称呼查理·爱德华。为了纪念他,维多利亚女王为孙子奥尔巴尼公爵起名为查理·爱德华。对历史上的苏格兰玛丽女王,维多利亚女王十分感兴趣。1850年,为纪念查理一世的女儿伊丽莎白·斯图亚特,在卡里斯布鲁克的圣玛丽教堂,维多利亚女王命人立起一扇窗户。1856年,维多利亚女王命卡洛·马洛切蒂男爵前往纽波特的圣托马斯教堂,在伊丽莎白·斯图亚特的墓地上建起一座大理石坟冢。此外,维多利亚女王修缮了詹姆斯二世在圣日耳曼的墓碑。

伊丽莎白·斯图亚特与妹妹安妮

上述喜欢与不喜欢都纯粹反映维多利亚女王的个人喜好。维多利亚女王厌恶的不是伊丽莎白一世的治国方式，而是她缺少女性应有的谦逊。当然，吸引维多利亚女王的不是斯图亚特王朝的治国之道，而是其由盛转衰后的种种不幸。可以说，维多利亚女王一生都受个人情感左右，而不是依据理智原则行事。如果不考虑情感中偶然出现的相互矛盾，那么维多利亚女王充分展现了勇敢、诚实和富有同情心的个人情感。维多利亚女王做事从不会心血来潮。她坚定履行自己承担的国家职责，热爱公平正义。历经多年，丰富的阅历和家长式的智慧，甚至还有"预言的成分"不断渗透并塑造着维多利亚女王的个人情感。作为一名女性君主，与其说维多利亚女王的个人情感是一套完善的道德或政治哲学体系，不如说在总体上她的个人情感发挥了安全向导的作用。本性和客观环境决定了维多利亚女王天生赋有威廉·莎士比亚所称的："君主身上珍贵的慈悲之心、正义、正直、克己、坚定、慷慨、不屈不挠、仁慈、谦逊、热诚、耐心、勇敢和刚毅。"

附录1 维多利亚女王的后裔

维多利亚女王和阿尔伯特亲王生养了九个子女。其中,四个儿子依次为威尔士亲王阿尔伯特·爱德华、爱丁堡公爵阿尔弗雷德、康诺特公爵兼斯特拉森公爵阿瑟和奥尔巴尼公爵利奥波德。维多利亚女王驾崩后,威尔士亲王阿尔伯特·爱德华继承英国王位,成为"爱德华七世"。萨克森-科堡-哥达公爵欧内斯特二世薨后,爱丁堡公爵阿尔弗雷德成为新一代萨克森-科堡-哥达公爵。五个女儿依次是婚后成为普鲁士王妃、1888年3月成为德意志皇后的维多利亚·阿德莱德·玛丽·路易莎,婚后成为黑森大公夫人的爱丽丝公主,婚后成为石勒苏益格-荷尔斯泰因的克里斯蒂安妻子的海伦娜公主,婚后成为洛恩侯爵夫人、1900年4月成为阿盖尔公爵夫人的路易丝公主,以及婚后成为巴腾堡的亨利妻子的比阿特丽斯公主。

维多利亚女王生前,有两个儿子和一个女儿已经去世,他们分别是奥尔巴尼公爵利奥波德、萨克森-科堡-哥达公爵阿尔弗雷德,以及黑森大公夫人爱丽丝公主。

维多利亚女王驾崩后,其依然健在的子女有两个儿子和四个女儿,他们分别是1901年1月24日继承英国王位的爱德华七世、康诺特公爵兼斯特拉森公爵阿瑟、德意志皇后维多利亚·阿德莱德·玛丽·路易莎、石勒苏益格-荷尔斯泰因的克里斯蒂安的妻子海伦娜公主、阿盖尔公爵夫人路易丝公主和巴腾堡的亨利的妻子比阿特丽斯公主。1901年8月5日,维多利亚女王驾崩不满七个月时,其大女儿德意志皇后维多利亚·阿德莱德·玛丽·路易莎在自己的封地腓特烈斯霍夫去世。

维多利亚女王的九个子女都结婚成家。除了阿盖尔公爵夫人路易丝公主,维多利亚女王的其他子女都有后代。维多利亚女王的孙辈有四十人。维多利亚女王健在时,孙辈中已经有九人去世。维多利亚女王的曾孙辈共计三十七人。

维多利亚女王在世时,她的孙辈中有十七人结婚成家。在这十七位孙辈成员的婚姻中,有两例是嫡亲通婚。黑森大公夫人爱丽丝公主唯一的儿子黑森大公恩斯特·路易娶了萨克森-科堡-哥达公爵阿尔弗雷德的二女儿萨克森-科堡-哥达的维多利亚·梅丽塔。1901年12月21日,这桩婚姻被宣布无效。德意志皇后维多利亚·阿德莱德·玛丽·路易莎的二儿子普鲁士的亨利王子娶了黑森大公夫人爱丽丝公主的三女儿黑森和莱茵的艾琳·玛丽。

普鲁士的亨利王子

普鲁士的索菲亚

通过其他孙辈成员的婚姻,维多利亚女王成为欧洲大陆主要王室的"祖母"。1889年,德意志皇后维多利亚·阿德莱德·玛丽·路易莎的三女儿普鲁士的索菲亚嫁给了希腊国王乔治一世的儿子斯巴达公爵迪亚多休斯·康斯坦丁。1894年,黑森大公夫人爱丽丝公主的四女儿黑森的阿丽克斯嫁给了俄罗斯沙皇尼古拉二世。1884年,黑森大公夫人爱丽丝公主的二女儿黑森和莱茵的伊丽莎白嫁给了俄罗斯沙皇亚历山大二世的第五子、俄罗斯沙皇尼古拉二世的叔叔谢尔盖·亚历山德罗维奇大公。1898年,萨克森-科堡-哥达公爵阿尔弗雷德的大女儿玛丽·亚历山德拉·维多利亚嫁给了罗马尼亚王储斐迪南。1896年,威尔士亲王阿尔伯特·爱德华的小女儿莫德·夏洛特·玛丽·维多利亚嫁给了丹麦的卡尔王子。

在维多利亚女王孙辈成员中,只有威尔士亲王阿尔伯特·爱德华的长女路易丝公主在英国贵族中挑选夫婿,成为法伊夫公爵亚历山大·达夫的妻子。维多利亚女王的另一个孙子威尔士亲王阿尔伯特·爱德华唯一在世的儿子约克公爵乔治·阿尔伯特娶了特克的玛丽。特克的玛丽是维多利亚女王的堂妹剑桥的玛丽·阿德莱德和特克公爵弗朗西斯的女儿。

维多利亚女王有七位孙辈成员与德意志王室成员喜结连理。1881年,德皇威廉二世娶了石勒苏益格-荷尔斯泰因的奥古斯塔·维多利亚。1878年,德皇威廉二世的大妹普鲁士的夏洛特公主嫁给了萨克森-迈宁根公爵伯恩哈特三世。1890年,德皇威廉二世的二妹普鲁士的维多利亚公主嫁给了绍姆堡-利珀的阿道夫。1893年,德皇威廉二世的四妹普鲁士的玛格丽特公主嫁给了黑森-卡塞尔伯爵腓特烈·查理。1884年,维多利亚女王的二女儿爱丽丝公主的大女儿黑森和莱茵的维多利亚嫁给了巴滕贝格的路易。1896年,萨克森-科堡-哥达公爵阿尔弗雷德的三女儿萨克森-科堡-哥达的亚历山德拉嫁给了霍恩洛厄-朗根堡的恩斯特。1891年,维多利亚女王的三女儿海伦娜公主的二女儿石勒苏益格-荷尔斯泰因的玛丽·路易丝嫁给了安哈尔特的阿里伯特。然而,1900年12月13日,安哈尔特的阿里伯特的父亲安哈尔特公爵腓特烈一世宣布解除儿子的这桩婚姻。

在有生之年,维多利亚女王还等到了一个曾孙辈的婚礼。1898年9月24日,德意志皇后维多利亚·阿德莱德·玛丽·路易莎的大女儿普鲁士的夏洛特公主的女儿萨克森-迈宁根的费奥多拉嫁给了罗伊斯的海因里希三十世。

附录2　维多利亚女王的画像

维多利亚女王生前，众多画家、雕塑家和摄影师频繁为她服务。因此，有大量维多利亚女王的肖像画、雕像和照片留存世间。不过，在这些作品中，没有任何一件作品能完美展现维多利亚女王的风采。维多利亚女王的主要魅力源自她总是面带笑容，但在这些作品中，处在静态的维多利亚女王丧失了生动、迷人的微笑。此外，这些作品也没能淋漓尽致地展现出维多利亚女王的高贵，弥补维多利亚女王身高的不足。

1821年，威廉·比奇爵士为亚历山德里娜·维多利亚公主和肯特公爵兼斯特拉森公爵的夫人玛丽·路易丝·维多利亚绘制画像。1830年，理查德·韦斯托尔为亚历山德里娜·维多利亚公主绘制画像。1833年，乔治·海特爵士为亚历山德里娜·维多利亚公主绘制画像。1837年，理查德·詹姆斯·莱恩为亚历山德里娜·维多利亚公主绘制画像。

1838年，阿尔弗雷德·爱德华·沙隆为维多利亚女王绘制画像，画像中的维多利亚女王身穿王袍。1838年，乔治·海特爵士为维多利亚女王绘制画像。1839年，大卫·威尔基爵士为维多利亚女王绘制画像，这幅画像现存于格拉斯哥美术馆。1839年，埃德温·兰西尔爵士为维多利亚女王绘制画像。维多利亚女王将这幅由埃德温·兰西尔爵士为自己绘制的水彩画像送给了阿尔伯特亲王。1840年，约翰·帕特里奇分别为维多利亚女王和阿尔伯特亲王绘制单人画像。1841年，皇家艺术学院展出了维多利亚女王和阿尔伯特亲王的这两幅单人画像。目前，出自约翰·帕特里奇之手的维多利亚女王单人画像保存在白金汉宫爱德华七世的私人画室里。1842

阿尔弗雷德·爱德华·沙隆绘制的维多利亚女王肖像

约翰·帕特里奇绘制的维多利亚女王肖像

年,约翰·帕特里奇被任命为维多利亚女王陛下的"最出色的肖像画家",但不知什么原因,约翰·帕特里奇为维多利亚女王绘制的第二幅单人画像远逊色于他在1840年给维多利亚女王绘制的第一幅单人画像。

1845年起,维多利亚女王的许多肖像画都由弗朗茨·克萨维尔·温特哈尔特绘制。1848年,弗朗茨·克萨维尔·温特哈尔特为维多利亚女王作画,画中的人物除了维多利亚女王,还有康诺特公爵阿瑟和威灵顿公爵阿瑟·韦尔斯利。1866年,埃德温·兰西尔爵士再次为维多利亚女王绘制肖像画。1875年,海因里希·冯·安盖利男爵为维多利亚女王绘制肖像画,这幅肖像画的复制品多次被当作馈赠嘉宾的礼物。其中,邓弗姆林男爵夫人玛丽·阿伯克龙比获赠的维多利亚女王肖像画的复制品现存放在伦敦的国家肖像画美术馆中。1885年和1897年,海因里希·冯·安盖利男爵分别两次为维多利亚女王绘制肖像画。1900年,威廉·奎勒·奥查森爵士为维多利亚女王作画,画中的人物除了维多利亚女王,还有威尔士亲王阿尔伯特·爱德华、约克公爵乔治和约克的爱德华王子。1900年,让-约瑟夫·邦雅曼-康斯坦是最后一位为维多利亚女王绘画像的肖像画家。与此同时,威廉·查尔斯·罗斯爵士为维多利亚女王绘制了好几幅袖珍画像。罗伯特·索伯恩也曾为维多利亚女王和威尔士亲王阿尔伯特·爱德华绘制过一幅袖珍画像。1897年,威廉·尼科尔森还为维多利亚女王创作过一幅漫画风格的平版印刷肖像画。

维多利亚女王每当处在人生的重要时刻时,都要请人作画,留作纪念。这些纪念肖像画大部分都保存在温莎城堡中,也有少量存放在白金汉宫中或者奥斯本宫中。这些纪念肖像画包括:1837年大卫·威尔基爵士创作的《维多利亚女王的第一次枢密院会议》、1838年查尔斯·罗伯特·莱斯利创作的《维多利亚女王在加冕典礼上领圣餐》、1841年查尔斯·罗伯特·莱斯利创作的《长公主维多利亚·阿德莱德·玛丽·路易莎受洗》、1838年乔治·海特爵士创作的《维多利亚女王的加冕典礼》、1840年乔治·海特爵士创作的《维多利亚女王的婚礼》、1847年乔治·海特爵士创作的《威尔士亲王阿尔伯特·爱德华受洗》、1844年弗朗茨·克萨维尔·温特哈尔特创作的《款待路易·腓力一世》、1855年爱德华·马修·沃德创作的《维多利亚女王给拿破仑三世颁发嘉德勋章》和《维多利亚女王参观拿破仑·波拿巴的墓地》、1855年乔治·豪斯曼·托马斯创作的《维多利亚女王访问巴黎》、1859年约翰·菲利普创作的《长公主维多利亚·阿德莱德·玛丽·路易莎的婚礼》、1859年乔治·豪斯曼·托马斯创作的《维多利亚女王在奥尔德肖特》、1863年威廉·鲍威尔·弗里思创作的《威尔士亲王阿尔伯特·爱德华的婚礼》、1866年克里斯蒂安·卡尔·马格纳森创作的《海伦娜公主的婚礼》、1879年西德尼·普赖尔·霍尔创作的《康诺特公爵兼斯特拉森公爵阿瑟的婚礼》、1882年詹姆斯·林顿爵士创作的《奥尔巴尼公爵利奥波德的婚礼》、1885年小理查德·卡顿·伍德维尔创作的《比阿特丽斯公主的婚礼》、1887年劳里茨·蒂克森创作的《1887年登基五十周年庆典上的维多利亚女王和王室成员》、1889年西德尼·普赖尔·霍尔创作的《路易丝公主的婚礼》、1893年劳里茨·塔克森创作的《约克公爵乔治的婚礼》。

劳里茨·蒂克森

几乎在大英帝国的每座重要城市里,人们都能找到几尊维多利亚女王的雕像。下面举几个例子:1829年,威廉·贝恩斯创作的亚历山德里娜·维多利亚公主半身像,现藏于温莎城堡;坐落在格拉斯哥,由卡洛·马洛切蒂男爵创作的维多利亚女王骑马雕像;在温莎城堡内,由约瑟夫·埃德加·伯姆爵士创作的维多利亚女王雕像;伦敦的国家肖像画美术馆中,由约瑟夫·埃德加·伯姆爵士创作的维多利亚女王大型石膏塑像;坐落在温彻斯特,由阿尔弗雷德·吉尔伯特创作的维多利亚女王雕像;坐落在曼彻斯特,由爱德华·翁斯洛·福特创作的维多利亚女王雕像。

在白金汉宫对面的林荫路上,由托马斯·布罗克负责设计的一座六十英尺高的维多利亚女王大型纪念碑于1911年修建。纪念碑底部是维多利亚女王的坐像。维多利亚女王坐像四周围绕着正义女神、真理女神和仁爱女神的雕像,坐像顶部是一尊胜利女神雕像。阿斯顿·韦伯负责设计维多利亚女王纪念碑周边的建筑景观。

爱德华·翁斯洛·福特

按照阿斯顿·韦伯的设计，维多利亚女王纪念碑和白金汉宫之间将建起一排石柱；维多利亚女王纪念碑和圣詹姆斯公园之间将建起一排半环形的石柱。这些石柱的风格与白金汉宫正面顶部的装饰物呼应。此外，林荫路将被扩建，其东北端与议会街相交。目前，为落实维多利亚女王纪念碑的建设工作，英国政府已经从大英帝国各个成员国那里募集到总计二十万英镑的资金。

维多利亚女王统治期间，出现在大英帝国货币上的维多利亚女王头像可以分为三类。第一类头像是维多利亚女王登基后不久，由威廉·怀恩按照维多利亚女王的相貌，为金银币设计的头像。在威廉·怀恩的设计中，维多利亚女王的发型基本上都是简单地打结绾起。但也有一个例外，在弗罗林银币上，维多利亚女王头戴王冠，这是自查理二世以来，货币上首次出现戴王冠的君主形象。在威廉·怀恩的铜币头像设计中，维多利亚女王头戴桂冠。第二类头像是1887年由约瑟夫·埃德加·伯姆爵士设计的维多利亚女王半身肖像。在这款新设计中，维多利亚女王头顶小型王冠和披纱，展现出成熟女性的特征。第三类头像是1893年由托马斯·布罗克设计的戴王冠的维多利亚女王肖像。托马斯·布罗克给维多利亚女王设计的这款肖像明显比约瑟夫·埃德加·伯姆爵士的设计更具美感。

大部分带有维多利亚女王头像的纪念章都是为了纪念英国陆军和海军的军事成就。这些纪念章本身不具有太多的审美意义。[1]许多纪念章都是在伦敦市法团的授意下铸造的。[2]维多利亚女王统治期间，官方发布的主要纪念章包括：1838年，为纪念维多利亚女王的加冕典礼，由贝内代托·皮斯特鲁奇设计的纪念章；1887年发行的维多利亚女王登基五十周年纪念章，该纪念章正面采用了约瑟夫·埃德加·伯姆爵士为钱币设计的维多利亚女王半身肖像，背面由弗雷德里克·莱顿设计；1897年发行的维多利亚女王登基六十周年纪念章，此纪念章正面采用了托马斯·布罗克设计的维多利亚女王老年时期的头像，反面采用了威廉·怀恩设计的维多利亚女王青年时期的头像。

邮票诞生于维多利亚女王时代。1840年，英国政府开始推广使用邮票。同年，

---

[1] 约翰·霍斯利·梅奥：《英国陆军和海军纪念章和奖章》，伦敦，阿奇博尔德·康斯太勃尔公司，1897年。——原注
[2] 查尔斯·韦尔奇：《钱币和纪念章收藏》，伦敦，伦敦委员会，1894年。——原注

专门为邮票设计的一款头戴王冠的维多利亚女王头像问世。此后，在整个维多利亚女王时代，英国境内邮票上一直使用这款头像，并且从未对这款头像做过任何改动。大多数英属殖民地最新发行的邮票采用的是维多利亚女王老年的头像。爱德华七世登基前，英格兰最新发行的明信片采用的是维多利亚女王老年的头像。

附录3 公开的文献来源[①]

1837年到1900年发布的《年鉴》和《泰晤士报》是研究维多利亚女王的最佳文献来源。《英国议会议事录》中收录的《议会辩论实录》和《笨拙周报》是研究维多利亚女王的补充文献来源。

对于维多利亚女王生平的研究，目前研究比较完善的领域是1840年到1861年她的婚姻生活。相关著作有：1868年，查尔斯·格雷创作的有关维多利亚女王新婚生活的《王夫阿尔伯特亲王的早年生活》。1874年到1880年，西奥多·马丁爵士创作的五卷作品《王夫阿尔伯特亲王传》。可以毫不夸张地说，《王夫阿尔伯特亲王传》绝对算得上是研究维多利亚女王和阿尔伯特亲王最权威的文献。在《王夫阿尔伯特亲王传》一书中，在讲述维多利亚女王的私人生活和公开生活时，西奥多·马丁爵士大量引用了维多利亚女王和阿尔伯特亲王的日记和书信内容。在创作中，查尔斯·格雷和西奥多·马丁爵士都是站在支持维多利亚女王的立场上评述往事。因此，在选择素材时，两人会故意避开不讨维多利亚女王喜欢的作家创作的作品。有些公开发表的回忆录对查尔斯·格雷和西奥多·马丁爵士的作品起到有效的补充作用。但从作

[①] 迄今为止，还没有一部完整介绍维多利亚女王一生的作品出版。1902年，在法国巴黎，阿贝尔·舍瓦莱出版了一部有趣的随笔类作品，内容主要涉及维多利亚女王参与的一些政治问题，是目前最令人瞩目的专著。阿贝尔·舍瓦莱在著作中，对本书作者为《国家人物传记大辞典》所写的文章赞赏有加。另外，写过维多利亚女王的其他作家还包括：温莎城堡的图书管理员理查德·霍姆斯、玛格丽特·奥利芬特夫人、约翰·塔洛克的儿子威廉·威尔·塔洛克、洛恩侯爵约翰·坎贝尔、莎拉·图利、乔治·巴内特·史密斯、约翰·科迪·杰斐逊、米莉森特·加勒特·福西特夫人。——原注

品内容涉及的时间跨度看，西奥多·马丁爵士的《王夫阿尔伯特亲王传》无疑是一部里程碑式的作品。

此外，还有两部作品值得一提，它们分别是《查尔斯·格雷维尔回忆录》和《萨克森-科堡-哥达公爵欧内斯特二世回忆录》。在《王夫阿尔伯特亲王传》中，西奥多·马丁爵士曾少量引用过《查尔斯·格雷维尔回忆录》的内容。虽然《查尔斯·格雷维尔回忆录》一书语言犀利，但从总体讲，其内容还是可靠的，算是描述1860年前维多利亚女王生活和政治作为的一部权威作品。第二部作品是西奥多·马丁爵士在《王夫阿尔伯特亲王传》里根本没有提到过的《萨克森-科堡-哥达公爵欧内斯特二世回忆录》。《萨克森-科堡-哥达公爵欧内斯特二世回忆录》公开了维多利亚女王的许多私人信函。这些私人信函涉及从1840年到1870年发生的事件，这为人们了解维多利亚女王与德意志各邦国王室成员的私人关系提供了十分宝贵的参考信息。

德意志人弗朗西斯·沃丁顿·本森写的《本森男爵回忆录》和斯托克马男爵克里斯蒂安·弗里德里希的儿子恩斯特·冯·斯托克马写的《斯托克马男爵克里斯蒂安·弗里德里希回忆录》都涉及维多利亚女王的早期生活。此外，还有一些其他重要文献不但涉及维多利亚女王的早期生活，而且涵盖了维多利亚女王的晚期生活。这些文献包括：查尔斯·阿利克斯·威尔金森的《汉诺威国王欧内斯特·奥古斯塔斯回忆录》、A.M.F.的《我父亲的故事》、特奥多尔·冯·伯恩哈迪的《特奥多尔·冯·伯恩哈迪自传》、弗里德里希·斐迪南·冯·博伊斯特伯爵的《弗里德里希·斐迪南·冯·博伊斯特伯爵回忆录》、维茨图姆·冯·埃克斯塔特伯爵的《维茨图姆·冯·埃克斯塔特伯爵回忆录》、埃德温·冯·曼陀菲尔的《书信》、老赫尔穆特·冯·毛奇的《给妻子和亲戚们的书信》、玛格丽塔·冯·波申格尔的《德意志皇帝腓特烈三世传》和《腓特烈三世日记》、奥托·冯·俾斯麦的《反思与回忆》及其附录和《1849年到1889年奥托·冯·俾斯麦的政治信函》、莫里茨·布施的《与奥托·冯·俾斯麦的谈话》。

在介绍维多利亚女王和拿破仑三世关系的著作中，皮埃尔·德·拉·戈斯的《法兰西第二帝国史》堪称佳作。此外，圣勒内·塔扬迪耶在其作品《利奥波德一世与维多利亚女王》中详尽地介绍了维多利亚女王和比利时王国的关系。实际上，圣勒

圣勒内·塔扬迪耶

内·塔扬迪耶这部作品文献的主要来源是《斯托克马男爵克里斯蒂安·弗里德里希回忆录》。

在维多利亚时代，英国人撰写了大量回忆录。这些回忆录多多少少都触及了维多利亚女王。人们可以从下列作品中了解到维多利亚女王登基前后的一些信息：杰拉尔德·格尼的《维多利亚女王的童年》、安德鲁·怀特·图尔的《太平的第一年》、加布里埃尔·冯·比洛的《回忆录》、阿尔比马尔伯爵乔治·凯佩尔的《我生命中的五十年》和《写在斯塔福德庄园的书信》、查尔斯·默里爵士在《康希尔杂志》上发表的多篇回忆性文章。后来，赫伯特·麦斯威尔爵士还将查尔斯·默里爵士写的回忆性文章收录到自己创作的《查尔斯·默里爵士回忆录》中。

涉及1838年到1897年维多利亚女王家庭生活的回忆录包括：《利特尔顿夫人书信集》、维多利亚女王的《1848年到1861年高地生活日记节选》和《1862年到1882年关于高地生活更多日记节选》、克莱门特·金洛克·库克的《特克公爵夫人玛丽·阿德莱德公主回忆录》。

1837年到1868年发生的英国王室事务和外交事件可以从以下两部作品中了解：乔治亚·布鲁姆菲尔德女男爵的《宫廷和外交生活回忆录》和奥古斯塔斯·洛夫特斯勋爵的《回忆录》。其中，奥古斯塔斯·洛夫特斯勋爵的《回忆录》只涉及外交事件。

至于维多利亚女王统治期间的内政方面，可参考以下文献：罗伯特·托伦斯的《墨尔本子爵威廉·兰姆传》、托马斯·雷克的《日记》《乔治·克罗克书信集》、特别有参考价值的《罗伯特·皮尔书信集》、斯潘塞·霍拉肖·沃波尔爵士创作的最具参考价值的人物传记《约翰·拉塞尔伯爵传》、亨利·布尔沃男爵和伊夫琳·阿什利合著的《帕默斯顿子爵亨利·约翰·坦普尔传》、马姆斯伯里伯爵詹姆斯·哈里斯的《一位前大臣的回忆录》、威廉·贝纳姆和兰德尔·托马斯·戴维森合著的《阿奇

罗伯特·托伦斯

阿尔杰农·韦斯特爵士

博尔德·坎贝尔·泰特传》、塞尔伯恩伯爵朗德尔·帕尔默的《纪念物》、威廉·尤尔特·格拉德斯通的《往事拾遗》、休·蔡尔德斯的《休·蔡尔德斯传》、阿尔杰农·韦斯特爵士的《回忆录》。

在生活中,对维多利亚女王的私人记忆可以在下列作品中寻找踪迹:唐纳德·麦克劳德的《诺曼·麦克劳德传》、玛格丽特·奥利芬特夫人的《约翰·塔洛克院长传》、厄恩利男爵罗兰·普罗瑟罗和乔治·格兰维尔·布拉德利合著的《阿瑟·彭林·斯坦利院长生平及书信集》、阿尔弗雷德·丁尼生的《阿尔弗雷德·丁尼生传生平及作品集》、爱德华·怀特·本森的《爱德华·怀特·本森大主教传》。其中,最后三部作品都公开了一些来自维多利亚女王的有趣书信。①

---

① 1901年4月发行的《评论季刊》对维多利亚女王的性格进行了不少评述。虽然这些评述主要参考了某位与维多利亚女王关系很密切人士的回忆录,但从各个角度看,它们都是非常不准确的。——原注

其他影响范围较小的文献还包括：乔治·奥托·特里维廉的《托马斯·巴宾顿·麦考利生平和书信集》、阿瑟尔·罗森·阿什韦尔和雷金纳德·加顿·威尔伯福斯合著的《萨缪尔·威尔伯福斯牧师传》、托马斯·威姆斯·里德的《威廉·爱德华·福斯特传》、范妮·肯布尔的《档案》、安德鲁·朗格的《伊兹利伯爵斯塔福德·诺思科特传》、赫伯特·麦斯威尔爵士的《威廉·亨利传》、西奥多·马丁爵士的《马丁夫人海伦娜·福西特传》、约翰·莫布雷爵士的《在威斯敏斯特的七十年》、约翰·诺克斯·劳顿的《亨利·里夫回忆录》、罗纳德·高尔勋爵的《回忆录》和《1881年到1901年日记》。

1897年，威廉·亚历山大·林赛在其作品《王室家庭》中，全面地描述了维多利亚女王家中工作人员的情况。

最后，还要说明的是，作者获得了一些未公开的有关维多利亚女王的信息。在前言中，这一点作者已经做过说明，在这里不再累述。

附录4　1837年到1901年大英帝国国力的增强

维多利亚女王登基时，除了联合王国，大英帝国的统治区域大约有八百一十一万四千零三十五平方英里，人口大约九千六百万人。维多利亚女王驾崩时，除了埃及和苏丹两地，大英帝国的疆域扩大到一千二百一十一万一千三百一十平方英里，人口增长到约两亿四千万。换句话说，在维多利亚女王统治期内，大英帝国的版图面积增加了近四百万平方英里，人口数量增长了约一亿二千四百万。维多利亚女王时期，大英帝国扩张的领土主要来自非洲和印度。在新增加的约四百万平方英里的领土中，超过三百万平方英里的领土来自非洲，七十万平方英里的领土在印度和缅甸，剩下不到三十万平方英里的领土分布在亚洲其他地区和世界其他角落。印度和缅甸境内大约一亿一千万人口成为维多利亚女王的臣民。维多利亚女王统治期间，除去印度、埃及和苏丹三地，宣布效忠英国君主的人口据估计是一千四百万人。[①]

在欧洲，大英帝国的领土曾有三次变化。1878年，大英帝国吞并塞浦路斯岛。1864年，大英帝国将爱奥尼亚群岛割让给希腊。1890年，大英帝国又将黑尔戈兰岛割让给德意志帝国。

在印度之外的亚洲地区，大英帝国的扩张如下：

1839年，大英帝国占领亚丁半岛。1868年到1882年，大英帝国陆续吞并亚丁周边地区。1854年，大英帝国占领阿拉伯半岛东南部的库里亚穆里亚群岛。1857年，大英

---

① 1837年时，联合王国的人口是二千六百万，1901年上升到四千万。换句话说，1837年到1901年，联合王国境内的人口增长了一千四百万，这个数字恰好与文中提到的数字相同。——原注

帝国占领红海的丕林岛。1861年,大英帝国占领波斯湾内的巴林岛。1886年,大英帝国占领阿拉伯海上的索科特拉岛。

1846年,大英帝国占领毗邻婆罗洲的拉布安岛。1881年,通过成立英属北婆罗洲临时协会有限公司,大英帝国开始管理北婆罗洲地区。1888年,婆罗洲全境成为英国的保护领地。

1867年,海峡殖民地脱离印度,变成英国的直辖殖民地。1874年,海峡殖民地扩张。1888年,印度洋上的圣诞岛并入海峡殖民地。1857年,印度洋上的科科斯群岛——或称基灵群岛——也变成了英国的殖民地。

1841年,英国占领香港岛。1860年到1898年,地处内陆的九龙[①]逐步被并入香港。1898年,英国占领了中国沿海的威海卫。1902年,英国放弃在威海卫驻防的计划。1885年,英国占领朝鲜的巨文岛,但不久后就从巨文岛撤军。

1874年起,在马来半岛,来自英国的定居者陆续在各州定居。1896年,马来半岛各州宣布成立马来联邦,接受英国的统治。1885年,柔佛州成为英国的保护领地。

1858年,东印度公司将印度的管理权移交给英国君主。1843年,信德地区并入印度。1845年,英国从丹麦人手中购得特兰奎巴和塞兰波。1849年,英国控制了萨特莱杰河与拉维河之间的地带。1849年,英国还控制了旁遮普地区。1852年,英国占领下缅甸。1853年,英国占领萨塔拉、占西和纳格浦尔三个中部省份。此外,1853年,英国还占领了贝拉尔地区。接着,1856年,英国控制了奥都。1869年,英国占领尼科巴群岛。1885年,英国获得上缅甸和掸邦的控制权。1895年到1897年,英国又吞并了西北边境省的几个小邦。

在非洲,英国的势力范围主要覆盖四个区域:非洲西海岸、非洲东海岸、非洲南海岸和非洲中部地区。

维多利亚女王刚登基时,英国在非洲只有两处定居点。一个是面积达十一万平方英里的开普敦殖民地,另一个是面积达四千平方英里的塞拉利昂。但截至维多利亚女王统治后期,据估计,英国在非洲统治下的领土面积增加了三十倍。这一估

[①] 即今天中华人民共和国香港特别行政区的九龙和新界。根据1860年中英《北京条约》,清政府向英国割让九龙半岛。1898年,英国政府逼迫清政府签订《展拓香港界址专条》,清政府向英国"租借"新界,租期九十九年。

计中没有包括非洲北部的埃及和英埃共管苏丹。这两个国家的领土面积总计大约一百三十万平方英里，人口超过了一千五百万人。名义上，虽然埃及和英埃共管苏丹都由埃及总督管理，但实际上，从1882年起，无论是在军事方面，还是在内政方面，实际控制这两地的还是英国政府。

1843年，在非洲西海岸，英国建立了英属黄金海岸殖民地。1850年，英国又从丹麦购买了阿克拉及其周边地区。1871年，英国从荷兰人手中夺取埃尔米纳城堡和其他几处要塞。1874年和1896年，在与阿散蒂人的战争中，英国又控制了埃尔米纳城堡周边的区域。1861年，英国控制了毗邻英属黄金海岸的拉各斯。然后，在1882年、1885年和1887年，英国又沿着英属黄金海岸线不断扩张自己的地盘。1879年，一家特许公司获准管理尼日尔河两岸地区。但随着英国在尼日尔河两岸占领的土地规模越来越大，1899年，英国政府取代了原先的特许公司，最终接管了尼日尔河两岸地区。1850年，在英属黄金海岸北端的冈比亚，英国建立了一个定居点。1891年，英国又重新界定了这个定居点的边界。1861年、1876年、1877年和1886年，通过吞并临近地区和岛屿，塞拉利昂殖民地的范围变得越来越大。

1888年，在非洲东海岸，面积为一百二十万平方英里的英属东非由英国东非公司控制。1894年，英国政府宣布接管英国东非公司名下的乌干达。1895年，英国东非公司宣布解体，英国政府接管了这家公司名下的所有土地。1887年，英属东非北部的索马里兰成为英国的保护领。1890年，英属东非南部的桑给巴尔成为英国的保护领地。

1842年，南非的纳塔尔成为英国的殖民地。与此同时，祖鲁王国将圣卢西亚湾割让给英国。1866年，英国又吞并了大量卡菲尔人的土地。

1847年，英国从卡菲尔人处获得开普敦殖民地最东端的一片土地，并且暂时将这片土地并入英属卡夫拉里亚。1863年，英国重新将这片土地并入开普敦殖民地。1874年，开普敦殖民地西北沿岸的伊哈波岛和企鹅群岛也被划入开普敦殖民地。1870年，在南非北部的西格里夸兰，英国人发现了金伯利钻石矿带。1880年，西格里夸兰被并入开普敦殖民地。1884年，南非西北沿岸的沃菲赫尔湾被并入开普敦殖民地。1894年，蓬多兰被并入开普敦殖民地。1871年，位于开普敦殖民地东北部，介于纳塔尔和奥兰治自由邦中间的巴苏陀兰被并入开普敦殖民地。1884年，巴苏托兰脱离开普敦殖民地，成为一处独立的英国殖民地。

1848年，在开普敦殖民地的东北方向，英国控制了介于奥兰治河与法尔河之间的地区。1854年，奥兰治自由邦独立，英国失去了对这片领土的主权。1852年，荷兰农场主们获得在德兰士瓦的自治权。1877年，德兰士瓦共和国被英国吞并。1881年，德兰士瓦共和国复国。1900年，在第二次布尔战争中，德兰士瓦共和国再次被英国吞并。与此同时，被英国吞并的还有奥兰治自由邦。1887年，纳塔尔北部的祖鲁王国成为英国的殖民地，祖鲁北部的阿玛通加汉德也沦为英国的保护领地。

1885年，非洲大陆中部的贝专纳兰成为英国的殖民地。1889年，英属南非公司成立。这家特许公司控制了马塔贝莱兰和马绍纳兰两地辽阔的北部和中部地区。非洲大陆中心，赞比西河以北，一直延伸到坦噶尼喀湖的地区成为英国的保护领地。为纪念英属南非公司的创始人塞西尔·罗德斯，包括马塔贝莱兰、马绍纳兰等在内的非洲中部地区被统称为"罗德西亚"。

在北美，英国占领的土地主要位于太平洋沿岸的加拿大。1849年，温哥华岛成为英国殖民地。1858年，英属哥伦比亚成为英国殖民地。1866年，温哥华岛并入英属哥伦比亚。1867年，在建立北美殖民地联盟后，哈得孙湾公司将其名下管理的土地移交给加拿大自治领政府。在哈得孙湾公司移交的这片土地上，加拿大自治领政府设立了曼尼托巴省和西北地区。

维多利亚女王登基前，英国已经在名义上接管了当时还没有得到很好开发的澳大利亚。维多利亚女王登基后，英国才开始在澳大利亚建立永久定居点。新南威尔士相继被划分为新南威尔士、维多利亚和昆士兰三个独立的殖民地。1856年，南澳大利亚和塔斯马尼亚成为自治殖民地。1890年，西澳大利亚成立。1840年，新西兰诸岛上的毛利酋长们同意将其土地主权出让给英国。1852年，新西兰诸岛成为自治殖民地。

维多利亚女王统治期间，除了新西兰，太平洋上的一些岛屿也属于澳大拉西亚。1874年，斐济群岛的酋长们将土地主权出让给英国，斐济成为英国的殖民地。1884年，澳大利亚大陆北方的新几内亚岛的东南部及其周边诸岛成为英国的保护

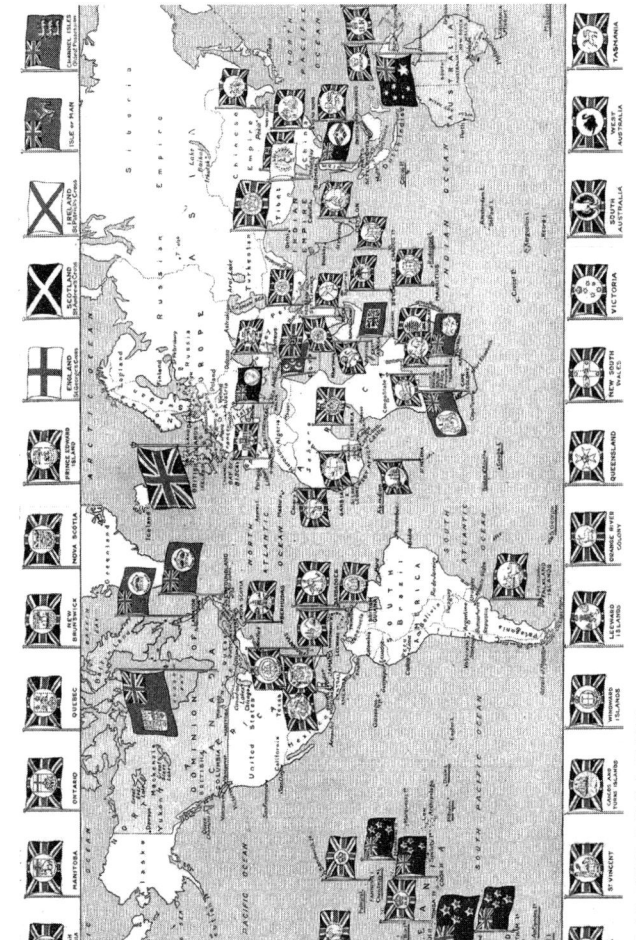

维多利亚女王统治末期的大英帝国

领地。1888年，英国宣布对这一地区拥有主权。1887年，新西兰东北部的克马德克群岛被划入新西兰殖民地。19世纪末，又有许多太平洋岛屿变成英国的殖民地，或者变成英国的保护领地。1888年，圣诞岛、范宁岛和彭林岛成为英国殖民地。1888年到1889年，库克群岛、菲尼克斯群岛和尤宁群岛合并成为英国的保护领地。1889年，苏沃罗夫岛成为英国的殖民地。1892年到1893年，吉尔伯特群岛、丹吉尔群岛、拿骚岛、埃利斯群岛和所罗门群岛合并成为英国的保护领地。

译名对照表

Mr.John Morley	约翰·莫利
Life of William Ewart Gladstone	《威廉·尤尔特·格拉德斯通传》
William Ewart Gladstone	威廉·尤尔特·格拉德斯通
Lady Betty Balfour	贝蒂·鲍尔弗夫人
Mrs. Patricia Lindsay	帕特里夏·林赛夫人
Recollections of a Royal Parish	《一个王室教区的回忆录》
Mary Alsop King Waddington	玛丽·艾尔索普·金·沃丁顿
Letters of a Diplomat's Wife	《一位外交官妻子的书信》
Mr. George Smith	乔治·史密斯先生
Annual Register	《年鉴》
Times	泰晤士报
Sir Theodore Martin	西奥多·马丁爵士
Life of the Prince Consort	《王夫阿尔伯特亲王传》
Leaves	《日记节选》
Benjamin Disraeli	本杰明·迪斯雷利
Mr. Thomas Seccombe	托马斯·塞科姆先生
George III	乔治三世
Duke of Kent and Strathearn	肯特公爵兼斯特拉森公爵
Prince Edward	爱德华王子
Hanover	汉诺威
Alfred the Great	阿尔弗雷德大帝
Matilda of Flanders	佛兰德斯的玛蒂尔达
William the Conqueror	征服者威廉
Matilda of Scotland	苏格兰的玛蒂尔达

Henry I	亨利一世
James II	詹姆斯二世
William III	威廉三世
Mary II	玛丽二世
Queen Anne	安妮女王
George I	乔治一世
Electress Sophia	选帝侯夫人索菲亚
Frederick V	腓特烈五世
Elizabeth Stuart	伊丽莎白·斯图亚特
James I	詹姆斯一世
Mary Queen of Scots	苏格兰女王玛丽
Duke of Brunswick	不伦瑞克公爵
Ernst Augustus	恩斯特·奥古斯特
Henry II	亨利二世
George II	乔治二世
Frederick Prince of Wales	威尔士亲王腓特烈
Mecklenburg-Strelitz	梅克伦堡－斯特格雷茨
Princess Charlotte	夏洛特公主
Duke of Charles Louis Frederick	查理·路易·腓特烈公爵
George Augustus Frederick	乔治·奥古斯塔斯·腓特烈
Princess Charlotte of Wales	威尔士的夏洛特公主
Adolphus Duke of Cambridge	剑桥公爵阿道弗斯
Kassel	卡塞尔
Landgrave of Hesse-Kassel	黑森－卡塞尔伯爵
Princess Augusta	奥古斯塔公主
Duke of Saxe-Meiningen	萨克森－迈宁根公爵
George Frederick Charles	乔治·腓特烈·查理
Princess Adelaide of Saxe-Meiningen	萨克森－迈宁根的阿德莱德
Mary Louise Victoria	玛丽·路易丝·维多利亚
Baron von Wangenheim	冯·万根海姆男爵
West Indies	西印度群岛
Gibraltar	直布罗陀
Ealing	伊灵

Brussels	布鲁塞尔
Mary Louisa Victoria	玛丽·路易丝·维多利亚
Frederick the Great	腓特烈大帝
Emich Carl	埃米希·卡尔
Ernest I	欧内斯特一世
Prince Consort Albert	王夫阿尔伯特亲王
Princess of Louise	路易丝公主
Princess Antoinette	安托瓦内特公主
Alexander Duke Württemberg	符腾堡公爵亚历山大
Louis Philippe	路易·腓力
Louis Duke of Nemours	内穆尔公爵奥尔良的路易
Kew Palace	基尤宫
Alderman Matthew Wood	奥尔德曼·马修·伍德
Countess Augusta Reuss	奥古斯塔·罗伊斯女伯爵
Duke of Sussex	萨塞克斯公爵
Augustus Frederick	奥古斯塔斯·腓特烈
Duke of Wellington	威灵顿公爵
Arthur Wellesley	阿瑟·韦尔斯利
Marquis of Lansdowne	兰斯多恩侯爵
Henry Petty-Fitzmaurice	亨利·佩蒂-菲茨莫里斯
George Canning	乔治·坎宁
Baron Bexley	贝克斯利男爵
Nicholas Vansittart	尼古拉·范西塔特
Earl Liverpool	利物浦伯爵
Robert Jenkinson	罗伯特·詹金森
Alexander I	亚历山大一世
Christoph von Lieven	克里斯托夫·冯·利芬
Heinrich XXIV	海因里希二十四世
Princess Augusta Sophia	奥古斯塔·索菲亚公主
William Howley	威廉·豪利
Archbishop of Canterbury	坎特伯雷大主教
Charles Manners-Sutton	查尔斯·曼纳斯-萨顿
Alexandrina	亚历山德里娜

Georgina	乔治娜
Alexandrina Victoria	亚历山德里娜·维多利亚
Drina	德里娜
Esher	伊舍镇
Claremont	克莱尔蒙特
Rosenau	玫瑰宫
Madame Siebold	西博尔德夫人
Sidmouth	锡德茅斯
Frederick Augustus Wetherall	弗雷德里克·奥古斯塔斯·韦瑟罗尔
Sir John Conroy	约翰·康罗伊爵士
Duke of Cumberland and Teviotdale	坎伯兰公爵兼蒂维厄特公爵
Ernest Augustus	欧内斯特·奥古斯塔斯
Princess Sophia	索菲亚公主
Princess Augusta Sophia	奥古斯塔·索菲亚公主
Canada	加拿大
Ballater	巴勒特
New Lanark	新拉纳克
Robert Owen	罗伯特·欧文
Feodore of Leiningen	莱宁根的费奥多拉
Victoire Maria Louisa	维克图瓦·玛丽·路易莎
Louise Lehzen	路易丝·莱森
Thomas Russell	托马斯·拉塞尔
George Davys	乔治·戴维斯
a Baroness of the Kingdom of Hanover	汉诺威王国的女男爵
Thomas Steward	托马斯·斯图尔德
John Bernard Sale	约翰·伯纳德·塞尔
Richard Westall	理查德·韦斯托尔
Edwin Landseer	埃德温·兰西尔
Mlle. Bourdin	布尔丹小姐
Earl of Albemarle	阿尔比马尔伯爵
George Keppel	乔治·凯佩尔
Charles Knight	查尔斯·奈特
William Wilberforce	威廉·威尔伯福斯

Sir Walter Scott	沃尔特·司各特爵士
Heinrich von Bülow	海因里希·冯·布洛
William von Humboldt	威廉·冯·洪堡
Ramsgate	拉姆斯盖特
Albion House	阿尔比恩宫
Broadstairs	布罗德斯泰斯
Ashford	阿什福德
Eastwell Park	伊斯特维尔公园
Earl of Winchilsea	温奇尔西伯爵
George Finch	乔治·芬奇
St.James's Palace	圣詹姆斯宫
Charles Greville	查尔斯·格雷维尔
Pedro I	佩德罗一世
Isle of Wight	怀特岛
William IV	威廉四世
Baron Lyndhurst	林德赫斯特男爵
John Copley	约翰·科普利
Sir Matthew White Ridley	马修·怀特·里德利爵士
Sir Robert Inglis	罗伯特·英格利斯爵士
Baron Clive	克莱夫男爵
Robert Clive	罗伯特·克莱夫
Duchess of Northumberland	诺森伯兰公爵夫人
Charlotte Percy	夏洛特·珀西
Queen Adelaide	阿德莱德王后
Ernst I Prince of Hohenlohe-Langenbury	霍恩洛厄-兰根堡伯爵恩斯特一世
Leopold I	利奥波德一世
Norris Castle	诺里斯城堡
Portsmouth	朴茨茅斯
Royal Victoria Park Bath	巴斯皇家维多利亚公园
Victoria Drive Malvern	莫尔文维多利亚大道
Birmingham	伯明翰
Wolverhampton	伍尔弗汉普顿
Shrewsbury	什鲁斯伯里

Powis Castle	波伊斯城堡
Menai Bridge	梅奈布里奇
Beaumaris	博马里斯
Eisteddfod	艾斯特福德节
Plas Newydd	普拉斯纽伊德
Marquis of Anglesey	安格尔西侯爵
Henry Paget	亨利·佩吉特
Duke of Westminster	威斯敏斯特侯爵
Robert Grosvenor	罗伯特·格罗夫纳
Eaton Hall	伊顿庄园
Chester	切斯特
Dee	迪河
Victoria Bridge	维多利亚大桥
Duke of Devonshire	德沃恩舍尔公爵
William Cavendish	威廉·卡文迪什
Chatsworth	查茨沃思
Belper	贝尔珀
Charles Jenkinson	查尔斯·詹金森
Staffordshire	斯塔福德郡
Pitchford	皮奇福德
Lady Catherine Jenkinson	凯瑟琳·詹金森小姐
Shugborough	沙格伯勒
Earl of Linchfield	利奇菲尔德伯爵
Thomas Anson	托马斯·安森
Earl of Powis	波伊斯伯爵
Edward Clive	爱德华·克莱夫
Oakley Court	奥克利庭院
Bromsgrove	布罗姆斯格罗夫
Earl of Plymouth	普利茅斯伯爵
Archer Windsor	阿彻尔·温莎
Hewell Grange	海威尔庄园
Earl of Abingdon	阿宾登伯爵
Montagu Bertie	蒙塔古·伯蒂

Wytham Abbey	怀特姆庄园
Oxford	牛津
Thomas Gaisford	托马斯·盖斯福德
George Rowley	乔治·罗利
Viscount Sherbrooke	舍布鲁克子爵
Robert Lowe	罗伯特·罗威
High Wycombe	海威科姆
Uxbridge	阿克斯布里奇
Captain Back	拜克上校
David Wilkie	大卫·威尔基
George Hayter	乔治·海特
Duke Alexander of Württemberg	符腾堡的亚历山大公爵
Ernest of Württemberg	符腾堡的欧内斯特
Osborne House	奥斯本宫
St Mildred's Church	圣米尔德里德教堂
East Cowes	东考斯
Weymouth	韦茅斯
Earl of Ilchester	伊尔切斯特伯爵
Henry Fox-Strangeways	亨利·福克斯-斯特兰奇韦
Plymouth	普利茅斯
Devonport	德文波特
Royal Irish Fusiliers	皇家爱尔兰燧发枪团
Viscount Hill	希尔子爵
Rowland Hill	罗兰·希尔
Eddystone Lighthouse	埃迪斯通灯塔
Torquay	托基
Exeter	埃克塞特
Swanage	斯沃尼奇
Giuditta Pasta	朱迪塔·帕斯塔
Maria Malibran	玛丽亚·马利夫兰
Giulia Grisi	朱莉娅·格里西
Antonio Tamburini	安东尼奥·坦布里尼
Giovanni Battista Rubini	乔瓦尼·巴蒂斯塔·鲁比尼

Niccolò Paganini	尼科洛·帕格尼尼
Johann Sebastian Bach	约翰·塞巴斯蒂安·巴赫
George Frideric Handel	乔治·弗雷德里克·亨德尔
Tunbridge Wells	坦布里奇韦尔斯
St Leonards-on-Sea	圣伦纳兹海
Luigi Lablache	路易吉·拉布拉什
Nathaniel Parker Willis	纳撒尼尔·帕克·威利斯
Avoyne House	阿博因庄园
Bishopsthorp York	约克的毕晓普索普
William Venables-Vernon-Harcourt	威廉·维纳布尔斯－弗农－哈考特
Francis Venables-Vernon-Harcourt	弗朗西斯·维纳布尔斯－弗农－哈考特
Wentworth House	温特沃思庄园
Earl Fitzwilliam	菲茨威廉伯爵
Charles Wentworth-Fitzwilliam	查尔斯·温特沃思－菲茨威廉
Doncaster	唐卡斯特
Belvoir Castle	贝尔沃城堡
Duke of Ruthland	拉特兰公爵
John Manners	约翰·曼纳斯
Burghley	伯利
Marquis of Exeter	埃克塞特侯爵
Brownlow Cecil	布朗洛·塞西尔
Stamford	斯坦福德
Holkham	霍尔克姆
Earl of Leicester	莱斯特伯爵
Thomas Coke	托马斯·科克
Lynn	林恩
Duke of Grafton	格拉夫顿公爵
William FitzRoy	威廉·菲茨罗伊
Euston Hall	尤斯顿庄园
Walmer Castle	沃尔默城堡
Dover	多佛
William II Prince of Orange	奥兰治亲王威廉二世
William Duke of Brunswick	不伦瑞克公爵威廉

Buxted Park	巴克斯特德公园
Corporation of London	伦敦公司
Duke of Norfolk	诺福克公爵
Bernard Howard	伯纳德·霍华德
Lord FitzAlan	菲茨阿伦勋爵
Esterházy	艾什泰哈齐
Paul III Anton	保罗三世·安东
Nikolaus III	尼古劳斯三世
Royal Academy	皇家艺术学院
Trafalgar Square	特拉法尔加广场
National Gallery	国家美术馆
Charles Kemble	查尔斯·肯布尔
Lord Francis Nathaniel Conyngham	弗兰西斯·纳撒尼尔·卡宁厄姆勋爵
Viscount Melbourne	墨尔本子爵
William Lamb	威廉·兰姆
John Russell	约翰·拉塞尔
Viscount Palmerston	帕默斯顿子爵
Henry John Temple	亨利·约翰·坦普尔
John Wilson Croker	约翰·威尔逊·克罗克
Daniel O'Connell	丹尼尔·奥康奈尔
Earl of Cottenham	科特纳姆伯爵
Charles Pepys	查尔斯·佩皮斯
Temple Bar	坦普尔巴
Wood Street	伍德大街
Royal Exchange	皇家交易所
Sir Robert Peel	罗伯特·皮尔
Sydney Smith	悉尼·史密斯
Salic Law	《萨利克继承法》
George Ludwig	乔治·路德维希
Peniston Lamb	佩尼斯顿·兰姆
Charles Grey	查尔斯·格雷
Louisa Fox-Strangways	路易莎·福克斯-斯特兰奇韦
Duchess of Sutherland	萨瑟兰公爵夫人

Harriet Sutherland-Leveson-Gower	哈丽雅特·萨瑟兰-莱韦森-高尔
Duchess of Bedford	贝特福德公爵夫人
Anna Russell	安娜·拉塞尔
Countess of Charlemont	查尔蒙特伯爵夫人
Anna Caulfeild	安娜·考尔费尔德
Marchioness of Normanby	诺曼比侯爵夫人
Maria Lyddell	玛丽亚·里德尔
Baroness Lyttelton	利特尔顿男爵夫人
Sarah Lyttelton	萨拉·利特尔顿
Countess of Rosebery	罗斯伯里伯爵夫人
Anne Margaret Anson	安妮·玛格丽特·安森
Baron Stockmar	斯托克马男爵
Christian Friedrich	克里斯蒂安·弗里德里希
Baron Dunfermline	邓弗姆林男爵
James Abercromby	詹姆斯·阿伯克龙比
Baron Brougham and Vaux	布鲁厄姆男爵兼沃男爵
Henry Brougham	亨利·布鲁厄姆
Fanny Kemble	范妮·肯布尔
John Nash	约翰·纳什
Signor Costa	科斯塔先生
Emma Albertazzi	爱玛·阿尔贝塔奇
Hyde Park	海德公园
Bayswater	贝斯沃特街
Windsor	温莎
Windsor Castle	温莎城堡
Home Park	家庭公园
Adelaide Lister	阿德莱德·利斯特
Brighton	布赖顿
Pavilion	英王阁
William Coxe	威廉·考克斯
James Fenimore Cooper	詹姆斯·费尼莫尔·库珀
Rosina Bulwer Lytton	罗西娜·布尔沃·利顿
Henry Hallam	亨利·哈勒姆

Constitutional History	《宪法史》
Duc de Saint-Simon	圣西蒙公爵
Louis de Rouvroy	路易·德·鲁夫罗伊
Memoirs	《回忆录》
Augusta of Hesse-Kassel	黑森－卡塞尔的奥古斯塔
Dorothea Jordan	罗西娅·乔丹
Andrew Stephenson	安德鲁·斯蒂芬森
Earl of Mulgrave	马尔格雷夫伯爵
Constantine Phipp	康斯坦丁·菲普斯
Benjamin Disraeli	本杰明·迪斯雷利
Maidstone	梅德斯通
Newark	纽瓦克
Sir John Cowan	约翰·考恩爵士
George Carroll	乔治·卡罗尔
Moses Montefiore	摩西·蒙蒂菲奥里
Messrs Coutts & Company	库茨银行
Joseph Hume	约瑟夫·休姆
Benjamin Hawes	本杰明·霍斯
Earl of Durham	达勒姆伯爵
John Lambton	约翰·兰布顿
Lady Louisa Grey	路易莎·格雷夫人
Charles Buller	查尔斯·布勒
Edward Gibbon	爱德华·吉本
Constitution Hill	宪法山
Piccadilly	皮卡迪利大街
Nelson Viscount	纳尔逊子爵
Horatio Nelson	霍拉肖·纳尔逊
Jean-de-Dieu Soult	让－德－迪厄·苏尔特
Harriet Martineau	哈丽雅特·马蒂诺
John Ireland	约翰·爱尔兰
Lord John Thynne	约翰·锡恩勋爵
Arthur Penrhyn Stanley	阿瑟·彭林·斯坦利
Baron Rolle	罗尔男爵

John Rolle	约翰・罗尔
Joseph Chamberlain	约瑟夫・张伯伦
Benedetto Pistrucci	贝内代托・皮斯特鲁奇
Thomas Carlyle	托马斯・卡莱尔
Charles Sumner	查尔斯・萨姆纳
Louis Bonaparte	路易・波拿巴
Napoleon III	拿破仑三世
Marquess of Hastings	黑斯廷斯侯爵
Francis Rawdon-Hastings	弗朗西斯・罗顿-黑斯廷斯
Lady Flora Hastings	弗洛拉・黑斯廷斯小姐
Sir James Clark	詹姆斯・克拉克爵士
George Rawdon-Hastings	乔治・罗顿-黑斯廷斯
Marchioness of Londoun	伦杜恩女伯爵
Flora Mure-Campbell	弗罗拉・缪尔-坎贝尔
Hamilton Fitzgerald	汉密尔顿・菲茨杰拉德
Spencer Horatio Walpole	斯潘塞・霍拉肖・沃波尔
Henry Grey	亨利・格雷
Secretary of War	战争大臣
Baron of Northbrook	诺思布鲁克男爵
Francis Baring	弗朗西斯・巴宁
Baron Monteagle of Brandon	布兰登的蒙蒂格尔男爵
Thomas Spring Rice	托马斯・斯普林・赖斯
Baron Glenelg	格莱内尔格男爵
Charles Grant	查尔斯・格兰特
Thomas Babington Macaulay	托马斯・巴宾顿・麦考利
James Bradshaw	詹姆斯・布拉德肖
Cockermouth	科克茅斯
Edward Horsman	爱德华・霍斯曼
Lady Sandwich	桑威克夫人
Rowland Hill	罗兰・希尔
Alexander II	亚历山大二世
Bandon	班登
Charles Sibthorp	查尔斯・西布索普

Sir James Graham	詹姆斯·格雷厄姆爵士
Philip II	腓力二世
George Anson	乔治·安森
Viscount Torrington	托林顿子爵
George Byng	乔治·宾
George Grey	乔治·格雷
Belgrave Square	贝尔格雷夫广场
Ingestre House	英格斯特别墅
Clarence House	克拉伦斯别墅
Frogmore	弗罗格莫尔
Edward Oxford	爱德华·牛津
Cecilia Underwood	塞西莉亚·安德伍德
Duchess of Inverness	因佛内斯公爵夫人
Victoria Adelaide Mary Louisa	维多利亚·阿德莱德·玛丽·路易莎
Peter Clavering-Cowper	彼得·克拉弗林-考珀
Emily Lamb	埃米莉·兰姆
Mahammad Ali	穆罕默德·阿里
Abdulmejid I	阿卜杜勒-迈吉德一世
Richard Cobden	理查德·科布登
Nunnham	纽纳姆
Woburn Abbey	沃本修道院
Duke of Bedford	贝德福德公爵
Francis Russell	弗朗西斯·拉塞尔
Panshager	潘尚格庄园
Baron Mount Temple	坦普尔山男爵
William Cowper-Temple	威廉·考珀-坦普尔
Brocket Park	布罗克公园
Duchess of Buccleuch	巴克卢公爵夫人
Charlotte Montagu Douglas Scott	夏洛特·蒙塔古·道格拉斯·斯科特
Anna Maira Stanhope	安娜·玛丽亚·斯坦诺普
Earl of Aberdeen	阿伯丁伯爵
George Hamilton-Gordon	乔治·汉密尔顿-戈登
Albert Edward	阿尔伯特·爱德华

Edward VII	爱德华七世
Frederick William IV	腓特烈·威廉四世
Philippa of Hainault	埃诺的菲利帕王后
Edward III	爱德华三世
Stockton	斯托克顿
Darlington	达灵顿
Manchester	曼彻斯特
Liverpool	利物浦
Birmingham	伯明翰
Slough	斯劳
Paddington	帕丁顿
John Francis	约翰·弗朗西斯
John William Bean	约翰·威廉·比恩
Woolwich	伍尔维奇
Royal George	"皇家乔治"号
Grandon pier	格兰顿码头
Edinburgh	爱丁堡
Duke of Buccleuch	巴克卢公爵
Walter Montagu Douglas Scott	沃尔特·蒙塔古·道格拉斯·斯科特
Dalkeith	达尔基斯
Scone	斯昆
Earl of Mansfield	曼斯菲尔德伯爵
William Murray	威廉·默里
Taymouth	泰茅斯
Earl of Breadalbane and Holland	布雷多尔本和荷兰伯爵
John Campbell	约翰·坎贝尔
Drummond Castle	德拉蒙德城堡
Robert Verney	罗伯特·弗尼
Sir William Rae	威廉·雷爵士
Blair Athol	布莱尔阿索尔
Baron Glenlyon	格伦里昂男爵
George Murray	乔治·默里
Anne Murray	安妮·默里

Duke of Atholl	阿索尔公爵
Duchess of Athol	阿索尔公爵夫人
Edward Drummond	爱德华·德拉蒙德
Princess Alice	爱丽丝公主
Grand Duke of Mecklenburg-Strelitz	梅克伦堡-施特雷利茨大公
Frederick William	腓特烈·威廉
Prince of Joinville	茹安维尔亲王
François d'Orléan	奥尔良的弗朗索瓦
Duke of Aumale	奥马勒公爵
Henri d'Orléan	奥尔良的亨利
Francis I	弗朗索瓦一世
Calais	加莱
Maria Amalia	玛丽亚·阿马利娅
Chateau d'Eu	厄镇城堡
Tréport	特雷波尔
Lord Adolphus FitzClarence	阿道弗斯·菲茨克拉伦斯勋爵
Daniel Auber	丹尼尔·奥柏
Ostend	奥斯坦德
Laeken	拉肯宫
Charlotte Bronte	夏洛特·勃朗特
Antwerp	安特卫普
William Whewell	威廉·休厄尔
Draydon Manor	德雷顿庄园
Earl of Carlisle	卡莱尔伯爵
Viscount Morpeth	莫佩思子爵
George Howard	乔治·霍华德
Earl of Granville	格兰维尔伯爵
Granville Leveson-Gower	格兰维尔·莱韦森-高尔
Joseph Paxton	约瑟夫·帕克斯顿
Frederick Augustus II	腓特烈·奥古斯塔斯二世
Alexander I	亚历山大一世
Joseph Joachim	约瑟夫·约阿希姆
Baron St Leonard	圣伦纳德男爵

Edward Sugden	爱德华·萨格登
George Pritchard	乔治·普里查德
Prince Alfred	阿尔弗雷德王子
Strathfieldsaye	斯特拉菲尔德塞伊
Mary Anne Disraeli	玛丽·安妮·迪斯雷利
Maynooth	梅努斯
Spithead	斯皮海德
Mechelen	梅赫伦
Aix-la-Chapelle	亚琛
Cologne	科隆
Bruehl	布吕尔
Ludwig van Beethoven	路德维希·范·贝多芬
Giacomo Meyerbeer	贾科莫·迈尔贝尔
Jenny Lind	珍妮·林德
Franz Liszt	弗朗茨·李斯特
Henry Vieuxtemps	亨利·维厄当
Koblenz	科布伦茨
Schloss Stolzenfels	施托尔岑费尔斯城堡
Ferdinand I	斐迪南一世
Thüringen	图林根
Frankfort	法兰克福
Weimar	魏玛
Osborne	奥斯本
Earl of Derby	德比伯爵
Edward Smith-Stanley	爱德华·史密斯-斯坦利
Duke of Newcastle	纽卡斯尔公爵
Henry Pelham-Clinton	亨利·佩勒姆-克林顿
Princess Helena	海伦娜公主
Earl of Erroll	埃罗尔伯爵
William Hay	威廉·哈伊
Countess of Erroll	埃罗尔女伯爵
Elizabeth Hay	伊丽莎白·哈伊
Earl of Clarendon	克拉伦登伯爵

George Villiers	乔治·维利尔斯
Charles Pelham Villiers	查尔斯·佩勒姆·维利尔斯
Isabella II	伊莎贝拉二世
Antoine Duke of Montpensier	蒙庞西耶公爵安托万
Infanta Luisa Fernanda	因凡塔·路易莎·费尔南达
Maria Christina	玛丽亚·克里斯蒂娜
Ernest II	欧内斯特二世
Francis	弗朗西斯
Duke of Cádiz	加的斯公爵
Baron Dalling	达林男爵
Henry Bulwer	亨利·布尔沃
Grand Duke Konstantin Nikolayevich	君士坦丁·尼古拉耶维奇大公
Prince Oscar	奥斯卡王子
Haymarket	海马基特
Vincenzo Bellini	温琴佐·贝里尼
Norma	《诺尔玛》
Earl of Powis	波伊斯伯爵
Edward Herbert	爱德华·赫伯特
George Hudson	乔治·赫德森
Tottenham	托特纳姆
Woldemar of Lippe	利普的瓦尔德马
Duke Peter of Oldenburg	奥尔登堡的彼得公爵
Charles Frederick	查理·腓特烈
Duke of Abercon	阿伯康公爵
James Hamilton	詹姆斯·汉密尔顿
The isles of Scilly	锡利群岛
Menai Strait	梅奈海峡
Fairy	"仙女"号
River Clyde	克莱德河
Loch Fyne	法恩湾
Inveraray Castle	因弗雷里城堡
Duke of Argyll	阿盖尔公爵
George Campbell	乔治·坎贝尔

Fleetwood	菲利特伍德
Newhaven	纽黑文
Bushey	布希
Philippe Count of Paris	巴黎伯爵腓力
Princess Louisa	路易莎公主
Aberdeen	阿伯丁
Balmoral House	巴尔莫勒尔别墅
Robert Gordon	罗伯特·戈登
Perth	珀斯
Crewe	克鲁
Felix Mendelssohn	费利克斯·门德尔松
Antigone	《安提戈涅》
Athaliah	《亚他利雅》
Edipus atColonos	《克洛斯的俄狄浦斯》
Lea Salomon	莱亚·萨洛蒙
St Paul	《圣保罗》
Spring Song	《春之歌》
Christoph Willibald Gluck	克里斯托弗·维利巴尔德·格鲁克
Alexandrine of Baden	巴登的亚历山德里娜
Pilgermspruch	《朝圣者》
Aerndtelied	《艾恩德特之歌》
Rachel Félix	拉谢尔·费利克斯
WilliamMacready	威廉·麦克雷迪
Lane Drury	德鲁里巷
Charles Kean	查尔斯·基恩
Robert Keeley	罗伯特·基利
Charles James Mathews	查尔斯·詹姆斯·马修斯
Benjamin Nottingham Webster	本杰明·诺丁汉·韦伯斯特
John Baldwin Buckstone	约翰·鲍德温·巴克斯通
William Bodham Donne	威廉·博达姆·多恩
Charles Lock Eastlake	查尔斯·洛克·伊斯特莱克
Daniel MacLise	丹尼尔·麦克莱斯
Edwin Landseer	埃德温·兰西尔

William Dyce	威廉·戴斯
Clarkson Frederick Stanfield	克拉克森·弗雷德里克·斯坦菲尔德
Thomas Uwins	托马斯·尤温斯
Charles Robert Leslie	查尔斯·罗伯特·莱斯莉
William Charles Ross	威廉·查尔斯·罗斯
John Milton	约翰·弥尔顿
Comus	《科摩斯》
Franz Xaver Winterhalter	弗朗茨·克萨维尔·温特哈尔特
Christian Charles Josias von Bunsen	克里斯蒂安·查尔斯·乔西亚斯·冯·本森
George Spence	乔治·斯潘塞
Viscount Althorp	奥尔索普子爵
Lady Caroline Barrington	卡罗琳·巴林顿夫人
George Barrington	乔治·巴林顿
Isabella Bradford	伊莎贝拉·布拉什福德
Fife Trustee	法伊夫信托人
Braemar	布雷马
Balmoral Castle	巴尔莫勒尔城堡
Abergeldie Castle	阿伯杰尔迪城堡
Dublin	都柏林
Queenstown	昆斯敦
Baron Houghton	霍顿男爵
RichardMonckton Milnes	理查德·蒙克顿·米尔恩斯
Belfast	贝尔法斯特
Glasgow	格拉斯哥
Adare	阿代尔
William Hamilton	威廉·汉密尔顿
Robert Pate	罗伯特·佩特
Prince of Arthur	阿瑟王子
Newcastle	纽卡斯尔
Berwick	贝里克
Holyrood Palace	霍利鲁德宫
David Rizzio	大卫·里齐奥
Arthur's Seat	亚瑟王座

Berlin	柏林
Vienna	维也纳
Baden	巴登
Schleswing-Holstein	石勒苏益格-荷尔斯泰因
David Pacifico	戴维·帕西菲科
Dietz	迪茨
Lisbon	里斯本
Nicolas Wisema	尼古拉·怀斯曼
Pope Pius IX	教皇庇护九世
Crystal Palace	水晶宫
Sir Joseph Paxton	约瑟夫·帕克斯顿爵士
Edwin Freiherr Von Manteuffel	埃德温·冯·曼陀菲尔男爵
Alfred Tennyson	阿尔弗雷德·丁尼生
To Queen	《致女王》
Guildhall	吉尔德霍尔
Earl of Ellesmere	埃尔斯米尔伯爵
Francis Egerton	弗朗西斯·埃杰顿
Worsley Hall	沃斯利庄园
Pill Park	皮尔公园
Lajos Kossuth	拉约什·科苏特
Alexandre Colonna Walewski	亚历山大·科隆纳·瓦莱夫斯基
Earl of Malmesbury	马姆斯伯里伯爵
James Malmesbury	詹姆斯·哈里斯
John Camden Neild	约翰·卡姆登·尼尔德
North Marston	北马斯顿教堂
Sidney Herbert	悉尼·赫伯特
Sir William Molesworth	威廉·莫尔斯沃思爵士
Baron Cranwell	克兰维尔男爵
Robert Rolfe	罗伯特·罗尔夫
Viscount Halifax	哈利法克斯子爵
Sir Charles Wood	查尔斯·伍德爵士
Chobham Common	乔伯姆公地
Marie of Saxe-Altenburg	萨克森-阿尔滕堡的玛丽

Hohenlohe-Langenbury	霍恩洛厄－兰根堡
Eugenie de Montijo	欧仁妮·德·蒙蒂若
Tuileries	杜伊勒里宫
Jérôme-Napoléon Bonaparte	热罗姆－拿破仑·波拿巴
Mary of Cambridge	剑桥的玛丽
Duchess of Teck	特克公爵夫人
Vittorio Emanuele II	维托里奥·埃马努埃莱二世
General von Groben	冯·格勒本将军
Charles Napier	查尔斯·内皮尔
Baltic	波罗的海
Albert Gate	阿尔伯特门
Pedro V	佩德罗五世
Lúis Duke of Oporto	波尔图公爵路易
Sydenham	锡德纳姆
St-Omer	圣奥梅尔
Viscount Eversley	埃弗斯利子爵
Charles Shaw Lefevre	查尔斯·肖·勒菲弗
Alma	阿勒马
Grimsby	格里姆斯比
Hull	赫尔
Inkermann	英克曼
Balaclava	巴拉克拉瓦
Baron Raglan	拉格伦男爵
FitzRoy Somerset	菲茨罗伊·萨默塞特
William Temple	威廉·坦普尔
Chatham	查塔姆
Édouard Drouyn de lhuys	爱德华·德鲁安·德·于斯
Earl of Dalhousie	达尔豪西伯爵
Fox Maule-Ramsay	福克斯·莫尔－拉姆齐
Boulogne	布洛涅
Palace of St. Cloud	圣克劳德宫
Bernard Pierre Magnan	贝尔纳·皮埃尔·马尼昂
Austerlitz	奥斯特利茨

St. Germain	圣日耳曼
Versailles	凡尔赛
Marie Antoinette	玛丽·安托瓦内特
James II	詹姆斯二世
Otto von Bismarck	奥托·冯·俾斯麦
François Certain de Canrobert	弗朗索瓦·塞尔坦·德·康罗贝尔
Sebastopol	塞瓦斯托波尔
Helmuth von Moltke the Elder	老赫尔穆特·冯·毛奇
Frederick III	腓特烈三世
Wilhelm Friedrich Ludwig	威廉·腓特烈·路德维希
Friedrich Wilhelm Nikolaus Karl	腓特烈·威廉·尼古劳斯·卡尔
Ernst Ludwig von Gerlach	恩斯特·路德维希·冯·格拉赫
Otto Theodor von Manteuffel	奥托·特奥多尔·冯·曼陀菲尔
Count of Cavour	加富尔伯爵
Camillo Benso	卡米洛·本索
Duke of Genoa	热那亚公爵
Ferdinando	费迪南多
Aldershot	奥尔德肖特
Netley	奈特利
Sandhurst	桑德赫斯特
Marquess of Westminster	威斯敏斯特侯爵
Richard Grosvenor	理查德·格罗夫纳
Fenwich Williams	芬威克·威廉姆斯
Florence Nightingale	弗洛伦斯·南丁格尔
Augusta of Saxe-Weimar-Eisenach	萨克森-魏玛-爱森纳赫的奥古斯塔
Cobden's motion	科布登动议
Princess Beatrice	比阿特丽斯公主
John Arthur Roebuck	约翰·阿瑟·罗巴克
Sir George Cornewall Lewis	乔治·康沃尔·刘易斯爵士
Richard II	《理查二世》
Achille Fould	阿希尔·富尔德
Handel Festival	亨德尔音乐节
Judas Maccabeus	《犹大·马卡比》

Francis Egerton	弗朗西斯·埃杰顿
Worsley Hall	沃斯利庄园
Grand Duke Maximilian of Austria	奥地利大公马克西米利安
Leopold of Hohenzollern	霍亨索伦的利奥波德
Sophie of Württemberg	符腾堡的索菲
Spree	施普雷河
Danube	多瑙河
Balkan	巴尔干半岛
Duc de Persigny	佩尔西尼公爵
Jean Gilbert Victor Fialin	让·吉尔贝·维克托·菲亚兰
Wallachia	瓦拉几亚
Moldavia	摩尔达维亚
Roumania	罗马尼亚
Cherbourg	瑟堡
Delhi	德里
Lucknow	勒克瑙
Helena Faucit	海伦娜·福西特
Twice Killed	《两次被杀》
Rue Lepelletier	勒佩勒捷大街
Felice Orsini	费利切·奥尔西尼
Moniteur	《教官报》
Jonathan Peel	乔纳森·皮尔
Duc de Malakoff	马拉科夫公爵
Aimable Pélissier	艾马布勒·佩利西耶
Verviers	韦尔维耶
Herrenhausen	赫恩豪森
Potsdam	波茨坦
Sans-Souci	无忧宫
Charlottenburg	夏洛滕堡
Neues Palais	新宫
Leeds	利兹
William Henry Leigh	威廉·亨利·利
Stoneleigh Abbey	斯通利庄园

James McGill Buchanan	詹姆斯·麦吉尔·布坎南
Charles Canning	查尔斯·坎宁伯爵
Lombardy	伦巴底
Venetia	威尼西亚
Franz Joseph I	弗朗茨·约瑟夫一世
Villafranca di Verona	维罗纳自由镇
Giuseppe Garibaldi	朱塞佩·加里波第
Louise Marie Thérèse	路易丝·玛丽·泰雷兹
Savoy	萨沃伊
Nice	尼斯
Holyrood	霍利鲁德宫
Deeside	迪赛德
Loch Katrine	卡特琳湖
Trossachs	特罗萨克斯
Bangor	班戈
Penrhyn Castle	彭林城堡
Baron Penryhn	彭林男爵
Edward Douglas-Pennant	爱德华·道格拉斯-彭南特
Gravesend	格雷夫森德
Gustav Freytag	古斯塔夫·弗赖塔格
Coblenz	科布伦茨
Alexander von Schleinitz	亚历山大·冯·施莱尼茨
Captain Macdonald	麦克唐纳上校
Bonn	波恩
Augusta Bruce	奥古斯塔·布鲁斯
Charles XV	卡尔十五世
Southampton	南安普敦
Holyhead	霍利黑德
Killarney	基拉尼
Kenmare House	肯梅尔庄园
Henry Arthur Herbert	亨利·阿瑟·赫伯特
Muckross Abbey	马克罗斯庄园
James O'Connell	詹姆斯·奥康奈尔

Fernando of Portugal	葡萄牙的费尔南多
James Murray Mason	詹姆斯·默里·梅森
John Slidell	约翰·斯莱德尔
Havana	哈瓦那
Charles Wilkeks	查尔斯·威尔克斯
Walter Whitman	沃尔特·惠特曼
Idylls of the King	《国王叙事诗》
King John	《约翰王》
Constance	康斯坦丝
Sir Charles Beamount Phipps	查尔斯·博蒙特·菲普斯爵士
Marchioness of Ely	伊利侯爵夫人
Jane Loftus	简·洛夫特斯
Baroness Churchill	丘吉尔女男爵
Jane Spencer	简·斯潘塞
Dr. Norman Macleod	诺曼·麦克劳德博士
John Brown	约翰·布朗
Thomas Myddelton Biddulph	托马斯·米德尔顿·比达尔夫
Henry Ponsonby	亨利·庞森比
Baron Stamfordham	斯塔福德姆男爵
Arthur Bigge	阿瑟·比格
Gerald Wellesley	杰拉尔德·韦尔斯利
Baron Cowley	考利男爵
Henry Wellesley	亨利·韦尔斯利
Sir Arthur Helps	阿瑟·赫尔普斯爵士
Princess Alexandra	亚历山德拉公主
Christian IX	克里斯蒂安九世
Pricess Louise of Hesse-Kassel	黑山-卡塞尔的路易丝
Christina VIII	克里斯蒂安八世
Bavaria	巴伐利亚
Rudolf	鲁道夫
Baron Carlo Marochetti	卡洛·马洛切蒂男爵
Duke of Schleswig-Holstein	石勒苏益格-荷尔斯泰因公爵
Frederick VIII	腓特烈八世

John of Saxony	萨克森国王约翰
Kiel	基尔
Theodor von Bernhardi	特奥多尔·冯·伯恩哈迪
Albert Victor	阿尔伯特·维克托
Brompton	布朗普顿
Abraham Lincoln	亚伯拉罕·林肯
Mary Todd Lincoln	玛丽·托德·林肯
Punch	《笨拙周报》
Winter's Tales	《冬日童话》
Hermione	赫耳弥俄涅
Paulina	宝琳娜
Pall Mall Gazette	《帕尔摩报》
Tower Hamlets	陶尔哈姆莱茨
Acton Smee Ayrton	阿克顿·斯米·艾尔顿
John Bright	约翰·布赖特
Francis Duke of Teck	特克公爵弗朗茨
Duke Alexander of Württemberg	符腾堡的亚历山大公爵
Frederica of Hanover	汉诺威的弗雷德丽卡
Königgrätz	柯尼希格雷茨
Battle of Sadowa	萨多瓦战役
Invercannie	因弗坎尼
Wolveshampton	伍尔弗汉普顿
Theodore Martin	西奥多·马丁
Ernest von Stockmar	恩斯特·冯·斯托克马
Henry Reeve	亨利·里夫
Grand-Duchy of Luxemburg	卢森堡公国
Abdulaziz	阿卜杜勒·阿齐兹
Isma'il Pasha	伊斯梅尔帕夏
Kelso	凯尔索
Floors Castle	福罗尔斯城堡
Duke of Roxburghe	罗克斯堡公爵
James Innes-Ker	詹姆斯·英尼斯-克尔
Duchess of Roxburghe	罗克斯堡公爵夫人

Susanna Innes-Ker	苏珊娜·英尼斯-克尔
Melrose Abbey	梅尔罗斯大教堂
Abbotsford	阿伯茨福德
James Hope-Scott	詹姆斯·霍普-斯科特
Charlotte Harriet Jane Lockhart	夏洛特·哈丽雅特·简·洛克哈特
Deeside	迪赛德
Glenfiddich	格兰菲迪
Duke of Richmond	里士满公爵
Charles Gordon-Lennox	查尔斯·戈登-伦诺克斯
Lucerne	卢塞恩
Villa Pension Wallace	华莱士别墅
Glass-alt-Shiel	格拉萨特希尔
Loch Muick	米克湖
Lochnagar	洛赫纳加山
Viscountess Beaconsfield	比肯斯菲尔德女子爵
Archbishop Charles Longley	查尔斯·朗利大主教
Archibald Campbell Tait	阿奇博尔德·坎贝尔·泰特
John Bird Sumner	约翰·伯德·萨姆纳
William Buckland	威廉·巴克兰
Samuel Wilberforce	塞缪尔·威尔伯福斯
George Granville Bradley	乔治·格兰维尔·布拉德利
Bishop of Peterborough	彼得伯勒主教
Dr William Connor Magee	威廉·康纳·马吉博士
Trossachs	特罗萨克斯
Loch Lomond	洛蒙德湖
Blackfriars	黑衣修士桥
Holborn Viaduct	霍尔本高架桥
Lady Augusta Stanley	奥古斯塔·斯坦利夫人
Jane Welsh	简·韦尔什
George Grote	乔治·格罗特
Harriet Grote	哈丽雅特·格罗特
Charles Lyell	查尔斯·赖尔
Mary Horner Lyell	玛丽·霍纳·赖尔

Robert Browning	罗伯特·勃朗宁
Elizabeth Barrett Browning	伊丽莎白·巴雷特·勃朗宁
George Eliot	乔治·艾略特
The Mill on the Floss	《弗洛斯河上的磨坊》
Middlemarch	《米德尔马契》
Charles Dickens	查尔斯·狄更斯
Wilkie Collins	威尔基·柯林斯
The Frozen Deep	《冰渊》
A Christmas Carol	《圣诞颂歌》
Dr. Samuel Smiles	塞缪尔·斯迈尔斯博士
Lives of Engineers	《工程师们的生活》
George MacDonald	乔治·麦克唐纳
Chislehurst	奇斯尔赫斯特
New South Wales	新南威尔士
Burlington House	伯林顿宫
Marquess of Lorne	洛恩侯爵
Mary Tudor	玛丽·都铎
Duke of Suffolk	萨福克公爵
Charles Brandon	查尔斯·布兰登
Royal Albert Hall	皇家阿尔伯特音乐厅
Bushey Park	布希公园
Sandringham	桑德灵厄姆
Arthur O'Connor	阿瑟·奥康纳
John Richard Green	约翰·理查德·格林
Solomon Temple	所罗门·坦普尔
Sir Charles Dilke	查尔斯·迪尔克爵士
Algernon West	阿尔杰农·韦斯特
Auberon Herbert	奥伯龙·赫伯特
George Anderson	乔治·安德森
Sir Wilfrid Lawson	威尔弗雷德·劳森爵士
Baden-Baden	巴登-巴登
Charles Gounod	夏尔·古诺
Earl of Mayo	梅奥伯爵

Richard Bourke	理查德·伯克
Bay of Bengal	孟加拉湾
Andaman Islands	安达曼群岛
Port Blair	布莱尔港
Dunrobin Castle	邓罗宾城堡
Duke of Sutherland	萨瑟兰公爵
George Sutherland-Leveson-Gower	乔治·萨瑟兰-莱韦森-高尔
Countess of Cromartie	克罗马蒂伯爵夫人
Anne Hay-Mackenzie	安妮·海-麦肯齐
Naser al-Din Shah Qajar	沙纳赛尔·丁·沙·卡扎尔
Pyotr Andreyevich Shuvalov	彼得·安德烈耶维奇·舒瓦洛夫
Maria Feodorovna	玛丽亚·菲奥多罗芙娜
Grand Duchess Maria Alexandrovna	玛丽亚·亚历山德罗芙娜女大公
Marlborough House	莫尔伯勒庄园
John Tulloch	约翰·塔洛克
Kaisar-i-Hind	印度皇帝
Agniborna	阿耆尼博纳
Rizia Begum	莱西娅女王
Altamash	阿尔塔米谢
Ashanti Wars	阿散蒂战争
Gasport	加斯波特
la Villette	拉维莱特车站
Patrice de MacMahon	帕特里斯·德·麦克马洪
Hughenden Manor	休恩登庄园
High Wycombe	海威科姆车站
Baron Rowton	罗顿男爵
Montagu Corry	蒙塔古·科里
Alexander Mikhailovich Gorchakov	亚历山大·米哈伊洛维奇·戈尔切科夫
Bernhard III	伯恩哈特三世
Chenies	谢尼斯
Louise Margaret	路易丝·玛格丽特
Prince Frederick Charles	腓特烈·查理亲王
Baveno	巴韦诺

Lago Maggiore	马焦雷湖
Umberto I	翁贝托一世
Margherita of Savoy	萨伏伊的玛格丽塔
Feodora of Saxe-Meiningen	萨克森－迈宁根的费奥多拉
Henry Bartle Frere	亨利·巴特尔·弗里尔
Pierre Louis Napoleon Cavagnari	皮埃尔·路易·拿破仑·卡瓦尼亚里
Kabul	喀布尔
Augusta Victoria	奥古斯塔·维多利亚
Alfons von Pawell-Rammingen	阿尔方斯·冯·帕韦尔－拉明根
Baron Pawell-Rammingen	帕韦尔－拉明根男爵
Pontefract	庞蒂弗拉克特
Battle of Maiwand	迈万德战役
Jumna	"亚穆纳"号
Frederick Roberts	弗雷德里克·罗伯茨
Kandahar	坎大哈
Abdur-Rahman Khan	阿卜杜勒－拉赫曼汗
First Boer War	第一次布尔战争
George Pomeroy Colley	乔治·波默罗伊·科利
Chief Commander in the Transvaal	德兰士瓦总司令
Anglo-Zulu War	祖鲁战争
Battle of Isandlwana	伊桑德尔瓦纳战役
Parkhurst	帕克赫斯特
James Abram Garfield	詹姆斯·艾布拉姆·加菲尔德
Lucretia Garfield	卢克丽霞·加菲尔德
Tewfik Pasha	陶菲克帕夏
Ahmed 'Urabi	艾哈迈德·乌拉比
Garnet Wolseley	加尼特·沃尔斯利
John Adye	约翰·埃迪
Tell El Kebir	泰勒凯比尔
Craig-Gowan	克雷格－高恩
Roderick Maclean	罗德里克·麦克莱恩
Thomas Henry Burke	托马斯·亨利·伯克
Riviera	里维埃拉

Menton	芒通
Duke of Albany	奥尔巴尼公爵
Helena of Waldeck-Pyrmont	瓦尔代克和皮尔蒙特的海伦娜
Emma of Waldeck and Pyrmont	瓦尔代克和皮尔蒙特的埃玛
Epping Forest	埃平森林公园
Addington	阿丁顿
Richard William Church	理查德·威廉·丘奇
Dr.Harold Browne	哈罗德·布朗博士
Edward White Benson	爱德华·怀特·本森
Bishop of Truro	特鲁罗主教
Crathie	克拉西
Cannes	戛纳
Charles George Gordon	查尔斯·乔治·戈登
Khartoum	喀土穆
Al-Zubayr Rahma Mansur	阿祖拜尔·拉赫马·曼苏尔
Frederick North	弗雷德里克·诺思
Lord Randolph Churchill	伦道夫·丘吉尔勋爵
Victoria of Hesse and by Rhine	黑森和莱茵的维多利亚
Louis of Battenberg	巴滕贝格的路易
Aix-les-Bains	艾克斯莱班
Irene of Hesse	黑森的艾琳
Ernest Louis	欧内斯特·路易
Alexander of Hesse and by Rhine	黑森和莱茵的亚历山大
Julia Countess von Hauke	冯·豪克伯爵夫人朱莉娅
Prince of Bulgaria	保加利亚亲王
Henry of Battenberg	巴滕贝格的亨利
Mors et Vita	《生与死》
Munshi Abdul Karim	孟希·阿卜杜勒·卡里姆
Earl of Lathom	莱瑟姆伯爵
Edward Bootle-Wibraham	爱德华·布特尔-韦伯拉汉
Albert of Saxony	萨克森国王阿尔伯特
Duke of Viseu	维塞乌公爵
Prince Miguel	米格尔亲王

Prince Gustaf	古斯塔夫亲王
Leo XIII	利奥十三世
Malvern Hills	莫尔文丘陵
Shetland	设德兰群岛
Orkney	奥克尼群岛
Land's End	兰兹角
Joseph Edgar Boehm	约瑟夫·埃德加·伯姆
Upper Norwood	上诺伍德
Florence	佛罗伦萨
Innsbruck	因斯布鲁克
Alexander III	亚历山大三世
Johanna Loisinger	约翰娜·卢瓦辛格
Renfrewshire	伦弗鲁郡
Blythswood	布莱斯伍德
Paisley	佩斯利
Biarritz	比亚里茨
San Sebastián	圣塞瓦斯蒂安
Charles I	查理一世
Charles II	查理二世
Henry Irving	亨利·欧文先生
The Bells	《钟声》
Francis Cowley Burnand	弗朗西斯·考利·伯南德
The Colonel	《上校》
Duke of Fife	法伊夫公爵
Alexander Duff	亚历山大·达夫
Charles Bradlaugh	查尔斯·布雷德洛
Charles Stewart Parnell	查尔斯·斯图尔特·帕内尔
Henry Labouchère	亨利·拉布歇雷
Hohenzollern	"霍亨索伦"号
Henry Cecil Raikes	亨利·塞西尔·雷克斯
Bala	巴拉
Henry Robertson	亨利·罗伯逊
Royal Sovereign	"君权"号

Royal Arthur	"皇家阿瑟"号
Cimiez	希米耶区
Noisy-le-Sec	洛瓦西勒塞克站
Félix Faure	费利克斯·福尔
Victioria Melita	维多利亚·梅丽塔
Alfred-Albert Gervais	阿尔弗雷德-阿尔伯特·热尔韦
William Gilbert	威廉·吉尔伯特
Arthur Sullivan	阿瑟·萨利文
The Gondoliers	《贡多拉船夫》
Signora Eleanora Duse	埃莉奥诺拉·杜丝夫人
Carlo Goldoni	卡洛·哥尔多尼
La Locandiera	《女店主》
Herbert Beerbohm Tree	赫伯特·比尔博姆·特里
The Red Lamp	《红灯》
Giuseppe Verdi	朱塞佩·威尔第
Il trovatore	《游吟诗人》
Pietro Mascagni	彼得罗·马斯卡尼
Cavalleria Rusticana	《乡村骑士》
Carmen	《卡门》
Faust	《浮士德》
Sir William Harcourt	威廉·哈考特爵士
Alix of Hesse	黑森的阿利克斯
Nicholas II	尼古拉二世
Alexandra Feodorovna	亚历山德拉·菲奥多罗芙娜
White Lodge	白屋
Carlos I	卡洛斯一世
Harriet Bouverie	哈丽雅特·布弗里
Duchess of Cleveland	克利夫兰公爵夫人
Wihelmina Powlett	威赫米娜·波利特
Blonde	"布隆德"号
Olga Nikolaevna	奥尔加·尼古拉耶夫娜
Borneo	婆罗洲
Caithness	凯斯内斯

Lambeth Palace	兰贝斯宫
Cape Colony	开普敦殖民地
Herbert Kitchener	在赫伯特·基奇纳
Battle of Omdurman	恩图曼战役
Ashley	阿什利
Second Boer War	第二次布尔战争
Cecil Rhodes	塞西尔·罗德斯
Mashonaland	马绍纳兰
Diamond field of Kimberley	金伯利钻石矿
Redvers Buller	雷德弗斯·布勒
Battle of Colenso	科伦索战役
Paul Methuen	保罗·梅休因
William Forbes Gatacre	威廉·福布斯·加塔克
Paul Kruger	保罗·克吕格尔
Leander Starr Jameson	利安德·斯塔尔·詹姆森
Piet Cronje	皮特·克龙涅
Ladysmith	莱迪史密斯
Bloemfontein	布隆方丹
Mafikeng	马菲肯
Pretoria	比勒陀利亚
Powerful	"威武"号
Hedworth Meux	赫德沃思·缪克斯
Oscar II	奥斯卡二世
Abbas II	阿巴斯二世
Commonwealth	联邦
Dominion	自治领
Melbourne	墨尔本
Sydney	悉尼
South Australia	南澳大利亚
Queensland	昆士兰
West Australia	西澳大利亚
Tasmania	塔斯马尼亚
New Zealand	新西兰

Monza	蒙扎
Arthur of Connaught	康诺特的阿瑟
Christian Victor	克里斯蒂安·维克托
Sir James Reid	詹姆斯·里德爵士
Louis XIV	路易十四
Sir Fleetwood Edwards	弗利特伍德·爱德华兹爵士
Alberta	"艾伯塔"号
Gosport	戈斯波特
Alfred Dreyfus	阿尔弗雷德·德雷福斯
Heinrich von Angeli	海因里希·冯·安盖利
Frederic Leighton	弗雷德里克·莱顿
Procession of Cimabue	《圣列的行进》
Gioachino Rossini	焦阿基诺·罗西尼
Gaetano Donizetti	加埃塔诺·多尼采蒂
Arthur Sullivan	阿瑟·萨利文
Richard Wagner	理夏德·瓦格纳
Lohengrin	《罗恩格林》
Rudolf Carl von Slatin	鲁道夫·卡尔·冯·斯拉京
Fire and Sword in the Soudan	《苏丹的火与剑》
Florence Montgomery	弗洛伦斯·蒙哥马利
Henry Seton Merriman	亨利·塞顿·梅利曼
The Sowers	《播种者》
Marion Crawford	马里恩·克劳福德
Mandell Creighton	曼德尔·克赖顿
Charles Edward	查理·爱德华
Elizabeth Stuart	伊丽莎白·斯图亚特
St Mary's Church	圣玛丽教堂
Sts Thomas Minster	圣托马斯教堂
Friedrichshof	腓特烈斯霍夫
Heinrich XXX	海因里希三十世
Sir William Beechey	威廉·比奇爵士
Richard Westall	理查德·韦斯托尔
Sir George Hayter	乔治·海特爵士

Alfred Edward Chalon	阿尔弗雷德·爱德华·沙隆
Sir David Wilkie	大卫·威尔基爵士
Glasgow Gallery	格拉斯哥美术馆
John Partridge	约翰·帕特里奇
Baroness Dunfermline	邓弗姆林男爵夫人
Mary Abercromby	玛丽·阿伯克龙比
National Portrait Gallery	国家肖像画美术馆
William Quiller Orchardson	威廉·奎勒·奥查森
Jean-Joseph Benjamin-Constant	让－约瑟夫·邦雅曼－康斯坦
Robert Thorburn	罗伯特·索伯恩
William Nicholson	威廉·尼科尔森
The Queen's First Council	《维多利亚女王的第一次枢密院会议》
The Christening of the Princess Royal	《长公主受洗》
Coronation	《加冕典礼》
The Queen's Marriage	《维多利亚女王的婚礼》
Christening of the Prince of Wales	《威尔士亲王受洗》
The Reception of Louis Philippe	《款待路易·腓力一世》
Edward Matthew Ward	爱德华·马修·沃德
George Housman Thomas	乔治·豪斯曼·托马斯
Review in Paris	《访问巴黎》
John Phillip	约翰·菲利普
Marriage of the Princess Royal	《长公主的婚礼》
The Queen at Aldershot	《维多利亚女王在奥尔德肖特》
William Powell Frith	威廉·鲍威尔·弗里思
Marriage of the Prince of Wales	《威尔士亲王的婚礼》
Christian Karl Magnussen	克里斯蒂安·卡尔·马格纳森
Marriage of Princess Helena	《海伦娜公主的婚礼》
Sydney Prior Hall	西德尼·普赖尔·霍尔
Sir James Linton	詹姆斯·林顿爵士
Richard Caton Woodville Jr	小理查德·卡顿·伍德维尔
Marriage of the Princess Beatrice	《比阿特丽斯公主的婚礼》
Laurits Tuxen	劳里茨·蒂克森
Marriage of the Duchess of Fife	《法伊夫公爵夫人路易丝公主的婚礼》

Marriage of the Duke of York	《约克公爵乔治的婚礼》
William Behnes	威廉·贝恩斯
Sir Joseph Edgar Boehm	约瑟夫·埃德加·伯姆爵士
Alfred Gilbert	阿尔弗雷德·吉尔伯特
Edward Onslow Ford	爱德华·翁斯洛·福特
Thomas Brock	托马斯·布罗克
Aston Webb	阿斯顿·韦伯
William Wyon	威廉·怀恩
Florin	弗罗林
Corporation of London	伦敦市法团
Parliamentary Debates	《议会辩论实录》
Charles Allix Wilkinson	查尔斯·阿利克斯·威尔金森
Tales of my Father	《我父亲的故事》
Correspondence	《书信》
Letters to his Wife and other Relatives	《给妻子和亲戚们的书信》
Life of the Emperor Frederick	《德意志皇帝腓特烈三世传》
Pierre de La Gorce	皮埃尔·德·拉·戈斯
Histoire du Second Empire	《法兰西第二帝国史》
Saint-René Taillandier	圣勒内·塔扬迪耶
Le Roi Léopold et la Reine Victoria	《利奥波德一世与维多利亚女王》
Gerald Gurney	杰拉尔德·格尼
Childhood of Queen Victoria	《维多利亚女王的童年》
Andrew White Tuer	安德鲁·怀特·图尔
First Year of a Silken Reign	《太平的第一年》
Stafford House Letters	《写在斯塔福德庄园的书信》
Cornhill Magazine	《康希尔杂志》
Sir Herbert Maxwell	赫伯特·麦斯威尔爵士
Kinloch Cook	金洛克·库克
Georgina Bloomfield	乔治亚·布鲁姆菲尔德
Baroness Bloomfield	布鲁姆菲尔德男爵夫人
Robert Torrens	罗伯特·托伦斯
Life of Lord Melbourne	《墨尔本子爵威廉·兰姆传》
Memoirs of an Ex-Minister	《一位前大臣的回忆录》

William Benham	威廉·贝纳姆
Randall Thomas Davidson	兰德尔·托马斯·戴维森
Gleanings Past Years	《往事拾遗》
Recollections	《回忆录》
Donald Macleod	唐纳德·麦克劳德
Life of Norman Macleod	《诺曼·麦克劳德传》
Margaret Orliphant	玛格丽特·奥利芬特夫人
Life of Principal Tulloch	《约翰·塔洛克院长传》
Arthur Rawson Ashwell	阿瑟·罗森·阿什韦尔
Reginald Garton Wilberforce	雷金纳德·加顿·威尔伯福斯
Life of Reverend Samuel Wilberforce	《萨缪尔·威尔伯福斯牧师传》
Thomas Wemyss Reid	托马斯·威姆斯·里德
Fanny Kembel	范妮·肯布尔
Records	《档案》
Andrew Lang	安德鲁·朗格
Life of Lord Iddesleigh	《伊兹利伯爵斯塔福德·诺思科特传》
Life of Helena Faucit Lady Martin	《马丁夫人海伦娜·福西特传》
Sir John Mowbray	约翰·莫布雷爵士
Seventy Years at Westminster	《在威斯敏斯特的七十年》
Reminiscences	《回忆录》
William Alexander Lindsay	威廉·亚历山大·林赛
The Royal Household	《王室家庭》
Cyprus	塞浦路斯岛
Ionian Isles	爱奥尼亚群岛
Aden Peninsula	亚丁半岛
Kuria Muria Islands	库里亚穆里亚群岛
Red Sea	红海
Island of Perim	丕林岛
Persian Gulf	波斯湾
Island of Bahrein	巴林岛
Arabian Sea	阿拉伯海
Island of Socotra	索科特拉岛
Island of Labuan	拉布安岛

British North Borneo Company	英属北婆罗洲临时协会有限公司
Straits Settlements	海峡殖民地
Indian Ocean	印度洋
Christamas Island	圣诞岛
Cocos Islands	科科斯群岛
Keeling Islands	基灵群岛
Island of Hong Kong	香港岛
Kowloon	九龙
Wei-hai-wai	威海卫
Korea	朝鲜
Port Hamilton	巨文岛
Malay Peninsula	马来半岛
Malay State of Johore	马来柔佛州
Sind	信德
Tranquebar	特兰奎巴
Serampore	塞兰波
Sutlej River	萨特莱杰河
Rávi River	拉维河
Punjaub	旁遮普
Low Burma	下缅甸
Satara	萨塔拉
Jhansi	占西
Nagpore	纳格浦尔
Berars	贝拉尔地区
Oudh	奥都
Nocobar Islands	尼科巴群岛
Upper Burma	上缅甸
Shan States	掸邦
Cape Colony	开普殖民地
Sierra Leone	塞拉利昂
Gold Coast Colony and Protectorate	英属黄金海岸
Accra	阿克拉
Elmina Castle	埃尔米纳城堡

Lagos	拉各斯
River Niger	尼日尔河
Gambia	冈比亚
British East Africa	英属东非
Uganda	乌干达
Somaliland	索马里兰
Zanzibar	桑给巴尔
Natal	纳塔尔
Zululand	祖鲁
St. Lucia Bay	圣卢西亚湾
British Kaffraria	英属卡夫拉里亚
Island of Ichaboe	伊哈波岛
Penguin Islands	企鹅群岛
Griqualand West	西格里夸兰
Walfisch Bay	沃菲赫尔湾
Pondoland	蓬多兰
Orange Free State	奥兰治自由邦
Basutoland	巴苏陀兰
Orange River	奥兰治河
Vaal River	法尔河
Amatongaland	阿玛通加汉德
Bechuanaland	贝专纳兰
British South Africa Company	英属南非公司